김장환 목사 평전
하우스보이에서 세계적인 영적 지도자로

김장환 목사 평전

하우스보이에서 세계적인 영적 지도자로

신성욱 지음

미래사

추천의 말

'한 사람의 힘'의 주인공

어느 한 사람을 위해 매년 한국과 미국을 오가며 축복기도를 해준다는 것이 과연 쉬운 일일까요?

이는 실제로 제가 UN사무총장으로 재직하는 동안 김장환 목사님을 통해 받은 사랑이었습니다. 목사님은 2006년 제가 UN사무총장에 취임하고 이틀 뒤에 축하 기도회를 열어주신 것을 시작으로 제 임기 10년 동안 총 11번을 직접 오셔서 축복기도를 해주셨습니다.

한번은 UN총회가 시작된 2016년 9월 13일 조찬기도회에서 '한 사람의 힘(The Power of One Person)'이라는 제목으로 영어 설교를 하셨고, 그 자리에 참석한 저를 포함한 전 세계 대사들이 큰 감동을 받았습니다. 저는 존경의 마음과 함께 한국인으로서 큰 자부심도 느꼈습니다.

목사님은 세계침례교연맹 총회장을 지낸 글로벌 리더로서 제 임기 동안 릭 워렌 목사를 비롯한 미국 각계의 저명인사를 소개해주셔서 제가 UN사무총장의 임무를 수행하는 데 큰 힘이 되었습니다. 또한 목사님은 극동방송을 이끄시면서 2013년 시리아 난민을 위해 1,700채의 컨테이너 하우스를 제공하고, 2021년 미국 참전용사들을 위한 추모의 벽 건립에도 힘을 기울이는 등 민간외교의 표상으로서 국익을 위한 일이라면 누구보다 앞장서신 분입니다.

이러한 목사님의 파워풀하고 다양한 활동들을 좀 더 많은 사람이 알게 되길 바라는 마음이 간절했는데, 이번에 목사님의 평전이 나온다는 소식을 듣고 참으로 기뻤습니다. 저는 앞서 언급한 목사님의 설교 '한 사람의 힘'에 나오는 그 한 사람이 바로 목사님이 아닐까 생각합니다. 아마도 많은 분이 이 책을 읽고 공감하리라 생각합니다.

이 책을 통해 제2, 제3의 김장환 목사님과 같은 리더들이 나오기를 간절히 소원하며, 목사님께서 더욱 강건하시길 기도합니다.

_ 반기문 제8대 UN사무총장

추천의 말

그레이엄 패밀리의 소중한 조언자, 귀한 친구

아버지 빌리 그레이엄(Billy Graham)목사님과 김장환 목사님은 오랜 시간 친한 친구로 지내셨습니다. 목사님은 수십 년 동안 아버지를 찾아주시고, 편지와 전화를 통해 꾸준히 격려해주셨습니다. 아버지는 목사와 부흥사로서의 목사님을 존경하셨으며, 1973년 역사적인 서울 전도대회에서 통역자로 선택하셨습니다. 목사님과 트루디 사모님은 부모님 댁에 손님으로 다녀가셨으며, 목사님은 빌리그레이엄전도협회가 주관하는 국내 및 국제 컨퍼런스에서 여러 차례 설교하셨습니다.

우리 가족은 2018년 아버지의 장례식 때 목사님께서 하셨던 말씀에 깊이 감동받았고, 참석해주셔서 큰 위로를 받았습니다. 목사님은 지금까지 제게 강력한 멘토이셨으며, 하나님께서 오랫동안 목사님과 함께 사역하도록 허락하신 것을 감사하고 있습니다.

사도 바울은 디모데후서 2장 2절에 "또 네가 많은 증인 앞에서 내게 들은 바를 충성된 사람들에게 부탁하라 그들이 또 다른 사람들을 가르칠 수 있으리라"고 기록했습니다. 주님께서는 수천 년 동안 세계의 무수한 사람들에게 복음 메시지를 전하도록 맡기셨으며, 목사님은 그중 한 명의 충성스러운 종이셨습니다. 목사님은 다른 사람들이 그리스도의 발자취를 따르도록 계속해서 권면하고 앞장서고 계십니다.

목사님은 저를 비롯한 그레이엄 가족과 전 세계 빌리그레이엄전도협회 사역에 여전히 소중한 조언자이자 귀한 친구이십니다. 빌리그레이엄 도서관에 목사님의 이름으로 전도 훈련 시설을 봉헌한 것은 큰 영광이었습니다.

특별히 하나님께서 김장환 목사님을 통해 역사하신 놀라운 간증을 이번에 출간된 『김장환 목사 평전』에서 만나게 된 것을 기쁘게 생각하며, 감동과 도전의 기회가 되리라 믿습니다.

My father and Dr. Kim enjoyed many years of fellowship and were close friends. Billy Kim was a constant source of encouragement through visits, letters, and phone calls over the years. My father admired his gifts as a pastor and evangelist, and, of course, chose Billy Kim to be his interpreter for the historic 1973 Seoul Crusade. Dr. Kim and his wife Trudy were guests in my parents' home, and he has preached many times at national and international training conferences sponsored by the Billy Graham Evangelistic Association.

Our family was deeply honored when Dr. Kim spoke at my father's funeral in 2018. His presence brought comfort to us personally. He has been a strong mentor to me and I am thankful that God has allowed me to work closely with him through the years. The apostle Paul wrote: "These things which you have heard from me among many witnesses, commit these to faithful men who will be able to teach others also" (2 Timothy 2:2). The Lord has entrusted the Gospel message to innumerable people down through the centuries and Dr. Kim has been one such faithful servant in proclaiming Christ. He continues to challenge and inspire others to follow in the footsteps of Christ.

Billy Kim remains a dear friend to the Graham family and to the ministry of the Billy Graham Evangelistic Association around the world. It was a privilege to honor him at the Billy Graham Library by dedicating an evangelism training facility in his name. I am grateful for the remarkable testimonies that

God has shown through Dr. Billy Kim on the pages of 'Billy Kim Biography'. This will no doubt be a source of inspiration and challenge.

_프랭클린 그레이엄 목사, 빌리그레이엄전도협회(BGEA) 회장

사람이 사람을 만나면
역사가 일어나고,
사람이 하나님을 만나면
기적이 일어난다.

차례

추천의 말	4
프롤로그	20

제1부 복음전도자 김장환 목사

Chapter 01 어린 시절

찢어지게 가난했던 어린 시절	30
어머니를 쏙 빼닮은 총명한 아이	33
6·25전쟁이 남긴 상흔	36
'하우스보이'라는 첫 직업	42
새 이름 '빌리 킴(Billy Kim)'	46
칼 파워스 상사와의 운명적 만남	49
칼 파워스 상사의 제의	51
풀리지 않는 의문	54
어머니의 결단	57
꿈의 나라 미국행	62
밀려오는 불안감	65

Chapter 02 미국 유학 시절

상반된 두 감정	70
밥 존스에서 경험한 딜레마	75
마침내 찾아오신 하나님	79
또 다른 도우미 제리 톰슨	83
영어 못하던 빌리가 전국웅변대회 우승자로	86
학교신문 기사와 웅변대회 원고	91

감동이 후원으로	95
칼 파워스의 신문 기고	97
믿음의 동역자 트루디	100
전도자로 부르시다	105
밥 존스의 엄격한 학교 규율	108
밥 존스의 이해할 수 없는 제명	111
트루디와의 결혼	115

Chapter 03 복음전도자로의 부르심

목회자의 사명	120
주말 전도여행	124
트루디 가족과의 첫 만남	127
또 다른 위기	130
난관 속에 성사된 결혼	134
공사가 분명하나 자상한 남편	138

Chapter 04 평생의 은인 칼 파워스

막냇동생 빌리	142
헌신의 수고가 가져다준 열매	145
형제보다 더한 우정	148
칼 파워스의 침례와 장례식	151

Chapter 05 하나님이 예비하신 귀국 선물

또 다른 은인 왈도 예거 장로	156
기도의 응답, 50달러	160
귀국을 위해 예비된 선물	165
정든 미국을 떠나서	168

Chapter 06 고국에서의 사역

| 고향 앞으로 | 174 |

황당한 소문	178
트루디의 영향력	181
고향 사랑	185
가족 복음화	187
첫 보금자리	191
기독봉사회가 끼친 영향	195
수원기독병원	198

Chapter 07 천생연분 아내 트루디

팔색조 같은 여인	204
가족 복음화의 원동력	208
유명 영어 강사 트루디	210
작은 배려를 통한 영혼 구원의 기적	213
탁월한 유머 감각	216
작은아들의 애절한 사모곡	221
아직은 공사 중	225

Chapter 08 자녀 교육

이유 있는 한국 학교 입학	228
샌드위치 사건이 가져온 터닝 포인트	232
왕대밭에 왕대 나고	236
모범적 삶이 이끌어낸 서약	240
부전자전(父傳子傳)의 약점	242
대를 이은 섬김과 헌신	245
모전자전(母傳子傳)의 악동 기질	249
메시지와 메신저의 일치	252
아들들보다 더 성숙한 딸	254

Chapter 09 수원중앙침례교회

개척교회에서 대형교회로	262
최우선 과제였던 교회 건축	266

교회 부흥의 비결	269
흡인력 있는 전도자	272

Chapter 10 인재 양성의 꿈 실현

후배 양성에 올인	278
꿈의 산실 한국 십대선교회(YFC)	281
최고의 강해 설교가 이동원 목사	285
또 다른 제자 목사들	288

Chapter 11 빌리 그래함 전도대회에서의 활약

준비된 대회 강사	294
어려운 결단	296
역사상 최대 대회	301
환상의 듀오	304
영웅들의 합창	308
밥 존스의 제명 통보와 관계 회복	313
두 빌리와 조지 비벌리 시어의 아름다운 해후	317

Chapter 12 격상된 위치와 사역 확대

자고 일어나니 유명해졌다	322
세계를 눈물로 적신 설교	324
모스크바에서 열린 청소년 전도대회에서 일어난 기적	329
섭외 1순위 강사	331
글로벌 리더로의 비상	334

Chapter 13 역대 대통령 및 유명인사들과의 관계

박정희 대통령	340
전두환 대통령	358
노태우 대통령	373
김영삼 대통령	381

김대중 대통령	390
노무현 대통령	392
이명박 대통령	395
박근혜 대통령	399
문재인 대통령	400
윤석열 대통령	404
조지 W. 부시(George W. Bush) 미국 대통령	410
마이크 펜스(Mike Pence) 미국 부통령	412
피델 카스트로(Fidel Castro) 의장	417
조용기 목사	422

Chapter 14 김장환 목사의 또 다른 인연들

조중건	440
김연준	443
이인희	444
김승연	445
조석래	446
이영수	447
임경섭	447
임경운	447
에드 더윈스키(Ed Derwinski)	448
로이 & 진 캐슬(Roy & Jean Castle)	449
팻 도니(Pat Doney)	451
글렌 윌콕스(Glenn Wilcox)	453
플레밍 노벌(Fleming Noverll)	454
데이비드 매덕스(David Maddocks)	457
존 그레고리(John Gregory)	458
웰던 와이어트(Weldon Wyatt)	461
바비 그리핀(Bobby Griffin)	462
로저 패럿(Roger Parrott)	464
릭 워렌(Rick Warren)	465

마틴 모지에(Martin Mosier) 467
스탠리 크래스키(Stanley Kraske) 468
돈 엔그램(Don Engram)과 에드 라이먼(Ed Lyman) 472
빌리 킴 인터내셔널 센터(Billy Kim International Center) 473
빌리 킴 홀(Billy Kim Hall) 474

Chapter 15 잊을 수 없는 추도사와 졸업식 설교

빌리 그레이엄 목사 장례예배 추도사 480
미국 휘튼 대학 졸업식 설교 487

Chapter 16 빌리 그래함 전도대회 50주년 기념대회

어게인(Again) 1973 504
기념음악회 505
대회 순서 506
대회의 열매 508
'빌리 그래함 전도대회 50주년 기념대회'의 의의 509
'빌리 그래함 전도대회 50주년 기념대회' 소감 512

Chapter 17 김장환 목사의 설교 세계

지인들이 말하는 김장환 목사의 설교 516
김장환 목사와의 인터뷰 520
김장환 목사 설교의 장점 524
설교 개요 및 영상 분석 528
김장환 목사 설교의 기법 532

Chapter 18 김장환 목사의 장점

받은 은혜만 기억하는 사람 556
근검절약으로 소문난 수원 구두쇠 559
정직과 근면을 생활화한 사람 564
복음 증거에 목숨을 건 사람 566

포용력 있는 겸손한 사람	568
활력 넘치는 생기 있는 사람	570
탁월한 기억력과 전달력을 지닌 사람	572
시간 관리에 철저한 부지런한 사람	574
인간관계를 중시하는 의리 있는 사람	575
겸손으로 허리를 동인 사람	576

제2부 전파 선교의 첨병 극동방송

무릎에 얹어주신 선물	580
예비된 방송 사역자	583
아세아방송 초대 국장	587
극동방송 시대의 개막	593
극동방송을 움직이는 힘	596
아세아방송과 극동방송의 합병	600
청취자들로부터 온 생명의 소식	605
극동방송 신사옥 헌당	613
오전 8시 생방송을 하지 않는 극동방송	621
백령도 중계소 개설	625
울릉도 중계소 개설	626
극동방송 창사 60주년 비전 선포	628
극동방송 창사 60주년 행사	630
극동PK장학재단	635
극동방송 비서 연례 세미나	637
극동포럼	639
파이팅! 나라사랑 축제	640
가을음악회	643
찬양합창제와 전국 복음성가 경연대회	644

제3부 내가 본 김장환 목사

대면 인터뷰 650

강은모·고명진·공부영·권모세·김기수·김병종·김영혜·김요셉·김요한·김우식·김진표·남경필·도충현·라정찬·민산웅·박성철·박영규·박일량·반기문·백철우·송용필·신효헌·신현석·심순택·아키바 토르·오정현·유명환·윤병인·윤인선·윤재옥·윤형주·이동원·이명박·이배용·이승훈·이일철·이재우·이중명·이태식·임성준·장길평·장향희·정광택·정문현·정연훈·조봉희·조영남·조용근·조중건·최봉수·태영호·홍희경·황재우(가나다순)

지면 인터뷰 1 874

이영훈·장종현·안영균·김애설

지면 인터뷰 2 888

프랭클린 그레이엄(Franklin Graham)·필립 라이큰(Philip Ryken)·마이클 린지(Michael Lindsay)·클리프 맥카들(Cliff McArdle)·엘리자베스 돌(Elizabeth Dole)·로저 패럿(Roger Parrott)·로널드 포글먼(Ronald Fogleman)

에필로그 918
김장환 목사 연보 936
김장환 목사 명예박사학위 취득 현황 950
참고도서 및 인용 출처 952
인명 색인 962

프롤로그

2022년 3월, "내년에 극동방송의 김장환 목사님이 구순이 되시는데 그분의 평전을 집필해보면 어떻겠느냐"는 제의를 받았다. 즉답을 못하고 며칠간 망설이며 고심했다. 많은 강의와 개인 저서 집필로 바쁘기도 했지만, 김장환 목사에 대한 일부의 비판이 부담으로 작용했기 때문이다. 하지만 그의 자서전을 다시 읽고 난 뒤 평전을 쓰는 쪽으로 가닥을 잡았다. 창세기의 요셉처럼 김 목사를 향하신 하나님의 계획과 손길이 함께하셨음을 확신했기 때문이다.

집필을 구상하다가 오래전 도서관에서 발견한 그분의 자서전을 읽으며 미군 상사에게 픽업되어 유학을 다녀온 하우스보이 김장환을 몹시 부러워했던 때가 떠올랐다. 그때 그 미군 아저씨가 미국으로 데려간 소년이 김장환이 아니라 나였다면 얼마나 좋았을까 생각했기 때문이다. 물론 필자는 그분의 케이스와는 다른 방법으로 미국에서 유학해서 지금은 내가 바라던 교수로서의 사역을 잘 감당하고 있기는 하다. 그래도 '소년 김장환처럼 좀 더 어릴 때 미국에 갔더라면 지금보다 영어를 더 잘할 수 있었을 텐데!' 하는 아쉬움은 여전히 남는다.

남의 평전을 쓰는 것은 결코 쉬운 일이 아니다. 더욱이 현존하는 인물의 평전을 집필한다는 것은 정말 조심스러운 일이다. 하지만 적절한 때에 영향력 있는 인물에 대한 저서가 출간돼 독자들에게 도전과 유익을 줄 수 있다면 뜻있는 작업이라 생각한다. 무엇보다 주인공이 생존해 있어야 그나 그의 지인들과의 인터뷰를 통해 더 정확하고 풍성한 내용을 엮어낼 수 있다는 사실을 확인할 수 있었다.

2016년, 김장환 목사는 동양인으로는 처음으로 제31회 UN 국제조찬기도회에서 설교를 했다. 그로부터 7년이 지났는데도 당시 UN사무총장이었던 반기문 총장의 뇌리에 지금도 생생히 남아 있는 바로 그 설교다. 그때 김 목사는 '한 사람의 힘(The Power of One Person)'에 대해 다음과 같이 강력하게 선포했다.

"아담이라는 한 남자가 죄를 지음으로써 세상이 죄로 신음한다. 모세라는 한 남자가 이스라엘 자손을 노예에서 해방시켰다. 마리아라는 한 여자를 통해 이 세상에 구세주가 태어났다. (…) 나도 한 사람이고 여러분도 한 사람이다. 우리에게는 그런 힘이 있다."

그러면서 그는 설교 말미에 자신의 삶을 송두리째 바꿔놓은 한 사람을 소개했다. 그 주인공이 바로 칼 파워스(Carl L. Powers) 미군 상사다. 김장환 목사의 인생에서 그를 빼놓고는 이야기가 안 된다. 오늘의 김장환 목사는 칼 파워스 상사가 만들었다고 해도 지나친 말이 아닐 것이다.

6·25전쟁 당시 가난한 시골 농부의 아들이었던 소년 장환이 그때 그 미군을 만나 미국으로 가지 않았다면 지금 어떤 모습으로 살아가고 있을까? 믿지 않은 가정에서 태어난 그가 그리스도인이 되고 목회와 방송국 사역, 전도의 사명에 큰 족적을 남길 기회가 거의 없었을 것이다. 하나님은 우리나라 사람도 아닌 미군을 통해 소년 장환을 미국으로 데려가 공부시키고 예수 그리스도를 영접하게 인도하심으로써 한국 기독교 역사와 세계 교회 역사에 굵은 획을 긋는 위치에 올라가게 하셨다.

평전을 집필하면서 이해할 수 없는 한 가지는 칼 파워스 상사가 장환과 마찬가지로 하나님을 모르는 불신자였다는 점이다. 대부분은 앞서 믿은 신자를 통해 복음을 영접하게 하는 것이 하나님의 방법인데, 신자도 아닌 사람을 통해 그런 놀라운 일을 하셨다는 사실은 지금도 이해가 안 된다. 하나님의 섭리는 그저 신비롭고 놀랍기만 할 따름이다.

이 평전을 쓰기 전까지만 해도 필자는 솔직히 극동방송과 김장환 목사에 대해 아는 것이 그리 많지 않았다. 그저 극동방송은 복음을 잘 전하는 고마운 기독교 방송 정도로 알았고, 김장환 목사는 빌리 그레이엄 목사의 통역을 능숙하게 잘해서 유명세를 탔던 대단한 인맥의 소유자 정도로만 알고 있었다. 하지만 김 목사와 관련된 책과 자료를 읽고, 또 직접 인터뷰하고 식사를 함께하며 가까이에서 목격하고 교제를 나눈 김장환 목사는 가히 감동과 존경 자체였다. 무엇보다 오랜 시간 그를 가까이서 만나고 교제했던 지인 수십 명과의 인터뷰를 통해 김장환 목사가 그저 대한민국에서만 존경받고 그칠 정도의 지도자가 아니라 전 세계인이 존경하고 배워야 할 역사적인 인물이요 영적 거성이라는 사실을 처음으로 알게 되었다.

김 목사 지인들과의 구체적인 인터뷰 내용은 이 책의 '제3부 내가 본 김장환 목사'에 따로 실었다. 필자의 표현에 과장이 있는지 없는지는 이 책을 읽어보면 금방 알 수 있을 것이다. 김장환 목사는 지금껏 필자가 알아온 어떤 지도자보다 더 많은 장점을 지닌 분이다. '탁월한 설교 실력'은 물론 '깊은 애국심'과 '영혼을 사랑하는 열정', '특출한 인품', '따뜻한 인간미'는 타의 추종을 불허한다. 김장환 목사가 어째서 누구도 따라올 수 없는 세계적인 인맥을 소유하고 있는지를 말해주고도 남는다.

하나님은 이스라엘이라고 하는 선민을 백성 삼기 위해서 '아브라함'을 선택하시고, 이스라엘 백성을 출애굽하게 해서 가나안 땅으로 인도하시기 위해 '모세'를 선택하시고, 이방인에게 복음을 전하고 신약의 3분의 2에 해당하는 성경을 집필하게 하시기 위해 '바울'을 선택하셨다. 그렇듯이 극동방송이라는 전파매체를 통해 복음을 듣지 못하는 지역 사람들에게 생명의 말씀을 듣게 하시려고 '김장환'이라는 하우스보이를 만세 전에 선택하셨음을 필자는 분명히 보았다.

"내가 너를 지명하여 불렀나니 너는 내 것이라"고 한 이사야 43장 1절 말씀이 '김장환'이라는 사람에게 어떻게 적용되는지 독자들은 이 책을 통해 확인할 수 있을 것이다. 아울러 극동방송 1층 벽에 새겨진 다음 모토가 사실임을 선명하게 볼 수 있을 것이다.

사람이 사람을 만나면 역사가 일어나고,
사람이 하나님을 만나면 기적이 일어난다!

이 시대 어떤 사람보다 더 크고 귀하게 사용해오신 김장환 목사를 만나게 하신 하나님께 먼저 감사드리고, 대한민국 기독교 역사상 뛰어난 지도자 중 한 분인 김장환 목사의 평전을 집필하도록 필자를 지목해준 미래사 고영래 대표와 집필에 도움을 주신 극동방송 한기붕 사장 및 여러 핵심 관계자에게도 깊은 감사의 마음을 전한다.

  영적 스승인 김장환 목사님의 남은 생은 더욱 무병 강건 장수하셔서 한국 교회와 후배 목회자들과 성도들에게 더 큰 귀감으로 우뚝 서 주시기를 간절히 바라고 고대한다.

2024년

신성욱

Part 1

복음전도자 김장환 목사

어린 시절

Chapter 01

찢어지게 가난했던 어린 시절

위대한 인물이 탄생하기까지는 많은 고난과 연단이라는 준비 과정이 따르는 법이다. 하나님은 시대마다 당신이 필요로 하는 사람들을 선택하셨고, 쓰임받기에 합당한 그릇으로 훈련하고 연단시키셨다. 한 사람의 인간 됨됨이와 인격과 사상은 그가 자라온 시대적 배경의 산물이라 할 수 있다. 그런 점에서 김장환 목사의 어린 시절과 성장 배경을 먼저 살펴보는 것이 이해에 도움이 될 것이다.

김장환은 1934년 7월 25일, 경기도 수원군 안용면 장지리에서 김순필 씨와 박옥동 씨의 5남매 중 막내로 태어났다. 아버지는 남의 농사를 짓는 소작농으로 사셨는데, 6·25전쟁 전에 돌아가셨다. 이때가 장환이 중학교 2학년 때였다. 장환의 기억으로는 평소 별로 말이 없었고, 자식들이 공부하든 말든 월사금을 내든 말든 상관하지 않았다. 아침 일찍 들에 나가서 일하다가 저녁에 들어오는 게 아버지의 하루 일과였다.

장환이 태어났을 때 어머니 박옥동 씨는 마흔을 훌쩍 넘긴 늦은 나이로 젖이 잘 나오지 않아 동네 아주머니들과 큰며느리에게 젖동냥을 많이 했다고 한다. 당시는 우리나라가 가난하기도 하고 의료시설도 부족해 태어난 아이들이 병으로 죽는 경우가 다반사였다. 이 때문에 폐병이나 장티푸스, 콜레라로 목숨을 잃는 아이들이 적지 않았다.

장환네도 열 명의 자식 가운데 이미 위로 다섯 자식이 목숨을 잃었기 때문에 아버지는 그가 태어나고 석 달이나 지나서야 호적에 올렸다. 다섯 명의 형이 모두 살아남지 못한 가정에서 문제없이 생명을 보존했다는 것 자체로도 그를 향하신 하나님의 뜻과 사명이 있었다는 것을 짐작할 수 있다.

당시 서민들은 대부분 좁은 단칸방에서 8~10명이 함께 한 이불을 덮고 자곤 했다. 춥고 배고프던 시절, 좁은 단칸방에서 장환네 일곱 식구도 함께 포개서 잠을 자다 보니 장환의 어머니는 막내아들이 혹여 형들에게 깔리기라도 할까 봐 늘 걱정이었다. 그래서 어머니가 장환을 항상 벽을 등지고 자게 한 까닭에 칼잠이 버릇돼 지금처럼 머리 한쪽이 평평하게 되었다.

이처럼 가족은 많고 형편은 어렵다 보니 늘 끼니가 걱정이었다. 봄철이면 장환의 가족은 먹을 게 없어서 들판의 푸른 보리를 싹둑 잘라서 온돌방에 널어 말린 뒤 끓여서 고추장을 곁들여 먹곤 했다. 그때 보리죽에 질린 장환은 부잣집 아이들이 먹는 음식을 보면서 공부를 열심히 해야겠다고 마음먹는다. 공부해서 부자가 되고 정치가가 되어야 맛있는 음식을 제대로 먹고, 다른 사람도 잘살게 할 수 있겠다는 생각에서였다.

놀랍게도 장환은 열일곱 살에 미국 유학을 떠나기 전까지 한 번도 교회에 나가본 적이 없었다. 당시 수원에는 감리교회와 성당이 있어서 어릴 때 한두 번 교회에 나가보기 마련이었는데, 이상하게도 장환네는 교회와 담을 쌓고 살았다.

자식의 신앙은 부모와 집안에 영향을 받기 마련인데, 당시 장환의 부모는 교회를 다니기는커녕 나무에 청실홍실을 걸고 기도하거나

서낭당에 돼지머리를 차려놓고 절을 하는 토속신앙을 신봉하고 있었다. 장환의 형이 6·25전쟁에 참전했을 때도 어머니는 하루도 빠짐없이 장독대에 정화수를 떠놓고 아들의 무사 귀환을 기원했을 정도다. 더욱이 일가친척 중에도 기독교와 관련된 인물은 단 한 명도 없었다.

그렇게 가난에 쪼들리고 힘든 형편에서도 우리네 부모님들의 학구열은 대단했다. 지금도 대한민국은 세계에서 둘째가라면 서러울 정도로 학구열이 뜨거운 나라가 아닌가. 장환의 어린 시절에도 마찬가지였다. 장환의 부모님은 그가 일곱 살 되던 해에 소학교(지금의 초등학교)에 입학시켜 4학년 때까지 일본인 선생으로부터 공부를 배웠다. 8·15광복 이후에는 한국인 선생에게 배웠지만 학문적 발전은 별로 없었다.

장환은 6학년 담임 유근홍 선생을 잊지 못하고 있다. 그분이 목사가 될 자신의 설교 훈련을 시켜주었다는 생각 때문이다. 김장환 목사는 과거를 회상하며 이렇게 말했다.

> 선생님이 붓글씨를 아주 잘 쓰셨어요. 선생님은 우리에게 읽기를 많이 시켰는데, 누가 읽다가 틀리면 바로 이어서 다른 아이가 읽도록 했어요. 다른 아이가 읽다가 틀리면 언제나 내가 일어나서 읽었죠. 또박또박 열심히 읽었는데 그게 말하는 훈련이 된 것 같아요.[1]

가난한 시절엔 어머니들의 치맛바람이 더 거센 영향을 미칠 수밖에 없다. 형편이 어려운 어머니들은 학교를 찾거나 선생님에게 신경 쓸 일이 없었다. 반면에 돈 많은 집 어머니들은 선생님에게 촌지를 주거나 과외를 받게 했고, 선생님은 그런 아이들을 편애하기 일쑤였다.

장환이 어릴 때 꼭 하고 싶었던 게 웅변이었는데, 웅변대회 출전은 늘 선생님의 사랑을 독차지하는 아이들 몫이었다. 웅변에 남다른 취미와 재능이 있었던 장환은 늘 집 뒷산에 올라가 혼자 연습하곤 했다. 장환에게 이런 사정을 들은 어머니는 막내아들이 기죽고 상처 입는 걸 볼 수 없었던지 어느 날 마늘 한 접을 싸 들고 선생님을 만나러 나섰다. 그 모습을 본 장환은 기겁하며 소리쳤다. 다른 아이들은 쌀이나 달걀, 돈을 갖다주는데 어머니가 마늘을 갖다주려 하니 창피했기 때문이다.

장환은 그때 어머니께 철없이 소리친 것을 두고두고 후회했다. 그렇게 장환의 어린 시절엔 부모든 자식이든 모두 가슴 아픈 추억이 있었다.

어머니를 쏙 빼닮은 총명한 아이

일제의 수난을 겪고 8·15광복을 맛본 이후 동네마다 청년단이 조직되었고, 어디서든 좌익이니 우익이니 싸우는 소리에 시끌벅적했다. 세상이 달라졌다고는 하지만 가난은 여전히 사람들의 발목을 잡고 힘들게 했다. 6학년이 되자 장환에게도 걱정거리가 하나 생겼다. 공부는 하고 싶은데 집안 형편이 좋지 않아 중학교는 꿈도 못 꿀 상황이었다. 당시 수입이라고는 어머니가 일구던 조그만 밭에서 나는 약간의 수확과 큰형님이 우마차를 끌어서 버는 돈이 전부였다.

그래도 장환은 틈만 나면 어머니에게 중학교에 보내달라고 졸랐다. 일단 시험을 쳐보라는 어머니의 말에 용기를 낸 그는 열심히 공부해서 6년제 수원농림중학교에 합격했다. 그때 반 친구 70명 가운데 다섯 명만 합격할 만큼 경쟁률이 높은 학교였는데, 장환이 거기에 합격한 것이다. 아무리 가난으로 점철된 집안이라도 어려운 시험에 합격한 똑똑한 아이를 어떻게 학교에 보내지 않겠는가.

그렇게 해서 장환은 꿈같은 중학교 시절을 보내게 된다. 그는 힘든 형편에도 어머니의 사랑을 듬뿍 받고 자라 표정도 밝고 활발한 성격을 유지할 수 있었다. 얼굴이 동그랗고 귀엽다고 해서 '앵두'라는 별명이 붙은 그는 가는 곳마다 인기를 끌었다.

김 목사의 형 김준환 장로에 따르면 동생 장환은 어려서부터 매우 총명했다.

> 모를 심을 때 사람들이 논에다 물을 퍼 넣잖아요. 그때 동생이 세 살 때였을 거예요. 논두렁에 앉아서 사람들이 물 푸는 걸 보면서 1에서 1,000까지 세더군요. 세 살짜리가 1,000까지 센다는 건 보통 영특한 게 아니지요. 자라면서 싹싹해서 귀여움을 많이 받았어요. 나는 말을 잘 안 하는 성격인데, 동생은 누구하고든 친하게 지냈죠. 큰형님이 결혼해서 함께 살았는데 조카까지 합쳐 식구가 모두 열 명이 넘었어요.

부엌에서 밥을 해서 방에다 상을 차리는 일만 해도 쉽지 않았지요. 형수가 밥을 푸면 동생이 그걸 방으로 날랐어요. 아무도 시키지 않았는데도 말이죠. 눈치가 빠르고 귀여우니까 누구에게나 사랑받았죠. 우리 어머니가 원래 상냥하시고 정이 많은데, 동생이 어머니를 꼭 닮았어요.²

동생 장환이 여장부였던 어머니의 활달한 성격과 리더십, 지혜, 부지런함, 성격 급한 점까지 그대로 빼닮았다고 김 장로는 구체적으로 증언한다.

중학교 시절엔 장환이 야구부에 지원해 볼보이를 열심히 했는데, 그때 야구부 1루수를 했던 학생이 훗날 SK 회장이 된 최종현이었다. 최종현의 동생 종관(SK 부회장)은 장환의 동창이자 절친한 친구였다.

마음껏 공부하고 운동도 하고 친구도 사귀던 장환에겐 매월 내야 하는 월사금 외에는 학교생활에 별 어려움이 없었다. 방과 후에는 잘사는 집 아이들처럼 한가롭게 놀 시간이 없었다. 집안일도 돕고 쇠꼴도 베어서 먹이고 밭일도 돕느라 공부에 전념할 수 없었다. 친구들과 어울려 광교산으로 나무를 하러 다니기도 했다.

그러다가 중학교 2학년 때 갑작스레 집안의 대들보인 아버지가 세상을 떠나셨다. 아버지의 죽음은 장환에게 가난이 뭔지를 피부에 와닿게 했다. 당시 팔촌 형이 선산을 내주지 않아 아버지를 모실 못 자리가 없어 큰형이 산소 자리를 구하느라 엄청 애쓰다가 다행히 어느 이웃이 땅을 내줘서 간신히 장례를 치를 수 있었다. 그게 한이 되었던 장환은 훗날 미국에서 돌아와 큰형과 반반씩 돈을 내서 땅 6천 평을 샀고, 형제들 이름으로 등기했다고 한다.

사춘기에 접어들면서 장환에겐 고민거리가 많아졌다. 아버지가 돌아가신 가난한 집안에서 월사금을 걱정해야 하는 자신의 처지가 한심하기 짝이 없었다. 부유한 집안에서 태어났다면 꿈도 풍성하게 꿀 수 있으련만 가난이 그의 발목을 세게 붙잡고 있었다.

하지만 아무리 가난해도 가슴 속에 품은 꿈까지 가난하게 할 순 없었다. 어린 시절 장환에게는 간절한 꿈이 하나 있었다. 그것은 정치인이 되는 것이었다. 그 이유를 〈중앙일보〉 백성호 기자가 쓴 '현문우답'에서 들을 수 있었다.

> 육촌 형 집에 갔더니 쌀밥도 먹고, 청어도 구워 먹더라. 그게 너무 부러웠다. '저걸 먹으려면 어떡해야 할까. 그렇지. 정치인이 되면 되겠구나.' 오직 그 이유 하나였다. 그래서 정치인을 꿈꾸었다.[3]

얼마나 먹고 사는 것과 가난이 힘들었으면 정치인이 되려는 마음을 품었을까. 그때까지만 해도 장환 자신은 물론 아무도 그가 앞으로 어떤 인물이 될지 짐작조차 할 수 없었다.

6·25전쟁이 남긴 상흔

원래는 정치가가 꿈이었던 장환은 수원농림중학교에 다닐 때 농림부장관이 되어 농촌을 잘살게 하면 좋겠다는 쪽으로 꿈을 바꿨다. 하지만 어려운 현실의 한계에 부딪혀 자주 울적해지곤 했다. 1987년 4월, 김장환 목사가 잡지에 기고한 글에는 이런 내용이 담겨 있다.

> 가난한 농가 출신인 나에게는 중학교 진학 자체가 무리였는지도 모른다. 지금처럼 신문배달이라도 할 수 있었다면 어떻게든 버텨보겠는데, 당시 농촌 실정으로는 변변한 고학 수단도 없었다. 다 떨어진 신을 신고 논두렁길을 다니는데 가운뎃발가락 하나가 유난히 길어서 자주 돌에 채어 상처가 생기곤 했다. 그 흔적이 지금도 남아 있어 그 시절의 가난을 돌이켜보게 한다. 중학교 3학년까지는 간신히 견딜 수 있었지만 더 이상은 어떻게 할 수가 없었다.[4]

고등교육을 받지 못하면 꿈을 실현하기 어렵다는 것을 잘 알고 있었던 장환은 그 시절 자신이 너무도 작고 외로운 존재로 느껴져 의기소침하기 일쑤였다. 장환이 중학교를 졸업하고 고등학교 진학 문제로 고민하고 있던 어느 날, 철도청에 다니는 동네 사람에게 반가운 정보를 듣게 된다. 서울 용산에 있는 철도고등학교에 들어가면 등록금 면제는 물론 용돈까지 받는다는 내용이었다. 그 순간 철도고등학교에 들어가 열심히 공부해서 나중에 수원역장이라도 하면 좋겠다는 생각이 들었다.

그래서 장환은 철도고등학교 시험을 치르러 서울로 가게 된다. 냉천동 외삼촌 댁에 머물 예정이어서 숙박비 대신 보리쌀 한 말을 들고 서울행 기차에 몸을 실었다. 1950년 6월 26일, 외삼촌 댁에 책보와 보리쌀을 내려놓고 전차를 이용해 용산 철도고등학교로 갔다. 하루 전에 예상치 못한 동족상잔의 6·25전쟁이 터졌다는 사실을 까마득히 모른 채였다. 학교에 도착하니 정문에 시험을 무기한 연기한다는 공고가 붙어 있었다.

할 수 없이 외삼촌 댁으로 발길을 돌리는데 갑자기 '펑펑!' 대포 소리가 나고, 인민군이 미아리고개를 넘었다는 소문이 파다하게 퍼졌다. 그제야 전쟁이 일어났고 인민군이 벌써 서울에 진입했다는 이야기가 귀에 들어왔다. 장환은 수원 집에 가려면 한강을 건너야 했는데, 경찰과 군인들이 쫙 깔려 한강 다리 앞에 바리케이드를 치고는 못 건너가게 막아섰다.

그때 피난민 수천수만 명이 쏟아져 나왔는데, 다리를 못 건너가게 하니 다들 한강 모래사장으로 내려가는 것이었다. 그때는 지금과 달리 강물이 반밖에 되지 않고 나머진 모래사장이었다. 거기서 한강을 건너가려고 사람들이 배를 기다리는데, 주인이 오더니 "너무 많이 타면 배가 가라앉으니 뚱뚱하고 키 큰 사람은 탈 수 없다"고 했다. 장환은 항상 반에서 5번일 정도로 키가 작은 덕분에 뱃삯을 얼마 지불하고 한강을 건널 수 있었다. 키가 작은 것이 늘 콤플렉스였는데 오히려 그 덕을 본 것이다.

거기서 노량진역으로 가니 기차가 오지 않아 영등포역까지 걸어갔는데, 그곳에도 수많은 피난민이 기차를 기다리고 있었다. 그때 갑자기 인민군 미그기가 출현해 공중에서 영등포역을 마구 폭격했다. 포탄이 떨어지는 순간 사람들은 저 살자고 데리고 있던 아이까지 내팽개친 채 기차 밑으로 도망갔다. 그 아수라장을 목격한 장환도 기차 밑에 숨어 겨우 목숨을 건질 수 있었다.

생사의 기로에서 무사히 목숨을 부지한 장환은 영등포역에서 기찻길을 따라 시흥까지 걸어갔다. 그리고 시흥에서 화물차를 겨우 얻어 타고 수원까지 갈 수 있었다. 집에 도착하니 밤 10시가 넘은 시간이었다. 서울의 전쟁 소문이 그곳까지 들려와서 수원도 초긴장 상태였다. 이승만 대통령은 서울을 절대 포기하지 않을 테니 라디오 방송을 계속 들으라고 국민에게 약속해놓고는 이미 대전에 내려가 있었다.

다음 날 새벽, 큰형님이 형수와 아홉 아이를 수원보다는 시골인 성남에 데려다주고 오라고 했다. 그래서 장환이 성남에 있는 큰형님의 처가에 데려다주고 오니 이미 인민군이 집 대문에 못을 박아놓았고, 어머니와 형님들과 누님은 온데간데없었다. 장환은 수소문해서 영통 쪽에 살던 사촌 누님 댁에서 가족과 만났다.

6월 27일, 장환은 군인과 경찰이 총을 다 버리고 논두렁을 따라 남쪽으로 도망가는 모습을 목격했다. 수도 서울을 사수해야 할 대통령은 지방으로 피난 가 있고, 나라를 지켜야 할 사람들은 패잔병처럼 도망을 갔으니 그 광경이 어린 장환에게 얼마나 큰 절망을 안겨주었을지 짐작하고도 남는다.

비행장과 역이 미그기에 폭격당하고, 인민군이 곧바로 수원을 점령했다. 인민군들을 피해 마냥 숨어 지낼 순 없었던 가족은 농사를 지으러 집으로 갔다. 인민군은 동네마다 위원장을 선출한다고 야단법석을 떨었고, 동네에서는 학교 문턱도 안 가본 사람들이 위원장 완장을 차고 설쳐대기 시작했다. 그때 인민군은 자기네가 점령하면 가난한 사람들도 똑같이 잘사는 나라가 될 수 있다고 선전을 해댔다. 그 사탕발림에 속아서 의용군에 지원한 친구들도 많았다. 인민군은 매일 밤 동네 아이들을 모아놓고 의용군 교육을 시켰다. 열여섯 장환도 철없이 친구들을 따라 거기에 가고 싶었지만, 어머니가 큰일 난다며 절대 못 가게 막았다. 어머니는 형님들을 집 뒤에 파놓은 방공호에 숨겨놓아 인민군에게 들키지 않게 했다.

장환이 일곱 살에 학교에 입학했기 때문에 그보다 서너 살 많은 동급생 중에 인민군 의용군으로 간 이들이 꽤 있었다. 하지만 인민군은 나이가 어린 데다 키도 작은 그를 보고는 총도 제대로 쏠 수 없겠다 싶었는지 의용군으로 보내진 않았다.

나중에 미국에선 키 작은 게 콤플렉스로 작용했으나 6·25전쟁 당시엔 한강에서 배를 탈 때, 의용군으로 끌려갈 때 유리하게 작용한 셈이다. 만약 장환이 키가 커서 제때 배를 타고 한강을 건너지 못했거나 의용군에 끌려갔다면 그의 목숨은 결코 보장할 수 없었을 것이다. 이 또한 그를 향하신 하나님의 보호하심의 역사가 아니었나 하는 생각이 든다.

장환을 의용군으로 데려가지 않은 대신 집에서 소와 마차를 빼앗은 인민군은 무슨 감투를 주겠다며 큰형님을 계속 찾아왔다. 아마도 우마차를 끌 사람이 필요했던 것으로 추측된다. 하지만 어머니는 형님들을 인민군 앞에 얼씬대지 못하게 했고, 그의 형제들은 무사히 그 기간을 넘길 수 있었다.

9월 28일, 드디어 기쁜 소식이 전해졌다. 서울이 수복된 것이다. 소식을 들은 장환은 친구들과 함께 만세를 부르러 시내로 나갔고 인민군은 수원을 떠났다. 장환은 이번엔 인민군이 논두렁을 따라 북쪽으로 도망가는 장면을 목격했다. 동족 간에 벌어진 역사의 아이러니가 아닐 수 없다.

UN군의 참전으로 인민군이 패퇴해서 북으로 쫓겨 가기 시작했지만, 그렇다고 전쟁이 끝난 것은 아니었다. 인민군이 수원을 떠나자 수원교도소 자리에 미군 부대가 들어왔다. 학교는 폭격으로 폐허가 되어 여전히 문을 열지 못했다. 피난 간 사람들이 미처 돌아오지 않아 여기저기 부서지고 허물어진 수원의 모습은 흉측하고 황량하기 그지없었다. 당시 폭격으로 수원 건물의 90%가 처참하게 무너져 내린 상태였다.

3년간의 전쟁이 남긴 상흔은 몹시 컸다. 남북한 합쳐 약 300만 명 이상의 사상자가 발생했고, 전쟁고아도 10만여 명에 달했다. 폐허가 된 나라는 그전보다 더 심한 가난과 고생에 허덕였고, 아이들 교육도 엉망이 되었다. 어른들도 그렇지만 아이들이 입은 전쟁의 피해는 말할 수 없이 컸다. 그 피해를 고스란히 받은 똑똑한 소년 장환의 미래는 과연 어떻게 될 것인가. 넉넉지 못한 집안 형편, 전란으로 쑥대밭이 된 나라 형편 탓에 그의 미래도 암울해 보였다.

'하우스보이'라는 첫 직업

전화위복(轉禍爲福)이라 했던가. 엎친 데 덮친 격으로 가난과 함께 몰아닥친 6·25전쟁이 장환의 어깨에 큼지막한 날개를 달아주었으니, 누가 그런 미래를 상상이나 했겠는가.

전쟁은 여전히 지속되고 있었지만 수원에 사는 이들은 전쟁을 피부로 느낄 수 없었다. 전쟁통에도 변함없이 장환은 친구들과 어울려 나무를 하러 갔다. 학교에 갈 수 없게 된 소년들은 부모를 도와 집안일을 하며 하루를 보냈다. 장환도 나무를 하러 다녔는데, 야산 같은 데는 나무가 없어서 어느 날 친구들과 함께 집에서 4km쯤 떨어진 광교산으로 갔다. 거기서 장환은 나뭇짐을 한 짐 지고 오후 3~4시쯤 산에서 내려왔다. 그는 다른 날과 다름없이 친구들과 함께 산에서 내려오는 길에 교도소 울타리 근처에 지게를 세워놓고 미군 막사를 살펴보았다.

당시 수원교도소 자리에는 미군 24사단 21연대가 주둔하고 있었다. 전쟁통에 죄수들을 다 풀어주는 바람에 주인 없이 텅 빈 수원교도소를 평안남도까지 치고 올라갔다가 퇴각한 미군이 잠시 사용하고 있었다. 일진이 좋은 날엔 초콜릿이나 껌 따위를 얻을 수 있었다. 그래서 친구들과 함께 교도소 울타리에 지게를 받쳐놓고 구경하고 있는데, 미군 병사 하나가 다가와 유심히 살펴보다가 하필이면 장환을 가리키며 안으로 들어오라고 손짓했다.

그것이 하나님이 예비하신 섭리였음을 어찌 알았겠는가. '섭리적 지명'이랄까, '예언적 선택'이랄까. 하나님의 역사하심이 아니고선 이루어질 수 없는 일이었다.

  모두 눈이 휘둥그레졌고, 친구들은 빨리 들어가보라고 재촉했다. 학교에서 영어를 배우기는 했지만, 고작 단어 몇 개를 겨우 아는 실력이라 장환은 걱정스러운 얼굴로 막사 안에 들어갔다. 막사에 들어서니 미군이 난로를 가리키며 불을 지펴달라고 손짓했다. 눈치 빠른 장환은 논두렁에 박아놓은 말뚝을 뽑아 와서 난롯불을 피웠다. 당시는 전쟁 중이라 남의 말뚝을 뽑아도 문제 삼는 이가 없었다.

  난롯불을 피우고 나니 불이 꺼지지 않게 난로를 잘 지키라고 했다. 그래서 불을 지키며 주변을 보니 지저분하기 짝이 없었다. 장환은 담요를 밖으로 가지고 나가 탈탈 털어 햇볕 잘 드는 곳에 널어놓고 식기도 깨끗이 닦아놓았다. 또 흙 묻은 구두도 완벽하게 닦아두었다. 누가 시키지도 않았는데 지저분한 게 거슬려 치운 것이고, 그것은 어릴 때부터 몸에 익은 일이었다. 장환은 어릴 적부터 큰형수를 도와 집안일을 많이 거들었다. 학교에 빨리 가려면 집안도 치우고 부엌에서 형수가 만든 음식을 대청으로 날라야 했다. 그렇게 쌓은 실력이 이날 제대로 발휘된 것이다.

  테이블을 정돈하고 나니 그 미군이 들어왔다. 그는 눈이 휘둥그레져서 막사 안을 둘러보더니 감탄사를 연발했다.

  "오, 원더풀!"

  영어를 잘 몰라도 그 뜻은 감으로 알 수 있었다. 그 미군은 엄지손가락을 치켜들고는 '넘버 원!'이라 칭찬했고, 다음 날 또 오라고 했다. 당시 아이들이 그렇게 간절히 바라던 일자리가 그렇게 장환에게 주어졌다.

요셉의 성실함이 보디발의 눈에 띄어 집안 총무 일을 맡게 되었듯 남달리 똘똘하고 성실한 장환도 그 일로 인해 미군 하우스보이로 채용된 것이다. 전쟁 중인 나라에서 미군 부대는 최고의 직장이었다. 친구들은 하우스보이가 된 장환을 몹시 부러워했다.

집에 돌아올 때 그 미군이 장환에게 쿨 담배 한 상자와 초콜릿, 막대사탕을 주었다. 당시 쿨, 럭키스트라이크, 카멜, 체스터필드 같은 미국 담배는 현찰과 다름없었다. 그중에서도 가장 비싼 담배인 쿨은 한 갑에 4천 환 정도 쳐줬다. 이는 나무로 따지면 다섯 짐 가격은 족히 됐다. 나무 석 짐이면 쌀 한 말을 살 수 있었으니, 그 당시 담배가 얼마나 비쌌는지 계산이 나온다.

당시 장환의 집은 인민군이 소와 마차를 다 빼앗아 가버렸기 때문에 집안에 아무것도 남은 게 없었다. 이런 상황에서 장환이 미군 부대에서 일하고 받은 담배와 비누, 통조림 등을 팔아 생계를 이어갈 수 있었다.

다음 날에도 친구들과 함께 갔는데, 그 미군은 장환에게만 일을 시켰다. 전날과 마찬가지로 난롯불이 꺼지지 않게 지키면서 막사를 청소하고, 군화를 닦고, 담요와 슬리핑백을 햇볕에 내다 말리는 일을 했다. 시골에서 자라 집안일과 논밭일에 익숙했던 장환에게 그런 일쯤은 식은 죽 먹기였다. 이렇게 '하우스보이'는 장환의 첫 직업이 되었다. 당시 하우스보이는 아이들뿐 아니라 어른들에게도 최고의 일로 통했다고 한다.

그런데 어느 날부터 수원교도소 마당에 꽉 들어차 있던 미군 막사가 하나둘씩 줄어들기 시작했다. 중공군이 남하하면서 미군도 남쪽으로 이동해야 했고, 미군이 이동할 때면 버리고 가는 물건이 많았다. 먹을 것과 아울러 새 보급품도 놔두고 떠나면서 그 물건들이 시장으로 흘러나와 미군 물건만 전문적으로 파는 '양키시장'이 성시를 이루었다.

천막이 점점 줄어들어 서너 개밖에 남지 않았을 때, 그 미군은 장환에게 대구 근교에 있는 경산으로 함께 가자고 제의했다. 사실 미군이 수원에 머무른 기간은 1주일 정도에 불과했다. 그 짧은 기간에 장환이 미군을 만난 것도 기적 같은 일이지만, 여러 친구 가운데 혼자만 지목된 것은 더 큰 기적이었다.

학교가 문을 닫은 상태여서 장환은 이참에 의사소통을 원활히 할 수 있게 영어를 배울 겸 해서 미군을 따라가고 싶었다. 하지만 어머니는 귀여운 막내아들을 낯선 곳으로 보낼 수 없다며 죽어도 같이 죽자고 극구 반대했다. 어머니의 심한 반대로 장환은 결국 포기한 채 미군이 버리고 간 물건을 주우려 삼태기를 들고 부대로 갔다. 그런데 거기서 짐을 싸고 출발하려는 미군을 보니 따라가고 싶은 마음이 불꽃처럼 일었다. 장환을 본 그 미군도 함께 가자고 거듭 권유했다. 이미 몸이 달아버린 장환은 집으로 돌아와 다시 한번 울며 매달렸고, 순간 어머니는 화가 나서 "죽으려면 가라!" 하고 소리를 질렀다. 그 순간 장환은 자신이 듣고 싶었던 "가라!"는 뒷말만 듣고는 기어이 미군 트럭에 올라탔다.

이때 장환이 어머니에게 불효하지 않으려고 미군을 따라가지 않았다면 그의 미래는 어떻게 펼쳐졌을까? 또 하나님을 믿지 않던 그와 가족의 영혼은 어찌 되었을까? 그를 미국으로 데려간 칼 파워스의 영혼은 또한 어찌 되었을까? 그리고 '빌리 그래함 전도대회' 통역과 수원중앙침례교회와 극동방송은 어찌 되었을 것인가? 생각만 해도 하나님의 섭리가 놀라울 뿐이다.

동네에서 미군을 따라간 아이는 단 한 명, 장환밖에 없었다. 수원을 떠난 날 밤, 미군은 대전공설운동장에서 모닥불을 피워놓고 밤을 지새웠다. 난생처음 가족과 떨어진 장환의 마음은 착잡했다.

'도대체 지금 내게 무슨 일이 일어난 거지? 어머니 말씀을 듣고 가족과 함께 있어야 했나? 하지만 이미 엎질러진 물이야. 앞으로 내게 무슨 나쁜 일이 일어나지는 않을까? 미군이 나를 먹여 살리고 정말 보호해줄까?'

온갖 생각이 머리를 스치고 지나갔다. 하나님을 알지 못하던 시절에 그가 의지할 것은 아무것도 없었다. 오직 깜깜한 밤하늘을 올려다볼 뿐이었다. 자신이 하늘에 펼쳐진 수없이 많은 별 가운데 눈에 보이지도 않는 작은 티끌처럼 느껴져 서글픔이 엄습했다. 그것은 야곱이 에서와 아버지 이삭을 속이고 도망쳐 나온 첫날 밤 막막한 광야에서 돌베개를 베고 자던 때와 흡사한 모습이었다.

새 이름 '빌리 킴(Billy Kim)'

경산으로 내려온 장환은 정식 하우스보이로 일하게 되었다. 수원에 있을 때는 집에서 왔다 갔다 했기 때문에 파트타임으로 심부름하는 수준이었다면 경산에서는 풀타임으로 일했다. 장환은 4개의 막사 가운데 한 막사에서 20여 명이나 되는 미군의 시중을 들었다. 그는 수원에서 했던 것처럼 성심성의껏 바쁘게 일했다. 매일 바닥을 쓸고, 물건을 정리하고, 이불을 햇볕에 널어 말리고, 구두를 반짝반짝 광나게 닦아놓고, 심부름도 잘했다.

닷새마다 돌아오는 보급품 지급일은 가난한 하우스보이를 황홀하게 만들었다. 그날은 장환이 생일보다 더 손꼽아 기다리는 날이었다. 미군에게 개인적으로 지급되는 보급품으로는 담배, 통조림, 커피, 양말, 시레이션, 파카, 속내의 등 없는 게 없을 정도였다. 그것은 당시 우리나라에서는 구경조차 할 수 없는 고급 물품이었고, 장환의 월급도 그것으로 지급되었다. 그 값진 물건들이 장환의 비밀창고 안에 차곡차곡 쌓이기 시작했다. 그것들을 수원 가족에게 가져갈 생각을 하면 장환은 부자가 된 것만 같았다.

당시 장환이 알아들을 수 있는 영어라고는 "헬로", "컴온!" 정도였다. 그 단어를 하루 종일 미군에게 들었기 때문에 무슨 뜻인지 눈치로도 금방 알아챌 수 있었다. 미군은 '장환'이라는 이름을 발음하기 어려우니 미국식 이름을 지어주겠다고 했다. 그래서 존, 스티브, 톰 등 여러 가지 이름이 얘기되다가 '빌리'라는 이름으로 결정됐다. 그날부터 장환은 미군들에게 '빌리 킴'으로 불렸다.

빌리가 막사에서 청소와 심부름을 하다가 짬이 날 때면 즐겨 보는 책이 있었다. 그것은 〈시어즈, 로벅(Sears, Roebuck & Co.)〉이라는 미국 잡지였다. 난생처음 보는 책인데, 그 속엔 멋진 장난감이나 자전거, 자동차, TV 등 빌리가 좋아할 만한 물건 사진이 가득했다. 모두가 꼭 가져보고 싶을 만큼 끌리고 욕심 나는 물건들이었다. 그 내용을 훑어보면서 장환은 미국이란 나라에 대한 호기심과 관심이 조금씩 자라기 시작했다.

미군들은 근무가 끝나고 나면 딱히 할 일이 없어 술을 마실 때가 많았다. 그때마다 빌리는 계란을 사서 삶아주기도 하고 계란 프라이를 해주기도 했다. 사랑하는 가족 품을 떠나 전쟁이 일어난 낯선 나라에 와서 군복무를 하는 미군들에게 고단함과 고독은 벗처럼 가까운 존재였다. 그런 와중에 빌리가 말하지 않아도 알아서 눈치껏 잘 해주니 모두 그를 좋아했다. 게다가 장환은 술을 마시고 밤마다 여자들을 막사로 데려와 좋지 않은 짓을 하는 미군에겐 "갓뎀!"이라고 소리치며 잔소리까지 했다. 그러니 성실함에 도덕성까지 갖춘 소년 빌리를 좋아하지 않을 이가 누구겠는가.

미군들과 함께 생활하면서 빌리는 빈곤 속의 풍요를 만끽했다. 흑인이든 백인이든 모두 빌리를 아끼고 좋아했는데, 빌리에게 서로 선물을 주려고 줄을 설 정도였다. 그중 하임(Heim)이라는 중위는 미국에 계신 어머니에게 야구 유니폼과 카우보이 옷을 보내달라고 해서 장환에게 선물하기도 했다.

경산에서도 장환 외에 몇 명의 하우스보이가 미군 부대에 들어왔다. 수원에서 내려온 하우스보이는 장환밖에 없었으므로 그 세계에서 그는 선임자였다. 하우스보이들은 각 막사에서 나오는 빨래를 동네 아주머니들에게 맡기고 담배나 커피, 초콜릿 같은 물건을 품삯으로 주었다. 간혹 달러로 빨래를 맡기려는 이가 있으면 빌리는 그것을 빨아서 말려주고 받은 현금은 저금했다.

당시 동네 아주머니들은 미군 부대의 빨래를 받기 위해 하우스보이들에게 잘 보이려고 온갖 방법을 썼다. 빌리는 개성에서 온 아주머니 한 분에게 빨랫감을 대놓고 맡겼다. 아주머니는 그게 너무 고마워서 빌리를 자기 집에 데려가 밥도 주고 고구마도 삶아주곤 했다. 그 집에는 스무 살쯤 되는 예쁜 누나가 있었다. 그 누나는 빌리를 동생으로 삼고 싶다며 자기 사진을 한 장 주었다. 빌리는 그 사진을 지갑에 보관해두었는데, 나중에 그 사진이 빌리에게 결정적인 도움을 주게 된다. 그 이야기는 뒤에서 다룰 테지만, 세상에 우연히 이루어지는 것은 결코 없음을 알게 해준다.

칼 파워스 상사와의 운명적 만남

사람은 살면서 두세 번의 운명적 만남을 경험한다고 한다. 이때 기회를 잘 포착하면 성공 가도를 걷게 되고, 기회를 잡지 못하면 그저 그런 인생을 살게 된다. 장환에게도 이런 만남이 찾아왔다.

그 운명적 만남은 경산에 있을 때 일어났다. 장환은 경산에서 자신의 미래를 단숨에 바꿔놓을 평생 은인을 만난다. 그는 바로 장환을 미국으로 데려간 칼 파워스 상사다. 파워스 상사는 장환이 일하는 막사가 아니라 다른 막사에서 인사 업무를 담당하고 있었다. 그와의 만남은 장환의 일생을 완전히 뒤바꿀 만큼 획기적 사건이었다.

어린 소년에 불과한 장환은 분주한 막사 생활에서 외로움을 느꼈고, 때때로 사과나무 아래서 하모니카를 불며 그 외로움을 달랬다. '푸른 하늘 은하수'와 '나의 살던 고향은' 같은 동요를 부를 때마다 어머니와 집 생각이 간절했다.

그러던 어느 날, 칼 파워스 상사가 하모니카를 불고 있는 장환을 팔로 감싸더니 미국에 가고 싶냐고 물었다. 장환은 〈시어즈, 로벅〉잡지를 보고 끌렸던 꿈같은 미국이 벌써 자신의 마음속 한편에 들어와 있음을 알았다. 그래서 한 치의 망설임도 없이 "예스!"라고 답했다. 하지만 그것이 현실로 이루어지리라고는 생각지 않았다. 전에도 함께 미국으로 가자고 말한 미군이 여러 명 있었지만, 정작 본국으로 돌아갈 때는 누구도 그 말을 꺼내지 않았기 때문이다.

하지만 파워스 상사는 달랐다. 술이나 담배를 하지 않고 친절했던 그는 왠지 모르게 신뢰가 갔다. 이후 장환과 파워스 상사는 시간이 날 때면 언제나 만나서 손짓발짓으로 대화를 나누려고 애썼다. 당시 소년 장환에 대한 첫인상은 어땠을까. 파워스 상사는 장환과의 첫 만남을 이렇게 고백한다.

> 1950년 성탄절, 대구 근처의 경산 사과 과수원에서 빌리를 처음 만났어요. 우리 군부대는 빌리의 고향인 수원에서 이동했어요. 성탄절에 두 대의 트럭이 과수원에 도착해 멈추었는데, 그 안에는 빌리가 속한 부대 병사가 몇 명 타고 있었죠. 날씨가 조금 쌀쌀했어요. 미군 병사들이 트럭에서 내리기 시작했을 때 한 소년이 내 눈에 띄었어요. 그

는 트럭 옆에 서서 마치 그 미군 친구들을 오랫동안 알았던 것처럼 존경하는 태도로 인사하고 있었어요. 문화와 인종이 다른 한 작은 소년이 미군 병사들에게 신뢰감을 가지고 충성과 존경과 헌신과 친절과 온유함을 나타내는 모습은 감동적이었죠. 하우스보이 빌리의 마음속에서 빛나고 있던 이런 자질들은 오늘날 복음전도자 빌리의 마음에서 찬란하게 빛을 발하고 있습니다.[5]

세상에 갓 나온 모세를 보는 순간 범상치 않은 아이라는 것을 알아보고 부모가 그를 숨겨서 살리고자 했듯 파워스의 눈에 장환은 특별한 존재로 깊이 각인되었다. 처음 본 장환의 모습이 계속 그의 눈에 아른거렸다. 마치 뭔가에 홀린 듯 파워스는 장환에게 그렇게 빠져들었다. 하나님의 섭리와 역사가 작용하는 순간이었다.

칼 파워스 상사의 제의

중공군 참전으로 남쪽으로 밀리던 전세가 역전돼 아군이 다시 북쪽으로 진격하게 됐다. 그에 따라 경산에 있던 부대도 안성으로 이동했고, 장환도 미군과 함께 안성에 도착했다. 그의 관심은 그동안 모아둔 물건을 가족에게 가져가는 일이었다. 장환은 목수를 찾아서 궤짝 두 개를 짜달라고 부탁한 뒤 하나엔 담배, 다른 하나엔 초콜릿과 통조림 등을 모두 담았다.

통조림 한 통도 먹지 않고 가족을 위해 아껴둔 물건을 하나씩 궤짝에 넣을 때마다 장환의 얼굴엔 밝은 미소가 번졌다. 장환은 그 물건을 가져가면 가족이 어떤 표정을 지을까 떠올려보았다. 생각만 해도 날아갈 것 같은 기분이었다. 안성과 수원은 가까운 거리였다. 작업이 끝나자 장환은 지프차 운전사와 함께 궤짝을 싣고 가족이 있는 수원으로 향했다. 전쟁통에 그 비싼 담배와 초콜릿과 통조림을 가득 담은 궤짝을 두 개나 싣고 집으로 간다는 건 그야말로 금의환향이었다. 미군이 아니면 어디서 그렇게 귀한 물건을 얻겠는가.

선물을 싣고 집으로 가는 길이 장환에게는 너무도 길게 느껴졌다. 6개월 만에 집으로 돌아가니 그냥 난리가 났다. 어머니 사랑은 막내 이거늘 오랜만에 보는 아들이 얼마나 반가웠겠는가! 아무 탈 없이 건강하게 돌아온 것만도 고마운 일인데, 장환이 땀 흘리고 수고해서 챙겨온 궤짝 속 물건들은 더없이 반갑고 고마운 선물이었다. 먹을거리는 가족이 함께 나눠 먹고 나머지는 팔아서 소 한 마리를 샀다. 농사짓는 일에는 소가 없으면 안 되는데, 인민군이 소를 가져갔기 때문에 당장 소가 필요했다. 장환은 나중에 학교에 가면 학비를 보태달라고 부탁하며 큰형님에게 소를 사주었다.

장환이 돌아왔다는 소문이 퍼지자 동네 사람들이 몰려와서 환영해주었다. 빈손으로 오지 않고 귀한 물건을 잔뜩 가져왔다고 하니 더 기특해하고 칭찬해주었다. 마치 동네 청년이 장원급제해서 돌아온 것처럼 동네 전체가 축제 분위기였다.

고향에 돌아온 김에 장환은 친구들과 함께 수원농림중학교에 가보았다. 학교가 문을 열었으면 복학할 생각이었는데, 학교는 폭격 맞은 그대로 방치되어 있었다. 빨리 전쟁이 완전히 끝나서 학교에 다닐 수 있기를 고대하며 장환은 집으로 발길을 돌렸다.

그 뒤 장환은 다시 하우스보이 일을 할 생각에 부대로 돌아갔다. 미군 부대는 안성에서 다시 북한강 쪽으로 이동해 천막을 치고 생활했다. 어느 날 아침, 장환은 아침에 강물로 세수하고 이를 닦다가 인민군 시체가 떠내려오는 것을 보고 기겁했다. 치열한 전쟁터를 경험하지 못했기에 피부로 와닿진 않았지만, 아직 전쟁이 끝나지 않았다는 것은 느낄 수 있었다.

미군 부대는 북한강변에서 사흘 정도 머물다가 다시 부평으로 옮겼다. 며칠 뒤, 뜻밖에도 칼 파워스 상사가 장환을 찾아왔다. 장환이 경산에서 안성으로 옮길 때 파워스는 전방으로 이동했다. 비록 떨어져 있긴 했으나 그는 후방에 내려올 일이 있으면 한 번씩 장환을 찾아왔다. 그때마다 파워스는 미국에 가고 싶지 않냐고 물었는데 장환은 이를 대수롭지 않게 넘겼다. 그동안 미국에 가자고 말하고선 약속을 지키지 않고 본국으로 떠나버린 미군이 여러 명이었기 때문이다. 장환은 파워스 상사도 그런 미군 중 하나일 것으로 생각했다.

그런데 파워스는 장환이 생각한 부류의 사람이 아니었다. 그는 정말 사고(?)를 쳤다. 미국 학교 입학원서를 들고 찾아온 것이다. 학교에 지원하려면 입학원서에 지원자가 직접 사인을 해야 한다고 했다. 사인을 해본 적이 없었던 장환은 종이에 이것저것 연습을 해보다가 가장 괜찮아 보이는 사인을 지원서에 그려 넣었다. 나머지는 파워스가 채워 넣었다.

중요한 계약서에 사인을 한 것처럼 이때부터 심장이 크게 박동하기 시작했다. 정말 미국에 가게 되는 건지, 만일 미국에 데려가 노예처럼 부려 먹거나 팔아넘기는 건 아닌지 불안한 마음이 들 때도 있었다. 하지만 장환이 아는 한 파워스 상사는 그럴 가능성이 없어 보여 다행이었다.

전쟁 중인 나라의 가난한 시골 소년이지만 청운의 꿈을 품고 있던 장환에게 미국에서 공부하고 싶은 바람이 왜 없었겠는가. 하지만 그렇기는 해도 정말 현실화가 가능할지는 알 수 없는 일이었다.

어린 마음에 한 가닥 부푼 꿈을 품고 파워스가 지원서를 보내준 학교로부터 소식이 오길 기다렸다. 하지만 여름이 다 지나도록 아무런 연락이 없었다. 그런데 실은 미국에 가게 되더라도 학비를 내는 일이 걱정이고, 무엇보다 키가 작고 영어를 잘 못한다는 게 가장 큰 두려움이었다. 미군과 몇 달째 어울려 생활했지만, 워낙 기본기가 없어 그들이 자주 사용하는 욕설과 간단한 명령어밖엔 터득하지 못한 상태였다. 더욱이 입학통지서가 오더라도 어머니가 낯선 나라에 가도록 허락할 리 만무하다는 점이 장환에게 좌절감을 안겨주었다. 그래서 유학길이 막히면 좋겠다는 생각도 마음 한구석에 자리 잡고 있었던 게 사실이다.

풀리지 않는 의문

당시 상황을 고려할 때 이해가 가지 않는 점이 몇 가지 있다. 하나는 장환이 칼 파워스 상사의 막사에서 직접 하우스보이 노릇을 한 것도 아닌데 어째서 그가 장환을 미국으로 데려갈 마음을 가졌는가

하는 점이다. 그 이유는 칼 파워스가 직접 쓴 『전쟁이 맺어준 우정』이라는 책에 잘 나와 있다. 이 책의 서두에 그가 왜 장환을 미국에 데려가게 되었는지 알려주는 대목이 있다.[6]

파워스는 미국 버지니아(Virginia)주 단테(Dante)에서 고등학교를 졸업하고 곧바로 미 육군에 입대해, 1950년 여름 일본을 거쳐 한국에 왔다. 당시 스물두 살이었던 그는 폭격을 피해 남쪽으로 내려오면서 부모와 생이별한 어린이들을 보고는 마음이 몹시 아팠다. 그 광경을 보며 마음속으로 자신이 단 한 명의 아이라도 전쟁에서 구해내야겠다고 결심했다.

파워스는 장환이 하우스보이를 하는 동안 아이들에게는 무한한 가능성이 있다는 것을 알았다. 특히 그가 눈여겨본 장환을 꼭 미국으로 데려가 공부시켜 전쟁통에 엉망진창이 된 한국을 위해 큰일을 하는 사람으로 만들고 싶었다. 그래서 그는 나중에 교직에서 은퇴한 후에도 전기가 들어오지 않는 산골에서 아이들에게 꿈을 심어주는 교사로 일하다가 세상을 떠났다. 이렇게 고귀한 생각을 그리스도인이 되기 전에 품었다는 사실이 믿기지 않는다.

다른 궁금증 하나는, 당시 칼 파워스는 장환과 마찬가지로 기독교인이 아니었는데 어떻게 보수 기독교 학교로 알려진 밥 존스(Bob Jones)에 입학시키려 했는가 하는 점이다. 그것은 파워스가 장환을 어느 학교에 보내는 게 좋을지 조언을 구했을 때 부관인 파커(Parker) 소령이 "외국 학생들에게 관심이 있는 밥 존스가 좋겠다"고 추천했기 때문이다. '외국 학생들에게 관심이 있다'는 말 한마디만 듣고 기독교인도 아닌 파워스가 밥 존스에 장환의 입학원서를 요청한 것이다. 물론 그 학교가 장차 장환은 물론 자신의 운명마저 뒤바꿀 줄은 당시로서는 알 수 없었다.

또 하나 풀리지 않는 숙제는, 철저한 근본주의 신학을 뿌리로 할 만큼 보수적인 학교에서 왜 세례도 받지 않고 신앙이 전혀 없던 장환에게 입학허가서를 내줬느냐 하는 것이다. 이것은 필자가 김장환 목사에게 직접 물어보았는데, 그때 김 목사의 대답은 이러했다.

"나도 잘 모르겠지만, 다 하나님의 이끄심과 역사 때문 아니겠어요?"

그렇다. 구순을 넘긴 김장환 목사는 지나온 자신의 삶을 돌이켜 생각해보면 모두가 자신을 향하신 하나님의 계획과 이끄심이었음을 절감한다. 김 목사가 아들 요셉에게 해준 말을 통해서도 그 사실을 확인할 수 있다.

> 요셉아, 아버지는 그분에게서 하나님의 조건 없는 사랑을 경험했어. 그분의 조건 없는 사랑 덕분에 아버지는 예수님을 만났고, 미국에서 공부하고 목사가 될 수 있었어. 나는 내가 이런 사람이 되리라고는 생각하지도 못했지.[7]

김장환 목사의 말대로 당시엔 하나님을 알지도 못한 칼 파워스에게서 장환은 하나님의 무조건적 사랑을 경험했다. 그 놀라운 사랑은 장차 장환은 물론 파워스의 운명까지 바꿔놓는다.

어머니의 결단

1951년 5월 25일은 장환에게 잊을 수 없는 운명의 날이었다. 장환이 미국 사우스캐롤라이나(South Carolina)주 그린빌(Greenville)에 있는 밥 존스에 요청한 입학허가서가 도착한 꿈같은 날이기 때문이다. 공교롭게도 그날은 파워스 상사에게 미국으로 근무지를 옮기라는 명령이 내려지기 바로 전날이기도 했다. 파워스는 빨리 귀국하라는 어머니의 성화를 뒤로한 채 장환을 미국에 보내기 위해 다시 귀국 연장 신청을 했다.

그해 초가을에 파워스는 밥 존스 입학허가서를 들고 장환을 찾아왔다. 그때 심정은 어땠을까? 장환은 막상 입학허가서를 가져오니 덜컥 겁이 났다. '이러다 정말 미국에 가겠구나' 하는 생각이 뚜렷해지는 순간이었다고 한다.

'영어도 못하는데 어떡하지? 미국에 가면 언제 돌아올지 모르는데, 그 사이에 어머니가 돌아가시지나 않을지……'

여러 가지 걱정이 한꺼번에 몰려왔다. 그래서 할 수 없이 파워스에게 "나는 나이도 어리고 키도 작고 영어도 잘 못하는데 어머니가 미국에 보내주실 리 없다"는 핑계를 대고 미국행을 없던 일로 돌리려 했다. 그때 파워스는 "키는 미국에 가서 치즈와 우유를 많이 먹으면 자랄 것이고, 영어는 배우면 될 것이고, 어머니는 내가 설득하겠다"고 말했다. 사실 장환은 파워스 상사의 제의에 응할 마음보다는 거절하고 싶은 마음이 더 컸다.

어느 날, 파워스가 통역할 사람 하나를 물색해서 장환과 함께 지프

차에 태우고 장환의 집으로 데려갔다. 어머니와 담판하기 위해서였다. 그렇게 장환의 집을 찾아간 파워스는 장환의 어머니에게 아들을 미국에 데리고 가서 공부시키겠다고 말했다. 그런데 사실 이때 어머니보다는 장환이 더 문제였다. 당시 장환의 마음은 굳게 닫혀 있었다. 키도 영어도 문제였지만, 연로하신 어머니를 두고 떠났다가 혹시라도 돌아오기 전에 어머니가 세상을 떠나시기라도 하면 그보다 더 큰 불효는 없을 것이기 때문이었다. 그래서 마음 한쪽에는 어머니가 파워스의 제의를 거절했으면 하는 바람도 있었다.

그런 분위기를 눈치챈 파워스는 마음이 급해졌다. 생사를 오가는 전쟁의 위험 한가운데 있는 찢어지게 가난한 시골 소년에게 세계 최고 나라 미국으로의 유학은 더없이 좋은 제안이었다. 하지만 한 어머니의 귀염둥이 막내아들에겐 어머니 품보다 더 소중한 건 없었다. 더욱이 낯선 외국 군인의 제의를 어찌 곧이곧대로 믿겠는가.

이때 장환의 마음에 변화를 일으킨 것은 어머니와 대화를 나눌 때 파워스의 눈에 비친 눈물이었다. 그의 눈에 고인 눈물을 통해 장환은 그의 진심을 읽을 수 있었고, 그래서 어머니에게 자신의 부정적 마음을 감춘 채 침묵했던 것이다.

칼 파워스는 장환의 미래가 결정되는 역사적 순간을 『전쟁이 맺어준 우정(A Heart Speaks)』에 이렇게 묘사했다.

그녀(장환의 어머니)는 내 얼굴을 본 적도 없고 내 이름에 대해 들어본 적도 없었다. (…) 그녀가 나를 믿을 만한 이유는 하나도 없었지만, 오히려 나를 믿지 못할 이유는 세상에 수두룩하게 있었다. 제2차 세계대전 이후 미군과 관련된 좋지 못한 평판이 있었다. 한국 전통에 대한 무례함, 한국 여인들과의 문제, "술집에서 즐기고 끝"이라는 태도, 그리고 그들과의 지키지 않는 약속들에 대한 보도들이 있었다. (…) 내게는 나를 증명할 만한 아무것도 없고, 그녀는 그 질문에 대한 대답을 그저 내 얼굴에서 찾으려 할 뿐이었다. 그를 지원하겠다는 제안만이 내가 할 수 있는 말의 전부였다. 내게는 나의 정직성을 보증해줄 아무런 추천서도, 어떤 사람도 없었다.[8]

파워스의 눈에 장환은 미국으로 유학 가는 일에 전혀 관심이 없어 보였고, 그의 그런 태도로 인해 상황은 절망적으로 전개되는 듯했다. 장환은 한국을 떠나는 것을 원치 않았기 때문에 어머니에게 거절하라고 재촉하기 일보 직전이었다.

마침내 그녀는 여행과 체류 기간에 관련된 몇 가지 질문으로 침묵을 깼다. 그리고 침묵이 찾아왔다. 바로 그때, 나는 그녀가 내려야 할 결정이 얼마나 중대한 것인지를 알아챘다. 7년은 긴 시간일 수 있고, 죽음은 의외로 그녀에게 빨리 찾아올 수 있다. 그 아들이 그녀 눈앞에서 일단 멀어지면 다시는 그를 볼 수 없을지도 모른다. 그 아들이 혹시 학대를 받지는 않을까? 혹 나의 계획에 어떤 악한 음모가 있지는 않을까? 그 질문들이 그녀 마음을 얼마나 고통스럽게 했을까! 그러나 그녀는 어머니의 지혜를 십분 발휘하여 아들을 위해 올바른 결정을 내렸다.

마침내 그녀 눈가에 눈물이 고였고 그 눈물은 그녀 볼을 타고 내려왔다. 바로 그때 나는 그녀가 결정에 이르렀음을 알아챘다.[9]

"15년은 더 산댄다. 내 아들을 데려가도 좋아요."

이 얼마나 기다리고 고대하던 말인가. 장환의 어머니가 15년은 더 살 것 같다고 말해주며 안심을 시켰는데, 그게 주효했던 것 같다. 그 말을 내뱉기까지 어머니의 속은 새까맣게 타들어 갔을 것이다. 파워스 상사의 속도 마찬가지였다. 그때의 속마음은 계속 흘러내리는 눈물이 잘 말해주고 있었다. 어머니는 아들이 돌아오기 전에 자신이 죽을 수도 있다고 생각했지만, 마침내 아들의 인생과 장래를 파워스에게 맡기는 데 동의했다. 물론 15년은 더 살 거라는 희망을 갖고서 말이다.

하지만 이것은 정말 인간적으로는 불가능한 일이었다. 지금이라면 비행기를 타고 1년에 한 차례라도 집을 방문할 수 있겠지만, 교통이 발달되지 않은 당시 상황에선 언제 죽을지 모르는 연로한 어머니가 언제 학업을 마치고 돌아올지 모르는 아들을 미군 병사의 말 한마디만 믿고 보내기가 쉽지 않았을 것이다. 파워스의 표현대로 하나님의 성령이 어머니의 마음을 강하게 사로잡지 않고선 그런 답이 나올 수 없었으리라.

장환의 어머니는 다시 이렇게 말했다.

"여기 내 영혼의 기쁨인 아들이 있어요. 그의 인생이 당신 손에 달렸어요. 나는 당신을 믿어요."

그런 신뢰가 파워스의 마음을 얼마나 감동시켰는지 모른다. 파워스는 처음 보는 낯선 외국 군인을 전적으로 믿고 소중한 막내아들을 맡긴 어머니의 신뢰를 절대 저버리지 말아야겠다고 그 자리에서 굳게 결심했다.

신앙을 가진 뒤로 칼 파워스는 늘 장환의 어머니를 떠올리며 기도했다고 한다. 훗날 파워스는 자신이 장환 어머니의 신뢰를 깨뜨리지 않고 약속을 잘 지키게 해주신 하나님께 깊은 감사를 드렸다.

파워스가 어머니에게 허락을 받아내자 장환의 미국 유학 수속은 일사천리로 진행되었다. 한 가지 문제는 유학을 진행한 파워스가 장환과 동행하지 못한다는 점이었다. 그는 당시 6·25전쟁에 참전한 군인 신분이었기 때문이다. 전쟁 중인 나라의 소년이, 그것도 한 번도 가보지 않은 먼 나라 미국 땅에 혼자 간다는 것은 거의 불가능에 가까웠다.

더욱이 당시는 비행기가 아니라 배를 타고 미국에 가던 시절이었다. 배를 타려면 부산항으로 가야 했다. 전쟁통에 미국 대사관과 대한민국 정부가 부산에 있었기 때문이다. 파워스는 장환을 부산에 데려다주고 다시 전방으로 떠났다. 나머지 수속은 장환이 스스로 해결해야 했다.

당시에도 기차역에는 군인들만 도와주는 곳이 있었는데, 장환이 미국 유학을 위한 절차를 밟으러 왔다고 했지만 누구 하나 도와주는 이가 없었다. 다행히 한 군인이 누나가 있느냐고 물었고, 그때 개성

누나 사진이 생각나서 얼른 가방에서 꺼내 보여줬다. 경산에 있을 때 미군 빨래를 세탁했던 개성 아주머니의 딸 사진이 요긴하게 쓰이는 순간이었다. 그 사진 덕분에 군인들이 서로 나서서 도와주겠다고 했다. 그때 복잡한 수속을 많이 도와준 사람이 한봉직이라는 헌병수송관이었다.

그렇게 장환은 파워스의 도움 없이 혼자 수원과 부산을 오가며 미국 유학 수속을 밟았다. 그러는 동안 미국은 점점 더 장환의 마음에 가까워졌다. '설마 꿈은 아니겠지!' 하며 부푼 가슴을 진정시켜야 했다.

지난날 장환이 광교산에서 나무를 지고 내려오며 미군 막사를 기웃거리다가 혼자 지목당한 일이나, 한 번도 가족을 떠나보지 않은 몸으로 용감하게 미군을 따라 경산까지 가게 된 일이나, 다른 막사에서 일하던 칼 파워스 상사가 미국으로 장환을 데려가려 한 일이나, 어머니가 자식을 마지막으로 볼 수도 있는 상황에서 장환의 미국행을 허락한 일이나 모두 하나님의 역사와 섭리가 분명하다.

이처럼 하나님의 섭리는 참으로 기이하고 신비롭게 역사한다. 장환의 미국행은 그의 인생을 송두리째 바꿔놓을 만큼 획기적인 사건이었다. 이후 그 앞에는 어떤 일이 펼쳐졌을까.

꿈의 나라 미국행

1951년 9월, 드디어 꿈의 나라 미국으로 가기 위한 절차가 모두 완료되었다. 바쁜 중에도 칼 파워스가 장환을 데리고 부산의 미국 대사관과 한국 정부에 가서 출국 절차를 밟아주었다. 그런데 문제가 생겼다. 모든 수속이 끝났는데 비자가 나오지 않았다.

> 나중에야 안 사실이지만, 파워스 상사는 장환의 출국 서류를 통과시키기 위해서 제대를 몇 차례나 연기하면서 백방으로 뛰어다녔던 것이다. 자국에서의 군생활도 힘들거늘 전쟁이 일어난 남의 나라 땅에 하루라도 더 복무 기간을 연장해서 머물려고 하는 사람이 누가 있겠는가? 게다가 이미 3만 4천 명의 미군이 전쟁 중에 전사를 한 마당에 할 수만 있다면 하루빨리 이 나라를 떠나 귀국하기만을 손꼽아 기다리고 있는 부모님 품으로 돌아가고픈 마음을 갖는 게 정상이었다.[10]

하지만 파워스에게는 장환이 미국 유학 준비가 완료되어 미국으로 출국하는 것보다 더 소중한 일은 없었다. 그때까지 목숨이 위태롭더라도 그는 자기희생을 감내할 생각이었다. 그것은 자기 핏줄이 아니면 발휘되기 힘든 희생정신이었다.

당시에는 줄과 백이 통하던 시절이라 부산에 있던 대한민국 정부의 백낙준 문교부 장관과 변영태 외무부 장관에게 탄원도 넣고 진정서도 제출해서 천신만고 끝에 비자가 나왔다. 만약 칼 파워스가 먼저 미국에 들어갔다면 복잡한 유학서류를 준비할 사람이 없어서 서류 통과가 힘들었을 것이다. 비록 당시엔 신앙인이 아니었지만, 하나님은 파워스를 고레스 왕처럼 사용해 장환의 미국 유학 준비를 위한 선한 도구로 삼으셨던 것이다.

전시 중에는 미국에서 부산으로 군용 보급품을 싣고 오는 배가 있었다. 짐을 부산항에 다 부려놓고 미국으로 돌아갈 때는 사람을 태우고 갔는데, 당시 뱃삯은 408달러였다. 파워스는 비자가 나오자마자 그 비싼 배표를 끊어서 장환의 손에 쥐어주었다. 배표를 손에 들자 벌써부터 가슴이 부풀어 올랐다.

'아, 이젠 정말 미국으로 가는구나!'

그런데 조국을 떠나기 전에 할 일이 있었다. 수원으로 가서 어머니에게 작별 인사를 고해야 했다. 설레고 들뜨기도 했지만 사랑하는 어머니와 형제들과 이별할 생각을 하니 눈물이 앞을 가렸다.

귀여운 막내아들과의 아쉬운 이별에 어머니 마음은 더 찢어졌다. 장환은 마지막이 될지도 모르는 큰절을 어머니께 올렸다. 어머니는 아들의 출국에 앞서 삼베 조각을 잘라 주둥이를 실로 묶어 만든 작은 주머니 하나를 내밀었다. 그 안에는 흙 한 줌이 들어 있었다. 고향 생각이 날 때마다 흙을 달여서 먹으면 향수병이 가신다고 했는데, 일종의 미신에 가까웠다. 어머니는 또 장환의 옷 안에 부적 두 장을 실로 꿰매주었다. 이 역시 미신적 행위였다.

다시는 볼 수 없을지도 모르는 아들과의 이별에 어머니 마음은 착잡했겠지만, 장환은 미국 갈 생각에 잔뜩 들떠 있었다. 전쟁이 일어난 나라에서 세계 최고의 나라 미국으로 유학을 떠나는 장환의 모습을 지켜보는 친구들도 부러움 반 슬픔 반으로 작별을 고했다.

요즘에야 우리나라도 경제 부국에 속하다 보니 조기 유학생이 늘어나는 추세지만, 전후 1951년 당시 열일곱 살 가난한 시골 학생이 최선진국으로 유학을 떠난다는 것은 흔치 않는 일이었다. 칼 파워스라는 미군의 도움 없이는 꿈도 못 꿀 기적 같은 사건이었다. 동네 친구들의 부러움 가득한 눈초리에 소년 장환이 얼마나 의기양양했을지는 상상이 간다.

출국 날이 되기까지 장환은 부산 거리를 돌아다니며 남은 시간을 한봉직과 함께 보냈다. 며칠 뒤 장환을 싣고 갈 꿈의 배가 마침내 출발한다는 소식이 왔다. 1951년 11월 12일, 장환을 환송한 이는 한봉직과 그의 친구였다. 파워스 상사가 동행한다면 더 바랄 게 없었겠지만, 아쉽게도 근무 연장 기간이 12월 8일에 끝나기 때문에 그는 함께 갈 수 없었다.

장환은 자신을 위해 군 복무를 마치고도 미국에 돌아가지 않고 다섯 차례나 제대를 연장한 파워스의 사랑이 눈물겹도록 고마웠다. 그 순간, 그 은혜에 보답하기 위해서라도 미국에 가면 열심히 공부해서 자랑스러운 한국인이 되리라 결심했다.

밀려오는 불안감

꿈의 나라로의 출발을 알리는 구슬픈 뱃고동 소리와 함께 마침내 미국행 배가 서서히 움직이기 시작했다. 배는 순식간에 부산항에서 멀어졌고, 이윽고 바다 외에는 아무것도 보이지 않는 망망대해로 접어들었다.

초등학교 1학년 때 선생님이 가슴에 명찰을 달아준 것처럼 장환의 가슴에는 미국에서 마중 나올 사람이 알아보기 쉽게 이름표가 붙어 있었다. 그리고 옷 안쪽에는 어머니가 꿰매주신 부적 두 장이 달려 있었다. 어쩌면 배에 함께 탔던 사람들이 장환의 모양새를 보고 웃었을지도 모른다.

미군 부대에서 구해 가져온 '더플백' 안에는 유학에 필요한 필수품인 한영사전과 영한사전, 어머니가 담아주신 흙 한 봉지 그리고 옷 몇 벌이 들어 있었다. 가난했던 시절이라 장환은 새 옷은커녕 미군 군복을 줄여 입고 배에 탔다. 가족과 고향, 조국을 떠나는 슬픔보다 세계 최고의 나라에서 선진 학문을 배울 일에 대한 설렘과 기쁨이 더 컸다.

하지만 태어나서 한 번도 떠난 적 없는 조국 땅에서 배가 멀어지자 불안감과 고독감이 한꺼번에 밀려왔다. 파워스가 제대를 여러 번이나 연기하면서까지 장환을 기필코 미국에 보내려 한 이유에 대해서마저 의구심이 일었다. 파워스 상사는 술, 담배를 하지 않고 이성적으로도 문제없이 깨끗하며, 맡은 일에 충실한 선한 사람이었다. 그런 그를 향해서는 한 치의 의심도 해본 적이 없는데, 그래도 '혹시나?' 하는 생각이 엄습했다. 전쟁통에 제대를 그렇게 여러 번 연기한 이유를 알 수 없었기 때문이다.

과거에 미국은 아프리카 흑인을 데려와서 노예로 부려 먹은 전과가 있는 나라였다. 장환은 설마 자기에게 그런 끔찍한 일이 일어나지는 않을 거라며 스스로를 위로했다. 아무리 가난하고 힘없는 나라라도 가족과 함께 자기 나라에서 사는 것보다 안전한 것은 없다는 생각이 절로 들었다.

당시 그 배에는 20대 중반의 유학생 네 명이 함께 타고 있었는데, 모두 대학을 졸업한 부잣집 자제들이었다. 유학은 그들처럼 여유 있는 사람들에게나 어울리는 일이었다. 장환은 깊이 알지도 못하는 미군 한 사람의 약속만 믿고 유학을 떠난 자신 같은 사람에겐 격에 맞지 않는 일이라는 생각이 들었다.

요즘은 비행기로 대략 9시간이면 미국에 갈 수 있지만, 당시에는 배를 타면 한 달이 넘게 걸렸다. 배를 타본 적이 전혀 없는 장환은 이틀 동안 뱃멀미로 속이 뒤집히고 구토가 나와 혼이 났다가 겨우 정신을 차렸다. 그사이에 아무것도 먹지 못해 쑥 들어간 눈으로 힘없이 갑판 위를 거니는데, 또다시 두려움이 밀려왔다.

설렘으로 시작된 미국 유학 배편은 계속되는 두려움과 염려를 동반하며 서서히 미국을 향해 가고 있었다. 장환은 앞으로 어떤 미래가 펼쳐질지 막막하기만 했다. 당시에는 하나님을 알지 못했으니 당연한 마음의 반응이리라. 하지만 분명한 것은 장환이 의식하지 못하는 가운데서도 하나님의 역사는 계속 진행되고 있었다는 사실이다.

미국 유학 시절

Chapter 02

상반된 두 감정

성탄절을 이틀 앞둔 1951년 12월 23일, 장환이 탄 배는 긴 여행 끝에 마침내 미국 샌프란시스코항에 도착했다. 부산을 떠난 지 꼭 42일째 되는 날이었다. 금문교 위로 넘어가는 붉은 석양이 미국을 처음 방문하는 장환에게 황홀한 자태로 인사했다. 배가 서서히 항구에 닿을 무렵, 건물마다 전등불로 장식한 성탄절 트리가 아름다움을 뿜냈다. 한국 땅에선 평생 보지 못한 우아한 광경이었다.

꿈에 그리던 미국에 도착한 장환은 난생처음 보는 새로운 모습에 눈이 휘둥그레졌다. 호롱불 하나로 어두운 밤을 지새우던 수원과는 달라도 너무 달랐다.

'아, 이게 내가 그렇게 와보고 싶던 미국이란 말인가!'

한 달이 넘게 지루하고 무료한 여행을 하면서 '과연 미국에 도착하기나 할까?' 했던 불안감이 단숨에 사라지고, 꿈의 나라 미국에 와 있다는 것이 실감나기 시작했다.

짐을 챙겨 배에서 내리는데 반가운 얼굴이 이국땅에서 빌리를 환영해주었다. 그는 빌리가 부평에서 하우스보이로 일할 때 만난 적이 있는 하임 중위였다. 칼 파워스의 부탁을 받고 친구와 함께 마중 나온 것이다. 몇 주 뒤 귀국할 예정인 파워스는 빌리가 미국 땅에 혼자 도착했을 때 난처하지 않게 하임 중위에게 연락을 취해놓았다. 두 사람이 통관 수속을 밟아 빌리를 태우고 집으로 데려갔다. 하임 중위의 가족은 낯선 나라에서 온 빌리를 따뜻하게 환영해주었다. 가족들이 베푸는 진심 어린 친절이 빌리의 마음 한구석에 남아 있던 의

구심을 어느 정도 사라지게 해주었다.

오랜 항해로 몸은 지칠 대로 지쳐 있었지만, 빌리는 꿈의 나라 미국에 발을 디뎠다는 사실에 가슴이 벅차올라 쉽게 잠들지 못했다. 멀리 두고 온 어머니와 형제들 생각도 났고, 앞으로 새로운 나라에서 어떻게 살아갈지에 대한 걱정과 기대가 교차했다.

다음 날, 빌리의 차림새를 눈여겨본 하임 중위의 어머니가 백화점에 가자고 했다. 아무리 가난한 나라에서 왔다지만 변변한 옷 하나 없이 미군 군복을 줄여 입고 올 줄은 몰랐던 것이다. 하임 중위의 어머니를 따라간 빌리는 난생처음 가본 미국 백화점에 진열된 물건들을 보고 또다시 놀랐다. 한국에선 보지 못한 진귀한 물건이 즐비했다.

하지만 백화점에서 만나는 사람마다 모두 걸음을 멈추고 쳐다보는 바람에 빌리는 몹시 불편했다. 당시만 해도 미국에 동양인이 많지 않아서 키 큰 백인들이 많은 그곳에서 빌리는 동물원 원숭이 같은 신세였다. 놀랍고 불편한 쇼핑을 마친 빌리는 몸에 맞는 새 옷을 사서 하임 중위의 집으로 돌아왔다. 빌리보다 두 달 앞서 귀국한 하임 중위는 휴가까지 얻어서 빌리를 3주 동안 잘 보살펴주었다. 빌리는 태어나서 처음 맛보는 음식에다 하임 중위 가족의 친절과 배려 속에 아무것도 하지 않고 편히 지냈다.

어린 시절부터 빌리는 이렇게 긴 시간을 놀아본 적이 없었다. 언제나 밭에 가서 형님 농사를 돕거나, 산에 가서 쇠꼴을 해오거나, 아니면 집에서 잔심부름하며 부지런히 몸을 움직여 살아온 그였다. 그래서 처음으로 맛보는 긴 휴식이 달콤하기보다는 뭔가 어색했다. 놀면서 쉬려고 미국에 온 것이 아니고 학교에 입학해서 영어를 배우고 공부하기 위해 고향을 떠나온 것이기에 빌리는 하루빨리 학교에 가고 싶었다.

입학원서에는 분명 1월 23일이 2학기 개학일로 되어 있는데, 학교에 데려다줄 기미를 보이지 않자 빌리의 근심이 다시 시작되었다.

'다른 꿍꿍이속이 있는 건 아닐까? 왜 학교에 안 데려가는 거지? 파워스 상사는 뭘 하고 있는 거지?'

그러던 중 빌리가 믿고 있던 칼 파워스의 형님에게서 연락이 와서 드디어 하임 중위의 집을 떠나게 되었다. 처음 보는 동양 아이를 가족처럼 따뜻하게 맞아준 하임 중위의 가족에게 빌리는 진심으로 깊이 감사했다.

그렇게 미국에 도착한 지 3주 만에 칼 파워스의 고향 버지니아주로 가게 되었는데, 교통이 편치 않던 시절이라 우선은 대륙을 횡단해 칼 파워스의 형님이 사는 오하이오주로 가야 했다. 하임 중위는 빌리를 오하이오주로 보내기 위해 버스 정류장에 데려다주었다. 그런데 동양 아이 혼자 오하이오까지 간다고 하니 직원이 영어를 잘하느냐고 물었다. 잘 못한다고 하니 소통이 되지 않으면 버스를 제대로 갈아탈 수 없어 문제가 생길 수 있으니 차표를 팔 수 없다고 했다. 사정을 해보았지만 막무가내였다.

할 수 없이 기차역으로 갔는데, 거기서도 성인 동행자가 없으면 탑승할 수 없다고 했다. 남은 방법은 비행기밖에 없었다. 그런데 항공료가 만만치 않았다. 그때 빌리가 가진 돈은 130달러가 전부였다. 100달러는 칼 파워스가 준 것이고, 나머지 30달러는 빌리가 미군 부대에서 푼푼이 모은 것이었다. 하지만 130달러로는 턱없이 부족했다.

궁하면 통한다고, 때마침 하임 중위가 좋은 생각을 해냈다. 미국에서는 나이가 12세 미만이면 요금을 반값만 내게 되어 있었고, 빌리는 키가 작아 11세라고 해도 믿을 것이라 생각한 것이다. 그렇게 나이를 속여 156달러의 반값인 78달러에 티켓을 샀다. 선의의 거짓말을 한 셈이다. 하임 중위는 헤어지면서 빌리에게 한 가지 당부를 했다. 티켓을 검사할 때 영어로 물으면 무조건 "노 스피킹 잉글리시(No speaking English!)"라고 말하라는 것이다.

하임 중위와 헤어져 공항으로 들어가는데 불안감이 몰려왔다. 혹시라도 나이를 속여서 비행기표를 반값으로 끊은 사실이 들통나면 어떡하나 가슴이 두근거렸다. 다행히 당시 한국 여권은 한글과 한문으로만 표기되어 있었고, 생년월일도 단기로 기재되어 있어서 미국 사람이 나이를 정확히 계산하기는 불가능했다.

평생 처음 타보는 비행기라 고공공포증에 시달리기도 했지만, 무사히 비행기를 탔다는 안도감에 이내 적응이 되고 기분이 나아졌다. 그렇게 해서 빌리는 4시간 30분 동안 TWA항공을 타고 아무 탈 없이 오하이오주 신시내티까지 갔다.

공항에 도착하니 파워스의 형님 카멘 파워스(Carmen Powers)가 마중을 나와 있었다. 처음 보는 얼굴이었지만 동생과의 인연으로 인해 서로 낯설지 않은 기분이었다. 빌리의 최종 목적지인 파워스 상사의 집은 그곳에서 차를 타고 9시간 정도 더 들어가야 했다. 형님의 도움을 받아야 해서 직장 일을 쉬는 주말까지 빌리는 그 집에서 기다려야 했다. 마침내 파워스의 형님이 한 주간 휴가를 내서 빌리를 데리고 동생 집을 향해 출발했다. 한참을 달려 버지니아의 소도시 단테에 들어섰고, 거기가 끝인가 했더니 거기서도 한참 더 산골로 들어갔다.

칼 파워스 상사는 애팔래치아 산맥(Appalachian Mountains)의 한 탄광촌에서 태어났다. 그가 태어난 마을은 학교가 하나 있을 뿐 변변한 가게도 없이 고작 10가구가 모여 사는 깊은 산속 시골 마을이었다. 그가 고등학교를 갓 졸업했을 때 6·25전쟁이 터졌고, 가난 때문에 목숨 걸고 군에 자원했던 것이다. 한국의 가난한 아이를 미국으로 데려가기 위해 다섯 번이나 제대를 연기할 만큼 열정을 보였다면 그 나름대로 부유한 집안 자식이겠거니 했는데, 사실은 정반대였다.

시골을 지나 좁은 산길을 굽이굽이 돌아서 들어가는 산골짝 풍경에 빌리는 내심 실망을 했다. 세계 최고의 나라 미국은 모든 곳이 샌프란시스코처럼 화려하고 부유한 줄 알았는데, 파워스 상사가 사는 곳은 빌리의 고향 수원보다 더 시골 같았다. 학교가 있을 것 같지도 않은 산골인데, 혹시 아프리카에서 끌려온 흑인들처럼 목화밭 같은 데서 노예로 일하게 되는 건 아닌지 또다시 불안감이 몰려왔다.

드문드문 있는 집들을 지나쳐 집이라곤 딱 두 채밖에 없는 외딴 산 아래서 차가 멈췄다.

'애걔, 겨우 이런 곳에서 나를?'

실망스러운 마음으로 차에서 내리니 그리도 그리웠던 칼 파워스 상사가 뛰어오는 게 보였다. 그제야 반가운 마음으로 그의 품에 안겼다. 한국에서만 보다가 낯선 미국 땅에서 만났으니 얼마나 반가웠겠는가. 그렇게 해서 빌리는 파워스의 부모님과 남동생, 외삼촌 가족들과 처음 인사를 나누었다.

가난한 살림에 보탬이 되려고 군에 지원해 전쟁이 터진 나라에서 군복무를 했으니 파워스 가족의 마음이 얼마나 조마조마했겠는가. 게다가 한국의 아이 하나를 미국에 데려와 공부시키려고 제대를 여러 번이나 연기했으니 얼마나 조바심이 났겠는가.

보통 부모 같으면 아들의 바보 같은 계획을 반대하고 꾸짖었을 것이다. 하지만 파워스 가족은 부모와 형제들이 모두 마음이 넓고 천사 같은 사람들이었다. 온화한 미소로 따뜻하고 친절하게 자신을 환영해주는 사랑 가득한 가족의 모습에 빌리의 마음도 눈 녹듯 녹았다. 마침내 '제대로 왔구나!' 하는 안도감을 느끼며 깊은 행복감에 빠져들었다.

밥 존스에서 경험한 딜레마

1952년 2월 3일, 빌리는 드디어 꿈에도 그리던 학교에 가게 된다. 고향에서도 공부하는 게 소원이었던 그가 세계 최고의 나라에서 공부하려고 미국 땅에 왔는데, 그곳에서 접해본 상황과 환경은 의구심을 갖기에 충분했다. 하지만 막상 빌리에게 입학원서를 보내준 학교를 찾아서 정문에 들어서니 그동안 마음을 괴롭혔던 의심과 염려가 한꺼번에 해소되는 것 같았다.

그런데 밥 존스의 중학교 등록 시작부터 전혀 예상치 못한 문제가 생겼다. 학교 관계자가 한국 학교의 졸업증명서와 성적증명서를 요구한 것이다. 학교에 입학하려면 증명서 제출은 필수였다. 하지만 전쟁통에 그런 게 있을 리도 없고 구할 수도 없었다. 학교가 폭격으로 불타버렸는데 무슨 기록이 남아 있겠는가.

파워스가 담당자에게 전쟁 중인 나라에서 와 자료를 제출할 수 없는 사정을 설명했다. 그러자 담당자는 빌리를 원래보다 한 학년을 낮추어 중학교 3학년에 배치했다. 모든 절차를 다 마친 파워스는 학비를 낸 뒤 빌리에게 열심히 공부하라는 말을 남긴 채 집으로 돌아갔고, 빌리는 기숙사로 갔다.

아는 사람 하나 없는 밥 존스에서의 생활은 그렇게 시작되었다. 다음 날인 2월 4일부터 수업을 받기 시작했는데, 이미 2학기가 2주일이나 지나버린 뒤였다. 말도 통하지 않은 미국 중학교에서 학기를 시작한 지 2주가 지난 뒤부터 공부를 시작했으니 수업 내용을 따라갈 리 만무했다.

앞서 언급했듯이 무신론자였던 칼 파워스가 집 근처에 있는 버지니아 공립학교(Public School in Virginia) 대신 사우스캐롤라이나주의 기독교 사립학교에 빌리를 입학시켜 8년 동안 등록금을 대준 것은 기적 같은 일이다. 하나님의 섭리로밖에는 해석되지 않는 일이다. 어쨌든 전쟁 중인 나라에서 온 외국인에게 학교 룰을 까다롭게 적용하지 않고 배려해준 덕분에 빌리는 밥 존스 중학교에 편입할 수 있었다.

밥 존스 대학교(Bob Jones University)는 미국 사우스캐롤라이나 주 그린빌에 있는 초교파 복음주의 사립대학교다. 밥 존스 재단은 기독교 교육을 위해 밥 존스 1세가 1927년에 설립했다. 밥 존스는 복음주의적이며 근본주의적인 신학적 전통을 가지고 있고, 비교적 저렴한 학비로 최고 수준의 교육을 받을 수 있는 몇 안 되는 명문으로 꼽힌다. 밥 존스는 유치원부터 대학원까지 한 울타리 안에 있는데, 이 학교 학생들은 엄격한 규율 아래 일사불란하게 움직인다. 학교 인근에 사는 학생들을 제외하고는 대부분 기숙사에서 생활한다.

빌리는 기숙사에서 대학생 3명과 같은 방을 쓰게 되었다. 매일 밤 10시가 되면 한 방에서 지내는 학생들이 같이 예배드리는 것이 기숙사의 원칙이었고, 빌리는 영문도 모른 채 가만히 앉아 있었다. 게다가 매번 다가오는 채플 예배는 빌리를 괴롭히는 따분하고 힘든 시간 중 하나였다. 기독교 신앙을 갖지 않은 그로선 당연한 일이었다.

빌리가 고등학교에서 공부할 때 『죽으면 죽으리라』의 저자 안이숙 여사와 부군 김동명 목사도 밥 존스 대학원에 재학 중이었는데, 한국인 학생이 입학했다는 소문을 듣고 빌리를 찾아왔다. 부부는 트레일러를 개조한 집으로 빌리를 초대해서 푸짐한 저녁식사를 대접한 뒤 성경책을 선물로 주었다. 빌리가 성경을 소지하게 된 것은 그때가 처음이었다. 하지만 아쉽게도 그 책은 빌리의 관심을 전혀 끌

지 못했다.[11]

그러잖아도 영어를 알아들을 수 없어서 고향 생각이 간절하던 차에 한국인 가정에서 한국 음식을 먹고 한국말로 대화를 나누니 향수병이 살아나는 듯했다. 한 집안의 막둥이로 태어나 어머니와 형님들의 사랑을 독차지하던 그가 남의 나라에 와 말이 통하지 않는 상태에서 공부하고 있으니 얼마나 외롭고 고향 생각이 간절했을지 상상이 된다.

한국에 있을 땐 제법 똑똑하다는 소리를 듣고 살았는데, 미국 땅에 오니 벙어리, 귀머거리나 마찬가지였다. 공부도 따라가기 힘들고 기숙사에서 나오는 음식도 입에 맞지 않아 빌리는 고향 생각, 어머니 생각에 자주 눈물을 흘렸다. 청운의 꿈을 품고 미국 땅에 왔건만, 영어 실력은 쉬이 늘지 않고 믿지도 않는 하나님을 찬양하고 기도하고 설교까지 들어야 하는 자신의 고달픈 모습이 너무 처량하다는 생각이 들었다. 달을 보면 고향 생각, 비가 오면 어머니 생각이 나서 하염없이 울었다. 한국을 떠나올 때 한없이 부러워하던 친구들의 모습도 자주 떠올랐다. 외롭고 힘든 자신의 형편을 친구들이 안다면 얼마나 비웃을까 하는 생각도 빌리의 마음을 아프게 했다.

빌리는 고향 생각이 날 때면 어릴 때 자주 불렀던 향수 짙은 동요를 흥얼거리며 훌쩍훌쩍 울곤 했다. 당시 그가 자주 부르며 마음을 달래던 노래는 "해는 져서 어두운데 찾아오는 사람 없어 밝은 달만 쳐다보니 외롭기 한이 없다"로 시작하는 '고향생각'이었다. 또 동네 어른들이 자주 부르던 유행가 가사도 떠올라 눈물을 훔치곤 했다.

"타향살이 몇 해던가 손꼽아 헤어보니", "울려고 왔던가 웃으려고 왔던가" 같은 가사가 그 시절 빌리의 마음을 구슬프게 달래주었다. 그러나 진정한 위로는 되지 않았다.

아무리 세계 최고의 나라라도 자신이 만끽하고 누릴 수 없다면 무슨 소용이겠는가. 밥 존스에서 계속 공부할 것인가, 그만두고 고향으로 돌아갈 것인가? 진퇴양난의 힘겨운 갈림길에서 빌리는 어떤 결정을 할지 고민에 빠져들었다.

마침내 찾아오신 하나님

그렇게 한두 달쯤 지났을 때, 그리움에 복받쳐 가슴 아파하던 빌리의 삶을 송두리째 바꿔놓을 운명의 순간이 그를 찾아왔다. 하나님이 이스라엘 백성의 신음 소리를 들으시고 그들을 돌아보시고 기억하셔서 모세라는 지도자를 통해 애굽에서 구출하신 출애굽기 2장의 이야기가 연상되는 장면이다.

빌리는 하나님을 몰랐으나 그를 미국 땅으로 인도하신 하나님은 그가 당하는 어려움과 고독을 잘 알고 계셨다. 그래서 우선 그에게 믿음을 주셔서 힘을 얻게 하시려고 모세 같은 신앙의 선배이자 은인이 될 사람을 그의 방으로 보내셨다.

어느 날, 제리 메이저(Jerry Major)라는 신학과 학생이 빌리가 향수병에 외로워한다는 소문을 듣고 찾아왔다. 방에 들어선 그는 다짜고짜 빌리에게 "너 예수 안 믿지?"라고 물었다. 빌리가 안 믿는다고 했더니, 그는 요한복음 3장 16절을 펼치고는 읽어보라고 했다.

"For God so loved the world, that he gave his only begotten son, that whosoever believeth in him should not perish, but have everlasting life."

그리고 30분간 전도를 했다. 제리 메이저는 "하나님이 세상을 이처럼 사랑하사 독생자를 주셨으니 이는 저를 믿는 자마다 멸망치 않고 영생을 얻게 하려 하심이니라"는 구절 속에 빌리도 포함되어 있다고 설명했다. 그런 다음 빌리에게 예수를 믿을 거냐고 물었다. 빌리는 친절한 제리 메이저에게 간절한 심정으로 물었다.

"제리, 나는 고향집이 너무 그리워서 공부를 할 수가 없어요. 요즘 매일 울고 있어요. 해가 질 때나 달이 떠오를 때면 고향 생각이 나서 미칠 것 같아요. 정말 괴로워요. 예수를 믿으면 고향 생각도 사라지나요?"

그때 제리 메이저는 이렇게 답했다.

"물론이지, 빌리. 예수님은 네 향수병을 치유해주실 뿐만 아니라 기쁨도 주시고 평안도 주시고 사명도 주실 거야. 만약 네가 하나님께 도움을 요청하면 네 인생도 책임져주실 거야. 지금 기도해서 네 마음을 그분께 드리지 않을래?"

빌리가 가만히 생각해보니 밑져야 본전이었다. 그래서 믿겠다고 대답했고, 제리 메이저는 영접하는 기도를 하자고 제의했다. 기도를 해본 경험이 전혀 없는 빌리가 못한다고 하자 한국말로도 못하겠느냐고 물었다. 그래서 빌리는 무릎을 꿇고 앉아 기도했다.

"하나님, 저는 죄인입니다. 저의 죄를 용서해주옵소서!"

빌리가 한국말로 더듬거리며 기도하는 동안 제리 메이저는 영어로 그를 위해 뜨겁게 기도했다. 그는 기도를 다 끝마치더니 빌리를 포옹하며 이렇게 말했다.

"너가 진심으로 회개하고 예수님을 영접했으면 너는 구원받고 하나님의 자녀가 된 거야."

그 순간, 마음이 평안해지면서 향수병이 거짓말처럼 사라졌다. 그리고 이상하게도 그 순간부터 열심히 공부해야겠다는 용기가 마구 솟아나기 시작했다.[12]

그날 하나님은 빌리를 찾아오셨고, 빌리는 예수 그리스도를 구세주로 영접해서 거듭난 하나님의 자녀가 되었다.

김장환 목사는 지금 돌이켜봐도 순식간에 마음이 평온해졌던 것이 신기하다고 말한다. 너무 외로워서 하나님을 받아들이는 일에 아무런 갈등이 없었을 거라고 짐작할 뿐이다.

당시 빌리는 고향 생각, 어머니 생각에 외롭기 짝이 없는 시간을 보내던 터라 예수를 믿으면 향수병도 치유해주시고 미래를 책임져주신다는 말이 가슴에 와닿았다. 무엇보다 그 순간 하나님이 그의 마음을 움직이신 것이 숨길 수 없는 사실임을 깨달았다.

이상하게도 제리 메이저가 방을 나간 뒤로 빌리는 달라졌다. 회개하고 예수님을 영접한 이후부터 빌리에게 놀라운 변화가 시작된 것이다. 방에 홀로 남아 있어도 이전처럼 혼자라는 느낌이 전혀 들지 않았다. 환경은 전과 같은데 울적한 기분은 사라지고 기쁨으로 가득했다.

제리 메이저가 방문해서 성경을 읽게 하고 기도해준 이후 빌리에게는 삶에 대한 의욕이 넘쳤다. 하지만 언어 장벽 때문에 공부는 생각만큼 쉽지 않았다. 미군과 몇 달간 생활했지만, 너무 기초가 없어서인지 영어가 생각처럼 늘지 않았다. 영어 실력이 생각대로 팍팍 늘었으면 좋겠지만, 하루아침에 이뤄지는 것이 아님을 그때 제대로 알게 되었다.

빌리는 정치를 공부할 목적으로 미국에 갔다. 어릴 때 빌리는 보리밥만 먹고 자랐다. 그 지긋지긋한 보리밥을 면하기 위해선 정치를 해야겠다는 생각이 들었다. 장환의 육촌 형이 일제강점기 때 면에서 서기를 했는데, 어느 날 빌리는 그 형의 가족이 쌀밥에 버터를 발라서 왜간장에 비벼 먹고 청어도 구워 먹는 것을 보았다. 그때 그의 머릿속에 이런 생각이 떠올랐다고 한다.

'아, 면 서기 정도가 왜간장에 쌀밥을 비벼 먹는 걸 보면 내가 장관이 되면 저 정도는 문제가 아니겠구나!'

그래서 미국에서 정치 공부를 마치고 한국으로 돌아와 정치를 하겠다고 결심한 것이다. 김장환 목사는 후에 "지금 와서 생각해보니 정치 안 하길 참 잘한 것 같다"고 했다.

시간이 흘러 어느덧 고등학교 3학년이 되었다. 그때 하나님이 빌리에게 찾아오셔서 이렇게 말씀하셨다.

"너희 나라는 너 아니어도 정치할 사람이 너무 많다. 네 가족이 아직 예수를 안 믿으니 너는 신학을 공부하고 돌아가서 네 가족을 구원하는 목사가 되어라!"

사명의 길을 말씀하신 것이다. 그래서 빌리는 나중에 고등학교를 졸업하고 신학교에 갔다.

또 다른 도우미 제리 톰슨

주님을 영접한 뒤 공부에 대한 의욕이 넘쳤지만, 영어 습득 속도가 늦다 보니 학습 진도를 따라가기는 힘들었다. 무엇보다 산더미같이 많은 숙제를 감당하기가 너무 벅찼다. 소통이 잘되지 않으니 친구들과도 어울리지 못했다. 그럴 때 하나님은 제리 톰슨(Jerry Thompson)이라는 대학생을 붙여주셨다. 빌리와 같은 방을 썼던 대학생 제리는 빌리의 질문에 답도 해주고 때로는 숙제도 도와주었다. 제리의 도움으로 빌리의 영어 실력은 조금씩 늘어갔다.

그렇게 도움을 받으며 공부해 빌리는 밥 존스 중학교에서 첫 시험을 치르게 되었다. 당시 빌리의 실력으로는 당연히 모든 과목에서 F를 받을 수밖에 없었다. 하지만 빌리가 열심히 하려고 애쓰는 모습을 본 교사들이 과락인 F보다 한 단계 높은 D로 모두 수정을 해주었다. 그런 선생님들의 사려 깊은 배려가 아니었다면 빌리는 진급할 수 없었을 것이다. 모든 것이 하나님의 역사하심이었다.

김장환 목사는 밥 존스에서의 첫 학기에 공부를 도와준 제리 톰슨과 이후로도 계속 연락하고 지냈다. 한번 은인은 영원한 은인이었다. 친절하게 빌리의 공부를 도와준 제리 톰슨의 부모님도 아들 못지않게 고마운 분들로 1959년부터 매달 25달러씩 빌리에게 선교비를 보내주셨다. 제리 톰슨도 가끔 선교비를 보내주었다. 빌리는 그 선교비로 장학금도 지급하고 농어촌 교역자들을 지원했다. 한번 이어주신 인연을 지속적으로 이어가게 하시는 하나님의 은혜를 보여주는 대목이다.

1992년, 김장환 목사가 미국 루이지애나주에 집회를 갔을 때의 일이다. 당시 보험회사 책임자로 일하던 제리 톰슨이 그 소식을 듣고 집회 장소로 찾아왔다. 얼마나 반가웠던지 두 사람은 서로 포옹하며 오랜만에 반가운 해후를 했다. 김 목사는 톰슨에게 학업과 물질 면에서 도움을 준 것을 평생 잊지 못한다고 깊은 감사의 말을 전했다.

오늘의 김장환 목사가 있기까지 잊을 수 없는 많은 은인 가운데 소중한 한 사람을 지목하자면 바로 제리 톰슨이었다. 영어 실력이 부족해서 학업을 이어가기가 힘들었던 첫 학기에 자기 공부도 힘든 상황에서 같은 방에 있던 제리 톰슨이 도와주지 않았다면 중학생 빌리는 절망에 빠졌을 것이다. 순간순간 생각해도 하나님의 은혜가 놀랍고 감사하기 그지없다.

그렇게 모든 과목에서 과락을 겨우 면하고 힘겹게 첫 학기를 마친 빌리는 여름방학을 맞아 칼 파워스가 살고 있는 버지니아로 돌아갔다. 낙제를 간신히 면한 성적표를 들고 가는 빌리의 발걸음은 가볍지 않았다. 좋은 성적표를 들고 자랑했더라면 좋을 텐데, 자기를 위해 애써준 파워스에게 빌리는 몹시 미안하고 죄스러웠다.

하지만 학기 시작 전과 많이 달라진 빌리의 영어 실력에 파워스 가족은 매우 만족해했다. 학업에 시달리다가 모처럼 가족 같은 파워스 집에 오니 빌리도 마음이 편해졌다. 비록 부모 형제는 없었지만,

칼 파워스의 집이 빌리에겐 보금자리와도 같았다. 파워스 가족이 베푸는 배려와 사랑은 그만큼 깊었다. 미국에서 처음 맞은 방학 동안 빌리는 달콤한 휴식을 맛보았다.

빌리를 향한 칼 파워스의 사랑은 실로 놀라웠다. 파워스 자신은 군인 장학금을 타서 힘겹게 공부하고 있으면서 자기 핏줄도 아닌 가난한 나라의 소년을 위해 등록금을 마련하느라 얼마나 고생을 많이 했는지 모른다. 파워스와 함께 지내면서 그 사실을 알게 된 빌리는 더욱 열심히 공부해야겠다는 결의를 다졌다.

당시 코카콜라 한 병이 5센트였는데 빌리가 내는 1년 학비가 730달러였으니 어느 정도에 해당하는지 가늠해볼 수 있다. 빌리는 파워스에게 2학기 때는 공립학교에 가겠다고 말했다. 공립학교가 사립학교인 밥 존스보다 등록금이 많이 쌌기 때문이다. 친자식이나 형제도 아닌 자신을 위해 그 비싼 등록금을 마련하는 파워스의 부담을 조금이나마 덜어주기 위해서였다.

그러자 파워스는 밥 존스가 마음에 들지 않느냐고 물었다. 빌리는 친구들을 많이 사귈 수 있어서 밥 존스가 좋긴 하다고 답했다. 그러자 빌리의 마음을 알아챈 파워스는 학비 걱정은 말고 밥 존스에서 열심히 하라고 말했다. 그러고는 자기 집에서 가까운 공립학교의 서머스쿨(Summer School)에서 몇 과목을 들으라고 권했다. 밥 존스와 학점이 공유되기 때문에 방학 동안 열심히 공부하면 밥 존스를 좀 더 빨리 졸업할 수 있었기 때문이다.

파워스는 "되도록 빨리 공부를 마치게 해서 고향으로 돌려보내겠다"고 한 빌리 어머니와의 약속을 지키려고 그렇게 빌리의 공부를 재촉했다. 정말 칼 파워스는 하나님이 붙여주신 천사나 다름없다. 그는 김장환 목사의 일생에 잊을 수 없는 최고의 은인이었다.

영어 못하던 빌리가 전국웅변대회 우승자로

살다 보면 좋은 일이 생기기 마련이다. 밥 존스에 다닐 때 난생처음 자기가 입을 양복을 산 일은 빌리에게 좋은 기억으로 남았다. 밥 존스 재단 학생들은 채플이나 음악회에 갈 때 남학생들은 정장에 넥타이를 매야 하고, 여학생들은 드레스를 입어야 한다는 규칙이 있었다. 그런데 당시 빌리에게는 미군 군복을 줄여 입은 털 달린 점퍼와 미국에 처음 왔을 때 하임 중위의 어머니가 사준 옷이 전부였다.

학업을 시작한 2월 첫 주에 꼭 참석해야 하는 음악회가 있어서 점퍼를 입고 기숙사를 나서는데, 기숙사 사감이 빌리를 불러세웠다. 그는 양복 외에 다른 옷을 입고 가면 규칙위반이라고 알려주었다. 그렇다고 안 갈 수도 없어서 빌리는 이러지도 저러지도 못하고 있었다. 옷이 없다는 말에 사감은 빌려서라도 입고 가라고 했고, 빌리는 이 방 저 방을 다니며 자신에게 맞는 양복을 구하려 애썼다. 하지만 빌리처럼 키 작은 학생이 없다 보니 그마저도 쉽지 않았다. 그러다가 겨우 작은 코르덴 양복을 빌렸는데, 그것도 아랫단을 한 뼘이나 접어서 입어야 했다.

학교에 계속 다니려면 규칙을 지켜야 하니 결국 파워스에게 도움을 요청하는 편지를 보냈다. 고맙게도 파워스는 곧장 양복 살 돈을 보내주었다. 빌리는 그 돈으로 몸에 맞는 감색 양복과 흰색 와이셔츠, 넥타이 그리고 발에 맞는 구두를 샀다. 한국에서는 결혼할 때나 입는 것으로 생각하던 양복을 입으니 뿌듯했다. '옷이 날개'라는 말처럼 몸에 딱 맞는 신사복을 입은 모습을 거울에 비춰보니 꽤나 멋있게 보여서 기분이 날아갈 것 같았다. 사진이라도 찍어서 고향 어머니께 보내드리면 정말 좋아하실 것 같다는 생각이 들었다.

얼마 전까지만 해도 남의 나라에서 영어도 잘 못하고 키도 작아서 자존감이 아주 낮았는데, 자신에게 잘 어울리는 양복을 입은 뒤 빌리는 자존감 높은 청년으로 바뀌어 있었다. 파워스가 등록금 걱정은 하지 말라고 한 데다 가장 든든한 배경이신 하나님도 믿게 되고, 자기 소유의 양복까지 갖추고 나니 자신감이 절로 충만해졌.

밥 존스 중학교 첫 학기에 빌리는 여러 면에서 고전을 면치 못했다. 일단 말이 잘 통하지 않는 데다 새로운 환경에 적응하려니 어려움이 많았다. 그랬던 빌리가 고등학교에 올라가면서부터는 서서히 두각을 나타내기 시작했다. 어린 나이에 부모 형제를 떠나 미국까지 온 마당에 열심히 해서 반드시 남들이 인정할 만한 뭔가를 얻어야 하지 않겠는가. 무엇보다 빌리를 위해 아낌없이 희생하며 도와주는 칼 파워스에게 기쁨을 안겨주고 싶었다.

그래서 빌리는 악착같이 최선을 다할 수밖에 없었다. 어쩌면 하나님이 부유한 사람이 아니라 칼 파워스처럼 형편이 넉넉지 않은 사람에게 도움을 받게 하신 것도 빌리를 자극해서 더욱 열심을 내게 하시려는 의도가 아니었나 싶다.

어쨌든 빌리에게 여러 가지로 긍정적인 변화가 나타났다. 가장 눈에 띄게 달라진 것은 그의 영어 실력이었다. 고등학생 빌리는 더 이상 애수에 빠져 쓸쓸한 옛 동요나 유행가를 부르며 눈물짓는 불쌍한 아이가 아니었다. 학업에 대한 의욕과 주체할 수 없는 열정이 빌리를 더욱 공부에 몰두하게 했다.

파워스의 희생적인 도움과 배려가 빌리로 하여금 게으르지 않게 하는 채찍이 된 것은 사실이다. 무엇보다 신앙생활을 하면서부터 마음이 안정되어 매사에 긍정 에너지가 솟구쳤다. 빌리는 공부할 때나 시험을 치를 때도 최선을 다했다.

한번은 시험을 칠 때 이런 일이 있었다. 문제에 대한 답이 '수에즈 운하(Suez Canal)'라는 사실은 알았는데 철자가 생각나지 않았다. 중학교 때였다면 철자를 쓸 수 없으니 움츠러서 아는 답도 틀리고 말았을 것이다. 하지만 고등학생 빌리는 달랐다. 그는 조용히 일어나 선생님 책상으로 다가가서는 이렇게 말했다.

"선생님, 이 문제의 답은 알겠는데 철자가 생각나지 않아요. 좀 도와주세요."

선생님은 심각한 표정으로 진지하게 도움을 청하는 빌리를 보고 환히 웃었다. 철자를 정확히 알고 있지 않더라도 정답만 제대로 아는 게 확인된다면 문제될 것이 없었다.

"그래? 그럼 네가 아는 답을 내 귀에 살짝 말해봐. 그게 맞으면 철자를 가르쳐주지."

빌리가 귓속말로 '수에즈운하'라고 말하자 선생님은 고개를 끄덕이고는 철자를 조용히 알려주었다. 그렇게 해서 빌리는 문제 하나를 손해 보지 않고 시험을 마칠 수 있었다.

이렇게 달라진 빌리의 학교생활에 더욱더 자신감을 가지게 해준 계기는 바로 웅변대회였다. 고등학교 2학년 때 전국 고등학생 웅변대회가 있었는데, 빌리는 웅변대회가 열린다는 사실을 알고 출전 의지를 불태웠다. 한국에서 초등학교를 다닐 때 담임 선생님이 과외 공부하는 돈 있는 아이들만 출전시켰던 바로 그 웅변대회가 아닌가. 그때 가졌던 콤플렉스도 있었고, 이런 기회에 그동안 자신을 언더독 취급하던 미국 친구들에게 존재감을 제대로 각인시키고 싶은 마음도 있었다. 무엇보다 자신을 희생적으로 도와주고 있는 칼 파워스를 기쁘게 해주고 싶은 마음이 가장 컸다. 또 웅변대회가 자신의 부족한 영어를 보완하고 향상시킬 수 있는 절호의 기회라는 점도 빌리는 잘 간파하고 있었다.

그래서 밤을 새워 직접 작성한 원고를 선생님께 보여주며 웅변대회에 지원하겠다는 결심을 밝혔다. 원고를 읽어본 선생님은 엄지손가락을 높이 치켜들고 "빌리, 훌륭해!" 하고 말했다. 문제는 스피치를 할 때 'R'과 'L' 발음이었다. 곧바로 고된 스피치 훈련이 시작됐다. 선생님은 동양 학생이 용기 있게 지원한 것을 가상히 여겨 연습을 도와주었다. 빌리는 발음을 제대로 하기 위해 입에 구슬을 물고 피나는 연습을 했다. 그 결과 모든 이의 예상을 깨고 빌리가 교내 웅변대회에서 1등을 차지했다.

다음은 주대회였다. 거기서도 빌리는 1등 상을 받았다. 놀라운 일이 일어난 것이다. 내친김에 빌리는 전국대회까지 출전했다. 일찌감치 빌리의 목표는 전국대회 우승이었다. 과연 거기서도 빌리가 1등을 할 수 있을까 모두 반신반의했지만, 빌리는 전국대회에서마저 1등에 해당하는 '아이젠하워상'을 탔다. 불과 2년 전만 해도 수업을 못 따라올 정도로 영어 실력이 형편없었던 동양 소년이 영어로 전달하는 미국 전국 고등학생 웅변대회에서 대상을 받을 줄 누가 알았겠는가. 빌리 자신조차 예상치 못한 기적이 일어난 것이다.

요즘같이 매스컴이 발달한 시절이었다면 우리나라 TV에서 화제가 되었을 만큼 놀라운 사건이었다. 우리나라 고등학생이 여러 개의 미국 아이비리그 대학에 합격하면 요즘도 신문에 실리는데, 지금으로부터 70년 전 미국 전국 고등학생 웅변대회에서 대상을 받았다면 당연히 국내에서도 엄청난 화제가 되었을 것이다.

빌리는 스피치 선생과 함께 윌리엄스버그(Williamsburg)에 가서 트로피와 TV를 부상으로 받아 학교로 돌아왔다. 학교에서는 이미 스타가 되어 있었다. 영어를 잘 못하고 발음도 좋지 않던 외국인 학생이 단 2년 만에 학교를 빛내는 일등 공신으로 거듭났으니 어찌 놀라지 않았겠는가!

당시 채플 시간에 에드워드(Edward) 학장은 이렇게 말했다고 한다.

이 작은 소년이 내 사무실에 처음 방문했을 때 그는 단 한마디의 영어도 말하지 못하는 학생이었습니다. 그러나 이제 빌리는 윌리엄스버그에서 열린 전국 고등학생 웅변대회 우승자로서 밥 존스 고등학

교의 명예를 드높였습니다.[13]

그러자 우레와 같은 박수가 쏟아졌다. 그동안 알게 모르게 빌리를 얕잡아보고 무시하던 학생들까지 한마음으로 축하와 격려의 박수를 보냈다.

빌리가 트로피와 부상으로 받은 TV를 가지고 가서 파워스에게 선물하자 그의 가족은 눈물을 흘리며 감격에 겨워 어쩔 줄 몰랐다. 전쟁 중인 가난하고 피폐한 나라 대한민국에서 온 소년이 어느새 어려움을 이겨내고 미국 전국 고등학생 웅변대회에서 1등을 했다는 사실은 믿을 수 없을 만큼 놀라운 일이었다. 그동안 한결같은 마음으로 빌리를 위해 헌신한 파워스는 어떤 마음이었을까? 자신이 해온 일에 큰 보람을 느꼈을 것이 분명하다.

빌리가 받은 트로피를 진열하자 파워스 가족은 동네 사람들에게 자랑하느라 여념이 없었다. 빌리가 선물한 TV 덕분에 파워스의 외딴집은 매일 저녁 동네 사람들로 북적였다. 과거 가난했던 시절의 우리나라처럼 파워스의 TV는 그 마을에서 유일했기 때문이다.

빌리는 은혜에 조금이나마 보답했다는 생각에 뿌듯해졌다. 사람이 살다가 그런 때도 있어야 살맛이 나는 법이다. 모든 것이 하나님의 절대적 도우심이었음을 그때는 누구도 알지 못했다.

학교신문 기사와 웅변대회 원고

빌리가 웅변대회에서 최우수상을 받은 뒤, 밥 존스 고등학교 신문은 학교의 이름을 영예롭게 한 빌리를 '금주의 소년'으로 선정하고 그 사실을 다음과 같이 소개했다.

"나는 한국 사람이며 나는 민주주의를 옹호합니다. 왜냐고요?"라고 시작하는 빌리 킴의 민주주의 연설 첫 부분을 우리는 대부분 알고 있다. 그가 시와 군이 개최한 웅변대회에서 최우수상을 받았기에 우리는 그를 '금주의 소년'으로 선정하였다. 현재 그는 주대회를 준비하고 있다. 그의 연설 녹음 테이프가 다른 많은 학생의 것들과 함께 이 대회 출전을 위해 제출되었다.

우리 학교 학생들의 집은 학교에서 8마일 정도 떨어져 있는데, 이 소년은 그의 출발점에서 무려 9,000마일이나 떨어져 있다. 당신이 만약 빌리의 경우라면 어떠하겠는가? 빌리는 여기에서 교육받은 후에 그의 고향인 한국의 수원으로 돌아가서 그의 동포들에게 그리스도를 알리기 위해 매우 열심히 공부한다.

빌리는 친구들의 신앙 인도자로서 영적인 면을 도와줄 뿐만 아니라 스포츠, 특히 축구 실력이 뛰어나다. 그는 학급의 성가대원이고 〈트라이앵글(Triangle)〉지의 스포츠란 편집자이기도 하다.

빌리는 고등학교를 졸업한 후 신학을 전공할 예정이다. '한국에 돌아가서 전도하는 것'이 빌리의 유일한 목표이며, 하나님의 도움으로 그는 분명 그 목표를 달성할 것이다. 우리는 빌리가 그의 동포들을 주님께로 인도할 수 있도록 계속 기도하고 있다.[14]

당시 빌리가 최우수상을 받은 웅변대회의 원고 내용이 어떠했는지 궁금하기만 하다. 그 원고 속에는 일제강점기에 억압을 받고 광복 이후 혼란기를 거쳐 전쟁을 겪은 한 소년의 아프고 애절한 마음이 그대로 담겨 있다. 그런 그에게 미국에서 직접 보고 듣고 경험한 그들의 민주주의와 자유와 정의와 풍요는 얼마나 부럽고 놀라웠을까.

그 마음도 웅변대회 원고에 고스란히 반영되어 있다. 이제 당시 빌리가 전했던 원고 내용 일부를 잠시 음미해보자.

> 나는 한국 사람이며 나는 민주주의를 옹호합니다. 왜냐고요? (…) 1950년 처음으로 미군들에게 민주주의와 자유에 대해 들었는데 그 당시 저는 민주주의는 독재주의나 공산주의와 같은 것으로 생각했습니다. 미군 캠프에서 일을 하면서 그들의 생활과 행동에서 색다른 것을 발견했습니다. 처음에는 이해할 수 없었으나 시간이 지남에 따라 그들의 행동이 바로 그들이 말하던 민주주의임을 알 수 있게 되었습니다. (…) 저는 미군들이 왜 우리나라에 와서 싸우는지 이해하기 시작했습니다. 그들이 자기 나라의 자유를 지키고 우리에게도 자유를 주기 위해서라고 말입니다.
>
> 저는 어떤 군인이 그의 침대 옆에서 무릎 꿇고 기도하며 성경책을 읽는 모습을 종종 보았습니다. 때때로 어떤 군인은 집과 부모를 잃고 방황하는 소년에게 초콜릿과 사탕을 주었습니다. 이런 것을 보면서 저는 미군들은 한국민을 억압하려 했던 다른 나라 사람들과 다르다

고 확신하기 시작했습니다. 미군들은 난로 주위에 모여서 흔히 그들의 고향집과 사랑하는 사람들과 장래 계획에 대해 이야기했습니다. 그들은 고향에서 보내준 신문들을 읽으면서 다가오는 선거에 대해 이야기했습니다. 어떤 군인들은 민주당이 최고라고 말했고, 다른 군인들은 공화당이 최고라고 말했습니다. 저는 그들이 정부에 관해 자유롭게 토론하는 것을 보고 깜짝 놀랐습니다. 그 군인들은 고국으로부터 수천 마일 떨어져서 미래에 자유의 추종자들이 평화롭게 살 수 있는 권리를 수호하기 위해 싸우고 있었던 것입니다.

저는 한국의 부산에 있는 묘지의 언덕에 서 있는 수천 개의 작고 외로운 십자가를 바라보면서, 그것이 자유를 수호하기 위해 싸웠던 용감한 사람들의 기념비라는 것을 알았습니다. 이제 민주주의의 빛이 저의 마음속에서 빛나고 있습니다. (…)

교육은 그 모든 것을 위한 것입니다. 저도 미군 칼의 도움으로 학교에 다닐 수 있었습니다. 이제 저의 조국에 그들을 보내준 것과 나로 하여금 민주주의를 알게 해준 미국에 감사드립니다. 저는 또한 이런 자유를 주신 전능하신 하나님께 겸허한 마음으로 감사를 드립니다.

자유민들이여, 제 말을 들어보십시오. 우리는 이런 언어의 자유, 집회의 자유, 언론과 예배의 자유를 누리고 있는 반면에 세상의 다른 쪽에는 거짓 약속들이 있습니다. 오직 민주주의만이 개인의 권리와 더 좋은 교육을 제공할 수 있습니다. 이것은 대부분의 사람들이 바라는 것이며, 가장 좋은 것입니다.[15]

전쟁과 가난과 고난으로 점철된 나라에서 자유와 민주주의를 마음껏 구가할 수 있는 미국으로 옮겨 공부하게 해주신 하나님께 감사하는 마음으로 했던 빌리의 웅변은 듣는 이들의 마음에 더욱 큰 감동으로 다가왔을 것이다.

감동이 후원으로

빌리는 전쟁통에 칼 파워스의 도움으로 미국에 와서 공부했기 때문에 학비와 생활비를 전적으로 그에게 의존했다. 요즘 학생들은 부모 형제의 도움 없이는 유학할 엄두를 내지 못하지만, 빌리는 가족들에게 전혀 도움을 받지 못해 파워스가 아니었으면 유학을 꿈도 꾸지 못했을 것이다.

빌리를 전적으로 책임지겠다고 미국으로 데려온 칼 파워스는 혼자 힘으로는 빌리를 공부시키기가 힘들다는 것을 깨달았다. 당연히 빌리에게 학업의 우선권을 두었지만, 파워스 자신도 군인 장학금을 받아 대학과 대학원 공부를 해야 했기에 두 사람의 등록금을 감당하는 것은 불가능했다.

그는 할 수 없이 지역 신문인 〈디킨스니언(The Dickinsonian)〉지에 도움을 요청하는 글을 기고했다. 자신이 빌리를 만나서 미국으로 데려온 배경과 빌리의 장점 및 현재 상황과 앞으로의 비전 등에 대한 이야기들이 사진과 함께 신문에 실렸다. 가끔 빌리의 이야기가 만화로 올라가기도 했다.

그러잖아도 전쟁이 발발해 UN군이 파병된 가난한 나라의 소식을 뉴스로 잘 알고 있던 차에 그 나라 아이가 미국으로 유학 와서 단기간에 전국 고등학생 웅변대회에서 우승까지 하자 빌리 이야기는 사람들의 관심을 불러일으켰다. 또 그런 빌리를 위해 자기희생을 감내하고 미국 땅에 데려와 학비를 대주며 공부시키고 있는 파워스의 이야기도 깊은 감동을 주었다. 다른 지역 신문들도 몇 차례에 걸쳐 두 사람의 이야기를 보도했다.

기사가 나간 뒤 몇몇 독자들이 빌리를 위해 성금을 보내왔다. 비록 큰 금액은 아니었지만 대부분 광산에 다니는 광부들인 그들에게는 결코 적은 돈이 아니었다. "티끌 모아 태산"이라고 했듯이 여러 지역 신문을 통해 모인 후원액은 약 1천 달러로 당시에는 꽤 큰 금액이었다. 빌리는 신문을 통해 독자들에게 감사의 말을 전했다. 당시 여러 지역 신문이 돕긴 했지만, 〈디킨스니언〉지는 이후로도 계속 모금을 위한 보도를 해주었다.

신문 보도 덕분에 한국에서 온 소년 빌리는 이제 버지니아주 단테에서 모르는 이가 없을 만큼 유명 인사가 되었다. 또 같은 지역 주민인 칼 파워스의 따뜻한 선행이 세상에 알려지면서 그와 빌리는 단테에서 아주 유명한 인물이 되었다.

하지만 시간이 흐르면서 점점 사람들의 기억에서 희미해져갔고, 그에 따라 빌리를 위한 후원금도 줄어들었다. 그런데 이때도 〈디킨스니언〉지는 다시 한번 후원 광고를 실어줄 정도로 중요한 역할을 했다.

후원금 중에는 멀리 캘리포니아에서 보내온 것도 있었고, 오클라호마(Oklahoma)주 털사(Tulsa)에 있는 한 교회에서 보내온 것도 있었다. 이 모든 것이 하나님의 역사이기도 하지만, 빌리의 웅변대회 우승과 자유민주주의에 대한 열정 그리고 칼 파워스의 따뜻한 마음에 대한 감동이 빚어낸 열매이기도 했다.

칼 파워스의 신문 기고

빌리에게 칼 파워스가 없었다면 어떻게 되었을까? 김장환 목사의 인생에서 그는 정말 잊을 수 없는 공로자다. 그래서 김 목사는 입만 열면 '칼 파워스', 어디 가서 설교를 해도 '칼 파워스', '칼 파워스 씨' 얘기를 빠뜨리지 않는다. 그도 그럴 것이 미국인들이 봐도 세상에 그렇게 천사 같은 사람은 없기 때문이다.

빌리를 미국에 데려온 칼 파워스의 아름다운 선행이 세상에 알려지자 이에 감동을 받은 신문기자가 파워스의 글을 신문에 게재했다. 그 내용을 필자가 번역해서 올려본다.

빌리 킴이 미군 보병을 만나다

주님 외에는 그 무엇이 빌리 킴에게 끌리게 했는지 모릅니다. 우리는 1950년 겨울, 한국을 위한 일진일퇴의 전투가 벌어지는 가운데 미군 제24보병사단의 기점이었던 경산에서 만났습니다. 당시 빌리의 본명은 '김장환'으로 16세에 불과했습니다. 몇몇 미군은 그를 텐트의 도우미로 고용했고, 빌리와 나는 그가 아는 몇 개의 영어 단어로 어떻게든 대화를 나눠보려 했습니다. 나는 그에게 더 많은 영어 단어를 가르치려 애썼고, 미국 이야기까지 해주었습니다.

2월 어느 날, 나는 갑자기 빌리에게 "미국에 같이 갈래?" 하고 물었습니다. 분명히 내가 농담하는 줄 안 빌리는 "예!"라고 대답했습니다. 더 이상 말이 없었습니다. 그런 질문을 던진 내가 정말 잘할 수 있을지는 몰랐습니다.

얼마 뒤 우리 보병부대는 본부를 전방으로 옮기라는 명령을 받았습니다. 빌리와 함께한 일행은 안성으로 갔습니다. 비록 우리는 떨어져 있었지만, 나는 빌리가 나와 함께 미국으로 돌아가는 일을 궁금해했습니다. 나는 그가 학생으로만 미국에 들어갈 수 있다는 것을 알고 기독교 학교를 찾기 시작했습니다. 부관인 파커 소령은 사우스캐롤라이나주 그린빌에 있는 밥 존스 학교에 연락해보라고 제안했습니다.

내가 미국으로 돌아가기 하루 전날인 1951년 5월 25일, 빌리의 학교 지원 문의에 대한 답변과 지원서가 왔습니다. 물론 가능한 한 하루라도 빨리 비참한 한국을 떠나고 싶은 유혹도 있었지만, 빌리에 대한 법적 합의가 수렁에 빠지고 어쩌면 아예 망쳐지는 것은 아닐까 하는 두려움이 있었습니다. 빌리가 미국으로 안전하게 가기 전 나는 제대 순번을 다섯 번이나 건너뛰어야 했습니다.

빌리는 학교 지원서에 서명한 뒤로 심한 불안을 느꼈습니다. 어떻게 그가 혼자서 낯선 나라에 갈 수 있을까요? 그렇다고 내가 직접 데려가기에는 타이밍이 맞지 않았습니다. 그에게 영어는 여전히 낯설었습니다. 그러자 갑자기 두려움에 빠진 빌리는 미국에 가고 싶지 않다며 서울 근교에 있는 수원 집으로 가버렸습니다.

나는 빌리와 그의 어머니를 만나기 위해 8월에 수원으로 갔습니다. 그들은 좁은 땅에서 벼농사를 짓는 가난한 보통 가족이었습니다. 남편이 죽고 어머니는 자식들의 안위를 매우 걱정스러워했는데, 나는 그녀가 어린 아들을 외국 군인에게 맡기는 것을 주저하고 의심하는 것을 보았습니다. 나는 미국에서 빌리를 전적으로 책임질 것이며, 그가 훌륭한 기독교 학교에 다니고 귀중한 교육을 받을 것이라고 설명했습니다.

눈물이 주름진 그녀의 뺨을 타고 흘러내렸고, 나이 많은 그녀는 살아생전 아들이 돌아오는 것을 볼 수 없을지도 모른다는 두려움을 표했습니다. 그러나 그녀는 아들을 위해 최선을 다하고 싶어 했고, 마침내 그녀의 입술에서 떨리는 목소리로 "미국에 데려가도 좋아요!"라는 말이 나왔습니다.

9월에 빌리와 나는 남쪽으로 200마일 떨어진 부산으로 가서 미국 대사관과 한국 대사관에서 절차를 밟기 시작했습니다. 당시는 전시였기 때문에 대사관이 모두 부산에 있었습니다. 모든 출국 절차는 11월 12일에 완료되었습니다. 빌리가 배를 타고 먼저 떠나고, 나는 다른 배의 마지막 교체 날짜인 12월 8일에 갈 예정이었습니다.

샌프란시스코에서 내 친구 하임 중위가 빌리를 만나 신시내티행 비행기에 태웠고, 그곳에서 내 형은 빌리를 만나 집으로 데려갔습니다.[16]

그렇게 해서 칼 파워스는 자기 집에서 형님이 데려온 빌리와 반갑게 해후할 수 있었다. 자기 핏줄이라도 이런 사랑과 정성과 배려를 보이기는 힘들다. 그것도 한국인이 아니라 미군에게서 이런 모습을 본다는 것은 더욱 믿을 수 없다. 무엇보다 이해하기 어려운 점은 당시 칼 파워스 상사가 신앙인이 아니었다는 사실이다. 하나님의 사랑도 모르는 불신자에게서 이런 놀라운 사랑이 실현된다는 것은 정말 드문 경우다. 물론 칼 파워스는 자신이 빌리를 위해 행한 선행이 있다면 그것은 모두 하나님의 계획과 은혜 가운데 이루어졌음을, 신앙을 가진 뒤 진지하고 진솔하게 고백한 바 있다.

믿음의 동역자 트루디

빌리는 어린 시절부터 미국에서 생활한 까닭에 한국 여성과의 교제 자체가 거의 불가능했다. 비록 남의 땅에서 공부하는 외국인이긴 했으나 빌리도 고등학교 시절 여학생을 사귈 기회가 많았는데, 그는 데이트 한 번 하지 않고 혼자서 지냈다. 전쟁 중인 가난한 나라에서 유학을 와 가족도 없이 혼자 사는 키 작은 동양인을 자존심 센 미국 여학생들이 좋아할 리 없다는 자격지심 때문이었다.

대개 학교 음악회를 갈 때는 남학생과 여학생이 짝을 지어 가는 법인데, 빌리는 짝이 없으니 늘 외로이 혼자 참석했다. 이 모습을 보다못해 학교의 서무처장이 자기 딸과 같이 가보라고 권하는 바람에 얼떨결에 여학생과 처음으로 음악회를 같이 갔다. 하지만 빌리는 자기보다 키가 훨씬 큰 그녀에게 애프터 신청을 하지 않았다. 그 여학생이 싫어서가 아니라 스스로 부족하다고 느꼈기 때문이다.

당시 밥 존스 고등학교 학생은 모두 600명으로 적지 않은 수였지만, 대부분 밥 존스 중학교에서 올라온 학생들이고 매일 저녁 식당에서 함께 식사하기 때문에 거의 다 안면이 있었다. 그런데 키 작은 동양인이라는 콤플렉스가 있던 빌리의 눈에 한 여학생이 들어왔다. 학교 식당에서 웨이트리스 아르바이트를 하는 트루디(Trudy)라는 고등학교 1학년 여학생이었는데, 작지만 눈에 띄는 예쁘장한 외모였다.

빌리는 식당에 갈 때면 언제나 트루디가 어디에 있나 눈여겨보았다. 그러던 어느 날 운명의 시간이 다가왔다. 그날따라 그 여학생이 빌리 테이블을 맡아서 서빙하게 된 것이다. 빌리는 예쁜 모습으로 정성을 다해 서빙하는 트루디를 가까이서 보자 갑자기 가슴이 두근거리기 시작했다. 그녀의 키가 다른 미국 여학생들과는 달리 꽤 작다는 점도 마음에 들었다.

미국에서 처음으로 이성에게 마음이 끌린 빌리는 그날 호스티스를 맡은 영어 선생님을 찾아가 귓속말로 트루디에게 데이트 신청을 하면 받아줄 것인지 물어봤다. 트루디에게 직접 고백하지는 못하고 영어 선생님의 조언을 들으려 한 것이다. 괜히 데이트 신청을 했다가 퇴짜맞으면 창피를 당하는 건 둘째치고 더 큰 콤플렉스에 빠질 것만 같아 두려웠기 때문이다.

그런데 마침 트루디를 가르치는 영어 선생님은 2년 동안 빌리를 가르친 적이 있어서 두 사람을 다 잘 알았다. 그 선생님이 한번 신청해보라고 권했고, 이에 용기를 얻은 빌리는 편지를 보내기로 결심했다.

빌리는 몰랐지만 사실 트루디는 빌리가 데이트 신청을 하기 전부터 이미 그를 잘 알고 있었다. 그럴 수밖에 없었던 것이 빌리는 당시 운동을 잘하는 만능 스포츠맨인 데다 학업성적이 우수하고 기숙사에서 벌점을 단 1점도 받지 않은 모범생으로 여학생들에게 인기가 많았다. 어느 나라에서나 여성들은 공부 잘하고 운동도 잘하는 남자를 좋아하기 마련이다. 미국도 예외는 아니었다. 비록 키 작은 동양 학생이었지만 빌리는 여학생들의 주된 관심 대상이었다.

이를 잘 알고 있는 트루디는 빌리의 예상과는 달리 그가 보낸 편지를 받고 기분이 좋았다. 빌리는 트루디가 자기와 만나줄까 염려했지만, 오히려 트루디는 자신이 빌리에게 그저 스쳐 지나가는 여학생 중 하나가 되지 않을까 고민할 정도였다.

빌리와 마찬가지로 트루디도 남학생들에게 인기가 높았다. 남학생들은 아담하고 단정한 모습으로 언제나 환한 미소를 띠고 있는 트루디에게 '스파클(Sparkle, 불꽃)'이라는 별명을 붙일 만큼 좋아했다. 어느 날은 짓궂은 남학생 다섯 명이 동시에 트루디에게 편지를 하고 누가 선택을 받을 것인지 내기를 하기도 했다. 그 당시 트루디에게는 남자 친구가 여럿 있었는데, 그중에는 나중에 부친에 이어서 3대 총장이 된 밥 존스 3세(Bob Jones III)도 포함되어 있었다.

밥 존스에서는 학교에서 각종 공연을 할 때 남학생들이 여학생들에게 같이 가달라고 요청하는 편지를 보낸다. 편지를 써서 그날의 당번에게 주면 그 당번이 해당 여학생 기숙사로 배달하는 것이다.

파트너가 정해지지 않았을 경우 여학생은 반드시 편지를 보낸 남학생과 공연에 가야 한다. 남학생이 정장을 입고 여학생을 데리러 와 극장까지 에스코트하고, 공연이 끝나면 다시 기숙사까지 데려다주게 되어 있다.

트루디처럼 편지를 많이 받는 여학생도 있었지만, 이와는 달리 편지 한 통 못 받는 여학생들도 있었다. 공연을 가지 않으면 무조건 벌점을 받기 때문에 편지를 받지 못한 여학생들끼리 짝을 맞춰 가야 했다. 여학생들이 응해주지 않으면 남학생들도 그렇게 남학생끼리 짝지어 음악회에 갔다. 트루디는 공연이 있을 때면 언제나 몇 통의 편지를 받았기 때문에 그중에서 누구를 골라야 할지가 고민이었고, 빌리는 그동안 아예 편지를 하지 않고 남학생들과 공연에 가는 경우에 속했다.

빌리는 영어 선생님의 강력한 지원을 받아 트루디에게 편지를 썼다. 사실 빌리가 쓴 편지를 보고 선생님이 트루디가 감동할 만한 명문장으로 바꿔 넘겨주면 빌리가 그것을 보고 편지를 수정해서 트루디에게 보냈다. 나중에 둘의 관계가 발전하면서 트루디는 그 사실을 빌리에게 전해 듣고는 "속아서 결혼한 것"이라며 같이 웃었다.

트루디는 우편함에서 빌리의 편지를 발견하고 깜짝 놀랐다. 빌리가 자신에게 편지를 보낼 줄은 꿈에도 몰랐기 때문이다. 과연 어떤 내용일까 궁금해서 편지 봉투를 뜯었을 때 그녀는 화들짝 놀랐다. 빌리가 보낸 편지는 트루디의 마음을 단숨에 사로잡았다. 빌리와 영어 선생님의 작전이 완벽히 성공한 셈이었다.

그동안 빌리가 여자 기숙사에 있는 학생 누구에게도 편지를 보낸 적이 없다는 것은 모두 아는 사실이었다. 그래서 빌리의 편지를 최초로 받는 행운의 주인공이 누가 될지가 기숙사 여학생들의 관심사였다. 트루디가 그 주인공이라는 사실이 알려지자 모두 부러워했다.

빌리가 초대한 음악회가 열리던 토요일 밤, 트루디는 검정 벨벳 상의에 장미 여섯 송이를 꽂은 채 긴 정장 드레스를 입고 나타났다. 정장에 나비넥타이를 매고 트루디를 만나러 온 빌리는 그녀의 눈부신 모습에 어쩔 줄 몰랐다. 눈앞에 아름다운 천사가 서 있었기 때문이다. 평생 그의 반려자가 될 트루디였다. 드레스를 입고 선 트루디는 그렇게 예쁠 수가 없었다.

둘이 처음으로 나란히 섰을 때 다행스러운 것은 트루디의 키가 빌리보다 조금 작다는 점이었다. 트루디의 키를 확인한 빌리는 안도의 한숨을 내쉬었다. 적어도 트루디가 자신을 키가 작다고 만나주지 않을 이유는 없다는 점이 다행스럽게 느껴졌다.

사실 당시 트루디는 빌리의 작은 키를 별로 개의치 않았다. 빌리가 음악회에 들어갈 때 자기를 먼저 들여보내주었고, 안에서도 의자를 빼주는 등 신사다운 매너를 충분히 발휘했기에 외모에 별 신경을 쓰지 않았다.[17]

당시 빌리는 3학년, 트루디는 1학년으로 나이는 네 살 차이가 나는데, 빌리가 늦게 입학하는 바람에 학년은 2년밖에 차이가 나지 않았다. 음악회를 다녀온 뒤로 빌리와 트루디는 편지를 주고받는 사이가 되었다. 트루디가 고등학교 3학년이 되자 정식으로 데이트를 시작했다. 당시 소년 빌리에게 끌린 이유를 트루디 사모는 이렇게 털어놓았다.

> 만났을 때 그리고 헤어질 때마다 기도하자고 했어요. 그러면서 소리 내어 기도를 해주었어요. 다른 남학생들도 모두 예수를 믿었지만 아무도 그렇게 해주지 않았죠. 그게 참 인상적이었어요. 신앙심도 좋지만, 무엇보다 지도력이 있어야 한다고 생각했어요.[18]

데이트를 마치고 헤어질 무렵, 빌리는 기숙사 앞에서 늘 함께 기도했다. 이런 빌리의 모습에 트루디는 감격했다. 그런 신앙과 인격을 갖춘 남자라면 계속 만나도 되겠다고 생각했다. 뒤늦게 하나님을 믿었지만 빌리가 다른 친구들과 구별되는 신앙 자세를 가지고 있었음을 잘 보여주는 실례다.

전도자로 부르시다

1955년 어느 날, 친구 윌킨슨(Wilkinson)이 빌리에게 뉴욕에 같이 가자고 했다. 학교 선배이자 세계적으로 유명한 복음전도자이며 미국 대통령의 조언자로 알려진 빌리 그레이엄의 집회에 참석하기 위해서였다. 그 말을 듣고 빌리 그레이엄 목사에게 끌린 빌리는 윌킨슨, 도니(Doney)와 함께 기차를 타고 뉴욕에 갔다.

그들이 도착한 뉴욕 공설운동장에는 수많은 사람이 모여 있었다. 10만 명으로 추산되는 인파가 몰려든 집회에서 빌리는 빌리 그레이엄 목사의 설교를 듣고 가슴이 뜨거워졌다. 그리고 친구들에게 "빌리 그레이엄 목사님처럼 많은 사람에게 희망을 주는 사람이 되고 싶다"고 고백했다. 뉴욕에서 돌아온 뒤 빌리의 머릿속은 온통 빌리 그레이엄 목사에 대한 생각뿐이었다.

고등학교 졸업을 앞두고 모두 대학에서 무엇을 전공할지, 또 어느 대학에 진학할지 고민이 많았다. 빌리도 예외는 아니었는데, 빌리 그레이엄 목사의 뉴욕 집회를 다녀온 뒤로는 복음전도자에 자꾸만 마음이 끌렸다. 어릴 때 꿈은 정치가, 수원역장, 농림부 장관이었지만 이는 하도 배가 고파서 그랬을 뿐이고, 신앙인이 되고 빌리 그레이엄 목사의 활약을 직접 목격한 뒤로는 하나님의 복음을 전하는 일이 가장 귀하다는 생각이 커졌다.

그러던 어느 날, 학교 교정을 거니는데 갑자기 '목사가 되어 고국에 돌아가 가난한 젊은이들을 도우라!'는 마음의 소리가 들려왔다. 마치 귀에 대고 말하는 것처럼 선명했다. 바로 그 순간 빌리는 밥 존스 대학교 신학과에 진학하기로 마음을 정했다. 칼 파워스도 빌리의 결정을 축하해주었다.

당시 빌리는 신앙만 좋았던 것이 아니고 성적도 우수했다. 웅변대회에서 1등을 한 것도 대단한 재능이지만, 학업에서도 대단한 실력을 발휘해 고등학교 졸업 때 우등상을 받았다. 수년 전 첫 학기에 선생님들의 배려로 겨우 낙제를 면했던 한국 소년 빌리의 모습은 어디에서도 찾아볼 수 없었다. 그가 얼마나 피나는 노력을 했는지를 미루어 짐작할 수 있다는 결과다.

뜻깊은 빌리의 고등학교 졸업식에 빌리의 은인 칼 파워스는 아쉽게도 참석하지 못했다. 초등학교 교사였던 파워스가 수업 때문에 빌리의 졸업식에 참석하지 못한 대신 예쁜 믿음의 동반자 트루디가 참석해 축하해주었다. 졸업식을 마치고 파워스의 집에 갔더니 이미 집에는 가족과 동네 사람들이 모여 있었다. 모두 빌리의 우등 졸업을 자기 일처럼 좋아하며 환호하고 축하해주었다. 재학 중에 전국 웅변대회에서 상을 받은 빌리가 졸업식에서도 성적 우등상을 받자 파워스 가족은 기뻐서 어쩔 줄 몰랐다.

파워스 가족은 춤을 덩실덩실 추면서 동네 사람들에게 빌리를 자랑했다.

"얘가 빌리예요. 우리 가족이라고요."

그만큼 빌리는 파워스 가족과 이웃들에게 따뜻한 환대와 사랑을 받았다. 그뿐 아니라 단테시에서도 빌리 이야기를 듣고 축하하며 명예시민증을 증정했다. 다음은 〈디킨스니언〉지에 보도된 당시 빌리의 졸업 관련 기사 전문이다.

한국에서 온 빌리 킴이 5월 28일 토요일 오후 8시 밥 존스 고등학교의 디이버 강당에서 있었던 졸업식에서 최고의 올어라운드(All-around) 소년상을 수상했다. 빌리는 66명의 졸업생 중 일원이었고, 밥 존스 대학교의 밥 존스 주니어 총장에게서 졸업증서를 받았다.

졸업생들은 25개 주에서 온 학생들과 두 명의 외국인 학생이다. 빌리 킴은 모히칸(Mohican) 문학단체의 일원이었고, 스포츠 매니저이기도 했다. 또 학급 성가대원이었으며, 학생신문 〈트라이앵글〉지의 스

포츠 편집자였다. 올해 그는 사우스캐롤라이나주 '민주주의의 소리' 웅변대회에서 우승을 차지했다.[19]

한국인의 우수함을 세계 최고의 나라 미국에서 마음껏 떨친 빌리, 아니 수원 소년 장환이 너무도 기특하다. 국위선양도 이런 경우는 찾아보기 힘들다. 노예로 애굽에 팔려온 요셉이 천신만고 끝에 애굽의 수많은 스펙을 물리치고 총리가 되었듯이 전쟁으로 가난하고 피폐한 나라에서 온 소년이 미국에서 태어난 아이들 위에 우뚝 서는 영광을 몸소 체험했다. 이 또한 하나님의 은혜의 역사가 아니겠는가. Soli Deo Gloria! 모든 영광 하나님께!

밥 존스의 엄격한 학교 규율

밥 존스 재단은 1927년, 미국의 복음전도자이자 경건한 방송설교가인 밥 존스 1세가 설립했다. 이후 아들인 밥 존스 2세가 1947년부터 1971년까지 총장을 했고, 밥 존스 3세가 2005년까지 총장을 역임했다. 밥 존스는 전 세계 크리스천 학교에서 가장 사랑받는 학교다. 이 학교에서 출판된 교재들은 100년 가까이 전 세계 기독교 학교와 홈스쿨러들 사이에서 독보적 위치를 차지하고 있으며, 그 비결은 성경적 원칙을 철저히 고수하는 교과 과정에 있다.

4대 총장 스티븐 존스(Stephen Jones)는 "교재 안에 성경을 담아내기 때문에 학생들이 신앙적으로 바른 가치관을 갖고 성장할 수 있다는 것이 핵심"이라며 "철저한 성경적 원칙과 검증된 텍스트로 교육한다는 자부심이 있다"고 말했다. 이렇게 큰 장점이 있는 학교 밥 존스는 설립자 때부터 고수해온 인종차별정책으로 여론의 비판을 받기도 했다. 이 학교는 빌리와 트루디가 결혼한 바로 다음 해에 '다른 인종 간의 결혼을 금지한다'는 말도 안 되는 규칙을 만들기도 했다. 두 사람의 결혼에 재단이 큰 충격을 받은 것이다.

이러한 밥 존스의 인종차별정책에도 불구하고 기독교 우파의 비위를 맞추려는 공화당 대통령 후보들은 대대로 이 학교를 방문했다. 실제로 로널드 레이건(Ronald Reagan), 밥 돌(Bob Dole), 팻 뷰캐넌(Pat Buchanan), 조지 W. 부시(George W.Bush) 등이 이곳에서 선거 연설을 했다. 과거 뉴햄프셔에서 존 매케인 상원의원에게 일격을 당해 비틀거리던 조지 W. 부시 텍사스 주지사가 사우스캐롤라이나 예비선거를 앞두고 밥 존스를 찾았는데, 당시 인종차별정책에 대해 한마디도 언급하지 않아 비판을 받았다.

이를 계기로 여론의 비난이 빗발치자 스티븐 존스 총장은 CNN 대담 프로그램 〈래리 킹 라이브(Larry King Live)〉에 출연해 "사람들은 우리가 인종주의자여서 인종 간 데이트를 금지하는 것으로 잘못 생각하고 있다. (…) 오늘부로 이 규정을 철폐한다"고 깜짝 발표를 했다.[20] 2000년에 들어서야 비로소 인종차별정책 규정을 없앤 것이다.

독실한 보수신앙을 지닌 설립자 밥 존스 박사는 매우 엄격하고 비타협적이며 직선적인 사람이었고, 그의 생활신조가 반영된 학교 규칙도 엄격했다. 늘 성경 요절을 일주일에 3개씩 외우게 했고, 매주 드리는 채플에 늦으면 가차 없이 벌점을 주었다. 이처럼 벌점 요소가 많았기 때문에 학생들은 마치 얼음 위를 걷듯 긴장하며 학교생활을 했다. 그 엄격한 규율을 버티지 못해 학교를 그만두는 학생도 한 학기에 10%나 될 정도였다.[21]

밥 존스에서 각 학생에게 한 학기 동안 허용되는 벌점은 150점이다. 이는 학사경고나 마찬가지다. 벌점이 150점을 넘기면 퇴학을 당하게 되는데, 퇴학당한 학생은 두 학기 동안 등록이 불가하고 퇴학당한 학기의 성적은 무효로 처리된다. 결과적으로 벌점을 초과하면 3학기 동안 쉬어야 했기 때문에 학생들은 벌점을 받지 않도록 최선을 다했고, 벌점을 초과하는 경우엔 아예 학교를 옮기기도 했다.

벌점은 기숙사 사감이나 교직원, 교수들이 매기거나 학생들이 사감에게 고발하기도 한다. 벌점은 곧바로 학생부에 보고되고, 학생부에서 모든 결정을 내리게 되어 있다. 잘못한 강도에 따라 벌점이 정해지지만, 단 한 번의 실수로 150점을 받아 퇴학당할 수도 있다.

그런데 믿기 어려운 사실은 이토록 깐깐한 벌점제도 아래서 대학원을 졸업할 때까지 벌점을 단 1점도 받지 않은 학생이 있었다는 것이다. 그 주인공이 바로 빌리 킴이었다. 빌리가 평소 얼마나 자기 관리를 잘했고, 규칙대로 질서를 잘 지켰는지를 알 수 있는 대목이다.

재미있는 점은 트루디가 퇴학을 당할 뻔했다는 사실이다. 당시 도서관에서 감시하는 선생님들이 얄미워서 데모했다가 주동자로 몰려 퇴학당할 뻔했는데, 벌점 75점을 받고 아슬아슬하게 구제를 받았던 것이다. 그 일로 인해 트루디는 한 학기 내내 외출 금지를

당했다.[22]

　김장환 목사는 이처럼 학교 규칙을 단 1점도 어기지 않고 잘 준수한 것이나 공부에서도 두각을 나타낸 이유가 첫째는 미국에서 공부하도록 자신을 불러준 은인 칼 파워스에게 실망을 주지 않고 보람을 안겨주기 위해서였고, 둘째는 한국인으로서 나라 망신시키지 않고 국위를 선양하기 위해서였다고 밝혔다.

　김장환 목사를 좀 아는 사람은 누구나 그가 정 많고 배려가 깊고 의리 있는 부드러운 사람이라는 것을 알고 있다. 그렇다고 김 목사가 원칙과 규율을 상관하지 않고 느슨하게 일을 처리할 것이라 생각하면 오산이다. 김 목사는 정해놓은 법과 규칙대로 아주 깐깐하게 일하는 사람이고, 그렇게 깐깐하고 꼼꼼하고 철저한 자세가 없었다면 오늘날의 거대한 극동방송은 없었을 것이다. 이 모두가 밥 존스의 까다롭고 엄격한 규칙을 철저하게 잘 지켜 배우고 익힌 결과물이라 할 수 있다.

　김장환 목사가 밥 존스에 보낸 유학생 중에 송용필 목사가 있다. 송 목사는 밥 존스에서 몸에 익힌 엄격한 규율이 김 목사가 극동방송을 운영할 때 치밀함과 검소함으로 나타난 것이라 말한다. 하나님이 김 목사를 미국의 많은 학교 가운데 하필이면 밥 존스로 인도하신 것도 다 이유가 있었다는 것을 자연스레 알게 된다.

밥 존스의 이해할 수 없는 제명

　사람이 살다 보면 장점도 보여주고 약점도 노출하기 마련이다. 아이들을 교육시키는 학교나 신앙으로 교육시키는 기독교 학교도 마찬가지다. 선한 정책이 있는가 하면 그렇지 못한 정책이나 규율도 있다.

밥 존스 출신 가운데는 하나님 나라와 복음을 위해 세계적으로 쓰임을 받은 인물이 많다. 대표적인 예가 빌리 그레이엄 목사와 김장환 목사다. 빌리 그레이엄 목사는 세계 모든 국가와 국민에게 알려질 만큼 유명한 복음전도자로 미국 대통령들도 어려운 일이 생기면 빌리 그레이엄 목사에게 조언을 듣고 기도를 받을 만큼 영향력이 지대했다.

김장환 목사도 선배 빌리 그레이엄 목사의 통역을 맡아서 한국에서 연인원 320만 명의 참가자들에게 그리스도의 복음을 전하고 한국 교회의 부흥과 성장의 기반을 마련하게 한 주역이다. 그뿐만 아니라 밥 존스가 배출한 최초이자 유일한 세계침례교연맹(BWA) 총회장까지 역임한 자랑스런 인물이다.

이 두 사람은 하나님의 이름뿐 아니라 모교 이름까지 세계적으로 드높인 고마운 졸업생들이다. 그런데 상을 줘도 모자란 마당에 밥 존스는 이들에게 어이없는 일을 하고 말았다.

김장환 목사가 한국에 돌아와 수원에서 십대선교회(YFC) 활동을 할 당시 인연을 맺은 각별한 제자가 바로 송용필 목사다. 송용필 목사는 김 목사의 소개로 유학을 다녀와 극동방송에서 오랫동안 사역했으며, 부사장까지 지냈다. 그런데 밥 존스를 졸업한 동문이 기도 한 두 사람의 이름이 밥 존스 대학 동문회 명부에는 없다. 이유가 뭘까?

학교마다 졸업생이 학교 명예를 실추시켰다거나 학교 방침과 다른 행동을 해서 물의를 빚었을 경우 학위를 취소하는 방침이 있다. 그렇다면 김장환 목사와 송용필 목사는 어떤 문제를 야기시켜 제명을 당했을까? 둘 다 빌리 그레이엄 목사의 설교를 통역했기 때문이다. 김 목사는 1973년 서울에서 열린 '빌리 그래함 전도대회' 때 그의 통역을 맡았다는 이유로 제명당했고, 송 목사 역시 1994년 카리브해에서 열린 빌리 그레이엄 목사 전도대회에서 통역을 맡았다가 제명되었다.[23]

빌리 그레이엄 목사도 밥 존스 대학을 3년 동안 다녔지만, 비숍 파이프(Bishop Pipe)라는 영국 성공회 주교에게 축도를 시켰다는 이유 때문에 동문으로 인정하지 않는다. 근본주의자가 아닌 자유주의자 한 사람과 교류했다는 이유로 밥 존스에서는 모든 재학생과 동문에게 빌리 그레이엄과 엮이는 사람은 제명한다고 선포했던 것이다.

이는 너무 터무니없고 말이 안 되는 처사다. 하나님의 말씀을 충실하게 가르치는 학교로 정평이 나 있는 학교에서 어떻게 그런 보복성 제명을 강행했는지 이해하기 어렵다.

송용필 목사의 증언에 따르면, 비록 밥 존스가 빌리 그레이엄 목사와 김장환 목사를 제명했지만 재학생이나 졸업생 가운데 두 사람을 모르는 학생은 없다고 한다. 송 목사의 자녀 셋도 모두 밥 존스를 졸업했는데, 졸업한 지 얼마 안 된 막내 이야기를 들어보면 재학생들도 두 목사를 자랑스러운 선배로 인정한다고 했다.

이처럼 엄하고 융통성 없는 규율 때문에 불만이 많긴 하지만, 이 학교 졸업생들은 모두가 학교에 대한 자부심이 대단함을 볼 수 있다. 게다가 다른 사립학교와 비교했을 때 학비가 3분의 1밖에 되지 않아 규율 엄수 문제만 없다면 아이들 공부시키기에는 더없이 좋은 학교로 정평이 나 있다.

　김장환 목사는 밥 존스 출신으로 세계침례교연맹 총회장에 오른 유일한 졸업생이다. 세계적인 부흥사요 복음전도자로 활약한 빌리 그레이엄 목사나 김장환 목사는 모두 밥 존스를 빛낸 영웅들이다. 그런데 말도 안 되는 규율을 정해놓고 그것을 어겼다고 이 두 영웅을 졸업생 명단에서 제외시키다니 얼마나 터무니없는 일인가.

　김장환 목사는 총회장 당선 이후 기자들과 가진 간담회에서 "만약 밥 존스 역대 총장들이 내가 총회장이 된 사실을 안다면 무덤에서 벌떡 일어날 것"이라고 우스갯소리를 했다. 밥 존스는 학교가 배출한 세계적 인물을 제명하고 말았지만, 중학교 때부터 대학원까지 밥 존스에서 보낸 김장환 목사는 여전히 모교를 아끼고 사랑하며 한국의 젊은 인재들을 밥 존스로 계속 보내왔다.

　밥 존스 출신 중에는 지금까지도 김장환 목사와 교제를 끊고 사는 이들이 있다. 혹시 김 목사와 계속 교제하거나 그에게 후원금을 보냈다가 발각되면 자신들도 제명당할 수 있기 때문이다. 물론 그런 가운데서도 학교 눈치를 보지 않고 김 목사를 교회에 초청하거나 후원금을 보내는 동창들이 훨씬 더 많았다는 사실에 김 목사의 모교인 밥 존스는 부끄러워해야 할 것이다.

트루디와의 결혼

하늘이 정해준 인연을 '천생연분(天生緣分)'이라 한다. 부부로 맺어진 빌리와 트루디도 알고 보면 천생연분이다. 이것을 기독교에서는 '하나님의 계획' 또는 '하나님의 섭리'라고 한다. 필자는 트루디 사모의 자서전을 읽으며 빌리와 트루디, 두 사람은 하나님이 맺어주신 배필이 틀림없다는 사실을 확인할 수 있었다. 그 이유를 하나씩 살펴보자.

첫째, 트루디의 키가 빌리보다 많이 컸다면 두 사람의 결혼은 없었을 것이다. 만일 트루디의 키가 다른 미국 여자들처럼 빌리보다 훨씬 컸더라면 두 사람의 미래는 어떻게 되었을까? 아마도 빌리는 자격지심에 빠져서 자기보다 키가 큰 트루디를 좋아하거나 결혼할 엄두조차 내지 못했을 것이다. 이 생각이 틀리지 않다는 것을 트루디 사모의 자서전을 통해 확인해볼 수 있다.

> 나로 말하면 오히려 작은 체구 때문에 친구들에게 '플리(Flea,벼룩)'라는 별명으로 불렸다. 아담한 걸로 치면 코알라처럼 귀여운 동물도 있을 텐데 왜 하필이면 벼룩이었을까?
>
> 어쩌면 작은 체형 덕분에 빌리의 눈에 띄었던 건지도 모르겠다. 빌리는 내가 열심히 아르바이트하는 모습을 보면서 반했다고 말하지만, 그 이면엔 외모의 영향도 분명히 있을 거라고 짐작해본다. 갈색 머리에 갈색 눈, 게다가 160cm 남짓한 키는 어쩌면 한국에 보내시기 위해 하나님께서 맞춰주신 최적의 신체 조건이 아닐까?[24]

앞에서 얘기했듯이 빌리에겐 트루디보다 먼저 학교 음악회에 함께 간 여학생, 학교 서무처장의 딸이 있었다. 하지만 음악회를 다녀오고 나서 빌리는 그녀에게 애프터 신청을 하지 않았다. 자기보다 키가 컸기 때문이다.

둘째, 트루디가 아버지 차를 몰래 운전하다가 남의 집 담을 들이받고 호수에 빠져 죽을 뻔한 일이 있었다. 만약 이때 차가 조금만 더 미끄러져서 호수에 빠져 숨이 끊어졌더라면 빌리가 트루디와 결혼할 일은 없었을 것이다. 사명이 있기에 하나님이 천사를 통해 차를 붙잡아주신 것이다.

셋째, 트루디가 밥 존스가 아니라 다른 학교로 갔다면 빌리와 트루디가 결혼할 일은 없었을 것이다. 트루디의 형제들은 모두 밥 존스를 졸업했는데, 사실 트루디는 엄격한 규율로 악명이 높은 밥 존스에 가고 싶어 하지 않았다. 하지만 평소 친했던 페기(Peggy) 언니마저 밥 존스에 가버리자 외롭고 허전한 마음에 결국 밥 존스에 가기로 결심하고는 그때부터 어머니에게 밥 존스 고등학교에 보내달라고 떼를 쓰기 시작했다. 처음엔 어머니가 반대했는데, 만약 트루디가 이때 어머니의 말을 순순히 따랐다면 다른 고등학교와 대학을 졸업했을 것이다. 그런데 어머니가 도중에 뜻을 바꾸어 밥 존스 입학을 허락하는 바람에 트루디도 다른 형제들처럼 밥 존스 출신이 되었다.

만약 칼 파워스가 장환을 미국에 데려오려고 할 때 어머니가 끝내 반대했다면 어땠을까. 상상만 해도 하나님의 은혜와 섭리가 놀랍기만 하다.

넷째, 트루디가 다른 여학생들이 부러워하는 린든 플라워스(Linden Flowers)라는 잘생긴 남학생과 데이트했는데, 그의 누나가 둘 사이를 몹시 반대하는 바람에 두 사람이 맺어지지 못했다. 이 또한 빌리와 트루디를 맺어주기 위해 하나님이 사용하신 도구였을 것이다.

다섯째, 린든과 헤어진 뒤 트루디는 밥 존스 3세와 교제를 시작했다. 그런데 트루디가 그의 생일날 연락을 하지 않았다는 이유로 퇴짜를 맞고 헤어지게 된다. 트루디가 마음이 너무 아파 기숙사 방에서 혼자 울 정도로 좋아했다고 하는데, 그까짓 생일이 뭐라고 가슴 아픈 이별을 했을까? 밥 존스 대학 총장의 부인이 될 뻔한 아찔한 순간이 이렇게 넘어갔다.

당연히 트루디는 하나님께서 그녀에게 최상의 파트너를 준비하셨음을 나중에 깨닫게 된다. 빌리에게서 데이트 신청 편지가 온 것은 그 일이 있고 2개월 뒤였다.

여섯째, 트루디의 어머니는 처음에 두 사람의 결혼을 반대했다. 사랑하는 딸이 가난한 한국에서 살아갈 것과 그 후손들이 혼혈아로 살아가는 데 어려움이 예상된다는 이유로 어머니는 결혼을 반대했고, 이로 인해 트루디도 결혼을 거의 포기한 상태였다. 최종 판단을 위해 어머니는 밥 존스 대학 총장을 찾아가서 조언을 구했다. 만약 그때 총장이 어머니에게 "빌리만 한 신랑감을 찾기 어려울 것"이라고 말하지 않았다면 오늘의 두 사람은 없을 것이다.

필자가 분석해본 결과 무려 여섯 가지의 다양한 이유로 빌리와 트루디의 결혼은 성사 자체가 불가능했는데, 우여곡절 끝에 두 사람은 결혼에 성공했다. 이 모든 정황을 미루어 판단해보면, 한 개인의 모든 일은 하나님의 이끄심과 인도하심의 역사에 따라 성취됨을 볼 수 있다. 어떤 방해나 난관이 있어도 빌리와 트루디를 통해 하고자 하시는 하나님의 계획과 사명이 있었기에 가난한 한국 소년 빌리와 미국 소녀 트루디가 밥 존스에서 만나 사랑을 싹틔우고 마침내 열매를 맺은 것이다.

복음전도자로의 부르심

Chapter 03

목회자의 사명

꿈이 없는 사람이 있을까? 사람들은 대부분 어린 시절부터 꿈을 가진다. 그중에는 자신이 꾼 꿈을 이룬 사람도 있고 중간에 꿈이 바뀌는 사람도 있다. 어린 시절 빌리의 꿈은 정치가나 농림부(현 농림축산식품부) 장관이었다. 배고팠던 어린 시절에 한 번쯤 꿈꿔볼 만한 장래 희망이다.

하지만 밥 존스 고등학교 시절 신앙인이 된 이후 그는 어린 시절의 꿈을 과감히 버리고 주저 없이 신학대학을 선택했다. 신학을 하려는 이는 특별한 경우를 제외하고는 누구나 선교사 아니면 목회자가 되기로 결심한 사람들이다. 미국에 와서 비로소 신앙을 갖게 된 빌리는 비록 늦게 신앙생활을 시작했지만, 신앙 상담자로서의 은사와 신앙 관련 모임의 리더로서의 은사를 발견하게 된다. 빌리를 아는 사람은 너나없이 그가 목회자로서 부름을 받은 사명자가 맞다고 말했다.

그 무렵 빌리는 졸업 후 어떤 일을 하며 살 것인가에 대해 진지하게 고민하며 기도하고 있었다. 어느 날, 캠퍼스를 거니는 중에 이런 소리가 마음속에서부터 울려왔다.

'너희 나라는 네가 아니더라도 정치할 사람이 많다. 너는 주의 종이 되어라.'

그 음성을 듣자 빌리는 마음이 뜨거워지는 것을 경험했고, 바로 그 순간 목사가 되겠다고 결심했다. 그는 "이는 내게 사는 것이 그리스도니 죽는 것도 유익함이니라"라는 빌립보서 1장 21절의 말씀을 통해 결심을 더욱 견고히 다졌다.

모든 기독교 학교에는 채플 시간이 정해져 있다. 당시 밥 존스에는 채플 시간에 정기적으로 실시하는 바이블 콘퍼런스가 있었다. 한국의 부흥회와 비슷한데, 빌리는 거기서 강한 도전과 은혜를 받았다. 뜨거운 찬양과 기도, 파워풀한 설교를 들으며 복음전도에 대한 강력한 비전을 갖게 되었다.

그래서 주말이면 대학생 선배들을 따라 시골 교회에 가서 전도도 하고 간증도 했다. 또 찬양단의 반주에 맞춰 함께 뜨겁게 찬양을 불렀다. 사람들이 복음을 받아들이는 모습을 보면서 그는 평생 복음전도자가 되겠다고 다짐했다. 유학을 마친 후 빌리가 수도 서울이 아니라 고향 수원으로 돌아가 복음을 전해야겠다는 생각을 굳힌 것도 도시 사람들보다 시골의 순박한 사람들이 복음을 더 쉽게 받아들인다는 것을 그때 눈여겨보았기 때문이다.

이후 김장환 목사는 그때 품은 비전대로 수원에서 목회하는 목사가 되지만, 하나님은 그가 한 나라의 대통령이나 총리 같은 지도자를 만나 많은 이에게 복음을 전하는 사명을 잘 감당하게 하셨다. 이 모든 것이 밥 존스에서 품은 꿈과 비전의 열매다.

빌리의 전도 활동은 대학교 1학년 때부터 본격적으로 시작되었다. 아무리 미국이 기독교 가치관으로 출발한 국가라지만 시골로 갈수록 교회도 없고 또 예수 믿는 신앙인도 드물다. 그만큼 사역자가 모자란다는 말이다. 외국 선교도 필요하지만 미국 내에서도 복음전도를 위해 할 일이 태산같이 많았다. 그래서 빌리는 주말이면 선배들과 함께 왕복 6시간 거리의 시골 마을에 가서 전도하며 선교 활동에 대한 꿈을 키웠다. 처음엔 선배들의 보조 역할을 하다가 점점 주도적 위치를 맡게 되었다. 남다른 은사가 없으면 불가능한 일이다.

빌리가 전도여행에서 주역을 맡아 활동하게 된 시기는 구체적으로 대학교에서 한 학기를 마쳤을 때였다. 빌리에 대한 소문을 들은 교회에서 그를 주 강사로 초청하기 시작한다. 최초로 빌리를 초청한 교회는 롱브랜치(Long Branch) 교회였다. 교인이 50여 명쯤 되는 작은 교회였는데, 파워스의 집에서 멀지 않은 곳에 있었다. 파워스의 외삼촌이 출석하던 롱브랜치 교회가 마침 부흥집회 기간을 맞아 서너 명의 강사를 초청했는데, 이때 빌리도 함께 초청받았다.

빌리 차례가 되었다. 다른 강사와는 달리 빌리에게는 할 이야기가 참 많았다. 그는 전쟁 중에 미군을 만나 미국까지 와서 공부하게 된 상황과 밥 존스에서 신앙을 가지게 된 것에 대한 간증, 장래 희망 등을 감동적으로 잘 전했다. 감동적인 사연에 전국 웅변대회에서 1등을 한 설교 능력까지 겸비했으니 성도들에게 얼마나 은혜가 되었겠는가.

그날 마침 그 집회에 참석했던 캐슬(Castle)이라는 사람이 빌리의 간증에 감동을 받았다며 자기 집으로 초대해 극진히 대접해주었다. 부친이 돈을 잘 버는 광부이고 자신은 작은 가게를 하고 있던 캐슬은 빌리를 배웅할 때 50달러를 건네면서 "내년에는 내가 다니는 교회에 와서 부흥회를 해달라"고 요청했다. 그 교회가 바로 빌리가 목사 안수를 받은 단테 침례교회다.

이듬해 빌리가 단테 침례교회에서 부흥회를 했는데, 집회를 마치고 난 뒤 소문을 듣고 주변의 작은 교회에서 계속 간증 요청을 했다. 동양에서 온 신학생이 간증 설교를 잘한다는 소문이 삽시간에 퍼져 여러 교회에서 빌리를 강사로 초청했다. 그 덕분에 빌리는 대학생 때부터 친구들 가운데 가장 바쁜 인기 강사로 활약했다. 빌리는 트루디와 데이트할 시간을 내기 힘들 만큼 바쁜 나날을 보냈다.

그렇게 여러 교회를 다니며 간증집회를 인도하던 빌리는 돈 많은 성도들에게 상당한 액수의 강사비와 후원금을 받기도 했다. 심지어 비행기표까지 보내주기도 해서 비행기를 타고 집회를 다니는 유일한 강사가 되었다.

예상치 못한 큰돈이 생기자 빌리는 한국에 있는 가족에게 스웨터 같은 선물을 사서 보냈다. 그때 빌리의 마음이 얼마나 뿌듯했을지, 또 그 선물을 받은 고향 가족의 기쁨은 얼마나 컸을지 충분히 상상하고도 남는다. 남은 돈으로는 책과 옷을 사고 필요한 물건도 샀다. 그렇게 빌리는 파워스의 희생적인 도움에서 조금씩 벗어나 서서히 자립을 향해 나아갔다.

간증집회에 주 강사로 자주 초청을 받다 보니 빌리는 미국 서부 지역에서 인기 있는 부흥강사로 소문나기 시작했다. 전쟁 중인 나라에서 미군을 만나 미국까지 왔다는 남다른 콘텐츠를 갖춘 데다 전국 웅변대회에서 우승할 정도의 명료하고 강력한 스피치 재능까지 겸비했으니 당연한 반응이었다.

주말 전도여행

학기 중에 아르바이트하는 학생들도 있지만, 방학 기간에 자유롭게 아르바이트하는 학생들도 있다. 빌리는 방학 때마다 아르바이트를 맡아놓고 했다. 한 푼이라도 더 벌어야 파워스의 부담을 더 덜어 줄 수 있었기 때문이다. 그렇게 힘든 아르바이트를 하면서도 주말 전도여행은 빼놓지 않았다. 4학년이 되면서는 모든 아르바이트를 그만두고 방학 기간 내내 오로지 전도여행에만 집중했다.

원래 마지막 학년에는 졸업 후 직장을 구할 것인지, 대학원에 진학할 것인지를 결정해야 한다. 빌리는 4학년 때부터 구체적인 계획을 세웠는데, 졸업 후 곧장 대학원에 가서 공부를 마치고 한국에 들어가 복음을 전하는 사명자로 살겠다는 것이었다. 이제나저제나 눈이 빠지게 막내아들을 기다리고 계실 고향의 어머니도 고려한 계획이었다.

토요일엔 수업이 없었으므로 먼 곳은 금요일 오후에 출발하고 가까운 곳은 토요일 아침 일찍 출발해서 도착하자마자 전도를 시작했다. 당시 전도는 어떤 식으로 진행됐을까? 우선 동네 사람들에게 알려야 한다. 전도지를 나눠주며 저녁에 영화를 보여주고 음악회도 한다고 알리면 정한 시간에 마을 사람들이 삽시간에 모여든다. 빌리는 시골 교회에서 주일학교를 돕다가 저녁 예배 때가 되면 간증을 했다. 마을 사람들은 남녀노소 할 것 없이 동양에서 온 키 작은 청년의 간증에 넋이 나갔다.

이렇게 빌리는 점점 학교생활과 전도여행에 익숙해져갔다. 빌리가 밥 존스에서 공부하던 시절은 삼시 세끼를 먹어도 늘 배가 고픈 한창때였다. 하지만 그는 늘 배를 곯아가면서 공부했다. 남들처럼 가족이 곁에 있는 것도 아니고 용돈이 부족했기 때문에 배고픔을 해결하지 못할 때가 많았다. 파워스가 힘들게 자신을 돕고 있다는 것을 잘 알았기에 빌리는 꼭 필요할 때 외에는 절대로 용돈을 달라고 하지 않았다.

전도여행에서 약간의 돈이 생기면 우표를 사서 한국에 편지를 보내거나 부족한 학용품을 사야 했다. 그렇기 때문에 늘 배가 고파서 키도 더 자라지 못했을 것이다. 당시에는 빌리가 배고픔에 허덕였다는 사실을 얘기한 적이 없기 때문에 칼 파워스도 그의 절박한 상황을 잘 몰랐을 것이다.

빌리는 시골 교회 목사님들을 만나면서 큰 감명과 도전을 받았다. 도시로 가지 않고 사람도 별로 없는 시골에서 전도하며 소박하게 살아가는 모습에 존경하는 마음이 절로 생겼고, 자신도 그렇게 욕심내지 않고 고향에서 목회하고 전도해야겠다는 마음을 품게 되었다.

빌리의 미국 생활을 보면 반항기 하나 없이 공부에 충실하고 학교 규율을 잘 지키는 모범생이었다는 것을 알 수 있다. 하지만 초등학교 동창 얘기를 들어보면, 어린 시절의 장환은 우리가 지금 알고 있는 모습과는 다소 달랐던 것 같다. 당시 장환은 친구들과 놀 때 각자 집에서 쌀을 훔쳐 와서 엿으로 바꿔 먹는 짓을 앞장서서 하다가 들통나 밤새도록 밖에서 벌을 섰던 개구쟁이였다고 한다. 어린 시절 가끔 악동 노릇을 했다는 트루디와도 조금 닮은 구석이 있었던 듯하다. 만약 미국에 가지 않았다면 한국에서 장환의 미래가 어떤 모습으로 펼쳐졌을지 자못 궁금하다.

사람은 환경에 영향을 받기 마련이다. 부모 형제가 사는 고향을 떠나 남의 나라에서 파워스에게 후원받아 외롭게 공부하는 처지였으니 매사에 성실할 수밖에 없었을 것이다. 게다가 밥 존스에서 하나님을 믿게 되고 성경적인 가치관이 자리 잡혀 시간을 허투루 낭비하거나 철없이 살 수는 없었던 것이다.

「현대목회」에 김장환 목사가 기고한 '나의 목회 30년'에는 밥 존스에서의 생활이 그에게 어떤 영향을 미쳤는지 잘 나타나 있다.

> 교육이 그 사람의 진로나 태도에 미치는 영향이 얼마나 중요한 것인가 하는 것은 새삼 설명할 필요가 없으리라고 생각한다. 필자의 신앙 형태나 설교 스타일, 그 밖의 모든 것을 결정한 것은 밥 존스 대학교이다. 신앙생활에 대한 경험이 전혀 없는 상태에서 회심하고 신학에 뛰어들었기 때문에 더욱 그러하다고 할 수 있다. 신학교육기관은 한 목회자에게 '영성의 저수지'라고 생각한다.[25]

소년 장환이 당시 미신이 가득한 가정과 가난하고 무지한 주변 환경에서 쭉 생활했다면 지금 어떤 길을 가고 있을지 생각만 해도 끔찍하다. 칼 파워스 덕분에 기독교 정신이 투철한 밥 존스로 인도된 빌리 앞에는 하나님을 받아들이기에 가장 좋은 환경이 마련되어 있었다. 모든 게 하나님의 예비하심이다. 김장환 목사가 미국에서 돌아올 때 동급생들에 비해 부족한 것은 딱 한 가지밖에 없었다.

김장환 목사의 아내 트루디 사모도 그것은 인정하는 사실이다. 트루디는 빌리가 각종 웅변대회에서 상을 받긴 했지만 영어 발음이 조금 어색한 데다 문법이 틀릴 때도 많았다고 말한다. 빌리가 사용하는 영어를 이해하지 못할 미국인은 없었지만, 한국말이 익은 상태에서 영어를 배운 까닭에 그의 영어가 완벽한 미국 본토 발음은 아니었다. 그 점이 김 목사에게는 늘 아쉬움으로 남았다. 물론 미국을 가보지 않은 사람들에게는 미국에서 10년간 유학한 김 목사가 "영어 발음이 완전하지 않다"고 말하는 것은 겸손의 표현으로 보일 뿐이었다.

빌리는 학교 축구부 주장도 맡았고, 고등학교 때 배우기 시작한 탁구는 곧바로 탁구대회에서 1등까지 했을 만큼 모든 일을 집중해서 배우고 갈고닦는 재주가 있었다. 누구도 따라갈 수 없을 만큼 대단했다. 그 때문에 미국 땅에서 미국 학생들과의 경쟁에서 뒤지지 않고 앞서 나갈 수 있었던 것이다.

트루디 가족과의 첫 만남

트루디에게는 어릴 때부터 믿고 따르는 페기 언니가 있었다. 함께 성장한 자매의 우정은 어떤 관계보다 친밀한 법이다. 그렇게 트루디와 친밀한 관계였던 페기도 밥 존스 출신인 데다 빌리와 나이가 같았다. 물론 한국에서 와 나이보다 낮은 학년에 입학한 빌리보다는 학년이 더 높았다.

페기는 대학을 졸업하고 좋은 남자를 만나 결혼하게 되었는데, 트루디는 언니의 결혼식에 빌리를 초대했다. 언니 결혼식에 초대할 정도라면 빌리와 트루디도 이미 장래를 약속한 사이였다는 의미다. 당시 고등학교 3학년이었던 동생 트루디를 통해 빌리에 대해 익히 알고 있던 페기도 기꺼이 환영했다. 축시 낭송이라는 핑계로 결혼식에 초대했지만, 사실은 가족에게 빌리를 자연스럽게 소개하는 자리를 마련한 것이다.

빌리와 트루디는 자동차로 24시간이나 되는 거리를 운전해서 트루디의 고향인 미시간주 레이크뷰로 갔다. 당시만 해도 서민들은 비싼 비행기를 탈 수 없어서 하루 꼬박 운전을 해서 간 것이다. 주일 오후에 예정된 결혼식에 늦지 않기 위해 빌리와 트루디는 토요일에 고향집에 도착했다. 두 사람이 도착했을 때 트루디의 아버지 러셀 스티븐스(Russell Stevens)는 정원에서 잔디를 깎고 있었다. 미래의 장인과 사위의 첫 만남은 그렇게 시작되었다.

빌리는 그에게 씩씩하게 인사하고는 잔디 깎는 기계를 받아 들고 대신 작업을 했다. 그는 성실하고 예의 바른 사윗감이 첫눈에 마음에 들었다. 트루디가 레모네이드를 만들어서 정원으로 가져갔을 때는 이미 친밀해져서 두 사람 사이에 즐거운 대화가 오가고 있었다.

그는 이야기로만 듣던 빌리를 직접 만나보니 비록 영어 발음이 완벽하지 않은 외국 청년이지만 총명하고 성실해 보였다. 그래서 딸을 힘들게 하진 않을 거라는 확신이 들었다. 당시만 해도 그 자그마한 동양 청년이 나중에 세계적인 거목으로 쓰임을 받게 될 줄 누가 알

앉겠는가.

빌리와의 대면에서 딸과의 인연을 확신한 그는 미래 사윗감을 자랑하고 싶은 마음이 들었다. 빌리와 소통을 해보니 설교도 꽤 잘할 것 같다는 확신도 들었다. 그래서 곧바로 담임목사에게 전화해서 사정을 말한 뒤, 주일 오전 예배 때 동양인 신학생이 설교하게 해주면 어떻겠느냐고 제의했다. 고맙게도 담임목사는 그렇게 해보겠다고 답했다.

'사위 자랑은 장모'라는 말이 있지만, 트루디의 집에서는 장모보다 장인 될 사람이 더 적극적이었다. 트루디의 아버지는 내친김에 인근에 있는 프리 감리교회(Free Methodist Church)에도 연락해서 주일 저녁 설교를 예약했다.

다음 날 아침, 빌리는 트루디의 모교회인 애즈베리 감리교회(Asbury Methodist Church)에 모인 300여 명 앞에서 설교했다. 사윗감을 소개해 강단에 세운 트루디의 아버지가 정작 당사자보다 긴장한 가운데 빌리는 모든 성도가 깜짝 놀랄 만큼 대단한 설교를 했다. 대학교 1학년 때부터 시골 교회를 두루 다니며 설교해서 쌓은 실력과 경험이 발휘된 데다 빌리의 특별한 상황에서 나오는 간증이 깊은 감동과 은혜를 주었다.

그러자 신이 난 트루디의 아버지는 친구들에게 전화를 걸어 저녁에 프리 감리교회로 와서 동양에서 온 젊은이의 간증 설교를 들어보라고 권했다. 사실 설교를 듣기 전에도 그의 마음속에는 빌리가 사윗감으로 이미 자리를 잡았는데, 설교를 듣고 난 뒤에는 완전히 매료되었다.

주일예배를 마치고 오후에는 페기의 결혼식이 열렸다. 축시를 낭송하는 빌리를 본 친척들도 귀엽고 총명한 모습에 만족스러워했다. 결혼식 중에는 페기와 그 신랑이 주인공이었으나 식이 끝난 뒤 시작된 저녁 예배에서는 빌리가 주인공이었다. 빌리의 설교는 매우 감동적이고 은혜로워서 트루디의 아버지는 물론 집안 친척들 모두의 마음을 단숨에 사로잡았다. 빌리가 트루디 집안에서 사윗감으로 확실히 인정받는 순간이었다. 페기의 결혼식을 계기로 이루어진 트루디 집 방문은 이렇게 해서 완전히 성공으로 끝났다.

여름방학 때 빌리가 트루디 언니의 결혼식에 참석하고 돌아왔다는 소문이 학교에 퍼지자 그동안 트루디를 짝사랑했던 남학생들이 더는 트루디에게 편지를 하지 않게 되었다. 그 뒤로 두 사람은 서로가 하나님이 맺어주신 인연임을 더욱 절감했고, 자신들을 향하신 하나님의 섭리도 더 가깝게 느끼기 시작했다.

또 다른 위기

남녀가 만나 사랑하고 결혼해서 가정을 이루기까지는 여러 차례의 난관을 경험하게 된다. 앞에서 밝힌 것 외에도 빌리와 트루디에게는 결혼할 수 없는 위기의 상황이 두 번 더 있었다.

빌리가 대학교 2학년, 트루디가 고등학교 3학년 때의 일이다. 어느 날 트루디가 빌리에게 졸업 후 결혼하자고 프러포즈를 했다. 그때 빌리의 대답은 단호했다. 대학 졸업을 하지 않은 여자와는 결혼하지 않는다는 것이었다.

예나 지금이나 미국이나 한국이나 여자가 남자에게 먼저 결혼하자고 하는 경우는 흔치 않다. 그렇게 어렵사리 꺼낸 트루디의 프러포즈를 빌리는 단칼에 거절했다.[26] 그 당시 트루디가 얼마나 자존심이 상했겠는가. 하지만 그녀는 빌리가 왜 그렇게 말했는지 잘 알고 있었다. 어머니가 돌아가시기 전에 하루빨리 고국으로 돌아가야 했기 때문이다.

사실 당시 나이가 결혼하기에는 너무 이르기도 했지만, 무엇보다 트루디는 멀고 낯선 나라 한국에 가서 살 엄두가 나지 않았다. 그래도 그녀는 빌리를 포기할 수 없었다.

빌리는 결혼에 대한 증표로 고등학교 졸업 반지를 바꿔 끼자고 했고, 그 말에 트루디는 감격의 눈물을 흘렸다. 이후 빌리와 결혼하는 것이 하나님의 뜻이라는 것을 더욱 확신한 트루디는 서둘러 학업을 마쳐야겠다는 마음에 다급해졌다. 트루디는 빌리가 한국에 빨리 돌아가기 위해 학업에 최선을 다하는 것을 누구보다 잘 알고 있었다. 빌리는 방학에도 놀지 않고 계속 서머스쿨에서 몇 과목씩 수업을 들었다. 그래야 졸업 시기를 앞당길 수 있었기 때문이다.

트루디도 열심히 공부해 고등학교 과정을 한 학기 단축하고 3학년 2학기 때 대학 공부를 시작했다. 그리고 세 차례의 여름방학 동안 서머스쿨에서 여러 과목을 이수해 동급생들보다 한 학년 빨리 대학교에 입학하고 학년도 한 학년 빨리 진급했다. 고향집에 갈 때는 교사 자격증이 있는 어머니에게 라틴어를 배워서 학점을 채우기도 했다. 하나님께서 두 사람을 위해 정해놓으신 계획이 땅에서 차곡차곡 잘 진행되고 있었던 셈이다.

그런데 두 사람 사이에 뜻하지 않은 위기가 찾아왔다. 어느 날, 트루디가 도서관에서 가끔 마주치는 돈(Don)이라는 남학생과 대화를 하고 있었는데, 그 장면을 목격한 빌리가 오해를 하고 만 것이다. 트루디가 빌리를 보고 인사했는데 그는 좋지 않은 표정으로 대답 없이 그냥 지나갔다. 그날 저녁 트루디를 찾아온 빌리는 그 남자가 누구냐고 물었고, 도서관에서 알게 된 친구라는 말에 끼고 있던 반지를 빼주면서 헤어지자는 말을 남기고 가버렸다. 그 일 이후 두 사람은 넉 달 동안 연락을 끊고 살았다. 또 한 번의 헤어질 위기였다.

그러다가 추수감사절 기념 축구대회가 있는 날 트루디가 빌리를 찾아왔다. 빌리는 짐짓 놀랐고, 이후 어색한 분위기에서 무의미한 대화가 오갔다. 트루디는 빌리 팀 응원석에서 열심히 응원했다. 그날 저녁 빌리는 트루디의 기숙사로 찾아가 "다시는 헤어지지 말자"고 말했다. 두 사람은 다시 사귀기로 하고 반지를 바꿔 끼웠다. 이처럼 시린 이별의 시간과 감격스러운 재회의 시간이 흘러갔다.

이후 빌리와 동시에 대학을 졸업하겠다는 트루디의 계획은 차질 없이 이루어졌다. 지혜와 총명과 결단력으로는 빌리를 따라갈 동급생이 없었지만, 트루디도 그에 못지않았다. 빌리는 1958년 5월에 신학과를 졸업했고, 트루디는 8월에 교육학과를 졸업했다. 빌리는 '1958년 밥 존스를 빛낸 30대 동창생'에 선발되기도 했다.

칼 파워스는 빌리가 졸업하던 날의 감격을 기록으로 남겼다.

능력 있는 소년 빌리는 내가 기대했던 것 이상으로 훌륭하게 성장했다. 빌리가 대학 졸업장을 받는 순간, 전쟁 중이었던 나라 한국이 떠올랐다. 이 작은 내 친구가 한국에서 미군들을 위해 물을 나르고 지저분한 집기들을 청소해주던 그 소년인가? 그는 과연 내가 경산의 사과 과수원에서 영어를 가르쳤던 그 소년인가? 이 미소 짓는 친구가 전에 지프차가 떠날 때 내게 "안녕, 파워스. 미국에서 만날 거죠?"라고 외쳤던 그인가? 아니다. 그는 이제 그때의 소년이 아니다. 그는 지식에 의해 넓어지고 그리스도를 확신하는 온유한 마음과 예리한 정신을 가진 지혜로운 청년이 되었다. (…)

전쟁에서는 공급선이 필수인데, 빌리의 공급선은 신앙이다. 기도로 다리를 세우고 성경을 무기로 싸우라. 모든 전쟁에서는 훈련받은 용감하고 결연한 병사들이 있어야 하는데, 하나님께서 이러한 자질을 빌리에게 주셨다. 빌리는 십자가를 가지고 전쟁에 나가 하나님의 적을 맞아 싸운다. (…) 작전과 계획, 진격과 기도가 전쟁을 위해 진행 중이다. 그곳에 구원받을 영혼들이 있다. 하나님이 늘 빌리와 함께하시기를!

다시 한번 빌리의 영예로운 성취를 축하한다. 빌리는 감사하게도 나의 모든 희망을 뛰어넘었다. 나는 한 번도 빌리를 의심한 적이 없고, 빌리는 단 한 번도 나의 신뢰를 저버린 적이 없다. 빌리는 이 나라의 많은 사람에게 축복이었으며, 빌리가 우리에게 준 강한 인상은 시간이 지나도 변함이 없을 것이다.[27]

빌리가 대학교를 졸업하기까지 일등공신이 있다면 그는 바로 빌리를 미국 땅에 데려와 학비와 생활비를 책임진 칼 파워스다. 세상에 그렇게 착하고 고마운 분은 없을 것이다. 그리고 트루디 역시 빌리에겐 잊을 수 없는 사람이다. 그녀가 빌리의 마음을 잘 알아서 최대한 과목을 많이 듣고 학점을 땄기 때문에 빌리는 좀 더 빨리 어머니 곁으로 돌아올 수 있었다.

칼 파워스나 트루디나 모두 하나님이 빌리의 앞길을 위해 예비하신 신실한 종들이 분명하다.

난관 속에 성사된 결혼

트루디가 빌리와 결혼하겠다고 했을 때 아버지는 당연히 긍정적인 반응을 보였지만, 어머니 메리 톰슨(Mary Thomson)은 달랐다. 그녀는 가난한 동양 청년을 별로 마음에 들어 하지 않았다. 하지만 서로 사랑해서 장래를 결정한 성인들의 의사를 무조건 반대할 수만은 없어서 밥 존스 대학을 방문해 총장에게 면담을 요청했다. 총장이 반대하면 자신의 뜻대로 결혼을 막고, 총장이 찬성하면 따르기로 마음먹고 찾아간 것이다. 그러니 당시 총장의 한마디가 빌리와 트루디의 미래를 좌우할 중요한 발언이었던 셈이다.

그때 그녀가 총장에게 들은 이야기를 직접 소개해본다.

> 빌리 킴보다 좋은 신랑감을 찾기 힘들 겁니다. 능력 있고 진실된 청년입니다. 빌리를 트루디의 신랑감으로 적극 추천합니다.[28]

빌리의 학창 시절을 누구보다 잘 아는 총장은 그녀에게 그를 최고의 신랑감으로 강력히 추천했다. 당시 그녀가 밥 존스 대학 총장과 면담할 생각을 하지 않았거나, 면담에서 총장이 부정적인 이야기를 했다면 빌리와 트루디의 미래는 어떻게 되었을까. 생각할수록 두 사람의 배후에 하나님의 역사가 계속 작용하고 있었음을 알 수 있다.

이렇게 빌리와 트루디의 결혼 과정에서 최대의 난제가 해결되었다. 그런데 관문이 하나 더 남아 있었다. 그것은 지금까지 빌리를 공부시킨 칼 파워스에게 허락을 받는 일이었다. 어릴 적 돌아가신 아버지를 대신해준 은인이기에 파워스가 두 사람의 결혼을 인정해야 모든 과정을 끝낼 수 있었다.

그래서 빌리는 트루디와 함께 칼 파워스를 찾아가 두 사람의 결혼을 허락해달라고 했다. 그런데 결혼을 축하해줄 것이라는 예상과는 달리 파워스도 메리 톰슨과는 다른 이유로 두 사람의 결혼을 미심쩍어했다.

파워스는 빌리가 미국 여자를 만나 고국으로 돌아가지 않고 미국에 눌러앉을까 봐 염려했다. 그는 트루디는 물론 그의 부모가 사랑하는 딸을 가난한 외국으로 시집보낼 가능성이 별로 없다고 판단했다. 신실한 사람인 파워스는 자신이 빌리를 한국에서 데려올 때 그의 어머니에게 유학 후 반드시 한국으로 돌려보내겠다고 한 약속을 지키지 못할까 봐 염려했다.

빌리는 대학원 공부가 끝나면 반드시 돌아갈 거라고 파워스에게 약속했다. 그제야 파워스는 안심하며 두 사람의 결혼을 축하했다.

특히 트루디가 자신의 시골집에 와서 하는 행동을 보고는 더욱 마음이 놓였다. 한국에서 시댁 식구와 함께 살려면 궂은일도 마다하지 않아야 하는데, 트루디가 그의 집에 와서 스스럼없이 일하는 모습을 보고는 빌리의 짝이라는 것을 확신했다.

사실 파워스에게도 빌리가 소개해준 여자가 있었다. 하지만 너무 외딴 시골 생활이 불편해서 파워스와의 결혼을 꺼리는 바람에 아쉽게도 헤어졌다. 이런 아픔과 상처를 지닌 파워스에게는 남의 집 부엌에서 자연스럽게 일을 돕는 트루디의 모습이 더 좋게 보였을 것이다. 그리고 빌리의 마음 한편에는 파워스는 혼자인데 자기만 좋은 여자를 만나서 먼저 결혼하는 데 대한 미안함이 자리 잡고 있었다.

1958년 8월 8일 오후 8시. '1958. 888'은 빌리와 트루디에게 너무도 소중한 숫자다. 이날 두 사람은 미시간주 그린빌 침례교회(Baptist Church in Greenville)에서 결혼식을 올렸다. 트루디는 20세, 빌리는 24세였다. 결혼식 들러리를 서준 파워스는 마치 딸을 시집보내는 것처럼 마음이 허전했다. 오하이오주 톨레도(Toledo)에서 닭과 칠면조를 가공하는 회사 코틀랜드(Courtland)를 운영하는 왈도 예거(Waldo Yeager) 사장도 멀리까지 와서 축하해주었다. 빌리가 결혼식을 위해 준비한 것은 예복을 빌리는 일뿐이었다. 뱃삯이 너무 비싸 한국에 있는 가족은 한 사람도 참석하지 못해 한편으로 아쉬움이 남는 결혼식이었다.

빌리가 대학원에 진학했을 때 트루디는 초등학교 교사 자리를 얻었다. 1주일의 신혼여행을 다녀온 뒤 사우스캐롤라이나주로 돌아온 두 사람은 각자 맡은 일에 열중했다. 이미 대학에서 대학원 과목을 많이 들었던 빌리는 1년 안에 대학원 과정을 마치고 빨리 한국으로 돌아가겠다는 일념으로 학업에 올인했다. 고향에 계신 어머니가 그립기도 했지만, 돌아가시기 전에 복음을 전해 천국으로 보내드려야 한다는 생각에 마음이 급했다. 누구보다 그것을 원했던 칼 파워스는 빌리의 열정을 언제나 격려했다.

당시 밥 존스 커플 대부분이 그러했듯이 빌리가 빨리 대학원을 마치도록 아내 트루디가 남편의 학업을 많이 도왔다. 대학원에서는 제출할 논문이 많았는데, 남편이 콘텐츠와 아이디어를 알려주면 아내는 그것을 문장으로 만들고 다시 남편이 검토해 제출하는 식이었다. 영어가 모국어가 아닌 빌리에겐 아무래도 트루디의 도움이 컸다.

평일에는 학업에 집중해야 하는 젊은 연인들에게 주말은 데이트하며 맛있는 것도 같이 먹고, 영화도 같이 보고, 가슴 두근거리는 추억을 쌓을 명소도 찾아가는 소중한 시간이다. 하지만 빌리는 고등학교 시절부터 주말이면 늘 친구들과 전도대회를 나갔기 때문에 두 사람 사이에는 낭만적 추억이 존재하지 않았다. 트루디 또한 '우리도 남들처럼…' 하는 불만이 전혀 없지 않았지만, 빌리에게 전도여행에서 일어난 감동적 은혜의 역사에 대해 들으며 섭섭한 마음을 달랬다. 오히려 트루디는 영혼 구원에 대한 열정으로 가득 찬 빌리를 보고 감탄했다.

결혼 후에도 빌리의 전도여행은 계속되었다. 빌리가 산 200달러짜리 싸구려 차는 그와 친구들이 함께하는 시골 전도여행에 날개를 달아주었다. 신혼의 단꿈에 젖어야 할 신부 트루디는 결혼 후에도 신랑의 얼굴을 제대로 보지 못했다. 평일엔 공부하느라 바빴고, 주말엔 전도여행에 정신이 없었기 때문이다. 한창 꿈에 부풀었을 신혼에 로맨틱한 시간 한번 제대로 갖지 못했으니 인간적으로 섭섭한 마음이 왜 없었겠는가. 하지만 그때가 결혼 이후 트루디가 누린 최고의 시기였다는 것을 어찌 알았겠는가.

트루디에게는 장차 열네 명이나 되는 대가족과 함께 생활하며 겪어낼 힘든 시집살이가 무거운 과제로 남아 있었다. 한마디로 그들의 신혼 생활은 단 1년 만에 끝났다.

빌리는 트루디가 교사로 일하며 월급을 받게 되자 더 이상 칼 파워스의 지원을 받지 않았다. 가정을 꾸리고 아내가 일하게 되자 파워스에게서 경제적으로 독립하게 된 것이다. 빌리는 8년 동안이나 자신의 학비와 용돈을 대준 파워스의 사랑이 말할 수 없이 고마웠다. 정말 그는 하나님이 빌리에게 붙여주신 최고의 은인이요 후견인이었다.

칼 파워스의 도움이 없었다면 오늘의 김장환은 분명 존재하지 않았을 것이다. 자신도 공부하는 상황에서 빌리가 학업에 전념하도록 아르바이트도 못하게 한 그의 배려와 사랑은 실로 자기희생이라는 말로밖에 표현하기 어렵다.

공사가 분명하나 자상한 남편

요즘 정치인들 가운데는 양심 불량자들이 꽤 많다. 목회자들 중에도 그런 이들을 종종 본다. 그런 점에서 김장환 목사는 냉정하다 싶으리만큼 공사가 분명한 사람이다. 트루디 사모의 말에 따르면 매몰차다 싶을 만큼 공사를 분명히 구별하는 사람이 김장환 목사다.

한 예로, 2001년 7월 트루디 사모의 언니인 페기의 큰딸이 두 아들과 함께 한국을 방문한 적이 있다. 이때 짐이 좀 많아서 공항버스를 이용하기보다는 차를 가지고 나가는 게 좋을 것 같아 김 목사에게 부탁했다고 한다. 그런데 남편의 반응은 아주 냉랭했다. 극동방송 일로 오는 게 아닌데 방송사 차를 이용할 수 없고, 직원도 보낼 수 없다고 했다.

다른 사람도 아니고 처가 쪽 식구가 온다는데 굳이 그렇게 따질 필요가 있나 싶어서 부탁한 것인데 그렇게 단칼에 거절당하고 말았다. 아무리 공과 사를 분명히 한다 해도 그렇게까지 할 필요가 있나 싶을 정도로 냉정한 태도였다.

간혹 김 목사가 외국에 나가면 방송사에서 "차를 쓰실 일이 있으면 언제든 연락을 주십시오" 하지만, 트루디 사모는 한 번도 도움을 요청한 적이 없다. 나중에라도 김 목사에게 알려지면 불벼락이 떨어질 게 뻔하기 때문이다. 비록 융통성이 좀 없어 보여도 그것이 혹시라도 초래할 문제를 사전에 예방하는 최고의 방법이라는 것을 트루디 사모는 잘 인식하고 있다.

이처럼 김장환 목사는 공사가 분명하고 결정 또한 무척 빠른 사람이다. 정확히 판단하고 신속히 결정하는 것은 리더가 가져야 할 큰 장점 중 하나다. 물론 결정을 빨리 내리는 사람은 앞뒤 생각하지 않고 서두르기 때문에 냉정하고 인간미가 없다고 생각하기 쉽다. 하지만 김 목사는 정이 많은 사람으로도 알려져 있다. 트루디 사모의 말로는 웬만해선 가족의 기념일을 잊어버리지 않고 꼭 기억했다가 선물을 챙기는 사람이라고 한다. 오죽하면 트루디 사모가 종종 이런 내용으로 감사 기도를 올릴까?

주님, 저에게 이렇게 좋은 남편을 주신 것 감사합니다.
남편에게 좋은 선물을 바라기보다
먼저 좋은 아내가 될 수 있도록 제게 능력을 주세요.[29]

평생의 은인 칼 파워스

Chapter 04

막냇동생 빌리

어린 나이에 사랑하는 어머니와 형제들을 뒤로한 채 낯선 땅 미국에서 유학하는 8년 동안 빌리는 단 한 번도 고향을 가지 못했다. 남의 나라, 남의 집이라는 새로운 환경에서 낯선 언어인 영어로 인해 불편했지만, 무엇보다 지독한 향수병이 빌리를 가장 힘들게 했다. 그나마 방학 때 칼 파워스가 살고 있는 버지니아 집에 가는 것이 그에게는 유일한 위로였다. 그곳은 빌리에게 제2의 고향이었다.

칼 파워스의 집은 동네에서 20분쯤 떨어진 산골에 위치해 있었고, 과거 우리나라처럼 집 안에 수도도 없고 화장실도 집 밖에 있을 정도로 열악했다. 빌리는 방학 때 서머스쿨을 다녀오면 시키지 않아도 소를 몰고 나가서 풀을 먹이고, 낫으로 산비탈의 풀을 베어다가 말려서 겨울철 쇠여물로 저장하곤 했다. 어릴 때부터 부지런했던 빌리는 장작 패는 일뿐 아니라 빨래까지 도왔다.

파워스의 아버지는 광산 노동자였고, 어머니는 집 근처 땅에 농사를 지으며 소 두 마리를 키웠다. 파워스는 3형제인데, 형 카멘은 결혼해서 분가했고, 한국 오산에서 근무했던 동생 클로드(Claude)는 공군이었다. 또 다른 집에 사는 외삼촌 댁에는 4남매가 있었는데, 그중 빌리보다 두 살이 적은 딸은 빌리와 친구처럼 어울렸다.

외딴 시골에 집이 두 채밖에 없으니 우편배달부가 자주 오지 않았다. 우편함도 집에서 2km 거리에 있었는데, 빌리가 편지를 넣어놓고 깃발을 올려놓으면 멀리서 배달부가 보고 가져가면서 깃발을 내려놓았다. 그리고 편지가 오면 배달부가 다시 깃발을 올려놓았다.

빌리는 편지를 부치러 가면서 우편함의 깃발이 위로 들려 있기를 얼마나 바랐는지 모른다. 고향에서 온 편지를 뜯어 읽을 때면 눈시울이 붉어지고 콧날이 시큰해지면서 가슴이 저릴 때가 많았다. 미국에 도착해 처음 생활할 때는 우편함에서 편지를 꺼내 읽는 것이 빌리의 유일한 낙이었다.

요즘은 유학을 가도 최소한 1년에 한 번은 방학 기간에 비행기를 타고 가족을 만나러 올 수 있다. 하지만 당시는 가난한 유학생 신분에 비행기표를 살 여유가 없었기 때문에 오랜 세월 동안 어머니 얼굴 한 번 보지 못했다. 또 당시 빌리의 수원 고향집에는 전화가 없었기 때문에 8년 동안 어머니 목소리조차 전혀 듣지 못했다. 오직 편지로만 소식을 전하고 가족들의 소식을 접했으니 얼마나 고향 생각이 간절했겠는가. 편지는 늘 그립다는 내용이 주를 이루었으나, 빌리가 신앙을 갖고 난 이후로는 가족들에게 교회에 나가라고 권하는 내용이 주가 되었다.

고등학교를 졸업할 때까지 빌리는 방학이면 어김없이 파워스의 집에 가서 언제나 열심히 집안일을 도왔다. 사랑하는 가족과 떨어져 낯선 이국땅에서 공부에 전념할 수 있었던 데는 파워스의 물질적 지원이 물론 중요했지만, 파워스 가족의 따뜻한 사랑과 배려도 큰 역할을 했다. 파워스의 부모는 살아생전에 빌리를 막내아들처럼 귀여워했으며, 빌리가 미국 사회에 잘 적응해 나가는 것을 늘 자랑스럽게 여겼다.

다음은 칼 파워스가 쓴 수필집에 나오는 이야기다.

내가 빌리를 도울 계획이 있었어도 나의 부모와 형제들이 반대했다면 실천하기 어려웠을 것이다. 빌리의 어머니가 나를 믿었듯 나의 부모님도 빌리를 믿었다. 우리 가족은 처음부터 빌리를 가족처럼 대했다. 가족들은 빌리를 위해 애쓰는 나의 노력에 대해 한 번도 의문을 갖지 않았으며, 오히려 격려와 이해를 해주었다. 빌리가 방학 때면 내 집에 돌아와 힘든 노동을 한 것을 감사한다. 나의 부모님은 빌리가 한국에 돌아간 뒤에도 빌리가 칠한 지하실 외벽과 계단에 다시 칠을 하지 않으셨다. 칠이 많이 벗겨졌지만 빌리가 남긴 흔적을 그대로 두어 빌리를 기억하고 싶어 하셨다.

또 빌리가 우리 가족에게 주었던 친절과 사랑, 존경에 대해 감사한다. 나는 우리 가족이 빌리가 가치 있는 인생을 살 수 있도록 도왔고, 빌리가 하나님이 원하는 사람이 되는 데 작은 보탬이었기를 바란다. 우리 집은 언제까지나 빌리의 집이다. 그 문은 언제나 열려 있다.[30]

눈물겨운 간증이다. 하나님이 바로의 공주의 마음을 감동시켜 모세를 애굽 궁전에서 양육하게 하셨듯이 파워스의 마음을 움직여 빌리를 미국에서 공부하게 하신 것을 느끼게 하는 대목이다.

사실 칼 파워스가 김장환 목사보다 나이가 아주 많은 것은 아니었다. 그는 김 목사보다 겨우 여섯 살 위였다. 칼 파워스가 당시 빌리를 얼마나 신뢰하고 사랑하였는가를 가늠할 수 있는 여러 정황이 있는데, 그중 하나는 빌리가 첫 번째 방학을 맞아 집으로 와서 그에게 한 말에 대한 반응이다. 빌리가 자기도 학교에서 예수를 믿게 되었다고 말하자 파워스는 곧바로 그럼 자기도 믿어야겠다고 말했다.

신앙이란 게 어디 그리 쉽게 가질 수 있는 것인가. 친한 친구나 가족이 신앙생활을 같이 하자고 권해도 쉽게 따를 수 있는 일이 아니다. 하지만 파워스는 빌리가 신앙를 가졌다고 말하자 그 즉시 자신도 빌리를 따라 믿겠노라고 한 것이다. 빌리를 향한 파워스의 신뢰와 사랑이 그만큼 강하고 깊었기에 가능한 열매였다. 그동안 가족은 모두 교회에 다니고 있었으나 파워스 혼자만 교회에 나가지 않았는데, 빌리를 통해 마침내 신앙의 열매가 맺어진 것이다.

빌리가 파워스 덕분에 천국 백성이 되고 목사가 될 수 있었듯이 칼 파워스도 빌리를 통해 천국 백성이 되었다. 두 사람은 서로가 서로에게 영혼의 구원자요 은인이 된 정말 희귀한 관계다. 보디발 집에 들어가 만사형통을 가져온 요셉처럼 빌리는 파워스의 집에 넝쿨째 굴러 들어온 복덩이였다. 이렇게 하나님의 역사는 참으로 신비롭다.

헌신의 수고가 가져다준 열매

빌리에게 칼 파워스가 어떤 존재인지에 대해서는 더 언급할 필요가 없을 정도다. 그가 없었다면 오늘의 김장환 목사는 존재할 수 없었을 것이고, 그랬다면 수원중앙침례교회나 극동방송도 지금과 같지 않았을 것이다.

그렇다면 칼 파워스에게는 김장환이라는 한국 소년이 어떤 존재였을까? 그는 과연 어떤 마음으로 빌리라는 소년을 선택했고, 그에게 그렇게 지극정성으로 사랑을 쏟아부었을까? 그의 수필집에서 그 답을 찾을 수 있다. 파워스는 자신의 헌신의 근원을 하나님에게서 발견했다. 비록 자신이 빌리를 위해 수고했다 할지라도 그것은 자신에게서 시작된 것이 아니라 자신의 마음을 감동케 하신 하나님의 사랑에서 시작되었고, 그 사랑이 자신에게 자양분이 되었다고 고백했다.[31]

다음은 1957년에 칼 파워스가 한 잡지에 기고한 글의 내용이다.

> 그동안 내가 어떻게 한 외국 소년을 알게 되고 또 후원을 했는지 이해할 수 없었으나 이제 그 이유를 알게 되었다. 하나님께서는 나를 통하여 그에게 새로운 말씀을 주시기 원하셨다. 즉, 하나님께서는 그를 통해 새로운 말씀이 하늘처럼 높은 데까지 닿게 하시고 또 한국처럼 절망적인 낮은 곳에도 그 말씀이 닿기를 원하셨던 것이다.[32]

빌리를 헌신적으로 지원한 일에 대해 감사와 고마움을 표시하는 미국인과 한국인 앞에서 파워스가 늘 겸손한 모습을 보인 이유도 바로 여기 있었다. 믿기 어려운 사실은, 그가 자신이 하나님을 알지 못했을 때조차도 하나님이 자신을 감동케 하셔서 빌리를 돕게 하셨음을 인지했다는 점이다.

파워스는 빌리와 트루디가 결혼해서 한국으로 돌아가더라도 그들을 위해 기도하며 도우리라 결심했다. 그는 자신의 영혼이 이 세상에 머무르는 동안 하나님의 사역을 위한 유용한 도구가 되기를 사모했다. 파워스는 빌리를 통해 뒤늦게 그리스도를 영접한 사람치고는 영혼이 매우 맑고 깊은 사람이었다.

파워스는 자신이 빌리를 도운 것은 어떤 보상을 바라서가 아니었다는 점도 고백했다. 물론 하늘의 영적인 복과 상급을 바라서도 아니었다고 한다. 그는 자신이 빌리를 위해 쏟아부은 모든 것은 하나님의 사랑이 자신의 마음을 움직인 결과라고 보았다. 그 사랑이 있었기에 힘들고 어려운 문제를 만나도 결국은 이기게 해주셨다고 말한다. 그는 만일 자신이 천국에서 상급을 받고 면류관을 쓰더라도 모든 영광은 하나님 것이라고 고백한다. 영혼이 순수하지 않으면 품을 수 없는 생각이다.

빌리를 미국으로 데려와 공부시켰지만, 파워스는 빌리를 데려올 때 그의 어머니와 한 약속을 늘 잊지 않고 있었다. 그는 약속을 지키려 애썼고 마침내 약속을 지켰지만, 빌리의 어머니와 다시 만나지는 못했다. 1973년 6월, 파워스가 다시 한국을 방문했을 때 김장환 목사의 어머니는 5개월 전 세상을 떠나고 없었다. 김 목사의 어머니가 살아있었다면 자신과 했던 약속을 지킨 칼 파워스에게 얼마나 고마워했을까.

군복무를 마치고 미국으로 돌아간 이후에도 한국을 세 차례나 방문한 칼 파워스는 지방 잡지에 한국 방문과 관련된 글을 써서 발표했다. 당시 발표한 글을 보면 그가 한국 방문에서 얼마나 큰 기쁨을 느꼈는지 잘 나타나 있다.

오랜만에 다시 한국을 방문해 비행기에서 내리는 순간, 파워스는 자기 눈을 믿을 수가 없었다. 전쟁통에 비참했던 한국의 모습이 기억에 선명했지만, 이때 그가 본 한국은 이전 모습과는 판이하게 달랐다. 죽음의 기운이 꿈틀거리던 거리마다 활기가 넘쳤고, 단기간에 새롭게 탈바꿈한 발전된 도시의 모습은 믿을 수 없다는 말 외에는 달리 표현할 방법이 없었다. 파워스는 이때 마치 지옥에서 천국으로 바뀐 것 같은 느낌을 받았다. 전쟁의 흔적은 이제 어디에서도 발견할 수 없었다.

또 빌리와 트루디는 한국에서 파워스가 상상한 것 이상으로 존경과 사랑을 받고 있었다. 김장환 목사가 기독교계뿐 아니라 정치가들과 기업가들에까지 많은 영향력을 끼치고 있다는 것을 확인할 수 있었다. 미국 땅에서의 빌리가 배우는 학생의 모습이었다면, 한국에서의 김장환 목사는 모든 계층 사람들에게 복음을 전하고 그리스도의 향기를 발하는 위대한 사역자의 모습이었다. 파워스는 한국 아이들의 밝은 표정과 그들을 향한 김 목사 부부의 열정에서 한국의 희망적인 미래를 볼 수 있었다.

그렇게 대단한 하나님의 종 김장환 목사를 자신이 미국으로 불러 공부를 시켰으니 칼 파워스의 마음이 얼마나 기쁘고 뿌듯했을까? 사람을 통해 역사하시는 하나님의 계획과 섭리가 놀랍기만 하다.

형제보다 더한 우정

칼 파워스는 잠재력 있는 한국 소년 김장환을 위해 미국 땅 버지니아주 외딴 산골에 꼭꼭 숨겨두셨던 보배가 틀림없다. 태어나서부터 부모 형제와 함께 외진 산골에서 살았던 그는 1999년 9월 정년퇴직할 때까지 계속 한집에서 살았다. 그는 공부를 마친 뒤 평생 공립학교 교사로 일하다가 은퇴했는데, 그 후에도 1주일에 두 번씩 어빙턴 공립학교에 가서 자원봉사를 할 만큼 성실한 사람이었다.

다른 이들처럼 마음에 맞는 배필을 만나서 행복한 가정을 이루고 싶은 마음이 파워스라고 왜 없었겠는가. 하지만 시골 동네와도 꽤 떨어져 있는 외로운 산골에 들어와 살려 하는 여성이 없었고, 파워스는 결혼하기 위해 고향을 떠나기보다는 차라리 혼자 사는 쪽을 택했다.

김장환 목사가 귀국한 이후 여러 차례 그를 한국에 초청했지만, 파워스는 학교 근무를 핑계로 계속 거절했다. 자기 일에 충실하기 위해서이기도 했지만, 자신이 김 목사에게 베푼 순수한 헌신과 수고에 대한 보답을 원치 않아서였다. 천국에서의 상급까지도 바라지 않을 만큼 욕심 없는 그로서는 당연한 태도였다.

빌리와 칼 파워스의 감동적인 스토리는 기독교계뿐 아니라 일반 세상에서도 알려지게 되었다. KBS 1TV는 '6·25전쟁 50주년'을 기념해 한국 하우스보이와 미군의 애틋한 이야기를 다큐멘터리로 제작해 방영하기로 했다. 그리하여 2000년 6월 28일, KBS 1TV는 〈빌리의 귀향〉이라는 제목으로 다큐멘터리를 방영했다. 주인공은 빌리 킴과 칼 파워스였다.

두 사람이 만나게 된 계기와 파워스의 진심 어린 헌신과 수고, 그리고 그 기대에 부응해 세계적으로 영향력 있는 인물이 된 김장환 목사의 이야기가 감동적으로 그려졌다. 다큐멘터리 제작을 위해

KBS 1TV 기자들은 광부들이 떠나고 없는 텅 빈 버지니아 산골 외딴 집에서 홀로 사는 칼 파워스를 찾아갔다. 세계 최고의 나라에서 선진문화의 혜택과는 전혀 상관없이 살고 있는 파워스의 집을 방문한 기자들은 깜짝 놀랐을 것이다.

그들을 반갑게 맞은 파워스는 젊은 시절 빌리와 함께 만들었던 지하실과 빌리가 지냈던 작은 방을 안내하면서 빌리가 얼마나 성실한 청년이었는지를 들려주었다. 그뿐만 아니라 빌리가 보낸 편지와 빌리가 웅변대회 때 받은 우승 트로피, 빌리와 트루디 부부의 사진 등도 보여주었다.

김 목사가 미국으로 갈 때 어머니가 손에 들려주셨던 흙은 미국을 떠날 때 빌리가 파워스에게 버려달라고 했다고 한다. 그런데 파워스가 그 흙조차 집에 보관하고 있다는 것이 촬영 중에 밝혀졌다. 빌리의 어머니가 아들을 위해 소중하게 싸준 흙을 버릴 수 없었던 것이다. 이런 모습을 통해 시청자들은 파워스가 빌리와 그의 어머니를 얼마나 사랑하는지를 확인할 수 있었다. 김장환 목사도 그 흙이 파워스의 집에 여전히 남아 있는 것을 발견하고는 눈시울을 붉혔다.

〈빌리의 귀향〉을 연출한 KBS TV 이은택 PD는 이 프로그램으로 한국 프로듀서상을 수상하기도 했다. 그는 칼 파워스의 집을 다녀온 뒤 이런 소감을 남겼다.

> 두 분은 가족 이상인 것처럼 보였어요. 마치 아침에 헤어졌다가 저녁에 만난 것처럼 자연스러우셨죠. 시간과 공간을 초월해 깊은 우정을

나누고 계셨어요. 김 목사님께서 파워스 씨를 성자라고 하셨는데, 실제로 그 마을 분들이 파워스 씨를 성자로 여기고 계시더군요. 김 목사님의 오늘이 있기까지 그분이 좋은 표상이 되어주신 것 같았습니다. 김 목사님은 한국보다 미국에서 훨씬 더 인정받으신다는 것도 현지촬영 때 확인했습니다.33

방송이 나간 뒤 KBS와 극동방송으로 파워스에게 선물을 보내고 싶다는 시청자들의 전화가 쇄도했다. 하나님께서 하우스보이 빌리를 세계적인 복음전도자로 우뚝 세우시기 위해 활용하신 사람이 얼마나 순수하고 겸손하고 감동적인 사람인지 모두 놀랐을 것이다.

칼 파워스의 침례와 장례식

"그는 영원히 잊을 수 없는 나의 은인입니다."

김장환 목사가 사석에서든 공식 석상에서든 자신의 인생 이야기를 꺼낼 때마다 등장하는 사람이 바로 칼 파워스다.

칼 파워스와 김장환 목사의 운명적인 만남은 6·25전쟁이 한창이던 1950년 말, 경북 경산의 미군 캠프에서 이루어졌다. 집을 떠나 홀로 미군 부대에서 잡일을 하던 장환이 향수를 달래기 위해 하모니카를 불고 있을 때 파워스 상사가 다가와 물었다.

"너, 미국에 가고 싶니?"

"예스."

그 뒤 파워스 상사는 부대 이동으로 장환과 떨어져 있으면서도 유학 보내주겠다는 약속을 잊지 않았다. 장환의 어머니에게도 정식으로 허락을 받았다. 1951년 11월 12일, 당시 17세였던 김장환은 파워스 상사가 마련해준 408달러짜리 배표를 들고 미국에서 보급품을 싣고 왔다가 돌아가는 배에 올라탔다. 파워스 상사는 근무 연장 기간이 1개월이나 더 남아 있어 장환 홀로 떠나야 했다.

감동적인 사실은 당시 파워스 상사의 집 형편이 그리 좋지 않았다는 것이다. 앞에서도 언급했듯이 파워스는 미국 애팔래치아산맥의 한 탄광촌에서 태어나 고등학교를 졸업할 무렵 가난 때문에 군에 지원해서 6·25전쟁에 참전했다. 그리고 정작 파워스 본인은 사립대학 입학을 포기하고 독신으로 살면서 한국 소년 장환을 데려가 명문 사립인 밥 존스 고등학교 및 대학교에 이어 대학원까지 무려 8년 동안 학비를 댔다. 미션스쿨이던 밥 존스 고등학교에서 장환은 신앙과 믿음을 갖게 됐고, 신앙이 없던 파워스도 장환의 전도로 크리스천이 됐다.

파워스가 장환을 미국으로 데려가기로 결정했을 때의 나이가 약관 22세였다. 그는 교사가 꿈이었으므로 당연히 대학을 가야 했다. 그는 군인 장학금을 받으며 어렵게 공부하고 있었다. 대학에서 열심히 공부해 교사의 꿈을 이루어야 하고, 또 결혼해서 가정을 일궈야 하는 젊은이였다.

그런 그가 피 한 방울 섞이지 않은 가난한 타국 소년을 위해 1년에 730달러나 되는 사립 고등학교 등록금을 감당했다. 누가 봐도 있을 수 없는 일이었다. 그런데 파워스는 그 일을 위해 자신의 모든 것을 걸고 장환의 어머니와 담판해서 마침내 뜻을 이루었다. 그 일을 말리지 않고 기꺼이 뜻을 함께한 파워스의 부모 형제도 참 대단한 분들이다.

아이러니하게도 김장환 목사가 신앙인으로 변화하는 데 최고의 도우미 역할을 한 이는 칼 파워스다. 그가 장환을 미국으로 부르지 않았고, 보수적인 기독교 신앙을 가르치는 밥 존스에 입학시키지 않았다면 불가능한 일이었기 때문이다. 불신자였던 그는 장환을 통해서 뒤늦게 신앙을 가지게 되었다.

1978년 12월 25일 성탄절은 김장환 목사에게나 칼 파워스에게나 잊을 수 없는 날이었다. 이스라엘 예루살렘에서 김 목사의 은인 칼 파워스가 자신이 미국으로 데려와 공부시킨 하우스보이에게 침례를 받은 특별한 날이기 때문이다. 그것은 김 목사가 그동안 베풀어 온 어떤 침례보다도 감격적이고 눈물겨운 침례였다. 이날 김 목사의 아들 요한도 동행했는데, 자기도 침례를 안 받았으니 같이 받겠다고 해서 파워스와 함께 침례를 받았다.[34]

칼 파워스는 『전쟁이 맺어준 우정』이라는 책에서 김장환 목사와의 만남을 이렇게 간결하고 멋있게 표현했다.

> In 'War' we met. In 'Peace' we part. Between the two, Christ won our hearts.
> '전쟁' 가운데 우린 만났고, '평화' 가운데 우린 헤어졌다. 그 전쟁과 평화 사이에서 그리스도는 우리 두 사람의 마음을 사로잡으셨다.[35]

그렇게 서로 영향을 끼치며 신앙까지 주고받은 김장환 목사의 일생 은인 칼 파워스는 2013년 9월 21일, 미국 테네시주 브리스톤에서 85세의 나이로 세상을 떠났다. 별세 소식을 들은 김장환 목사는 급히 현지로 떠나 25일 열린 장례예배를 집례했다.36

김장환 목사의 간증이나 집회, 각종 모임에서 파워스 상사 이야기는 단골 메뉴와 같다. 심지어 2000년에 제19대 세계침례교연맹 총회장에 취임하면서도 가장 먼저 떠오른 사람이 파워스 상사였다고 고백할 정도다. 그만큼 김 목사의 인생에서 칼 파워스는 헌신과 사랑의 표본으로 자리매김했다. 그는 하나님이 김장환이라는 인물을 사용하시려고 예비하신 인물이었다.

우리 하나님이 하시는 일은 감을 잡을 수가 없다. 믿는 자를 통해서 사람을 키우기도 하시지만 불신자를 통해서도 사람을 양육하시고, 나중에는 그 불신자마저 믿음의 사람으로 인도하시는 분이 하나님이시기 때문이다.

한편, 칼 파워스의 헌신과 사랑을 기리는 기념비 제막식이 2022년 5월 21일, 미국 버지니아주 브리스톨에 위치한 컴벌랜드 스퀘어 파크(Cumberland Square Park)에서 열렸다. 기념비는 극동방송 미 동부운영위원장 홍희경 장로의 전적인 지원으로 제작되었으며, 김 목사를 비롯한 브리스톨 지역의 한국전 참전용사인 바비 그리핀(Bobby Griffin), 로이 F. 캐슬(Roy F. Castle) 등 이미 90세가 넘은 고령의 참전용사들과 버지니아주의 상원의원인 이스라엘 오퀸(Israel O'Quinn) 등이 함께 자리를 빛냈다.

하나님이 예비하신
귀국 선물

Chapter 05

또 다른 은인 왈도 예거 장로

김장환 목사에게는 칼 파워스 다음으로 소중한 은인이 있다. 앞에서 소개한 왈도 예거 장로가 바로 그 주인공이다. 그는 미국 기독실업인협회(CBMC) 회장을 3년간 역임했을 만큼 존경받는 실업인이자 신앙인이었다. 그런 그가 훗날 세계기독봉사회(World Christian Service)를 창설해 김장환 목사의 한국 선교를 후원하는 1등 공로자가 된다. 예거 장로의 아들이 빌리의 밥 존스 고등학교 동창 왈리 예거(Wally Yeager)다.

빌리가 미국에서 공부할 때 처음에는 파워스가 학비와 용돈을 모두 대주었지만, 세월이 지나자 용돈 정도는 아르바이트해서 스스로 벌어서 쓰기 시작했다. 빌리는 방학 때 아르바이트를 하려고 왈리에게 혹시 아버지 회사에 일자리가 있는지 물어보았다. 왈도 예거 장로는 두 아들에게 한 식탁에서 같이 식사하고, 야구 구경도 같이 가고, 절대 차별하지 않는다는 조건을 붙여 빌리의 아르바이트를 허용했다. 인격자가 아니고서는 결코 취할 수 없는 배려였다.

예거 장로는 두 아들에게 한방을 쓰게 하고 빌리에게 방 하나를 따로 내주었다. 이런 배려에 빌리는 열심히 일하는 것만이 보답하는 길이라 생각하고 정말 부지런히 일했다. 비록 학생 신분이지만 빌리는 어릴 때부터 농사일을 거들었던 경험이 있어서 농장일이 별로 힘들지 않을 것으로 생각했다. 그런데 막상 일을 시작해보니 그 일이 결코 만만찮다는 것을 알게 되었다. 하루에 수천 마리의 닭이 자동으로 포장까지 된 뒤 냉동 처리되었는데, 모든 과정이 기계에서 이루어진다 해도 사람 손이 가야 할 일도 많았다. 또 닭이 알을 낳으면 작은 것과 큰 것을 골라 포장해서 슈퍼마켓에 내다 팔았는데, 달걀 고르는 일은 빌리의 몫이었다.

체구가 작은 빌리는 키 크고 힘 좋은 미국인 인부들에게 뒤처지지 않으려고 열심히 일했다. 일이 남았을 때는 출퇴근 시간을 기록하는 기계에 퇴근한 것으로 카드를 찍어놓고도 일을 계속하곤 했는데, 왈도 예거 장로는 이러한 빌리의 성실성을 눈여겨보며 기특해했다.

주급을 받으면 빌리는 예거 장로 부인에게 10달러를 숙식비로 내놓았다. 숙식비는 아르바이트 조건에 없었지만 빌리는 그것이 자연스러운 인간의 도리라고 생각했다. 이에 감동한 예거 부인은 그 돈을 잘 모아두었다가 방학이 끝나고 학교로 돌아갈 때 석 달간 모은 120달러를 빌리에게 도로 내주었다. 이렇게 빌리는 3년간 방학마다 예거 장로의 집에서 일했는데, 그때마다 빌리는 숙식비를 내고 예거 부인은 모아서 돌려주는 일이 반복되었다. 두 사람의 신실함과 사랑이 큰 감동으로 다가오는 에피소드다.

빌리는 아르바이트를 끝내고 예거 장로의 집에 돌아와서도 눈치껏 집안일을 도왔다. 아침에 일어나면 자기 침대뿐 아니라 가족들 침대까지 정리해주었다. 호텔에서 침대보로 담요를 잘 싸서 보기 좋게 정리하듯 방마다 돌아다니며 일일이 그렇게 해놓았다. 하우스보이 시절 미군의 마음을 사로잡은 솜씨를 미국 땅에서도 발휘한 것이다. 예거 가족은 매우 흡족해했다.

빌리는 이렇게 예거 장로 가족들에게 인정받았고, 가까이에서 예거 장로의 일거수일투족을 지켜보며 많은 교훈도 얻었다.

예거 장로는 여유 있는 형편인데도 굉장히 검소하게 살았다. 빌리는 그가 자신을 위해 돈 쓰는 것을 보지 못했다. 신발 한 켤레를 10년은 신는 것 같았고, 자동차도 고장이 나서 탈 수 없을 때까지 탔다. 그는 30대 초반에 어느 비즈니스맨의 간증집회에 참석했다가 은혜를 받고 난 뒤로 생활이 완전히 달라졌다고 한다. 다른 사업가들과 마찬가지로 예거 장로도 작은 속임수를 쓰고도 양심의 가책을 받지 않았는데, 은혜를 받은 이후부터는 정직한 사업가로 바뀌었다.

예거 부인도 굉장히 검소했다. 주일 아침이면 남편과 두 아들 그리고 빌리의 것까지 네 사람의 와이셔츠 30장을 손수 다렸다. 세탁소에 맡겨도 될 만큼 여유 있는 부자였으나 한 푼이라도 아끼기 위해 자신이 직접 다림질을 한 것이다.

빌리는 왈도 예거 장로 가족과 함께 지내면서 '정직과 검소함', 그리고 '생활화된 산 믿음'이라는 소중한 교훈을 얻었다. 또 "작은 일에 최선을 다하면 하나님이 큰일도 맡겨주신다. 그러므로 오늘 일에 충성을 다하라. 그러면 내일도 열어주신다"는 교훈도 배웠다.

소년 다윗이 목동 시절 곰과 사자가 나타났을 때 양을 보호하기 위해 자기 생명을 걸고 최선을 다했을 때 하나님은 그를 이스라엘 백성을 다스리고 보호하는 목자로 삼아주셨다. 이와 마찬가지로 김장환 목사가 외국에서 공부하고 아르바이트할 때 작은 일에도 성실과 근면으로 최선을 다했을 때 하나님은 그에게 조국 대한민국을 위해 큰일을 맡겨주셨다.

칼 파워스 못지않게 빌리에게 큰 영향을 끼친 왈도 예거 장로는 2000년 4월, 82세를 일기로 천국으로 떠났다. 2000년 1월 김장환 목사가 호주 멜버른에서 세계침례교연맹 총회장에 당선되었을 때 함께 초청받았지만, 병석에 누워 그 자리에 함께하지 못한 것을 못내 아쉬워했다. 예거 장로는 건강할 때 한국을 20번씩이나 방문해 김장환 목사의 목회 활동을 돌아보고 성원을 아끼지 않았다.

2000년 1월, 김장환 목사가 왈도 예거 장로를 찾아갔을 때 그는 죽음을 예견한 듯 여러 가지 당부를 했다. 그동안 본의 아니게 사람들 마음을 아프게 한 것을 하나님 앞에서 회개한다고 말하며 곧 부인 곁으로 간다고 했다. 또 김 목사에게는 열심히 복음을 전파하고 아이들 잘 키우고 하나님을 사랑하라고 당부했다. 그것이 김 목사에게 남긴 예거 장로의 유언이 되었다.

예거 장로의 아들 왈리 예거와 넬슨 예거는 간단히 장례식을 치른 뒤 추도예배는 뒤로 미뤘다. 평소 아버지가 사랑한 김장환 목사가 추도예배를 주도해야 한다며 김 목사의 스케줄이 가능할 때까지 기다리기로 했기 때문이다. 김장환 목사와 예거 가족이 끈끈한 우정 이상의 사랑과 신앙으로 결합된 관계임을 알게 해준다.

김장환 목사는 세계침례교연맹 총회장 취임을 위해 쿠바(Cuba)로 가기에 앞서 미국 오하이오주 톨레도시를 방문해 왈도 예거 장로의 추도예배를 직접 집전했다. 지역 유지들과 그 지역 기독실업인

600여 명이 참석해 김장환 목사의 주재로 추도예배를 드렸다. 김 목사는 그 자리에서 기독봉사회를 조직해 한국 선교를 후원했던 왈도 예거 장로를 추모했다.

예거 장로가 일군 사업체 코틀랜드는 세이프웨이(Safeway)라는 전국 네트워크를 갖춘 슈퍼마켓과 합병했으며, 아들 왈리 예거 장로가 현재 이 회사의 수석 부사장으로 있다. 그는 선친의 뒤를 이어 세계기독봉사회 회장직을 맡아 김장환 목사를 지원했다. 하나님이 세우신 일꾼들의 만남과 교제는 정말 아름답고 감동적인 일이다.

기도의 응답, 50달러

파워스 상사를 만나기 전까지 가난한 수원 소년 장환은 정치가, 농림부 장관 같은 것을 꿈꿨다. 하지만 미국 땅에서 공부를 마친 빌리는 누구도 예상치 못한 직업을 갖게 된다. 그것은 육신의 굶주림을 면해주는 일이 아니라 영혼의 갈증을 해소해주는 직업이었다.

1959년 2월, 빌리는 마침내 단테 침례교회에서 목사 안수를 받았다. 그것은 미국 유학, 결혼과 함께 그의 인생에서 잊을 수 없는 놀라운 사건이었다. 그가 목사 안수를 받은 교회는 처음으로 빌리를 부흥회 강사로 초청했던 바로 그 교회였다. 한국에서 교회에 다닌 적이 없었던 빌리에게 단테 침례교회는 고향 교회나 마찬가지였다.

목사 안수를 받는 순간, 빌리는 벅차오르는 감격을 누를 길이 없었다. 안수식 내내 그의 눈앞에 어른거린 것은 고향 마을과 어머니였다. 하루빨리 고국으로 돌아가 어머니와 형제들과 조국의 불쌍한 영혼들에게 복음을 전하고 목회 사역을 감당해야겠다는 생각에 가슴이 부풀어 올랐다.

그해 5월, 빌리는 마침내 대학원에서 신학 석사학위를 받았다. 오랜 공부의 매듭을 짓는 동시에 그동안 정들었던 미국에서의 생활이 종결되는 순간이었다. 이제 한국으로 돌아갈 꿈같은 날이 현실로 다가왔다. 그런데 문제가 있었다. 빌리는 이미 미국에서 어느 정도 자리를 잡았고 트루디도 직장이 있었기 때문에 두 사람으로서는 미국에 정착해서 사는 것이 여러모로 유리했다. 트루디의 입장에서는 정든 부모 형제와 고국을 떠나 한 번도 가보지 않은 동양의 가난한 나라에서 시집살이하는 것이 분명 내키지 않았을 것이다. 만약 트루디가 미래가 보장되지 않는 한국으로 가는 대신 가족이 있고 직장도 있는 미국에서 살자고 떼를 썼으면 빌리의 마음이 흔들렸을 수도 있다.

하지만 그런 일이 생길까 봐 빌리는 한국으로 돌아가는 배표 두 장을 미리 사두었다. 그리고 트루디에게 한국에서는 월급을 받으면 남편이 보관한다고 선의의 거짓말까지 해서 월급도 자신이 관리했다. 행여 월급을 다 써버리면 한국으로 돌아갈 배표를 사지 못할 수도 있고, 미리 사두지 않으면 마음이 변할지도 모른다는 생각에서 그렇게 한 것이다. 빌리라고 왜 익숙한 미국에 주저앉아 편안하게 사역하는 것을 생각해보지 않았겠는가? 하지만 어머니의 영혼 구원이 무엇보다 급했고, 또한 조국을 위한 사명을 내려놓을 수가 없었기 때문에 유혹을 받지 않도록 사전에 필요한 조처를 다 해놓은 셈이다.

사람의 마음을 주장하고 이끄시는 분은 하나님이시다. 빌리를 향한 하나님의 계획이 한국에 있는 이상 하나님은 빌리가 미국에 마음을 빼앗기지 않도록 역사하셨다.

빌리에게는 어머니가 오매불망 기다리는 고향으로 돌아가는 데 걸림돌이 없었다. 8년간의 긴 유학을 석사학위로 끝냈고, 트루디와 결혼해서 가정까지 이루었기 때문이다. 그런데 그들의 발목을 잡는 한 가지 현실적 문제가 있었다. 미국 침례교단에서 안수받은 목사인 빌리는 한국에 인맥이 없어 그의 귀국을 기다리는 교회나 단체가 없었다. 오로지 빌리가 스스로 개척해서 모든 것을 이뤄내야 하는데, 자신의 사역에 도움을 줄 후원자가 없다는 점이 내내 마음에 걸렸다.

물질로 도와줄 후원자 한 명 없이 불신 가정으로 돌아가서 선교와 전도사역을 한다는 것은 불가능에 가까웠다. 빌리와 트루디 부부는 그 문제를 오랜 시간 논의하고 고민하다가 하나님께 기도해보기로 했다. 부부는 한 달에 50달러씩이라도 도와주는 후원자가 있으면 하나님의 뜻으로 알고 즉시 고국으로 돌아가겠다고 서원기도를 했다. 그것은 자신들의 미래 사역지를 결정짓는 매우 절박한 선택이었다.

그런데 귀국을 얼마 앞둔 시점에 오하이오주 캔턴(Canton) 침례교회에서 빌리를 초청했다. 빌리는 약속한 날 캔턴 침례교회로 가서 설교하고 예배를 마친 뒤 강사실에 있었다. 그런데 한참 만에 돌아온 해롤드 헨리거(Harold Henriger) 목사가 빌리에게 믿을 수 없는 말을 했다. 방금 전 제직회를 열어서 매달 50달러씩 빌리에게 선교비를 후원하기로 결정했다는 것이었다. 1959년 당시에 50달러는 아주 큰 액수였다.

빌리는 자기 귀를 의심했다.

'50달러라고?'

액수가 크기도 했지만, 무엇보다 50달러는 부부가 하나님께 드린 작정기도에서 정해놓은 바로 그 액수였다. 헨리거 목사의 이야기를 듣는 순간 빌리와 트루디는 자신들의 기도가 응답받은 것을 깨닫고 깊은 감사의 눈물을 흘렸다.

알고 보니 그 50달러는 다른 선교사들에게 지급하는 금액의 세 배였다고 한다. 원래대로라면 15달러를 후원한다고 했을 텐데, 하나님이 빌리와 트루디 부부의 기도에 응답하셔서 50달러를 후원하게 된 것이다. 한국으로 인도하시는 하나님의 뜻을 두 사람이 확신할 수 있게 캔턴 침례교회 목사를 통해 역사하신 것이다.

이 사건을 통해 빌리와 트루디 부부는 '기도하면 반드시 들어주시므로 믿음을 가지고 응답받을 준비를 해야 한다'는 확고한 신념을 갖게 되었다. 그뿐만 아니라 비록 맨손으로 한국으로 귀국하지만, 그곳에서도 하나님이 함께하시니 걱정하지 말라고 힘을 주시는 신호로도 이해했다.

당시 빌리에게 매달 50달러의 선교 후원금을 약속한 캔턴 침례교회 헨리거 목사의 이야기를 들어보면 15달러를 50달러로 바꾸신 하나님의 역사를 분명히 확인할 수 있다. 헨리거 목사는 빌리가 50달러의 선교비 후원금을 놓고 한국에서의 사역이냐 아니냐를 결정하겠다는 서원기도를 드린 사실을 전혀 몰랐다. 그저 빌리가 설교할 때 성령의 강한 인도하심에 따라 교인들에게 한 달에 50달러씩 후원하자고 제의했다는 것이다. 당시 여러 명의 선교사를 후원하고 있던 캔턴 침례교회는 한 달에 15달러 안팎의 후원금을 보냈다고 한다. 그런데 빌리에게는 세 배 이상이나 되는 50달러를 후원하자고 한 것이다. 우리 하나님의 역사하심은 이처럼 놀랍고도 정확하시다는 것을 다시 한번 확인할 수 있다.

캔턴 침례교회는 이후로도 40년 이상 계속 빌리를 후원했다. 헨리거 목사는 이에 그치지 않고 빌리를 애크런(Akron) 침례교회의 담임목사 댈러스 빌링턴(Dallas Billington) 박사에게까지 소개해주어 애크런 침례교회에서도 빌리를 후원하기로 했다고 한다.[37] 한번 약속하고도 10년이 지나지 않아 후원금이 끊기거나 담임이 바뀌면 곧바로 후원금이 끊기는 한국 교회와는 전혀 다른 미국 교회의 저력에 놀랄 수밖에 없다. 미국 교회의 이러한 신실함은 한국 교회와 목회자들이 배워야 할 점이 틀림없다.

50달러의 후원자가 생기면 주저 없이 한국으로 가겠다고 서원했는데, 넘치도록 채워주시는 하나님의 역사를 보며 김장환 목사와 트루디 사모가 얼마나 담대하게 고국으로 돌아왔을지 상상이 된다. 김장환 목사는 설교할 때 그날의 감격을 성도들과 나누며 "그때 서원기도를 하면서 '500달러'라고 말하지 않은 것이 후회가 된다!"고 웃음 띤 얼굴로 자주 이야기한다.

귀국을 위해 예비된 선물

막상 정든 미국을 떠나 고향으로 돌아가려니 빌리는 착잡하고 초조했다. 한국의 어느 교회나 단체로부터 청빙을 받아 가는 길이 아니라 무작정 입국이었기 때문이다. 50달러의 기적을 맛보긴 했지만 당장 어떻게 생활해야 할지, 어떻게 복음전도 사역을 꾸려가야 할지 걱정이 앞섰다.

귀국을 앞둔 빌리는 친구 왈리 예거를 찾아가 불안하고 초조한 심경을 털어놓았고, 왈리는 아버지에게 그의 고민을 전했다. 빌리의 염려를 알게 된 왈도 예거 장로는 자신이 빌리의 양아버지가 되어 후원자와 후원회를 결성하는 주관자가 되어주겠다고 자청했다. 주변에 대단한 영향력을 미치고 있던 예거 장로는 톨레도시 유지들에게 호소해서 '세계기독봉사회'라는 단체를 만들었고, 빌리와 트루디를 한국 선교사로 파송하기로 결정한 뒤 본부에서 매달 월급을 보내주기로 했다. 빌리와 트루디 부부에게는 천군만마 같은 선교회였다.

이 모든 것 위에 하나님이 역사하셨음은 의심의 여지가 없다. 그러나 빌리가 아르바이트할 때 예거 장로의 신뢰를 얻지 못했다면 그 일이 가능했을까? 평소 그가 성실과 진실함으로 인정받았기에 예거 장로의 마음도 움직였을 것이다.

예거 장로는 김장환 목사뿐 아니라 한국의 여러 젊은 인재들의 학업을 돕는 후원자로 요긴하게 사용되었다. 그중 한 사람이 강해 설교가로 유명한 지구촌교회의 이동원 원로목사다. 이 목사는 김장환 목사의 소개로 유학을 떠나 왈도 예거 장로의 집에서 머무르며 공부한 대표적 인물이다. 이동원 목사는 필자에게 자신의 은인 예거 장로가 아주 신실한 분이었다고 말했다. 이제는 하나님의 부르심을 받아 떠난 예거 장로가 천국에서 주님 칭찬 많이 받고 빙그레 웃는 모습이 눈에 보이는 듯하다.

고국행을 앞둔 빌리와 트루디 부부의 마음은 한결 가벼워졌다. 이제 편한 마음으로 한국에 돌아갈 일만 남아 있었다. 그런데 귀국을 위해 하나님이 예비해두신 또 한 명의 은인이 있었다. 그들은 설마 하나님이 자기 부부를 위해 그렇게 값진 선물까지 준비하셨을 줄은 꿈에도 몰랐다.

그 은인은 바로 학창 시절 전도여행을 갈 때마다 빌리를 태우고 함께 동행했던 친구 팻 도니(Pat Doney) 목사였다. 미 해군 군목을 지낸 도니 목사는 모금 활동을 벌여 사륜구동 포드 픽업트럭을 사서 한국 선교에 사용하라며 빌리에게 선물했다. 당시 미국 트럭 한 대의 가격은 엄청나게 비쌌다. 이후 한국에 돌아온 김장환 목사는 그 트럭 덕분에 많은 사람의 부러움을 샀다.

도니 목사는 도대체 어떤 마음으로 빌리에게 픽업트럭을 사줄 생각을 했을까?

당시 상황을 도니 목사의 이야기로 들어보자.

> 고등학교 시절 빌리는 문화와 언어의 장벽을 극복한 위대한 승리자로 보였습니다. 좀 더 정직하게 말하자면 나는 그가 받는 관심과 인기를 부러워했는데, 한편으로는 시기심도 있었어요. 그러나 나는 그

가 그런 찬사를 받을 만한 자격이 있다는 것과 그가 얼마나 열심히 공부했는지 알고 있었어요.

대학교에서 우리는 설교학을 함께 들었는데, 어느 날 빌리가 테네시주 어윈(Erwin)에서 열리는 십대선교회(YFC) 토요 저녁 집회에 함께 가자고 하더군요. 그때 나는 자동차를 갖고 있었고 빌리는 자동차가 없었죠. 빌리는 그곳에 가면 선교할 기회를 많이 얻게 될 것이라고 말했습니다. 빌리의 말대로 우리는 선교할 기회를 많이 얻었지요. 빌리는 아이디어가 많았는데, 언제나 훌륭했습니다.

우리는 어윈에서 가가호호 전도 방문, 주간 라디오 방송, 토요 집회, 그 지역 목회자들과의 공동 집회, 개인들과의 목회 사역, 지방 교도소 선교 등으로 바쁜 시간을 보냈어요. 우리는 5년 동안 거의 매주 300마일을 운전하면서 선교사역을 함께 했죠. 빌리와의 선교사역은 언제나 큰 기쁨이었으며, 내 삶의 하이라이트 가운데 한 부분이었어요. 빌리의 설교를 들을 때마다 항상 내 눈에는 눈물이 고였습니다.

빌리가 한국에 돌아갈 시간이 가까이 다가옴에 따라 마음속에 한 가지 부담이 생기기 시작했어요. 빌리와 트루디가 한국에 가서 선교사역을 할 때 자동차가 필요할 거라는 생각이 들었던 거죠. 그래서 사륜구동 포드 픽업트럭을 사주기 위한 모금을 시작했고, 모금이 잘되어 자동차를 살 수 있었습니다. 1959년 11월 어느 날, 빌리와 나는 부두에 서서 위대하고 뜻깊은 선교사역을 위해 한국행 배에 선적되는 픽업트럭을 지켜볼 수 있었죠. 빌리의 사역에 보탬이 된 것에 대해 하나님께 깊은 감사를 드리고 있습니다.

1959년에서 1999년까지 빌리와 나는 세계 여러 곳에서 만나 많은 대화를 나누었습니다. 해군 군목으로 재직할 당시 내가 탄 배가 한국의 부산항에 정박했을 때 트루디와 그녀의 동서가 나를 마중 나왔었죠. 나는 그들과 함께 기차를 타고 수원에 갔습니다. 빌리는 마침 태국에 집회를 하러 가고 없었습니다. 나는 수원중앙침례교회에서 설교를 했는데, 그 순간 정말 감격스러웠습니다. 나는 지금까지 46년 동안 지속해온 우리의 우정과 친교의 세월이 더 오래 지속되기를 바라고 있습니다.[38]

한때 부러움과 시기의 대상이었으나, 모든 이에게 존경과 찬사를 받을 자격이 빌리에게 있음을 알고 한국에서의 원활한 사역을 위해 모금 활동을 해서 자동차를 사준 것이다. 한두 사람에게 존경과 사랑을 받을 수는 있으나, 그를 아는 모든 이에게 이런 반응을 얻는다는 것은 결코 쉬운 일이 아니다. 자기를 아는 모든 이에게 해피 바이러스가 되어준 김장환 목사는 실로 하나님 마음에 쏙 드는 사명자가 틀림없다.

정든 미국을 떠나서

샌프란시스코에서 한국행 배를 타기 전, 빌리는 지난날 그곳에서 있었던 떳떳지 못한 사건을 기억해냈다. 그는 트루디와 함께 TWA항공사 대리점을 찾아갔다. 8년 전, 그의 나이 열일곱 살 때 빌리는 비행기를 타고 칼 파워스의 형이 사는 오하이오로 가기 위해 TWA항공사

비행기를 이용한 적이 있다. 그때 빌리는 가진 돈이 모자라 나이를 속이고 반표로 비행기 티켓을 끊었다. 빌리는 그때 일을 사과하고 돈을 갚아야 말끔히 정리하고 미국을 떠날 수 있다고 생각했다.

빌리는 매표소에 가서 남자 직원에게 8년 전 자기가 비행기를 탈 때 나이를 속이고 항공료를 반만 냈는데, 미국을 떠나기 전 그 돈을 변상하고 싶다고 말했다. 그런 일을 처음 경험하는 직원은 고개를 갸우뚱하더니 부지배인을 불렀다. 빌리의 얘기를 들은 부지배인은 놀란 듯 쳐다보다가 지배인에게 갔다. 그러자 지배인이 다가와서 그렇게 하려는 의도가 무엇인지 물었다.

빌리는 그때는 돈이 없어서 그랬고 양심의 가책도 받지 않았는데, 그리스도인이 된 후에는 용서를 빌고 빚을 갚고 싶었다고 말했다. 또 그래야만 목회자로서 양심의 가책 없이 본국으로 돌아가 앞으로의 사역을 잘 감당할 수 있을 것 같다고 말했다.

지배인은 감동한 표정을 짓더니 본사에 전화를 걸었다. 잠시 후 그가 본사로부터 온 소식을 알려주었다.

"선생님, 본사에서는 그 일을 잊으라고 말했습니다. TWA가 좋은 목적을 위해 기부했다고 생각하겠습니다. 오늘 저를 기쁘게 해주셔서 감사합니다."

이는 빌리의 정직성을 들여다볼 수 있는 좋은 사례다. 모름지기 하나님이 예비하신 리더라면 이렇게 정직한 삶을 살아야 한다.

1959년 11월, 김장환 목사와 트루디 사모는 8년 전 한국을 떠나 도착했던 샌프란시스코항에서 메이든 크릭(Maiden Creek)이라는 화물선을 타고 한국으로 향했다. 배를 타고 온 빌리가 배를 타고 고향으로 출발한 것이다. 어릴 때 호숫가에서 고무보트를 타본 경험만 있었던 트루디는 난생처음 그렇게 큰 배를 탔다.

당시 비행기표가 뱃삯과 비교해서 몇 배나 비싸기도 했지만 부부가 배를 탄 데는 다른 이유도 있었다. 늘 꿈꿔온 새로운 세계에 대한 소망과 함께 막연한 불안감이 교차하던 17세 소년 때부터 지난 8년간의 미국 생활을 돌아보며 고국에서의 새로운 환경에 적응할 마음의 준비를 하기 위해서였다.

천신만고 끝에 미국으로 떠나던 때의 모습과 공부를 다 마치고 고향으로 돌아갈 때의 모습은 완전히 달랐다. 요셉을 노예로 팔아넘긴 형들이 마지막으로 본 동생의 모습과 애굽 총리가 된 요셉의 모습이 전혀 달랐듯이 김장환 목사는 다른 사람이 되어 있었다. 어머니가 담아 준 흙 한 봉지와 부적, 한영사전과 영한사전, 미군 군복을 담은 더플백을 들고 떠났던 소년이 유창한 영어 실력을 갖추고 신학 석사 학위와 목사 안수를 받은 성인이 되어 있었다. 게다가 그의 옆에는 아름다운 미국인 아내가 있었다.

배를 타고 돌아오는 가운데 8년간 함께해주신 하나님의 은혜가 바다보다 깊고 커서 한없는 감사의 기도를 거듭 드렸다. '그 크신 하나님의 사랑'이라는 찬송가 가사가 입에서 절로 터져 나왔다.

그런데 고국으로 돌아오는 김장환 목사에게 고민이 하나 있었다. 8년간 한국인이라고는 눈 씻고 찾아봐도 만날 수 없는 곳에서 영어만 사용하다 보니 이젠 한국말이 낯설어졌기 때문이다. 멀리 한국

해안이 보이기 시작할 무렵, 김 목사는 두근거리는 마음과 동시에 두려운 마음을 주체할 수 없었다. 그는 새로운 고민을 해결하기 위해 화물선에서 라디오 다이얼을 이리저리 돌렸다. 한국어 방송을 들으며 오랫동안 잊고 지낸 모국어를 익히려고 했지만 방송이 잘 나오지 않았다.

8년 동안 한국말을 거의 하지 않아 김 목사에게는 이제 한국말이 영어보다 더 서툰 언어가 되었다. 그는 무엇보다 한국말을 전혀 모르는 미국인 아내 트루디를 위해 한국말을 가르칠 필요가 있다는 것을 깨달았다. 그동안 너무 바쁘게 사느라 아내에게 한국말을 전혀 가르치지 못했는데, 곧 가족들과 만날 테니 인사말이라도 몇 마디 할 줄 알아야 했기에 간단한 인사말부터 따라 하게 했다.

그렇게 김 목사 부부가 처음으로 한국말을 쓰기 시작했을 무렵 한국 해안이 보였다. 8년 전 떠났던 부산항으로 다시 돌아온 것이다. 가슴이 벅차고 반가웠다. 한편으로는 흥분되면서도 다른 한편으로는 두려운 마음도 생겼다.

'가족들은 어떻게 변했을까? 어머니는 얼마나 늙으셨을까? 한국의 가족과 주변 사람들이 미국인 아내를 어떻게 대할까? 한국말을 못하는 아내가 빨리 적응할 수 있을까?'

여러 가지 걱정스러운 생각이 한꺼번에 봇물 터지듯이 떠올랐다. 그런 마음을 토로하자 트루디는 전혀 두려움 없는 얼굴로 웃기만 했다. 어둠 속에서 부산항이 점점 시야에 들어왔고, 김장환 목사는 두근거리는 가슴을 주체하기 힘들어 뱃전에서 크게 심호흡을 했다. 그때 곁에 있던 아내가 말했다.

"부산이 샌프란시스코와 비슷한가 봐요. 높은 언덕에까지 불빛이 있네요. 너무 아름다워요."

그녀의 말에 김 목사는 죄스러운 마음이 불쑥 들었다.

'미국에 처음 도착해 샌프란시스코 해변에서 내가 바라보았던 휘황찬란한 야경과 지금 부산항에서 트루디가 바라본 불빛에 어떤 차이가 있는지 트루디가 알기나 할까?'

김 목사는 한국에 익숙해지면 차츰 나아지리라는 기대로 마음을 추스르며 배에서 내릴 준비를 했다. 두 사람을 태운 배는 17일 만에 마침내 부산에 도착했다. 새로운 세계에서 펼쳐질 사역에 하나님이 도우시고 함께하실 것을 생각하면 두려울 게 없었다. 김장환 목사는 그저 학업을 무사히 마치고 가족들을 만나게 인도해주신 하나님께 감사할 따름이었다.

고국에서의 사역

Chapter 06

고향 앞으로

1959년 12월 12일 밤 8시, 청운의 꿈을 안고 신세계를 향해 떠났던 17세의 하우스보이 장환이 8년 뒤 부산항에 입항할 때의 자기 모습을 상상이나 했을까? 향수병에 시달리면서도 힘겹게 학업을 수행한 뒤 빈손이 아니라 많은 선물을 가지고 돌아올 것을 예상이나 했을까?

장환은 석사학위도 받고 전혀 예기치 않게 목사가 되어 미국인 아내와 함께 큰 사명을 안고 마침내 금의환향했다. 고국에 도착했다는 것을 채 실감하기도 전에 이전과 달라진 자신의 위치를 감지할 수 있었다. 지방신문 기자가 김장환 목사 부부를 인터뷰하겠다며 찾아온 것이다. 귀국하자마자 유명해질 리는 없었을 텐데 어떻게 된 일일까? 당시로서는 한국 남자가 미국 여자를 데려왔다는 사실만으로도 화제가 되었기 때문이다. 그것은 좋은 의미든 나쁜 의미든 미국인 아내 트루디가 앞으로 한국에 살며 겪게 될 고난의 전조와도 같았다.

하지만 트루디 사모는 모든 게 처음이라 그런지 그저 신기한 표정을 지을 뿐이었다. 당시 그녀가 부산에 처음 도착해서 느낀 첫인상과 감정이 어떠했을지 궁금하다. 그녀가 한국에 온 이후 부모님에게 보낸 편지 내용을 통해 당시 상황이 지방신문에 소개된 바 있다. 이를 살펴보자.

우리는 17일간의 바다 여행 끝에 부산에 도착했어요. 어젯밤 8시경

항구에 내렸는데, 그 도시는 불빛이 휘황찬란해 마치 샌프란시스코에 온 것 같았어요. 그런데 오늘 아침에 일어나 보니 마치 햇빛이 다른 그림을 그려놓은 것처럼 모든 게 달라졌어요. 그 아름답던 불빛은 수많은 오두막집들이었고, 산들은 황폐하게 헐벗었어요. 우리는 배를 타고 다시 인천으로 가서 다 낡은 택시를 타고 시내로 들어갔어요. 그들의 가난함을 부모님께서는 상상도 못하실 거예요.[39]

아마도 예상했던 것보다 더 열악한 한국의 모습에 많이 놀라고 실망했을 것이다. 태어나면서부터 세계 최고의 나라에서만 살아온 젊은 신부에게는 다소 충격적인 신고식이었다. 또한 트루디 사모는 한국에 온 첫날 경찰서에서 신문기자와 사진기자를 만났는데, 그곳에서 한국 남자들이 여자들에게 하는 행동을 보고 또 다른 실망감을 느꼈다. 미국에서는 '레이디 퍼스트(lady first)'라고 문을 열 때도 남자들이 여자들을 배려해 열어주는데, 한국은 그렇지 않고 남자가 우선시되는 나라인 것을 단박에 알게 된 것이다.

한국에 도착한 날 인천으로 곧장 출발하는 배가 없어서 두 사람은 그날 밤을 부산에서 보내게 되었다. 김 목사는 아내와 함께 부산 시내도 구경하고 이발소에 들러 이발도 했는데, 트루디 사모는 가는 곳마다 사람들의 시선을 끌었다. 전쟁통에 미국 군인들은 많이 봐왔지만, 미국 여자는 낯설었기 때문이다.

운명의 날이 다가왔다. 다음 날, 두 사람은 마침내 사랑하는 가족이 기다리는 인천항으로 출발했다. 도착해서 보니 김 목사 가족과 팀선교회(The Evangelical Alliance Mission) 소속이자 밥 존스 출신 미국 선교사들이 트럭을 갖고 마중 나와 있었다. 이 얼마 만의 재회인가! 가족들은 배에서 내리는 두 사람을 감격 속에 지켜보았다.

김 목사는 어머니 박옥동 여사에게 다가가 부둥켜안고 한참 동안 기쁨의 눈물을 흘렸다. 어쩌면 살아생전에 다시 볼 수 없을지도 모른다고 생각하고 미국으로 보낸 막내아들이 공부를 마치고 목사가 되고 결혼까지 해서 돌아왔으니, 감격과 기쁨 그 자체였다.

어머니는 아들을 안고 재회의 기쁨을 나누느라 그 옆에 서 있는 처음 보는 미국 며느리를 알아차리지 못했다. 뒤늦게 며느리를 발견한 어머니는 트루디 사모를 안고 또 눈물을 흘렸다. 가족의 일원으로 받아들인 것이다. 자칫 어색해질 수도 있는 분위기를 따뜻한 환영으로 맞아준 시어머니의 모습에 트루디 사모의 마음 한구석에 남아 있던 초조와 긴장이 눈 녹듯 사라졌다. 가슴으로 환영해주는 시어머니의 진실한 사랑을 느끼는 순간이었다.

트루디 사모가 한국에 대해 아는 정보라고는 6·25전쟁에 참전했던 친척이 신문에 쓴 소식뿐이었다. 그녀는 남편의 나라가 전쟁을 겪었기에 경제적으로 어려우리라는 것은 예상했지만, 얼마나 열악한 상황인지는 구체적으로 알지 못했다. 그런데 막상 눈으로 확인한 한국의 상황은 상상을 초월할 정도였다. 부산에서의 경험과 인천항에 마중 나온 가족, 조카들이 입은 옷을 보고 조금은 감을 잡을 수 있었다. 앞으로 남편을 도와 어떻게 선교 활동을 해야 할지, 선교비는 또 어디서 충당할지가 트루디 사모의 중요한 관심사로 떠올랐다.

그 당시에는 인천과 수원을 잇는 도로가 없어서 영등포로 우회해서 가야만 했다. 그 길을 달리며 김 목사는 한국에서의 사명이 주는 무게를 절감했다. 8년 전 미국으로 떠날 때와 크게 달라지지 않은 현실을 보고 더욱 강하게 사명감을 느꼈다. 물론 최우선적인 당면 과제는 어머니와 형제들의 구원이었다. 김 목사는 복음전도의 막중한 사명을 안고 예전에 자신이 살았던 초가집으로 아내를 데리고 들어갔다.

어머니는 금의환향한 아들 내외를 위해 동네 사람들을 불러서 잔치를 베풀었다. 미국에서 이미 결혼식을 올렸지만, 동네 사람들을 모아놓고 자랑도 할 겸 축하도 받고 싶어서 잔치를 벌인 것이다. 무려 400여 명이나 되는 동네 사람들이 축하하러 모여들었다. 트루디 사모의 눈에는 사람들이 포크 대신 젓가락으로 국수를 먹는 모습이 신기해 보였다. 처음 입어본 한복은 어색하기 짝이 없었는데, 한국식 큰절은 더욱 그녀를 난처하게 만들었다. 그나마 옆에서 도와주는 이가 있어 겨우 넘어갈 수 있었다.

동네 사람들은 모두 김 목사 부부와 반갑게 인사하고 축하를 해주었다. 간혹 친정이 미국 부잣집인데 왜 서울에 살지 않고 시댁 식구도 많은 시골에 사느냐고 수군거리는 사람도 있었지만, 트루디 사모가 그 말을 알아듣지 못하니 다행이었다.

이것이 김장환 목사가 지금도 잊지 못하는 고향집에서의 첫날의 모습이다.

황당한 소문

8년 만의 귀국은 고향 동네 사람들에게 온통 화제였고, 미국인 아내를 데리고 왔기 때문에 더욱 관심을 받았다. 그 소식은 금세 수원 전체로 퍼져나갔다. 하우스보이를 하던 아이가 미국으로 유학을 떠나 공부를 마치고 돌아온 데다 미국인 여자를 아내로 데려왔다는 사실만으로도 전쟁을 겪고 가난에 찌든 사람들에게는 부러움의 대상이 되고도 남았다. 더욱이 포드 픽업트럭까지 싣고 왔다고 하니 온갖 루머가 돌기 시작했다.

김장환 목사의 이야기에 따르면, 이승만 대통령 부인 프란체스카(Francesca) 여사가 한국을 하나 살 정도의 부자라면 트루디 여사는 한국 같은 나라 3개쯤은 살 수 있을 만큼 부자라는 소문이 파다했다고 한다. 심지어 7척의 배에 신혼살림을 잔뜩 싣고 왔다는 터무니없는 이야기까지 돌 정도였다. 친구가 모금해서 사준 트럭을 선물로 받고 간단한 살림살이만 챙겨왔는데 그런 소문이 퍼지니 두 사람은 황당하기 이를 데 없었다.

소문이 얼마나 널리 빠르게 퍼졌으면 김 목사의 큰형 김인환 씨가 수원으로 오는 기차 안에서 동생에 대한 황당한 소문을 들었을 정도다. 앞자리에 앉은 사람들이 수군거리는 소리를 들었는데, 수원에 미국에서 돌아온 사람이 있는데 3억 원을 가져올 만큼 부자더라는 내용이었다. 형은 포드 픽업트럭 한 대와 선교 자금 500달러만 들고 귀국한 동생이 엄청난 부자로 확대되어 소문이 퍼지는 것을 확인하고는 실소했다.

김장환 목사 부부는 방이 3개 있는 수원시 지동 못골 초가집에 짐을 풀고 14명이나 되는 대가족과 함께 살았다. 어머니는 열악한 환경에서 신혼 생활을 하는 며느리와 아들을 위해 그나마 건너편에 있는 단칸방에서 살게 해주었다. 하지만 워낙 방이 작아 미국에서 가져온 책과 가재도구를 놓고 나니 두 사람이 겨우 누울 정도의 공간만 남았다.

트루디 사모는 하루에 꼬박꼬박 3번씩 14명이나 되는 대가족이 먹을 식사를 준비해야 했다. 매일 장작을 지펴 가마솥에 밥을 하고 높은 문턱을 넘나들며 안방으로 밥을 날랐다. 집 안에서 설거지와 샤워를 하고 전자제품이 갖춰진 입식 부엌을 사용했던 그녀에게 1950년대 말 시골 초가집에서의 시집살이는 고달프기 짝이 없었을 것이다. 욕실도 따로 없고 화장실도 마당 뒤편에 자리한 재래식 화장실이었으며, 빨래도 물가로 나가 얼음을 깨고 맨손으로 해야 했다.

그러나 한국에서의 생활 가운데 새롭고 흥미로운 점도 있었다. 미국에서는 아침과 점심은 간단히 먹고 저녁을 풍성하게 먹는 편이었는데, 한국에서는 하루 삼시 세끼 거르지 않고 밥을 차려 먹는 재미가 쏠쏠했다. 온돌방이 따뜻해지는 것이나 부엌에서 물을 데워 큰 대야에 담아 방에서 화롯불을 피워놓고 목욕하는 것 등 모든 게 새롭고 신기했다.

하루에도 몇 번이나 사용해야 하는 화장실은 냄새가 많이 나고 위험했지만 그래도 견딜 만했다. 편하게 살려 했다면 미국 생활을 고

집했을 텐데, 어차피 선교하는 마음으로 왔기 때문에 크게 문제 될 게 없었다. 더욱이 가족들이 잘 대해줬기 때문에 웬만한 불편쯤은 잘 견뎌낼 수 있었다. 저 험한 아프리카로 선교하러 떠나는 사람들도 있는데, 가족의 사랑을 받으며 남편의 고향에 살고 있으니 트루디 사모는 그래도 형편이 나았다.

그 와중에도 김 목사 부부는 확신에 차 있었다. 파워스를 통해 미국에 유학하게 하시고, 사역자로 기름을 부어주신 하나님이 그들을 그냥 내버려두시지 않을 것이라는 믿음으로 늘 기대감 속에 살았다. 무엇보다 그들에게는 어머니와 형제들은 물론 주변의 일가친지에게 복음을 전해야 할 사명이 있었다. 김 목사는 귀국하자마자 선교 전초기지를 마련하느라 바쁘게 살고 있었고, 트루디 사모는 주로 집에서 가족과 함께 지내며 한국말과 문화와 풍습을 익히느라 정신이 없었다.

시어머니는 가는 곳마다 며느리를 데리고 다녔다. 미국에서 학위를 받고 돌아온 아들과 미국인 며느리를 자랑하고 싶은 마음이 왜 없었겠는가? 동네방네 방문을 하는데, 그럴 때마다 사람들은 트루디 사모를 중간에 앉히고 음식을 차려주곤 했다. 그러고는 동물원 원숭이 구경하듯 그녀가 어떻게 음식을 먹는지, 젓가락은 잘 사용하는지 궁금한 얼굴로 지켜보았다. 하지만 의자도 없는 맨바닥에 불편하게 앉아서 입에 맞지 않는 음식을 먹어야 하는 것이 트루디 사모에게는 큰 고역이었다.

사실 평생을 빵과 우유로 살아온 그녀에게는 신김치와 밥을 먹는 일도 고역이었다. 그러니 늘 소식(小食)을 할 수밖에 없었는데, 그럴 때마다 밥을 그렇게 적게 먹으면 안 된다는 시어머니의 호통이 이어졌다. 고추장은 너무 맵고 김치는 너무 시어서 먹기 힘들었던 트루디 사모에게 누가 센베이 과자를 선물해주었는데, 그나마 입에 맞에 즐겨 먹었다고 한다.

미국에서 유학하고 돌아온 한국 남자 김장환 목사와 미국인 아내 트루디 사모를 모르는 이가 주변에 없을 만큼 두 사람은 점점 더 유명해졌다. 하지만 그것이 싫지만은 않았던 것은 두 사람에게 특별한 관심을 보인 학생들이 제 발로 그들의 집을 찾아왔기 때문이다. 김 목사 부부는 집으로 찾아오는 조카 친구들을 불러 모아 영어 공부와 성경 공부를 시작했다. 그렇게 해서 좁고 불편했던 초가집은 점점 선교의 전초기지로 변해갔다. 두 사람을 통한 하나님의 역사는 서서히 한국 땅에서 불꽃을 피우기 시작했다.

트루디의 영향력

천성이 게으른 꼴을 못 보고 매사에 부지런한 김장환 목사는 한국에 돌아와서 한시도 가만히 있을 수 없었다. 처리해야 할 일들이 산더미처럼 쌓여 있었기 때문이다. 우선 인천 세관에 잡혀 있는 차도 찾아야 했고, 아내의 거주 허가증도 받아야 했다.

그는 유학 시절에 중학교 동창 안세훈 씨와 계속 편지를 주고받았는데, 귀국하기 2년 전쯤 갑자기 편지 왕래가 뚝 끊겼다. 김 목사가 귀국했을 때 안세훈 씨는 연세대학교 정치외교학과를 졸업하고 외무부에서 3년째 근무 중이었다. 어느 날, 김 목사가 아내의 거주 허가증을 신청하기 위해 출입국 관리사무소에 갔는데, 거기서 일하는 직원이 김 목사를 보고는 자리에서 벌떡 일어섰다. 그가 바로 안세훈 씨였다. 당시 그는 출입국 관리 사무를 맡고 있었다. 서양 여자와 함께 들어오는 남자가 친구 장환인 것을 알아보고 깜짝 놀라서 아는 체를 한 것이다.

까까머리 중학교 시절 친구를 거의 8년 만에 다시 만났으니 얼마나 반가웠겠는가! 그때가 김 목사가 귀국한 지 5일째 되던 날이었다. 마침 중학교 동창이 업무를 담당하고 있어 거주 허가증 문제는 일사천리로 처리되었다.

안세훈 씨는 오랜만에 만난 친구와 처음 만나는 그의 서양인 아내를 위해 점심 식사를 대접했다. 그는 서양인 아내를 배려해서 한식 대신 양식집으로 안내했고, 거기서 트루디 사모는 오랜만에 음식을 하나도 남기지 않고 싹 비울 만큼 맛있게 먹었다. 한국 음식이 입에 맞지 않아 5일간 식사를 제대로 못했는데, 먹고 싶던 양식을 대접해 준 남편 친구의 배려가 얼마나 고마웠는지 모른다.

당시 김 목사에게는 해결해야 할 일이 더 남아 있었다. 인천 세관에 잡혀 있는 트럭을 통관해서 집으로 가져와야 한다는 말을 들은 안 씨는 친구 형에게 미리 연락해 자동차 통관이 쉽게 처리되도록 도와주었다. 그런데 면허증을 받는 과정에서 약간 문제가 발생했다. 다행히 친구 형의 부탁으로 수원 경찰서장은 면허증이 나올 때까지 트럭을 운전할 수 있게 배려해주었다. 하지만 그 지방 경찰관은 면허증을 미끼로 뇌물을 원했다. 그 당시 우리나라 관공서에서 일하는 사람들은 일 처리에 뇌물을 요구하곤 했다.

면허증 발급이 늦어지자 김 목사 부부는 1주일 뒤 경찰서장을 찾아가 도움을 청했다. 서장이 부하 경찰에게 즉시 면허증을 내주라고 호통치자 30분도 안 되어 면허증이 나왔다. 서장은 죄송하다며 부하 경찰들을 대신해 사과했다.

당시 재미있었던 에피소드를 하나 더 소개해본다.

친구 덕분에 아내의 거주 허가증과 차량 면허증은 쉽게 받았지만, 다른 일들을 처리하는 과정에서는 막힐 때가 많았다. 그런데 그때 김 목사가 나서면 잘 안 풀리다가 트루디 사모가 나서면 즉각 해결되는 경우가 꽤 있었다.

한번은 김장환 목사가 미국 친구가 선교비로 보내준 송금 수표를 갖고 은행에 찾아가 현금 지급을 요청한 일이 있었다. 그런데 은행원이 2개월 뒤 추심이 끝나야 지급해줄 수 있다고 해 김 목사가 급하다고 사정했지만 아무 소용이 없었다. 그때 뒤에 있던 트루디 사모가 나섰다. 그러자 김 목사에게는 불친절하고 고압적인 자세로 일관하던 은행 직원의 표정이 금세 바뀌더니 즉석에서 현금을 지급해주는 게 아닌가.

김장환 목사는 그때 직원의 사대주의적인 모습에 환멸감과 모멸감을 느꼈다고 한다. 그렇게 미개하고 옳지 못한 풍조와 관습을 없애기 위해서라도 조국의 복음화를 서둘러야겠다는 결심을 더욱 강하게 다진 순간이었다.

이후로도 김장환 목사는 그렇게 불공평한 일을 여러 번 경험했다. 김 목사를 미국 사람이 데려가 공부시켰기 때문에 미국 시민권자일 것으로 생각하는 사람들도 있지만, 그는 한국인이 아니었던 적이 한 시도 없었다. 그러다 보니 한국인으로 한국에 살면서 차별을 받아 불편할 때가 많았다.

김 목사는 1973년에 열린 '빌리 그래함 전도대회' 이전에도 십대선교회(YFC) 국제회의와 미국 교회 초청 부흥집회, 국내 선교와 관련한 모금 등을 위해 미국에 갈 일이 꽤 많았다. 그런데 그때마다 여권을 발급받는 데 어려움을 겪었다. 어떨 땐 YFC 국제회의에 참석하기 위해 여권을 신청했는데 날짜가 지나서도 여권이 나오지 않았다. 게다가 여권이 나와도 단수여권이어서 한 번 갔다 오면 더 이상 사용할 수 없어 몹시 불편했다. 김 목사는 심지어 장인이 돌아가셨을 때도 여권이 나오지 않아 장례식에 참석하지 못했다.

트루디 사모가 '김추리'라는 한국 이름을 사용하면서도 미국 시민권을 포기하지 않은 이유도 여권 문제와 관련이 있다. 미국 시민권을 유지한 덕분에 그녀는 아들 요셉을 안고 홀로 미국으로 가 아버지의 장례식에 참석할 수 있었다.

비록 이렇게 여러 가지 속상한 일이 김 목사를 불편하게 했지만 그의 사명과 사역을 방해할 수는 없었다. 어떤 장애물도 김장환 목사 부부의 열정을 사그라들게 하지는 못했다.

고향 사랑

적어도 수원 사람들이라면 '수원' 하면 '김장환 목사', '김장환 목사' 하면 '수원'이 자동적으로 떠오를 것이다. 그만큼 수원에서 김 목사의 명성이 드높다는 말이다. 사실 수원이 낳은 인물 가운데 김장환 목사만큼 고향을 빛낸 사람은 흔치 않을 것이다.

기독교계 신문이 아닌 〈수원일보〉가 창간 6주년을 맞아 1995년 9월 30일자에 김장환 목사와의 특별 인터뷰 내용을 실었는데, 헤드라인이 '수원이 낳은 세계적인 인물 김장환 목사'였을 정도다. 그 글 서두에서 한 세기를 풍미할 만한 천재적 위인 김장환 목사를 '이 시대가 낳은 고향 수원의 큰 인물'이라고 직접 언급하고 있다. 또한 '날로 첨예화되어가는 국제적 경쟁사회에서 조국 대한민국을 위해 김 목사가 남겨놓은 발자취는 가히 세계적'이라고까지 찬사를 보낸다.[40] 그만큼 일반 대중 사이에서도 그 영향력을 인정했다는 의미다. 인정 정도가 아니라 찬사를 보낼 만큼 높이 평가하는 모습을 확인할 수 있다.

전후 시대에 여러모로 열악한 형편에서 미국 유학을 다녀왔다는 사실만으로도 그는 돋보일 수밖에 없었다. 당시 한국 사회에서는 미국 유학을 다녀온 인재가 손에 꼽을 정도로 귀했다.

김장환 목사가 유학을 마치고 귀국한 뒤 서울이 아니라 수원에서 목회를 시작한 것에 대해 적지 않은 사람이 의문을 가졌다. 당시 미국 유학을 마치고 금의환향해서 대한민국 수도인 서울에서 개척했다면 더 빠른 시일 안에 더 큰 교회로 성장시켰을 가능성이 크기 때문이다. 필자와의 인터뷰에서 김장환 목사는 당시 조용기 목사를 비롯한 많은 목사와 선교사들이 서울에서 개척할 것을 권유했다고 털어놓았다. "서울에서 목회하면 10만 명은 금방 모일 텐데…" 하며 아쉬워한 지인들이 적지 않았다는 것이다.

당시는 돈 좀 있고 똑똑하다는 사람들은 대부분 서울로 갔다. 하지만 김 목사는 귀국해서도 수원을 떠나지 않았고, 자녀도 수원에서 교육하기로 결심했다. 수원이 김 목사의 고향이기도 하고, 가족들과 고향 사람들에게 복음을 전하겠다고 하나님과 약속했기 때문이다. 김장환 목사는 다시 태어나도 수원에서 목회할 사람이 분명하다.

수원중앙침례교회 협동목사이자 중앙양로원 원장이었던 백이선 목사는 서울이나 분당에서 김 목사를 담임으로 청빙하겠다는 제의가 여러 번 있었으며, 교회를 다 지어서 모실 테니 몸만 오라는 권유도 있었다고 알려주었다. 하지만 고향을 사랑하는 마음이 유달리 강한 김 목사는 마음을 바꾸지 않았다. 기독교 신자 여부와 관계없이 수원 사람이면 누구나 김 목사를 존경하는 이유가 바로 여기에 있다.

김장환 목사의 수원농림중학교 후배인 심재덕 전 수원시장은 평소 수원 출신 가운데 평생 모은 재산으로 영복여중과 영복여고를 세운 송영복 씨와 수원 발전을 위해 많은 기부금을 낸 SK 최종현 회장, 그리고 수원을 가장 빛낸 수원중앙침례교회 김장환 목사를 가장 존경한다고 말하고 다녔다. 심 시장이 김 목사를 존경하는 이유로 첫째는 열악한 6·25전쟁 시기에 어린 나이로 가족을 떠나서 미국 유학을 했다는 점, 둘째는 수원을 사랑하는 마음이 대단하다는 점, 셋째는 수원에서 태어나서 세계적인 인물이 되었다는 점이다. 그는 또 수원중앙침례교회가 매년 추수감사절에 수원체육관(처음에는 수원중앙침례교회)으로 환경미화원과 불우 소년소녀가장을 초청해 예배드리고 위문품을 전달하는 것을 비롯해 수원을 위해 소중한 활동을 많이 하는 것을 매우 자랑스럽게 여겼다.

1974년부터 1978년까지 수원시장을 지낸 이재덕 럭키화성건업 회장도 김장환 목사가 수원 지역 선교를 위해 힘쓴 사실을 높이 평가했다. 이 회장은 미국에서 돌아온 김장환 목사가 특히 청소년 사역에 깊은 관심을 가지고 다양한 문화행사를 유치해 청소년들에게 좋은 체험의 기회를 주고 도전 의식을 심는 데 열정을 다했다고 기억한다. 특히 그는 김 목사가 혼혈아인 자녀들을 미국 외가에 보내지 않고 열악한 한국에서 교육시킨 점과 트루디 사모가 헌신적으로 자녀들을 양육하고 남편의 사역을 도운 일도 높이 평가했다.

김장환 목사는 그런 사람이다. 지금까지 그랬듯 앞으로도 천생 수원 사람으로 살다가 수원 사람으로 이 땅을 떠날 것이다.

가족 복음화

어린 소년 장환이 미군 병사를 따라 미국에 갈 때 어머니와 형들은 어떤 생각을 했을까? 어떤 모습으로 돌아오기를 바랐을까? 장환이 미국에서 공부를 잘 마치고 미국인 아내와 함께 무사히 돌아온 것만으로도 모두 기뻐하며 대견스럽게 여겼을 것이다.

당시에는 유학을 다녀온 이가 많지 않아 미국에서 학위만 받고 와도 출세가 예상되는 상황이었다. 미신적 토속신앙을 믿고 있던 가족들은 장환이 돈을 벌거나 출세할 수 있는 공부를 하고 돌아오길 기대했을 것이다. 그런데 집안의 희망으로 생각했던 막내가 예수를 믿고 목사가 되어 돌아와 선교 활동을 하는 것이 그리 달갑지만은 않았을 것이다. 신학 석사학위와 목사 안수가 무엇을 의미하는지조차 몰랐을 것이고, 가족과 고향 사람들의 구원을 목표로 돌아왔다는 것은 꿈에도 몰랐을 것이다.

1959년 말 한국으로 돌아온 김장환 목사는 1년 뒤인 1960년부터 본격적으로 전도를 시작했다. 첫 번째 전도 대상은 가족이었다. 어머니, 큰형 부부와 조카 아홉 명, 둘째 형 부부와 조카 다섯 명, 누나 부부와 조카 세 명, 셋째 형과 조카 세 명까지 신앙으로 인도해야 할 가족의 수가 적지 않았다.

가족 구원을 위해 김 목사가 먼저 해야 할 일은 미신과 우상을 타파하고 아버지 제사를 추도예배로 바꾸는 일이었다. 당시 김 목사의 집에서는 신주단지를 세 개나 모실 정도로 가족 모두가 토속신앙을 숭배하고 있었다. 이런 미신적 행위를 제거하는 데는 당연히 마찰이 따르기 마련이다. 그 일은 아버지의 산소에서 일어났다. 큰형은 8년 만에 돌아온 막내 내외를 아버지 산소로 데려가 절을 하게 했다. 며느리도 새로 들어왔으니 돌아가신 아버지 산소에서 인사드리는 것은 당연지사였다. 하지만 김 목사는 이제 신앙인일 뿐 아니라 목사의 신분으로 무덤에 절을 할 수는 없었다.

아버지 무덤 앞에 음식과 술을 차려놓고 동생이 절하기를 기다리던 큰형에게 김 목사는 부드러운 얼굴로 왜 절을 할 수 없는지를 진지하게 설명했다. 미국에서 만난 예수가 자신에게 어떤 분이며, 그분의 말씀을 따르기 위해서는 어떻게 해야 하는지를 소개했다. 또 육신의 부모도 중요하지만 창조주요 영적인 아버지인 하나님의 말씀을 따르는 것이 얼마나 중요한 일인지도 설명했다.

동생이 절을 하지 않겠다고 거절하자 큰형의 얼굴이 굳어졌다. 하지만 결혼까지 한 동생에게 강요할 수는 없는 일이었다. 결국 성묘는 아주 싸늘한 분위기 속에 끝나고 말았다. 이는 장남이자 아버지를 대리하는 큰형에게는 상처가 될 만한 사건이었다. 하지만 당시 직장을 잃고 방황하던 셋째 형 준환 씨는 오히려 동생의 부드럽고도 단호한 모습에 감명과 충격을 받았다. 철없는 막냇동생이 미국을 다녀온 뒤로는 물질에 대한 욕심이나 육신의 안위보다는 사람들의 영혼 구원에 전력을 다하는 모습을 보여주자, 그때부터 동생을 그렇게 바꿔놓은 예수라는 분에게 깊이 관심을 가지게 되었다.

그날 저녁, 김 목사를 찾아간 준환 씨는 동생에게 예수가 누구인지, 어떤 삶을 살아야 하는지에 대해 진지한 설명을 들었다. 놀랍게도 그는 그날로 예수님을 영접하고 새로운 삶을 살기로 결심했다. 기적 같은 일이다. 이를 계기로 신앙에 무관심했던 다른 가족들도 서서히 달라지기 시작했다.

한국에서 맞는 아버지의 첫 제삿날, 김장환 목사는 큰형에게 한 가지 제의를 했다. 딱 한 번만 자신이 인도하는 기독교식 추도예배를 하게 해주고, 그전의 제사와 어떤 차이가 있는지 봐달라고 한 것이다. 목사 동생의 부탁을 거절할 수 없었던 큰형은 그렇게 하라고 했고, 김 목사는 제사 대신 추도예배를 인도했다. 은혜롭게 예배를 인도한 뒤, 선친이 남긴 발자취를 되새겨보고 아버지 살아생전에 인상적이었던 일들을 서로 나누는 시간도 가졌다.

온 가족이 둘러앉아 고인에 대한 생전의 추억을 더듬었던 시간은 그리움과 정으로 가득 채워졌고, 눈가가 촉촉이 젖어 들었다. 별 의미 없이 해마다 습관적으로 해오던 제사와는 차원이 다른 방식이었다. 무엇보다 음식 준비에 수고가 많은 며느리들이 환호했다. 번거롭게 제사 음식을 준비할 필요도 없고, 더욱이 제사 뒤에 이어지곤 하던 술자리까지 사라지게 되었으니 환영할 만했다.

특히 한국 문화와 시집 생활에 적응하려고 애쓰는 미국인 새댁의 애틋한 노력과 수고에 가족 모두가 깊은 감명을 받았다. 모든 게 낯설고 말도 잘 통하지 않는 타국에서 시어머니와 시댁 식구들을 잘 모시기 위해 최선을 다하는 모습은 가족들의 마음을 움직이기에 충분했다. 전도와 구별된 신앙은 말만으로는 효과가 없다. 행동으로 보여주는 모범적 삶만이 가족 복음화에 큰 힘이 될 수 있음을 김장환 목사 부부는 잘 보여주었다.

그날 이후 셋째 형은 집안의 신주단지 세 개를 모두 자기 손으로 불살랐고, 온 가족이 예수를 영접하고 신앙생활을 하기 시작했다. 그 결과 김장환 목사 가족에게서 여러 명의 목사가 배출되었고 다른 가족도 모두 집사, 장로, 권사 직분을 받고 교회에서 열심히 봉사하게 되었다. 김장환 목사는 미국에서 돌아와 지금까지 자신이 한 일 가운데 가장 잘한 일이 가족 구원이었다고 말한다. 방송사를 운영하고 큰 교회를 담임하고 사람들에게 복음을 전하기 위해 애를 써온 김 목사지만 가장 중요하게 생각한 것은 바로 가족 구원이었다. 자신을 낳아주신 어머니와 형제들의 영혼 구원보다 더 소중한 일이 어디 있겠는가. 육신으로는 어머니가 장환을 낳아주셨지만, 영적으로는 장환이 어머니와 형제들을 구원시킨 은인인 셈이다.

수원 소년 장환이 미국에서 공부하고 목사가 되어 돌아오더니 목회를 잘해서 인구 90만의 수원에서 수원중앙침례교회는 재적인원 1만 5천 명이 모이는 큰 교회로 성장시켰고, 가족들을 구원시켰으며, 두 아들을 목사로 만들었고, 극동방송 이사장으로 전파 선교의 역량을 오랫동안 맘껏 발휘하고 있다. 이보다 더 큰 복이 어디 있겠는가.

첫 보금자리

김장환 목사에게는 일복이 터졌다. 일복도 감당할 자격과 재능이 있는 사람에게 터지기 마련이다. 김 목사는 귀국하자마자 집 지을 장소를 물색하러 다녔다. 불편한 초가집에서 탈피하기 위해서가 아니라 선교사역을 더 원활히 하기 위해 집이 필요했다. 사람들이 자유롭게 드나들고 대화하고 교제할 수 있는 공간이 필요했고, 미국에서 자신을 후원하는 기독봉사회 선교사가 오면 함께 기거할 선교관도 있어야 했다.

1959년, 김 목사는 수원 전역을 두루 돌아다니다가 인계동에 있는 땅 1,200평을 평당 30원에 샀다. 30년 뒤 이곳이 40억 원에 팔릴 줄 누가 알았으랴! 당시 땅을 많이 산 이유는 혹시 미국의 지원이 끊기면 과수원을 해서 자급자족해야겠다는 생각에서였다. 지금은 수원 중심가로 바뀌었지만, 당시 인계동은 집 한 채 없는 허허벌판이었다. 주변에 주택이 없는 외진 터에 집을 지은 까닭에 지은 지 20년 뒤에야 수도 혜택을 받을 정도였다.

100평 대지에 건평 28평짜리 집을 지으려니 돈이 많이 들 수밖에 없었다. 김장환 목사는 최대한 재정을 아껴보려고 갖은 애를 썼다. 집을 한 채 지으려면 돈 들어가는 곳이 한두 군데가 아니다. 설계에도 돈이 들어가므로 미국에서 온 맥카피(McAfee) 선교사에게 대강 설계를 맡기고, 집 짓는 일은 수원교도소 모범수들에게 맡겼다. 가족이 살던 못골 본가 옆의 교도소에서 김 목사가 몇 차례 위문 예배를 드린 것을 계기로 인연이 된 모범수들이었다. 지금은 있을 수 없는 일이지만, 당시에는 모범수들이 외부로 나와 모심기도 하고 밭일도 하는 등 모자라는 일손을 돕기도 했다.

그렇게 해서 재정을 많이 아끼고 자잿값만 들여서 집을 완공했는데, 전문 지식도 없는 이들이 지은 까닭에 처음부터 여기저기서 문제가 발생했다. 적어도 구들장만큼은 전문 기술자가 놓아야 했는데 그러지 못해서 온 가족이 연탄가스를 마시는 바람에 일곱 번이나 병원 신세를 졌다. 그렇게 연탄가스 사고가 많이 발생했는데 아무도 죽지 않은 것이 기적일 정도였다.

또 한 가지 문제는 집이 워낙 외딴곳에 있다 보니 네 번이나 도둑이 들어 미국에서 들여온 전축도 가져가고, 김 목사의 가방에 있던 선교비를 훔쳐 가기도 했다. 게다가 네 차례 중 두 번은 트루디 사모와 직접 맞닥뜨려 가슴 철렁한 일도 경험했다.

그렇게 완벽한 집은 아니었지만 이전 초가집과는 비교할 수 없을 만큼 좋았다. 공간이 넓은 서구식 구조여서 생활하기에 편리했다. 인계동 집에는 김 목사 가족들 외에 기독봉사회에서 파견한 선교사 가족들도 함께 기거했다. 늘 사람들로 북적거렸기 때문에 조용한 분위기는 기대할 수도 없었다. 특히 젊은 학생들이 많이 찾아왔는데, 그중에는 아예 인계동 집에 눌러산 학생들도 있었다. 오갈 데가 없는 학생들과 예수 믿는다고 집에서 쫓겨난 학생들이었다.

인계동 집의 주요 방문객 중에는 미군도 있었다. 미국 여자와 결혼한 선교사가 수원에 왔는데, 영어 설교를 능통하게 잘한다는 소문이 오산 미군 부대까지 퍼져 설교 요청이 잦았다. 그렇게 김 목사의 설교를 듣다가 친분이 두터워진 미군들은 수시로 인계동 집을 드나들었고, 트루디 사모가 만든 미국 음식을 먹으며 향수를 달래곤 했다. 미군들은 빈손으로 오지 않고 PX에서 파는 물건을 들고 왔다. 주로 과자나 초콜릿 같은 것들이었는데, 김 목사는 그것을 학생들에게 간식으로 나눠주었다.

김장환 목사 부부는 또 인계동 집 차고를 개조해서 이웃 아이들에게 영어를 가르치는 공간으로 사용하기도 했다. 부부는 영어를 복음을 전하기 위한 수단으로 활용했는데, 이 모임에 '굿 뉴스 클럽'이라는 이름을 붙였다.

당시 김 목사의 집은 두레박으로 우물물을 길어 사용했다. 그러다가 김 목사의 지인 스튜어트(Stewart)가 일본 출장길에 변기와 세면대와 펌프를 사 와서 설치해 편하게 물을 사용할 수 있었다. 요즘은 전기가 다 들어오고 휴대폰도 각자 들고 다니는 편리한 시대가 되었지만, 당시에는 여러모로 불편한 점이 많았다.

우선 전기가 들어온 1966년 이전까지 김 목사 가족은 밤에 촛불을 켜고 생활했다. 답답한 나머지 김 목사 측이 돈을 들여 전봇대를 세우자 비로소 전기가 공급되었다. 또 1980년 집에 전화를 놓기 전까지는 급히 통화할 일이 생기면 1시간 거리의 기독회관까지 가야 했다. 1970년에 경부고속도로가 완공되면서 비로소 수원에도 비포장도로가 생겼다. 집이 몇 채 안 되는 김 목사 동네에는 이전 10년 동안 버스가 다니지 않다가 1970년에 겨우 용인으로 가는 시외버스가 하루에 한두 번 지나갔을 정도로 교통도 불편했다.

미국의 선진문화와 발달한 환경 속에 살던 김 목사 부부는 이처럼 열악한 환경에서 불편함을 무릅쓰고 살았지만, 하나님은 전도와 선교사역에 필요한 사람들을 인계동 집으로 많이 이끌어주셨다. 그중에는 사회적으로 저명한 인사들도 꽤 있었다.

미국 유학을 다녀왔다는 것과 미국 여자와 결혼했다는 이유로 김장환 목사는 특별한 인간관계를 쌓아나갔다. 이렇게 폭넓은 인맥을 형성하게 된 것도 모두 김 목사가 사회적으로 영향을 끼치게 하려는 하나님의 준비 작업이었다.

기독봉사회가 끼친 영향

일반적으로 외국에서 유학을 마치고 귀국할 때는 어느 학교의 교수, 어느 교회의 담임 또는 부교역자로 청빙을 받기 마련이다. 물론 정해진 것 없이 무작정 귀국하는 경우도 있긴 하다. 그렇다면 김장환 목사가 미국에서 귀국할 때는 어땠을까?

당시 김 목사의 공식 직함은 기독봉사회 소속 선교사였다. 김 목사는 후원자인 왈도 예거 장로가 한국 선교를 지원하기 위해 지역 실업인들을 규합해 창설한 세계기독봉사회에서 파견한 선교사였다. 당시 기독봉사회는 중동과 아프리카 일부 지역에 선교사를 파송하기도 했으나 창립 취지대로 김장환 목사의 사역을 중점적으로 지원했다. 현재 한국 기독봉사회의 대표는 김장환 목사의 큰아들 김요셉 목사가 맡고 있다.

김장환 목사는 귀국 초기에 매달 200~300달러의 후원금을 받았다. 그중 30달러는 아내에게 생활비로 주고 나머지는 사역에 사용했다. 김장환 목사의 인계동 집도 기독봉사회 명의로 되어 있다. 김 목사에게는 철칙이 하나 있었다. 기독봉사회로부터 받는 선교후원금 외에는 그가 일하고 있는 어떤 개인이나 단체에서도 사례비를 받지 않는다는 것이다. 놀랍게도 김장환 목사는 담임목사로 사역했던 수원중앙침례교회에서도 교회가 자립하기까지 20년간 사례비를 받지 않았다. 그러다가 1980년부터 사례비를 받기 시작했는데, 그 대신 사장으로 사역했고 이사장으로 사역하고 있는 극동방송에서는 지금까지 사례비를 전혀 받지 않았다. 김 목사는 이처럼 자신이 정한 철칙을 잘 준수하고 있다. 정말 쉽지 않은 모범적 결단이다.

김장환 목사의 이러한 경제관은 어디서 비롯되었을까? 이는 미국에서 아르바이트하면서 교제해온 예거 장로로부터 확립된 것이다. 예거 장로는 재정을 아끼기 위해 직원도 없이 밤새워 일했고, 그의 아내도 혼자 바느질을 할 만큼 검소했다. 대부분의 단체는 후원금이 들어오면 20~30%는 운영비로 따로 떼어서 그 돈으로 직원을 두고 비용을 지출한다. 하지만 선교후원비로 받은 것은 순수하게 선교비로만 사용해야 한다는 것이 예거 장로의 철학이었다.

그렇게 운영비 없이 일하다 보니 고단할 때가 많았지만, 그러면서도 예거 장로 부부는 후원금을 한 푼도 손대지 않고 한국으로 고스란히 보내주었다. 그런 모습을 가까이서 지켜보았고, 또 그에게 오랜 세월 직접 혜택을 받았던 김장환 목사가 어떻게 검소함과 절약 정신을 배우지 않았겠는가.

기독봉사회는 중앙기독초등학교, 중앙유치원, 기독병원, 중앙양로원을 지원하고 수원중앙침례교회와 극동방송에도 적지 않은 영향을 미쳐왔다. 그런데 이렇게 김장환 목사의 사역에 절대적인 영향을 미쳐온 미국 기독봉사회의 활동에 대해 제대로 아는 이가 거의 없다는 점은 아이러니하다.

기독봉사회는 우리나라에 등록된 외원단체다. 그런데 다른 외원단체들과는 달리 왜 기독봉사회는 외부에 잘 알려지지 않았을까? 이 또한 예거 장로의 소신 때문이다. 그는 자선단체의 홍보를 바람직하지 않은 것으로 여겼기 때문에 홍보비를 전혀 사용하지 않았다.

기독봉사회라는 단체를 경상비나 홍보비를 전혀 지출하지 않고 자원봉사로만 운영했다는 사실 또한 믿기 어려운 일이다.

이에 자극을 받은 김 목사도 기독봉사회를 한국에 홍보하지 않았다. 그러니 기독봉사회의 존재 자체를 알 길이 있겠는가. 사람들은 대부분 중앙기독초등학교를 수원중앙침례교회에서 설립한 것으로 알고 있는데, 사실은 기독봉사회에서 조성한 후원금으로 설립한 학교다.

요즘도 미국 기독봉사회는 매달 3천 달러나 되는 선교비를 보내온다. 김 목사가 한국에 돌아와 처음 선교를 시작할 때 받은 후원금보다 열 배나 많은 액수지만, 사실 두세 명 인건비를 충당하기에도 모자라는 돈이다. 현재는 유치원 교사와 직원의 인건비로 많은 돈이 지출되고 있어 기독봉사회가 후원하는 돈은 비록 크지 않지만, 오랜 세월 줄곧 보내준 선교 헌금으로 오늘날 큰 열매를 맺은 것은 부인할 수 없는 사실이다.

무엇보다 감사한 것은 기독봉사회에서 보내준 돈으로 산 땅의 가격이 엄청나게 오르는 바람에 중앙기독초등학교 건물을 짓는 데 큰 힘이 되었다는 점이다. 당시 한국에서는 아무 연줄이 없던 김장환 목사의 선교사역이 가능했던 배경에는 이렇게 기독봉사회라는 든든한 기도와 힘이 있었다.

김장환 목사에게는 잊을 수 없는 후원 교회와 후원자가 또 있다. 한결같이 매달 50달러를 지원해준 오하이오주 캔턴 침례교회와 해롤드 헨리거(Harold Henriger) 담임목사다. 헨리거 목사는 세월이 흘러 은퇴를 한 이후로도 개인적으로 계속 김 목사의 선교 활동을 도왔다. 아무리 친한 관계라도 미국을 떠난 한국인 친구를 늘 기억하고 은퇴 후에도 변함없이 후원한다는 것은 그만큼 헨리거 목사가 하나님 앞에서 신실한 종이라는 증거다.

1997년, 헨리거 목사는 아들 존 헨리거(John Henriger) 목사와 함께 한국을 방문해서 극동방송에 출연하고, 군인들의 침례식에도 참여했으며, 수원중앙침례교회에서 설교도 했다. 당시 그는 김장환 목사가 활발하게 펼쳐나가는 선교사역의 현장에서 매달 자신이 후원한 정성이 어떻게 잘 사용되고 있는지를 확인하고 기쁘게 돌아갔다. 이후로 그는 더욱 열심히 김 목사 가족을 위해 기도해주었다.

수원기독병원

어느 날 네 명의 의사가 찾아와 수원에서 기독병원을 하려고 하는데 어려움이 많다고 털어놓았다. 김장환 목사는 기독병원을 하려면 의사들이 먼저 기독교인이 되어야 한다고 설명하고 전도를 시작했다.

김장환 목사는 남문 밖 산부인과 병원 2층에 위치한 25평짜리 YFC 기독봉사회 사무실에 전세를 냈다. 1주일에 한 번씩 새벽 기도를 마치고 아침 6시에 의사 네 사람과 만나서 요한복음 공부를 시작했다. 1장부터 차례로 한 장씩 쭉 읽고 설명을 해주고, 또 다음 주에 모여서 요한복음 2장을 쭉 읽고 설명해주고, 그다음 주엔 요한복음 3장을 읽고 니고데모에 대한 이야기를 해주었다. 그랬더니 외과전문의 이정환 박사가 대뜸 "저도 예수 믿어야겠네요" 하는 것이었다.

그때 그는 처음 예수님을 구세주로 영접하고, 1월 셋째 주쯤 수원중앙침례교회에서 침례를 받았다. 그런데 겨울이라 엄청 추워서 온수가 나오지 않아 차가운 수돗물을 틀어놓고 침례를 받았다.

그다음 모여서 요한복음 4장을 읽은 뒤 사마리아 여인 이야기를 하고는 5~6장쯤까지 갔는데, 이번엔 교회에 들락날락하기만 하던 이비인후과 조준구 과장이 예수님을 진지하게 영접하는 놀라운 일이 일어났다. 조 과장은 이정환 박사가 김 목사와 미국 샌프란시스코에서 개최된 전국 CBMC 대회에 데려갔는데, 거기서 모금도 좀 해주고 했었다.

그렇게 요한복음 한 10장쯤 진도가 나가 '내 양은 내 음성을 듣는다'는 내용으로 말씀을 전했는데, 그때 내과 노용희 박사가 자기도 예수를 영접하겠다고 결단을 했다. 이번에는 요한복음 15장에서 예수님이 '나는 포도나무요 너희는 가지니'라는 내용을 전할 때인데, 산부인과 김형종 박사가 "저도 예수 믿겠습니다"라고 해서 거기 모인 의사들이 모두 예수님을 영접하는 기도를 했다. 그렇게 네 사람의 의사 모두가 예수님을 믿고 기도하는 삶을 살아가니 병원이 잘되기 시작했다.

그러자 김 목사는 십일조 한다 치고 환자 10명을 수술하면 한 사람은 무료로 수술해주라고 의사들에게 권했고, 모두가 김 목사의 말을 잘 따랐다. 트루디 사모는 몇몇 의사 부부를 집으로 초대해 극진히 대접했고, 이후로도 부부 동반으로 여러 차례 의사들을 대접했다. 처음에 이 병원은 네 명의 의사가 투자하여 설립했는데, 나중에 김 목사도 다섯 번째 투자자가 되어 병원 설립에 힘을 보탰다.

신방옥이네의 남창도에 있는 땅을 사서 병원을 시작했는데, 원래 고아원이었던 장소를 병원으로 개조하여 남문 산부인과에서 그리로 이전했다. 그즈음 김장환 목사와 가깝게 지내던 짐 윌슨이 YFC 선교사로 캐나다에서 한국에 왔다. 그는 김 목사의 밥 존스 1년 후배였다. 마침 안식년을 맞아 미국에 갈 예정이었던 김 목사는 자기 집을 짐 윌슨에게 내주었다. 그런데 김 목사가 안식년을 마치고 돌아왔는데도 집을 비우지 않아 당시 수원중앙침례교회 바로 옆 제10 전투비행단 단장이 세 들어 살던 집을 내주었다. 짐 윌슨의 집에 아이들도 있고 해서 김 목사는 당시 인기 있던 하이파이를 오산비행장에 있는 미군 부대에서 싸게 사서 가져다주곤 했다. 그때 라이먼도 한국에 오면 수원 김 목사 집에서 지냈다. 김 목사는 짐 윌슨에게 책상을 하나 내주고 기독병원에서 일하게 했고, 김의경 전도사도 컴패션에서 일하게 해주었다. 김 전도사는 여러 고아원을 다니면서 사흘씩 부흥회를 했다. 수원에 있을 때는 기독병원에 가서 심방도 하고 전도도 하고 채플도 김 목사와 같이 하면서 돈도 많이 벌었다. 그 당시에는 건강보험이 없어서 현금을 받았는데, 환자가 아주 많았던 것으로 김 목사는 기억한다.

기독병원을 개원했을 당시, 김 목사의 대학 동창인 랜 블라우(Ran Blau)는 일본에서 아내와 함께 선교하고 있었는데, 그는 미군 부대에 드나들면서 "거기에 앰뷸런스 한 대가 남는데 필요하면 가져가라"고 김 목사에게 알려주었다. 김 목사가 그것을 병원으로 가져와 사용하게 했는데, 그것이 수원 최초의 앰뷸런스였다. 한번은 오산병원에 미제 링거가 많이 남는다고 해서 링거 2천 개를 얻어오기도 했다. 이 미제 링거를 맞기만 하면 병이 잘 나아서 환자들이 다른 병원보다 기독병원을 더 많이 찾았다.

이정환 박사는 그렇게 공동으로 기독병원을 운영하던 중 따로 용인정신병원을 세우고 의사인 아들 이충순을 비롯해 여러 명의 의사를 채용해 병원을 운영하기 시작했다. 이정환 박사는 자신의 이름을 걸어놓고 기독병원에서 가끔 수술을 집도했는데, 김 목사는 이 박사가 수술을 참 잘했던 것으로 기억했다. 이 박사는 나중에 안양에 중앙병원이라는 큰 병원을 설립했다.

이후 네 명의 의사는 10년간 운영해온 기독병원의 문을 닫기로 합의했다. 산부인과 김형종 박사는 도청 앞에 2층 건물을 사서 독립했고, 조준구 박사는 서정리에 내려가 이비인후과 병원을 열었으며, 노용희 박사는 수원에 내과를 열었다. 이로써 기독병원은 완전히 문을 닫게 되었고, 네 사람은 김 목사에게 미안한 마음이 들어서 병원을 정리하고 남은 돈을 다섯 등분으로 나누어 김 목사에게 시가 6천만 원을 건넸다. 김장환 목사는 그것을 모두 헌금했다.

기독병원은 나중에 수원에 병원이 많이 생길 때까지 10년 동안 주민들에게 아주 유용한 공간으로 쓰임을 받았다.

천생연분 아내 트루디

Chapter 07

팔색조 같은 여인

한 사람의 위대한 인물이 만들어지기까지는 자라온 환경은 물론 함께 살아가는 부부의 영향도 지대하다. 김장환 목사의 오늘에 가장 큰 힘이 되고 위로가 되어준 사람은 누구일까? 하나님이 어렵게 짝지어주신 믿음의 반려자 트루디 사모일 것이다. 미국에서 곱게 잘 자란 처녀가 전쟁을 치른 지 얼마 안 된 가난한 나라에 시집와서 산다는 것은 아무나 감당할 수 있는 일이 아니었다. 두 사람이 지내온 발자취를 살펴보면 분명 트루디 사모는 김장환 목사를 위해 하나님이 예비해주신 천생배필이 틀림없다.

트루디 사모는 어떤 사람일까? 남편 김장환 목사가 보는 아내는 어떤 사람인지, 김 목사가 일생의 배필로 선택하게 된 이유는 무엇인지 궁금해진다. 트루디 사모의 장점을 이야기해달라는 말에 김 목사는 책 한 권을 써도 다 얘기할 수 없을 정도라고 하며 장점 세 가지를 소개했다. 첫째는 부지런하고 일을 두려워하거나 회피하지 않는다는 점, 둘째는 말이 밖으로 새 나가지 않게 하고 잡음이 없다는 점, 셋째는 한국의 열악한 환경을 잘 참아낼 만큼 인내심이 강하다는 점이라고 했다.[41]

필자가 자료들을 통해 발견한 트루디 사모의 장점을 정리하면 다음과 같다.

첫째, 신앙으로 헌신하는 여성이라는 점이다. 당시 트루디 사모를 알던 사람들 중 적지 않은 이가 트루디 사모가 한국에서 몇 달을 못 버티고 미국으로 돌아갈 것으로 생각했다고 한다. 청년 시절 김 목사 부부를 가까이에서 지켜본 지구촌교회 이동원 원로목사도 트루디 사모를 '이해 불가할 정도로 희생을 무릅쓴 헌신적인 분'으로 회상하고 있다.

트루디 사모는 미국의 전형적인 중산층 가정에서 자랐다. 회사원 아버지와 교사 어머니 사이에서 태어난 4남매는 모두 밥 존스 대학 출신이고, 외과 전문의인 큰오빠 롤랜드 스티븐스(Roland Stevens)가 아프리카로 선교 활동을 하러 떠났을 만큼 경건한 신앙의 집안이었다. 트루디 사모도 한때 큰오빠처럼 아프리카 선교사로 갈 마음이 있었다고 한다. 그것이 힘든 한국에서의 시집살이를 잘 견뎌낸 이유라고 김장환 목사는 말한다.

김 목사가 그녀에게 전쟁이 끝난 지 얼마 안 된 가난한 나라에 함께 가는 것이 두렵지 않으냐고 물었을 때, 그녀는 이렇게 대답했다.

> 우리 오빠는 열두 살 때부터 마을 봉사단을 따라다니며 봉사했어요. 어릴 때 나도 오빠와 함께 종종 봉사단을 따라다녔지요. 어릴 때부터 다른 사람을 돕는 게 좋은 일이라는 걸 깨달았어요. 걱정하지 마세요. 한국이 아무리 가난하다 해도 아프리카보다는 낫겠죠?[42]

트루디 사모의 말대로 어린 시절부터 다른 사람을 돕는 게 좋지 않았다면 그런 헌신은 불가능했을 것이다. 선교사 자녀가 아니었지만 선교사의 피가 흘러 복음을 전하기 위해 타인을 돕는 선교적 마음이 트루디 오누이에게 있었다는 것을 알 수 있다. 트루디 사모는 아프리카보다 덜 열악한 한국에 하나님이 파송하신 선교사가 틀림없다.

둘째, 섬김의 은사를 타고난 겸손한 여성이라는 점이다. 한국에 온 지 얼마 되지 않은 어느 날, 트루디 사모는 책을 읽다가 일생의 좌우명이 될 글귀를 하나 발견했다. "Bloom where you're planted."[43] 우리말로는 "심긴 곳에 꽃을 피우라", 즉 "네가 있는 자리에서 작은 일에도 최선을 다해서 섬기라"는 뜻이다.

그녀는 자신이 대한민국 수원 땅 작은 시골에 심긴 씨앗임을 잘 알았다. 작은 일 하나도 최선을 다해 섬겨 그리스도의 아름다운 열매를 맺는 일이 자신의 사명이라는 것을 깨달았다. 그런 사명의 일환으로 트루디 사모는 교회 건물 곳곳 청소하기를 좋아했다. 막힌 하수구의 찌꺼기를 맨손으로 긁어내는가 하면 화장실 변기를 닦고, 수영장 바닥 청소도 마다하지 않았다. 잘 모르는 사람이 그녀를 청소부나 환경미화원으로 착각할 정도였다.[44]

셋째, 단순한 삶을 좋아하는 여성이라는 점이다. 트루디 사모가 평소에 좋아하는 명언 중에 "Live simply so that others can simply live"라는 말이 있다.[45] 우리말로는 "다른 사람들이 단순하게 살 수 있게 하기 위해 단순하게 살라"는 뜻이다. 너무 크고 많은 것을 손에 넣으려고 하면 그만큼 다른 사람들이 가질 기회를 빼앗기 마련이다.

김장환 목사는 단순하게 살기를 좋아하는 아내의 성격을 답답하게 생각했다. 하지만 그 단순함이 없었다면 그녀는 남편을 따라 모든 게 낯선 한국 땅에 올 수 없었을 것이다. 이해타산을 따지고 깊이 고민했다면 불가능한 일이었다.

트루디 사모는 수원시 원천동의 한 작은 커피숍에서 파이를 구우며 장애 학생들을 돕고 아이들을 가르치는 단순한 삶을 최고의 행복으로 알고 살았다.[46] 필자는 트루디 사모가 개발했다는 파이를 맛볼 기회가 있었는데, 아주 달콤하고 맛있는 최고의 파이였다.

넷째, 성령의 음성을 듣는 여성이라는 점이다. 그녀가 처음 한국에 왔을 땐 전기와 수도 시설이 갖춰져 있지 않았고, 집에 목욕탕도 없고 화장실도 재래식이던 시절이었다. 미국이라는 선진국에서 편리한 시설을 누리며 살다가 온 외국인 새댁이 견뎌내기는 힘든 상황이었다. 하지만 트루디 사모는 불평 한마디 하지 않고 참을성 있게 잘 견뎌냈다.

불편함은 몸을 힘들게 하고 지치게 만든다. 그러다 보면 정신적으로도 피로가 쌓이기 마련이다. 트루디 사모라고 그것을 느끼지 않았을 리 없다. 하지만 그녀는 고달플 때마다 성령님의 세미한 음성을 듣곤 했다. 특별한 목적으로 한국에 보내셨다는 그 음성을 듣고 찬송을 부르고 나면 기쁨과 감사가 샘솟듯 해서 견딜 수 있었다.[47]

다섯째, 하나님으로 충분하다는 가치관을 중시하는 여성이라는 점이다. 세상을 살면서 원하는 목표를 이루고 성공하는 삶도 좋지만, 트루디 사모에게 무엇보다 중요한 것은 하나님 한 분으로 늘 만족하는 삶이라는 가치관이었다. 이것을 자녀들에게도 강조했으며, 말로만이 아니라 구체적인 삶의 모범으로 가르쳤다.

이에 대해 딸 애설이 이야기한 내용이 있다.

어머니는 늘 삶을 통해서 깨닫고 느끼게 하셨죠. 많은 부모가 목표 달성을 강요하지만, 어머니는 우리에게 가치관을 전하는 걸 중요시 하셨어요. 어머니의 뚜렷한 가치관 중의 하나는 '하나님만으로 충분하다'는 것이었어요. 설교를 통해 마음을 감화시키는 일은 아빠가 잘 하시지만, '본을 보여 삶을 변화하게 하는' 엄마는 제게 영감을 주고, 그런 엄마를 닮고 싶은 것이 저의 마음입니다.[48]

'하나님만으로 충분하다'는 가치관은 바로 "여호와는 나의 목자시니 내게 부족함이 없으리로다"라는 시편 23편 1절의 내용 그대로다. 이 가치관을 삶의 열매로 보여주는 어머니를 닮고 싶은 딸의 마음이 바로 트루디 사모의 장점 가운데 백미라는 것을 잘 소개하고 있다.

트루디 사모의 건강이 좋지 않다고 들어 만날 기회가 없으리라 생각했던 필자는 우연히 극동방송 카페 앞에서 만났다. 휠체어에 앉은 모습의 트루디 사모는 연세가 많고 편찮아 보였지만 여전히 고운 모습이었다. 김장환 목사가 트루디 사모를 가리키며 "예쁘지?" 하고 자랑하는 장면도 참 보기 좋았다. 평생 자신을 위해 희생한 아내에 대한 최대한의 예의가 아닐까 싶다.

가족 복음화의 원동력

부부가 결혼해서 살다 보면 서로 맞지 않아 갈등이 생기고 다툼이 벌어지는 경우가 많다. 그것은 주로 서로의 차이를 인식하거나 인정하지 못한 채 자신에게 맞추려는 이기적인 마음에서 비롯된다. 부부가 사랑해서 결혼하지만, 성격이 다르고 자라온 환경과 배경이 차이 나기 때문에 일치란 있을 수 없다는 것이 김장환 목사의 생각이다. 그는 서로가 배려하고 양보하며 거리를 좁혀서 하나로 연합하는 것이 중요할 뿐 억지로 일치하려고 하면 갈등과 문제가 발생할 수밖에 없다는 것을 잘 안다.

부부가 남남으로 살다가 만나서 인내와 관용으로 양보하고 섬기려는 자세만 갖고 있으면 행복한 화합의 삶이 가능해진다. 그것은 신앙이 있는 사람들에겐 그리 어려운 일이 아니다. 김 목사는 공통분모 가운데서도 가장 확실한 것은 '신앙'이라고 결론 내렸다.

칼 파워스는 난생처음 보는 미군이 사랑하는 막내아들을 미국으로 데려가겠다고 할 때 내키지 않으면서도 허락한 김 목사의 어머니가 참 대단했다고 인정했다. 하지만 김 목사는 세계 최고의 나라에서 편안한 삶을 영위할 수 있는데도 동양의 작고 가난한 나라에 시집와서 살기로 결심한 트루디 사모가 그보다 더 대단하다고 고백한다.

트루디 사모는 한국인 남편과 결혼해 한국 땅에서 살기 위해 온 순간부터 미국인이 아니라 한국인으로 살아야겠다고 마음먹었다고 한다. 그래서 한국말도 빨리 배우고 한국 음식에도 얼른 적응하기 위해 부단히 노력하고 애썼다. 그 결과 이제는 김 목사는 김치 없어도 살 수 있지만 자신은 김치 없으면 살 수 없는 존재가 되었다고 말한다.

이런 상황을 가능하게 만든 근본적 동인은 무엇일까? 바로 신앙이다. 하나님을 믿고 그분이 주신 전도와 선교의 사명을 감당하기 위해선 어떤 희생도 기쁘게 치를 자신이 있었기 때문이다. 부부가 아무리 안 맞는게 있어도 신앙만 있으면 서로의 장점에는 한 눈을 뜨고 단점에는 한 눈을 감는 '윙크 법칙'을 활용해 좋은 결과를 얻게 되어 있다.

김장환 목사의 어머니는 물론 시댁 형제들이 그전까지 믿어온 미신을 다 버리고 하나님을 믿게 된 데는 며느리의 모범적 삶도 크게 영향을 미쳤다고 볼 수 있다. 미국인 며느리가 이방 땅에 와서 얼마나 인정받는 삶을 살았으면 시댁 식구의 복음화가 그처럼 순조롭게 이뤄졌겠는가.

트루디 사모를 잘 아는 지인들은 말한다. 그녀는 미국 여성이지만 한국 여성보다 더 한국적이고, 꾸미지 않고 검소하며, 매사에 자신을 드러내지 않고, 자녀 교육도 잘 시켰다고. 남편의 목회를 조용히 빛나게 한 트루디 사모의 성품으로 볼 때 하나님은 김 목사에게 가장 적절한 짝을 주신 것 같다.

유명 영어 강사 트루디

가족 복음화와 동족 복음화라는 공동의 사명을 가지고 김장환 목사와 함께 입국한 트루디 사모는 영어를 통한 선교사역에 맞춤형 강사였다. 지금도 다르지 않지만, 당시는 영어를 배우려는 사람들이 경쟁하며 줄을 서던 시절이었다. 영어를 배우기에 가장 좋은 방법은 미국 원어민을 통해 습득하는 것이고, 원어민에게 영어를 배우려면 돈이 많이 들어가는 법이다. 그런데 미국 유학을 다녀온 목사의 미국인 부인이 돈도 안 받고 영어를 가르친다고 소문이 나니 고등학생과 대학생들이 장사진을 쳤다. 그 당시는 못골에서 인계동 새집으로 이사해 본격적으로 전도 활동이 시작되던 시점이었다.

한국 학생들에게 영어를 가르치려면 트루디 사모도 우리말을 더 열심히 배워야 했다. 처음엔 초등학교 1학년 국어 교과서로 공부하다가 점점 수준을 높여갔는데, 좀 더 체계적으로 국어를 배울 필요가 있어 집에서 가까운 수원여중에 청강생으로 들어가 2년간 공부하기도 했다. 수원여중에서 한국어를 배우며 영어도 가르치기로 약속했는데, 한 달 만에 중단되고 말았다. 원어민인 트루디 사모의 완벽한 영어 발음이 한국인 영어 선생들의 문제 있는 발음과 심하게 차이가 났기 때문이다. 교사들은 자존심이 상하고 학생들은 그 사이에서 혼란스러워해서 결국 트루디 사모의 영어 수업은 중단되었다.

세월이 흘러 트루디 사모의 한국어 실력이 일취월장함에 따라 1980년부터 수원중앙침례교회 11시 예배에 김장환 목사의 설교 통역자로 서게 되었다. 수원중앙침례교회 예배에는 오산에 있는 미군을 비롯해 외국인 노동자와 영어 강사 등 평균 50여 명의 외국인 성도가 참석했으므로 이들을 위해 직접 통역에 나선 것이다. 한국어로 전하는 설교를 영어로 통역하려면 우리말이 완벽에 가까워야 하니 트루디 사모의 한국어 실력이 그만큼 좋아졌다는 뜻이다. 트루디 사모가 한국말을 익히기 위해 그동안 얼마나 많이 노력했는가를 가늠

할 수 있는 대목이다.

  당시 원어민 영어를 완벽히 구사하는 트루디 사모는 인기 최고의 영어 강사였던 만큼 강사로 모시고 싶어 하는 개인이나 모임이 워낙 많았다. 첫 번째 수혜자는 수원 10전투비행단 장교 부인들이었다. 김장환 목사가 수강료를 받으면 안 된다고 해서 무료로 가르쳤기 때문에 너나없이 대환영이었다.

  트루디 사모의 명성은 삽시간에 퍼져서 청와대 경호실로부터 경호원들에게 영어를 가르쳐달라는 요청도 들어왔다. 그래서 박정희 대통령 시절 1976년부터 1980년까지 5년간 청와대 경호원들에게까지 영어를 가르쳤다. 카터 미국 대통령이 방한했을 때 박 대통령이 김장환 목사 부부를 청와대로 초청했는데, 경호원들이 모두 트루디 여사에게 깍듯이 인사해 김 목사를 어리둥절하게 했다고 한다.

  트루디 사모는 1980년부터 1994년까지 14년 동안 한양대학교에서 3학점짜리 영어회화 과목을 가르쳤으며, 대학원에도 1주일에 두 번씩 나가서 영어 강의를 했다. 이렇게 다른 사람을 가르치기만 한 게 아니라 1976년부터 3년간 미8군에 있는 메릴랜드 대학교(University of Maryland) 대학원에서 교육학을 공부하기도 했다. 그녀는 중앙기독초등학교에서도 영어를 가르쳤다. 1998년까지는 정식 교사로 근무했고, 1999년부터는 미국으로 조기 유학을 떠나는 어린이들을 특별 지도했다. 또한 중앙유치원 원장으로도 십수 년간 일했는데, 어린 아이들에게 성경 말씀으로 영어를 가르친다는 것에 상당한 자부심과 사명감을 가졌다.

그렇다면 트루디 사모가 생각하는 미국과 한국의 차이는 무엇일까? 미국은 풍요로운 나라인 까닭에 훨씬 개인적이고 친절하지 못한 경우가 많은데, 한국은 가족과 친구들의 관계가 돈독하다 보니 서로 돕고 더불어 예의를 갖추며 살아가는 장점이 있다고 본다. 그녀는 한국에서 살아가는 모습이 성경에 더 가까운 삶이라고 분석한다.

그렇다면 긴 세월 한국에서 살아온 트루디 사모에게 가장 보람 있고 기쁜 일은 무엇이었을까? 대한민국이 가난을 벗어나 경제 대국의 반열에 올라가는 변화를 지켜보면서 아이들을 양육한 일이었다. 트루디 사모는 하나님이 주신 재능과 은사를 타인을 통해 사용하며 복음을 전하고 선교하는 것이 참으로 행복한 일이었다고 말한다.

작은 배려를 통한 영혼 구원의 기적

부부는 닮는다고 했다. 평소 거절을 못하는 남편처럼 트루디 사모도 도움을 요청하는 손길들을 쉬이 뿌리치지 못했다. 그래서 교인은 물론 교회에 전혀 나오지 않는 동네 아주머니들조차 돈을 빌려달라고 찾아오는 경우가 가끔 있었다.

한번은 병원 청소 일을 하며 어렵게 살아가는 아주머니가 트루디 사모를 찾아와 자기가 진 빚을 갚지 못해 딸이 인질로 잡혀 있다면서 100만 원만 좀 빌려달라고 했다. 당시에는 빚을 갚지 않으면 조폭들을 시켜서 자식을 인신매매단에 넘겨버리겠다고 협박하는 일이 자주 있었다. 빚을 갚고 딸을 데려오게만 해주면 빌린 돈은 꼭 갚겠다고 사정하는데, 트루디 사모의 빠듯한 형편으로는 당장 어쩔 도리가 없었다. 지금도 100만 원이 적은 액수가 아닌데 30년 전에는 웬만한 월급쟁이 한 달 월급보다 더 큰돈이었다.

딱한 사정을 듣고 당장 도움을 줄 수 없었던 트루디 사모는 고민하며 그저 하나님께 기도할 뿐이었다.

'주님, 이분의 딱한 상황을 해결할 수 있는 물질을 저에게 허락해 주세요.'

그렇게 기도하고는 일주일 뒤에 한 번 더 찾아오라고 하고 돌려보냈다. 말은 그렇게 했지만, 뾰족한 대책이 있는 것은 아니었다. 딸을 둔 같은 어머니로서 가슴 아프게 우는 아주머니를 차마 뿌리칠 수 없어서 일주일 동안 기도하며 기적의 손길을 기다려보자는 심산이었다.

트루디 사모는 그날부터 새벽마다 아주머니와 딸을 떠올리며 간절히 기도했다. 주님이 어떻게든 해결해주시기를 간절히 바랐다. 그런데 며칠 뒤 바로 응답이 왔다. 하나님이 역사하신 기적의 손길이었다. 김장환 목사와 친분이 두터운 여의도순복음교회 조용기 목사가 트루디 사모의 생일을 축하하며 100만 원이라는 거금을 축하금으로 보내준 것이다.

'한 치의 오차도 없으신 하나님'은 역시 살아 계셨다. 10만 원만 모자라도 방법이 없었을 텐데, 아주머니의 딸을 데려올 수 있는 딱 그 금액이었다. 트루디 사모는 자매의 필요를 채우시고 정확하게 응답하시는 하나님이 그처럼 멋있고 고마웠던 때가 없었다고 한다.

아주머니의 말을 곧이곧대로 믿을 순 없겠지만, 설사 딸을 빙자해 속였더라도 청소하며 근근이 살아가는 가난한 사람이니 괜찮다고 생각했다. 트루디 사모는 분명 그 아주머니에게 필요한 돈이라서 하나님이 선물로 주셨다고 믿었다. 다음 날, 은행 앞에서 아주머니를 만나 100만 원을 건넸다. 아주머니는 트루디 사모를 안고 한참 울더니 "사모님께서 우리 딸을 살리셨어요!" 하고 연신 고마워했다.

그런데 문제는 그 뒤에 발생했다. 그 아주머니는 100만 원을 받아 간 뒤부터 트루디 사모를 슬슬 피했다. 돈을 갚으라고 독촉할 생각도 없어 그저 빚을 갚고 딸을 되찾았는지 궁금해서 물어보려고 하면 늘 급한 일이 있다며 자리를 피해버렸다. 속았다는 생각이 강하게 들었지만, 트루디 사모는 기도 응답으로 받은 돈이니 개의치 않았다.

어느새 10여 년이 훌쩍 지났고, 트루디 사모는 그 아주머니의 일은 거의 잊고 지냈다. 그러던 어느 가을 저녁, 집에서 식사하고 있는데 학교 직원이 전화해서 누가 찾아왔다고 알려주었다. 누구냐고 물으니 은혜 입은 사람이라고 전해달라고 했다. 그래서 옷을 챙겨 입고 사무실에 갔더니 웬 나이 드신 아주머니가 달려와 껴안고는 눈물을 흘리는 것이었다.

10년이 흘렀지만, 트루디 사모는 그때 그 아주머니라는 걸 단박에 알 수 있었다. 사연인즉 그때 받은 100만 원으로 딸을 데려왔고 지금 결혼해서 잘 살고 있는데, 그동안 돈을 갚을 능력이 안 돼 트루디 사모를 피해 왔다고 했다. 그런데 이번에 퇴직금을 받게 돼 돈을 갚으려고 달려왔다는 것이다.

아주머니는 150만 원을 주면서 50만 원은 이자라고 했다. 그 돈을 받으면서 트루디 사모도 껴안고 감격의 눈물을 흘렸다. 그동안 빌린 돈 때문에 마음고생이 심했을 아주머니가 안쓰러웠고, 또 은혜를 잊지 않고 갚으려는 그 마음이 너무 기특해서 꼭 안아주었다. 트루디 사모는 어렵게 가져온 돈을 받고 싶지 않았지만, 아주머니의 강권에 못 이겨 결국 50만 원은 돌려주고 100만 원만 받았다.

그제야 아주머니가 홀가분한 표정으로 말했다.

"사모님께서 저를 미워하면 어쩌나 걱정했는데, 이렇게 맞아주셔서 감사합니다. 사모님을 보면 '예수님이 이 땅에 계신다면 저런 모습이겠구나!' 하는 생각이 들어요. 저도 이제부터 교회에 나갈 거예요. 돈을 갚고 나니 마음이 너무 후련하네요."

두 사람은 손을 꼭 잡고 지난날을 돌아보며 한동안 이야기꽃을 피웠다. 긴 대화를 나누고 돌아가며 "꼭 다시 찾아뵙겠다"고 하던 아주머니의 뒷모습을 트루디 사모는 지금도 잊을 수가 없다고 한다.[49] 가장 힘든 시기에 도움의 손길을 베푼 결과 상대가 어려운 문제에서 풀려나고 영적인 축복까지 받게 되니 그저 감사할 따름이었다.

탁월한 유머 감각

트루디 사모는 평소 말이 별로 없는 편이지만 남을 웃기는 재주 하나는 탁월하다. 사실 의도해서 사람들을 웃긴 것은 아니고, 미국인의 발음으로 한국말을 사용해서 빚어진 에피소드가 적지 않다.

1962년, 트루디 사모는 한국말을 배우기 위해 수원여중에서 어린 학생들과 함께 공부한 적이 있었다. 이때는 그녀 외에도 만학도들이 있었기 때문에 학교생활이 크게 어색하진 않았다. 당시 나이가 스물넷으로, 십여 년 차이가 나는 아이들과 함께 공부하며 국어 실력이 조금씩 늘어갔다. 그런데 학교에서 트루디 사모에게 영어 수업을 해 달라고 요청해 영어를 가르치게 되었다. 커리큘럼은 마음대로 정하라고 해서 50분 수업을 그날그날 묵상해야 할 성경 구절을 직접 칠판에 적고 수업을 진행했다.

"오늘 말씀은 마태복음 6장……."

학생들에게 복음서를 들려주려고 하면 여기저기서 웃음소리가 들렸다. 아이들이 미국인 선생의 서투른 한국어 발음을 잘못 알아들은 것이다.

"선생님, 마태볶음이 무슨 음식인가요? 이스라엘 사람들이 먹는 음식인가요?"

'마태복음'이 '마태볶음'으로 들렸던 것이다. 그래도 다행인 것은 기독교를 모르는 학생들이 거부감 없이 성경 말씀을 수용했다는 점이다. 트루디 사모의 영어 수업을 듣다가 신앙생활을 시작한 아이들도 적지 않은데, 이후로도 계속 연락하며 지냈다.

어눌한 한국말로 인한 에피소드는 또 있다. 한번은 시내에 나갔다가 갑자기 배가 아파 급하게 약국을 찾았는데, '배탈'이라는 말이 생각나지 않았다. 트루디 사모는 약사에게 이렇게 말했다.

"배에 털이 났는데 도와주세요."

그 말을 듣고 얼마나 웃었던지 되레 약사의 배가 아플 지경이었다. 결국 트루디 사모는 영문도 모른 채 답답하게 기다리다가 빈손으로 약국을 나올 수밖에 없었다.

트루디 사모가 헷갈리는 단어 중 하나는 '합승'과 '합선', '선불'과 '선물'이다. 다림질하다가 "다리미가 합승했다"고 하거나 "택시를 합선했다"고 말해서 아이들이 배꼽 빠지게 웃은 적도 있었다.

또 한번은 식당에 갔는데 식당 주인이 "선불입니다" 하는 말을 "선물입니다"로 잘못 알아듣고는 "감사합니다" 하고 대답한 뒤, 식사를 마치고 그냥 나온 적도 있다고 한다.[50]

이런 일은 한국말이 서투른 외국인이 의도치 않게 하는 실수나 허점에서 빚어진 에피소드다. 그런데 트루디 사모에겐 누구도 따라올 수 없는 진짜 유머 감각이 있다. 톡톡 튀는 그 센스는 하늘이 주신 은사라고 할 만큼 탁월하다.

한번은 작은아들 요한이 어느 교회에서 강연할 일이 있었는데, 그날따라 어머니와 함께 참석했다. 당시 그 교회 담임목사는 강사 목사인 아들을 소개하기 전에 예의상 어머니를 먼저 소개하는 것이 좋겠다고 생각했는지, 트루디 사모를 소개하며 나이를 74세가 아니라 84세라고 밝혔다. 우리나라 교인들은 미국 여성의 나이를 잘 헤아리지 못하기 때문에 그냥 넘어가도 아무런 문제는 없었다.

그런데 이때 재치 있고 유머 감각도 있는 트루디 사모가 '기회는 이때다!' 싶어 아들 요한에게 살짝 기대며 영어로 말했다.

"He's laughing and falling."

김요한 목사는 나이를 열 살 많게 소개한 담임목사를 향한 내용이라는 것은 알았지만, 문법적으로는 말이 안 되는 문장이어서 뜻을 파악할 수가 없었다. 그래서 어머니에게 무슨 말씀인지 물었다.

"What did you say?"

그러자 어머니는 똑같은 말을 반복했다.

"He's laughing and falling."

다시 들어도 무슨 뜻인지 알 수 없어 재차 물으니, 그것도 모르느냐는 표정을 지으며 우리말로 풀어서 설명해주었다.

"그것도 몰라? 저 양반, 웃기고 자빠졌다고."

한국말은 둘째치고 '콩글리시'까지 사용할 줄 아는 트루디 사모의 유머는 일순간 조용한 분위기를 확 바꿔놓았다. 웃음이 폭발하기 직전 강단에 올라간 김요한 목사는 교인들에게 엄마가 한 말을 들려주었다.

> 아까 목사님이 우리 어머니 소개를 하셨잖아요. 그런데 사실 어머니가 84세가 아니라 74세시거든요. 목사님 소개를 들은 어머니가 조금 전 저에게 유창한 우리말로 목사님을 향해 한마디 하셨어요. 뭐라고 하신 줄 아세요? '저 목사님, 웃기고 자빠졌네'라 하셨어요.[51]

김요한 목사는 교인들이 그렇게 웃으며 행복해하는 모습은 평생 처음 본 것 같다고 했다.

트루디 사모는 가끔 학교나 교회 또는 택시협회 같은 공공기관에서 강연할 때가 있었는데, 그런 자리에서도 유머가 큰 몫을 차지하곤 했다. 특히 택시기사들이 수백 명, 수천 명씩 모여 교육받는 자리에서 영락없는 미국 여자가 유창한 우리말로 "아저씨들, 총알택시 겁나서 못 타겠어요. 제발 천천히 좀 달려주세요!" 하고 한마디를 던지면 그냥 웃음바다가 되고 말았다.[52]

또 한 가지 에피소드는 젊은 시절 트루디 사모가 한양대학교에서 강의할 때 있었던 일이다. 수원에서 전철을 타고 신도림역에 내려서 갈아타고 한양대까지 가는데, 출퇴근 시간에는 늘 전철 안에 사람들이 꽉 들어찼다. 많은 승객이 서로 밀고 밀리는 상황에서 여자 몸으로 한양대까지 장시간 서서 가는데 여간 피곤하고 지치는 게 아니었다.

한참을 서서 가는데 조금 떨어진 자리에서 한 사람이 다음 정거장에서 내리려고 자리에서 일어나는 게 보였다. '기회는 이때다!' 싶었던 트루디 사모가 그 자리에 앉으려고 가는데, 더 멀리 떨어져 있던 어느 아주머니가 쏜살같이 뛰어오더니 그 자리에 훌쩍 앉아버렸다. 동작이 느린 트루디 사모는 그만 자리를 뺏겨버렸다.

남의 자리를 빼앗고 고개를 살짝 돌리고 있는 그 아주머니가 너무 얌체 같고 미워 보였다. 그래서 약이 바짝 오른 트루디 사모가 그 아주머니에게 이렇게 따졌다고 한다.

"누가 나이가 더 많은지 말해볼까요?"

외국인 여자가 유창한 한국말로 그렇게 말하니 아주머니는 어쩔 줄 몰라 했다. 얌체 아주머니에게 교훈도 주고 어색한 분위기도 누그러뜨리려고 농담 반 진담 반으로 한 말인데, 오히려 그 옆에 앉던 아저씨가 얼른 일어나 자리를 양보했다.

유머는 상대의 마음을 열어주는 최상의 도구다. 상대방의 마음을 무장 해제시키는 가장 강력한 무기이기도 하다. 외국인으로서 사람들에게 웃음을 선물할 줄 아는 여유 있는 마음은 아무에게서나 나오지 않는다. 트루디 사모는 이렇게나 저렇게나 주변 사람들을 행복하게 하는 은사를 타고난 사람이다. 이런 아내, 어머니, 사모와 함께 살고 신앙 생활하는 이들은 복된 사람들이 틀림없다.

작은아들의 애절한 사모곡

2006년 늦가을, 트루디 사모는 강연 초청을 받아 뉴욕을 방문했다. 당시 강연 준비로 다소 긴장한 상태였는데, 갑자기 허리에 심한 통증을 느껴 급히 입원하게 되었다. 진단 결과는 '다발성 골수종(Multiple myeloma)' 3기였다. 결국 수술을 받고 한동안 항암 치료와 방사선 치료를 받았다. 평소 걷기를 즐기던 어머니가 마음껏 걷지 못하게 되니 그 모습을 바라보는 딸 애설의 마음은 몹시 아팠다. 미국에 살던 딸 애설은 1년이 넘는 치료 기간 동안 어머니를 정성껏 보살폈다.

트루디 사모는 그 뒤에도 '저나트륨혈증'으로 의식을 잃고 병원에 실려가 중환자실에 입원했던 적이 있다. 그때 작은아들 요한이 쓴 애절한 편지가 남아 있다. 사랑하는 어머니가 병상에서 일어나길 소원하며 울부짖는 마음으로 쓴 막내의 사랑 편지였다. 처절하고 간절한 마음으로 일기처럼 쓴 글을 몇 편 소개한다.

왜?

엄마는 왜 아파도 아프단 말을 안 하시나요?

왜 참고 침묵하시나요?

아빠가 그러는데 엄마가 또 밤새도록 몸이 불편해
뒤척이셨답니다.

아빠는 "괜찮으냐?"고 물어보셨다죠?

그럴 때마다 엄마의 대답은 늘 동일하죠. 아무 이상 없다고.

불을 켜실 필요도 없다고 하셨다죠?

그러곤 아빠한테 다시 주무시라고, 엄마는 괜찮으니까.

하지만 그때 엄마는 병원에 가셨어야만 했어요.

결국 조금 뒤에 아론이(조카)의 등에 업혀 계단을 내려와

차에 타고 응급실로 향하셨죠.

전에도 이런 일이 있었잖아요?

한밤중이었지만, 누군가는 그래도 엄마를 모시고
급히 병원에 갔어야만 했어요.

하지만 엄마는 남에게 피해 주길 싫어하죠?

아빠에게 짐이 되길 싫어하시죠?

아빠를 깨우고 싶어 하지 않으시죠?

아래층 식구들도 귀찮게 하고 싶지 않으시죠?

누가 깰까 봐 항상 걱정하시죠?

아파도 아프단 말을 안 하시죠?

제가 엄마를 너무나 잘 알죠?

아빠가 이제 준비하래요

아빠가 이제 준비하래요.

엄마의 죽음을 준비하라는데 전 준비가 안 되어 있어요.

저는 아예 준비를 못할 것 같아요.

어떻게 준비를 할 수 있죠?

그게 말이 되나요?

물론 아빠의 마음은 알겠어요.

하지만 처음엔 너무 부정적인 반응이라고 생각했어요.

너무 이기적이라고 생각했지요.

아니, 악의적이라고 생각했어요.

하지만 이해는 해요.

아빠는 엄마가 더 고통받길 원치 않으신다는 걸.

아빠는 엄마가 더 괴로워하는 걸 보기 싫으신 거죠.

그래서 집으로 가시길 원하시는 것 같아요.

우리 모두의 집으로 말이죠.

우리의 고향집으로요.

그래도 저는 여전히 준비를 할 수 없어요.

도저히 준비를 못하겠어요.

아마 앞으로도 마찬가지일 테고요.

그러니 우리 가까이에 남아주세요.

제발 떠나지 말아주세요.

우리와 같이 계셔주세요. 제발 부탁드려요.

아직 때가 아니라니까요

이렇게 떠나시면 안 돼요, 엄마.

이렇게는 안 된다고요.

저는 알거든요, 아직 때가 아님을.

우린 작별 인사도 안 했어요.

제대로 된 허그도 못했는걸요.

그러니 잊어버리지 마세요.

지금은 때가 아니라는 걸.

하나님도 나에게 전달해주지 않으셨어요.

때가 되면 알려주실 텐데 말이죠.

때가 되면 귀띔이라도 해주실 텐데 말이에요.

그렇지만 아직 그렇게 안 하셨다니까요.

아직은요.

그러니 아직은 때가 아닌 거라는 게 확실해요.

잊으시면 안 돼요.**53**

작은아들 김요한 목사의 진솔한 마음이 담겨 있는 사모곡(思母曲)이다. 당시에는 어머니가 읽을 가능성이 없다는 전제 아래 쓴 아들

1950년대

한국전쟁 당시 친구들과 함께

미군 막사 앞에서 하모니카를 불고 있는 장환

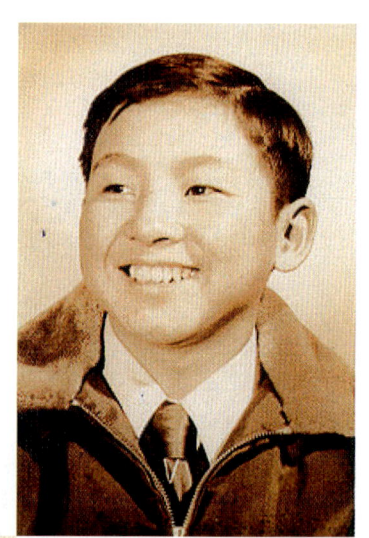

6·25전쟁이 터져 가족과 함께 수원시에서 전쟁을 겪던 장환은 어느 날, 수원의 미군 부대 철조망 근처에서 초콜릿을 얻기 위해 서 있다가 한 미군의 도움으로 미군 부대의 하우스보이로 생활하며 가족을 돌보았다. 미군 부대에서 알게 된 칼 파워스 상사가 적극적으로 장환에게 미국 유학을 제안하고, 입학허가서를 받아주었다. 막내아들 장환을 유난히 사랑했던 어머니는 아들의 장래를 위해 칼 파워스의 제안을 받아들였다.

미군 부대 하우스보이로 일하던 시절 칼 파워스 상사와 함께

밥 존스 시절 조지 워싱턴 미국 초대 대통령 흉상 앞에서 친구와 함께

밥 존스 유학 시절 교정에서

밥 존스 유학 시절 룸메이트 제리 톰슨과 함께

친구와 함께 자동차로
전도여행을 하던 때의 장환

밥 존스 시절 칼 파워스 씨와
함께 찍은 졸업사진

고등학교 웅변대회에 출전해 1등상인 아이젠하워상을 수상한 후 받은 트로피를 들고 선생님과 이야기를 나누는 장환.

고등학교 시절에는 축구부 주장으로 활동했던 장환(왼쪽 첫 번째).

어머니 박옥동 여사는 아들이 귀국한 뒤, 예수를 구주로 영접하고 14년 동안 아들의 목회를 뒷바라지하다 1973년 1월 12일 79세의 나이로 소천했다.

1958년 8월 8일 오후 8시, 미시간주 그린빌 침례교회에서 김장환 목사는 트루디와 결혼하였다. 그를 미국에 유학시킨 칼 파워스 씨가 들러리를 서주었고, 빌려 입은 예복으로 간소하게 예식을 치렀다.

1960년대

극동방송의 전신인 국제복음방송국 제1회 청취자수양회에서 참석자들과 기념촬영
(앞줄 오른쪽으로부터 여섯 번째가 당시 이사였던 김장환 목사)

더 효과적인 복음전파를 위해 내과, 외과, 산부인과, 이비인후과를 개원하고 1965년에 초현대식으로 수원기독병원 건물을 준공했다. 개원식 때는 박정희 대통령 부인 육영수 여사도 직접 참석해 병원을 둘러보았다.

가족들과 함께 정원의 잔디를 깎고 있는 김장환 목사

수원중앙침례교회 담임목사 시절 트루디 사모와 함께 심방 중인 김장환 목사

수원중앙침례교회 담임목사 시절 트루디 사모와 함께

수원중앙침례교회 담임이었던 최성업 목사와 모든 교인이 담임목사를 맡아 달라고 요청하자, 기도 후 주님의 뜻으로 알고 순종하여 담임목사로 일하기 시작했다.

김장환 목사는 미국 유학 시절 때부터 미국 YFC(십대선교회)에서 일한 경험이 있다.
그 경험을 살려 귀국 후 1년 만인 1960년 수원 YFC를 창설했다.

의 신음이자 기도다. 그 간절한 마음이 시가 되고 기도가 되어 트루디 사모는 다시 깨어났다. 그래서 아들은 이전보다 더욱더 기도의 힘을 믿게 되었다.

아직은 공사 중

미국에서 차를 운전하다 보면 이런 범퍼용 스티커를 차에 붙이고 다니는 사람들을 종종 보게 된다.

"Sorry for the inconvenience during the construction.(공사 중 불편을 끼쳐 죄송합니다.)"

"Please bear with me. God is still making me.(참아주세요. 하나님은 아직도 저를 만들어가시는 중입니다.)"

그렇다. 이 땅에서는 그 누구도 '공사 중'일 뿐이다. 우리 중에 '공사 끝'이라고 자신 있게 말할 사람이 있을까? 없다. 만일 있다면 어떤 이들일까? 빌리 그레이엄 도서관에 가면 입구 오른쪽에 빌리 그레이엄 목사의 부인 루스 그레이엄(Ruth Graham) 여사의 소박한 묘가 자리 잡고 있다. 그녀의 묘비에는 자신이 죽기 전 직접 선택했다는 비문이 새겨져 있다.

"The End of Construction. Thank you for your patience.(공사 끝. 그동안 참아주셔서 감사합니다.)"

허물 많은 이 세상을 떠나 영광스러운 천국으로 이사 간 사람들에게 어울리는 비문이다.

이 세상에 완전한 사람은 없다. 남편이 극찬하고 세 자녀가 그토록 사랑하는 트루디 사모도 완전한 사람은 아니었다. 천사 같은 모습을 할 때도 있지만 지극히 인간적인 모습을 드러낼 때도 있었다. 어른이자 목사의 아내이기에 참고 또 참은 결과 겉으로 드러나지 않았을 뿐 속 터지고 답답하고 화나고 억울하고 원통하고 짜증 날 때가 왜 없었겠는가?

김장환 목사 부부는 세 자녀가 부모에게서 상처받은 일이 거의 없을 만큼 훌륭한 인격자들이다. 하지만 작은아들 요한은 딱 한 번, 어머니에게 상처받은 기억이 있다. 어느 날 일어난 한 사건에 대한 화풀이로 자식들에게 '병신'이라고 한 일이다. 우리말이 서툴렀던 트루디 사모가 단어를 잘못 선택한 것 같긴 하지만, 그래도 그 말은 어린 자녀에게 사용하면 안 되는 말이었다. 김요한 목사는 그때 자신의 어머니 역시 완전한 존재가 아니라 아직은 '공사 중'이라는 것을 인식했다고 한다.[54]

실제로 트루디 사모가 평소 즐겨 부르는 가요 중에 '인생은 미완성'이라는 노래가 있었다. 그 노래에는 "인생은 미완성, 사랑도 미완성"이란 구절이 있다. 그렇다. 인생은 미완성투성이다. 사랑도 미완성이다. 사랑이든 뭐든 모든 것을 완성하신 분은 예수 그리스도밖에 없다.

그나마 평생 상처 입은 기억이 딱 한 번밖에 없을 만큼 트루디 사모는 한 남편의 아내, 세 자녀의 어머니로서 거의 온전한 삶을 살아온 약하나마 강한 거성이다. 본받을 만한 이 시대의 어머니상이 분명하다.

자녀 교육

Chapter 08

이유 있는 한국 학교 입학

김장환 목사 부부의 집처럼 많은 사람이 다녀간 집도 없을 것이다. 김 목사가 30년 동안이나 살았던 인계동 집은 늘 손님들로 북적였다. 매번 적어도 30명이 넘는 젊은이들이 모여서 성경을 공부하고 한 식탁에 앉아 함께 식사하곤 했다. 김 목사가 전도해서 먹이고 재우고 성경 가르치고 신학 공부를 시켜서 목회자가 된 이들이 80명가량 된다. 그중 극동방송 부사장과 수도침례신학교 교목실장을 지낸 송용필 목사, 백이선 목사 같은 분도 있고, 지구촌교회 원로인 이동원 목사도 있다.

인계동에 살던 초기에는 캐나다의 짐 윌슨(Jim Wilson) 선교사 가족이 함께 살았다. 윌슨 선교사의 자녀들은 당시 서울에 있는 외국인 학교에 다녔다. 그들이 외국인 학교에서 공부하는 모습을 본 김장환 목사의 큰아들 요셉은 기뻤다. 자신도 서울 외국인 학교에서 공부하게 되리라는 한 가닥의 희망이 있었기 때문이다. 만일 그렇게만 되면 한국인 학교에서 받는 놀림이나 마음의 상처는 당연히 끝나게 된다. 얼굴색도 말도 같은 친구들과 함께 공부하고 사귀면 날아갈 것만 같았다. 하지만 요셉의 부푼 꿈은 여지없이 깨어졌다. 싸늘한 아버지의 엄명이 있었기 때문이다.

"한국 사람은 한국 교육을 받아야 해!"

자식에 대한 부모의 가장 큰 관심사는 교육 문제다. 김 목사의 자녀들은 혼혈이어서 외모가 한국 아이들과 달랐다. 세 자녀 중 장남 요셉은 여동생 애설이나 요한보다 더 미국인에 가까운 외모였다. 이런 아이들은 외가가 있는 미국이나 월슨 선교사의 자녀들처럼 한국에 있는 외국인 학교에서 교육시키는 게 자연스러웠다.

1960년대에 한국인 아버지와 미국인 어머니 사이에 태어난 혼혈 아들을 미국도 아니고 외국인 학교도 아닌 한국인 학교에 보내는 것은 거의 모험에 가까운 일이었다. 하지만 김장환 목사는 고심 끝에 자녀들을 모두 수원에 있는 한국 공립학교에 입학시켰다. 쉽지 않은 선택이었다. 아무리 영어와 한국어가 다 완벽해도 한국 아이들과 함께 공부하다 보면 어려운 일이 발생하리라는 것은 충분히 예상할 수 있는 일이었다.

그런데 미국에서 선진 교육을 받아본 경험이 있는 김 목사가 어째서 아이들을 미국 외가에도 안 보내고 한국의 외국인 학교에도 보내지 않았을까? 미국 선진 교육의 우수성을 몰라서였을까? 외국인 학교에서 공부하는 것이 편하다는 사실을 몰라서였을까? 아니다. 아무리 좋은 교육이라도 부모가 책임지고 함께 살면서 키우는 것만 못하다는 생각이 있었기 때문이다. 게다가 어차피 자녀들이 한국에서 한국인으로 살아가야 할 것이기에 김 목사는 그런 결정을 내렸다.

김 목사의 경우 아버지가 일찍 돌아가시고 어머니는 미신을 섬기는 무지한 상태여서 어린 시절 교육적으로 유익한 도움을 전혀 받지 못했다. 게다가 나라가 전쟁 중이어서 학교 교육도 받지 못하는 최악의 상황이었다. 그런 처지에서 김 목사가 미국에 가서 선진 교육을 받은 것은 최상의 축복된 기회였다. 하지만 김 목사 자녀들은 상황이 달랐다. 미국에서 선진 교육을 받고 신앙적으로 모범을 보여온 목회자 부모의 영향 없이 자녀들이 혼자 떨어져서 공부하는 것은 유익하지 않다고 판단했다. 그래서 한국인 학교에 아이들을 보내기로 작정한 것이고, 이는 성경적으로도 옳은 생각이었다.

하나님께서 교회와 가정을 세우셨다. 가정과 자녀를 주시고, 돌보고 키우는 일을 부모의 책임에 맡기셨다. 유대인의 교육을 보면 랍비나 선생에게서도 많은 것을 배우지만 가정에서 부모의 역할이 가장 크다. 신앙적인 부모가 철저히 신앙교육을 해야 질서가 잡히고 아이들을 제대로 양육할 수 있다는 사실을 김 목사 부부는 잘 알고 있었다.

하지만 부모의 결정에 따라 자녀들이 치러야 했던 아픔과 상처는 예상외로 크고 깊었다. 트루디 사모는 혼혈아인 자녀들이 한국 학교에서 공부하며 크게 마음고생하지는 않은 것으로 알고 있었다. 혼혈이 아니어서 한 번도 경험해보지 못한 일이기도 했고, 아이들이 학교에서 당하는 놀림과 조롱을 부모에게 시시콜콜 털어놓지 않았기 때문이다.

자신의 동의 없이 한국 학교에 보내져 말로 다 할 수 없는 아픔과 상처를 경험한 김 목사의 자녀들은 부모의 선택을 어떻게 생각하고 있을까? 큰아들 요셉은 어린 시절에는 자신들을 한국 학교에 보낸 아버지가 이해되지 않았지만, 다 자란 지금에 와서는 한국인의 정체성을 갖도록 키워주신 아버지가 고맙다고 말한다. 작은아들 요한도 형의 생각에 전적으로 동의하고 있다.

자녀들이 어릴수록 가능하다면 부모의 충분한 관심과 사랑 속에서 자라야 한다는 것이 나의 생각이다. (…) 다 큰 성인이 되어 그때의 모습을 문득 떠올려 보노라면 내가 외롭고 힘이 들 때 나를 기억해주고 나를 위해 기도해주는 부모님이 계신 것이 얼마나 든든한 힘이 되는지 조금은 알 것 같다.55

두 아들은 부모의 현명하고 올바른 선택 덕분에 미국과 한국에서 영어와 우리말로 자유롭게 대화하고 설교할 수 있게 된 데 대해 진심으로 감사하고 있다.

물론 김 목사의 세 자녀는 한국인으로서의 정체성을 확고히 다진 뒤 유학을 갔다. 큰아들 요셉과 딸 애설은 고등학교를 졸업하고 미국 테네시주 템플 대학(Temple University)으로 보냈고, 작은아들 요한은 고등학교 1학년 때 미국으로 보냈다. 형과 누나가 미국으로 간 뒤 너무 외로워 보여서 좀 더 일찍 보낸 것이다.

김장환 목사가 자녀들에게 늘 강조한 말이 있다. "늘 겸손하고 기도 많이 하고 말씀 중심으로 살라!"는 것이다. 김 목사는 자녀들이 어릴 때부터 장차 커서 자신과 같이 목사가 되게 해달라고 기도했다. 그 기도대로 두 아들은 지금 목사가 되어 열심히 사역하고 있다. 자녀 교육을 신앙적으로 잘해서 목회 동역자로, 때로는 친구로 각자의 위치에서 멋지게 사역하는 본을 보여주고 있으니 아름답다.

샌드위치 사건이 가져온 터닝 포인트

요셉은 동네에 있는 인계초등학교에 다녔다. 미국인 엄마의 손을 잡고 학교에 간 첫날, 그는 동물원 원숭이 신세가 되었다. 모두가 쳐다보며 수군거렸다.

"야, 뺑코!"

"얼굴은 미국 애가 맞는데 말은 우리랑 똑같이 하네!"

여기저기서 놀려대는 소리에 요셉은 기절할 뻔했다. 처음에는 학교 가는 것이 두려웠지만, 그렇게 어린 시절부터 다 같이 어울리며 공부했기 때문에 큰 차별 없이 잘 지낼 수 있었다.

그런데 요셉이 자기도 모르게 한국 아이들과 차이가 있다는 것을 처음으로 드러낸 사건이 있었다. 당시에는 초등학교 4학년부터 도시락을 싸서 다녔다. 4학년 첫 수업이 있던 날 점심시간, 요셉과 반 친구들은 각자의 도시락을 들고 한데 모였다. 요즘은 별 차이가 없지만, 당시는 부유한 집 아이와 그렇지 못한 아이가 싸 오는 반찬이 워낙 차이가 나서 모두 남의 도시락 반찬을 살피느라 정신이 없었다. 요셉도 어머니가 어떤 반찬을 싸주셨는지 궁금해하며 친구들 앞에서 무심코 도시락 뚜껑을 열어젖혔다.

그 순간, 모두의 눈길이 요셉의 도시락으로 쏠렸다. 그런데 그 도시락에는 밥과 반찬 대신 샌드위치가 들어 있었다. 난생처음 보는 음식에 아이들의 눈이 휘둥그레졌다. 지금은 밥 대신 샌드위치를 싸 오는 아이들도 있지만, 당시엔 낯선 음식이었다. 친구들과 외모가 다르긴 해도 수년을 함께 공부하며 겨우 한국인으로 동화되고 있었는데, 도시락 속 내용물 하나로 아이들과 다르다는 것을 증명한 셈이었다.

어머니는 별생각 없이 평소 아이들이 즐겨 먹던 샌드위치를 싸준 것인데, 아들은 그것 때문에 친구들 앞에서 창피를 당한 것이다. 아이들이 놀라는 것을 본 요셉은 고개를 들 수가 없었다. 그길로 교실을 뛰쳐나와 뒷산에 올라가서 수업이 끝날 때까지 내려오지 않았다. 수업이 끝날 때쯤 산에서 내려와 울면서 집으로 가는데, 정체성 혼란이 큰 문제로 다가왔다. 외국인 학교에 다니는 월슨 선교사의 자녀들이 그때처럼 부러웠던 적은 없었다.

외국인 학교를 보내든지 아니면 외갓집이 있는 미국으로 보내지 왜 시골에 있는 한국인 학교에 보내서 이런 수모를 겪게 하는 건지 화가 나고 속상해서 요셉은 시무룩하게 앉아 있었다. 기죽어 있는 아들을 본 어머니가 왜 그러냐고 물었고, 아들은 그제야 처음으로 속에 있는 불만을 털어놓았다.

"엄마, 친구들이 놀릴 줄 알면서 나 샌드위치 싸준 거지? 내가 상처 입을 줄 알면서 한국 학교에 보낸 거지? 엄마는 왜 한국에 왔어? 우리, 미국에 가서 살면 안 돼? 엄마, 왜 나한테 물어보지도 않고 한국 사람이랑 결혼했어?"

평소 쌓여 있던 원망이 한꺼번에 봇물 터지듯 쏟아졌다. 요셉의 원망 섞인 하소연을 묵묵히 듣던 어머니가 아들을 꼭 껴안아주며 말했다.

"Because of Jesus!"

'예수님 때문에'라는 대답에 아들의 마음은 찢어질 듯 아팠다. 그래서 다시 물었다.

"엄마, 왜 예수님 때문에 여기 있어?"

"예수님의 사랑 때문에. 예수님이 날 위해 십자가에 죽으셨어. 그래서 나를 구원해주셨지. 엄마는 그게 너무 기뻐서 예수님을 모르는 한국에서 예수님을 전하며 살고 싶었어. 요셉, 예수님은 네 모습 그대로 널 사랑하셔. 십자가에 달려 돌아가시기까지 하셨어. 예수님은 네 마음속에 있는 아픔과 미움도 용서하셔."

그 순간, 요셉의 가슴이 방망이질하듯 뛰기 시작했다. 어머니는 자신도 한국에 와서 놀림을 당했는데, 누구보다 놀림을 많이 받으신 예수님을 생각하며 믿음으로 다 이겨냈다고 위로해주었다. 요셉은 그때 그 이야기를 들으며 예수님을 마음속에 진심으로 영접하게 되었다고 기억한다. 어머니의 이야기를 듣는 순간, 그동안 피상적으로만 느껴지던 예수님이 자신에게 강하게 와닿았다는 것이다.

요셉은 그다음 날까지 열병으로 아파서 학교에도 결석을 했다. 그런 요셉에게 아버지와 어머니는 함께 기도하자고 하셨다. 어머니는 요셉의 침대 앞에 무릎을 꿇고 영접 기도를 인도했다. 아들은 아버지와 어머니의 도움을 받아 난생처음 예수님을 마음속에 영접하는 기도를 드렸다.[56] 트루디 사모도 중학생 시절에 빌리 그레이엄 전도대회에 참석했을 때 성령의 역사로 빌리 그레이엄 목사가 요청하는 대로 영접 기도를 했는데, 그때와 흡사한 사건이 아들 요셉에게 재현된 것이다.[57]

샌드위치 사건으로 비롯된 어머니의 위로 말씀과 부모님의 영접 기도 인도는 김요셉 목사의 신앙에 획기적인 전환점이 되었다. 그 일이 있은 뒤 요셉은 아침마다 반드시 도시락 뚜껑을 열어 밥이 들어 있는지 확인하는 버릇이 생겼다. 반찬도 다른 아이들과 비슷하게 콩자반이나 김치 같은 것을 가져갔다. 햄이나 소시지같이 조금이라도 색다른 반찬이 들어 있으면 아예 도시락을 가져가지 않았다.

트루디 사모가 미국 음식을 잘 만들다 보니 오산이나 수원 비행장에 근무하는 미군들이 그 음식을 먹고 싶어서 요셉의 집을 자주 찾아왔다. 그들은 올 때 빈손으로 오지 않고 햄이나 캔 콜라 같은 것을 가져왔기 때문에 요셉의 집에는 미국 식품이 많았다. 그중 오산공군기지에서 근무한 미군 아트 램버트(Art Lambert)는 김장환 목사의 전도로 예수 그리스도를 영접했고, 퇴역한 뒤 세상을 떠날 때까지 수원기독회관에 거주하며 봉사했던 사람이다. 램버트도 PX에서 식품을 사서 가져다주곤 했는데, 그것으로 양식을 만드는 것이 트루디 사모에게는 아주 쉬운 일이었다.

사실 익숙지 않은 한국 반찬을 만드는 일이 꽤 힘들고 번거로웠지만, 트루디 사모는 사랑하는 아들이 다시는 친구들 앞에서 상처 입지 않도록 고생깨나 하며 음식을 만들곤 했다. 그 사건 이후 힘들여 도시락을 싼 덕분에 나중에는 양식보다 한식을 더 잘 만드는 주부가 될 수 있었다.

왕대밭에 왕대 나고

김요셉 목사는 한국에서 태어나 20년간 생활한 뒤 미국으로 가 10년 정도 공부를 하고 다시 돌아왔다. 한국에서 생활한 기간이 훨씬 길지만 김장환 목사의 세 자녀는 모두 미국 본토 사람처럼 영어를 구사한다. 한국말이 서툴렀던 어머니가 집에서 주로 영어를 사용하기도 했고, 국제 감각을 길러주기 위해 어린 시절부터 집에서 영어를 생활화했기 때문이다. 또 한국말은 한국 학교에서 공부하며 자연스럽게 익힐 수 있었으니, 김 목사의 자녀들은 자연스럽게 두 나라 말을 완벽히 구사하는 이중 언어 구사자들이 된 셈이다.

큰아들 요셉은 수원 유신고등학교를 졸업하고 1979년에 미국 테네시주의 템플 대학교에 입학한다. 그곳에서 그는 자신이 한국인이라는 사실을 절감하게 된다. 외모는 미국인과 비슷했지만, 한국에서 12년간 교육을 받으며 알게 모르게 철저한 한국인이 되어 있다는 사실을 깨달은 것이다.

미국에서 공부하며 요셉은 미국 아이들과의 차이점 하나를 알게 되었는데, 그것은 자신이 너무 순종하는 사람이라는 점이었다. 아버지 김장환 목사는 아이들을 순종형으로 키운 것에 대해 자부심이 컸지만, 요셉은 미국에서 공부하는 동안 자신이 너무 순종적이어서 변화가 필요하다는 생각까지 했다.

요즘은 많이 달라졌지만, 당시 한국 아이들은 모두 부모에게 순종적이었다. 자기주장을 하거나 고집을 부리면 야단맞거나 회초리로 맞을 수밖에 없는 분위기였다. 그렇게 "예!"라는 대답 외엔 해본 적

없는 요셉은 미국 아이들이 부모에게 "헤이 유!(Hey you!)"라고 부르는 모습에 기겁했다.

필자도 유학 생활에서 경험한 일인데, 한국 학생들은 시험을 칠 때나 페이퍼를 쓸 때면 유명 학자의 글을 인용할 때가 많다. 그러면 담당 교수는 페이퍼 표지에 빨간 줄을 긋고는 어김없이 이렇게 평가한다.

"너의 의견이 무엇인가?(What's your point?)"

과거에는 학생이 자기 의사를 분명히 밝히면 교만해 보일 수 있으므로 저명한 학자들의 내용을 인용하는 것을 겸양의 미덕으로 삼을 때가 많았다. 이런 한국과는 달리 미국은 자신의 의견을 논리적으로 밝히는 것을 매우 중요시하는 나라다. 요셉은 대학 4년 동안 토론팀에 들어가 팀장을 맡으면서 다른 사람을 논리적으로 공략하는 법을 많이 익혔고, 그 훈련은 그의 성품과 목회와 설교에 많은 영향을 미쳤다.

김요셉 목사에게 아버지 김장환 목사는 어떤 사람일까? 그는 어릴 때 아버지가 가혹하리만큼 도덕적으로 살게 하고 체벌로 강하게 훈육하는 것에 불만이 많았다. 명화 〈사운드 오브 뮤직(The Sound of Music)〉에는 아이들을 군대식으로 키우려는 아버지 폰 트랩(von Trapp) 대령이 나온다. 요셉은 영화 속 폰 트랩 대령처럼 밥 존스에서 체득한 청교도 정신으로 아이들을 양육하려 했던 아버지가 썩 좋아 보이지는 않았다.

실제로 요셉이 아버지에게 몹시 혼난 일이 있었다. 요셉은 초등학교 때 아버지 지갑에서 5천 원을 몰래 훔친 적이 있다. 당시 5천 원은 꽤 큰돈이어서 친구들을 데리고 가게에 가서 사탕 사 먹고, 장난감 사서 나눠주고, 과자도 사서 실컷 같이 먹었는데도 돈이 남았다. 그렇게 신나게 먹을 땐 좋았지만, 집에 돌아올 땐 양심의 가책을 느꼈다. 무서운 아버지에게 들켜 혁대로 맞을 걸 생각하니 오금도 저렸다.

할 수 없이 요셉은 허물없이 친하게 지내던 재평이 형의 집에 숨었다. 어머니가 어떻게 알았는지 요셉을 데리러 왔고, 어머니와 함께 집으로 돌아가는 길에 요셉은 자꾸 혁대가 떠올랐다. 떨면서 집에 들어서는데 어쩐 일인지 아버지가 친절하게 아들을 맞아주었다. 그 모습에 요셉은 더 불안해졌다.

아니나 다를까, 갑자기 아버지의 명령이 떨어졌다. 잠옷과 옷가지, 칫솔을 챙기라는 것이었다. 의아해하며 짐을 쌌더니 아버지는 차에 타라고 했다. 차에 탄 요셉은 이내 마음이 풀리고 기분이 좋아졌다. 아버지와 여행을 떠나는 줄 알았기 때문이다. 하지만 아버지가 운전해서 간 곳은 여행지가 아니라 수원역 옆에 있는 동광원이라는 고아원이었다. 차에서 내린 아버지는 큰 소리로 말했다.

"내려! 아빠 아들은 도둑질하지 않아. 도둑질하는 아이는 우리 집에 살 수 없어. 너, 아빠 지갑에서 돈 훔쳤지? 이제부터 너는 여기서 살 거야!"

순간 가슴이 철렁했다. 요셉이 차에서 내리자 아버지는 차를 타고 떠나버렸다. 식겁한 요셉이 차를 쫓아가서 뒷바퀴를 붙잡고 울며 소리쳤다.

"다시는 안 그럴게요. 잘못했어요. 용서해주세요, 아버지!"

그때 일을 잊을 수 없었던 요셉은 뒷날 어머니에게 물었다.

"어머니, 그때 왜 아버지를 말리지 않으셨어요?"

어머니의 대답은 단호했다.

"결혼 전에 우리 둘이 한 약속이 있으니까."

그랬다. 김장환 목사 부부가 결혼 전에 한 약속이 있었다. 둘 중 한 사람이 아이들을 훈육하거나 체벌할 때 절대 아이들 편을 들어주지 말자는 것이었다. 만일 아이들을 불편하지 않게 하려고 말릴 경우, 교육도 제대로 되지 않고 부모의 권위마저 떨어지게 되므로 이를 미리 방지하려는 현명한 약속이었다.[58] 아버지가 혁대로 체벌할 때도 마음 약한 어머니는 말리고 싶었지만 그 약속 때문에, 그리고 아이들이 제대로 교육받아야 하기 때문에 참았다고 했다.

김장환 목사는 아이들을 유약하게 키우길 원치 않아 강하게 훈육했다. 트루디 사모도 아버지가 훈육하는 동안 난처한 상황을 피하게 해줄 쿠션을 아이들에게 제공하지 않았다. 어미 독수리가 새끼 독수리를 땅에 떨어뜨려 강하게 훈련시키듯 아버지 김장환 목사와 어머니 트루디 사모는 세 자녀가 버릇없이 자라 사람들에게 손가락질당하는 일이 없게 하고, 자신들의 길을 의연하게 개척해나가는 모범적인 하나님의 사람이 되기를 간절히 바랐다.

세 자녀가 그런 부모님을 둔 것을 자랑스러워하고 감사히 여긴다는 것을 저서와 인터뷰를 통해 확인하고 나니 세상에 이처럼 복된 가정, 명문가가 없다는 생각이 절로 들었다.

"왕대밭에 왕대 나고 졸대밭에 졸대 난다"는 우리 속담이 틀린 말이 아닌 듯싶다.

모범적 삶이 이끌어낸 서약

목회자의 자녀가 목회자가 되는 것만큼 어려운 일은 없다. 그만큼 목회의 길이 고난의 길이기 때문에 그 길에 함께 동참해본 자녀들은 웬만해선 험한 길을 가려 하지 않는다. 김요셉 목사도 마찬가지였다. 늘 아버지와 어머니를 존경해서 무슨 일이든 시키는 대로 순종할 마음이 있었지만, 단 하나 절대 따를 수 없는 것이 있었다. 그 일이라면 어떤 회유와 협박을 해도 굽힐 수 없었다.

하지만 복병이 많았다. 아버지뿐만 아니라 교인들도 요셉을 만날 때마다 입버릇처럼 말했다.

"요셉아, 아버지처럼 훌륭한 목사가 되어야지."

어릴 때부터 하도 많이 들어온 터라 당사자에게는 고통이었다. 게다가 아버지가 평범한 목사라면 또 모를까, 세상이 알아주는 유명한 목사였기 때문에 더욱 꺼리는 일이었다.

아버지가 훌륭하면 웬만해선 아들이 뛰어넘기 힘들다. 그런 분명한 이유로 요셉은 아예 목사가 될 생각조차 갖지 않기로 결심했다. 그래서 미국에서 공부할 때도 아버지와는 아예 담을 쌓고 지내려 했다. 딱 한 번, 요셉이 시카고의 트리니티 신학교(Trinity Evangelical Divinity School)에서 공부하고 있을 때, 김장환 목사가 무디 신학교(Moody Bible Institute)에 강의하러 왔다가 아들을 만나러 온 적이 있었다.

그날 김 목사와 아들 요셉은 어쩔 도리 없이 한집에서 자며 아주 서먹서먹한 하룻밤을 보냈다. 어린 시절부터 엄부형 아버지였던지라 요셉은 그저 묻는 말에 간신히 답만 하는 정도로 어색한 밤을 보내게 되었다. 그러다가 잠자리에 들었는데, 요셉이 화장실에 가려고 일어나 보니 화장실 문틈으로 빛이 새어나왔다. 아버지가 화장실에서 볼일을 보는 것으로 생각하고 기다렸는데, 아버지는 좀처럼 나오지 않았다.

혹시나 염려되는 마음에 화장실 문을 살며시 밀어보았다. 그 틈 사이로 본 아버지의 모습은 가히 충격적이었다. 변기 뚜껑에 두툼한 수건 두 장이 놓여 있고, 그 위에 성경책이 올려져 있었다. 아버지는 변기 앞에서 무릎 꿇고 기도하고 계셨다. 그 순간 요셉은 아버지가 자신을 위해 하는 기도를 들었다.

"우리 요셉이 주님이 지켜주시고……."

어쩌면 아버지는 시차에 적응이 되지 않아 잠을 이루지 못했을 것이다. 사실 그보다는 오랜 세월 성경 읽고 기도하는 습관을 따라 그렇게 하셨을 가능성이 크다. 김 목사와 타지나 외국을 방문할 때마다 숙박비를 아끼느라 같은 방을 자주 썼던 당시 극동방송 민산웅 사장에게서도 김 목사가 같은 모습을 취해왔음을 확인할 수 있었다. 그날도 방에서 불을 켜면 아들의 수면에 방해가 되니 화장실에서 기도한 것이다.

그렇게 우연히 보게 된 아버지 김장환 목사의 모습은 요셉에게 적지 않은 파문을 던졌다. 그 사건은 요셉이 그동안 거부해온 사명자의 길을 가는 데 강력한 단초가 되었다.

기도하는 아버지의 모습을 보고 아들도 어느새 하나님께 이렇게 서약하고 만다.

"하나님, 저는 아버지처럼 훌륭한 목사는 될 수 없지만, 아버지처럼 사는 사람이 되겠습니다."[59]

내키기는커녕 끔찍하게 여겼던 목회자의 길이 그렇게 한순간에 매력적으로 다가왔다. 성령의 역사이기도 했겠지만, 자식을 향한 아버지의 헌신적인 모습에 강력하게 끌린 결과였다.

가르침은 강요로 되는 것이 아니다. 헌신적이고 희생적인 삶의 모범을 통해서 효력이 발생되는 것이다. 만일 김 목사가 아들에게 강요와 강압으로 목회의 길을 가게 했다면 지금의 원천침례교회 담임 목사 김요셉은 존재하지 않았을 것이다. 김요셉 목사는 모범적이고 매력적인 삶으로 보여주는 가르침이야말로 최고의 교육임을 아버지 김장환 목사에게서 배웠다.

부전자전(父傳子傳)의 약점

김요셉 목사를 극동방송에서 만났다. 동생 김요한 목사가 어머니 트루디 사모처럼 조용하고 차분한 성격이라면 장남 김요셉 목사는 아버지 김장환 목사처럼 활발하고 열정적인 모습이었다.

김요셉 목사는 아버지에 대해 사람들이 부정적으로 이야기하는 두 가지에 대한 자신의 견해를 밝혔다. 우선은 '수원 짠돌이'라는 별

명에 대해 설명했다. 어릴 때 자신도 인정했던 만큼 아버지는 돈을 쓰는 데 매우 인색했다고 말한다. 그와 관련해서 한 가지 새로운 사실을 소개했다. 아버지 김장환 목사는 공짜를 좋아했다고 한다. "세상에 공짜는 없다"고 하면서도 공짜를 좋아했다는 것이다.

김장환 목사보다 비행기를 더 많이 탄 사람은 아마 없을 것이다. 하지만 그는 단 한 번도 비즈니스 클래스를 타본 적이 없다고 한다. 이제는 연세도 많고 해서 자식들이 제발 비즈니스 클래스를 타시라고 해도 소용이 없다. 마일리지를 써서 공짜로 비행기 타는 것을 좋아할 뿐이라는 것이다.

그렇다고 타인에게 인색한 것은 아니다. 가난하고 힘든 이를 돕는 일에 김장환 목사만큼 최선을 다한 이도 찾아보기 어렵다. 김 목사는 자신에게만 인색하다. 이는 김 목사의 최고 은인 칼 파워스와 둘째 은인 왈도 예거 장로에게 배운 정신이다. 곧 자신이 가진 모든 것의 주인은 하나님이시므로 자신을 위해 사용해서는 안 된다는 청지기 의식이다. 그렇게 아끼고 절약하는 근검절약 정신으로 오늘날 극동방송을 빚 없이 우뚝 서게 만들었을 것이다.

다음으로 '정치 목사'라고 하는 사람들의 평가에 대한 김요셉 목사의 얘기를 들어보았다. 김요셉 목사는 "아버지가 정치 목사가 맞는다면 국회의원 한자리쯤은 했어야 한다"고 했다. 아버지의 유일한 사명과 목적은 만나는 사람 누구에게나 그리스도의 복음을 전하는 것이었다. 그래서 남녀노소, 여당과 야당, 영남과 호남 등을 가릴 것 없이 모든 이에게 복음 전하는 일에 최선을 다해왔다. 특히 대통령이나 사회에 영향을 많이 끼치는 이들일수록 더욱 관심을 가지고 복음을 전하기 위해 기도를 따라 하게 하고 성경을 가르쳤다는 것이다. 영향력이 큰 사람이 변화하면 그만큼 하나님 나라와 국가에도 유익하기 때문이다.

자식으로서 오랫동안 지켜본 아버지의 모습은 결코 쇼나 거짓이 아니라 진짜라고 했다. 평소 내재되어 있는 복음에 대한 열정이 그렇게 나타난다는 것이다.

김요셉 목사와의 인터뷰에서 흥미로운 이야기를 들을 수 있었다. 그것은 아버지의 단점에 대한 이야기였다. 세상에 단점 없는 이가 어디 있겠는가. 김요셉 목사는 자신의 아들 아론을 통해서 아버지의 단점을 인식하게 되었다고 말한다.

어느 날, 아론이 김요셉 목사에게 이런 말을 했다.

"아빠, 내가 아빠한테 원하는 것 하나가 있는데, 그건 아빠가 잘못했다고 말하는 거야!"

그 말을 듣는 순간, 자기 안에 실수와 허물을 인정하지 않는 죄성이 있음을 알게 되었다. 그리고 그것이 아버지 속에도 있는 죄성이라는 사실을 깨달았다. 김요셉 목사가 아버지에게 그토록 원했던 한 가지가 바로 그것이었기 때문이다. 이는 완벽주의자들에게서 흔히 발견되는 결점이다.

김요셉 목사는 창세기 26장에 나오는 이삭에게서 그의 아버지 아브라함에게 드러났던 죄성 중 하나인 거짓말과 속임을 발견한 이야기를 소개하면서 부전자전의 죄성을 설명했다. 그는 "성경에 나오는 육아(parenting) 원리대로 부모가 자녀를 양육하면 믿음이 고스란히 전수된다는 보장이 있는가?"라는 중요한 질문을 던지고, 이에 대한 성경적 해답을 소개했다.

부모가 자녀를 성경의 가르침대로 양육했지만 믿음을 갖지 않는 자녀가 있거나, 믿음은 가지고 있더라도 세속적으로 살아가는 자녀가 있다. 이유가 뭘까? 김 목사는 이 난제에 대해서 다음과 같은 해답을 들려주었다. 그는 자식이 부모의 믿음을 전수하기 전에 먼저 죄성을 전수받는다고 했다. 이삭이 아버지 아브라함처럼 아내를 누이라 한 것처럼 말이다. 그런 이삭을 완전히 바꾼 것은 하나님이 개인적으로 그에게 찾아오신 일이다(창세기 26:24). 이후로 그는 제단도 쌓고 장막도 치고 우물 파는 일도 하게 된다(창세기 26:25).

이처럼 아버지 김장환 목사의 자기 잘못을 인정하지 못하는 모습이 자기 안에도 있다는 것을 김요셉 목사는 아들을 통해 처음으로 알게 되었다. 아버지가 혁대로 체벌하고 설교로 자신을 훈계했지만, 정작 자신이 변한 것은 하나님을 개인적으로 만나고 나서부터였다. 그렇기 때문에 그는 하나님과의 개인적 만남과 체험이 가장 중요하다고 강조했다.

대를 이은 섬김과 헌신

김장환 목사는 너무도 바쁜 사람이었다. 가족이 그에게 붙인 별명이 '초침'일 정도로 하는 일이 너무 많았다. 그러다 보니 자식들은 아버지 얼굴을 볼 시간이 별로 없었다. 그래도 형 요셉은 맏이라서 아버지를 따라 집회나 큰 행사에 갈 기회가 많았지만, 막내 요한은 나이가 어려서 아버지와 함께하는 시간이 많지 않았다. 그래서 구약성경의 야곱처럼 어머니와 같이 있는 시간이 많았다. 어렸을 때 TV에서 즐겨 시청한 미국 드라마 〈초원의 집(Little House on the Prairie)〉에 나오는 어머니와 흡사한 어머니를 통해 외로움을 달랠 수 있었고, 격려도 많이 받았다.

요한은 모범생이었던 형, 누나와는 조금 달랐다. 아버지에게 느낀 소외감에서 비롯된 서운함과 불만이 쌓여 반항기 있는 태도가 나타난 것으로 볼 수 있다. 게다가 아버지에게는 다정다감한 모습도 있었지만 한편으로는 체벌을 가하는 엄한 모습도 있어서 거리감을 느끼게 되었을 것이다. 그런 것들이 역작용해서 요한은 반항적이고 자유분방한 태도를 가지게 된 것으로 보인다.

형 요셉과 달리 요한은 혼혈아라는 것 때문에 큰 어려움을 겪지는 않았다. 형보다는 더 한국 사람에 가까운 외모 덕이기도 하지만, 형과 누나가 있어서 그 문제로 크게 상처 입고 고민한 적이 없었다. 형과는 달리 그는 오히려 한국 친구들과 너무 많이 어울려 다녔다. 여섯 살에 일찍 초등학교에 입학한 데다 친구들과 어울리는 시간이 많다 보니 공부에 소홀해서 학교 성적도 중간 정도였다.

김장환 목사는 두 아들을 강하고 겸손하게 키우기 위해서 어려서부터 아이스케이크 장사에서부터 신문 배달까지 아르바이트를 많이 시켰다. 요한도 초등학교 4학년이 되자 형처럼 신문 배달을 했다. 아버지는 막내에게도 자립심을 길러주고 싶어 했는데, 형이 하는 것을 자주 봐왔기 때문에 요한에게는 그것도 큰 문제가 되지 않았다.

남들보다 일찍 초등학교를 졸업한 요한은 갑자기 미국에 보내달라고 졸랐다. 당시 형도 고등학교를 마치고 미국으로 떠나 있었고, 또 미국 외가에 여러 차례 다녀온 경험이 있어 미국이 좋아 보였기 때문이다. 엄한 아버지에게서 떠나 자유롭게 살아봤으면 하는 마음도 있었을 것이다. 김 목사 부부는 의논 끝에 요한을 미국에 보내기로 했는데, 외가로 보낼까 하다가 김장환 목사를 후원했던 버지니아의 칼 파워스에게 보내기로 결정했다.

그래서 요한은 열 살 되던 해에, 파워스는 한국 소년을 미국에 데려간 지 20년 만에 소년의 아들을 다시 맞게 되었다. 파워스는 부모님이 돌아가신 뒤에도 여전히 버지니아 산골에 살며 공립학교 교사로 일하고 있었다. 그의 집은 20년 전 김장환 목사가 유학하던 시절과 전혀 달라진 것이 없었다. 너무 외딴곳이어서 유학하러 그곳으로 가는 학생도 없었다.

외국에서 공부하려면 학교가 가까운 곳으로 가는 게 정상일 것이다. 처음에는 요한도 자신을 그곳으로 보내는 것이 이해가 가지 않았다. 하지만 시간이 지나고 보니 영어 공부를 하기에 그만큼 최적의 장소도 없다는 것을 알게 되었다. 한국인 아버지와 미국인 어머니 사이에 태어났지만, 한국말을 사용하는 학교에서 공부하다 보니 요한은 영어가 좀 서툴렀다. 만약 그런 요한이 한국인들이 많고 번화한 도시에서 공부했다면 영어 공부는커녕 놀고 즐기다가 시간을 낭비했을 것이다.

요한은 파워스의 도움으로 그가 교사로 있는 어빙턴 공립학교에 6학년으로 편입해 미국인밖에 없는 교실에서 공부하게 되었다. 영어 실력을 빨리 향상시키기 위해 방과 후에는 과외교사에게 영어 개인지도까지 받았다.

칼 파워스는 빌리 킴에게 했던 것과 마찬가지로 리틀 빌리를 자식처럼 잘 대해주었다. 요한은 아버지에게서는 느낄 수 없었던 온유하고 다정하고 친절한 감정을 경험하며 행복하게 지냈다. 파워스는 미국 땅에서 하나님이 요한에게 붙여주신 어머니였다.

요한은 아버지가 공부했던 곳에서 만난 사람들을 통해 자신의 부친이 얼마나 훌륭한 사람인지 알게 되었다. 또 젊은 시절 아버지와 어머니가 주고받은 편지와 두 사람의 사진도 파워스의 집에서 볼 수 있었다. 그런 것들을 보며 파워스가 아버지를 위해 얼마나 헌신했는지 피부로 느낄 수 있었다.

파워스의 삶 자체가 섬김과 헌신으로 점철된 인생이었다. 파워스의 집에서 지내는 동안 영어 공부도 큰 유익이었지만, 무엇보다 파워스의 모범적인 삶은 요한의 인생에서 중요한 지표가 되었다. 낯선 나라 사람 빌리 킴과 그의 아들 리틀 빌리까지 대를 이어 멋지게 섬긴 칼 파워스는 지금 하늘나라에서 넘치게 보상을 받고 있을 것이다.

모전자전(母傳子傳)의 악동 기질

요한은 버지니아에서 1년을 잘 지내고 한국으로 돌아왔다. 중학교에서 친구들을 만나 다시 어울리면서 요한은 곧 자유분방한 아이로 돌아갔다. 이제 열두 살이 된 요한에게는 반항기뿐만 아니라 모험을 불사하는 대담한 배짱도 있었다.

요한은 운전면허증도 없던 열두 살 때 아무도 몰래 아버지 차를 끌고 오산까지 운전해서 갔다 온 일이 있었다. 운전을 너무 해보고 싶어서 기사가 운전하는 것을 눈여겨보았다가 어느 날 호기심이 발동해 기어이 몰래 차를 몰고 간 것이다. 아버지에게 들키면 안 되니 시간을 잘 계산해서 오산까지 갔다가 돌아올 생각이었고, 다행히 아무런 사고 없이 무사히 집에 돌아왔다. 그런데 집으로 돌아올 때 갑자기 비가 오는 바람에 차에 진흙이 잔뜩 묻어버렸다. 요한은 들키지 않으려고 차에 묻은 진흙을 닦아놓았다.

하지만 차 밑바닥까지 해결할 수는 없었는데, 뭔가 이상한 점을 발견한 아버지의 운전기사 박일량 장로에게 그만 들키고 말았다. 박 장로는 운전면허증도 없는 요한이 다시 운전하다 사고가 나면 큰일이다 싶어서 김 목사에게 알렸다. 그 사실을 알고 요한이 '이제는 정말 큰일 났다'고 잔뜩 겁에 질려 있는데, 예상과는 달리 아버지는 경고만 한 채 가끔 운전하는 법을 가르쳐주라고 박 장로에게 부탁까지 했다. 철없는 요한은 그때 처음으로 '아버지가 엄하시긴 하지만 사실 나를 많이 사랑하고 아끼시는구나' 하고 생각했다고 한다.

'무면허 운전 사건'의 장본인 요한은 사실 엄마를 쏙 빼닮았다. 트루디 사모도 열세 살 때 운전을 하고 싶어 매일 할아버지를 졸랐다고 한다. 하지만 조기 면허를 받을 수 있는 열다섯 살이 되려면 2년이나 더 기다려야 했다. 그래도 하루가 멀다 하고 할아버지를 졸라 결국 할아버지에게 운전을 조금씩 배울 수 있었다.

그러던 어느 날, 트루디는 호기심에 할아버지 차를 몰래 몰고 나갔다가 대형 사고를 치고 말았다. 좁고 위험한 비포장도로를 달리다가 결국 남의 집 담을 들이받고 만 것이다. 따지고 보면 아들 요한보다 더 큰 사고를 친 것이다. 요한의 악동 기질은 알고 보면 엄마 트루디 사모에게서 온 것이다.[60] 말 그대로 모전자전(母傳子傳)이다.

운전 사건 이후 요한이 사경을 헤맬 정도로 심하게 앓아눕는 상황이 벌어졌다. 갑자기 간염에 걸린 것이다. 요한은 2주 동안이나 병상에 누워 있으면서 하나님께 매달려 살려달라고 회개하고 뜨겁게 기도했다. 그리고 이때 번갈아 가며 극진히 간호해주는 부모님을 보고 다시 한번 부모님의 뜨거운 사랑을 확인하게 된다.

요한은 바로 그때 신앙에 대한 개념이 처음 생겨난 것 같다고 고백한다.[61] 형 요셉은 도시락 사건으로 상처를 입고 어머니의 이야기를 듣고 나서 예수님을 처음 영접했다고 했는데, 동생은 또 다른 사건을 통해 신앙적 체험을 한 셈이다.

죽을 고비를 넘기고 건강을 회복해 학교에 복귀하면서 요한의 사춘기도 끝나는 듯했다. 그런데 요한에게 또 다른 운명의 날이 다가왔다. 미국 집회를 다녀온 아버지가 사용하고 남은 돈 1천500달러를 요한에게 금고에 넣으라고 했는데, 이게 화근이 된 것이다. 미국 달러를 보는 순간 미국을 향한 마음이 또다시 불꽃같이 일었다. 그래서 요한은 책상 위에 쪽지 한 장을 남긴 채 가방을 싸서 김포공항으로 갔다. 공항에 가서 라스베이거스행 비행기표를 사려고 했는데, 그 표는 오전 한 차례밖에 없으니 다음 날 다시 오라고 했다. 그래서 요한은 호텔에서 하룻밤을 묵게 되었다.

한편 집에서는 난리가 났다. 요한이 남긴 쪽지를 미처 발견하지 못한 김 목사 부부는 저녁이 돼도 아들이 돌아오지 않자 불안한 마음에 어쩔 줄 몰라 했다. 아들이 미국에 가려고 짐을 쌌으리라고는 상상조차 하지 못했다. 날이 새도록 아들이 집에 들어오지 않았으니 부모의 마음이 어땠겠는가.

다음 날 아침, 호텔에서 눈을 뜬 요한은 불현듯 집으로 돌아가야겠다는 마음이 들어 어머니에게 전화를 걸었다. 어머니도 빨리 집으로 오라고 했다. 그렇게 해서 요한의 야심 찬 미국행 시나리오는 하루 만에 허무하게 끝나고 말았다.

트루디 사모는 이처럼 묵묵히 기도하며 기다려주는 은사를 지닌 사람이다. 그날 트루디 사모는 '기다림의 미학'을 아들에게 제대로 보여주었는데, 당시 상황에 대한 요한의 소회를 잠시 살펴보자.

> 엄마의 특기(?) 중 하나는 기다려주는 것이 아닌가 싶다. 아니, 사실은 기다림은 모든 엄마의 특기라고 할 수도 있지 않을까? 자녀들이 말썽을 피우고 고집을 부려도 엄마는 인내하며 기다려준다. 하지만 기다려주는 일은 결코 쉽지 않다. 물론 우리네 아빠들보다는 엄마들

의 인내력이 더 많은 것만은 사실이다. 그런 이유에서 자녀를 잉태하는 것이 여성들의 차지가 되지 않았나 싶다. 나는 열두 살 나이에 가출을 해본 경험이 있다. 그때, 가출한 나를 조용히 기다려준 엄마와 아빠의 사랑이야말로 나로 하여금 기다리는 사랑이 어떤 것인지 경험할 수 있도록 도와준 원동력이다. 우리가 살아가는 현대사회는 묵묵히 기다려줘야 할 사람들로 차고 넘친다고 해도 과언이 아닐 것이다. 나는 지금 누군가의 잘못을 탓하기보다는 회심하고 돌아오기를 묵묵히 기다리는지 되돌아본다.[62]

이후 요한은 소원하던 대로 미국 유학을 떠났다. 그리고 1992년 한국으로 돌아와 사역하다가 다시 미국으로 가서 북침례교 신학대학원에서 박사학위를 받았다. 그리고 1997년에 귀국해 대전에서 개척한 '함께하는교회'에서 담임목사로 사역하고, 또 NGO 선한청지기에서도 사역하고 있다. 늘 기도하고 겸손하라고 말씀하신 아버지와 삶으로 모범을 보여주신 어머니의 영향으로 지금은 신실하게 목회를 잘하고 있다.

메시지와 메신저의 일치

요한은 어릴 때 아버지를 일중독자로 오해했다고 한다. 그만큼 바쁘게 사는 모습을 지켜보았기 때문이다. 하지만 자라면서 아버지가 일뿐 아니라 사람과의 관계도 소중히 여기고 대인관계를 잘하는 양면성을 지닌 분이라고 이해했다고 한다. 또 칼 파워스에게 받은 은혜가 남다르기에 아버지도 도움이 필요한 이들에게 도움 주는 것을 기쁘게 여겼다고 말했다.

어린 시절부터 아버지는 형과 자신을 혁대로 체벌할 만큼 엄한 분이셨다. 김요한 목사는 형만 많이 맞은 게 아니라 자기도 많이 맞았다고 말했다. 그럴 때 말리지 않는 어머니가 야속했는데, 나이가 들어서 왜 말리지 않았느냐고 물었더니 어머니가 "나도 맞을까 봐 가만히 있었다"고 말했다고 한다. 트루디 사모의 재치와 유머가 돋보이는 대목이다.

처음엔 체벌을 싫어했지만 목사가 된 이후로는 아버지의 마음을 이해했다는 내용이 김요한 목사의 설교에 잘 나타난다.

> 저희 아버님은 (…) 사랑도 많이 해주셨지만 매도 많이 때리셨습니다. 부모님을 무척 사랑하지만, 한편으로는 몹시 두려워하면서 자랐습니다. 돌이켜 생각하면 교육학적 면에서 도움이 된 것 같습니다. 아버님은 홧김에 때리시는 게 아니라 원칙을 정해서 경고한 다음 반복해서 잘못하면 때리셨습니다.[63]

김요한 목사는 자신이 어렸을 때는 혼혈에 대한 편견이 강했기 때문에 자칫 버릇없이 행동할 경우 목회자인 부모님이 욕먹는 것은 물론 하나님 영광까지 가릴까 염려해서 그렇게 엄할 수밖에 없었다고 말했다.

간염에 걸렸을 때 신앙에 처음 눈을 뜨긴 했으나, 결정적으로 김요한 목사가 예수님을 개인적으로 만난 것은 미국인 할머니를 통해서였다고 한다. 자신의 룸메이트였던 제프(Jeff)가 피아노 선생인 할머니 미스 헬렌(Miss Helen)을 소개해주었고, 헬렌 할머니를 보러 아파트에 갔을 때 그녀가 보배처럼 간직하고 있는 것을 보게 되었다. 그것은 바로 '일기장'과 '큐티집'이었다.

헬렌 할머니의 방에는 책장이 있었는데, 수십 년간 쓰고 정리한 일기장과 큐티 책들이 그 책장에 빼곡히 꽂혀 있었다. 할머니는 그것을 꺼내서 조금씩 읽어주고, 또 몇 권은 선물로 주면서 요한에게도 일기장과 큐티집을 써보라고 권했다. 할머니의 권유대로 말씀을 읽고 묵상하고 깨우친 말씀을 일기장과 큐티집에 적는 것을 습관화하다 보니 피상적으로만 믿던 하나님에 대한 개념이 인격적인 교제 가운데 요한의 마음속에 구체적으로 자리를 잡아갔다.

마지막으로 김요한 목사는 반갑고도 감동적인 한마디를 남겼다.

"아버지는 설교하시는 대로 삶을 사셨습니다. 말씀과 삶이 일치하는 분이셨습니다."

이것은 어쩌면 설교자인 아버지가 아들에게 들을 수 있는 최대의 찬사다. 그렇다. 메시지(Message)와 메신저(Messenger)가 일치해야만 사람들을 움직이고 변화시킬 수 있다.

아들들보다 더 성숙한 딸

이번엔 김장환 목사의 외동딸 애설의 이야기를 해보자. 현재 미국에서 살고 있는 그녀에 대한 지인들의 평가는 모두 긍정적이었다.

어릴 때부터 애설을 알았던 사람들은 그녀가 어머니를 도와 손님 접대를 아주 잘했고, 피아노 실력이 뛰어났던 것으로 기억하고 있다.

애설은 미국의 템플 대학(Temple University)과 샘포드 대학(Samford University)에서 피아노를 전공했고, 남침례교 성서신학교에서 종교음악을 전공했으며, 콘코디아 대학원에서는 교육학 석사 학위를 받았다. 그렇게 공부를 많이 한 이유를 물으니 공부하는 게 좋았고 필요했기 때문이라고 했다. 어릴 때부터 공부에 취미와 재능이 있는 모범생이 아니었다면 불가능한 일이었을 것이다.

그처럼 상당한 실력이 있는 사람이 세 딸의 양육에만 전념하고 있으니 재능을 썩히는 게 아니냐고 아쉬워하는 이들도 있다. 그러나 애설은 아이가 어릴 때는 부모가 신앙으로 양육하는 일보다 더 소중한 일이 없으므로 현재의 모습이 만족스럽다고 했다. 김장환 목사와 트루디 여사가 아이들을 미국에 유학시키지 않고 한국에서 공부시켰던 이유를 딸의 대답에서 고스란히 찾을 수 있었다. 부모의 교육 방식에 딸이 영향을 받는 것은 당연하다.

혼혈이어서 받은 상처가 있었는지 궁금했다. 민감한 여성이니 혹시 오빠나 남동생보다 상처가 크지 않았을까 생각했는데, 그녀의 대답은 의외였다. 애설은 자신의 남다른 외모로 인해 고민해본 적이 없었다고 한다. 오빠가 그런 일로 힘들어하는 모습을 보아서 예방이 되기도 했고, 상처 입은 오빠에게 어머니가 해주는 조언을 들으면서 미리 면역주사를 맞은 셈이었다.

무엇보다 그녀가 그런 일을 대수롭지 않게 여긴 데는 다른 이유가 있었다. 당시 우리나라 사람들이 혼혈에 대해 감정이 좋지 않은 근본적 이유를 애설이 잘 파악하고 있었기 때문이다. 당시 사람들이 아는 혼혈아들은 미군과 한국 여인 사이의 비정상적 관계에서 태어난 부끄러운 존재로 여겨졌었다. 하지만 애설은 교육을 많이 받고 모범적으로 목회하는 목회자의 자식이었으므로 전혀 부끄러워하거나 기죽을 필요가 없었다.

혼혈이 겪는 문제에 관해선 오빠 요셉과 막내 요한보다 애설이 더 성숙하고 건전한 생각을 하고 있었다. 물론 그녀도 사춘기 때는 자신이 한국인인지 미국인인지 정체성 문제로 혼란스러워하기도 했다. 하지만 그때 외에는 어린 시절 훌륭한 부모님의 교육과 사랑을 받아 늘 행복했으며, 친구들이 자신을 몹시 부러워했다고 자랑한다.

애설의 친구들은 인계동 집에 놀러 왔다가 수세식 화장실과 욕실이 있는 것을 보고는 다들 놀랐다. 게다가 외국이라곤 한 번도 가본 적 없는 아이들로서는 미국 외갓집에 다녀오곤 하는 애설이 부러울 수밖에 없었을 것이다. 그래서 어린 시절에 대한 추억의 관점이 오빠, 남동생과는 꽤 다른 것을 확인할 수 있었다.

애설은 성인이 되면서 자신이 100% 한국인이며, 100% 미국인이라는 정체성을 확립했다. 한국인이 볼 때는 미국인 같고 미국인이 볼 때는 한국인 같겠지만, 미국 사람에겐 미국 사람답게 한국 사람에겐 한국 사람답게 행동할 수 있는 자신의 처지가 오히려 장점이 많다고 생각했다. 이런 면에서 딸 애설이 두 아들 요셉과 요한보다 훨씬 성숙하고 강한 멘탈의 소유자로 보인다.

김장환 목사는 혁대로 자녀들을 훈육해 반듯하게 키운 어느 목회자 가정을 미국에서 직접 목격한 뒤, 자신도 결혼해서 아이들을 혁대로 체벌하며 양육했다.[64] 아버지의 체벌에 대한 반응도 애설은 사뭇 달랐다. 그녀가 느낀 아버지의 혁대 사건은 긍정적이다. 비록 아버지가 혁대로 자녀들에게 체벌을 가하긴 했지만, 한번도 화를 내면서 감정을 푼 적이 없다는 것이다. 분을 참지 못해서 매를 든 적이 한 번도 없었으며, 체벌할 때마다 그럴 만한 이유가 자녀들에게 있었고, 분명한 이유를 제시하고 엉덩이를 따끔하게 서너 차례 때린 뒤 사랑한다며 안아주었기에 불만이 있을 수 없었다.

잠언 13장 24절은 "매를 아끼는 자는 그의 자식을 미워함이라 자식을 사랑하는 자는 근실히 징계하느니라"고 말씀하고 있다. 자식을 사랑한다면 아이가 빗나갈 때 매를 드는 것이 정상이라고 성경은 가르친다. 김 목사의 혁대 체벌이 성경적으로도 올바른 교육임을 잘 보여주고 있으니 불평할 수 없는 일이다.

재미있는 사실은, 어린 시절 혁대 체벌을 받을 때 아버지에게 그것을 전수한 미국 목사님이 늘 원망스러웠다던 큰아들 요셉도 아버지가 되자 혁대로 아이들을 체벌하며 교육시켰다는 것이다.[65] 혁대 체벌이 자기 삶에 유익하지 않았다면 따라 하지 않았을 것이다. 김장환 목사의 혁대 체벌도 부전자전(父傳子傳)으로 대물림되고 있는 것을 본다.

마지막으로 필자가 김애설 씨와 인터뷰한 내용을 소개한다. 우선

'가정에서 아버지로서의 김장환 목사'와 '세계적인 지도자로서의 김장환 목사'를 비교해서 말해달라고 했다. 그녀는 "'아버지, 세계적인 지도자, 목사님'이라는 존칭은 다 역할이 달아주는 직함이나 호칭일 뿐, 가족관계라는 틀 안에서 60여 년간 함께한 딸로서 바라보는 아버지는 훌륭한 인품의 소유자요 훈육과 사랑을 한없이 베풀어주신 분"이라고 답했다.

그녀는 자신이 육신의 아버지로서는 최고인 분을 선물로 받은 복 있는 사람이라고 말했다. 열심히 하나님을 섬기며 다른 사람을 즐겨 돕는 아버지는 자신이 판단하거나 누구와 비교할 수 없을 정도로 탁월한 인품과 넓은 마음을 소유한 분이라고 자랑했다.

그녀는 아버지 김장환 목사가 평소 딸인 자기에게 늘 강조한 말씀이 있다고 말해주었다. "모든 것을 주께 하듯 하라"(에베소서 6:5)는 말씀이다. 그녀는 이와 관련해 하나의 에피소드도 들려주었다.

애설이 초등학교 3~4학년 시절에 있었던 일이다. 어느 날, 저녁상을 차리는 시간에 어머니가 놀고 있는 애설에게 밥상을 좀 닦으라고 부탁했다. 그녀는 별로 내키지 않아 건성으로 행주를 밀고 있었는데, 막 퇴근해서 들어오시던 아버지가 그것을 보게 되었다. 애설은 그때 아버지가 다정하게 다가와서 자신에게 해준 한마디가 지금도 가슴 깊숙한 곳에 남아 있다고 말한다.

"애설아, 그 행주 아빠 다오. 이왕 행주질할 거라면 주께 하듯 하자!"

그러면서 딸의 손에서 행주를 빼앗아 열심히 행주질하던 아버지의 모습이 지금도 눈에 선하다며, 잊히지 않는 삶의 배움을 안겨준 소중한 장면이었다고 말했다. 또한 그렇게 신앙의 모범을 삶과 실천으로 보이신 아버지는 참 배울 점이 많은 분이라며 깊은 존경심을 드러냈다.

애설이 고등학교 1~2학년 때쯤에는 이런 일도 있었다. 교회 고등부 담당 교역자가 수원 어느 교회에서 부흥회를 하는데, 교회 규모가 작다 보니 반주자도 없고 찬양대도 없었다. 그래서 애설이 자기 교회 고등부 학생 몇 명과 부흥회에 참석해서 은혜도 받고 찬양으로 섬기게 되었다. 그런데 이때 밤늦은 시간까지 반주를 맡아서 돕는 바람에 차가 끊겨 애설은 어두운 밤에 혼자 걸어서 집으로 가게 되었다.

딸 가진 부모 심정이 다 그렇겠지만, 김장환 목사도 혹시 사랑하는 딸이 밤늦게 돌아오다가 무슨 문제라도 생길까 염려한 나머지 힘들게 집에 도착한 애설에게 일하는 언니 말만 듣고 불같이 화를 냈다. 애설은 은혜받는 일을 섬기다가 아버지에게 되레 야단만 실컷 맞은 것, 일하는 언니가 잘 모르면서 친구 만나러 나간 것 같다고 아버지에게 잘못 말한 것이 너무 억울했다. 반주로 찬양을 돕고 걸어오는 어두운 골목길에 아버지가 마중을 나오기는커녕 화를 내며 야단만 쳤으니 그럴 만도 하다.

하지만 애설은 그런 억울함은 잠시뿐이고, 어느새 감사함으로 바뀌는 자신을 볼 때가 많다고 말한다. 아버지가 완벽한 사람이 아니라는 사실을 깨달으면서 자식들이 더욱 겸손해지고 인격이 높아지는 계기가 되었기 때문이다.

　김애설 씨는 구순이 넘은 아버지가 점점 늙는 것을 느끼시는지 더 열심히 설교하고 전도하고 전파 선교사를 모집하러 다니시는 것을 보면 아버지를 사랑하는 딸의 입장에서 안쓰러운 생각이 들 때가 많다고 한다. 그래서 이전과는 달리 좀 천천히 쉬면서 건강하게 오래 장수하시길 바라는 마음뿐이다.

수원중앙침례교회

Chapter 09

개척교회에서 대형교회로

김장환 목사의 수원 사랑은 유별날 정도다. 그를 조금이라도 아는 사람이라면 그가 귀국하는 순간부터 현재까지 수원의 지킴이로 살아왔다는 것을 인정할 것이다. 크게 부흥하기 위해서는 사람이 많은 서울에서 개척하라는 권유가 많았지만 김 목사는 한 번도 수원을 떠나지 않았다. 유일한 이유는 가족과 고향 사람들을 전도하기 위해서였다.

김 목사가 미국으로 떠날 당시 작은 읍 소재지에 불과했던 수원은 귀국 당시인 1959년 12월 말까지도 별로 다르지 않았다. 자가용이라고는 단 2대뿐이었던 가난한 도시에서 김 목사는 지금의 수원중앙침례교회를 일궈냈다. 1959년 말, 12명의 교인으로 출발한 교회가 1960년 한 사람이 부임해 목회하는 39년 동안 재적 성도 1만 5천 명의 대형교회로 성장했다면 믿을 수 있을까? 그 주인공이 김장환 목사다. 김 목사는 1960년 1월 1일 수원중앙침례교회 협동목사로 시작해 1966년 1월 1일 담임목사가 되어 2004년 12월 19일 은퇴하고, 40년 가까이 섬긴 교회를 고명진 목사에게 위임한 뒤 원로목사로 명예롭게 추대되었다.

목회를 시작하기 전 김 목사는 우선 수원 시내 교회를 두루 둘러보았다. 그는 8년간 한국을 떠나 있었기 때문에 교계 상황을 전혀 알지 못했다. 유학파들은 대부분 국내에서 신대원을 나오고 부교역자로 있다가 외국에 공부하러 가기 때문에 학위를 받고 귀국해도 교계의 흐름을 잘 알 수밖에 없다. 하지만 김 목사는 경우가 달랐다. 미국에 가기 전에는 신앙생활을 하지 않아 교회에 한 번도 나가본 적이 없었다. 그래서 목사 안수를 받고 귀국했을 때 한국 교계의 돌아가는 상황도 모르고 지인조차 전혀 없는 특이한 케이스였다.

그래서 김 목사는 수원 시내 장로교와 성결교, 감리교 등을 돌아본 뒤 침례교회로는 유일한 수원중앙침례교회에 출석하기로 했다. 침례교가 미국에서는 최대 교단 중 하나지만 한국에서는 교세가 타 교단에 비해 형편없이 약했다. 당시 교회들은 의자가 없이 방석에 앉아서 예배를 드렸는데, 수원중앙침례교회는 건물은 언제 쓰러질지 모를 정도로 낡고 초라했어도 의자가 놓여 있어 그나마 형편이 좀 나았다. 침례교 신자가 많은 미군 부대에서 쓰던 의자를 가져다 놓았기 때문이다.

당시 낮 예배 출석 교인은 10명 내외로 대부분 노인들이었다. 김 목사가 교회에 출석했을 당시 수원중앙침례교회는 나이 들고 건강이 좋지 않아 거동이 불편한 최성업 목사가 담임을 하고 있었다. 최 목사는 낮 예배 설교만 겨우 전하고 저녁에는 강단에 설 수 없는 형편이었다. 그래서 자기 대신 주일 저녁 강단을 맡아 사역해줄 목회자가 필요하던 차에 미국에서 유학을 마치고 온 김 목사가 출석하자 주일 저녁예배와 수요예배 설교는 물론 유년주일학교도 맡아달라고 했다. 김 목사는 개척하기 전까지만 주일예배에 참석할 요량으로 다닌 것인데 담임목사의 부탁에 난감하기 이를 데 없었다.

미국에서 빌리 그레이엄 목사처럼 한 교회에 출석하거나 사역하지 않고 계속 전도여행을 다니며 전도자로서의 경험만 쌓았던 김 목사는 한 교회에 매일 수밖에 없는 목회 사역에는 관심이 없었다. 김 목사가 전도자의 사명을 갖게 된 계기는 밥 존스 고등학교 시절 친구들과 함께 참석한 빌리 그레이엄 전도대회였다. 그는 YFC 대회에서 설교자로 초청된 빌리 그레이엄 목사와 악수를 한 적도 있는데, 그때 빌리 그레이엄 목사 같은 열정적인 복음전도자(Evangelist)가 되기로 결심을 굳혔다.

김 목사는 노인이나 장년층이 아니라 젊은이들을 대상으로 전도하고 집회하는 것을 꿈꾸고 있었지만, 담임목사가 병약해 정상적으로 목회를 할 수 없는 상황에서 거절하기가 쉽지 않았다. 그래서 김 목사는 평소에는 자신이 꿈꿔온 청소년 선교에 집중하되, 수원중앙침례교회에서는 협동목사로서 파트타임 사역을 하기로 결정했다. 그렇게 해서 1960년 1월 1일부터 교회 교역자로서의 사역이 시작되었다.

정해진 예배 시간에는 교회에서 예배와 설교를 맡고, 나머지 시간은 수원 장터를 중심으로 다니면서 노방전도에 주력했다. 미국에선 차를 타고 시골로 찾아갔지만, 우시장은 사람들이 많이 모여서 전도에 최적의 장소였다. 교회의 학생 중창단이 찬양하고 외국인 선교사들이 풍금을 치거나 트롬본을 불면 사람들이 호기심에 모여들었다. 멋진 음악이 있고 푸른 눈의 서양인이 악기를 연주하니 제법 많은 사람이 모였고, 이후에는 김장환 목사가 똑 부러지는 우렁찬 목소리로 설교했다.

이후로 김장환 목사는 수원뿐 아니라 시골 교회나 시골 장터에서도 노방전도를 열심히 했다. 김 목사의 한국말이 서툴러서 처음에는 통역관을 데려가 설교하는 경우가 많았다. 그런데도 전도 활동이 활발히 이루어지니 교회 출석 인원이 조금씩 늘어났다. 무엇보다 최고의 장점은 김 목사 부부에게 영어를 배우고 싶어 하는 학생들이 늘어나 교회가 점차 젊은이들로 많이 채워지기 시작했다는 것이다. 당시 김장환 목사의 최고 무기는 트루디 사모였다. 완벽한 원어민 영어를 구사하는 트루디 사모는 모든 학생의 인기를 독차지했다.

김 목사는 영어 공부를 하고 싶다는 학생들을 집으로 불러 성경과 영어를 가르쳤다. 이때 교재는 영어 성경이었다. 그래서 영어를 배우고 싶은 학생들은 반드시 성경공부를 할 수밖에 없었다. 실제로 지구촌교회 이동원 원로목사는 영어를 성경으로 배울 수밖에 없다 해도 성경 내용은 절대 받아들이지 않기로 작심했던 사람인데, 결국 그도 신자가 되고 대형교회 목사까지 되었다.

1960년 수원중앙침례교회 협동목사로 출발한 김장환 목사는 최성업 담임목사의 거동 자체가 어려워지면서 교회의 다급한 요청에 따라 1966년 1월 1일부로 수원중앙침례교회를 맡았다. 협동목사로 사역한 지 7년 만의 일이었다. 김 목사는 북한에서 월남해 자녀가 없는 최성업 목사가 세상을 떠날 때까지 부모님처럼 잘 모셔서 성도들의 귀감이 되기도 했다.

김 목사는 한국에서는 담임하는 교회가 없으면 목사 취급을 받지 못한다는 사실을 집회를 하며 알게 되었다. 집회에 초청받아 가거나 누구를 만나면 으레 사람들은 어느 교회 담임인지 물었다. 미국에는 교회를 맡지 않고 사역하는 복음전도자가 많은데, 한국은 사역하는 교회가 없으면 미심쩍어하는 경향이 있었다. 그런 문제가 김장환 목사가 예기치 않게 수원중앙침례교회 담임목사 자리를 맡았던 이유 중 하나였다.

정식으로 담임목사가 된 바로 그해에 학생이 200명으로 늘어났으며, 부임 8개월 만에 수원에서 가장 큰 교회로 성장했으니 김 목사가 복음전도뿐 아니라 목회에도 은사가 있었음을 알 수 있다. 당시 수원중앙침례교회에 출석했던 청년 다수는 이후 교회에서 중추적인 역할을 하는 일꾼들로 쓰임을 받았다.

최우선 과제였던 교회 건축

교인 수가 늘어나 교회가 부흥하게 되면서 급선무는 교회 건축이었다. 교회가 낡기도 했지만, 앞으로의 부흥을 위해서는 당시 건물로는 희망이 없었다. 하지만 그때까지는 교세가 아직 크지 않아 재정이 부족해서 새로운 교회를 짓기에는 역부족이었다. 그래도 건축 의지를 가진 교회 집사들이 남침례교 선교국에 도움을 요청해보았지만 돌아온 것은 힘들다는 대답뿐이었다. 김 목사가 국내 침례교 신학교 출신도 아니고, 국내 침례교 단체와 전혀 교류가 없었으니 당연한 일이었다.

그러던 어느 날, 청년회원 두 자매가 자기 아버지를 전도해달라고 부탁했다. 김 목사는 곧바로 수원시청 옆 대서소에서 일을 보고 있던 두 자매의 아버지를 찾아가 30분간 설교를 했다. 그때 설교를 들은 두 자매의 아버지가 충격적인 말을 했다.

"그렇게 좋은 하나님이 왜 교회가 다 쓰러지게 내버려둡니까? 비가 줄줄 새는 교회를 그냥 두는 게 이해가 안 가네요. 나는 그렇게 무관심한 하나님은 믿고 싶지 않습니다."

김 목사가 말문이 막혀 허탈하게 뒤돌아서 나오는데 마치 비수에 찔린 것처럼 가슴이 아팠다. 더 이상 하나님께 욕이 돌아가게 하지 말아야겠다고 작심한 김 목사는 그 자리에서 교회를 짓기 전에는 절대로 심방하지 않겠다고 결심했다. 불신자의 질책 한마디를 하나님의 음성으로 받아들인 김 목사는 교회로 돌아와서 기도한 뒤, 주일 예배 시간에 교회를 건축하겠다고 전격적으로 발표했다. 당시 성인 교인 수가 100여 명밖에 안 되는 교회의 상황으로는 말이 안 되는 충격적 결정이었다.

예배가 끝나자 수석 집사가 김 목사에게 와서 누구와 의논하고 교회 건축을 발표했느냐고 따졌다. 교회를 짓는 일은 사실상 전 교인의 의견을 수렴하고 제직회에서 토의를 거쳐 결정해야 할 문제였다. 그때 김 목사는 이렇게 답변했다.

"하나님과 의논했습니다."

결국 그 말을 들은 수석 집사는 다른 세 명의 집사와 함께 교회를 떠났다. 그런데 그 수석 집사는 김 목사에게 은혜를 입은 사람이었다. 자기 집이 경매에 넘어갈 위기에 처했을 때 김 목사가 대신 돈을 내주었을 정도로 두 사람의 관계는 가까웠다. 배신의 그림자는 가까운 데 있다는 것을 절감한 순간이었다.

그 뒤 모든 교인이 김 목사의 제안에 적극 찬성하고 나섰다. 다 쓰러져가는 교회 건물 상태를 봐서도 그렇고, 장차 부흥을 위해서도 더는 건축을 미룰 수 없다는 데 의견을 모은 것이다. 교회를 짓기로 결정하자 교인들이 성의껏 헌금을 했는데, 그 가운데는 금반지 21개와 시계 11개도 포함되어 있었다. 1960년대 중반만 해도 시계는 현금으로 교환할 수 있는 귀중품이었다. 고맙게도 김 목사가 설교하러 다닌 미군 부대 미군들까지 건축헌금에 적극 동참했다.

이러한 헌금이 밑거름이 되어 1년 만에 낡은 교회를 헐고 600명이 예배드릴 수 있는 2층 규모의 아름다운 새 교회를 건축했다. 보통은 교회 건축을 하면 많지는 않아도 빚을 지기 마련이고, 그래서 교회 건축 후 분란이나 분쟁이 일어나는 경우가 많은데 김 목사의 교회는 그런 일이 없었다. 빚 한 푼 없이 교회를 짓게 해주신 하나님의 은혜에 감격할 따름이었다. 그래서 1970년 5월 바로 헌당예배를 드릴 수 있었다. 뜻이 있는 곳에 길이 있다는 말처럼, 하나님의 뜻을 확신하고 선포한 교회 건축은 마침내 새 교회 봉헌으로 열매를 맺었다.

교회를 건축한 뒤 1년 만에 많이 부흥했고, 3년 뒤 김장환 목사가 빌리 그래함 전도대회에서 통역을 하고 유명해진 이후로는 2부로 예배를 드려야 할 만큼 교인들이 더욱 늘어났다. 그렇게 폭발적으로 모여드는 성도들을 더는 수용할 수 없어 1984년 교회를 다시 건축하게 되었다. 원래 수원중앙침례교회 터는 언덕이었으나 흙을 파내고 정지 작업을 해서 교회를 지었다. 그 후 필요할 때마다 조금씩 증축해서 오늘의 모습을 갖추게 된 것이다. 교회를 증축할 바에 아예 크게 짓자는 의견도 있었지만, 교회나 교인들에게 짐이 될 정도의 과도한 확장은 바람직하지 않다고 생각한 김 목사는 그 의견에 따르지 않았다.

수원중앙침례교회가 지금의 모습을 갖추기까지 크게 헌금을 한 사람은 없었다. 김 목사는 성도들의 형편에 맞게 각자 헌금을 하게 했다. 건축하다가 교인들이 시험 들어 교회에 분쟁이 일어나면 건축하지 않은 것만 못하기 때문에 무리 없이 건축을 진행해서 은혜 가운데 마무리했다. 이 또한 김장환 목사의 철칙이었다.

교회 부흥의 비결

40년간 수원중앙침례교회에서 시무하는 동안 김장환 목사가 항상 가장 중요하게 생각한 것은 바로 전도다. 그런데 새 신자들을 전도해 교인 수가 늘어나면 그들을 제대로 관리하지 못해서 다시 잃어버리는 문제가 발생하기 마련이다. 이에 김 목사는 처음 교회에 나온 새 신자들이 소외되지 않도록 따뜻한 사랑으로 보살펴 잘 정착하게 해주는 소그룹 시스템을 마련했다.

소그룹이 활성화되면 교회 규모가 커져도 새로운 신자들이 소속감을 가지고 신앙생활을 할 수 있게 된다. 김 목사가 40년간 수원중앙침례교회 성도들을 목양하면서 변치 않고 해온 말은 "복음을 전하는 일에 죽도록 충성하라!"였다. 그렇게 교회가 새 신자들에게 각별히 신경 쓰고 4주 프로그램을 통해 결심할 수 있게 훈련시켰다.

김 목사가 담임하고 한창 부흥했을 때 수원중앙침례교회의 교세는 재적성도 1만 5천 명 정도였다. 수원 인구 90만 명 가운데 60분의 1이 수원중앙침례교회 성도일 정도로 크게 성장한 것이다. 그것도 교세가 강한 장로교가 아니라 침례교파였으니 정말 대단한 업적이라 할 수 있다. 물론 김 목사가 선교사역에 신경 쓰지 않고 교회 부흥과 성장에만 신경을 썼더라면 교세는 몇 배나 더 늘었을 것이다.

여의도순복음교회 교회성장연구원 원장 시절 명성훈 목사는 자신의 저서 『부흥뱅크 - 21세기형 초우량 25교회 밀착분석보고서』에서 수원중앙침례교회의 발전 비결을 교단 이미지, 사역 이미지, 목사 이미지에서 성공했기 때문이라고 다음과 같이 분석했다.

첫째, 김 목사는 당시 좋지 않던 침례교 이미지를 개선함으로써 자신의 교회뿐만 아니라 모든 침례교단 소속 교회들의 동반 성장을 도왔다. 20여 년 전만 해도 침례교에 대한 이미지는 매우 부정적이었다. 장로교가 득세하던 시절, 한국에서 침례교회는 이단으로 오해받을 정도로 생소한 교단이었다. '세례'란 말을 애써 '침례'라 고집하는 것만으로도 이단이라는 말을 듣던 상황이었다.

이처럼 천대받던 침례교가 한국 교인들에게 새로운 이미지로 탈바꿈하게 된 결정적 사건은 1973년 빌리 그래함 전도대회였다. 그 후 박정희 대통령 시절에 침례교인이었던 카터 대통령의 방한 역시 침례교의 이미지를 개선하는 데 일조했다. 무엇보다 1990년 침례교 세계대회에서 1만 명에게 침례를 베푼 사건 등은 침례교에 대한 생각을 바꿔놓기에 충분했다.

둘째, 김 목사는 자기 교회에서 활발하게 펼친 교육·봉사·문화 사역을 통해 지역사회에 좋은 이미지를 심어주었다. 보통 교회는 성도들의 영적인 일에만 집중할 뿐 주변 사회에는 별 관심을 기울이지 않는다. 하지만 김 목사는 교회가 불신 세계를 섬기고 봉사하는 일에도 신경을 써야 한다는 것을 잘 알았고, 그런 일을 등한시하지 않았다. 이것이 가까이 사는 수원시민들의 긍정적 반응을 가져온 이유 중 하나다.

셋째, 김 목사의 신실한 인품과 특출한 설교가 성도들은 물론 불신자들에게 영향을 미쳤다. 그는 사람들에게 좋지 않은 시선을 받아온 목사의 이미지 개선에 큰 영향을 미쳤다. 교회가 부흥하고 성장하려면 교인들의 입에서 예수 자랑, 교회 자랑, 목사 자랑이 나와야 한다. 성도들이 자랑하는 교회는 부흥하지 않을 수 없다.

수원중앙침례교회 성도들은 담임목사에 대해 큰 자부심을 가지고 있다. 우선 그의 인간적인 욕심이나 사심이 없는 신실한 인품이 성도들에게 신뢰를 주었다. 아울러 그의 탁월한 설교에 대해서도 성도들은 자랑스러워한다. 김장환 목사는 설교할 때마다 특유의 복음적인 설교로 예배 때마다 구원초청을 통해 불신자의 회심을 유도한 뒤 마지막에 클라이맥스로 끌고 올라가는 강력한 톤의 설교자로 유명하다. 또렷한 발음의 강력한 설교는 사람들의 마음을 집중시키며, 정확한 통계와 감동적 예화를 활용해서 지겨운 설교를 좋아하지 않는 현대 청중의 마음을 열어준다.

넷째, 김 목사의 활발한 교계 활동 또한 목사의 이미지를 긍정적으로 바꾸는 데 큰 공을 세웠다. 특히 대가 없이 전 교계를 대상으로 선한 영향을 미쳐온 극동방송 사장으로 오랜 기간 봉사한 것이 결정적 역할을 했다.

다섯째, 김 목사와 트루디 사모의 유창한 영어 실력이 예수를 믿지 않는 수원시민들에게까지 자랑스러운 인물로 인식시켰다. 미국 유학파가 아니고 영어 실력이 유창하지 않았다면 세계적으로 영향을 끼치는 지도자가 될 수 없었을 것이다. 수원이라는 한 지방의 목회자가 세계적인 목회자가 되었다는 사실에 수원중앙침례교회 성도는 물론 수원시민들조차 자랑스러워할 만했다.

여섯째, 김 목사의 모범적인 부부생활과 자녀 교육 및 교회에 대한 지극한 사랑이 또한 부흥과 성장에 영향을 미쳤다. 미국인과의 국제결혼이라는 핸디캡을 지혜롭게 극복해 자녀들을 훌륭히 키웠고, 자칫 바쁜 교계 활동으로 소홀히 하기 쉬운 교인들에게도 최선을 다해 자상하게 목양하는 모습이 안팎으로 선한 역할을 했다.[66]

한 교회가 부흥하고 성장하는 데는 그만한 이유가 있는 법이다. 수원중앙침례교회가 김장환 목사와 트루디 사모, 이들에게 교육받은 자녀들과 성도들의 모범적인 모습을 통해 수원 지방에서 1만 5천 명에 육박하는 교회로 성장해온 것은 결코 우연한 일이 아니었다.

흡인력 있는 전도자

인구가 가장 많이 밀집되어 있는 수도 서울에도 성도 수가 1만 명이 넘는 교회는 많지 않다. 서울이 아닌 지방에서 1만 명이 넘는 교회로 성장했다면 정말 대단한 일이다. 특히 김장환 목사의 고향 수원은 인구가 많은 도시가 아니어서 교인 1만 명의 교회로 성장하기란 여간해선 쉽지 않다. 하지만 김 목사가 담임으로 재직하는 동안 당시 수원중앙침례교회는 재적 성도 수가 1만 5천 명에 이르고, 매주 1만여 명이 출석하는 교회로 성장했다. 매주 새로 등록하는 신자가 30~40명 정도이고, 외국인은 50여 명이나 되었다.

김 목사는 신유의 은사나 기복적 신앙보다는 성경 중심의 목회를 지향해왔다. 성도들에게도 하나님의 말씀을 강조하고 설교도 철저히 성경 중심으로 해왔다. 또 여느 교회처럼 헌금이나 십일조도 강조하지 않았다. 말씀대로 살고 믿음이 강해지면 자발적으로 감사하게 되어 있어 그렇게 하지 않은 것이다. 이 모두가 밥 존스에 다닐 때 배운 목회 철학에 기초한 것이다.

김 목사가 수원중앙침례교회 담임목사로 목회할 때 함께했던 교인 몇 사람의 이야기를 다음에 소개해본다.

40여 년간 출석해온 수원중앙침례교회 권사들의 말에 따르면, 부임 초기 김장환 목사는 얼굴이 동글동글하고 눈이 반짝반짝하는 아주 귀여운 모습이어서 학생들도 잘 따랐다고 한다. 또 초창기에는 매우 보수적이고 타협이 없었으며, 원칙을 반드시 준수했다고 한다.

그중 한 권사는 자신이 약혼할 때 이야기를 들려주었다. 당시 양장점을 하고 있었는데 늦은 나이에 불신 남성을 만났다고 한다. 약혼하는 날 김 목사에게 축복기도를 받기 위해 신랑 될 사람을 교회에 데리고 갔다. 불신자라는 것을 파악한 김 목사는 전도를 시작했고, 예비 신부는 마룻바닥에 엎드려 열심히 기도했다.

30분간 전도하고 난 뒤 김 목사가 예비 신랑에게 예수를 믿겠느냐고 물었는데, 묵묵부답이었다. 그러자 김 목사는 다시 왜 예수를 믿어야 하는지, 예수님은 어떤 분인지, 예수를 믿으면 어떻게 되는지에 대해 무려 1시간 동안 복음을 전했다. 그래도 그는 요지부동이었다. 예비 신부의 기도는 점점 더 간절해지고, 예비 신랑의 얼굴은 점점 벌게져서 땀이 흐르기 시작했다.

집에선 음식을 장만해놓고 모두 기다리고 있는데, 김 목사는 축복기도를 할 생각도 하지 않고 계속 전도만 했다. 하지만 예비 신랑의 고집도 대단했다. 마침내 김 목사는 믿지 않는 자와 멍에를 매게 해줄 순 없다며 축복기도를 거절했다. 난감해진 예비 신부가 당황해서 어쩔 줄 몰라 하는 동안 두 시간이 흘렀다. 그러자 땀을 비 오듯 흘리던 예비 신랑이 마침내 믿겠다고 대답했다.

약혼 예식 시간을 훨씬 넘기고 양가 가족이 기다리고 있는 지극히 난처한 상황에서 거짓으로 예수를 믿는다고 답할 수도 있는데, 확신이 들 때까지 반응을 보이지 않다가 결국 믿겠다고 대답한 예비 신랑은 신실하고 진실한 남자였다. 또 웬만한 목사 같으면 한 번 권면하고 반응이 없으면 포기한 채 축복기도를 해주고 끝냈을 텐데, 진실된 대답이 나올 때까지 포기하지 않고 끝까지 기다렸다가 믿음의 결실을 보고서야 축복기도를 한 김장환 목사 역시 신실하고 진실한 사람이었다.

그때 그 신랑이 바로 지금 수원중앙침례교회 이명구 장로다. 이 장로는 총각 시절 MBC 기술국에 근무하고 있었는데, 신앙을 가진 뒤로 1973년 아세아방송 기술국장으로 자리를 옮겨 1994년 12월 28일 이사로 정년퇴임을 했다. 안정된 직장을 버리고 방송 선교를 위해 사명감을 가지고 궂은일을 맡아 했던 그의 신앙이 돋보인다. 그의 아내 우경애 권사의 기도와 열정으로 온 가족이 교회에 출석하는 신앙의 가정이 되었음은 물론이다.[67]

만약 그때 김장환 목사가 분위기를 망치지 않으려고 신앙고백도 하지 않은 사람에게 약혼을 위한 축복기도를 해주었다면 이후 그 가정은 어떻게 되었을까? 융통성 없는 목사라 비난하기 전에 목회자로서의 진실한 사명 완수가 얼마나 중요한지를 생각해보게 하는 생생한 실화다.

다음은 믿지 않는 가정에 시집간 또 다른 성도의 이야기다.

김 목사는 성도가 불신 집안에 시집가면 힘들다는 것을 잘 알아서 염려했다. 그런데 결혼하고 보니 그 염려대로 시어머니가 너무 완고해서 교회에 모시고 나갈 자신이 없었다. 이에 김 목사가 한번 해보자며 시어머니를 전도할 요량으로 집을 방문했다. 시어머니는 전도하려고 온 김 목사의 얼굴을 보지 않으려고 돌아앉을 만큼 완고했다. 일주일 뒤, 김 목사는 쇠꼬리를 사 가지고 다시 심방을 가서 전도했다. "하다 하다 안 되니까 쇠꼬리까지 사 왔다"고 말은 하면서도 시어머니는 기분이 나쁘지 않았는지 그다음 주일부터 교회에 출석했다. 쇠꼬리까지 들고 가서 복음을 전할 만큼 세심하고 치밀한 김 목사의 전도 자세를 확인해볼 수 있는 일화다.

  목사가 전도하는 것은 당연한 일이라고 말할지 모르지만, 사실 전도는 교인들이 하고 목사는 새 신자들에게 설교하고 양육하는 역할을 감당하는 것이 일반적이다. 그럼에도 김장환 목사는 전도가 몸에 밴 사람이다. 보통 전도를 하면 사람들이 부담을 느끼며 싫어하는데, 김 목사가 전도하면 다들 좋아한다. 그만큼 김 목사는 보통 사람이 가지지 못한 흡인력을 지닌 전도자라 할 수 있다.

인재 양성의
꿈 실현

Chapter 10

후배 양성에 올인

김장환 목사는 세계침례교연맹(BWA) 수장인 총회장을 5년간 맡았다. 한국 교단의 총회장 임기는 1년인 데 반해 BWA는 총회장에게 5년의 임기가 주어진다. 그 임기를 감당하려면 담임목사 자리를 내려놓아야 한다. 김장환 목사도 총회장 중직을 감당하기 위해 5년 안에 담임 자리를 맡을 적임자가 나타나면 정년을 다 채우지 않고 조기에 은퇴할 생각이었다. 그 대신 그때까지 교회에서 자신의 역할을 부목사들에게 분담시켰다.

처음부터 김 목사는 한 교회의 담임목사보다는 복음전도자의 삶을 살기로 했기 때문에 조속히 후임을 찾아 나섰다. 하지만 합당한 사람이 나타나지 않았다. 당시 김 목사가 담임 후보자로 내세운 조건은 '설교 능력이 있어야 하며, 조직력이 있어야 하고, 대인관계가 좋아야 하며, 겸손하고 순종하는 사람이어야 하며, 어느 정도 학력을 갖춘 사람'이었다.

목회자는 많아도 적임자를 찾기는 하늘의 별 따기와 마찬가지로 어려웠다. 김장환 목사의 후임이었기 때문이다. 적당한 후임자를 찾는 일이 난항에 빠지자 김 목사의 아들 중에서 그 자리를 맡을 것이라는 얘기가 솔솔 흘러나왔다. 그때만 해도 세습에 대한 부정적 비판이 조금씩 나오기 시작할 때였다. 그러자 김 목사는 분명한 어조로 아들에게 세습할 마음이 없다고 말했다. 자식이 후임이 되면 아버지와 비교될 것이고, 또 어릴 때부터 교인들이 보아왔기 때문에 담임목사의 권위가 서지 않을 것을 염려해서였다.

김장환 목사는 모든 공직에서 물러난 뒤 자신이 할 일을 구체적으로 계획했다. 그것은 후진 양성이었다. 교파를 초월해서 유학 갈 만한 실력과 자격을 갖춘 인재가 있으면 김 목사가 추천해서 장학금을 받고 공부할 수 있는 학교로 보내곤 했다. 그렇게 유학 보낸 사람만 200여 명에 달했고, 그들 중 이름만 대면 알 만한 목사가 수두룩하게 배출되었다. 이 또한 김 목사 스스로가 칼 파워스에게 혜택받지 않았다면 있을 수 없는 일이었으니, 하나님의 섭리는 참 신기하고 오묘하다.

어느 날 김 목사는 아들 김요셉 목사에게 이렇게 말했다고 한다.

> 요셉아, 아버지는 그분한테서 하나님의 조건 없는 사랑을 경험했어. 그분의 조건 없는 사랑 덕분에 예수님을 만났고, 미국에서 공부하고 목사가 될 수 있었어. 나는 내가 이런 사람(목사)이 되리라고는 생각하지도 못했지. 보잘것없는 미군 하우스보이를 하나님은 이렇게 인도하셨어. 그래서 나는 너뿐만 아니라 다른 청년들 중에서도 반드시 나와 같이 하나님의 계획하심이 있는 사람이 있을 거라고 생각해. 그래서 그들을 교육시키고 싶단다. 그것이 하나님의 섭리에 쓰임을 받는 또 다른 축복이지…….**68**

타인에게 혜택을 받은 경험이 있는 사람이 세월이 지난 뒤 자신과 같이 혜택을 받아야 할 사람에게 혜택을 주는 사람이 된 것이다. 되로 받은 빚을 말로 갚은 격이다.

김장환 목사처럼 은혜를 알고 갚는 사람이 있는가 하면 감사하는 마음조차 없이 실망시키는 사람도 있고, 은혜 베푼 사람을 힘들게 하는 배은망덕한 사람도 있다. 사람을 골라서 도울 수도 있었겠지만, 김 목사는 그럴 수 없었다. 칼 파워스가 자신에게 해준 걸 생각하면 누가 제2의 빌리가 될지 모르니 그저 끊임없이 나누어주어야만 했다.

아무나 김장환 목사처럼 될 수는 없을 것이다. 하지만 누구든 마음만 먹으면 인재 양성에 소매를 걷어붙이고 돕는 칼 파워스 같은 사람이 될 수는 있다. 김 목사는 이 두 가지를 모두 이룬 영원한 샘플이다.

BWA 총회장 임기가 끝난 뒤 김 목사는 작은 사무실을 내서 먼저 침례교 목사들을 위한 연수를 주선했다. 이것이 자신이 받은 은혜를 베푸는 첫 프로젝트였다. 그는 여름과 겨울에 약 3주 정도 미국 신학대학 연수 프로그램을 만들어 많은 목회자에게 선진 교육의 기회를 제공했다. 모금의 귀재인 그가 BWA 총회장을 역임한 이후로는 주가가 더 높아져 더 많은 인재에게 공부의 길이 열렸다.

김 목사는 수원중앙침례교회에서 사역하다가 독립해 교회를 개척한 후배들과의 인연도 소홀히 하지 않았다. 부교역자로 활동하다가 교회를 개척한 목회자들에게는 형편과 요청에 따라 제직회를 거쳐 얼마간의 후원금을 보내주었다. 목회자 사례비를 지원하기도 하고, 피아노나 오르간을 사주기도 했으며, 종탑을 사주고, 매달 100만 원의 목회활동지원금을 보내기도 했다. 필요에 따라 1억 원이라는 거금을 지원한 경우도 있었다.

김장환 목사가 평소 교역자 회의 때마다 교역자들에게 당부한 것은 바로 성실과 노력이다. 아울러 새벽기도와 철야기도로 영성 훈련을 하고 말씀으로 무장해야 한다는 것도 강조했다. 그것이 김장환 목회의 부흥과 성장의 비결이었기 때문에 교역자라면 반드시 그의 조언을 귀담아들어야 했다.

김 목사가 담임으로 재직할 당시 수원중앙침례교회는 5개 지교회를 개척했고, 22명의 선교사를 파송했으며, 22군데의 미자립교회를 지원했고, 42군데 단체와 기관도 후원했다. 아울러 김 목사는 목회 초기부터 학원 선교와 군 선교 및 교도소 선교에도 큰 관심을 가지고 사역을 주관했다.

꿈의 산실 한국 십대선교회(YFC)

김장환 목사의 은인 칼 파워스가 그랬듯이 김 목사도 청소년에게 관심이 많았다. 오죽하면 청소년 사역에 대한 미련 때문에 수원중앙침례교회 후임을 맡으라는 권유에도 한참 망설일 정도였다. 김 목사는 담임 목회를 하면서도 청소년 선교에 중점을 두고 활발한 사역을 펼쳐나갔다.

그는 한국에선 처음으로 1960년에 '수원 YFC'를 창설하고 한국 YFC 총재를 지내며 수많은 인재를 길러냈다. 이어 1961년 길치수 목사에 의해 서울 YFC가 창설되었다.

YFC(Youth For Christ)는 미국 덴버에 본부를 두고 10대 선교를 목표로 활동하는 국제적인 청소년 선교단체다. 한국 YFC는 '그리스도를 위한 젊은이'라는 의미를 지닌 초교파 국제 청소년 선교단체로 비전은 '각 나라와 족속의 모든 젊은이들에게 복음을 들을 기회를 제공해 예수 그리스도를 따르는 지역 교회 일원이 되도록 하는 것'이다. 또 사명은 '젊은이들에게 예수 그리스도의 인격과 사역 그리고 그의 가르침을 전하고 훈련시켜 지역 교회로 인도하는 책임 있는 전도사역을 감당하는 것'이다. YFC의 핵심 가치는 전도와 제자훈련, 성경과 기도, 교회와 사람 등이다.[69]

YFC는 청소년 범죄율이 급증하고 윤리적 부패와 도덕적 불안이 가중되는 현실에서 예수 그리스도의 복음만이 청소년들을 변화시킬 수 있다는 믿음으로 중·고등학교 선교 운동에 매진하는 건전하고도 유익한 단체다. 한국 YFC는 현재 한국 청소년들을 그리스도를 아는 젊은이로 인도하기 위하여 'Evangelism(전도, 선교)', 'Christian Life(그리스도적 생활)', 'Life Line(선도와 봉사활동)' 등 3대 활동 방향을 세우고 세계 각지에서 활발히 사역을 펼치고 있다.

YFC의 역사는 미국이 대공황을 겪으며 세계가 경제적 침체기를 겪던 1930년대로 거슬러 올라간다. 이때 기독교계의 몇몇 뜻 있는 청소년 지도자들이 방황하는 청소년들을 예수 그리스도의 복음으로 변화시키고 신앙으로 일어설 수 있게 하려고 미국과 캐나다, 영국 등지에서 대규모 청소년 전도대회를 열기 시작한 것이 YFC의 기원이다. 1940년대에 들어서는 이 운동이 더욱 확대되어 세계 여러 곳에서 '그리스도를 위한 젊은이'라는 기치를 들고 크고 작은 집회와 정기 모임이 생겨나기 시작했다. 이러한 청소년 성령 운동을 좀 더 효율적으로 이끌고 나가기 위해 1945년 7월 국제 YFC가 조직돼 처음으로 국제대회가 열리면서 초대 국제 YFC 회장에 토리 존슨(Tory Johnson) 박사가 선출되었다. 본격적으로 활동에 들어간 국제 YFC가 YFC 전임 순회 전도자로 빌리 그레이엄 목사를 임명하면서 YFC 운동은 놀라운 속도로 세계 젊은이들에게 파급되었다.[70]

우리나라에서는 해방 직후 YFC 운동이 교계와 사회 지도자들에 의해 시작되었으나 국가적 혼란으로 잠시 침체기를 겪었다. 그 뒤 1960년경부터 당시 미국에서 귀국한 김장환 목사와 교계 지도자들을 중심으로 YFC가 지역 곳곳에 발족해 1966년에는 전국 10개 지구 대표들이 총회를 열었다. 이 총회에서 김장환 목사가 초대 회장으로 뽑혔고, 한국 YFC 운동은 청소년 사역이라는 외길을 걷기 시작했다.

한국 YFC는 10대들의 찬양과 율동에 대한 갈증을 풀어주는 돌파구를 복음성가 경연대회를 통해 마련하고 있다. TV가 전무하던 1960년대 초반 우리나라 중·고등학생들에겐 쉴 만한 공간도 놀 만한 오락거리도 거의 없었다. 서울은 물론이고 지방 소도시는 더욱 심각했다. 그런 상황에서 YFC는 당시 무료하기만 하던 청소년들에게 신선한 충격을 안겨주었다. 청소년들에게 그들의 음악 달란트를 발산할 수 있는 공간을 마련해주는 것은 대단히 소중한 일이다. 십대들의 탈선을 말하기 전에 그들이 향유할 문화와 놀이공간을 마련하는 일이 급선무인 것처럼 말이다.

김장환 목사는 학생들이 마음껏 활동할 수 있는 넓은 회관이 필요하다고 깨닫고 기독회관 장소와 건물 건립을 서둘렀다. 그래서 1965년 말 안식년 휴가를 얻어 미국으로 모금 집회를 떠났다. 그렇게 모금한 20만 달러로 기독회관 부지 1천 평(3,305m²)을 매입하고 기독회관 건축을 시작했다. 당시 김 목사는 YFC 회원 학생들에게도 아르바이트를 해서 모금에 동참하라고 지시했다. 당시 학생들은 신문을 팔고, 군고구마와 땅콩을 팔고, 벽돌도 나르고, 구두닦이도 해서 모금에 동참했던 그 시절을 회상한다.

그렇게 해서 1976년에 건축된 건평 400평(1,322m²)의 2층 기독회관은 수원중앙침례교회뿐 아니라 수원 시민의 자랑거리였다. 건물 1층에 수원 최초의 실내체육관이 들어섰기 때문이다. 이 기독회관 건립을 통해 수원 YFC의 청소년 전도와 교육 사업을 더욱 활발히 진행해서 수많은 인재를 양육했다.

지구촌교회 이동원 원로목사를 필두로 제일성도교회 황진수 목사, 횃불 트리니티 신학대학원 교목 송용필 목사 등 약 200명에 이르는 소중한 인재가 YFC에서 배출되었다. 수원중앙침례교회 목사 대부분이 YFC 출신이며, 수원 지방에 있는 100여 개 침례교회 목사들도 대부분 YFC 출신이다. 젊은 시절 김장환 목사가 꿈꿨던 국내 청소년 선교가 뿌리를 내리고 꽃을 피운 것이다.

고인이 된 한국대학생선교회(CCC) 총재 김준곤 목사가 "한국에 10대들을 위한 여러 복음 단체가 있었으나 성공한 곳은 YFC 외에는 없다"고 했을 만큼 김 목사가 이룬 업적은 높이 평가할 만하다.[71] 그것은 유학 시절 하나님이 가슴에 심어주신 복음이 있었기에 가능한 일이었다. 그런 점에서 김장환 목사가 설립하고 발전시켜온 YFC 같은 단체들의 새로운 분발과 발전을 바라는 마음 간절하다.

최고의 강해 설교가 이동원 목사

김장환 목사가 YFC 활동을 통해 길러낸 많은 제자 가운데 군계일학은 지구촌교회 이동원 원로목사다. 이 목사는 수년마다 〈국민일보〉와 「목회와 신학」에서 수천 명의 신학생과 목회자들을 대상으로 실시하는 앙케트 조사에서 한국 최고의 설교자 10인 가운데 매번 1위로 선정되는 최고의 설교가로 알려져 있다.

2007년 「목회와 신학」이 전국의 목회자 578명을 대상으로 설문조사를 한 결과 이동원 목사는 '국내 최고의 설교가'(36.1%), '목회자들이 가장 본받고 싶은 설교가'(23.9%)로 선정되었다.[72] 2000년 〈국민일보〉에서 조사한 전국 13개 신학대학원생 2천 명을 대상으로 한 '귀하가 생각하기에 하나님 말씀의 선포, 즉 설교 말씀에 관심이 가는 목회자는 누구입니까?'라는 설문조사에도 1위로 뽑힌 사람이 바로 이동원 목사였다.[73] 그는 65세로 은퇴할 때까지 출간한 설교집과 저서가 200권이 넘을 정도로 베스트셀러 저자이기도 하다. 필자는 2014년 이동원 목사의 칠순을 기념해 그의 설교 내용을 분석한 『이동원 목사의 설교 세계』[74]를 펴낸 바 있다.

이동원 목사는 기독교와는 거리가 먼 집안 배경에서 자랐지만, 초등학교 때부터 성탄절이면 친구 따라 교회도 나가고 연극도 하곤 했다. 그는 조부모뿐 아니라 외증조할머니까지 한집에서 살 만큼 전통적인 대가족의 일원으로 개방적이고 자유스러운 분위기에서 성장했다.[75]

이동원 목사는 자신의 10대 시절을 잔인한 계절로 추억하고 있다. 서울 경복중학교에 입학하던 해에 시청 공무원을 하면서 조그만 사업도 하던 아버지가 실직하고 파산하는 일이 동시에 벌어졌다. 낙심한 아버지는 아무 말 없이 집을 나가 행방불명이 되었고, 가족들은 갈 곳이 없어 수원 팔달산에 한 달 동안 굴을 파고 지냈다.[76]

그는 중학교 때부터 가정교사를 하며 동생 여섯 명과 어머니, 할머니까지 책임지는 가장 역할을 했다. 폐결핵까지 겹쳤으나 공부에 대한 열망을 버리지 못하고 서울대에 응시했다가 낙방한 그는 자살까지 생각할 만큼 심각한 우울증과 열등감에 빠지게 된다.[77] 이 목사가 수원 YFC에 발을 들여놓은 것은 대학 입시에 실패한 직후였다. YFC에 가면 영어를 배울 수 있다는 말에 그냥 한 번 참석했다가 김장환 목사와 인연을 맺게 되었다.

1970년대 초에 김장환 목사는 이동원 목사를 기독봉사회 회장 왈도 예거 장로에게 소개했다. 이 목사는 예거 장로의 집에 머물면서 윌리엄 틴데일 대학(William Tyndale College)에 당시 한국인 최초로 입학해서 열심히 공부한 결과 우등생으로 졸업했고, '그 해의 설교자(Preacher of the Year)'로도 선정되었다. 그는 대학 졸업 후 공부를 계속하기 위해 미국의 유수 신학대학원 몇 군데에 입학원서를 넣어 합격통지서를 받았다. 그러던 어느 날 김장환 목사에게

YFC 간사 사역을 도와달라는 부탁을 받고 대학원 진학을 연기한 채 귀국하게 된다.

이동원 목사는 한국에 돌아오자마자 결혼과 동시에 수원중앙침례교회 부목사, 한국 YFC 총무로 섬기게 된다. 그 뒤 본격적인 사역을 시작한 뒤에는 출석 교인 300명의 서울침례교회에 부임해 불과 4년 만에 2천 명이 넘는 교회로 성장시킨다. 그러다가 미국 워싱턴에 있는 제일한인침례교회(후일 워싱턴 지구촌교회)의 초청을 받고 임지를 옮겨 그곳에서 1983년부터 1993년까지 만 10년 동안 이민 목회를 하게 된다. 이 목사는 그곳에서도 500명의 교인을 2천 명으로 부흥시키는 축복을 누렸다.

그는 목회를 하는 한편 사우스이스턴 침례신학교(Southeastern Baptist Theological Seminary)에서 신학석사 과정을 마치고, 시카고 트리니티 복음주의 신학교에서 선교학 박사학위를 받았다. 1993년 겨울, 이민 교회 사역을 정리하고 한국으로 돌아온 그는 1994년에 지구촌교회를 개척했다. 이 목사는 개척한 지 17년 만에 지구촌교회를 2만여 명에 이르는 대형교회로 성장시킨다.

수원이 고향인 이동원 목사는 김장환 목사가 길러낸 목회자를 거론할 때마다 가장 먼저 꼽히는 인물이다. 이 목사는 자신이 청년들을 좋아하게 된 것도 김장환 목사 덕분이라고 말했다.[78] 청년 시절 독서를 좋아했던 이 목사는 김장환 목사의 서재에 들어가 책을 읽었고, 다 읽지 못한 책은 슬쩍 가져오기도 했다. 그때 그는 김 목사를 통해 지식에 대한 욕구를 많이 충족시킬 수 있었다고 한다.

이 목사는 김장환 목사를 '탁월한 설교자'라고 표현한다. 필자가 분석한 바로는 이동원 목사가 김 목사의 설교에 영향을 받은 것이 몇 가지 있다. 우선 이 목사는 김 목사의 설교 서론에 가장 많은 영향을 받았다. 김 목사는 설교 서론에서 청중의 관심을 포착하고 집중시키는 데 탁월한 재능이 있었다. 그가 설교를 시작하면 외국인들조차 모두 고개를 들고 눈을 반짝이며 경청하곤 했다고 한다.

아울러 김 목사는 설교에서 예화를 자주 사용했는데, 이동원 목사는 그것이 청중에게 깊은 감동을 주는 것을 가까이에서 지켜보았다. 김장환 목사 설교의 또 다른 특징은 암송한 성경 구절의 인용이다. 성경 구절은 그 자체만으로도 능력이 있어서 청중의 가슴을 울렸다.

서론에서 청중과의 강한 접촉점을 마련하고, 감동적인 예화로 사람들의 마음에 감동을 주며, 적절한 성경 구절을 선포함으로써 강력한 설교를 완성하는 김 목사의 특징이 이동원 목사가 한국 최고의 강해 설교자로 자리매김하는 데 적지 않은 도전과 영향을 주었을 것이다.

또 다른 제자 목사들

김장환 목사가 배출한 제자 가운데 두드러지게 활약한 목사들이 몇 사람 더 있다. 그중 한 사람이 서울 신림동에 있는 제일성도교회 황진수 원로목사다. 황 목사는 이동원 목사와 함께 대표적인 김장환 목사의 제자로 꼽힌다. 그는 수원 삼일고등학교에 다닐 때 학생회장을 하면서 수원 기독봉사회 총무, 한국 YFC 서울 대표, 세계 현지협력선교회 회장, 수원시 연합부장을 맡아 일했을 만큼 활동적이고 영향력이 컸다.

황 목사는 4·19 때 학생운동을 하다가 잠시 교도소에 들어간 일이 있는데, 이때 교도소 선교를 누구보다 활발히 했던 김장환 목사가 면회를 와 위로해주면서 오랜 인연이 시작되었다. 그때 불기소 처분으로 풀려난 황 목사는 학교를 자퇴했기 때문에 마땅히 갈 데가 없었다. 그의 딱한 처지를 안 김장환 목사가 인계동 집으로 데려가 7년간 함께 숙식하면서 성경 공부와 영어 공부를 시켰다. 친척도 아닌 사람을 사택에 머물며 생활하게 한다는 것이 여간 어려운 일이 아닌데도 김 목사는 기쁘게 사랑을 베풀었다. 그런 작은 사랑의 배려 하나하나가 쌓여 큰 열매를 맺는다는 것을 김장환 목사의 삶을 통해서 알 수 있다.

수원고등학교로 옮겨 졸업한 황진수 목사는 김장환 목사의 추천으로 한국성서신학교에 진학했다. 그는 7년간 김 목사를 도와 교회, 병원, YFC, 농촌 선교 등 다양한 일을 경험했고, 총신대 신학대학원을 졸업한 뒤 장로교 합동 측 목사가 되었다. 1970년 제일성도교회를 개척해 40년간 담임으로 목회했고, 세계 현지협력선교회 등 여러 단체에서 이사장 및 대표로 활동했다. 황진수 목사는 교계와 해외 선교에 미친 영향이 지대한 인물로 평가된다.

황 목사는 김장환 목사 가정에서 살 때 받은 훈련이 담임 목회에 큰 도움이 되었다고 말한다. 당시 그가 김 목사에게 배운 것은 청년들을 사랑하는 마음이었다. 황 목사가 재직할 당시 제일성도교회의 성도 수는 6천 명 정도였는데, 그중 청년이 천 명 정도 되었다. 젊은 시절 김 목사와 함께 살면서 받은 영향으로 큰 목회를 할 수 있었고, 무엇보다 청년들에 대한 뜨거운 마음이 목회 현장에 그대로 반영되었다는 것을 황 목사의 사역에서 볼 수 있다.

황진수 목사는 김장환 목사를 만난 것이 하나님의 은혜와 섭리이며, 자신의 목회에 부흥의 역사가 크게 나타난 것도 모두 김 목사가 끼친 영향이라고 말한다. 과거 우리나라 지도자들 가운데 김장환 목사 말고는 청년들에 대한 뜨거운 비전과 열망을 가지고 실제로 그들에게 영향을 끼친 사람을 찾아보기 힘들다.

수원중앙침례교회에서 사역한 목회자들 가운데는 유독 YFC 출신들이 많다. 송금섭 목사와 김광호 목사는 YFC에서 김장환 목사를 통해 예수를 믿고 목회자가 된 대표적인 경우다. 송금섭 목사는 중학교 2학년 때인 1962년부터 YFC 집회에 참석했으며, 고등학교 1학년 때부터 YFC 장학금으로 트롬본을 배워 음대에 진학했다.

지금까지 김 목사가 전도해서 키운 인재들 가운데 목회자만 무려 80명이 배출되었다. 놀랄 만한 숫자다. 김장환 목사는 자신을 힘들게 하고 의리를 지키지 않는 이들까지 가리지 않고 모두 도왔다. 그래서 한번은 김요셉 목사가 아버지에게 아무나 돕지 말고 사람을 구별해서 도우라고 말한 적이 있었다. 그때 김장환 목사의 대답은 이랬다.

파워스 씨가 내게 해준 걸 생각하면, 난 누가 제2의 빌리가 될지 모르

겠다. 제2의 빌리를 키우는 것이 나의 소명이 아닌가 생각한다.[79]

그렇다. 김 목사는 하나님의 은혜를 값없이 나누어주는 통로 역할을 맡아 지금까지 그 역할을 잘 수행해왔다. 과거의 빌리가 오늘의 칼 파워스로 재탄생한 셈이다.

빌리 그래함
전도대회에서의 활약

Chapter 11

준비된 대회 강사

1950년 6·25전쟁이 발발했을 당시 미국에 유학을 간 사람이 몇 명이나 될까? 대단한 재력가이거나 막강한 배경이 있는 가정의 자녀들이 일부 갔을지 몰라도 전쟁통에 몇 명이나 유학을 갔겠는가? 그런 상황을 생각할 때 그 당시 가난한 촌 동네에 살았던 장환은 정말 특별한 혜택을 받은 사람이라 할 수 있다. 칼 파워스 상사의 눈에 들어 미국에 가서 8년간 공부하고 학위를 받은 데다가 미국 여자와 결혼해서 돌아왔으니 그 당시에는 정말 드문 경우였을 것이다.

김장환 목사가 미국에서 유학을 마치고 한국에 첫발을 들여놓았을 때, 그를 아는 목회자가 몇이나 되었을까? 아마 별로 없었을 것이다. 미국 침례교단에서 안수를 받고 한국 침례교단과 연결되지 않은 상태에서 귀국했기 때문에 그를 아는 교계 인사가 거의 없었을 것이다. 그런 그가 교파를 초월하고 한국이라는 좁은 울타리를 벗어나 한순간에 전 세계 기독교계에 알려지게 된 계기가 있다.

물론 2000년 7월 5일, 김 목사가 세계침례교연맹(BWA) 총회장으로 취임한 것도 연관이 없지는 않다. 하지만 그가 세계적인 종교 지도자로 급부상한 근본적 계기는 그보다 27년 전인 1973년 5월 30일부터 6월 3일까지 여의도광장에서 개최된 빌리 그래함 전도대회와 깊은 관련이 있다. 연인원 320만 명의 많은 인파가 운집한 초대형 집회로 널리 알려진 그 전도대회에서 김 목사가 세계적 복음전도자인 빌리 그레이엄 목사의 설교를 통역한 이후 그의 이름이 대내외에 급속도로 알려지기 시작했다.

그래서 사람들은 김 목사가 빌리 그래함 전도대회 이후 해외에 강사로 초청받은 것으로 알고 있지만, 사실 김 목사의 해외 사역은 귀국한 지 2년이 안 된 시기부터 이미 시작되었다. 밥 존스 동문들과 미국 교인들이 과거의 빌리 킴을 기억하고 있었기 때문이다. 학창 시절 주말마다 전도대회를 다니며 말씀을 전하다 보니 빌리의 이름이 알려져 있었고, 무엇보다 전쟁 중인 가난한 나라에서 칼 파워스 상사의 도움으로 미국 유학을 왔다는 남다른 간증이 사람들에게 큰 감동을 주었다. 그래서 김장환 목사는 한국으로 돌아와서도 미국 여러 교회에서 부흥집회 강사로 쓰임을 받았고, 전도대회도 열심히 다녔다.

김 목사는 1962년부터 본격적으로 해외 집회를 다니기 시작했는데, 당시 20대의 젊은 나이인 데다 워낙 동안이어서 강사가 아니라 스태프로 오해받는 일이 자주 있었다고 한다. 당시만 해도 해외 집회 강사는 모두 미국이나 유럽 목사들이 주를 이루던 시절이었다. 그런 상황에서 20대의 젊은 아시아인 목사가 집회 강사로 강력하게 쓰임을 받으니 나이 든 유명 강사들은 김 목사를 무척 기특하게 생각하고 사랑했다.

1970년대에 들어서자 하나님은 김장환 목사의 해외 선교 무대를 미국에서 아시아 지역으로 확대시키셨다. 그 결과 1970년 스리랑카의 콜롬보(Colombo)에서 열린 성회와 1972년 9월 일본 도쿄의 히비야 공원(Hibiya Park)에서 개최된 집회 등 많은 집회에 강사로 초청을 받았다.

빌리 그래함 전도대회에서 성공적으로 통역을 했던 김 목사는 1980년대부터 빌리그레이엄전도협회(BGEA) 초청 최고 강사의 자리에 올랐으며, 세계적인 대형 집회 초청 1순위 강사의 대열에도 합류했다. 1973년 빌리 그래함 전도대회에서 통역을 한 이후 대형 집회의 주 강사로 초청받았다는 점에서 이전 활동과 차이가 있었다.

그런데 아무리 미국에 유학 가서 학위를 받고 목사 안수를 받은 인재라 해도 침례교단은 국내에서는 아주 작은 교단에 불과했으며, 또 국내에서 전혀 인맥이 형성되지 않았기 때문에 김장환 목사의 사역에는 한계가 있었다. 그처럼 불리한 여건 가운데서도 하나님은 그를 세계침례교연맹 총회장으로 선출되게 하시고, 빌리 그래함 전도대회의 통역자로 낙점하셔서 단기간에 세계적 인물이 되게 하셨다. 당시 김장환 목사의 집무실에는 세계 각국 기독교 단체에서 보내온 초청장이 쇄도해 해외 집회 스케줄이 3년 뒤까지 꽉 차 있었다.

어려운 결단

김장환 목사가 세계 각국으로 선교 영역을 확장 중이던 1973년 3월, 그의 인생 전체를 뒤바꿀 만큼 큼지막한 제안이 들어왔다. 세계적 복음전도기관 빌리그레이엄전도협회에서 전화로 빌리 그레이엄 목사의 서울 전도대회 때 통역을 맡아달라고 요청한 것이다.

전도대회가 열리기 8개월 전에 이미 빌리 그레이엄의 특별 보좌관이자 국제 전도대회 지휘자인 헨리 홀리(Henry Holly) 목사가 내한해서 대회 준비에 만전을 기했다. 서울에 앞서 부산, 대구, 광주,

대전, 전주, 춘천 등 전국 6대 도시에서 미리 집회를 열어 분위기를 조성할 계획을 세웠다. 그리고 서울 전도대회 시작 석 달 전부터 집집마다 방문해서 대대적으로 홍보를 했다.

빌리 그레이엄 같은 세계적 인물이 주인공으로 등장하는 대형 집회를 개최하기 위해선 철저한 계획과 사전 준비가 필요하다. 장소 선정이나 교통편 짜기, 기타 사항들에 관한 점검이 필수다. 이를 위해서 전도대회 측의 헨리 홀리 목사와 한국 측 대회장인 한경직 목사 등이 많은 수고를 했다.

그런데 대회의 성공적 개최를 위해 가장 중요한 과제는 빌리 그레이엄 목사의 통역을 누구에게 맡기느냐 하는 것이었다. 통역을 잘못 세우면 모든 것을 망칠 수 있기 때문이다. 그런데 그것도 보통 통역이 아니라 세계적인 복음전도자 빌리 그레이엄 목사의 설교를 통역하는 일이었다. 아무리 대회 준비가 철저하고 빌리 그레이엄 목사의 설교가 뛰어나도 통역이 제대로 안 되면 대회의 성공을 확신할 수 없었다. 그래서 빌리 그레이엄 목사의 설교를 가장 그답게 고스란히 전달할 수 있는 통역자가 필요했다.

당시에는 영어와 한국말이 완벽한 통역자를 찾기가 힘들었다. 둘 다 탁월해도 목사여야 했고, 설교 능력도 출중해야 했다. 이에 적합한 목사를 찾는 일을 맡은 사람이 헨리 홀리 목사였다. 그는 여러 경로를 통해 통역자를 추천받았다. 필자가 김장환 목사와의 인터뷰에서 확인한 바로는 한경직, 강신명, 박조준, 조용기, 김의환, 조종남 목사 등이 그 대상이었다. 몇몇 선교사와 한경직 목사는 이들 가운데 김장환 목사를 최적임자로 추천했다.

물론 한국 측 관계자들이 모두 김 목사의 통역을 지지한 것은 아니었다. 하지만 미국 유학파로 영어가 능통한 데다 빌리 그레이엄과 같은 학교 출신이고 같은 침례교단이라는 점, 이미 해외에서 전도자로서의 자질을 쌓았다는 점에서 가장 긍정적인 평가를 받았다. 헨리 홀리 목사는 처음에 한경직 목사에게 통역을 부탁했는데, 연세가 많은 한 목사가 김장환 목사를 적극 추천했다고 한다. 이렇게 김장환 목사를 추천하는 사람들이 많자 그를 한 번도 만난 적이 없는 헨리 홀리 목사는 통역 실력을 직접 확인하고 싶었고, 먼저 자신의 통역을 김 목사에게 맡겨보았다. 테스트를 해보니 완벽 그 자체였다.

그렇게 해서 홀리 목사가 최종적으로 김장환 목사에게 통역을 맡아달라고 연락했는데, 김 목사는 48시간의 말미를 달라고 했다. 아무리 빌리 그레이엄이 대단하다 해도 영어와 한국말이 완벽한 김 목사에게 통역이 그렇게 어려운 일은 아니었다. 그런데 왜 즉답을 못하고 이틀간 기다려달라고 했을까? 알고 보니 섣불리 결정하기 어려운 몇 가지 고민이 있었다.

우선 김 목사의 모교 밥 존스는 빌리 그레이엄 목사와의 교제를 일절 금지하고 있었다. 만일 김 목사가 모교 방침을 어기고 빌리 그레이엄 목사의 통역을 맡았다가는 징계를 받아 졸업생 명단에서 제명될 수 있는 상황이었다. 김 목사가 결정을 더욱 망설인 이유는 자신의 선교를 돕고 후원하는 교회 목사들이 대부분 밥 존스 출신들이어서 후원금까지 끊길 위험이 있었기 때문이다. 학교에서 제명한 사람과 교제한 사람도 제명시킨다는 규칙을 무시하기 어려웠다.

김장환 목사는 그런 상황을 누구보다도 잘 아는 아내에게 조언을 구했다. 그때 트루디 사모의 답은 확실했다. 본국 사람들을 전도하기 위해 그 좋은 환경인 미국을 떠나 한국에 왔는데, 영어와 한국어를 자유자재로 구사하는 능력을 가진 사람이 한국에서 개최되는 집회에서 통역을 거절하면 안 된다는 것이었다. 물론 결정은 김 목사의 의사에 달려 있다고 했다.

김장환 목사는 왈도 예거 장로에게도 의견을 물어보았다. 예거 장로는 그것은 김 목사 자신의 문제이므로 스스로 결정할 사안이라면서, 어떤 결정을 하든 지지하겠다고 힘을 실어주었다. 예거 장로의 말에 고무된 김 목사는 매달 50달러의 선교 후원금을 보내주는 오하이오주 캔턴 침례교회 헨리거 목사에게도 전화해서 조언을 구했다.

헨리거 목사는 김 목사에게 객관적이고도 합리적인 충고를 해주었다. 김 목사가 미국에서 사역하고 있다면 굳이 학교 방침을 어기고 빌리 그레이엄 목사의 통역을 맡을 필요가 없겠지만, 그 일이 한국에서 일어날 일이라면 김 목사가 그 일에 가장 적합한 사람인데 제명이 두려워서 통역을 회피하겠느냐는 것이었다. 그리고 설사 통역을 맡았다는 이유로 학교로부터 제명당한다 해도 자신은 계속 김 목사를 지지할 것이라고 덧붙였다.

이제 선택이 뚜렷해지는 것 같았다. 그런데 마지막으로 조언을 구할 한 사람이 남아 있었다. 바로 최고의 은인 칼 파워스였다. 파워스는 어떻게 대답했을까? 늘 그래왔듯이 그는 "어떤 결정을 하더라도

신뢰하고 기도할 테니, 김 목사가 원하는 일이고 필요한 일이라면 맘대로 하라"고 말해주었다.[80]

이들뿐 아니라 기독봉사회 이사 폴 존슨(Paul Johnson)은 통역을 적극 찬성하는 내용의 편지를 보냈다. 자기가 보기에 이번 집회는 한국에서 있었던 전도대회 중 가장 영향력 있는 집회가 될 텐데, 복음을 전할 수 있는 최고의 기회를 놓치지 말고 반드시 선용해야 한다는 것이었다. 존슨은 만약 그 일로 인해 김 목사가 밥 존스 졸업생 명단에서 삭제되고 후원금이 끊기면 더 많은 후원자가 나타날 것을 확신한다고 용기를 주었다.

이제 결단할 시간이었다. 선택의 여지가 없을 만큼 모두 김장환 목사가 통역을 맡아야 한다고 조언했다. 하지만 최종 결정은 김 목사의 몫이었다. 그는 자신의 선택이 성경 말씀에 기준을 두어야 한다고 보았다.[81]

모교 방침을 어기고 제명되느냐, 아니면 조국 복음화 활성을 위한 통역이냐? 어느 쪽을 선택할 것인가를 깊이 고심하며 기도한 끝에 김 목사는 마침내 그해 3월 31일, 헨리 홀리 목사에게 통역을 맡겠다고 최종 통보했다. 이는 김 목사의 일생에서 가장 힘든 결정 중 하나였다. 여러 지인들의 조언도 있었지만, 무엇보다 그 결정이 성경과 주님으로부터 왔음을 기도를 통해 확신했기에 김장환 목사는 평안한 마음을 가질 수 있었다.

통역을 맡기로 한 선택은 미국 유학을 결단한 것 다음으로 김 목사의 일생에서 중요한 선택이었다. 그리고 그것이 최고의 선택이었음을 이제는 모든 사람이 알고 있다. 만약 당시에 김장환 목사가 통역을 거절해서 다른 이가 맡았다면 어찌 되었을까 상상해본다. 그랬다면 김 목사의 영향력이 지금과 같았을까?

사람이 살다 보면 세 번 정도 큰 기회가 온다고 한다. 그 기회를 잡느냐 놓치느냐는 일생을 좌우할 만큼 중요하다. 김장환 목사는 하나님이 자신에게 주신 중요한 기회를 지혜와 믿음으로 잡았다. 이 또한 그를 향하신 하나님의 역사와 도우심이었다.

역사상 최대 대회

빌리 그래함 전도대회는 한국 기독교 사상 가장 획기적인 대회로 기록되었으며, 김장환 목사의 위상에도 큰 영향력을 끼친 사건이었다.

1973년 5월 30일부터 6월 3일까지 여의도광장에서 열린 빌리 그래함 전도대회는 한국 개신교 부흥에 일대 전환점이 되었다. 5일 동안 연인원 320만 명이 모였으며, 마지막 날 모인 110만 명의 인파는 단일 집회 사상 세계 최고 기록이었다. 서울 대회에 앞서 열린 지방 6대 도시 예배에 참석한 150만 명의 인파를 합쳐 연인원 470만여 명이 모인 빌리 그래함 전도대회는 하나의 기적과도 같았다. 이때 많은 사람이 극동방송과 기독교방송을 통해 빌리 그레이엄 목사의 설교를 들었고, 대회 실황이 비디오와 테이프, LP로 제작돼 더 많은 사람이 그날의 감동을 함께했다.

빌리 그레이엄 목사가 미국과 세계에서 차지하는 영향력은 워낙 지대해서 국영TV에서도 그의 설교를 중계할 정도였다. 그 덕분에 불신자들조차 빌리 그레이엄 목사의 설교를 듣게 되었다. 사실 그들은 빌리 그레이엄 목사의 설교가 아니라 김장환 목사의 설교를 들은 셈이다. 그러므로 빌리 그래함 전도대회 성공의 반은 김장환 목사의 몫이라고 할 만하다.

설교자가 아무리 뛰어난 설교를 한다 해도 통역자가 제대로 전달하지 못하면 효과가 떨어질 수밖에 없다. 하지만 이때 최고의 통역자가 설교자의 내용을 잘 살려서 전하면 그야말로 최고의 영향을 끼치게 된다.

그때 통역 설교를 처음 지켜본 불신자들이 빌리 그레이엄 목사의 설교 한마디가 떨어지자마자 카랑카랑한 음성으로 속사포같이 통역하는 김장환 목사의 모습에 큰 충격을 받았다고 한다. 두 사람이 짜고 하는 것으로 착각할 만큼 김 목사의 통역이 탁월했다는 평가다. 여의도 전도대회는 빌리 그레이엄과 빌리 킴의 환상적인 설교가 어느 때 어느 장소에서보다 빛난 대단한 집회로 지금도 회자되고 있다.

그렇게 전 세계에 소문이 날 만큼 역사적인 빌리 그래함 서울 전도대회는 성공적으로 막을 내렸다. 이 대회가 열릴 수 있게 주도적인 역할을 한 분은 영락교회 한경직 목사였다. 한경직 목사와 빌리 그레이엄 목사의 오랜 인연이 이 대회를 성사시킨 원인이었다. 1952년, 빌리 그레이엄 목사가 미군 전방부대를 방문한 뒤 부산에서 군중 설교를 할 때 한경직 목사가 통역한 적이 있었다. 그 대회에 나타난 영향력을 확인한 한 목사는 1966년 베를린 전도대회(Berlin

Crusade)에서 빌리 그레이엄 목사에게 한국에서도 전도대회를 열자고 제의했다.

1970년 11월, 한경직 목사는 빌리 그레이엄 목사에게 구체적인 초청장을 보냈다. 그 편지를 받은 빌리 그레이엄 목사는 1972년에 가겠다고 약속했는데, 약속한 다음 해인 1973년에야 대회가 성사되었다. 대회가 열리기 전 집회 장소 문제로 고민이 많았다. 여러 곳이 물망에 올랐는데, 국가가 후원하는 행사에만 이용 가능한 여의도광장이 낙점됐다. 이 대회는 행사 자체로도 성공적이었지만, 이후 한국 교회의 대형교회 탄생의 시발점이 되기도 했다.

한국대학생선교회(CCC) 총재 김준곤 목사는 1973년 빌리 그래함 전도대회를 통해 한국 교회에 기도운동, 전도운동, 성령운동이 폭발적으로 일어났다고 진단한 적이 있다. 이듬해인 1974년 '엑스폴로 74'를 주관했던 김 목사는 이러한 대형대회가 동인이 되어 1970년대에 한국 기독교 인구가 400%나 성장하는 결실을 맺었다고 말했다.

이처럼 1970년대는 한국 교회에서 사도행전 같은 성령운동과 부흥운동이 일어난 뜨거운 시기였다. 6·25전쟁을 겪고 경제적으로 가난하고 영적으로 피폐했던 우리 민족이 1970년대에 들어서면서 새로운 꿈과 비전을 갖게 된 것이다.

1973년 빌리 그래함 전도대회를 두고 많은 말이 있지만, 우리 민족을 사랑하시는 하나님의 특별한 은혜의 역사이기도 했고, 빌리 그레이엄 목사와 김장환 목사의 활동 범위가 넓혀지는 계기가 된 전도대회로 평가할 수 있다.

환상의 듀오

1973년, 빌리 그래함 전도대회에서 설교자 빌리 그레이엄과 통역자 빌리 킴이 활약한 당시 설교는 역사상 가장 놀라운 두 사람의 합작품이라는 평가가 있다. 빌리그레이엄전도협회는 한국에서 열린 빌리 그래함 전도대회를 '설교자와 통역자가 가장 하나로 일치된 대표적 집회'로 평가했다. 대회장이었던 한경직 목사가 "두 빌리는 하나의 영(靈)이었다"고 평가할 만큼 빌리 킴의 통역은 출중했다.[82] 그야말로 '환상의 듀오(Fantastic duo)'였다. 하나님께서 그를 미국으로 유학 보내신 것은 이때를 위해서가 아니었을까 할 만큼 TV나 현장에서 김장환 목사의 통역 모습을 지켜본 모든 이들이 감탄했다.

빌리 그레이엄 목사는 쉽고 간결하며 결단을 촉구하는 강력한 설교로 가는 데마다 구름 같은 인파를 불러 모으는 세계적인 복음전도자였다. 그렇기 때문에 미국 대통령들은 취임식 때마다 그를 초청해서 기도를 받고, 위기 상황에는 수시로 전화해서 조언을 구하고 기도를 받곤 했다. 이처럼 미국 대통령들에게도 지대한 영향을 끼치는 거물급 목사가 한국을 방문하자 우리 정부에서도 그를 소홀히 대할 수는 없었다. 사용료를 받지 않고 장소 이용을 허락하는가 하면, 전기 시설이 없는 광장에 전기를 설치하고 5천 개 이상의 간이화장실과 세면실까지 마련하는 등 파격적인 배려를 했다.

그렇게 정부와 한국 기독교계와 빌리그레이엄전도협회가 하나가 되어 5월 30일 저녁 첫날 대회가 개최되었다. 대회 한 시간 전에 여의도광장엔 이미 50만 명의 엄청난 군중이 몰려들었다. 한국 역사상 그렇게 많은 사람이 모인 것은 처음이었다. 그 모습을 본 대회 준비위원들은 모두 얼싸안고 감격의 눈물을 흘렸다. 빌리 그레이엄 목사도 마찬가지였다. 그는 김장환 목사의 귀에 대고 이렇게 말했다고 한다.

"이렇게 많은 인파는 처음입니다. 마음이 떨립니다. 함께 손잡고 기도합시다."

그래서 함께 손잡고 용기를 달라고 하나님께 기도했다. 당시 상황에 대해 김장환 목사는 모든 것이 성령의 역사라고 털어놓았다.

> 성령의 역사지요. 시작하기 전에 나도 떨고 빌리 그레이엄 목사님도 떨었어요. 빌리 그레이엄 목사님은 강단에 서기 전까지 굉장히 두려워하십니다. 그만큼 겸손하신 거지요. 강단에 서야 비로소 메시지가 나오는 분이에요. 그분과 내가 한목소리 한 동작으로 나올 수 있었던 것은 성령의 역사입니다. 그전에 다른 사람들 통역도 많이 했는데 느낌이 달랐어요. 빌리 그레이엄 목사님과 나는 하나라는 느낌이 들었어요. 나만 그렇게 느낀 것이 아니라 빌리 그레이엄 목사님도 그렇게 느꼈어요. 하나님께서 우리나라의 선교를 위해 특별한 계기를 마련하셨고, 거기에 제가 사용되었다는 것이 기쁘죠.[83]

이처럼 설교가 시작되자 어떤 힘이 강하게 솟아나서 설교도 통역도 일사천리로 이루어졌다. 김장환 목사의 성역 25주년을 기념해 펴낸 『김장환 요약 설교』도 당시 상황을 잘 소개하고 있다. 전도대회가 진행되는 동안은 물론 모든 행사가 끝난 이후엔 더욱 많은 질문이 김장환 목사에게 쇄도했다. 가장 많이 쏟아진 질문은 "두 사람이 얼마나 많이 연습했는가?"였다. 두 사람의 진행 과정이 딱딱 맞아떨어졌기 때문에 모두가 철저히 리허설을 하고 나온 것으로 알았다.

통역을 잘하려면 당연히 사전에 통역할 사람의 설교 영상을 여러 차례 보고 목소리와 억양, 제스처, 강약 등을 신경 써서 살피는 것이 기본이다. 하지만 대회 전에 함께 기도하는 것 외에 다른 리허설은 있을 수 없었다. 그날 사용할 예화가 한국 상황에 적합한지 물어서 어울리지 않는다고 하면 다른 예화로 대체하는 경우는 여러 번 있었다. 성령의 감동에 따라 전하기로 한 설교 가운데 두 편은 사뭇 다른 설교이기도 했다. 따라서 김 목사는 기도 외에는 다른 준비 없이 즉석에서 통역해야 했다.

그럼에도 사람들이 빌리 그레이엄 목사가 미리 설교 원고를 김 목사에게 줘서 여러 번 읽고 한국말로 숙지한 뒤 단에 선 것으로 믿을 만큼 김장환 목사의 통역은 완벽했다. 한국말로 설교를 듣는 이들은 김 목사가 설교하고 빌리 그레이엄 목사가 영어로 통역하는 것처럼 느껴질 정도로 두 사람은 혼연일체가 되어 위대한 설교를 시연했다. 빌리 그레이엄 목사의 전기를 쓴 존 폴락(John Pollock)도 같은 증언을 했다.

김장환 목사는 실제로 빌리 그레이엄을 뛰어난 설교자로 인식시켰다. 제스처, 억양, 표현의 강약에 있어 두 사람은 신비로울 정도로 똑같았다. 빌리 그레이엄을 개인적으로도 알며 한국어에 능한 한 선교사는 김장환 목사의 목소리가 빌리 그레이엄의 목소리처럼 들린다고 말했다. 어떤 시청자는 무심코 TV를 켰을 때 김 목사가 설교자이고 빌리 그레이엄이 미국 통역자라고 생각하였다고 전했다.[84]

1973년 빌리 그래함 전도대회 당시 대회 총무를 맡았던 오재경 전 문화공보부 장관은 김장환 목사 없이는 그 집회가 성공할 수 없었으며, 김 목사의 감동적인 통역에 자신도 여러 번 울었다고 했다.[85]

김장환 목사에게 통역을 부탁했던 헨리 홀리 목사는 김 목사가 빌리 그레이엄 목사의 설교를 처음으로 통역하던 순간을 이렇게 표현했다.

마치 손에 장갑을 끼는 것처럼 두 사람은 완전한 일치 속에 움직였다. 참석한 사람들을 위해 빌리 그레이엄이 영어로 말하고 빌리 킴이 한국어로 통역하던 모습은 무척 아름다운 광경이었다. 모든 몸짓과 목소리의 억양은 똑같이 재현되었다. 그것은 하나의 예술 작품이었다. 하나님은 빌리 킴이 빌리 그레이엄의 통역자로서 적임자라는 확신을 주었다.[86]

이것은 인간의 재능이 기초가 되어 일어날 수 있는 일이긴 해도 성령 하나님의 계획과 섭리와 역사가 아니고선 이루어질 수 없는 대사건이 분명하다. 이 전도대회 후에 일어난 한국 교회의 변화와 교회 이미지의 개선, 그리고 그로 인한 한국 교회와 김장환 목사 개교회의 폭발적인 부흥과 성장 등을 볼 때 하나님이 준비하신 최적임자 빌리 킴, 김장환 목사라는 한 사람의 중요성을 새삼 느끼게 된다. 비록 통역이긴 하지만 김장환 목사는 한국 교회의 부흥과 함께 한국 역사상 가장 많은 사람 앞에서 모국어로 복음을 전한 사람으로 두고두고 회자될 것이다.

영웅들의 합창

빌리 그래함 전도대회에 전례 없이 많은 사람이 모여들고, 언론도 연일 여의도광장에서 일어난 기적의 전도대회와 세계적인 부흥사 빌리 그레이엄의 설교를 완벽하게 통역한 김장환 목사 이야기로 도배되었다. 빌리 그레이엄 목사가 대회를 주도한 설교자였지만, 유창한 통역으로 화제가 된 김장환 목사에게 더 많은 관심이 쏟아졌다. 해외 집회를 많이 해서 각국 통역자들을 경험해본 빌리 그레이엄 목사도 김장환 목사의 통역을 역대 최고라고 격찬할 정도였다.

두 사람의 호흡이 완벽하게 일치하자 기자들은 김 목사가 빌리 그레이엄 목사의 설교 원고를 번역해서 암기한 것으로 의심하기도 했다. 당시 수많은 매체가 김장환 목사의 놀라운 통역 실력에 관한 기사로 도배했는데, 가난했던 그의 유년 시절과 극적인 미국 유학 과정까지 소개하면서 독자들에게 큰 감동을 주었다.

1973년 서울 전도대회에서 김장환 목사가 첫날 통역을 하고 난 뒤 일간지 기자들로부터 인터뷰 요청이 쇄도했다. 당연히 빌리 그레이엄 목사를 인터뷰하려는 줄 알고 그는 통역자로서 인터뷰를 돕기 위해 조선호텔 옆 어느 일식집에서 기자들을 만났다. 김 목사는 그 자리에 가서야 인터뷰 대상이 빌리 그레이엄 목사가 아니라 자신이라는 것을 알고는 크게 당황했다고 한다.

기자들의 질문에 일일이 답을 해주고 왔는데, 다음 날 그 내용이 대서특필된 것을 보고는 당혹감을 감출 수 없었다. 한마디로 주객이 전도된 느낌이 들었기 때문이다. 자신은 세계적인 복음주의자인 빌리 그레이엄 목사의 위대한 설교를 통역했을 뿐인데, 그가 받아야 할 찬사와 영광이 자신에게로 돌아오니 의아했던 것이다.

그렇게 빌리 킴의 명성은 집회 이후 최절정에 달했다. 그러던 중 세상을 더 놀라게 하는 사건이 하나 더 일어났다. 대회 마지막 날, 대회장인 한경직 목사가 나와서 대회를 마감하는 인사를 하는데, 그것을 김장환 목사가 영어로 통역한 것이다. 그전까지는 김 목사가 빌리 그레이엄 목사의 영어 설교를 한국말로 통역하는 것만 보았는데, 한경직 목사의 인사를 김 목사가 영어로 통역하자 난리가 났다. 김 목사의 영어 실력을 제대로 확인하는 순간이었기 때문이다. 이후 김 목사를 향한 대중의 관심과 기자들의 인터뷰 요청이 더욱 폭발적으로 증가했다.

이쯤에서 김 목사의 통역 설교에 대해 언급해보자. 당시 영상을 찾아서 여러 차례에 걸쳐 시청해본 필자의 소감을 소개한다.

당시 김장환 목사의 통역은 정말 탁월했다. 마치 한 사람이 설교하듯 두 사람이 혼연일체가 되어 선포한 하나님의 강력한 말씀이 그 많은 청중과 TV 시청자들에게 쏟아지는 듯했다. 얼마나 대단한 설교였는지는 청중과 시청자들의 반응, 그 후 나타난 한국 교회 부흥의 역사만 봐도 알 수 있다.

'자고 일어나니 유명해졌다'는 말처럼 빌리 그레이엄 목사의 설교를 통역하고 난 뒤 김 목사에게 언론 인터뷰가 쇄도했다. 당시까지만 해도 국내에서 김장환 목사의 존재는 미미했는데, 갑자기 통역 한 번 잘해서 일약 스타덤에 오른 것이다.

김 목사와의 인터뷰에서 필자는 평소 궁금했던 내용을 묻고 싶었다. 그것은 '당시 설교를 한 빌리 그레이엄 목사보다 통역을 잘한 김 목사가 더 부각되었는데, 혹시 빌리 그레이엄 목사가 질투하는 모습을 보이진 않았는지?'였다. 하지만 워낙 할 이야기가 많은 김 목사의 인터뷰 진행 속도 때문에 정작 물어보지 못하고 지나갔다.

그 궁금증을 극동방송 선교지를 통해 해소할 수 있었다. 빌리 그레이엄 목사 생전에 그의 손자 로이 그레이엄(Roy Graham)이 할아버지에 대해 인터뷰한 내용이다.

(할아버지는) 올해 96세세요. 연세가 드셔서 건강은 많이 약해지셨지만, 정신력은 갈수록 또렷해지시는 것 같아요. 다시 과거로 돌아가서 집회하고 싶은 곳이 있으시냐고 여쭤보면 늘 '한국'이라고 말씀하십니다. 1973년 당시, 당신(빌리 그레이엄 목사)보다 곁에서 통역하셨던

빌리 킴 목사가 더 설교를 잘하셨다고 회상하세요.[87]

당시 인기 절정에 있던 김 목사가 트루디 사모에게는 이런 말을 했다고 한다.

> 이번 대회는 빌리 그레이엄 목사가 인도한 대회이기 때문에 주인공은 내가 아닌 빌리 그레이엄 목사요. 유명세라는 건 오늘 있다가 내일 없어지는 허망한 건데, 인기를 얻고 유지하려는 건 어리석은 짓이야. 나는 그런 데 소망을 두지 않아요.[88]

당시 김장환 목사가 집회에서 부각돼야 할 사람은 자신이 아니라 빌리 그레이엄 목사라는 사실을 잘 인식하고 있었음을 알 수 있다. 이는 겸손의 의미를 떠나서 100% 틀린 얘기가 아니라는 점에 유의해야 한다.

설교학 교수인 필자가 전문가의 입장에서 객관적으로 냉정하게 분석해보면, 그때 그 자리에 참석했거나 방송으로 설교를 들은 이들은 김장환 목사의 설교만 들은 것은 아니라는 점이다. 물론 당시 그 자리에 모인 청중은 빌리 그레이엄 목사가 하는 말의 내용을 이해할 수 없었으므로 즉각 우리말로 전달하는 김장환 목사의 통역을 통해 은혜를 받은 게 사실이다. 즉, 빌리 그레이엄 목사의 설교가 아무리 좋았다 해도 청중은 김장환 목사가 전하는 통역 설교를 듣고 은혜를 받았다는 말이다.

하지만 그렇다고 해도 사람들이 김장환 목사의 설교만 들은 것은 아니다. 사람들은 불을 토하듯 강력하게 설교하는 빌리 그레이엄 목사의 확신에 찬 진지한 표정과 열정적인 제스처, 그리고 뜨거운 목소리를 현장에서 목격했다. 따라서 빌리 그레이엄이라고 하는 세계적인 설교자가 그 자리에 없었다면 그렇게 강력하고 호소력 있고 감동적인 메시지가 전달될 수는 없었다. 이 점을 간과해서는 안 된다.

통역자가 빌리 그레이엄 목사의 설교를 완벽하게 전달하는 실력자였기에 그의 설교를 100% 살렸다는 것은 모두 인정하는 바다. 하지만 그 또한 빌리 그레이엄이라고 하는 위대한 설교자였기에 그런 효과가 나왔다는 것도 간과하면 안 될 것이다.

평소 김장환 목사의 설교는 젊은 시절에도 통역할 때만큼 강력하고 빠르지는 않았다. 빌리 그레이엄이라고 하는 세계 최고의 확신과 열정을 가진 설교자의 설교를 통역하다 보니 자신도 그 페이스와 강력함의 흐름을 타서 그렇게 전달 속도가 빨라지고 목소리에 더욱 강력한 힘과 열정이 묻어날 수밖에 없었다는 점을 감안해야 한다.

김 목사도 이 점을 결코 간과하지 않았을 것이다. 그래서 그는 빌리 그레이엄 목사에게 돌아가야 할 칭찬과 관심이 통역자인 자기에게 집중되는 현상을 견딜 수 없었다. 그것이 그를 깊은 고민에 빠뜨렸다. 여러모로 궁리한 끝에 김 목사는 영광과 찬사의 자리를 피할 수 있는 최적의 장소를 찾아냈다. 그는 당시 공군병원 박경화 원장에게 전화해서 병실을 하나 마련해달라고 요청했다.

갑작스러운 요청에 화들짝 놀란 박 원장은 곧바로 그 이유를 파악했다. 그러고는 믿을 수 없다는 표정을 지었다. 남들은 유명해지지 못해 안달인데, 매스컴에 계속 화제가 되어 이름을 떨칠 절호의 찬스를 얻은 행운아가 병원으로 피하겠다니 의아하기 짝이 없었다. 하지만 박 원장은 목사가 남에게 돌아가야 할 찬사를 대신 받고 명예욕에 빠지다 보면 사역을 제대로 감당하기 어렵다는 사실을 잘 이해했다. 그래서 두말하지 않고 병실을 내주었다.

그렇게 해서 그동안 분주하게 다니며 사역을 감당했던 김장환 목사는 아주 오랜만에 뜻밖의 장소인 공군병원에서 계획에도 없던 안식을 누리게 되었다. 당시 트루디 사모는 남편이 유명해졌는데도 겸손한 마음을 잃지 않은 데 대해 하나님께 감사했다고 한다.[89]

자신의 설교보다 빌리 킴의 통역 설교가 더 뛰어났다고 칭찬하는 빌리 그레이엄이나, 그분에게 돌아갈 찬사를 자신이 대신 취할 수 없다며 매스컴의 관심을 피해 공군병원에 입원한 빌리 킴이나 모두 한 시대를 풍미한 영웅들이 틀림없다. 예수께서 오병이어 기적을 베푸신 뒤 무리들이 그를 왕으로 삼으려 하자 홀로 산에 올라가서 하나님께 기도하셨다는 성경 말씀(요한복음 6:15)이 퍼뜩 떠오른다. 영웅은 그래야 영웅인가 보다.

밥 존스의 제명 통보와 관계 회복

좋은 소식이 있으면 나쁜 뉴스도 따라오기 마련이다. 빌리 그래함 한국 전도대회가 성공적으로 끝났다는 소식이 알려지자 김 목사의 밥 존스 동창들이 여기저기서 연락을 해왔다. 예상하던 일이 일어난 것이다. 그렇게 친하게 지내며 후원에 앞장섰던 친구들이 김 목사가 보수진영을 떠나 인본주의로 갔다면서 선교비 지원을 중단하겠다고 통보했다.

그 뒤 밥 존스 대학의 총장이던 밥 존스 3세도 김장환 목사에게 제명 소식을 통보했다. 그동안 밥 존스와 가졌던 모든 관계를 부인하고 밥 존스 출신이라는 것을 누구에게도 발설하지 말 것과 미국에 기금 모금을 위해 방문할 때도 밥 존스 대학과 그 출신 목사들의 교회는 포함시키지 말라는 내용이었다.[90] 더 이상 밥 존스의 가족이 아니라고 고지한 것이다. 김 목사에게 처음 믿음을 갖게 한 곳도 밥 존스요, 신학을 가르쳐주고 목사 안수를 받게 한 곳도 밥 존스였다. 그런데 마음의 고향 같은 모교로부터 제명과 교류 단절 통보를 받았으니 매우 고통스러웠을 것이다.

사실 밥 존스가 싫어하는 빌리그레이엄전도협회는 전 세계를 다니며 그리스도의 복음 전파에 모든 역량을 집중하는 단체다. 전도협회 측은 그 성격상 함께 동참하는 이들의 신학 사상을 일일이 점검해서 가릴 수 없는 처지였다. 그래서 인본주의나 해방신학을 추구하는 단체나 목회자들이 다소 포함된 것이 사실이다. 그렇기 때문에 보수주의를 표방하는 밥 존스 재단 측은 빌리그레이엄전도협회와 담을 쌓고 재학생 및 졸업생에게 주의를 요했고, 이를 어길 경우 처벌하는 규정도 만들었다.

밥 존스 3세에게 제명 통보를 받은 김장환 목사는 그 조치에 대해 조목조목 반박하는 내용의 편지를 작성했다. 그 편지에 사과의 말은 일절 언급하지 않았다. 자신의 선택이 옳았다고 믿었기 때문이다. 빌리 그레이엄 목사의 설교에 신학적으로나 성경적인 문제가 없었고, 그 집회를 통해 구원받은 영혼들이 많았고, 한국 교회에 부흥과 성장을 가져왔기에 부끄러움 없이 떳떳했다. 김 목사는 자신이 학교의 명예에 먹칠을 한 것이 아니라 금칠을 했다고 믿는다고 썼다. 하지만 아쉽게도 이 편지는 트루디 사모의 만류로 부치지 못했다.

이후 빌리 킴이라는 이름은 선배인 빌리 그레이엄처럼 동창회 명부에서 삭제되었다. 그리고 밥 존스 대학 명의로 개최되는 어떤 행사에도 초대받지 못했고, 또 밥 존스 동문들과 교류할 수도 없는 처지가 되었다. 학교 몰래 김 목사와의 만남과 지원을 계속하고 싶은 이도 있었지만 들키면 제명당하기 때문에 어쩔 수 없었다.

전도대회가 끝난 뒤 그 사실을 알게 된 빌리 그레이엄 목사는 6월 29일에 편지를 써서 복음 전파를 위해 통역으로 큰 역할을 감당한 김 목사의 수고에 대해 감사의 말을 전하면서, 자기와 연관되어 밥 존스로부터 제명당한 일에 대한 사과와 위로의 말을 전했다. 그리고 7월 27일에는 빌리 그레이엄 목사의 부인 루스 그레이엄도 김장환 부부에게 비슷한 내용의 감사와 위로의 편지를 보냈다.

필자는 김장환 목사와의 인터뷰를 통해 밥 존스 대학 3대 총장이었던 밥 존스 3세와 화해했다는 반가운 소식을 알게 되었다. 2016년 6월 어린이합창단을 이끌고 미국 카네기홀에서 공연했을 때 밥 존스 총장을 초대했는데 예상외로 부부가 참석했으며, 그 이후로 극동 방송에서 모교에 후원금과 학생들을 계속 보내주어 관계가 회복된 상태라고 했다. 처음 듣는 놀라운 이야기였다.

밥 존스 대학 출신이면서도 졸업생 명단에서 제명당한 빌리 그레이엄 목사와 김장환 목사는 모교 못지않게 영향력이 큰 인물이다. 학교 입장에서도 그들을 완전히 무시할 순 없었을 것이다. 더욱이 김장환 목사는 후원금도 보내고 학생들도 보내주었으니 관계를 단절할 이유가 없었을 것이다. 무엇보다 말도 안 되는 이유로 자신을 제명시킨 모교 총장에게 먼저 화해의 손길을 내밀고 후원금과 학생을 계속 보내는 김 목사의 큰마음에 감동을 받았을 것이다. 김장환 목사는 그런 사람이다. 이것이 그를 아는 지인 모두가 그를 좋아하는 이유다.

빌리 그래함 전도대회 이후 밥 존스로부터 제명당한 일 외에는 모든 일이 순조롭게 진행되었다. 공군병원에 입원했다가 일주일 만에 집으로 돌아온 김 목사는 자신이 생각했던 것보다 훨씬 더 유명해졌다는 것을 실감했다. 빌리 그래함 한국 전도대회 장면이 NBC와 ABC TV를 통해 미국 전역에 방송되었기 때문이다. 그 광고 효과가 얼마나 컸던지 빌리 그레이엄 목사의 설교를 있는 그대로 잘 통역한 김장환 목사의 이름도 세계적으로 알려지게 되었다.

이후 김 목사는 일약 유명 인사가 되었으며, 대규모 집회 초청 강사 1순위로 자리매김했다. 미국에서 신학교를 나오게 이끄신 하나님은 시골 수원 출신의 키 작은 하우스보이를 서서히 세계적 인물로 부상시키고 계셨다. 사람이 유명해지면 우쭐하기 마련이다. 그러다가 교만이 엄습해 급기야는 파멸에 이르는 경우를 우리는 자주 보았다. 하지만 이런 염려는 김장환 목사에겐 기우에 불과했다. 자신의 존재와 위치를 누구보다 잘 파악해서 남에게 돌아갈 영광을 가로채는 일을 경계하고 겸손한 자세로 일관한 그를 하나님은 더욱 높이셨다.

"청함을 받았을 때에 차라리 가서 끝자리에 앉으라 그러면 너를 청한 자가 와서 너더러 벗이여 올라앉으라 하리니 그 때에야 함께 앉은 모든 사람 앞에서 영광이 있으리라"(누가복음 14:10)는 말씀이 김장환 목사에게 그대로 입증된 것이다.

두 빌리와 조지 비벌리 시어의 아름다운 해후

1973년 6월 3일 주일 오후, 서울 여의도광장에 모인 110만 명 중 4만 4천여 명이 빌리 그레이엄 목사의 요청에 따라 자리에서 일어나 두 손을 모으고 회개했다. '빌리 그래함 목사 한국 전도대회'의 마지막 집회 순서였다. 그날 설교자였던 빌리 그레이엄 목사와 통역을 담당했던 김장환 목사는 물론 그 자리에 모여서 은혜받은 청중에게는 평생 잊을 수 없는 감동의 시간이었을 것이다.

그 뒤 37년이라는 세월이 흐른 2010년 10월 23일, 미국 노스캐롤라이나주 애슈빌의 몬트리트 칼리지(Montreat College) 채플에서 두 빌리의 감격스러운 해후가 있었다. 그날 두 빌리 외에 또 한 사람의 반가운 인물이 있었는데, 빌리 그래함 한국 전도대회 때 특송을 맡아서 많은 은혜를 끼쳤던 조지 비벌리 시어(George Beverly Shea)다. 조지 비벌리 시어는 빌리 그레이엄 목사와 떼려야 뗄 수 없는 관계였다.

뉴욕에서 호튼 대학(Houghton University)에 다니던 조지 비벌리 시어는 1929년 미국에 불어닥친 경제 한파로 다니던 대학을 그만두고 보험회사에서 일하게 된다. 우연히 방송국 편성부장 프레드 알렌을 알게 되어 NBC 라디오 프로그램에서 '가라 모세!(Go down, Moses)'를 부른 것이 큰 호응을 얻어 고정 출연 요청을 받는다. 생각도 못한 기회가 찾아온 것이다.

얼마 뒤 그는 어머니가 암송하는 시를 듣고 묵상하며 곡조를 붙였다. 그리고 주일 아침에 그 찬양을 불렀다. 그 곡이 바로 우리가 즐겨 부르는 '주 예수보다 더 귀한 것은 없네'라는 찬양이다. 시어는 그 찬양을 부르고는 "긴 시간 동안 주님을 잊고 살았습니다" 하고 고백했다. 그는 주님만이 행복이라는 것을 깨달았다. 며칠 뒤 방송국에서 전화가 왔을 때, 시어는 확신에 찬 목소리로 대답했다.

"죄송합니다. 저는 이제 세상의 부귀영화를 위해 살지 않고 오직 하나님의 영광을 위해 살기로 했습니다. 그리고 하나님이 주신 재능을 주님만을 위해 사용하기로 결심했습니다."

시어는 시카고에 있는 무디의 WMBI 라디오방송국에서 일할 때 빌리 그레이엄을 만났다. 당시 빌리 그레이엄은 휘튼 대학을 졸업하고 웨스턴스프링스 침례교회에서 목회하고 있었다. 1947년, 빌리 그레이엄 목사는 음악 디렉터 클리프 배로스(Cliff Barrows)와 함께 풀타임 부흥집회 사역에 동참해줄 것을 시어에게 요청했다. 빌리 그레이엄보다 10년 연상이었던 시어는 즉시 "함께하겠다"고 응답했다.

빌리 그레이엄 목사는 시어의 노래를 가장 좋아했다. 그는 "시어가 먼저 노래하지 않았다면 복음적인 설교를 하는 게 쉽지 않았을 것"이라며, "시어의 노래는 마음으로 메시지를 받아들이도록 청중을 준비시킨다"고 말했다. 그는 이렇게 덧붙였다.

"60년 이상 우리는 미국과 전 세계에서 함께 사역하는 특권을 누렸다. 시어는 내가 알았던 이들 가운데 가장 겸손하고 친절한 사람이었고, 가장 친한 친구였다."

1973년 여의도에서 개최된 빌리 그래함 전도대회에서도 '주 예수보다 더 귀한 것은 없네'를 비롯해 여러 찬양을 불러서 한국 성도들에게 감동을 주었던 시어는 2013년 4월 16일, 104세를 일기로 하나님 품에 안겼다.

몬트리트 칼리지 채플에서 감격스럽게 해후한 두 빌리와 시어는 감동의 추억으로 남아 있는 37년 전의 여의도 전도대회를 회상하며 함께 걸어온 신앙 여정을 회고했다. 그 자리에서 빌리 그레이엄 목사는 "지금도 한국을 생각하면 깊은 향수에 눈시울이 뜨거워진다"며 "한국 성도들에게 문안한다"고 말했다. 김장환 목사는 "하나님 품에 안길 날이 가까워져 오는 빌리 그레이엄 목사님을 만나 아름다운 시간을 만들고 싶었다"고 말했다.[91]

이날 극동방송 어린이합창단은 빌리 그레이엄 목사와 조지 비벌리 시어에게 '주 예수보다 더 귀한 것은 없네', '주 하나님 지으신 모든 세계' 등을 들려주며 두 사람만을 위한 작은 음악회를 열었다. 세월이 흘러 그날의 세 영웅 중 두 사람은 이미 하늘나라에 가 있다. 세 영웅은 언젠가 천국에서 다시 만나게 될 것이다.

격상된 위치와
사역 확대

Chapter 12

자고 일어나니 유명해졌다

김장환 목사의 인생은 1973년 5월 30일 이전과 이후로 구분할 수 있다. 그만큼 빌리 그래함 전도대회에서의 통역은 한국 기독교의 역사에는 물론 김장환 목사 개인에게도 획기적 전환을 가져온 중요한 계기였다. 기독교 역사상 최대 집회로 방점을 찍은 빌리 그래함 전도대회가 성공적으로 막을 내리자, 김장환 목사의 명성도 전 세계적으로 높아졌다.

1973년 8월, '월드 오브 라이프 캠프(World of Life Camp)' 초청으로 미국에 집회하러 간 김 목사는 이전과는 완전히 달라진 자신의 위상을 피부로 느꼈다. 전해에도 초청받았던 집회인데, 김장환 목사를 맞는 캠프의 자세가 180도 바뀌어 있었다.

김 목사가 서울 전도대회에서 통역하는 모습이 미국 유명 TV에 여러 번 방영되었기 때문에 신기하게도 그를 알아보는 이들이 꽤 있었다. 김 목사가 물건을 사려고 백화점에 들렀는데, 그를 알아본 가게 주인이 너무 반가워하면서 물건값을 받지 않는 일도 있었다. 배우도 아닌데 가는 곳마다 알아보는 사람이 있었고, 초청하는 집회도 늘어만 갔다. 방송 매체의 영향력을 절감하는 순간이었다.

또 이런 일도 있었다. 그해 8월, 미국에서 집회 중인데 갑자기 빌리 그레이엄 목사가 김 목사의 숙소로 전화를 걸어왔다. 김 목사가 그곳에 묵고 있다는 이야기를 전해 들은 빌리 그레이엄 목사가 한국에서 열린 전도대회에서 수고가 많았다는 인사와 함께 다음 해 1월 플로리다에서 열리는 전도협회 팀미팅에 참석해달라고 연락한 것이다. 그런데 전화를 끊고 나니 교환원이 김 목사 방으로 전화를 걸어서 방금 전에 통화한 사람이 정말 빌리 그레이엄 목사가 맞느냐고 물었다. 자신이 그 호텔에 근무하는 동안 많은 강사가 묵었는데, 그렇게 유명한 빌리 그레이엄 목사가 직접 전화해서 연결해달라고 부탁한 것은 처음이라며 놀라워했다.

이후 김장환 목사는 빌리 그레이엄 목사의 요청대로 팀미팅에 참가해 설교도 하는 단골 강사가 되었다. 또 노스캐롤라이나주 산속에 있는 빌리 그레이엄 목사의 사저도 여러 차례 방문했다. 김 목사는 그때 빌리 그레이엄 목사 부부가 아주 검소하게 사는 모습이 인상적이었다고 한다.

그동안 말만 무성할 뿐 확인되지 않은 소문이 하나 있다. 미국 대통령들은 국가적으로 중대 사안이나 위기가 있을 때마다 빌리 그레이엄 목사에게 전화해서 조언과 기도를 받기 때문에 그의 집에 백악관과 직접 연결되는 전화가 있다는 소문 말이다. 김장환 목사를 통해 확인해보니 실제로 그의 집에는 백악관과 연결된 직통 전화가 있었다고 한다.

빌리 그레이엄 목사와 통화하려면 비서를 거쳐야 하는데, 누구나 다 연결되는 것은 아니다. 하지만 빌리 킴이 전화하면 즉시 바꿔주었다. 한번은 김 목사가 빌리 그레이엄 사저에 갔을 때 비서에게 좀 만나게 해달라고 했는데, 당시 빌리 그레이엄 목사의 건강이 좋지 않아 만남이 어려웠다고 한다. 그런데 그때 옆에 있던 딸이 "빌리 킴이 왔다고 하면 아버지가 좋아하실 것"이라면서 만나게 해주어 반갑게 만날 수 있었다. 그 정도로 두 사람은 서울 전도대회 이후 형제처럼 깊고 친밀한 관계가 되었다.

빌리 그래함 전도대회 이후 김장환 목사는 해외의 많은 집회와 국내 전도대회에 주 강사로 초청되었다. 그는 미국을 비롯해 캐나다, 호주, 러시아, 일본, 타이완, 태국, 인도네시아, 말레이시아, 홍콩, 필리핀 등 수많은 나라에서 초청받아 복음을 전했다. 이와 함께 YFC 관련 집회, 아시아 전도자위원회(AEC) 주최 집회 등 해외 집회 일정도 중단 없이 이어갔다. 네덜란드 암스테르담(Amsterdam) 집회에 주 강사로 참여한 김 목사는 이후 미국 남성 신자들을 위한 집회 '프라미스 키퍼스(Promise Keepers)'의 주 강사로도 초청을 받았다.

세계를 눈물로 적신 설교

빌리그레이엄전도협회는 1년 예산만 해도 큰 기업체의 예산 규모와 비교할 만하고 직원도 수백 명인데 단 한 번도 재정문제가 불거지지 않았다. 빌리 그레이엄 목사가 스캔들이 없었을뿐더러 도덕적으로 깨끗한 삶을 몸소 실천했기 때문이다. 그와 같은 반열에 있다가 미끄러진 유명 인사들과 비교해보면 그 가치는 더욱 돋보인다. 1980년대 미국 기독교계를 보면 불행하게도 저명한 TV 전도자 짐 베이커(Jim Bakker) 목사, 지미 스와가트(Jimmy Swaggart) 목사 등이 섹스 스캔들과 배임 및 횡령으로 추락하는 씁쓸한 일이 있었다. 이는 미국 복음주의가 슬럼프에 빠지는 원인이 되기도 했다.

하지만 이들과는 달리 빌리 그레이엄 목사는 인격적 청정성을 모두가 인정하고 찬사를 보내는 모범적 인물로 인정받았다. 돈과 스캔들의 유혹에 취약할 수밖에 없는 유명인의 위치에서 그렇게 청렴하고 순결한 삶을 살기는 어려운 일이다. 저명한 기독교 역사학자 마크 놀(Mark Knoll)이 이를 두고 "프로야구 선수가 한 번도 흐트러지지 않고 3할대를 친 것과 같다"고 표현할 만큼 구별된 삶을 살아온 빌리 그레이엄 목사와 그의 전도협회는 지금까지 복음전도에 혁혁한 공을 끼쳐온 것이 사실이다.[92]

빌리그레이엄전도협회는 그동안 세계 각국의 순회 복음전도자들을 위한 대규모 대회를 다섯 번에 걸쳐 개최했다. 김장환 목사가 이 협회나 대회와 인연을 맺은 것은 하나님의 역사와 인도하심이 아니면 상상할 수 없는 일이었다.

밥 존스 고등학교 시절인 1955년부터 빌리 킴은 빌리 그레이엄 부흥집회에 참석해 전도자의 꿈을 키웠고, 주말이면 전도대회에 나가 간증 설교를 하며 복음을 전했다. 그리고 1973년 빌리 그래함 전도대회 서울 집회에서 빌리 그레이엄 목사의 설교를 통역하며 주 강사로 쓰임받게 된다.

김장환 목사는 1986년과 2000년 암스테르담 집회에 주 강사로 초청되었다. 김 목사에게는 감개무량한 순간이었다. 그도 그럴 것이 소년 빌리 킴에게는 큰바위얼굴 같았던 빌리 그레이엄의 전도협회가 개최하는 대회에 주 강사로 초청받았기 때문이다.

1986년, 국제 순회 복음전도자 대회가 네덜란드 암스테르담에서 열렸다. 대회 첫날 185개국에서 모인 1만 명이 넘는 순회 복음전도자들이 한국의 작은 목사 '빌리 킴'을 주목했다. 한국어 설교보다 영어 설교에서 더욱 빛을 발하는 김장환 목사는 수요일 저녁 1만여 명의 많은 전도자 앞에서 '더 리바이벌 위 니드(The Revival We Need)'라는 제목으로 설교했다.

설교가 끝나자 난리가 났다. 필자와의 인터뷰에서 김장환 목사는 소년 같은 미소를 띤 모습으로 그때 그 감격스러운 장면을 상세히 설명했다. 당시 김 목사가 설교를 끝내고 나오자 참석한 순회 복음 전도자들이 일제히 일어났고, 아예 의자와 책상 위에 올라가서 뜨거운 박수를 보냈다고 한다.

당시 대회에 참가했던 수원중앙침례교회 김진환 목사를 통해 그 감격적인 현장 상황을 자세히 들어보자.

> 설교가 몇 번이나 중단될 정도로 기립 박수가 계속됐어요. 설교가 끝나고도 기립 박수가 그칠 줄 몰랐죠. 사람들이 의자 위에도 올라가고 심지어는 책상 위까지 올라가서 박수를 쳤어요. 사람들이 너무 감격해서 계속 박수를 치니까 그날 사회를 맡았던 빌리 그레이엄 목사님이 나와서 진정하라고 손짓했지만, 사람들이 계속 박수를 쳤지요.
>
> 그렇게 열광했던 것은 아프리카나 동구권에서 온 전도자들이 한국과 같은 부흥을 이루어야겠다는 비전을 받았기 때문이었습니다. 목사님의 설교가 그런 분들에게 큰 도전을 안겨주었습니다. 고통과 고난 속에서도 굴하지 않고 민족이 기도해서 하나님의 축복이 임했다

는 메시지에 모두 은혜를 받았지요. 빌리 그레이엄 목사님이 몇 번이나 제지해도 박수를 멈추지 않으니까 다 같이 기도하자고 제의했고, 그때야 장내가 조용해졌습니다.[93]

박수가 멈추지 않고 계속되자 사회를 맡은 빌리 그레이엄 목사가 나와 제자리에 앉을 것을 요청했지만 소용이 없을 만큼 참석자들의 반응은 열광적이었다. 그날 집회가 끝난 뒤 빌리 그레이엄 목사는 만일 김장환 목사가 설교 후에 앞으로 나오라고 초청했다면 자기도 나갔을 거라고 고백했다. 그만큼 김장환 목사의 설교에 대한 반응은 엄청났다. 그리고 놀라운 사실은 김장환 목사가 그 당시 설교한 내용이 비디오로 녹화돼 설교문과 함께 지금도 미국의 여러 신학교에서 설교학 교과서로 사용된다는 것이다. 한국인으로서 자랑스럽기 그지없는 일이다.[94]

당시 김 목사와 함께 강사로 섰던 설교자 중에는 세계적으로 유명한 존 스토트(John Stott)나 루이스 팔라우(Luis Palau)같이 쟁쟁한 목사들이 있었다. 하지만 김 목사만큼 뜨거운 반응을 얻은 이는 없었다.

필자와의 인터뷰 중에 김장환 목사는 그 이유를 수원중앙침례교회 성도들의 기도 덕으로 돌렸다. 김 목사는 자기 교회 교인들과 지인들 300명이 40일 동안 기도로 협력한 결과라고 말했다. 교회 종탑 쪽 기도실에서 시간을 정해놓고 릴레이 기도를 한 성도들의 수고가 자신의 설교를 강력하게 만든 주된 비결이라는 것이다.

1986년 암스테르담 대회 후 각국 방송사에서 김 목사에게 인터뷰를 요청했다. 스위스의 한 방송사 기자는 스포트라이트를 가장 많이 받은 그에게 하나님이 특별히 사용하시는 것에 대해 어떻게 생각하느냐고 물었다. 그때 김 목사는 자신이 특별한 사람이 아니라 거기에 모인 순회 복음전도자들이 특별한 사람들이며, 자신은 그들을 위해 쓰임받는 도구에 불과하니 자신을 주목하지 말고 그들을 주목하라고 대답했다.

직원의 실수엔 자신도 같이 책임을 지고 영광받을 일은 다른 사람들의 덕으로 돌리는 김장환 목사는 정말 큰 그릇이라는 것을 필자는 인터뷰 때마다 절감했다. 이런 그를 하나님은 그냥 두시지 않았다.

그로부터 15년 뒤 '암스테르담 2000' 대회에도 김 목사는 주 강사로 우뚝 섰다. 이 대회는 전 세계 복음사역자들에게 유용한 경험과 아이디어를 제공하기 위해 개최되었다. 낮에는 각종 세미나와 워크숍이 진행되었으며, 저녁에는 대규모 부흥집회가 열렸다. 김장환 목사는 2000년 대회 21명의 주 강사 가운데 유일한 한국인이었으며, 1986년 대회보다 몰라보게 위상이 높아져 있었다.

주 강사는 대회에서 가장 중요한 시간대인 저녁 집회에서 설교하는 목사를 가리키는 호칭이다. 저녁 집회 설교자로 선정된다는 것은 그 분야에서 정상에 올랐다는 것을 뜻한다. 타고난 친화력과 설교 능력에 겸손까지 겸비한 김장환 목사를 때가 차매 하나님이 우뚝 세우셔서 복음전도에 큰 영향을 발휘하게 하신 것이다.

모스크바에서 열린 청소년 전도대회에서 일어난 기적

김장환 목사는 공산권에 대한 직접적 선교 활동도 기회가 허락되는 대로 감당해왔다. 그 가운데 대표적인 것은 1991년 8월 31일부터 9월 8일까지 모스크바에서 열린 청소년 전도대회에 강사로 참여한 일이다.

국제 십대선교회(YFC) 주최로 열린 이 대회에서 김장환 목사는 모스크바를 중심으로 전역을 순회하며 설교했다. 1990년 8월 서울에서 열린 세계침례교연맹(BWA)에 소련 침례교 대표 160명이 참석한 바 있어 그 대회의 준비위원장이었던 김장환 목사는 소련에서도 뜨거운 환영을 받았다.

이 전도대회에는 운영위원을 비롯해 방송사 관계자 51명이 수행했으며, 미국에서는 대표적으로 짐 그룬이 함께 했다. 그는 국제십대선교회 회장을 역임했고, 극동방송 어린이합창단이 미국 덴버에 공연을 갔을 때 극진히 대접을 해준 사람이다. 대회 합창단은 솔로 스볼로라고 하는 김장환 목사의 밥 존스 선배가 지휘했다. 크렘린궁 앞의 붉은 광장에서 열린 9월 7일 집회에서 김장환 목사는 다음과 같은 메시지를 선포했다.

"하나님은 소련을 사랑하십니다. 세계의 기독교인은 여러분을 사랑합니다. 특히 한국 기독교인은 여러분을 사랑하고 있으며, 여러분을 위해 기도하고 있습니다. 지난 8월 여러분의 반쿠데타 자유 쟁취 투쟁, 맨몸으로 탱크를 막아선 그 용감한 투쟁은 위대했고 하나님이 도우셨음을 믿습니다. 그러나 여러분, 육신의 자유보다도 더 큰 진정한 자유가 있습니다. 그것은 정신적, 영적인 자유입니다. 죄에서 해방되고 영생을 얻는 이 자유는 오직 예수 그리스도를 구주로 믿는 믿음을 통해서만 얻을 수 있습니다. 여러분은 지금 이 자유를 쟁취해야 합니다. 그래야만 이 땅에 완전한 자유가 옵니다. 예수 그리스도를 구주로 영접하겠다고 약속하는 사람은 지금 눈을 감고 기도하는 동안 손을 들고 그 자리에서 일어나십시오. 여러분을 위해 기도하겠습니다."

김 목사의 이 구원 초청에 감동받아 80%나 되는 청중이 일어섰다. 공산주의의 본산인 붉은 광장에서 예수 그리스도의 능력이 증거되는 감동적 장면이자 기적 같은 사건이었다.

이 대회는 극동방송이 수십 년에 걸쳐 이어온 소련 선교의 클라이맥스였다고 할 수 있다. 이 대회에서 사람들은 「바이블 묵상집(Bible Meditation)」이라는 요한복음 쪽복음 성경을 400만 부나 나눠주었다. 당시는 옐친이 막 고르바초프에게 정권을 물려받고, 탱크가 청년 두세 사람을 밀어붙였을 때였다.

김장환 목사는 주일 저녁 모스크바 러시아 침례교회에서 드린 예배에서는 긍휼히 여기는 마음으로 KGB 요원도, 공산당원도 독일이나 미국이나 한국 사람들을 다 용서하라는 메시지를 선포해 참석자들의 마음을 감동시키기도 했다.

특히 당시 러시아 주재 한국 대사였던 공로명 전 외무부 장관의 아내는 남편이 예수님을 믿게 해달라고 기도를 많이 했다. 그런데 마침 이 전도대회에 공 대사가 참석해 김 목사의 설교를 듣고는 예수를 믿기로 결심했다. 김 목사가 "예수 믿을 사람 손 들어보라"고 했을 때 공 대사도 일어나서 손을 든 것이다. 그 이후 그는 한국으로 돌아와 외무부 장관이 되었고, 김 목사의 집에서 저녁식사를 같이할 만큼 친분을 나누게 되었다.

얼마 전 극동방송에서는 공로명 전 외무부 장관에게 바구니 선물을 보냈다. 그 선물을 받고 공 전 장관의 딸이 전화해 "요즘엔 거의 들르는 사람들이 없는데, 기억하고 선물을 보내주셔서 감사하다"고 고마움을 표했다. 권력에서 내려오면 사람들에게 잊히는 게 세상인심인데, 김 목사는 이렇게 한번 맺은 인연은 끝까지 이어가는 모습을 보여준다.

한편, 김 목사는 7월 7일부터 13일까지 모스크바 드루즈비(Druzhby) 실내체육관에서 빌리그레이엄전도협회 주최로 열린 모스크바 국제 전도대회에서는 '한국 교회 성장의 비결'이라는 제목의 설교로 고난을 겪은 소련 성도들에게 위로와 도전과 비전을 전하기도 했다.

섭외 1순위 강사

김장환 목사의 강력한 설교와 영향력은 날이 갈수록 널리 소문이 났고, 해외에서 대형 집회에 그를 1순위로 초청하는 일도 늘어났다. 김 목사는 영어를 원어민처럼 구사했으며, 수많은 청중 앞에서도 강력하게 선포하는 탁월한 설교 능력을 보여주었다.

더욱이 그는 대회를 준비하는 스태프들에게까지 인기가 많았다는 점이 크게 참작되었다. 다정다감하고 외향적인 성격의 김장환 목사는 대회를 준비하는 사람들과도 일일이 인사를 나누고 한국에서 가져간 선물을 나눠주며 감사를 표하곤 했다. 이런 모습은 여느 강사들에게서는 찾아볼 수 없는 김 목사만의 독특한 장점이었다.

김장환 목사는 집회에 초청받은 강사들이 모범으로 배워야 할 원칙을 매우 잘 알고 실행하는 사람이다. 대형 집회에 나서는 목사들 중에는 간혹 그 기회를 자신을 선전하는 계기로 삼는 경우가 있다. 그래서 때때로 규정 시간을 넘기는 불상사가 발생하는데, 그렇게 되면 대회 진행에 차질을 빚을 수밖에 없다. 김장환 목사는 혹시 그런 일이 생기면 자신의 설교 시간을 줄여서라도 원활한 진행을 돕는 매너를 갖춘 지도자였다. 그러니 주최 측에서 김장환 목사를 기꺼이 초청하는 게 당연했다.

담임 목회를 하던 현역 시절 극동방송 사장도 겸했던 김장환 목사는 몸이 열 개라도 당해낼 수 없을 만큼 바쁜 일정을 소화했다. 그런 상황에서 해외 집회 요청까지 있으면 방문 시기를 기점으로 집회가 몰려서 잡힌다. 해외에 도착하면 시차 때문에 힘들기 마련인데, 김 목사의 일정은 숙소에 도착하자마자 시작됐다. 따라서 빠듯한 스케줄에 맞춰 한 주간이고 두 주간이고 연속적으로 집회가 이어졌다.

1970년대 초반, 김 목사는 애틀랜타의 한 침례교회에서 8일 연속 집회를 했다. 집회 도중 조지아주에서 목회하는 빌 셀프(Bill Self) 목사가 자신이 시무하는 애틀랜타 침례교회에 와서 집회를 인도해 달라고 요청했다. 김 목사가 가을에 겨우 1주 정도밖에 여유가 없다고 하자 그때라도 와서 꼭 해달라고 부탁했다. 빌 셀프 목사가 사역하는 침례교회는 3천 명을 수용할 수 있는 규모인데, 부흥회를 해도 성도들이 꽉 차지 않아 8년간 부흥회를 하지 않았다고 했다. 그런데 김장환 목사가 갔을 때는 교회가 차고 넘칠 만큼 사람들이 몰려들었다.

당시 조지아 주지사는 지미 카터(Jimmy Carter)였다. 애틀랜타 침례교회에 출석하는 에너지 장관이 다가오는 대통령 선거에 출마하는 조지아 주지사를 만나서 기도해주는 게 어떻겠느냐고 김 목사에게 제의했다. 김 목사는 그때 지미 카터와 첫 만남을 가지게 된다. 주지사 사무실로 찾아가자 지미 카터는 매우 반갑게 맞아주었다. 김장환 목사가 주지사를 위해 기도한 뒤, 동행했던 김익준 의원이 이번에 출마하면 꼭 대통령이 될 것이라고 하자 지미 카터 주지사는 어린애처럼 좋아했다.[95]

이때 김장환 목사와 지미 카터 주지사의 첫 만남에 대해서 지구촌교회 이동원 원로목사는 이런 이야기를 들려주었다.

> (김장환 목사님은) 언제 어디서라도 사람을 사귈 수 있는 외교적이고 사교적인 성격이죠. 미국에 있을 때 목사님을 마중하러 공항에 간 적이 있어요. 그런데 별 3개를 단 미군과 정답게 얘기를 나누고 계시더군요. 어떻게 되는 사이냐고 물으니까 '지금 만났어' 하시더군요. 조지아주에 갔을 때 설교를 마치고 나서 "주지사가 대통령에 출마한다고 해서 기도해주러 간다!"고 하시더군요. 그 주지사가 바로 지미 카

터이고 그 일을 계기로 친구가 되셨죠. 카터가 미국 대통령이 되었을 때 가장 먼저 김 목사님을 초청했습니다.[96]

그때 그 만남이 없었다면 후에 카터가 대통령에 당선되어 한국을 방문했을 때 추진하려고 했던 주한미군 철수 계획은 아마 그대로 시행되었을 가능성이 높다. 우연히 이루어지는 것 같은 만남이 지나고 보면 모두 하나님의 치밀한 계획 아래 있었음을 알게 된다. 카터 주지사와 김장환 목사의 만남도 그 계획 중 하나였다.

김장환 목사는 매년 1천 달러씩 카터 센터(Carter Center)에 기부하며 인연을 이어갔다. 그가 세계침례교연맹 총회장일 때 2005년 영국 버밍엄(Birmingham)에서 대회를 했는데, 이때 카터 대통령 내외를 초청해 강연도 했고 지금도 심심찮게 편지로 왕래하고 있다.[97] 2018년에는 어린이합창단을 이끌고 카터 대통령이 주일학교 교사로 있는 침례교회에 가서 찬양을 하기도 했다.

김장환 목사만큼 폭넓은 인맥을 가진 이는 찾아보기 힘들다. 김 목사의 인맥이 어떻게 형성되어왔는지 구체적인 실례를 하나 살펴보았다. 누구를 만나든 그 사람을 소중하게 생각하고 매사에 신실함과 성실함으로 대할 때 신뢰가 형성된다. 그렇게 시작된 만남은 더욱 깊고 진한 우정으로 성장한다.

글로벌 리더로의 비상

우리 시대에 좌파나 우파, 영남과 호남, 신과 불신을 막론하고 전

국민에게 잊을 수 없는 감동을 준 순간들이 있다. 1988년 88 서울올림픽 개최와 2002년 한일 월드컵에서 히딩크 감독이 이끈 우리 팀의 4강 진출은 지금도 모든 국민의 마음속에 잊을 수 없는 감동의 순간으로 남아 있다. 이와 흡사하게 김장환 목사와 한국 침례교단은 물론 한국 기독교 역사에도 지울 수 없는 꿈같은 순간이 있었다.

김장환 목사는 1999년 7월, 독일 드레스덴에서 열린 세계침례교연맹(BWA) 실행위원회에서 차기 총회장으로 단독 추대된다. 당시 BWA 상임위원회가 총회장이 되기에 적합한 인물로 내세운 여섯 가지 자격 요건은 첫째, 세계 선교에 비전이 있는 자, 둘째, 성공적인 목회자, 셋째, 기도에 열심이 있는 자, 넷째, 부지런히 섬기는 자, 다섯째, 화합시키는 지도자, 여섯째, 복음적인 설교의 능력자이다. 이 여섯 가지 자격 요건은 하필이면 김장환 목사에게 딱 들어맞는 장점이었다.

그로부터 딱 6개월 뒤인 2000년 1월 9일은 분명 김장환 목사에게 특별한 날이었다.

"Billy Kim is president!(빌리 킴이 총회장에 당선되었습니다.)"[98]

호주 멜버른의 컨벤션센터에서 개최된 제18차 세계침례교대회에서 김장환 목사는 총회장으로 당당히 선출됐다. 당선이 확정 발표되는 순간, 각국에서 모인 상임위원 천여 명의 환호와 함성이 우레같이 울려 퍼졌다. 그동안 주로 미국과 유럽 목사들에게만 주어졌던 세계침례교연맹 총회장 자리가 작은 나라 대한민국의 김장환 목사에게 돌아갔기 때문이다. 이것은 한국 침례교단뿐 아니라 제3세계 목회자들에게도 희망을 준 쾌거였다.

　침례교 역사 이래 미국과 유럽 지역 목사들에게만 주어졌던 총회장 자리가 유색 인종에게 최초로 허용되자 아시아와 제3세계에서 온 목회자들이 백인의 아성을 무너뜨린 개척자에게 더 큰 박수를 보냈다. 대한민국 침례교단에서 총회장으로 선출되어도 큰 영광인데, 전 세계 침례교단 총회장으로 당선되었다는 것은 개인은 물론 한국 기독교 전체의 위상을 높이는 일대 사건이었다.

　김장환 목사에게 개인적으로 이보다 더 감격스러운 순간은 없었을 것이다. 모교인 밥 존스 대학교에서 총학생회장에 당선되었을 때나 빌리 그래함 서울 전도대회 마지막 날 클라이맥스에서 맛보았던 감동까지 되살아나면서 온몸에 전율이 느껴졌다.

　당시 김대중 대통령도 축전을 보내 총회장 당선을 축하했다.

> 21세기를 여는 첫해에 세계침례교연맹 총회장으로 취임하심을 진심으로 축하합니다. 재임기간 동안 전 세계의 평화와 침례교를 통한 기독교 선교와 발전에 크게 이바지하시길 바라며, 하나님의 은혜가 충만하시기를 기원합니다.[99]

　평소 잘 알고 지내던 지미 카터 전 미국 대통령도 축하의 메시지를 보내왔다.

> 세계침례교연맹 총회장으로 취임하신 것을 축하드립니다. 하나님을

위한 귀하의 오랜 봉사가 침례교 총회장 선출이라는 확실하고 적절한 결과를 가져왔습니다.100

이 외에도 수많은 유력 인사들에게서 총회장 당선 축전이 들어왔을 만큼 김 목사의 세계침례교연맹 총회장 취임은 영광스러운 일이었다.

그 영광스러운 순간, 김장환 목사의 뇌리를 스친 몇 분이 있었다. 한 분은 "너, 죽으려면 가거라!" 소리치며 미군 따라가는 것을 처음엔 반대하셨던 어머니. 막내아들을 엄청 예뻐하고 사랑해주셨던 어머니, 바로 그분의 얼굴이 떠올랐다. 그리고 잊을 수 없는 두 사람, 6·25전쟁 때 미군을 따라다니던 하우스보이 장환을 미국까지 데려가서 공부시킨 최고의 은인 칼 파워스, 후원금을 주면서 김 목사를 한국에 선교사로 파송한 왈도 예거 장로의 모습도 스쳐 지나갔다. 이들은 목사가 되고 세계침례교연맹 총회장에 선출되기까지 김장환 목사가 결코 잊을 수 없는 공로자임에 틀림없다.

2000년 7월 5일, 북아메리카 카리브제도의 사회주의 국가 쿠바의 수도 아바나(Havana)는 김장환 목사에게 결코 잊을 수 없는 장소가 되었다. 아바나에서 세계침례교연맹 제19대 총회장으로 꿈같은 취임식을 거행했기 때문이다.

그동안 제3세계 목사들을 만만하게 대해온 미국과 유럽의 목사들이 김장환 총회장을 대하는 태도는 완전히 달라져 있었다. 그전에는 미국에서 같은 언어를 사용하며 함께 공부한 지인인데도 김 목사는 항상 한국이라는 작은 나라의 작은 목사로 차별 대우를 받았다. 그런데 자리가 사람을 만든다고, 총회장이 되고 나자 BWA 고위 간부 목사들까지 김 목사에게 예의를 갖추고 깍듯이 대했다. 미국의 TV와 신문은 물론 캐나다 언론까지 인터뷰를 요청하는 등 그는 갑자기 뉴스메이커로 급부상했다.

그 당시 국내 침례교도는 백만여 명에 불과했지만, 미국에서는 전체 개신교도의 3분의 1인 5천만 명 정도가 침례교도였고, 전 세계의 침례교도는 111개국에 1억 6천만 명이나 되었다. 이렇게 큰 교세를 지닌 침례교의 수장이 된다는 것은 그만큼 세계적으로 영향력이 큰 인물이 된다는 의미였다. 김장환 목사는 세계침례교연맹 총회장 취임식 당일에 쿠바의 피델 카스트로 국가평의회 의장을 만나 성경을 전달하고 환담한 것을 시작으로 총회장 임기 동안 러시아와 우크라이나, 폴란드 등을 방문해 주요 지도자들과 만나 구 소련권 국가들의 종교 자유 및 인권에 관한 문제를 논의했으며, 제3세계 구호 등을 위해 힘쓰는 등 전 세계 침례교회와 한국 교회의 위상을 높였다.

한편, 김장환 목사는 세계침례교연맹 총회장 재임 당시인 2004년 7월 이태섭 전 과학기술처 장관이 회장으로 있던 국제라이온스클럽으로부터 인도주의봉사대상을 수상했다. 이태섭 회장은 매사추세츠 공과대학(MIT)에서 최연소, 최단기 박사학위를 취득한 바 있다. 라이온스 인도주의봉사대상은 1986년에 테레사(Teresa) 수녀와 1996년에 지미 카터 전 미국 대통령 등이 수상한 바 있으며, 국내에서는 김장환 목사가 처음이었다.

역대 대통령 및
유명 인사들과의 관계

Chapter 13

김장환 목사가 인맥이 넓다는 것은 웬만한 기독교인이면 다 아는 얘기다. 하지만 그의 인간관계 폭이 얼마나 넓은지를 제대로 아는 이는 드물다. 필자도 그에 관한 자료들과 그와의 인터뷰를 통해 국내외적으로 김 목사가 끼치는 영향력이 얼마나 큰지를 알고 놀랐다.

김장환 목사처럼 다방면으로 영향력을 끼치는 한국인은 거의 찾아보기 힘들다. 미국에서 공부했기 때문이기도 하지만, 활달하고 순수한 성품으로 그는 국내보다는 국외에서 더 폭넓게 교제를 해왔다. 그동안 김장환 목사가 영향력을 끼쳐온 국내외 대통령, 유명 인사들과의 친분 관계를 하나씩 살펴보려 한다.

박정희 대통령

불안한 출발

박정희 대통령은 대한민국의 제5·6·7·8·9대 대통령을 역임한 인물이다. 그는 역대 대통령 중 인기가 가장 많은 대통령으로 꼽힌다. 유신독재로 인해 그를 좋아하지 않는 이들도 있지만, 한국 경제를 부흥시켰다는 점에서 가장 많은 국민에게 존경받고 있음은 숨길 수 없는 사실이다.

아이러니하게도 박 대통령과 김장환 목사의 관계는 부정적으로 출발했다. 1973년경 김 목사를 시기, 질투하는 사람이 한 명 있었다. 그는 미국에서 공부하고 미국 여성과 결혼해 귀국한 김 목사가 눈엣가시였다. 그래서 "김 목사는 미국 스파이"라고 청와대에 투서한 사건이 벌어진다. 그해 7월경 김장환 목사에 관한 서류를 받은 박 대통령은 그것을 국회의원을 3선이나 했던 김영광 당시 중앙정보부 판기국장에게 보냈다.

박 대통령은 그에게 "아세아방송 사장 김장환 목사라는 사람이 미국 부인을 데리고 사는데, 아무래도 미국이 보낸 스파이인 것 같다는 투서가 들어왔으니 비밀리에 조사해보라"고 지시했다. 투서에 따르면 김 목사는 미국이 심은 스파이로 한국의 정치, 경제, 군사 상황과 대통령의 신임도 등을 정기적으로 조사해서 암암리에 미국으로 보낸다는 것이었다. 또 그가 오산 비행장에서 미 공군기를 타고 미국을 안방처럼 마음대로 들락거린다는 등 구체적인 행적까지 소상히 적혀 있었다.

그 내용을 접한 김 판기국장은 기겁했다. 투서 내용이 사실이라면 매우 심각한 일이었기 때문이다. 당시 김장환 목사는 국내에서 많이 알려지지 않은 상태였다. 그래서 라인을 총동원해 김 목사에 대해 알아보니, 유학을 다녀와서 현재 수원에서 목회하고 있고, 아세아방송 사장을 겸직하고 있으며, 빌리 그래함 전도대회에서 통역해서 유명해진 사람이었다.

김 판기국장은 종교인에다 언론인인 김 목사를 잘못 다루었다가는 문제가 생길까 봐 아랫사람들에게 김 목사에 대해 은밀히 그리고 철저히 조사해보라고 지시했다. 얼마 뒤 조사 결과가 나왔는데, 김장환 목사가 "오산 비행장을 통해 미국을 오간 흔적이 전혀 없고, 사상이 매우 애국적이고 신앙심이 깊은 목회자"라는 내용뿐이었다.

박정희 대통령이 지시했을 때는 분명 김 목사의 부정적인 내용을 찾아서 보고하라는 뜻일 것으로 생각했기 때문에 김 판기국장은 다시 좀 더 세밀한 내사를 지시했다. 그러던 중 수원 출신 국회의원의 보좌관 김OO 씨가 사무실에 심부름을 왔기에 혹시 김장환 목사를 아느냐고 물었는데, 김 목사가 자신과 같은 수원농림중학교 출신이라고 했다. 김 보좌관은 자신도 잘은 모르지만 모두가 김 목사를 성실한 사람이고, 애국심이 강하며, 선교에 열심인 목회자로 좋게 얘기한다고 말했다.

김 목사에 대해 색안경을 끼고 파헤쳐봤지만 조사하면 할수록 부정적인 내용은 티끌만큼도 나오지 않았다. 게다가 같은 학교 후배라고 하니 미안한 마음이 들어 김 판기국장은 김장환 목사를 만나자고 해서 그간의 자초지종을 말해주었다.

그는 박정희 대통령에게 다음과 같은 내용의 최종 내사 결과를 작성해서 올렸다.

> 김장환 목사는 성실한 애국자이자 신앙심이 투철한 목사이며, 미국 대통령에게 지대한 영향력을 끼치고 있는 빌리 그레이엄 목사와 같은 대학을 졸업하고 친분 또한 깊어서 도리어 그를 국가 홍보와 외교에 적극 활용하면 국익에 유익할 것입니다.

김장환 목사와 박정희 대통령의 인연은 그렇게 시작되었다.

민간외교의 시작

김장환 목사의 애국심은 타의 추종을 불허할 정도다. 그에게 나라 사랑하는 마음이 없었다면 인맥 조성도 안 되고 환경도 열악한 한국으로 귀국하는 대신 살기 좋고 편한 미국에서 목회했을 것이다.

1974년, 미국 전역을 돌면서 한 달 가까이 부흥집회를 인도한 김 목사는 미국 내 반한(反韓) 기류가 상당히 강하다는 사실을 알게 된다. 이에 충격을 받은 김 목사는 귀국 후 아세아방송을 통해 미국에 한국과 관련해 나쁜 여론이 많이 조성돼 있어 우려스러우니 기도를 많이 해야 한다고 방송한 적이 있다. 방송을 들은 벽산그룹의 김인득 회장은 나라를 위해 자신이 뭔가 기여해야겠다고 마음먹게 된다.

당시 세계 정세는 한국에 불리하게 돌아가고 있었다. 김일성이 중국을 방문해서 "통일의 적기가 왔으니 도와달라"고 했던 때이기도 하고, 미국이 베트남에서 패색이 매우 짙어 불리한 상황이기도 했다. 설상가상으로 미국 정치권에서는 박정희 군사독재정권이 들어서서 인권을 유린하고 종교를 탄압한다는 이야기가 계속 전해졌다. 그런 이유로 몇몇 강성 반한파 의원들이 국회에서 '한국 군사원조 삭감안'과 '주한미군 철수'를 언급하기 시작했다. 한국 정부가 미국으로부터 막대한 원조를 받아 자국민을 탄압하고 종교도 억압하는 정치를 하고 있다고 생각하니 그럴 만도 했다.

미국의 이런 태도에 다급해진 김인득 회장은 당시 주미 한국대사였던 함병춘 대사에게 연락해서 미국 내의 심상치 않은 반한여론을 타개할 대책을 제시했다. 즉, 국내 유명 인사 몇 사람이 미국에서 반한여론을 가라앉히는 순회강연을 하자는 것이었다.

김인득 회장의 제안에 함 대사는 '굿 아이디어'라고 좋아했다. 더욱이 당시는 한국에서 추방당한 감리교 선교사 조지 오글(George E. Ogle) 목사와 뉴욕시립대 임OO 교수가 미국 CBS 텔레비전 방송 프로그램을 30분 동안 사서 한국 정부의 문제점을 폭로하겠다고 으름장을 놓던 때였다. 물론 CBS 측에서는 고맙게도 한쪽의 일방적 주장만 방송할 수 없으니 굳이 원한다면 반대쪽 인사도 나와서 공평하게 토론식으로 하라면서 함 대사에게 반대쪽 인사를 추천해달라고 연락한 상황이었다.

함병춘 대사는 김인득 회장에게 김장환 목사를 추천하면서 같이 미국을 방문하라고 제의했다. 그때까지만 해도 김인득 회장과 김장환 목사는 절친한 관계가 아니었다. 함 대사를 통해 추천을 받은 김 회장은 김 목사에게 전화해서 함께 미국에 가자고 권했다. 그런데 김 목사는 당연히 가고 싶지만 싱가포르 부흥집회가 잡혀 있어서 가기 힘들다고 대답했다. 그 말을 들은 김인득 회장은 싱가포르 부흥집회도 중요하지만, 국가가 위기 상황이니 집회는 미루고 늦기 전에 같이 가자고 강권했다. 결국 김 목사도 마음을 바꾸어 같이 가겠다 했다.

그렇게 해서 1975년 1월 하순, 김 회장과 김익준 전 유정회 의원 등과 김 목사는 워싱턴 조찬기도회와 제32차 종교방송인 연차대회에 참가해 미국 주요 인사들에게 한국의 실상을 알렸다. 대회 마지막 날 김 목사는 한국에서 40년간 선교사로 활동하다가 안식년을 맞아 미국에서 쉬고 있던 길본(Gilborn) 선교사와 함께 뉴욕 CBS 텔레

비전 존 챈슬러(John Chancellor)의 프로그램에 출연했다.

방송이 시작되자마자 뉴욕시립대 임OO 교수는 "재미동포의 97%가 현 대한민국 정부를 반대한다"는 부정적인 발언을 했다. 이에 김장환 목사는 "LA와 시카고에서 한 달 정도 설교했고, 지난주에는 워싱턴에서 집회를 했는데, 설교를 들은 이들 중 반정부 교민은 97%는커녕 단 3%도 없었다"고 맞받았다.

그러자 오글 목사는 "한국 목사들은 모두 반정부 인물"이라고 열을 올리며 비판했다. 바로 김장환 목사는 "나를 포함한 대부분의 한국 목사들은 순수하게 복음을 전파할 땐, 탄압받지 않습니다. 종교의 자유가 없다면 1973년 320만여 명이 모인 빌리 그래함 전도대회가 어떻게 열릴 수 있었겠습니까? 나는 한국에 복음 방송사를 세우면서 정부의 주요 인사들과 군장성들로부터 적극적인 지원을 받았습니다. 종교의 자유가 없는 나라라면 이게 어떻게 가능하겠습니까?"라며 논리적으로 반박했다.

30분에 걸쳐 진행된 이 프로그램은 미국 전역에 방송되었고, 애국 재미교포들과 반한파 인사들에게 한국의 실상을 치우침 없이 정확히 알리는 계기를 마련해주었다. 당시 미국 트리니티 신학대학에서 유학 중이던 가수 조영남은 김인득 회장의 일대기를 담은 『8만 달러의 우표값 13만 통의 편지』에서 그때 상황을 다음과 같이 소개했다.

미국에 7년간 머무르는 동안 미국 4대 TV에서 한국인에게 긴 시간을 할애하여 크게 방영하는 것을 꼭 두 번 보았습니다. 한 번은 당시의 주미대사인 함병춘 씨가 출연하였을 때였고, 또 한 번은 김장환 목사와 길본 선교사가 출연하여 오글 박사와 대담할 때였습니다. 대담 과정에서 가장 인상적인 장면은 김장환 목사의 논리 정연한 반박에 오글 박사가 말문이 막혀 대꾸를 못하는 장면이었습니다.[101]

TV 대담 그다음 날, 김장환 목사와 김인득 회장은 제럴드 포드(Gerald R. Ford) 대통령이 베푸는 조찬기도회에 참석했고, 저녁에는 워싱턴 근교에 있는 한 미국 침례교회에 초청받아 다시 한국의 실정을 정확히 알렸다. 다음 날은 빌리 그레이엄 목사의 고향 노스캐롤라이나주 살럿에 가서 교포들과 저명인사들을 초청해 '한국의 밤' 행사를 가졌다. 이날 참석자들은 모두 전날 출연한 CBS TV 토론이 매우 성공적이었다고 반가워하며 김 목사에게 고마움을 표시했다.

이후로도 두 사람은 20여 일 동안 반한여론을 잠재우는 강연을 계속했다. 그 당시 북한이 중국과 협조해 남한 침략을 호시탐탐 노리던 상황에서 미국 내에서 조성된 반한여론은 대한민국의 안위에 결코 도움되는 일이 아니었다. 미국의 원조를 받는 상황에서 미국인들에게 박정희 대통령과 한국 정부를 비판해봤자 우리나라에 득이 될 일은 전혀 없었기 때문이다.

따라서 미국 내 부정적인 반한여론을 뒤집는 일에 큰 공을 세운 김인득 회장과 김장환 목사의 애국적 열정과 수고는 우리 대한민국에 더 유익했다고 평가할 수 있다.

자유와 번영은 그냥 얻어지는 것이 아니라 애국심 있는 이들의 땀과 수고와 희생의 결과로 주어진다. 대다수 국민이 모르는 중에도 김인득 회장과 김장환 목사, 그리고 여러 숨은 애국자들의 열정으로 대한민국은 지금까지 공산화되지 않고 자유를 누리는 행복한 나라가 되었다는 것을 잊어서는 안 된다. 하나님은 이렇게 위기 상황에서도 준비된 일꾼들을 사용하셔서 기도와 순교의 피로 선택하신 대한민국을 인도하셨다.

박정희 대통령과의 첫 만남

김장환 목사와 애국자들의 활약은 이후로도 계속된다. 그만큼 당시 미국인들, 특히 미국 정치인들은 한국에 대해 상당히 편향되어 있거나 부정적인 인식을 하고 있었다. 한국인 목사들이 많이 투옥되었다는 오해도 있고, 한국이 무질서한 후진국이라는 오해도 있었다. 김장환 목사는 인터뷰를 통해서 이에 대해 논박했다. 정치적인 견해 차이로 인해 일부 목사가 투옥된 경우가 있긴 하지만, 한국은 종교의 자유를 만끽하는 나라라는 점을 강조했다. 한국 성도들은 신앙생활을 하는 데 누구의 방해도 받지 않으며, 대한민국은 누구에게나 복음을 전할 자유가 있는 나라라는 점을 구체적으로 알렸다.

청교도 국가인 미국에서보다 박정희 대통령이 독재하고 있다고 하는 한국에서 더 방해 없이 자유롭게 복음을 증거할 수 있다고 잘 설명했다. 또 한국은 민주주의 역사가 짧지만 6·25전쟁 이후 10년 동안 믿을 수 없을 만큼 발전한 나라라는 것도 분명히 밝혔다.

아울러 김인득 회장과 김익준 전 유정회 의원은 한국은 세계에서 가장 빠르게 발전하고 있는 나라이며, 휴전 이후로 북한이 남한을 분열시키기 위해 무려 3만 번에 가까운 침투 시도를 할 만큼 특수한 상황에 있다는 것을 알렸다. 그리고 주한미군 철수는 곧 북한에 의한 적화를 의미한다는 것을 강조했다.

이러한 활약과 노고를 가장 크게 고마워해야 할 사람은 바로 박정희 대통령이었다. 김장환 목사가 미국에 다녀온 뒤, 신직수 중앙정보부 부장이 박정희 대통령이 고맙게 생각하고 있다는 말을 전했다. 이에 김 목사는 개인적으로 박정희 대통령을 만나고 싶다는 뜻을 밝혔다. 며칠 뒤, 신 부장이 오찬을 함께 하자는 박 대통령의 뜻을 전달했다.

김장환 목사는 신 부장에게 당연히 함께 수고한 김익준 의원도 동행하게 해달라고 부탁했다. 그렇게 해서 마침내 박정희 대통령과의 생애 첫 만남이 이루어졌다. 청와대 식당에서 점심으로 닭튀김을 내놓았는데, 박 대통령은 김 의원이 작성한 미국 방문 보고서를 읽느라 식사를 하지 않았다. 그래서 두 사람도 덩달아 식사를 제대로 하지 못했다. 김 의원은 박 대통령에게 그동안 자신들이 미국에서 행한 일과 그에 대한 미국인들 및 정치인들의 분위기와 교민들의 반응 등에 대해 보고했고, 박 대통령은 귀를 기울이고 진지하게 들었다. 식사에는 관심 없이 국가의 중대 사안에 몰두해 있는 대통령의 마음이 두 사람의 가슴에 와닿는 순간이었다.

박정희 대통령은 그날 김장환 목사에게 감사를 표하면서, 자신은 목사들을 존중하는데 목사들은 왜 자기를 반대하는지 모르겠다며 섭섭한 마음을 드러냈다. 이에 김장환 목사는 그 자리에서 박정희 대통령을 위해 기도하겠다고 제의했고, 두 사람은 손을 맞잡고 기도했다. 나라를 사랑하는 애국자 목사가 자신을 위해 기도해주겠다는데 싫어할 사람이 어디 있겠는가. 김 목사의 기도가 끝나자 박 대통령은 큰 소리로 "아멘!" 하고 몹시 흡족해했다.

김장환 목사는 과거에 박정희 대통령의 부인이자 박근혜 대통령의 모친인 육영수 여사와의 만남도 기억하고 있다. 육 여사의 첫인상이 매우 기품 있고 훌륭해 보여서 박 대통령이 장가를 잘 갔다고 생각했다고 한다.

카터의 미군 감축을 막은 주역

지미 카터 대통령은 1976년 미합중국 제39대 대통령으로 당선되었다. 대통령 후보 시절 주한미군 철수를 공약으로 내걸었던 그가 당선되자 한국 정부는 초상집 분위기였다. 더욱이 카터 대통령은 인권탄압에 대한 부정적 소문을 듣고 박정희 대통령에 대해 좋지 않은 선입견이 있었다.

그 당시 분위기는 취임 후 여러 가지 정황을 자세히 파악한 카터 대통령이 한국에서의 미군 철수 계획을 감축 계획으로 변경한 것을 다행스럽게 생각해야 할 정도였다. 물론 카터 대통령은 미국이 국방비를 줄이는 대신 한국이 국방비를 더 많이 부담해야 한다는 원칙은 여전히 고수하고 있었다.

카터 대통령은 우리 정부의 초청으로 1979년 6월 한국을 방문해

두 차례의 정상회담을 가졌다. 카터 대통령과 박 대통령은 6월 30일에 청와대에서 열린 단독 정상회담 자리에서 주한미군 철수 문제와 한국의 인권 상황을 놓고 격하게 설전을 주고받았다. 주한미군 철수 공약을 어떤 식으로든 이행하겠다는 의지를 내보인 카터 대통령과 북한이 군사적 우위를 보이는 상황에서 주한미군의 핵심 전력을 섣불리 빼서는 안 된다는 박 대통령의 논쟁은 살얼음판 같았던 당시의 한미 관계를 상징적으로 보여준다.

필자는 한미 정상회담 역사상 최악으로 평가되는 1979년 당시 카터 대통령과 박정희 대통령의 정상회담 대화록을 샅샅이 읽어보았다. 회담 중 카터 대통령은 심각한 인권 문제를 지적했다. 그는 박 대통령이 군사쿠데타로 정권을 장악한 일부터 마음에 들지 않았는데, 긴급조치 9호를 통해 사람들을 잡아 가두고 종교 지도자들을 핍박한다는 선입견이 있어서 1차 정상회담 분위기는 아주 좋지 않았다.

카터 대통령은 박 대통령 면전에서 속히 긴급조치 9호를 철회하고 재소자들을 가능한 한 많이 석방하라고 요구했다. 그때 박 대통령은 북한 같은 나라로부터 안보를 위협받는 한국과 안보를 위협받지 않는 미국의 상황은 같지 않다며, 만일 미국에도 소련군이 땅굴을 파고 간첩들을 보낸다면 지금과 같은 자유를 보장할 수 없을 것이라고 맞섰다.[102]

김장환 목사는 이런 상황을 미리 예감하고 두 사람의 정상회담에 앞서 1979년 1월 미국을 방문해 카터 대통령을 만났다. 그리고 4월에는 김연준 한양대 이사장과 함께 미국에 가서 간호사로 오래 봉사한 카터의 어머니 릴리안 카터(Lillian Carter) 여사에게 명예박사학위를 수여함으로써 카터 대통령의 마음을 누그러뜨리려 했다. 이는 주한미군 철수를 막는 일에 보탬이 되기 위해 사전에 계획된 고도의 전략이었다.

카터 대통령과 박정희 대통령이 1차 정상회담을 한 1979년 6월 30일 저녁, 청와대에서 리셉션이 열렸다. 그 자리에는 국내 유명 인사 300여 명이 함께 자리하고 있었다. 양국 정상이 참석자들과 악수를 나눌 때 모두의 눈길을 끄는 장면이 연출되었다. 참석자들과 악수를 나누던 중 카터 대통령의 부인 로잘린 카터(Rosalynn Carter) 여사가 김장환 목사 차례가 되자 악수 대신 포옹을 해서 화제가 된 것이다.

다음 날 아침, 카터 대통령은 주일예배를 드리기 전 한국의 종교 지도자들을 만나고 싶다고 요청했고, 김수환 추기경과 한경직 목사를 비롯한 개신교 교단 대표들이 미 대사관저로 모였다. 그 자리에서 카터 대통령은 참석자들에게 김장환 목사를 '마이 프렌드 빌리 킴'이라고 소개해 다시 한번 사람들을 놀라게 했다.

대화가 끝난 후 종교 지도자들이 돌아가려 할 때 카터 대통령은 김장환 목사를 안으로 들어오게 했다. 그러고는 함께 여의도침례교회에 예배를 드리러 가자고 했다. 그래서 김장환 목사는 카터 대통령 내외, 딸 에이미(Amy)와 함께 리무진을 타고 교회로 향했다.

매스컴을 통해 주한미군 감축 문제와 인권 문제로 인해 1차 회담이 상당히 껄끄럽게 끝났다는 사실을 김 목사도 알고 있었다. 쉽지 않은 자리였지만, 국가 안위를 위해서 김 목사는 어떻게든 박 대통령에 대한 카터 대통령의 마음을 돌려놓아야만 했다. '기회는 이때다!'라고 생각한 김장환 목사는 차를 타자마자 박정희 대통령에 대한 덕담을 늘어놓았다. 그는 북한 공산국가가 위협하는 가운데 국가 안보를 철통같이 지키려는 애국자이며 존경받을 만한 인물이라고 말했다. 바로 그때 카터 대통령이 놀라운 발언을 했다. 자신이 일본을 방문했을 때 후쿠다 다케오 수상도 박정희 대통령을 애국자라고 칭찬하더라는 것이었다.

가는 도중에 여의도가 보이자 김 목사는 "1973년에 여기서 100만 명을 모아놓고 빌리 그레이엄 목사와 함께 전도집회를 했다"고 말했다. 그러자 관심을 가지고 지켜보던 카터 대통령은 자기 여동생이 한국을 좋아하는 전도사라고 말했다. 그리고 그는 주한미군 철수에 대해서 김 목사의 의견을 물었다.

김장환 목사는 한반도에서 주한미군이 철수하면 북한군이 내려오고, 그렇게 되면 기독교인은 생존할 수 없으니 철군을 유보해달라고 부탁했다. 그리고 그것이 한국의 전체 기독교인과 국민 다수의 생각이라고 했다. 카터 대통령은 김 목사의 이야기를 진지하게 듣고 있었다.[103]

사실 김 목사는 국가 안보를 걱정한 것은 물론이고, 무엇보다 박 대통령의 영혼 구원에 큰 관심이 있었다. 그래서 김 목사는 차 안에서 카터 대통령에게 박 대통령을 전도해달라고 부탁했다. 첫 만남에서 자신이 박 대통령을 위해 기도해서 기독교에 대해 호감이 있을 테니, 카터 대통령이 직접 전도하면 좋은 성과가 날 것이라고 말했다.

김장환 목사의 지혜가 번뜩이는 대목이다. 비록 결례이긴 하지만 카터 역시 신앙인이기 때문에 우방국 대통령의 영혼 구원을 위해 전도하려면 당연히 부드럽고 친절한 자세를 보일 수밖에 없으리라는 것을 간파한 것이다. 또 그렇게 되면 당연히 2차 정상회담 때는 박 대통령을 대하는 카터 대통령의 태도가 달라져 주한미군 철수나 감축 문제에 대해 유연한 자세를 취할 수밖에 없을 것으로 내다본 것이다. 결과적으로 그것이 주효했다.

여의도침례교회에서 예배를 드리고 있을 때 차지철 경호실장으로부터 긴급한 연락이 왔다. 예배를 마치고 카터 대통령과 헤어지면 곧바로 청와대로 들어오라는 것이었다. 1차 정상회담을 불쾌한 심정으로 마친 박정희 대통령은 김 목사와 카터 대통령이 차를 타고 가면서 무슨 이야기를 나누었는지 몹시 궁금해했다. 김 목사의 역할을 기대했기 때문이다.

김 목사는 자신이 카터 대통령에게 박 대통령을 좋은 사람이라 얘기했더니 일본의 후쿠다 수상도 카터에게 박 대통령을 애국자라고 말했다는 사실을 소개하며 후쿠다 수상에게 감사 편지를 한번 보내라고 권했다. 그리고 자신이 카터 대통령에게 박 대통령을 전도해달라고 당부했으니 2차 회담 때 카터 대통령이 전도를 할 텐데, 그때 긍정적으로 받아들이면 회담 분위기가 1차 회담 때와는 다를 것이라고 조언했다.

아니나 다를까, 김 목사의 예견대로 박정희 대통령과 카터 대통령은 그날 오후 2차 정상회담을 마친 뒤 좋은 결과를 발표했다. "한반도의 평화와 안보를 확고히 하기 위해서는 미군의 주둔이 계속 보장되어야 한다"는 공동 성명서였다. 1차 회담에서 마음이 썩 좋지 않았던 박 대통령은 2차 회담 결과에 아주 흡족해했다. 그도 그럴 것이 국가적으로 위기를 벗어나는 유익한 회담이었기 때문이다.

배후에 하나님이 크게 역사하셨지만, 애국자이자 지혜로운 전략으로 상황을 인도한 김장환 목사의 공도 무시할 수 없다. 우연한 만남이 지나고 보면 모두 다 하나님의 치밀한 계획 속에 들어 있었음을 발견하게 된다. 카터 대통령이 주지사 시절에 김장환 목사와의 만남도 그 계획 중 하나였다.

김장환 목사와 카터 대통령의 만남은 1973년으로 거슬러 올라간다. 앞에서 소개한 바 있지만, 당시 두 사람의 인연은 김 목사가 애틀랜타 침례교회에서 집회를 인도할 때 시작되었다. 김 목사는 당시 조지아주 주지사로 있던 지미 카터를 찾아가 담소를 나누고 기도를 해주었다. 그때 미국 대통령으로 출마할 것을 결심한 카터의 손을 잡고 이번 선거에서 꼭 대통령이 될 거라고 위로하며 기도해주었다. 그때의 만남이 수년 후 대한민국의 운명을 좌우하는 중요한 수단이 될 줄 누가 알았겠는가.

2018년 11월 15일, 수원중앙침례교회 성도 노승빈 〈크리스찬라이프〉 기자가 카터 대통령과 인터뷰한 내용을 직접 살펴보자.

> 극동방송 회장이신 김장환 목사님 가족과 저희 가족은 친구로서 아주 가깝게 지내고 있습니다. 참 훌륭하고 좋은 친구이자 동역자입니다.

제가 조지아주 주지사로 역임할 당시, 부흥회에서 김장환 목사님을 처음 만났습니다. 그리고 1979년, 제가 미국 대통령 자격으로 제 아내 로잘린과 제 딸 에이미와 함께 대한민국을 공식 방문했을 때, 김장환 목사님을 주한 미국대사관으로 초청해서 다시 만나게 되었습니다. 1979년 당시 양국의 관계는 긴장 국면에 처해 있는 상황이었습니다. 김장환 목사님께서 양국의 긴장 관계 회복을 위하여 많은 노력을 하셨고, 큰 도움을 주셨습니다.

2001년 '해비타트 운동(Habitat for Humanity)' 행사로 방문했을 때를 포함하여, 1979년 이후 대한민국을 방문할 때마다 김장환 목사님과의 꾸준한 만남을 통해서 우정을 이어가고 있습니다. 그리고 김장환 목사님께서는 '앰배서더 서클(Ambassador Circle)'의 일원으로서 '카터센터'를 지원해주고 계십니다. 제 아내 로잘린과 저는 김장환 목사님의 각별한 우정과 카터센터를 위한 지원에 대해 감사한 마음을 가지고 있습니다.[104]

분명 카터 대통령은 인터뷰에서 당시 김장환 목사가 한미 양국의 긴장 관계 회복을 위하여 많은 노력을 했고, 결과적으로 유익이 있었다는 사실을 인정했다. 하지만 김장환 목사는 2020년 9월 16일 〈문화일보〉와의 인터뷰에서 "박정희 대통령 당시 미군 철수를 안 한 건 자신의 공이 아니라 외교관이 노력한 결과이며 (…) 최종 결론을 내린 건 카터"[105]라며 자신이 아니라 외교관과 카터 대통령에게 공을 돌리고 있음을 본다.

누가 봐도 카터 대통령이 주한미군 철수 계획을 포기한 것은 한국 방문 시 여의도에 예배드리러 가던 중 차 안에서 김 목사가 한 조언 덕분이었다. 만일 박정희 대통령과의 2차 회담을 앞두고 카터 대통령과 김장환 목사가 한 차를 타지 않았다면 이후 대한민국의 운명은 어찌 되었을지 아무도 장담할 수가 없다.

이렇게 큰 공을 세웠으면서도 김 목사는 자신의 공이나 자랑거리가 아니라 다른 이들의 업적으로 양보했다. 많은 사람이 김장환 목사를 따르고 존경하는 이유 가운데 하나가 대인배다운 그의 겸손함에 있다는 점을 다시 한번 확인할 수 있다.

카터 대통령이 미국으로 돌아간 뒤, 차지철 경호실장이 김장환 목사에게 박정희 대통령이 감사를 표하고 싶어 한다는 말을 전했다. 그러자 김장환 목사는 자신이 대통령에게 바라는 유일한 것은 그분이 예수 믿는 것이라고 꼭 전해달라고 당부했다. 당시 차지철 경호실장은 영락교회에서 신앙생활을 했으며, 정기적으로 서울의 유명 목사들을 청와대로 초청해 예배를 드렸다. 김장환 목사도 초청 목사 중 한 사람이었다.

김장환 목사의 유일한 관심은 영혼 구원뿐이었다. 일반 개인의 구원도 중요하지만, 한 나라의 최고 지도자가 신앙인이 된다면 그보다 더 큰 유익이 없으리라고 생각했기 때문이다.

영혼 구원의 열정

김장환 목사가 카터 대통령에게 부탁한 박정희 대통령 전도는 어떻게 전개되었는지 궁금하다. 김장환 목사가 세계침례교연맹 총회장에 당선된 2000년 1월, 카터 대통령이 김장환 목사에게 축전을 보냈는데, 그 속에서 작은 힌트를 얻을 수 있었다.

1979년 6월, 동행한 차 안에서 카터 대통령은 박 대통령에게 신앙에 대해 말해달라고 했다. 그때 박 대통령은 자기는 아무 종교도 믿지 않는다고 말했다. 카터 대통령은 박 대통령을 전도했으며, 짧은 시간에 기독교에 대해 다 설명할 수 없어서 더 자세히 알려줄 수 있는 김장환 목사를 그에게 소개했다. 그 이야기를 들은 박 대통령은 "그를 잘 알고 있는데, 직접 초대해서 듣겠다"고 했다.[106]

카터 대통령은 "그 후 그 일이 어떻게 진행되고 있는지 모르기에 이제 그 문제는 하나님의 손안에 있다"고 〈디트로이트 프리 프레스(Detroit Free Press)〉지에서 밝혔다.

카터 대통령과 함께 여의도침례교회 예배에 참석하고 한 달 뒤인 8월, 김장환 목사는 목회 활동 18주년 기념행사를 준비하며 미국 기독교계의 지도자 윈 스미스(Win Smith) 목사를 초청했다. 이 역시 박정희 대통령을 전도하기 위해서였다. 김 목사는 윈 스미스 목사에게 한국에 와서 카터 대통령의 친서를 전달할 때 박 대통령을 전도해주면 좋겠다고 요청했다.

한국을 찾은 스미스 목사는 김 목사와 함께 당시 김재규 중앙정보부 부장, 정상천 서울시장, 최규하 국무총리를 만났다. 그리고 함께 청와대로 들어가기로 약속한 날이 되기 이틀 전, 아쉽게도 박정희 대통령 시해 사건이 일어나고 말았다. 카터 대통령과 성공적인 한미 정상회담을 마치고 4개월 만의 일이었다.

2001년 8월, 카터 대통령은 국제 해비타트에서 펼치는 '사랑의 집 짓기 운동'을 위해 한국을 방문했다. 이때 카터 대통령은 김 목사와 점심을 같이 먹었는데, 박정희 대통령에 관한 이야기를 들려주었다.

카터 대통령이 차 안에서 전도했을 때 박 대통령은 매우 긍정적으로 받아들였는데, 믿겠다는 확답은 못 들은 채 미국으로 돌아갔다. 얼마 뒤 박 대통령이 서거했다는 소식을 듣고 그가 예수님을 믿고 떠났는지 매우 궁금했다고 한다. 카터 대통령도 22년 전 자신이 전한 복음이 결실을 거두었는지 알고 싶었던 것이다.

필자가 알기로 박정희 대통령은 어린 시절 고향에서 구미상모교회 주일학교에 출석했다. 웅변을 잘했던 소년 박정희는 다윗과 골리앗 이야기로 웅변대회를 휩쓸었다고 한다. 하지만 주일학교 교사가 그를 무시하는 발언을 하는 바람에 교회 출석을 그만두었다고 한다. 두고두고 아쉬운 대목이 아닐 수 없다.

김장환 목사와 지미 카터 대통령의 전도에 박정희 대통령이 어떻게 반응하고 변화했는지 지금으로서는 확인할 길이 없다. 두 사람의 간절한 소원처럼 천국에서 그를 만날 수 있기를 고대할 따름이다.

전두환 대통령

전두환 대통령과의 첫 만남

역대 대통령 가운데 김장환 목사와 가장 친분이 두터웠던 사람은 아무래도 전두환 대통령이라 할 수 있다. 기독교인이 아닌 그와의 인연은 어떤 계기로 시작되었을까? 두 사람의 만남은 박정희 대통령 재임 시절로 거슬러 올라간다.

당시 영락교회 신자였던 차지철 경호실장은 청와대에서 예배드리면서 여러 목사를 초청하곤 했고, 그때 김장환 목사도 초청 대상 중 한 사람이었다. 한 번에 모두 12명 정도가 예배에 참석했는데, 당시 차장보로 있던 전두환 장군도 그 멤버 중 한 사람이었다. 전두환 차장보가 다른 곳으로 보직을 옮긴 뒤에는 후임이었던 노태우 차장보가 참석하기도 했다.

1979년 12·12 사태가 발생했을 때 김장환 목사의 교회 교인이던 문홍구 합참본부장이 구속되었다. 김 목사가 문홍구 합참본부장의 면회를 가려니 전두환 보안사령관을 찾을 수밖에 없었다. 그래서 수도육군병원에 있던 전두환 보안사령관을 찾아갔더니 "문홍구 씨는 내가 형님처럼 모시니까 걱정하지 말고 돌아가라"고 했다. 그러자 김 목사가 그 자리에서 전 사령관에게 기도를 해주겠다고 했더니 그도 흔쾌히 받아들였다. 이때 김 목사는 "너는 마음을 강하게 하고 극히 담대히 하여 나의 종 모세가 네게 명한 율법을 다 지켜 행하여 좌로나 우로나 치우치지 말라 그리하면 어디로 가든지 형통하리라"라는 여호수아서 1장 7절 말씀을 읽은 뒤, 난세에 의지할 것은 하나님과 성경 말씀뿐이니 잘 풀어가라는 내용의 조언과 기도를 했다.

그랬더니 전 사령관은 자신은 대통령 할 마음이 없다고 속마음을 털어놓았다. 김 목사는 그 말을 진심으로 받아들였다. 물론 당시 전 장군의 말은 진심이었을 것이다. 하지만 12·12 사태의 핵심 인물이다 보니 아무래도 부하들의 권고를 물리치기 어려운 남모를 사정이 있었을 것으로 짐작된다.

김 목사는 전두환 대통령의 장남 재국 씨와도 남다른 인연이 있다. 재국 씨가 연세대학교에 다닐 때 영어를 배운 미군 소령 메이디 미첨(Maidie Mitchum)이 김 목사와 친밀한 관계여서 두 사람이 함께 김 목사의 집을 방문하면서 자연스럽게 교제하게 되었다. 미첨 소령은 신앙인답게 재국 씨에게 영어를 가르치면서 성경도 조금씩 가르쳤다. 전재국 씨 부부가 신앙을 갖게 된 것은 미첨 소령 덕분이다. 재국 씨가 미8군 교회에 다니는 것을 알고 있었던 김 목사가 침례를 받으라고 권하자, 재국 씨는 침례는 한국 목사에게 받겠다며 김장환 목사에게 침례를 받았다.

미첨 소령이 본국으로 떠날 때 김 목사는 재국 씨와 그를 집으로 초대했다. 한 영혼을 주님께로 인도한 미첨 소령을 위로할 겸 식사를 대접하기 위한 자리인데, 재국 씨의 부모님도 동참하면 좋겠다는 마음을 전했다. 당시 국보위 상임위원장으로 분주했을 전두환 장군이 김 목사 수원 집까지 내려오리라고는 기대하지 않았다. 그런데 놀랍게도 재국 씨는 부모님과 함께 왔다.

사람과 교제하고 친분을 쌓기에 집보다 더 나은 장소는 없다. 그날 김장환 목사와 미첨 소령, 전두환 장군 부부, 그리고 재국 씨와의 만남은 식사와 함께 그렇게 무르익었다. 김장환 목사의 집에서 식사 교제를 나눈 이후 전두환 국보위 상임위원장은 어려운 일이 있을 때 김 목사에게 조언을 구하기 시작했다.

1980년 8월, 대통령 할 마음이 없다던 전두환 국보위 상임위원장은 제11대 대한민국 대통령으로 취임했다. 김장환 목사는 외국에서 국빈이 왔을 때 가끔 청와대에 초청받았을 뿐 전두환 대통령 재임 시절에는 각별한 교제가 거의 없었다.

한번은 전 대통령이 김장환 목사에게 수원 지역 국회의원으로 출마하라며 정치계 입문을 권유한 적이 있었다. 어느 날, 전 대통령의 지시를 받은 이종찬 원내총무를 서울 프라자호텔에서 만났다. 당시 이병희 의원이 구속돼 수원에 마땅히 내세울 만한 여당 인물이 없었는데, 여론조사를 했더니 김장환 목사가 나가면 거의 당선이 확실시된다는 것이었다.

김 목사는 집으로 돌아와 아내에게 조언을 구하고 스스로 생각해보았지만 자신의 사명은 목회와 선교 외엔 없다는 사실을 새삼 확인했다. 그날 저녁 김 목사는 전두환 대통령에게 보내는 편지에 국회의원 후보로 추천해주어서 고맙지만 선거에 나갈 마음이 없다고 적었다. 그 편지를 받은 전 대통령도 이종찬 원내총무에게 거절할 줄 알았다고 말했다고 한다.

유학을 떠나기 전 김 목사의 꿈은 원래 정치가였다. 대통령을 비롯한 많은 정치가를 만나다 보면 목회자라도 정치하고 싶은 마음이 생길 수가 있을 것이다. 하지만 목사로 부름을 받은 이후 김 목사는 정치에 미련과 욕심을 가진 적이 한 번도 없었다. 목사의 사명은 하나님의 말씀을 전하고 목회와 선교를 하는 것이지 직접 정치하는 것은 아니라는 마음에는 변함이 없었다. 정치는 정치하는 이들을 도우면서 간접적으로 얼마든지 동참할 수 있었다. 그런 점에서 말하자면 김 목사만큼 간접적으로 정치와 외교에 동참한 목회자는 없는 듯하다.

김장환 목사는 자신에게 찾아온 국회의원 출마의 특권을 그냥 거절하지 않고 시애틀 총영사로 있던 죽마고우 안세훈 씨를 추천하는 기회로 삼았다. 실제로 1984년 11월 어느 날, 김 목사는 미국 집회를 하던 중 시애틀을 방문해서 안세훈 총영사에게 수원 지역 민정당 후보로 출마할 것을 권했다. 사람을 아끼고 세워주기를 좋아하는 의리남 김 목사의 면모를 다시 한번 확인해볼 수 있는 대목이다.

3년쯤 지났을 때, 이번에는 전두환 대통령이 도움을 요청했다. 1987년 대선을 앞두고 열세인 수도권에 힘을 좀 보태달라는 것이었다. 당시 김 목사는 몇 차례 강연회를 하면서 민정당 대통령 후보인 노태우라는 이름은 한마디도 꺼내지 않은 채 전두환 대통령의 요구에 응한 적이 있었다. 대통령 투표를 할 때 우방인 미국이 믿어주는 후보, 군대가 믿어주는 후보, 북한이 두려워하는 후보, 가정이 건전한 후보, 이 네 가지 조건을 갖춘 후보를 찍어야 한다고 강조했던 것이다.[107]

김장환 목사는 새마을연수원 요청으로 강연할 기회가 많았다. 강의할 때마다 찍어야 하는 후보로 네 가지 조건을 언급하자 일부에서 '여당 목사', '정치 목사'라는 비판이 쏟아졌다. 그것은 전두환 대통령의 요청 때문이 아니라 정말 국가를 위해서 그런 후보가 대통령이 되어야 한다고 믿었기 때문에 드러낸 김 목사의 소신이었다. 평소 김 목사가 강연할 때마다 늘 강조해온 "감사하는 사람, 겸손한 사람, 희생하는 사람, 사랑하는 사람, 용서하는 사람이 돼라"는 말과 일맥상통하는 발언이었다. 애국하는 심정으로 자신의 소신과 철학을 이야기했을 뿐이다.

김 목사는 그 당시 선거 관련 강연을 하면서 한쪽 후보에 대해 언급한 것을 지금도 후회하지 않는다. 북한이 남한을 삼키려고 호시탐탐 노리는 상황에서 당시 북한에 호의적인 야당이 정권을 잡는 것은 바람직하지 않다고 판단했기 때문이다.

백담사에서 꽃피운 그리스도의 사랑

퇴임 후 전두환 대통령만큼 굴욕적인 삶을 산 이도 없을 것이다. 그는 5공 청산 과정에서 백담사로 2년간 유배를 갔고, 백담사에서 교도소에 이르기까지 파란만장한 시간을 보냈다. 한번 맺은 인연은 끝까지 소중히 여기는 김장환 목사는 전두환 대통령이 백담사에 가기 전 연희동 사저로 여러 번 찾아가 기도를 해주었다.

1988년 11월 23일, 전두환 대통령 부부는 대국민 성명을 발표하고 백담사로 떠났다. 당시 전 대통령에 대한 국민 여론은 아주 좋지 않았다. 5·18 광주의 비극적 사태로 말미암아 국민 역적으로 전락한 상황이었다.

사람이 잘나갈 땐 도움을 받으려고 그저 달라붙지만, 막상 비참한 상황이 되면 모두 외면하는 것이 세상인심이다. 하지만 김장환 목사는 달랐다. 그해 12월, 김 목사는 아무도 찾아가지 않고 또 찾아가더라도 전두환 대통령 측에서 만나주지 않던 때에 사전 연락도 없이 백담사를 찾았다. 새벽 4시 반에 수원에서 출발해 아침 8시쯤 백담사 아래쪽에 도착했다. 경비를 서는 사람들이 못 들어간다고 막아섰다.

그때 김 목사는 신분을 밝히며 기도해주러 왔으니 만나게 해달라고 말했다. 아마 경비원들도 놀랐을 것이다. 그 상황에서 찾아오는 바보는 없었기 때문이다. 김 목사의 말에 책임자가 여기저기 전화를 걸더니 백담사로 올라가는 것을 허락했다. 8km나 되는 길을 걸어 백담사에 도착하자 대기하고 있던 카메라맨들이 김 목사를 향해 마구 셔터를 눌러댔다. 혹시라도 전 대통령 부부의 모습을 담으면 특종이 되니 백담사에 상주해 있던 기자들과 카메라맨들이었다.

찾아오는 이 한 명 없는 곳에 무슨 일로 왔느냐고 물었지만, 김 목사는 아무 말 없이 방으로 들어갔다. 아무도 방문하지 않고, 같은 당 후임 대통령조차 여론의 눈치를 보느라 위로하는 이 한 명 보내지 않는 상황에서 권력의 무상함을 절감하는 시간이었다. 그렇기 때문에 전두환 대통령 부부는 김 목사를 아주 반갑게 맞아주었다.

당시 전 대통령 부부가 묵고 있는 방은 눈물겹도록 초라했다. 전직 대통령이 거처하는 공간치고는 비참할 정도였다. 겨울철에 문틈으로 바람이 많이 들어와 비닐로 막아놓은 상태였고, 장판은 새까맣게 탔고, 벽돌에 판자를 얹어 화장대로 사용하고 있었다. 무엇보다 화장실이 멀리 떨어져 있어 이순자 여사가 밤에 화장실 갈 땐 전 대통령이 플래시를 들고 따라가야만 했다. 화장실까지 수행원이 따라 갈 수는 없는 일이었다.

이순자 여사는 남편이 별 달아주고 장관 만들어준 사람은 코빼기도 안 보이는데, 아무 도움도 받지 않은 사람들이 편지로 위로하고 쌀도 보내고 반찬도 보내준다면서 후임자인 노태우 대통령에 대한 불만도 털어놨다. 하지만 대범한 성격의 전 대통령은 아무 말도 하지 않았다.

전두환 대통령은 백담사로 올 때 기자들을 따돌리기 위해 수원으로 돌아서 왔다고 이야기했다. 그때 아들 재국 씨와 김 목사 집에서 식사한 일이 생각나 '이 근처 어디가 김 목사 집인데…' 하고 회상했다고 말했다. 사실 전 대통령은 보기와는 달리 김 목사가 살던 집마다 모두 방문해서 식사하고 교제할 정도로 소탈한 사람이었다.

김 목사는 비록 장소가 절이지만 자신의 소신에 따라 두 사람에게 위로가 되는 성경 구절을 읽고 기도해주었다. 다만 절이라는 것을 감안해 찬송가는 부르지 않았다. 12시쯤 되어 가야겠다며 일어서는 김장환 목사에게 전 대통령이 "절밥 한번 먹고 가라"고 권해 스님들이 지은 밥을 먹고 백담사를 떠났다.

그러고 나서 얼마 뒤에 김 목사는 트루디 여사와 함께 음식을 마련해 다시 백담사를 찾았으며, 노태우 대통령의 부탁으로 전 대통령을 만나기도 했다. 자신이 대통령을 섭섭하게 한 것이 있다면 그건 자신의 진심이 아니라 국민과 여론의 눈치를 보느라 어쩔 수 없었다는 이야기를 대신 전해주었다. 그리고 정초에 떡을 만들어서 보내려고 했는데 비서들이 여론을 의식해서 말리는 바람에 못 보내고 눈물을 많이 흘렸다는 이야기도 전했다.

백담사를 다녀온 김 목사는 노 대통령을 만나서 전 대통령의 입장에서 섭섭하게 생각할 일들에 대해 느낀 바대로 조언했다. 누구도 대통령 앞에서 그런 조언을 하기 힘든 법인데, 김 목사는 누구를 만나도 당당하게 자기 뜻을 밝히는 사람이다.

전두환 대통령과 노태우 대통령을 싫어하는 이들은 김장환 목사를 정치 목사라고 비판할 수 있을 것이다. 하지만 김 목사는 여당과 야당, 보수와 진보 중 어느 한쪽에 속한 정치가가 아니다. 그는 하나님의 말씀을 대언하며 예수 그리스도의 사랑을 실천하는 목회자다.

목회자의 도리는 형편이 어려운 사람을 찾아가 기도하고 위로하는 것이고, 또 갈등으로 멀어져 있는 사람들을 하나로 중재하는 것이다. 한마디로 김장환 목사는 '피스메이커(peacemaker)'였다. 간음한 여인을 찾아가서 살길을 마련해주신 예수님은 본받으라고 하면서도 백담사로 간 전 대통령을 찾아가서 위로하고 기도해준 김 목사를 욕한다면 그것은 사리에 맞지 않는다.

이에 대해 김장환 목사의 자서전『섬기며 사는 기쁨』에 나오는 내용을 살펴보자.

나는 전두환 전 대통령과 노태우 전 대통령이 수감되어 있는 동안 똑같이 열세 번씩 면회를 갔다. 방송국 직원들과 주변 지인들이 "뭐 하러 면회하느냐? 감옥에 있는 사람들 면회 가면 괜히 여론이 안 좋아진다!"고 말렸지만, 감옥에 있을 때가 가장 전도하기 좋은 기회 아닌가. 아무도 찾지 않을 때 찾아가는 것이 가장 좋은 기회가 된다는 생각에 나는 주변 사람들의 말에도 아랑곳하지 않고 계속 면회를 갔다. 목사인 내게는 그들이 권좌에 오르기 전이나 권좌에 올랐을 때, 또 감옥에 갔을 때 모두 변함없이 전도의 대상일 뿐이다. 목사로서 위로가 필요한 곳에 위로하는 것은 내 사명이고, 나는 그 사명을 실천하기 위해서 간 것이다.[108]

이후로 김장환 목사와 전두환 대통령의 관계가 더욱 깊어졌음은 두말할 나위 없다. 그저 인간적인 도리와 의리를 지키려는 것을 넘어 하나님을 알지 못하는 한 영혼을 긍휼히 여기는 마음을 가졌기에 가능한 행동이었다.

다정다감한 성품의 소유자

전두환 대통령이 소탈하고 의리 있는 성격의 소유자라는 것은 경험해본 이들은 다 아는 사실이다. 그렇다고 아무에게나 친근하게 대하지는 않는데 유독 김장환 목사에게는 남다른 정을 보여왔다. 그것은 그의 말대로 김장환 목사가 항상 미소 띤 얼굴에 온화한 표정이고, 따뜻한 마음과 사랑의 성품을 지니고 있기 때문이다.

대통령이나 직위가 높은 이들도 화날 때가 있고 괴롭고 슬프고 미워하는 마음을 가질 때가 있다. 그런 경우에도 김장환 목사와 마주

하고 대화를 나누면 모든 좋지 않은 마음이 눈 녹듯 사라짐을 경험하게 된다.

전두환 대통령의 이야기를 직접 들어보자.

> 공사(公私) 간에 나와의 관계를 볼 때 도저히 그럴 수 없는 사람들은 애써 백담사를 멀리하고 있는데 나에게 신세 진 일도 없고 혜택을 받은 적도 없는 김 목사는 당연한 듯이 그 먼 산골까지 찾아왔어요. 그 뒤 5·18 특별법으로 옥고를 치를 때에도 김 목사는 누구보다도 먼저 안양교도소로 면회를 왔죠. 당시 서슬 시퍼런 분위기 속에서도 10여 차례나 찾아와 진정 어린 위로와 간절한 기도를 해주었고, 나의 사면 복권을 위해 각별한 노력을 기울여주었습니다.
> 김 목사는 내가 대통령을 지낸 사람이라고 해서 특별히 인정과 호의를 베푼 것이 아니라 그늘진 곳은 어디든 찾아가 빛을 비추고, 어려움과 고통을 겪는 사람이면 누구든 다가가 도움을 주는 분입니다. 나는 교계의 존경받는 지도자, 많은 신도를 거느린 목회자로서의 김 목사와 친교를 맺고 있다기보다는 한 가족, 한 형제 같은 우애의 감정으로 만나고 있습니다.[109]

한 나라의 대통령과 목회자의 관계가 아니라 마치 형제처럼 느껴진다고 한 전두환 대통령의 고백은 시사하는 바가 크다. 카리스마가 있으면 친근감이 떨어지고 친근감이 있으면 카리스마가 부족한 경우가 많다. 하지만 김장환 목사는 탁월한 리더십의 소유자이면서도 겸허하고 순수한 마음을 겸비한 사람으로서 모든 이들이 친밀한 교제를 이어가게 만드는 따뜻한 영적 지도자임을 알 수 있다.

전직 대통령으로서 백담사와 교도소까지 다녀왔는데도 여전히 주변에 따르는 이들이 끊이지 않았던 것은 그만큼 전두환 대통령의 리더십에 장점이 있기 때문이라고 김장환 목사도 칭찬한다.

필자는 김일성 주석의 외가 쪽 10촌 동생으로 1994년 탈북한 강명도 교수의 『이제는 말할 수 있다』[110]라는 책을 집필한 적이 있다. 당시 그를 통해 김일성 주석이 전두환 대통령을 무서워했다는 항간의 이야기가 사실임을 확인한 바 있다. 아울러 강 교수 자신도 전 대통령을 두려워하고 있었는데, 한국에 와서 TV에 나오는 전 대통령의 모습을 보고 인심 좋은 할아버지처럼 느껴져 혼돈스러웠다고 털어놓은 적이 있다.

김장환 목사가 교제하며 보아온 전 대통령은 대부분이 생각하듯 범접하기 힘든 독재형 인물이 아니라 실제로는 상대방을 아주 편안하게 해주는 소탈한 성격의 소유자였다는 것을 인터뷰를 통해 확인할 수 있었다. 김 목사는 이순자 여사도 세간에 알려진 것과는 달리 남편에게 절대 순종하고 매우 가정적이고 온화한 성격을 지녔다고 말한다.

전도의 걸림돌이 되어서야!

코로나19가 터지기 직전 '이제 전도의 시대는 갔다!'는 말이 교회 안에 돌고 있었다. 불신 세계로부터 '개독교'라는 소리를 들을 만큼 한국 교회가 욕을 먹고 있었기 때문이다. 그러다가 코로나19가 장기적으로 유행하는 바람에 대면 예배도 못 드리고 집에서 답답하게 예배를 드려왔다. 이런 상황에서 밖으로 나가 사람들을 전도한다는 것은 상상할 수 없었다.

정말 전도의 시대는 가버렸을까? 아니다. 그것은 사탄이 교회 안에 불어넣은 패배주의다. 물론 그럼에도 불구하고 한국 교회와 그리스도인이 기억해야 할 한 가지가 여전히 남아 있다. 그것은 불신자들에게 인정받는 일이다. 불신자들과 구별되는 삶을 잘 살아야 한다는 말이다. 그래야 전도문이 막히지 않는다.

전도와 관련해 김장환 목사가 들려준 씁쓸한 이야기가 있다. 1999년 5월 24일, 대한민국을 뒤흔드는 권력형 비리 의혹 사건이 터졌다. 역사상 최초로 특별검사제도 도입의 배경이 된 사건이다. 이때 외화 밀반출 혐의를 받던 이들이 김장환 목사와 친분이 두터운 신앙인들이었다. 당시 법정에 나온 그들은 하나님의 이름으로 거짓말을 하고 있었다. 믿는 이들이 TV로 지켜보기 민망하고 화날 정도로 낯 뜨거운 장면이 많았다.

그 일로 인해 세상이 떠들썩하던 무렵의 어느 날, 전두환 대통령이 김장환 목사에게 이런 말을 했다.

"예수 믿는 사람들이 장돌뱅이만도 못한 것 같습니다. 예수 안 믿는 사람도 신의가 있고 의리가 있는데, 예수 믿는 사람들끼리 서로 거짓말하면서 '했다, 안 했다' 하는 것이 이해가 안 갑니다."

그 말에 김장환 목사는 꿀 먹은 벙어리가 되었다. 전 대통령을 만날 때마다 성경 읽고 기도해주면서 신앙생활 하기를 그렇게 바라고 애썼던 김 목사의 노력이 물거품으로 돌아가는 듯한 허탈한 순간이었다.

전두환 대통령은 자신의 신앙 문제에 대해 김 목사에게 이런 말을 했다.

> 내가 교회에 나오기를 김 목사가 얼마나 간절히 바라고 있는가를 생각하면 나는 김 목사의 기대를 배신하고 있는지도 모르죠. 백담사 시절 불교와의 인연으로 사찰을 자주 찾게 되고 스님들을 만나고 있다는 사실을 김 목사는 충분히 이해하고 있을 겁니다. 일부 목회자들 가운데 다른 종교를 믿는 사람을 경원시하거나 못마땅해하며 교회에 나오기를 강권하다시피 하는 분들도 있다고 들었습니다. 김 목사는 나에게 조금도 그런 내색을 하지 않아요. 그건 아마도 한 사람이라도 더 주님의 품으로 인도해야 하는 목회자의 사명을 소홀히 해서가 아닐 겁니다. 내가 언젠가 기독교 신자가 될 거라고 생각하지는 않지만, 김 목사가 인도하는 예배에 참석해서 함께 기도하고 찬송가를 부르는 내 모습을 상상하면 흐뭇하고 행복해집니다.[111]

전두환 대통령이 자신이 했던 약속을 지킨 때가 있다. 1999년 12월 25일 성탄절, 전두환 대통령은 약 50명의 측근을 대동하고 수원중앙침례교회 예배에 참석했다. 전 대통령은 한번 약속한 것은 꼭 지키는 사람이다. 그렇다고 그가 기독교인이 된 것은 아니지만, 자신에게 도움을 많이 주고 기쁨을 준 김 목사와 한 약속을 한 번쯤은 지켜주고 싶었을 것이다. 자기의 영혼 구원을 위해 그간 김 목사가 얼마나 애썼는지 누구보다 잘 알고 있었기 때문이다.

전두환 대통령이 초등학교 시절 필자가 5년간 부교역자로 사역했던 대구서문교회에 잠시 출석했다는 사실을 확인한 바 있다. 동생 전경환 씨는 교회 집사라고 했다. 그런데 어째서 그가 교회를 나간 뒤 다시 돌아오지 않았는지는 알 수 없다. 아쉽게도 전 대통령은 김장환 목사의 노력에도 끝내 기독교로 개종하지 않았던 것 같다.

전 대통령은 둘째 아들 재용 씨가 목사 안수를 받고 개척교회를 하면 그때는 아들 교회에 출석하겠노라 약속했는데, 그 약속을 지키지 못한 채 2021년 11월 23일, 향년 90세를 일기로 세상을 떠났다. 하필이면 자신이 백담사로 떠났던 바로 그날 눈을 감은 것이다. 전두환 대통령이 숨을 거두자 유족 측에서는 가장 먼저 김장환 목사를 불렀다. 김 목사는 즉시 전두환 대통령의 시신이 있는 자택으로 가 예배를 인도하고 마지막 우정을 표시했다.

크리스천이 될 기회가 많았지만, 기독교인이라는 이들의 좋지 않은 모습에 실망한 나머지 김 목사가 그렇게 애쓰며 기도하고 전도했던 소중한 한 영혼이 끝내 생명줄을 잡지 않은 채 세상을 떠나고 말았다. 한 영혼의 호흡이 멈출 때까지 세상의 빛과 소금의 삶을 잘 살면서 영혼 구원과 전도에 최선을 다하는 김장환 목사의 모습은 우리 모두가 배워야 할 모범이 틀림없다.

노태우 대통령

북방정책과 국민훈장 무궁화장

김장환 목사가 노태우 대통령과 인연을 맺은 것은 청와대에서 드려진 예배를 통해서다. 박정희 대통령 재임 시절 차지철 경호실장이 청와대에서 예배를 드리면서 목사들을 초청했을 때 김 목사도 설교하러 갔고, 그때 차장보였던 노태우 장군이 참석해 인연을 맺었다. 전임인 전두환 대통령과 후임인 노태우 대통령을 모두 청와대에서 만나 교제가 시작된 셈이다.

김 목사가 교제한 전두환 대통령과 노태우 대통령은 여러 가지 면에서 차이가 있었다. 전 대통령은 모든 일을 앞장서서 이끌어가는 카리스마가 넘치는 면모를 지닌 반면, 노 대통령은 남의 말을 잘 들어주고 대화로 이끄는 유형이었다.

두 대통령 모두 젊은 시절 운동 실력이 남달랐다. 전 대통령은 축구 골키퍼 출신이며, 노 대통령도 생도 시절 체력장에서 우수한 성적을 거둬 '태릉 타잔'이라는 덕담을 들을 정도였다고 한다. 특히 노 대통령은 장군 시절부터 정구를 좋아해서 사람들과 정구를 치며 친목 다지기를 즐겼다.

노 대통령은 취임 후에도 가끔 친목 경기를 가졌는데, 김장환 목사도 여러 차례 노태우 대통령과 정구 시합을 했다. 김장환 목사는 노태우 대통령을 성격이 매우 온화하며 사람들이 친근하고 편안하게 다가갈 수 있는 스타일이라고 평가했다. 김 목사는 노태우 대통령의 아들 재헌, 딸 소영 씨와도 가까운 사이였는데, 이는 두 사람이 수원중앙침례교회에 출석하는 성도였기 때문이다.

북방정책의 중요성을 잘 아는 노태우 대통령의 재임 기간에 가장 손꼽히는 성과가 있다면 뭐니 뭐니 해도 북방외교다. 정부 수립 이래 처음으로 공산권 국가와 정식 외교관계를 맺고 남북 관계에도 다양한 초석을 깔았다. 소련이 붕괴하고 동구 공산권 사회가 해체되던 격변기를 맞아 노 대통령은 때를 놓치지 않고 대한민국 외교의 지평선을 크게 넓혔다. 그 결과 노 대통령 재임 기간 중에 한국의 수교 국가는 100개국에서 130개국으로 크게 늘었다.

이런 노 대통령 못지않게 북방에 관심을 가진 이가 김장환 목사였다. 두 사람은 모두 북방을 중요시했으나 각자가 생각하는 북방의 의미와 목적은 달랐다. 노 대통령이 생각한 북방은 수교를 통한 정치적 교류를 뜻한 반면, 김 목사가 생각한 북방은 극동방송을 통한 북방선교를 뜻했다.

재임 기간에 많은 국가들과 수교를 맺으면서 의욕적으로 북방정책을 펼친 노 대통령이 미수교 공산권 국가를 향해 전파를 발사하는 극동방송에 깊은 관심을 가지게 된 것은 당연한 현상이었다. 1988년 6월 17일, 노태우 대통령은 FEBC 로버트 보먼 총재와 김장환 목사를 접견한 자리에서 극동방송의 노고를 치하했다. 이때 보먼 총재는 "1979년 이후 중국으로부터의 반응이 눈에 띄게 늘었는데, 현재는 중국 내 모든 성과 자치구에서 연간 8만 6천 명이 반응을 보내오고 있다"고 말했다.

그로부터 얼마 뒤 체신부 장관은 김 목사가 특별히 요청한 것도 아닌데 50kW였던 극동방송의 출력을 100kW로 증강시키고, 또 대전 FM방송까지 허가해주어 1년 뒤인 1989년 12월 1일에 개국할 수 있었다. 예기치 못한 호의에 놀라고 있었는데, 실은 북방으로 방송을 보내기 편하게 방송 출력을 확장해주고 지방 방송도 개국하게 하는 것이 좋다는 노태우 대통령의 판단과 허락 아래 이루어졌다는 것을 김 목사는 나중에야 알았다.

'꿩 먹고 알 먹고'라는 말은 이럴 때 사용하는 것이다. 김 목사는 북방으로 복음을 더 잘 보낼 수 있어서 좋고, 국가는 북방외교의 물꼬를 트는 일이기에 좋은 일이었다. 이 또한 하나님의 역사하심이 있었기에 가능한 일이었다.

이전 같으면 '중공놈들!'이라고 욕해온 중국과의 수교가 노태우 대통령 때 이루어졌다. 노 대통령은 그 직후인 1992년 9월 중국을 방문해 정상회담을 했는데, 회담을 마치고 교민 대표들과 기업체 상사 대표들과 만난 자리에서 김장환 목사의 북방선교가 대한민국 북방외교에 얼마나 큰 도움이 되는지를 제대로 알았다.

중국은 사회주의 체제이고 북한과 오랫동안 동맹관계를 맺어왔기 때문에 교포들의 마음이 친북으로 기울어진 것은 불을 보듯 뻔한 일이었다. 그래서 노 대통령은 어떻게 하면 북으로 치우친 마음을 남한으로 돌릴 것인지에 대해 많은 생각을 하며 동포들을 만났는데, 직접 그들과 대화해보니 자신의 예상과는 전혀 다른 상황이어서 놀랐다. 사실은 중국 교민 90% 이상이 북이 아니라 남한으로 기울어져 있다는 사실을 확인한 것이다.

가장 큰 이유는 바로 극동방송이었다. 200만 중국 교민들이 극동방송을 들으며 자유롭고 풍요로운 대한민국을 동경하게 된 것이다. 매일 방송을 통해 전달하는 자유와 생명의 메시지는 메마른 중국 교민들의 마음속에 스며든 단비와도 같았다. 이것이 바로 방송의 위력이다. 노 대통령도 김장환 목사에게 이미 듣기는 했지만, 실제로 방송이 그렇게 큰 힘을 발휘하는 줄은 몰랐기에 놀랄 수밖에 없었다. 중국이라는 현장에서 그 놀라운 사실을 직접 확인한 노 대통령의 마음이 얼마나 기뻤겠는가. 극동방송의 활약에 감동한 노 대통령은 귀국 후 그동안 극동방송을 책임지고 수고해온 김장환 목사에게 선물을 준비했다.

노 대통령은 중국을 방문하고 돌아와 서른 명이 넘는 종교 지도자들을 청와대로 초청했고, 그 자리에서 극동방송이 북방에 어떤 위력을 발휘하고 있는지 설명했다. 그리고 그동안 극동방송을 맡아서 사명을 잘 감당해온 김장환 목사의 노고를 치하하고 1993년 2월 22일, 김 목사에게 최고훈장인 국민훈장 무궁화장을 수여했다.

최고훈장을 받은 것도 좋은 일이지만, 무엇보다 그동안 자신들이 북방을 향해 열심히 방송한 것이 헛수고가 아니었음을 확인하는 계기가 되었다는 점이 큰 보람으로 다가왔다. 애국(愛國)도 하고 애천(愛天)도 하니 그야말로 일거양득이었다.

예기치 않은 회심

노태우 대통령 재임 시절 김장환 목사는 가끔 청와대의 초청을 받아 대통령과 환담하곤 했다. 당시 노 대통령은 세상 돌아가는 여론이나 정세를 잘 파악하고 있어서 김 목사가 딱히 충고하거나 조언할 만한 게 별로 없었다고 한다.

김장환 목사가 노 대통령을 더 자주 만나고 더 많이 대화를 나눈 것은 퇴임 후 그가 교도소에 수감되었을 때였다. 교도소에 갈 만한 죄를 짓지 않았으면서도 교도소를 가장 많이 방문한 사람이 있다면 바로 김장환 목사일 것이다. 그는 수감자들을 찾아 위로하고 전도하는 일로 소문난 사람이고, 이와 관련이 깊은 사람이 바로 노태우 대통령이다. 노 대통령은 어머니에게 영향을 받아 불심이 깊었지만, 교도소 수감 기간 동안 신구약 성경을 통독할 만큼 기독교에 관심이 많았던 인물이다.

놀랍게도 노 대통령은 성경을 읽으면서 궁금해한 내용이 많았다. 김 목사가 면회를 가면 그는 궁금한 내용을 묻는 데 시간을 많이 썼다. 김 목사에 따르면 그는 주로 이런 질문을 제기했다고 한다.

> 아담과 하와가 죄를 안 지었더라면 인류는 어떻게 되었을까?
> 영원히 살 수 있었을까? 그래도 죽기는 했을까?
> 사람이 죽으면 다시 부활한다는 게 사실인가?

노 대통령이 종교성이 다분한 사람이었음을 확인할 수 있는 내용이다. 그래서 김 목사는 한 학기를 설명해도 시간이 모자라니 조용기 목사님이 오면 그때 물어보라고 했다 한다.

이것은 노 대통령의 딸 노소영 관장의 말을 통해서도 확인할 수 있다. 노 관장은 아버지가 조용기 목사나 김장환 목사와 굉장히 가까웠고, 서로 엄청 사랑하는 사이였던 것 같다고 말했다. 그리고 아버지가 안양교도소에서 2년 넘게 지내는 동안 성경을 2번 정도 독파했다고 했다.

당시 노 대통령을 담당한 간수가 장로였는데, 노 대통령을 전도하려고 무던히 애썼다고 한다. 그럴 때마다 신학교도 안 나왔으면서 뭘 설명하려 하느냐고 웃으면서 농담했다고 한다. 그래도 노 대통령은 성경을 읽다가 궁금하면 그 장로에게 질문했는데, 전문가가 아니다 보니 제대로 대답하지 못하는 것이 늘 불만이었다고 한다.[112] 그만큼 노 대통령은 성경을 열심히 읽고 질문도 많이 하는 탐구심 많은 성경 애독자였다.

노태우 대통령은 여러 차례에 걸쳐 교도소로 면회 온 김장환 목사에게 재임 시에 자신이 교도소를 한 번도 방문하지 않은 것을 굉장히 후회한다고 말했다. 자신이 어려움을 당해보면 같은 상황에 처한 사람들의 형편을 비로소 이해하게 되기 때문일 것이다.

김 목사는 노태우 대통령이 구속된 뒤 교도소를 무려 13번이나 방문했다. 또한 노 대통령이 구속된 뒤 낙심하고 있을 김옥숙 여사를 위로하기 위해 트루디 사모와 함께 노 대통령 집을 방문하기도 했다.

노 대통령은 처가와 본가가 불심이 강한 집안이어서 김장환 목사의 계속되는 전도에도 쉽게 결심하지 못했다. 무엇보다 모친이 불심이 깊은 불교 신도여서 살아생전에 불효할 수가 없어 김 목사의 전도를 받아들이지 못했다.

그런데 그 모친이 돌아가셨기에 변명의 여지가 없어졌다. 특히 딸과 며느리가 독실한 기독교 신자인 데다 김옥숙 여사도 믿음이 깊어진 상태였다. 그래서 얼마 안 있으면 자신이 기독교인들에 둘러싸여서 어쩔 수 없이 교회에 나가게 될 것 같다고 말했다 한다.

노태우 대통령은 김장환 목사를 어떤 사람으로 알고 있었을까? 김 목사에 대한 노 대통령의 평가도 전두환 대통령과 마찬가지로 탁월했다.

> 내가 좋을 때나 불행하게 있을 때나 한결같이 똑같아요. 오히려 내가 고생할 때 더 정성을 기울이는 특별한 분이죠. 김장환 목사를 볼 때면 항상 하나님과 함께 있구나 하는 생각을 합니다. 내가 어려움을 겪거나 마음에 고통을 안고 있을 때 항상 김장환 목사가 생각납니다. 김장환 목사를 떠올리면 고통스러운 게 없어지고 위로가 됩니다.[113]

노 대통령에게 김장환 목사는 '늘 한결같은 사람', '높은 자리에서 떨어졌을 때 더 관심을 가지고 찾아주는 의리 있는 목회자', '힘들 때 언제나 생각나는 사람'으로 인식되어 있음을 확인할 수 있다.

1999년 추수감사절에 노태우 대통령은 수원의 중앙기독초등학교와 김장환 목사의 집을 마지막으로 방문했다. 노태우 대통령은 미국 사람인 트루디 사모와 그 가운데 태어난 혼혈 자녀들이 힘든 상황에서도 훌륭하게 잘 적응하고 활발히 활동하는 것을 칭찬했다.

2021년 10월 26일, 박정희 대통령이 서거한 바로 그날, 노태우 대통령이 향년 89세를 일기로 세상을 떠났다. 지병으로 오랜 병상 생활을 해온 노 대통령은 병세가 악화돼 서울대병원에 입원해서 의료진의 집중 치료를 받았지만, 끝내 회복하지 못하고 삶을 마감했다.

전두환 대통령은 자신이 백담사로 간 바로 그날 사망했고, 노 대통령은 12·12 사태의 빌미가 된 박정희 대통령의 서거일에 사망했다. 역사의 아이러니가 아닐 수 없다.

12·12와 5·18 단죄로 함께 교도소 생활을 했던 군사적·정치적 동지는 더 이상 이 땅에 존재하지 않는다. 한 가지 다행스러운 일은 전두환 대통령은 생전에 김장환 목사가 그렇게 공을 들여 복음을 전했음에도 예수님을 믿지 않고 세상을 떠난 반면, 노태우 대통령은 사망하기 전에 예수님을 영접하고 세상을 떠났다는 점이다.

노소영 관장은 2012년 일간지 인터뷰에서 "아버지가 신앙을 갖게 된 과정에는 조용기, 김장환, 하용조 목사 등 목회자들의 역할이 컸으며, 2010년 하용조 목사를 통해 예수님을 영접하고, 어머니도 최근 회심해서 병상에 있는 아버지를 위해서 기도하고 있다"[114]고 말한 바 있다. 또 노 대통령이 "병석에서 일어나면 맨 먼저 교회부터 가겠다"[115]고 고백한 내용도 확인할 수 있었다. 불교 집안이 한순간에 기독교 집안으로 탈바꿈한 것이다. 하나님의 역사이면서 김장환 목사를 비롯한 여러 영적 지도자들의 기도와 전도의 열정이 한데 어우러진 놀라운 작품이라 할 수 있다.

김영삼 대통령

3김 중에 김영삼으로

1979년 10·26 사건으로 유신정권이 무너진 뒤 신군부가 정권을 장악할 때까지 민주화를 위한 논의가 활발하던 때를 '서울의 봄'이라 한다. 서울의 봄과 함께 대권 후보로 나선 김영삼, 김대중, 김종필의 '3김 시대'도 시작됐다. 한국 정치사에 3김 시대와 같은 시기는 일찍이 없었다.

김장환 목사가 김영삼 대통령을 직접 대면한 것은 1980년의 일이다. 이른바 서울의 봄이 도래했을 때 김 목사는 3김 가운데 누구를 국가 지도자로 선택해야 할지 알아봐야겠다는 생각에 자신이 먼저 움직였다. 김종필 씨는 1970년대 초부터 이미 아는 사이였기에 김영삼, 김대중 씨를 만날 계획을 세운 뒤 먼저 개신교 장로인 김영삼 씨를 만나러 상도동으로 갔다. 목사와 장로의 만남이니 정치보다는 신앙과 관련한 이야기를 많이 나누었다. 다음으로 김대중 씨를 만날 생각이었는데, 그만 정국이 꽁꽁 얼어붙고 말았다.

1992년 대선 때 김장환 목사는 아무래도 장로가 대통령이 되면 더 좋지 않겠는가 하는 생각에 내심 김영삼 대통령을 지지했다. 하지만 그가 참신앙인이 맞는지 확실히 파악할 필요가 있어서 딸 김혜경 부부를 방송국으로 초대해 인터뷰한 적이 있었다. 이 인터뷰가

방송을 타자 전라도 선관위로부터 강력한 항의가 들어왔다. 김대중 씨를 대통령으로 미는 그들의 입장에서는 김영삼 씨를 띄워주는 것으로 보였기 때문이다.

기독교방송에서 기독교인들이 모여 신앙 이야기를 주로 하고 성가를 부르는 등 순수한 신앙적 내용을 방송했는데도 선관위로부터 전화가 오고 항의가 빗발쳤다. 선거가 치러지기 한참 전이었는데도 그렇게 한바탕 소동을 겪었다.

그 전해에 김장환 목사는 김영삼 민자당 총재에게 오산 공군기지를 방문할 것을 권유한 적이 있다. 그가 군과는 서먹서먹한 관계이니 일단 오산 공군기지부터 방문해 친분을 쌓는 게 좋을 것 같다는 판단에서였다. 당시 미 7공군 사령관이던 로널드 포글먼(Ronald R. Fogleman) 중장은 뒷날 미국 공군참모총장이 되었다.

우여곡절 끝에 1992년 대선에서 김영삼 총재가 대통령으로 당선되었다. 대통령에 취임한 뒤 김 대통령은 김장환 목사에게 고마움을 느껴 김장환 목사와 조용기 목사를 자주 청와대에 불렀다. 개신교 장로 대통령이다 보니 아무래도 역대 다른 대통령들보다는 친밀한 면이 있었다. 같은 신앙을 가진 데다가 기도의 중요성을 잘 아는 장로 대통령이 영향력 있는 목사에게 기도를 부탁하는 것은 매우 자연스러운 일이었다. 나라를 경영하는 최고 지도자로서 영적 지도자의 조언과 기도를 요청하는 것은 신앙인이라면 필수적이었다. 그래서 김 대통령은 해외에 나갈 때나 무슨 중요한 결정 사항이 있으면 언제나 김장환 목사에게 전화해 전화로라도 조언과 기도를 받곤 했다.

그런데 김장환 목사가 김영삼 대통령에게 일방적으로 도움만 준 것은 아니었다. 김 목사는 1990년 서울에서 열린 제16차 세계침례교연맹 총회 때 김영삼 민자당 총재로부터 큰 도움을 받았던 것을 지금도 기억하고 있다. 당시 서울 총회는 전 세계 침례교 지도자 1만여 명이 참석하는 대규모 행사인 데다 동서 해빙 무드를 타고 유고, 체코, 폴란드, 헝가리 같은 공산국가 대표들도 대거 참가해서 대회를 빛내주었다. 그때 김영삼 총재는 대회 간부급 인사 1,500명을 인터컨티넨탈호텔로 불러 점심 식사를 대접했다. 그는 이에 그치지 않고 자신의 사인이 담긴 볼펜까지 준비해서 참석한 인사들에게 나눠주었다. 침례교 대표들은 김 총재의 환대에 기쁜 마음으로 호텔로 돌아갔다. 김영삼 총재 덕에 큰 행사를 주관한 김장환 목사는 성공리에 세계침례교연맹 총회를 마칠 수 있었다.

서로를 존중하는 두 사람의 친밀한 관계는 김영삼 총재가 대통령이 된 후에도 지속된다. 뛰어난 인간관계와 인맥 관리의 최고 비결은 의리와 신의라는 것을 보여주는 좋은 예다.

신앙의 조언자

목사와 대통령이 만나면 무슨 이야기를 하는지 궁금한 이들이 많을 것이다. 예배드리고 식사하면서 그냥 손자들 얘기, 자녀들 얘기를 한다. 대통령과의 만남이기 때문에 당연히 산적한 정치 이야기가 주를 이루지 않을까 생각하는데, 정치뿐 아니라 일상생활의 소소한 일이나 에피소드 그리고 신앙 얘기 등으로 대화가 전개된다고 한다. 사람 사는 게 어디든 별반 차이가 없는 것 같다.

가끔 대통령에게 따끔한 충고의 말이 필요할 때가 있고, 또 대통령이 그것을 요구할 때도 있다. 하지만 한 나라 최고 수장인 대통령에게 충고한다는 게 누구에게나 쉬운 일은 아니다. 이럴 때 바늘과 실처럼 떼놓을 수 없는 관계인 김장환 목사와 조용기 목사는 어떻게 했을까?

김영삼 대통령의 아들 김현철을 구속하라는 국민적 여론이 들끓던 때였다. 당시 차남 김현철 씨는 기업인들에게 수십억대의 돈을 받았다며 알선수뢰와 증여세 포탈 혐의를 받고 있었다. 아버지로서 아들의 구속이 내켰을 리 없다. 김영삼 장로와 손명순 권사의 고심이 얼마나 컸겠는가?

1997년 3월 어느 날, 김영삼 대통령 초청으로 청와대를 찾은 김장환 목사와 조용기 목사는 난처하고 어색한 예배를 드리고 있었다. 먼저 김장환 목사는 반역을 꾀한 아들 압살롬이 정부군의 창에 찔려 죽은 뒤 다윗왕이 식음을 전폐하다 다시 심기일전해 나라를 선정으로 잘 이끌었다는 성경 내용을 가지고 우회적으로 김 대통령의 결단을 촉구했다.

예배를 마치고 난 뒤 조용기 목사가 자신도 해주고 싶은 얘기가 있다는 의사를 나타내 김 대통령이 하라고 했다. 그러자 조 목사는 이런 내용의 이야기를 들려주었다.

옛날 어느 왕국에 밀 농사가 풍년이 들었는데 한 무리의 탕아들이 말을 타고 와서 밀밭을 쑥대밭으로 만들어놓았다. 그 나라 왕은 다시 한번 이런 일이 있으면 그 사람의 두 눈알을 빼버리겠다고 했다. 그런데 얼마 후 그런 일이 다시 일어났는데 잡고 보니 바로 왕의 아들이었다. 왕은 약속을 지켜야 하지 않겠느냐고 했으나 주변의 신하들은 반대했다. 왕은 고민 끝에 자신의 오른쪽 눈과 아들의 왼쪽 눈을 뽑았다.116

아들을 구속시킬 수밖에 없다는 충고의 말을 하나의 이야기로 전달한 것이다. 이처럼 적절한 성경 말씀과 이야기와 기도를 통해 국가 최고 지도자에게 조언하는 방법이 있다. 김장환 목사와 조용기 목사는 그 방법을 즐겨 활용했다. 조용기 목사의 이야기가 끝난 뒤, 김 대통령은 아무런 답도 하지 않았다.

이날 두 목사는 무거운 마음으로 각자의 집으로 돌아갔다. 그날 조용기 목사는 광명순복음교회 설교 시간에 두 사람이 대통령에게 해준 이야기를 소개했다. 그때 현장에서 조 목사와 인터뷰하기 위해 기다리고 있던 〈중앙일보〉 기자 한 사람이 그 설교를 듣고는 다음과 같은 제목으로 특종 보도를 했다.

YS, 고언 듣고 장시간 기도, 조용기·김장환 목사 청와대 찾아 시국 논의117

5월 17일, 두 사람의 고언이 통했는지 마침내 김 대통령의 차남이 구속되었다. 현직 대통령이 고심 끝에 자기 아들을 구속 수사하게 내주자 그렇게 시끄러웠던 정국이 진정되기 시작했다.

　당시 최고 권력자의 목에 방울을 단 충고자가 적어도 두 사람이 있었으니, 그나마 김영삼 대통령의 올바른 정치를 위해서 그리고 국정 안정을 위해서 다행한 일이었다고 김 목사는 회상한다. 사울왕이나 다윗왕에게 사무엘과 나단 선지자와 같은 영적 조언자로 쓰임 받은 목사들을 일방적으로 정치 목사라 비난하고 정죄하는 것은 무지의 소치라고밖에는 달리 설명할 길이 없다.

아쉬움의 소회

　김영삼 대통령이 기억하는 김장환 목사는 어떤 사람일지 궁금하다. 기자 출신인 이근미 작가와의 인터뷰에서 김 대통령은 다음과 같이 평가했다.

> 목회자들 가운데도 부끄러운 행동을 하는 사람들이 있습니다. 권력에 아부하는 목사들이 있지요. 대통령이 되기 전부터 김장환 목사님을 알았어요. 김 목사님은 대통령이 되기 전이나 대통령 재임 때나 퇴임한 지금이나 나를 대하는 것이 똑같아요. 내가 전화한 적도 많지만 김 목사님이 전화한 적도 많아요. 김 목사님은 첫 마디가 '기도합시다'입니다. 만나서 위로도 받고 지혜를 얻기도 했지요. 김 목사님은 직접적으로 말하기보다 기도와 설교를 하는 가운데 나라를 잘 통치

하게 해달라고 권고합니다. 내가 퇴임한 후 우리 집에 가장 많이 온 사람은 아마 김장환 목사님일 겁니다. 만날 때마다 위로하고 용기를 주고 소망을 줍니다.[118]

전직 대통령들이 기억하는 김장환 목사를 한마디로 말하면 '한결같은 사람', 그리고 '만날 때마다 위로와 용기와 소망을 주는 사람'이었다.

김영삼 대통령이 가장 좋아하는 성경 구절은 이사야 41장 10절 "두려워 말라 내가 너와 함께 함이라 놀라지 말라 나는 네 하나님이 됨이라 내가 너를 굳세게 하리라 참으로 너를 도와 주리라 참으로 나의 의로운 오른손으로 너를 붙들리라"는 말씀이다.

김영삼 대통령은 1983년 연금에서 해제된 뒤 교회로 자신을 초청해 간증할 수 있게 했던 용기 있는 목사들이 기억에 남는다고 했는데, 그중 한 사람이 김장환 목사였다.

2001년 12월 9일, 김 목사는 김영삼 대통령을 수원중앙침례교회로 초청해 간증집회를 열었다. 전직 대통령이 간증한다고 하니 많은 성도가 참석했다. 관심 있는 불신자들도 일부 모인 것으로 생각되는데, 무엇보다 신문기자들이 엄청 몰려왔다. 대통령을 역임한 사람이니 당연히 기자들이 많이 참석했다.

그런데 예상치 못한 문제가 발생했다. 그날 김 목사가 의도한 것은 김 대통령의 신앙 간증이었는데, 그는 그 시간을 평소 자기를 불편하게 했던 정치인들에 대한 좋지 않은 감정을 표출하는 데 할애하고 말았던 것이다. 결국 김 목사는 새벽기도 때 교인들에게 사과의 말을 해야 했다. 자신의 의도와는 달리 간증집회가 아니라 정치집회가 되어버렸고, 기자들에게 특종거리만 제공한 셈이 되었기 때문이다.

필자도 김영삼 대통령이 개신교 장로답지 않게 평소 신앙적인 이야기보다 정치적인 이야기를 더 많이 한 것으로 기억하고 있다. 이미 세상을 떠나고 없는 분이지만, 퇴임 후 장로답게 하나님과 성경과 신앙에 대한 언급을 더 많이 했으면 얼마나 좋았을까 하는 아쉬움이 남는다.

전두환 대통령도 김장환 목사의 교회에서 짧은 연설을 한 적이 있었는데, 그때는 교인들에게 많은 박수를 받았다. 자신을 불교 신자라고 소개한 전 대통령은 성탄절과 추수감사절, 특별예배에 여러 번 참석했다. 그때마다 40~50명가량의 인사들이 동행했다.

2001년 추수감사절 때, 김 목사는 예배에 참석한 미8군 사령관에게 인사말을 시켰는데, 함께 예배드린 전두환 대통령에게도 자리를 마련해주는 것이 예의라 생각해 단상에 올라오게 했다. 전 대통령은 김 목사의 제의에 주저하지 않고 단상에 올라 유머 넘치는 짧은 연설을 했다.

자기가 백담사에 있을 때 기독교인들이 찾아와 먹을 것도 갖다 주고 얘기도 많이 해주었는데, 정작 인솔해서 온 목사는 보이지 않아서 어디 있냐고 물었더니 절이 마귀의 소굴이라서 건너편에 혼자 남아 있다고 했다. 그래서 절이 마귀의 소굴이라면 대장이 앞장서야지 자기는 빠져 있고 졸개들만 보내면 참목사가 아니라고 핀 잔을 줬다고 했다. 그럼에도 불구하고 김장환 목사는 마귀 소굴에 여러 번 찾아와서 자기를 위로해주었다고 해서 교인들이 모두 웃음을 터뜨렸다.

김영삼 대통령의 차남 현철 씨가 구속되었을 때 김 목사는 면회를 12번이나 갔다. 김 목사는 그를 만날 때마다 성경을 읽고 기도해주었다. 모태신앙인 현철 씨는 김 목사가 가서 예배드리고 조언하면 늘 겸손한 자세로 경청했다. 김 목사는 "아무 말 하지 않고 침묵을 지키는 것이 아버지를 돕는 길이다"라고 조언하곤 했다.

김 목사가 면회를 자주 갔다는 사실을 안 김영삼 대통령 부부는 부모 역할을 대신해줘서 진심으로 고맙다고 말했다. 특히 자식을 감옥에 둔 어머니의 심정이 오죽했겠는가.

김영삼 대통령을 가까이서 모신 사람 중에는 김광석 경호실장과 김기수 비서실장이 있다. 먼저 김광석 경호실장은 김 목사의 수원중앙침례교회 장로였고, 잡음 없이 경호실장 역할을 잘 한 사람으로 김 목사는 기억하고 있다. 그리고 또 한 사람 김기수 비서실장을 통해 김 목사와 김영삼 대통령과의 통화가 이루어졌다. 다른 사람 전화는 웬만하면 다 막았는데, 김 목사의 전화는 우선적으로 연결을 해주었다. 김영삼 대통령이 돌아가셨을 때도 역시 제일 먼저 전화를 준 사람이 김기수 비서실장이다.

대한민국 제14대 대통령인 김영삼 대통령은 2015년 11월 22일 세상을 떠났다. 그해 11월 26일 오전 10시, 김장환 목사는 김 대통령의 국가장 집례를 맡았다. 언제나 한결같은 마음으로 약자나 낮은 자리에 있는 사람들을 위해 사랑과 헌신을 쏟아온 김장환 목사는 예수 그리스도를 닮기 위해 애쓰는 지도자라 할 수 있다.

김대중 대통령

김대중 대통령의 종교는 가톨릭이다. 그러다 보니 재야 시절 그는 가톨릭계 인사들과 밀접한 관계를 맺었다. 그러면서도 독실한 기독교 신자인 아내 이희호 여사로 인해 기독교계에도 두터운 인맥을 자랑했다. 대통령 재임 시절에는 강원룡, 김상근, 이재정, 박종화 목사 같은 한국기독교교회협의회 회원들이나 진보 인사들과 친밀한 관계를 유지했다. 그래서 기독교 창구로는 다소 편중된 인사들과 친분 관계를 유지한 것으로 평가되기도 한다.[119] 물론 김대중 대통령은 김영삼 대통령을 밀었던 단일화파 박형규 목사를 포용하기도 했다.

천주교와 여러 면에서 교리가 다른 개신교에서는 김대중 대통령의 신앙에 대해 의심하는 이들이 꽤 많다. 하지만 그가 옥중서신에서 고백한 내용으로 볼 때는 문제가 있는 신앙인이라거나 불신자라고 말하기는 어려운 게 사실이다.

1981년 1월 17일에 쓴 옥중서신에 이런 내용이 나온다.

> 나는 온 세상 사람이 예수님을 부인해도 그분을 사랑하겠소. 나는 모든 신학자들이 예수님이 하나님의 아들이 아니라 해도 그분을 믿겠

소. 모든 과학자들이 그분의 부활을 조롱해도 나의 신념에는 변함이 없소.¹²⁰

김대중 대통령은 2009년 8월 18일 서거했다. 그는 예수님의 십자가 고난과 부활을 진심으로 믿고 그 정신을 실천하기 위해 고뇌하는 신앙인으로 살다 갔다. 1980년대 초 죽음의 위기 속에서 이희호 여사에게 보낸 29통의 편지를 묶어 낸 『김대중 옥중서신』에는 그의 진솔한 신앙이 잘 묻어나 있다.

김대중 대통령은 가톨릭 신자다. 하지만 그가 서술했던 죄와 구원의 문제, 예수 부활, 교회의 핵심 진리는 개신교인이 믿는 신앙 못지않아 보이는 면이 있다. 물론 그의 글을 읽어보면 진화론적 하느님을 신봉하는 프랑스 신부 피에르 테야르 드 샤르댕(Pierre Teilhard de Chardin)에게 영향을 많이 받아 기독교 신앙과는 다소 차이가 있는 것으로 보이기도 한다.

김대중 대통령이 가톨릭인 반면 그의 정치적 동지이자 부인인 이희호 여사는 YWCA 출신으로 창천감리교회 장로였다. 주일이면 부부가 예배를 따로 드릴 만큼 종교색이 조금 달랐다.

김대중 대통령은 2000년 김장환 목사가 세계침례교연맹 총회장에 당선됐을 때 "세계 평화와 침례교를 통한 기독교 발전에 이바지하기를 기원한다"는 내용의 축전을 보내 축하했다.[121] 또 목포·영동·포항·울산극동방송이 김대중 대통령 시절에 인가를 받았다.

노무현 대통령

2003년, 노무현 대통령이 제16대 대통령에 취임했다. 어린 시절 노 대통령은 십리 길을 걸어 주일학교에 다닌 적이 있었고, 중학교 때까지는 목사가 되는 것이 꿈이었다.[122] 하지만 그는 기독교계와 그리 좋은 인연을 유지하지는 못했다. 당선 후 첫 국가조찬기도회에 불참하면서 교계를 서운하게 했고, 그의 개혁 정책에 반대하는 보수 기독교계가 시청 앞 광장에서 시국기도회를 여는 등 임기 내내 기독교계의 '반노 정서'에 시달려야 했다. 취임 첫해인 2003년에만 '나라와 민족을 위한 기도회'가 보수 기독교계를 중심으로 수차례 진행되었다. 국가보안법 폐지에 앞장섰던 노무현 대통령의 정책을 반박하고, 2006년에는 사학 개혁에 대해 재개정 운동을 벌이는 등 5년 동안 끝없는 싸움을 이어갔다. 김장환 목사는 신앙적으로나 정치적으로나 보수주의자에 속한다. 신앙은 보수적인 신학교에서 공부했기 때문이고, 정치는 6·25의 참상을 직접 경험하며 북한 공산주의자들의 잔학함을 잘 알고 있었기 때문이다.

그래서 김장환 목사는 진보적 정치 성향의 김대중 대통령이나 노무현 대통령과는 깊은 인연이 없는 편에 속한다. 그런데 김 목사의 성향을 잘 알고 있는 노무현 대통령이 청와대를 방문한 김 목사를 칭찬한 적이 있다. 대통령 선거 때 김 목사가 자기를 찍지 않았을 텐데도 자기가 도와달라고 하면 남의 일 같지 않게 앞장서서 잘 도와주니 감사하다고 말이다.

노무현 대통령의 말대로 김장환 목사는 그가 도움을 요청하면 최선을 다해서 힘이 되어주었다. 애국을 위해선 정치적·종교적 색깔이 달라도 도와야 한다는 생각 때문이다. 이것이 민주주의의 원리를 잘 아는 사람의 모습이다.

2006년 9월, 노무현 대통령이 김 목사에게 특별한 부탁을 했다. 조지 W. 부시 미국 대통령과 정상회담을 하고 돌아가는 길에 샌프란시스코를 들를 예정이었는데, 그때 『목적이 이끄는 삶』의 저자인 새들백 교회 릭 워렌(Rick Warren) 목사를 만나게 해주면 좋겠다는 것이었다. 당시 워렌 목사는 〈타임〉이 선정한 '세계에서 가장 영향력 있는 100인', 〈뉴스위크〉가 뽑은 '미국을 위대하게 만드는 15인'에 선정된 세계적 명사였다.

불교와 가까웠던 노무현 대통령도 릭 워렌 목사가 미국 대통령과 정치가들에게 영향력 있는 사람이란 것을 잘 알았기 때문에 만남을 주선해달라고 요청한 것이다. 릭 워렌 목사와 친분이 두터운 김 목사는 즉시 그에게 전화해서 같이 노무현 대통령을 만났다. 거기서 릭 워렌 목사는 노무현 대통령을 위해 두 번이나 기도해주었다.[123] 노무현 대통령은 김 목사 교회의 장로이자 같은 당 김진표 의원 덕분에 기독교에 대한 반감은 없었던 것으로 알려져 있다.

노무현 대통령은 퇴임 후 봉하마을로 내려갔고, 김장환 목사는 퇴임한 대통령을 만나러 봉하마을을 방문했다. 노 대통령 부부도 반갑게 맞아주었다. 정치적 색깔도 다르고 신앙도 불교에 가까운 그를 찾아간 유일한 이유는 오직 '복음을 전하기 위해서'였다.

전도를 하려면 우선 인간적인 관계 형성과 신뢰가 구축돼야 한다.

그런 뒤에야 전도가 먹혀드는 법이다. 그렇게 김 목사는 차를 마시고 대화하며 자연스럽게 복음도 전하려 애썼다.

그런데 해가 바뀌면서 노 대통령에 대한 검찰조사가 기정사실이 되었다. 그때도 김 목사는 즉각 봉하마을로 위로의 편지를 보냈다.[124] 편지를 부치고 나서 열흘 뒤, 대통령은 검찰에 소환돼 봉화마을에서 서울까지 버스를 타고 가는 모습이 전국에 생방송으로 전해졌다. 안타깝게도 그것이 세상에 보인 마지막 모습이었다.

검찰에 다녀온 다음 날, 그는 그만 부엉이바위에서 극단적 선택으로 생을 마감하고 말았다. 한 나라의 대통령을 역임한 사람이 그런 모습으로 세상을 떠나다니 국가적인 불행이 아닐 수 없다. 노무현 대통령이 김 목사가 보낸 편지를 읽은 뒤 검찰에 다 털어놓고 결과는 하나님께 맡기고 그리스도를 믿는 신앙으로 귀의했다면 얼마나 좋았을까 하는 안타까움이 남는다.

노 대통령의 비보를 접한 김장환 목사는 '조금만 더 격려하고 조금만 더 위로해주었으면 좋았을 텐데…' 하는 아쉬움에 땅을 쳤다. 하지만 사람의 후회로는 아무것도 돌이킬 수 없었다.

노무현 대통령 딸 부부는 교회에 나가는데, 권양숙 여사는 안 나가서 김 목사가 교회에 나가라고 여러 번 권면했지만 결과는 좋지 않았다. 그래도 김 목사는 노무현 대통령 부부를 위해 하나님 앞에서 최선을 다했다.

김장환 목사는 노무현 대통령 사후에도 릭 워렌 목사에게 연락해서 노 대통령 부인에게 위로의 편지를 보내라고 조언해 워렌 목사가 편지를 쓴 적이 있다. 그때 시편 1편으로 쓴 워렌 목사의 편지는 월간잡지에 게재되었다.

그렇게 기도하고 권면했어도 씁쓸한 죽음밖에 돌아온 게 없었지만, 그래도 끝까지 홀로 남은 부인에게 위로 편지를 쓰게 했던 김 목사의 신실함과 의리는 귀감이 되고도 남는다.

이명박 대통령

김장환 목사는 이명박 대통령과는 특별한 관계로 지냈다. 사람들이 김 목사를 '이명박 대통령의 멘토'라 부를 정도였다. 이 대통령이 교회 장로인 데다가 정치색도 같았기 때문이다. 이 대통령의 친형 이상득 의원과는 30년 가까이 인연을 맺고 있을 정도로 김 목사는 이 대통령 집안과 교분이 깊다.

이명박 대통령에게는 누구에게도 알려지지 않은 비밀 하나가 있다. 6·25전쟁 당시 그의 고향인 포항에 미군 해병대가 주둔하고 있었는데, 동란 이후 고등학교를 못 가니 하우스보이로 취직하려고 찾아간 적이 있었다고 한다. 영어를 못해 문간에 서서 미군 병사한테 취직하려고 왔는데 높은 사람 좀 만나게 해달라고 한국말로 말했다. 그 병사가 연락을 해줘서 들어가 사정을 얘기하니 그 사람이 어깨를 툭툭 치며 초콜릿과 과자를 싸주었다. 그의 표정을 보고는 일자리를 주겠구나 기대하며 집으로 돌아왔다. 그날 밤새도록 군용트럭이 움직이는 소리가 나서 이게 뭔가 싶어 가보니 미군 부대가 사라지고 없었다. 그래서 하우스보이로 일할 기회를 놓쳐버렸다는 이야기다.

만약 그때 이명박 대통령이 하우스보이로 일했다면 김장환 목사처럼 미국 유학을 갈 수 있었을지 궁금해진다. 어쨌든 하우스보이로 일하지 못하게 되자 낮에는 돈을 벌고 야간에 학교를 다녔다고 한다. 이 대통령은 김 목사가 하우스보이로 선택돼 미국에 간 것은 하나님의 특별한 계획에 따른 것이라 확신하고 있었다.

1995년경 뉴욕에서 이명박 전 서울시장 부부를 만났을 때 김장환 목사가 해준 말이 지난 2023년 김장환 목사의 구순연 자리에서 화제가 되었다. 김윤옥 여사에 따르면, 그때 김 목사가 이명박 전 서울시장에게 해준 말은 바로 이것이었다.

"할 일 없으면 대통령이나 해보면 어떻겠는지?"

놀랍게도 그의 말은 현실이 되었다.

이명박 대통령은 김 목사를 정치 목사라고 비판하는 이들에게 한마디 했다. 정치 목사가 맞다면 힘 있을 때나 만나지 왜 감옥에 가 있는 사람을 만나느냐는 것이다. 힘 있을 때나 힘이 다 떨어지고 감옥 가 있을 때나 가리지 않고 찾아와서 기도해주고 위로해주는 목사가 김장환 목사라고 했다. 그리고 "그분은 권력 있는 사람만 만나는 게 아니라 힘없는 사람도 가난한 사람도 만나기를 즐겨하는 분"이라고도 했다. 김장환 목사는 사람들 눈치 보지 않고 예수님 대신 힘든 이들을 찾아가서 기도해주고 섬기는 일을 욕먹으면서까지 홀로 감당하고 있는데, 그런 장점은 우리 모두 본받아야 한다고 강조했다.

전두환 대통령이 백담사에 갔을 때도 찾아가서 기도해주고, 어려움을 당할 때 찾아가서 또 위로해주고 하는 것이 목회자의 사명 아니냐고 이 대통령은 반문했다. 그리고 많은 목회자와 친분이 있지만 김 목사처럼 끝까지 의리를 지키며 사랑을 베풀고 복음을 전하려 애쓰는 목사는 드물다고 했다. 이명박 대통령이 교도소 소장에게 듣기로는 수감자들이 운동할 수 있게 교도소에 비치해둔 자전거도 모두 김 목사가 마련해준 것이라고 했다.

이명박 대통령은 재임 시 해외순방을 나갈 때면 꼭 김 목사의 기도를 받고 떠났을 만큼 두 사람은 각별한 사이로 소문이 나 있다. 이 대통령은 물론 이상득 의원을 포함한 가족들은 자주 김 목사에게 전화해 기도를 부탁했다. 이 대통령 재직 시 김 목사는 청와대도 자주 드나들었다. 영적 스승이나 마찬가지여서 가능했던 일이다.

특히 이명박 대통령은 구치소에 있을 때 가족만큼이나 영적인 멘토 김장환 목사를 자주 찾았다. 김장환 목사가 어느 날 안디옥교회 예배에서 이명박 대통령이 동부구치소에 수감되었을 당시의 일화를 공개한 적이 있다. 접견실이 좁다 보니 행정관이 김 목사에게 "이번에는 아들과 손주가 면회를 오기 때문에 오시지 않아도 된다"고 전화를 했다고 한다. 그런데 이를 보고받은 이명박 대통령이 행정관에게 "손주는 못 와도 김 목사는 와서 예배드려야 한다"고 했다는 것이다. 김 목사는 서울동부구치소장이 이명박 대통령의 건강을 걱정하며 자주 방문해달라고 했다는 사실도 공개했다.[125]

이명박 대통령이 구속된 뒤에도 김장환 목사는 매주 서울동부구치소를 찾아가 예배를 함께 드렸다고 한다. 김장환 목사는 평소에도 이명박 대통령에 대한 언급이 잦았다. 설교 중에 가장 많이 언급되는 대통령이 이명박 대통령이라고 교인들이 말할 만큼 두 사람은 막역한 사이였다.

2017년 2월 19일 오전 11시, 경기도 김포시 양촌읍 연결고리패밀리처치(김명군 목사) 주일예배에 남색 정장을 입고 성경책을 든 노신사가 나타났다. 그는 바로 2008년 2월부터 2013년 2월까지 대한민국의 '국정 책임자'였던 이명박 대통령이었다. 독실한 크리스천인 그는 서울 소망교회 장로이기도 했다.

이명박 대통령이 이곳에 나타난 이유는 뭘까? 예배를 마친 뒤 단상에 오른 그는 사람들의 궁금증을 풀어주었다. 대통령 재임 시 김장환 목사와 대화를 나누던 중 퇴임 후 농어촌 미자립교회에 한 달에 한 번 정도 같이 가면 좋겠다는 제안을 받았다고 한다. 그렇게 하겠다고 약속하고도 지키지 못했는데, 이날 그 약속을 지키기 위해 김장환 목사와 함께 왔다고 했다. 이명박 대통령은 2015년 5월 24일 주일에는 제암교회(최용 목사), 2017년 9월 3일 주일에는 기댈곳교회(홍정수 목사) 등 미자립교회 두 곳을 더 방문했다.

그는 한 나라의 대통령이기 이전에 교회의 장로이기 때문에 불편한 점이 많았다고 한다. 세상에서 장로들이 구설에 오르는 일이 자주 있었기 때문에 서울시장과 대통령직을 수행하는 동안 하나님 영광을 가리지 않고 모범적으로 살기 위해 그 나름대로 애를 많이 썼다.[126]

이명박 대통령의 농어촌 미자립교회 방문은 재직 시에도 퇴임 후에도 한 나라의 대통령에게까지 구체적으로 영향을 미치는 김장환 목사의 영향력이 이룬 신선하고도 감동적인 열매다. 이처럼 장로 대통령과 목사 스승의 관계는 여러모로 남다를 수밖에 없었다.

박근혜 대통령

박정희 대통령 시해 후 유족인 자녀들의 고뇌와 아픔이 얼마나 컸을지는 짐작하고도 남는 일이다. 어머니를 북한이 보낸 첩자의 흉탄에 잃은 슬픔이 채 가시기도 전에 아버지마저 부하의 총에 목숨을 잃었으니 가족이 받았을 충격은 상상을 초월한다.

특히 장녀 박근혜는 그 일을 계기로 신앙에 귀의하고자 모 신학교 대학원에서 공부를 하려 했다.[127] 그런데 그녀가 택시를 타고 학교에 들어서자 한 학생이 격렬히 반대하며 그녀의 학교 출입 자체를 거부하고 나선 일이 있었다. 그 모습을 목격한 뒤 다시 택시를 잡아 타고 사라졌는데, 그때부터 그녀가 기독교와 거리를 두기 시작했다는 이야기가 있다. 그 장면을 창문으로 목격한 교수가 있다고 하니 완전히 엉터리 정보는 아니라고 본다.

2016년 11월 7일, 박근혜 대통령이 국정농단 시비로 한창 어려울 때 기독교 지도자 대표로 김장환 목사와 당시 명성교회 원로였던 김삼환 목사를 만나 국정 현안에 대한 의견을 경청한 적이 있다. 그날 박 대통령은 자신이 청와대에서 굿을 했다는 이야기 등 성도들에게 오해받을 사이비 종교 관련 소문은 사실이 아니라고 거듭 해명했다고 한다. 김장환 목사는 어려운 시국이니 하나님의 뜻을 잘 분별하라는 뜻에서 로마서 12장을 읽어주었다. 그 뒤 박 대통령은 탄핵당해 교도소에 가게 되었다.

김장환 목사는 사람이 잘나갈 때보다 잘나가던 자리에서 내려왔을 때 더 관심을 가지고 교제하는 목사라는 점이 특이하다. 박근혜 대통령도 재직 중에 어려운 일이 있을 때마다 가장 많이 찾은 이가 김장환 목사였다. 김 목사는 박 대통령이 옥중에 있을 때 매달 한 번씩 편지로 위로했으며, 자유의 몸이 된 뒤 2022년 10월 중 날을 잡아 대구시 달성군 사저로 내려가 위로할 계획이었으나, 성사되지 못했다.

부친 박정희 대통령을 전도하기 위해 카터 대통령까지 동원해서 애를 쓰기도 했던 김 목사이기에 그 따님에 대한 전도 의지는 누구에게보다 강하리라 본다. 만약 김장환 목사가 소원하는 회심의 역사가 박근혜 대통령에게 일어나기만 한다면 그녀의 남은 생은 결코 불행하게 끝나지 않을 것이다. 그 놀라운 기적이 박근혜 대통령이 세상을 떠나기 전에 이루어지기를 바란다.

문재인 대통령

2017년 대한민국 제19대 대통령으로 문재인 대통령이 취임했다. 그는 역대 대통령 중 김장환 목사와 가장 친분이 없었던 대통령이다. 정치색으로나 신앙적으로나 공통분모가 별로 많지 않았기 때문일 것이다.

문재인 정부에서는 미국 대통령 선거에서 예상외로 민주당 후보 힐러리 클린턴(Hillary Clinton)이 아닌 도널드 트럼프(Donald Trump)가 대통령에 당선되자 아주 난처해졌다. 북한에 관한 입장이나 정치적 기조가 달랐기 때문이다. 트럼프 대통령이 취임했을 때 문재인 정부에는 백악관 네트워크가 거의 없어서 매우 난처한 상황이었다.

당시 문재인 대통령은 불교나 천주교를 포함한 이른바 종교 지도자들을 만난 적은 있으나, 기독교를 대표하는 지도자들은 만난 적이 없었다. 그렇게 기독교 지도자들과는 인연이 별로 없었던 문 대통령 측에서 어느 날 김장환 목사에게 협조를 요청했다. 트럼프가 미국 대통령으로 당선된 뒤 문재인 대통령이 미국을 방문해야 하는데, 문 대통령은 진보좌파 출신이라 강경보수인 트럼프 라인과는 연결이 되지 않았기 때문이다.

2017년 3월 17일, 백악관 오피스텔에서 트럼프가 독일의 메르켈 총리와 대담할 때, 사진 촬영을 위해 악수를 해달라는 기자들의 요청을 트럼프 대통령이 끝까지 무시하는 일이 발생했다. 심지어 그는 자신을 쳐다보는 메르켈 총리의 시선마저 외면했다. 이는 외교상 결례에 해당하는 행동이어서 다소 논란이 되었다.[128]

문재인 대통령은 자신이 미국을 방문해서 트럼프 대통령과 면담할 때 메르켈 총리와 비슷한 '노룩(No look)' 장면이 연출되면 국내 여론이 좋지 않을 것을 무척 염려했다고 한다. 이때 구원투수로 나선 이가 김장환 목사였다. 당시 트럼프를 움직이고 그에게 지대한 영향을 끼치는 이가 빌리 그레이엄 목사의 아들 프랭클린 그레이엄이었다. 트럼프가 대통령에 당선되는 데 일등 공신이었기 때문이다. 김장환 목사는 그 프랭클린 그레이엄 목사와 친분이 두터웠다. 보통 사람은 프랭클린 그레이엄 목사와 연락조차 어려웠겠지만, 김 목사는 그와 쉽게 연결이 되었다. 프랭클린 그레이엄 목사는 김장환 목사가 부친의 설교를 통역해 세계적인 주목을 받았던 분이기에 평소 김 목사를 아버지와 동급으로 존경하고 가족처럼 생각하고 있었다.

그런 관계를 포착한 문 대통령 측이 수원중앙침례교회 장로인 김진표 의원을 통해 도와달라는 요청을 해왔다. 구체적 용건은 프랭클린 그레이엄 목사와의 만남을 주선해달라는 것이었다. 사실 한미 정상회담을 앞두고 성격이 괴팍하고 거만하기로 유명한 트럼프 대통령과의 만남이 문재인 대통령으로서는 못내 부담스러운 일이었다. 특히 당시 친북 유화정책으로 기울어 있던 문 대통령을 트럼프 대통령이 상당히 못마땅하게 생각했으니 더욱 그랬을 것이다.

김 목사는 프랭클린 그레이엄 측에 전화를 걸어 한국으로 와달라고 부탁했고, 그의 전화를 받은 프랭클린 그레이엄 목사는 즉시 자가용 비행기를 타고 한국에 왔다. 그렇게 다음 날 대통령과 면담 시간을 잡아놨는데, 몇 시간 전에 전화해도 받지 않아서 호텔로 가 문을 두드렸다. 아무리 두드려도 반응이 없자 호텔 지배인에게 자초지종을 말하고 문을 따서 들어갔더니 시차 때문에 깊이 잠들어 있었다. 그는 간신히 잠에서 깨어 샤워한 뒤 옷을 갈아입고는 김장환 목사와 함께 청와대로 들어갔다.

문재인 대통령과의 대화 중에 프랭클린 그레이엄 목사는 트럼프 대통령의 성격이 급하고 거만하니 주눅 들지 말아야 하며, 혹시 딴 데를 쳐다보며 '노룩 악수'를 하더라도 난감하게 생각할 필요가 없다고 조언해주었다. 그 뒤 그레이엄 목사가 문 대통령에게 호의를 갖고 친절하게 대담을 잘하라고 트럼프 대통령에게 부탁해 한미 정상회담이 성공적으로 끝났다고 한다.

혹자는 김장환 목사를 '불의한 기득권 권력자들과 얽혀 있고, 출세 지향적 처세관으로 일관된 삶'을 살아왔다고 비판한다.[129] 그의 말대로 세상의 권력자들 가운데 불의하지 않고 전적으로 의로운 이는 없다. 대한민국 대통령을 역임한 이들도 모두 공과(功過)가 있다. 그런데 김장환 목사가 이들과 교제하면서 불의한 일을 행한 적이 있는지 따져보자. 김 목사가 앞서 소개한 역대 대통령들과 관계를 맺으면서 물질적으로나 정치적으로 도움을 받은 적은 단 한 번도 없었다. 오히려 김 목사가 그들을 도와준 일밖에 없는데, 그 일 또한 불의하지 않고 국익에 도움이 되는 긍정적인 것뿐이었다.

또 김 목사가 출세 지향적 처세관을 갖고 있다고 지적했는데, 그 말이 맞는다면 김 목사는 적어도 국회의원 한자리쯤은 했어야 한다. 그런데 오히려 그는 전두환 대통령의 국회의원 출마 제의도 거절한 사람이 아닌가. 김 목사가 정치권이나 권력자들과 교제를 해온 이유는 우선 애국심 때문이며, 다음은 복음전도를 위해서다. 불신 대통령이나 정치가라면 여야를 막론하고 도와주면서 그리스도의 복음을 전하는 것이 그의 유일한 목적이었다. 그래서 김장환 목사는 약방에 감초처럼 국가 대소사에 선한 영향력을 미쳐왔다. 그만큼 김장환이라는 한 인물의 역할은 크고 대단했다.

윤석열 대통령

조용기 목사 빈소에서의 안수기도

2021년 9월 14일, 한국 기독교계의 큰 별이 하나 떨어졌다. 여의도순복음교회 조용기 원로목사가 세상을 떠났기 때문이다. 조 목사에 대한 호불호가 엇갈리긴 하나 그가 한국 교회와 세계 기독교에 끼친 영향은 결코 소홀히 간주될 수 없을 것이다.

세계 최대 교회의 담임목사를 역임한 굵직한 영적 지도자의 장례여서인지 정계, 재계, 학계 가릴 것 없이 유명 인사들이 빈소를 찾았다. 김장환 목사와 기독교계 거물들도 함께 조용기 목사의 빈소를 찾았는데, 그때 국민의힘 대선 예비후보였던 윤석열 후보도 참석했다.

윤 후보와 친분 관계가 있었던 김장환 목사는 즉석에서 윤 후보에게 전도와 안수기도를 주도했다. 김 목사는 윤석열 후보와 마주치자마자 그의 모교가 기독교 사학인 대광초등학교라며 '대광'을 연호한 뒤, 그를 붙들고 "이제 하나님 믿어야 돼!"라고 당부했다. 김 목사는 대광초등학교 시절엔 교회에 잘 다녔는데, 그동안 교회를 떠나 살다가 중요한 시점에 다시 하나님 앞에 붙잡힌 것이라며 윤 후보를 소개했다.

김 목사는 이어 대전 새로남교회의 오정호 목사에게 윤석열 후보를 위해 기도해달라고 부탁했고, 이에 함께한 목회자들이 모두 윤 후보에게 안수한 가운데 오 목사가 대표로 기도했다. 오 목사는 "윤 후보가 믿음의 가족이 되길 원한다"며 "우리 대한민국의 자유민주주의가 지켜질 수 있도록 은혜를 베풀어주시며, 대통령 후보로서 모든 만남에 지혜와 명철을 주셔서 한국 교회를 위해 귀하게 쓰임 받도록, 우리 민족의 역사를 새롭게 하도록 주님 함께해달라"고 기도했다. 그 자리에는 김삼환 목사(명성교회 원로), 장종현 목사(예장 백석 총회장), 김종준 목사(예장 합동 총회장), 이영훈 목사(여의도순복음교회 담임), 오정현 목사(사랑의교회 담임), 이제는 고인이 되신 최성규 목사(인천순복음교회 원로) 등도 함께 있었다.[130]

이를 두고 김장환 목사를 비난하는 이들이 있었다. 목사들이 남의 빈소에 문상하러 가서 때마침 조문하러 온 대통령 후보에게 안수하고 축복해도 되느냐는 것이다. 그렇게 비난하는 이들에게 물어보자. 한 나라의 대통령이 되어 5년간 나라를 다스릴 가능성이 있는 사람에게 복음도 전하지 말고 안수도 하지 말고 대통령 후보로서의 지혜와 명철을 주셔서 한국 교회를 위해 귀하게 쓰임 받고 나라의 역사를 새롭게 하게 해달라고 축복기도를 하지 않는 것이 더 좋단 말인가? 그런 일을 불교나 타 종교의 리더가 와서 해버리도록 방치하거나 양보하면 더 좋겠다는 말인가?

국민의힘 관계자는 "(윤석열 후보가) 그 뒤 사적인 자리에서 (기도를 받은 것이) 아주 좋았다고, 옛날 생각이 났다고 말했다고 한다"며 "은혜스러웠다고 말했다고 들었다"고 전했다. 이런 윤 후보의 반응을 볼 때 당시 김 목사가 주도했던 복음 증거와 안수기도 행위는 결코 부정적으로 폄훼되어선 안 될 것이다.

김장환 목사가 정치인이나 그 가족을 만날 땐 항상 복음전도의 사명이나 국가 발전에 도움이 되는 목적을 가지고 만난다. 국회의원이나 장관이나 대통령이 될 목적으로 정치인과 교제하는 목사는 필자가 아는 한 거의 없다고 본다. 목사의 사명이 무엇인지를 제대로 알고 안수받은 사람이라면 목사라고 하는 성직보다 더 소중하고 영광스러운 것이 없다는 사실을 잘 알 것이기 때문이다.

미국의 역대 대통령들이 어려운 일이 있을 때마다 빌리 그레이엄 목사를 불러서 조언을 듣고 기도를 받았던 이유도 구약에 나오는 선지자와 같은 존재로 생각했기 때문이다. 역대 왕들이 영적으로 국가적으로 위기가 닥칠 때마다 불러서 하나님께 기도해달라고 의존했던 그 선지자 말이다. 김장환 목사 역시 그런 역할을 하고 있다.

장래 희망이 목사였던 대통령

윤석열 후보는 이후 한 유튜브 채널과의 인터뷰에서 자신이 YMCA 유치원과 영락교회재단의 대광초등학교를 다녔다고 밝히며, 유치원과 초등학교 시절엔 기독교의 영향 아래에서 푹 빠져 지냈다고 말했다. 특히 그는 부활절이라든가 크리스마스 때 연극 행사를 준비하고, 여름에는 또 성경학교에 다니고 그랬기 때문에 초등학교 때 장래 희망이 목사였다고도 했다.¹³¹ 윤 후보의 말대로라면 그가 기독교와 전혀 무관한 사람이 아니었기에 누군가가 복음을 조금만 더 깊이 전하고 권면하고 기도하며 이끌어준다면 하나님의 자녀가 될 가능성이 많다.

　기독교 지도자들이 정치인들을 만날 때마다 항상 색안경을 끼고 부정적으로 비난하는 이들이 있다. 목사의 사명이 무엇인지를 제대로 알지 못해서다. 목사는 어디서 누구를 만나든 복음을 증거하고 기독교 정신이 나라 전체를 움직이도록 하는 일에 최선을 다해야 하는 사명자다. 물론 축복하고 위로하는 일뿐 아니라 바른 소리를 하는 선지자 역할도 감당해야 한다. 그래서 김영삼 대통령 시절 차남 현철 씨가 알선수뢰와 증여세 포탈 혐의를 받고 있을 때, 조용기 목사와 김장환 목사가 현직 대통령 면전에서 구속을 촉구하는 메시지를 전하기도 했던 것이다.

　김장환 목사는 누구보다 폭넓은 인맥을 통해서 할 수만 있다면 개인은 물론 국가 전체와 기독교의 발전과 부흥에 유익이 되는 쪽으로 일을 만들어가는 은사가 탁월한 사람이다. 이런 재능은 한국 교회 지도자들 가운데서도 오직 김 목사만의 전매특허나 마찬가지다. 하나님은 그를 사용하셔서 나라의 운명을 좌우할 만큼 지대한 영향력을 지닌 정치인들, 대통령에게까지 선한 영향을 끼치도록 하신다는 것을 알 필요가 있다.

　2022년 5월 10일, 윤석열 국민의힘 후보가 대한민국 제20대 대통령으로 취임했다. 5년간 이 나라를 책임지고 다스릴 국가 최고 지도자로서 그의 영향력이 매우 중요한 시험대에 놓이게 될 것이다. 김장환 목사의 기도와 소망대로 그가 그리스도인이 되고 하나님의 지혜와 능력으로 대한민국을 잘 이끌어가길 바란다. 이를 위해서는 대통령과 지도자들을 위한 기독교계의 지속적인 관심과 복음전도와 기도가 절실하리라 본다.

2022년 12월 25일 성탄절에 윤석열 대통령 부부는 서울 성북구 영암교회를 찾아 성탄예배를 드렸다. 윤 대통령이 초등학교 1학년 때부터 중학교 1학년 때까지 다녔던 교회를 49년 만에 찾은 것이다. 이날 교회에서 대광초등학교 시절 은사들을 만난 윤 대통령은 예배 후에 "초등학생 때 보이스카우트를 지도해주신 손관식 선생님과 이순길 선생님을 뵙게 돼 정말 꿈만 같다"며 "타임머신을 타고 50년 전으로 되돌아간 느낌"이라고 말했다. 이어 "법학을 공부해보니 헌법 체계나 모든 질서, 제도가 다 성경 말씀에서 나왔다는 것을 알게 됐다"며 "우리가 누리고 있는 모든 문명과 질서가 예수님 말씀에서 나온 것"이라고 했다. 또 "이웃 사랑의 첫 번째는 자기 일을 열심히 하고 책임을 완수하는 것인데, 어려운 사람을 많이 도와야 한다"고 짚었다. 이어 "목사님 말씀대로 대통령으로서 저도 제가 할 일을 최선을 다해 열심히 하겠다"며 "이 모든 게 대광초와 영암교회에서 배운 것"이라고 되짚었다.[132]

김장환 목사는 필자에게 이렇게 말했다.

"윤석열 대통령 곁에 독실한 그리스도인이 있어서 계속 신앙 이야기를 하며 복음을 전해야 합니다. 누군가는 계속 힘쓰고 애쓰고 기도해야 결실이 나타나니까요."

　김장환 목사가 윤석열 후보를 처음 만났을 때 잊지 말고 새기라고 읽어준 성경 말씀이 있다. 바로 로마서 12장 15~17절의 "즐거워하는 자들과 함께 즐거워하고 우는 자들과 함께 울라 서로 마음을 같이하며 높은 데 마음을 두지 말고 도리어 낮은 데 처하며 스스로 지혜 있는 체 하지 말라 아무에게도 악을 악으로 갚지 말고 모든 사람 앞에서 선한 일을 도모하라"는 말씀이다.

　로마서 12장에는 '하나님의 뜻을 잘 분별하라', '어려울 때는 하나님의 뜻을 잘 생각해 길을 찾으라'는 내용이 담겨 있다. 김 목사는 윤 후보가 이 말씀대로만 정치를 해준다면 대한민국 국민이 사랑하고 존경하는 정치인이 될 것이라고 격려했다. 김 목사의 권면 이후 윤 후보는 기회가 될 때마다 김 목사를 찾아와 성경 말씀을 듣고 기도를 받고 조반을 들고 갔다.

　지금도 윤석열 대통령은 성경 말씀대로 살려고 부활절이나 성탄절 같은 절기가 되면 꼭 교회에 나가서 예배드리며 무척 애쓰는 모습을 보여준다. 김 목사는 그 모습을 하나님께서 기뻐하실 것이라고 말한다.

　윤석열 대통령이 대한민국을 새롭게 회복시키고 부흥시키는 최고의 대통령으로 칭찬받기를 김 목사는 누구보다 바라며 기도하고 있다. 김장환 목사를 통해 복음과 접촉한 윤 대통령과 김건희 여사가 하루빨리 온전한 그리스도인으로 성장해서 윤석열 대통령이 역사에 길이 남는 대통령이 되기를 바란다.

조지 W. 부시(George W. Bush) 미국 대통령

김장환 목사는 조지 W. 부시 대통령이 한없이 성품이 좋은 사람이라고 했다. 그가 한국인 중 가장 친한 사람이 (주)풍산의 류진 회장인데, 부시 대통령이 골프를 좋아하기 때문에 한국에 오면 골프 스케줄을 짜느라 애를 먹곤 했다. 전직 미국 대통령과 골프를 치는데 아무나 동행할 수 없으니 김장환 목사와 자주 스케줄을 짰다고 한다.

부시 대통령은 술을 안 마실 때가 없을 만큼 술고래였는데, 부인이 "술 먹으면 아무것도 못하니 끊으라"고 해서 딱 끊었다고 한다. 그 뒤 아버지 별장에 가 있을 때 아버지 부시 전 대통령이 빌리 그레이엄 목사를 초청해 가족 기도를 해주었는데, 그때 성경을 주며 전도해서 예수를 믿게 되었다.

이명박 대통령의 임기는 조지 W. 부시와 오바마 두 미국 대통령의 임기에 걸쳐 있었다. 김 목사는 이명박 대통령 시절에 자주 청와대에 들어가서 주일예배를 인도했다. 그러던 어느 날, 이명박 대통령이 조만간 부시 대통령을 만나러 미국에 간다고 알려주었다. 이때 김 목사는 부시 대통령이 신앙이 좋으니 만나면 꼭 기도를 해주라고 권했다. 이 대통령은 좋은 제안이라면서 김 목사에게 영어 기도문을 적어달라고 부탁했다.

그 뒤 이 대통령은 미국 대통령과 가족의 전용 별장인 캠프 데이비드에 초대를 받았다. 거기서 양국 대통령 부부가 카트를 타고 영내를 돌아다니던 중 조그마한 교회를 하나 발견했다. 이 대통령은 차를 정지시킨 뒤 그 교회로 들어갔다. 한국 대통령 내외가 들어가니 부시 대통령 부부도 따라 들어갈 수밖에 없었다. 거기서 이명박 대통령 부부가 기도를 했다. 스케줄에도 없는 일이어서 경호원들은 깜짝 놀랐다. 부시 대통령은 한국 대통령 부부가 교회에 들어가 기도하는 모습을 보고 감동했다.

그때 어젠다에 없는 기막힌 의제가 하나 나왔다. 이명박 대통령은 한국 사람들이 새벽부터 미국대사관 주변에 4시간을 대기하고 있다가 직원이 나오면 들어가서 비자를 신청하는 것이 너무 시간 낭비라면서, 특히 비가 오거나 춥거나 하면 비자 받는 게 너무 힘들다는 이야기를 꺼냈다. 그 말을 들은 부시 대통령은 자기가 도와줄 게 없냐고 물었고, 이 대통령은 한국인들이 미국 들어올 때 무비자로 들어오게 해달라고 부탁했다.

사실 그 문제는 법무부 장관이나 국토부 장관이 여러 해를 지켜보고 그 나라 수준이 어느 정도 되어야 위원들이 결정할 사안이었다. 그런데 부시 대통령이 법무부 장관에게 자신이 책임질 테니 곧바로 시행하라고 해서 지금은 줄도 안 서고 2년 기한의 비자를 받게 되었다.

부시 대통령은 한국에 오면 주로 신라호텔을 이용했다. 그는 한국에 올 때마다 골프를 칠 정도로 골프광이다. 그가 얼마나 소탈한 성격의 소유자냐 하면, 골프를 치고 난 뒤 자기가 썼던 모자에 사인을 해서 캐디에게 선물할 정도다. 김 목사는 텍사스에 갔을 때 부시 대통령이 상이군인들의 골프를 챙겨주고, 파티도 해주고, 또 사진도 같이 찍어주며 친근하게 대하던 것이 기억에 남는다고 말했다.

풍산의 류진 회장이 부시 대통령의 자서전을 한국말로 번역해 부산에서 출판기념회를 연 적이 있다. 그때 류진 회장이 김 목사에게 기도를 부탁했는데, 마침 바이올라 대학 총장이 참석한 것을 보고 김 목사가 대신 기도를 맡겼더니 매우 좋아했다.

어느 날, 김 목사는 우정힐스에서 바이올라 대학 총장과 골프를 쳤다. 그때 총장 내외가 한국에 와 있는 동안은 장인 장모가 아이들을 돌봐준다면서 두 분이 '부시 대통령의 광팬'이라고 말했다. 정이 많은 김 목사는 그 이야기를 기억해두었다가 나중에 부시 대통령이 한국을 방문해서 자신과 골프를 칠 때 바이올라 대학 총장의 장인에게 전화를 걸었다.

"미국에 대통령님을 아주 좋아하는 분이 계시는데, 목소리라도 한 번 듣게 해주시면 고맙겠습니다."

그렇게 말하고 바이올라 대학 총장의 장인을 바꿔주어 두 사람은 잠시 통화를 했다. 당시 그의 마음이 얼마나 기뻤을지 상상하고도 남는다. 평생 잊지 못할 감격스러운 기억으로 남았을 것이다.

이 에피소드는 김장환 목사가 얼마나 남을 세심하게 배려하고 생각해주는 리더인지를 잘 보여준다.

마이크 펜스(Mike Pence) 미국 부통령

2022년 3월 25일, 미국 부통령을 지낸 마이크 펜스가 극동방송과 아일랜드리조트의 공동 초청으로 한국을 찾았다. 이날 오전 10시 30분, 서울 웨스틴조선호텔 그랜드볼룸에서 열린 '마이크 펜스 부통령 초청 특별 강연'에서 그는 '국제 정세 속 굳건한 한미동맹'을 주제로 메시지를 전했다. 이 행사는 한국의 정치, 경제, 교육, 문화 등 각계 인사 300여 명이 참석한 가운데 성황리에 끝났다. 이 자리에는 김장환 목사도 함께 자리했다.

펜스를 초청해서 당시 윤석열 대통령 당선자와의 만남을 주선한 사람도 김 목사였다. 윤 당선인과 펜스 부통령은 이 자리에서 최근의 국제정세와 한미동맹 강화 방안에 대해 주로 논의한 것으로 전해진다. 아울러 자유민주주의 가치에 대한 신뢰를 서로 확인한 것으로 알려졌다.

펜스는 이날 참석자들과 함께 찍은 사진을 자신의 트위터에 올리기도 했다. 그는 사진과 함께 올린 글에서 "한국에서 윤석열 대통령 당선자를 만나게 되어 반가웠다"며 "윤 당선인은 자유의 수호자이며, 미래 세대를 위해 미국과 한국 사이의 끊을 수 없는 유대를 강화시킬 것"이라고 적었다. 참석자들에 따르면 윤 당선인은 독실한 크리스천인 펜스 부통령에게 "한미관계를 위해 기도하고 싶다"고 말했고, "내가 대통령이 되면 다시 방한해서 날 위해 기도해 달라"고 부탁했다고 한다.[133]

마이크 펜스는 아주 신중하고 믿음이 깊은 하나님의 사람으로 '성경 읽기'로 하루를 시작하는 경건한 신앙인이자, 매일 아침 집을 나서기 전 아내와 함께 기도하는 모범적 정치인이기도 하다. 그는 겉모습에서 느껴지는 것처럼 굉장히 진중하고 신실함이 엿보이는 인물이다.

펜스는 한국과 인연이 깊다. 펜스의 아버지 에드워드 펜스(Edward Pence)는 6·25전쟁 당시 미 육군소위로 참전해 유명한 폭찹힐 전투 (휴전협정을 앞두고 경기도 연천 천덕산 일대 300m 고지에서 미군과 중공군이 3개월간 펼친 전투)에서 치열하게 싸운 공로로 무공훈장을 받았다.134 에드워드 펜스는 6·25전쟁으로 희생된 전우들 생각에 평생 죄책감을 극복하지 못했다며 참전 용사로서의 고통을 고백한 바 있다.

마이크 펜스 부통령은 지난 2017년 11월 11일 알링턴 국립묘지에서 열린 참전 용사의 날 기념식 연설에서 참전 용사들의 고통에 깊이 공감한다고 말하고, 참전 용사들이 앞으로 전쟁에 대한 아픈 추억으로 인한 고통에서 벗어나기를 바란다고 말한 바 있다. 또한 그는 아버지의 6·25전쟁 참전으로 참전 용사들의 고통을 알게 되었다며, 늘 참전 용사들의 열정과 헌신에 감사한다고 전했다.

펜스는 최근 북한이 대륙간 탄도미사일(ICBM)을 발사하는 것을 보고 한미동맹의 중요성을 더욱 느낀다며 북한의 이런 행동을 더욱 강력히 규탄한다고 말했다. 펜스는 이렇게 강조했다.

"김정은 위원장은 기억해야 한다. 그 어느 때보다도 우리의 한미동맹은 강력하다는 것을! 그리고 이런 식의 도발은 우리의 안보와 의지를 더 강하게 만든다는 것을 알아야 한다."

펜스는 지난 70년간 한미 양국이 안보를 위해 많이 노력하며 지금까지 잘 지켜왔듯이 우리의 다음 세대들을 위해 앞으로도 계속 한미 양국의 동맹관계를 잘 유지하고 강화해나가야 한다고 재차 강조했다.

그는 또 우크라이나(Ukraine) 사태와 관련해 "우크라이나에 엄청난 만행을 저지른 러시아의 책임은 푸틴의 어깨 위에 있다"며 전 세계 동맹국들이 러시아를 제재하기 위해 더욱 힘을 합쳐야 한다고 강조했다. 북한과 중국 같은 나라는 자유 진영이 어떻게 단합하고 움직이는지 예의 주시하므로 자유 진영 국가들이 하나가 되어 자유의 힘이 무력보다 강하다는 것을 보여줘야 한다고 말했다. 한편, 펜스는 한국에 대한 강한 신뢰를 표하며 한미동맹관계는 앞으로 더 강해질 것이라고 확신했다.

펜스는 이날 오전 특별 강연에 이어 오후 2시에는 극동방송 지하 1층 극동아트홀에서 '나의 신앙 나의 비전'이라는 제목으로 한국 기독교 지도자들은 물론 비기독교인 전도 대상자들까지 초청해 전도의 장으로 삼았다. 펜스는 독실한 가톨릭 가정에서 태어나 늘 철저한 주일성수와 신앙인의 자세로 어린 시절을 보냈지만, 자라면서 점점 믿음을 잃어갔다. 그러던 중 대학교 시절 어느 찬양 페스티벌에 참석해 요한복음 3장 16절 말씀을 듣고 그 자리에서 예수님을 구주로 영접하고 개신교 신자로 확실히 개종하게 되었다.

그는 집회에 참석해서 처음 예수 그리스도를 구세주로 영접하고 그리스도인이 된 날을 이렇게 기억하고 있다.

비가 내리는 언덕 위에서 감사의 마음으로 제 마음이 녹아내리기 시작했습니다. 십자가에서 나를 위해 이루신 그 일에 감사했습니다. (…) 그리고 그 자리에서 일어나 강단으로 나아가며 예수 그리스도를 나의 구주로 영접했습니다. 그것이 제 모든 삶을 바꿔놓았습니다.[135]

그때가 1978년이었다. 그는 예수님을 영접한 그 시기가 자신의 생애에서 가장 큰 전환점이었다고 고백했다. 또 강연에서 펜스는 다음과 같이 말했다.

기독교인은 나의 첫 번째 정체성이고, 신앙은 내 삶의 전부입니다. 모든 것을 잃었다고 느낄 때 그때 바로 주님이 임하신다는 것을 알기를 바라며 희망을 잃지 마십시오.

펜스는 전쟁의 소식과 경제 침체의 어려움과 사회적 혼란이 가중되는 이때 우리는 더욱 예수님을 굳게 붙잡아야 한다고 강조했다. 그는 우리가 주님을 붙잡을 때 나라를 치유할 수 있고, 자유를 지킬 수 있으며, 모든 사람에게 선한 영향력을 전할 수 있다고 말했다. 더 나아가 전도에 힘쓰는 자들이 되어 절망과 고통 중에서 헤매는 사람들에게 희망의 예수님을 전해줄 것을 당부하며 간증을 마쳤다.

그가 간증을 마친 뒤 극동방송 이사장 김장환 목사는 포럼에 초대된 100여 명의 전도 대상자들에게 자신을 변화시킨 요한복음 3장 16절을 읽어주며 예수님을 소개했다. 그리고 전도 대상자들을 위해 따로 마련한 기도실에서 김장환 목사는 마이크 펜스의 영접 기도를 도왔다. 대한민국의 장래를 위해 미국과 한국 지도자들이 만나 마음을 한데 모으고 우방국으로서의 신뢰를 강화할 수 있다면 유익한 일이 될 것이다. 하나님은 이런 일에 김장환 목사를 요긴하게 사용하시고 있다.

피델 카스트로(Fidel Castro) 의장

글로벌 리더로의 비상

쿠바의 아바나는 김장환 목사에게 잊을 수 없는 장소다. 우선은 그곳의 작은 침례교회에서 김 목사가 세계침례교연맹(BWA) 총회장에 취임했기 때문이고, 둘째는 그가 꿈에도 생각지 못한 쿠바 국가평의회 의장 피델 카스트로를 접견한 곳이기 때문이다. 쿠바는 카스트로가 주도했던 공산혁명 이후 가톨릭을 포함한 기독교 인구가 급격히 감소한 나라다. 그런 나라의 지도자인 카스트로에게 예수 그리스도의 복음인 성경을 전해 기독교에 호감을 느끼게 하는 일은 김장환 목사 같은 복음전도자에겐 중요한 일이었다. 그래서 김 목사는 취임식에 가는 길에 남침례교 본부에 들러 카스트로에게 선물할 스페인어 성경을 챙겼다.

취임식 당일에 카스트로 의장과 만날 기회가 있었으나, 갑작스레 그의 일정이 바뀌는 바람에 아쉽게도 만나지 못했다. 그래서 총회 리셉션장에서 쿠바의 종교부 차관에게 반드시 카스트로 의장을 만나게 해달라고 거듭 부탁했다. 하지만 총회가 다 끝나가도록 카스트로 측에서 만나자는 연락이 없었다. 불안감을 느낀 김 목사는 날마다 새벽 일찍 일어나 하나님이 역사해주시도록 간절히 기도했다. 영혼을 사랑하는 열정으로 부르짖으니 하나님이 역사하셨다. 놀랍게도 마지막 날 집회 시작 3시간 전에 카스트로 측에서 급히 만나자는 연락이 온 것이다.

김 목사와 카스트로 의장의 만남이 아슬아슬하게 성사된 것은 하나님의 역사이기도 했지만, 두 사람에게 서로를 만나야 할 이유가 있었기 때문이다. 김 목사는 카스트로에게 성경을 선물해 환심을 얻어 쿠바 국민에게 기독교를 포용하도록 할 마음을 갖고 있었고, 카스트로는 어떻게든 미국 대통령의 환심을 사서 식량과 의약품에 대한 미국의 경제 제재만이라도 풀어볼 생각이었다.

김장환 목사는 곧바로 카스트로 의장이 기다리는 공산당 중앙당사로 달려갔다. 그와의 만남을 얼마나 고대했던가. 단숨에 당사에 도착한 김 목사는 환한 웃음으로 맞는 카스트로 의장을 난생처음 대면했다. 당시 그는 커다란 키에 큰 코가 인상적이고 머리와 긴 턱수염이 모두 희끗희끗한 일흔네 살 할아버지로 트레이드마크인 카키색 군복을 입고 있었다.

10분간 서서 대화를 나누던 그는 집무실로 김 목사를 안내했다. 김 목사는 그에게 선물하려고 가지고 간 스페인어 성경을 전달하며 전도의 말을 잊지 않았다. 성경책을 받아 든 그는 이렇게 말했다.

"어릴 때 성경을 많이 읽었습니다."

그는 곧장 성경을 펼쳐 익숙한 구절을 몇 개 읽어주었다. 공산주의 지도자여서 김 목사가 선물하는 성경책을 꺼리는 내색을 하면 어쩌나 했는데, 카스트로는 어린 시절 이후 아주 오랜만에 접했을 성경책을 펼쳐보며 반가워하는 기색이 역력했다. 그는 어렸을 때 영세를 안 받으면 유대인 취급을 받기 때문에 사람들에게 무시당하기 싫어서 영세를 받았다고 말했다. 그리고 원래는 영세를 받으려면 2페소를 내야 하는데 자신은 운 좋게도 공짜로 받았다는 얘기를 덧붙였다.

김장환 목사가 그때까지 만나본 국가수반 가운데 전두환 대통령이 말을 가장 잘했는데, 카스트로는 그보다 더 말을 잘하는 리더였다고 한다. 그런데 카스트로는 빌리 그레이엄 목사가 정말 말을 잘하느냐고 물었다. 김 목사가 그렇다고 자랑하니 한번 초청해야겠다고 말했다 한다.136 김 목사는 한국 종교인으로는 처음으로, 세계 종교 지도자로는 교황 요한 바오로 2세에 이어 두 번째로 그를 만난 화제의 인물이 됐다.

결국 침례교 총회가 김 목사가 약속한 대로 식량과 의약품에 대한 제재를 해제해달라고 미국 정부에 촉구하는 결의안을 통과시킨 데 대해 카스트로는 고마움을 표시했다. 그로부터 며칠 후 미국 정부는 쿠바에 대한 경제 제재를 일부 해제했다.

하마터면 평생 아쉬움으로 남았을 뻔한 아바나를 떠나면서 김 목사는 안도의 한숨을 쉬었다. 그리고 글로벌 리더로서의 위상을 한껏 세워주신 하나님의 은혜에 깊은 감사의 기도를 올렸다.

그로부터 16년 뒤인 2016년 11월 25일, 김장환 목사에게 성경을 선물 받고 반가워했던 쿠바의 지도자 피델 카스트로가 90세를 일기로 세상을 떠났다. 김 목사는 자신에게 BWA 총회장 취임식 장소를 제공했고 카스트로 의장까지 만나게 했던 추억의 나라 쿠바에 속히 복음이 확산되기를 지금도 기도하고 있다.

쿠바에 뿌린 복음의 씨앗

종교 지도자가 공산국가의 독재자를 만나는 것은 사실상 불가능에 가까웠다. 그동안 카스트로 치하의 쿠바 공산당은 일당 독재체제에서 반체제 인사를 철저히 탄압했고 언론과 종교의 자유를 인정하지 않았기에 더욱 그러했다.

종교의 자유를 거부하는 독재자와 세계 기독교 단체 수장의 만남은 그 자체로 화제가 되고도 남았다. 카스트로와 김 목사는 가벼운 이야기를 나누며 환담했다. 먼저 김 목사는 쿠바와 한국의 배구 국가대표 경기 얘기를 필두로 대화를 시작했다. 쿠바 배구가 강하기 때문에 한국 배구팀이 쿠바와 시합하면 늘 져버려서 속상할 때가 많다고 솔직히 말했다. 그 말을 들은 카스트로는 "한국에는 져도 괜찮은데 러시아에는 절대 질 수 없다"며 구소련에 대해 강한 반감을 드러냈다.

김 목사가 한국을 한번 방문했으면 좋겠다고 하자 카스트로는 북한은 가봤는데 한국에는 못 가봐서 꼭 가보고 싶다고 말했다. 전쟁 후 한국이 급성장한 것과 경제적으로 부흥한 사실을 잘 알고 있던 그가 한국 방문에 관심을 가지는 것은 자연스러운 일이었다. 아울러 그는 한국 사회의 발전에 기독교가 어떤 영향을 미쳤는지에 대해서도 깊은 관심을 보였다.

대화 중에 카스트로 의장은 김 목사의 총회장 취임식 행사를 통해 쿠바 침례교인들의 신앙이 깊다는 것을 확인했고, 기독교에 대한 쿠바인의 이미지가 긍정적으로 바뀌었다고 덕담했다. 김 목사 역시 당시 쿠바가 처한 경제 상황의 심각성을 미국과 국제사회에 잘 전달해 경제 제재가 완화되는 데 최선을 다하겠다고 약속했다.

게릴라전으로 친미 독재정권을 몰아내고 쿠바에 공산주의 국가를 세운 강한 독재자 이미지였던 카스트로의 인상은 사뭇 달랐다. 환담이 끝나고 헤어질 즈음 카스트로는 김 목사에게 "곧장 집회에 가실 테니 화장실에 가서 볼일을 보고 가라"고 여러 번 권유할 만큼 타인을 배려하는 넓은 마음의 소유자였다.[137] 물론 개인적으로 만나서 악하게 보일 사람은 없을 테지만 말이다.

카스트로 의장과의 만남은 세계침례교연맹 총회장으로서 역량을 보여주는 첫 시험대나 마찬가지였다. 당시 첫 아시아 출신 총회장이 과연 침례교를 대표할 만한 역량이 있는가에 대해 의구심을 가진 대의원들이 있었기 때문이다. 하지만 카스트로 의장과의 성공적인 만남으로 김장환 목사는 그런 염려를 깔끔하게 불식시킬 수 있었다.

카스트로 의장과의 면담을 마치고 돌아오면서 김 목사는 카스트로와의 만남이 쿠바의 기독교 부흥과 복음 확산에 적잖이 영향을 미칠 것으로 확신했다. 아울러 미국과 쿠바의 껄끄러운 관계를 해소하는 피스메이커 역할의 가능성도 엿볼 수 있었다. 카스트로를 만나면서 김 목사는 앞으로 하나님께서 자신을 세계 복음화에 더욱 요긴하게 사용하시리라는 확신을 가질 수 있었다.

조용기 목사

만남의 동기

세계 최대 교회를 담임했던 조용기 목사와 김장환 목사의 관계를 궁금해하는 이들이 많다. 두 사람이 어떤 계기로 친해졌고, 어느 정도로 친분을 유지했는지에 대한 관심이다.

김장환 목사와의 인터뷰 중에 조용기 목사와 친해진 동기를 물었는데, 골프 회동 때문이라고 답했다. 김장환 목사는 골프를 치기 전 테니스를 즐겼다. 당시만 해도 골프가 지금처럼 일상화하지 않은 시절이어서 목사가 골프를 친다고 하면 비난을 받았다.

김 목사는 과거 박정희 대통령이 독일에 차관을 빌리러 갔을 때 통역한 사람으로 널리 알려진, 대한민국 독일 1호 박사인 백영훈 박사와 테니스 동무였다. 약 5년 정도 토요일마다 2시간 정도 테니스를 쳤는데, 어느 날은 듀스에 듀스를 거듭했다고 한다. 8번 정도의 듀스가 이어졌는데, 해가 서쪽으로 뉘엿뉘엿 저무는데도 두 사람의 승부욕이 어찌나 강했던지 깜깜해질 때까지 테니스 라켓을 놓지 않았다. 그렇게 테니스를 즐겼던 김 목사는 이후 테니스에서 골프로 취미를 바꾸게 된다.

김 목사가 조용기 목사와 친해진 계기는 빌리 그레이엄 목사였다. 1973년 '빌리 그래함 전도대회' 당시 그를 어느 교회의 주일 설교자로 세울 것인가가 관건이었다 한다. 당시 물망에 오른 교회는 전도대회장을 맡았고 한국 교회의 대표 목사로 존경받던 한경직 목사의 영락교회였다. 하지만 김장환 목사는 빌리 그레이엄 목사를 공항에서 마중하기도 했고 여러 차례 그와 함께한 일이 있었던 조용기 목사의 여의도순복음교회에서 설교할 것을 권했다.

그래서 조용기 목사의 교회에서 빌리 그레이엄 목사가 설교하고 조용기 목사가 통역하게 된 것인데, 그 일을 고맙게 여긴 조용기 목사는 그때부터 김장환 목사를 특별하게 대했다. 이전부터 골프에 익숙한 조용기 목사를 통해 김장환 목사도 자연히 골프에 입문했다. 김 목사는 이전에 최종관 SK 부회장과 미국 하와이에서 골프를 처음 쳐봤는데 공이 맞지 않아서 포기하려 했다고 한다. 그런데 조용기 목사와 급속도로 친해진 이후 김 목사의 골프 실력도 계속 늘었다. 미국에서도 여러 차례 골프 회동을 할 정도로 두 사람은 골프를 매개로 매우 친밀한 관계가 되었다.

김 목사의 단짝 조용기 목사가 먼저 천국으로 떠나 인터뷰를 할 수 없는 것이 아쉽다. 그래서 과거에 조 목사를 직접 만나 인터뷰했던 작가의 이야기를 다음에 인용해본다.

> 한국 교회를 대표하는 세계적 거목 두 사람의 우정이 각별하다 보니 시기 질투하는 이들이 생기기 마련이다. 그래서 은근히 둘 사이를 떼어놓으려는 사람들이 있었다. 하지만 누가 서로에게 상대방이 험담했다고 고자질해도 두 사람 중 섭섭해하거나 오해하는 사람이 없어 우정에 금이 갈 틈을 주지 않았다. 오히려 그런 이야기를 들을수록 두 사람은 더욱 가까워졌다.
>
> 한번은 조용기 목사가 이런 말을 했다.

"김 목사님과 나는 친형제보다도 더 가까워요. 자기가 어려운 일을 당하면 내가 다 덮어쓰고, 내가 어려운 일을 당하면 자기가 다 덮어쓸 정도죠. 하나님께서 우리를 맺어주셨다고 생각해요. 새벽 2시에도 스스럼없이 전화를 걸 수 있을 정도가 되어야 친구라고 말할 수 있겠죠. 우리는 언제 어느 때고 마음속에 있는 말을 다 털어놓는 사이입니다."**138**

얼마나 두 사람이 가까웠느냐 하면 조용기 목사는 언제 어떤 상황에서도 김장환 목사의 전화는 무조건 바꾸라고 비서에게 지시했다고 한다. 그러던 어느 날, 김장환 목사가 용무가 있어서 금요철야예배 중간에 조용기 목사 교회로 전화를 한 적이 있다. 여의도순복음교회의 대성전 강단 위 조 목사의 의자 옆에는 전화기가 설치돼 있었는데, 당시 조 목사의 설교가 시작되지 않은 것을 확인한 비서가 곧바로 전화를 연결했다고 한다.

그런데 그다음 어느 날엔 조용기 목사가 극동방송 사장실로 전화를 한 적이 있었다. 그런데 근무한 지 얼마 안 된 김장환 목사의 신입 비서가 회의 중이어서 바꿔줄 수가 없다고 했다. 그래서 은근히 화가 난 조용기 목사가 여의도순복음교회 조용기 목사니까 바꿔달라고 했지만, 비서는 여전히 회의 중이어서 바꿔줄 수가 없다고 했다. 결국 조 목사는 김 목사와 통화를 하지 못했다.

나중에 그 일로 인해 김장환 목사는 조용기 목사에게 백배사죄해야 했다. 신입 비서라 몰라서 그랬으니 이해하라고 했지만, 장난기가 발동한 조 목사는 자기는 신입 비서라도 김장환 목사의 전화는 언제든 연결하라고 지시했을 텐데 김 목사는 왜 자기처럼 교육하지 않았느냐며 다시는 안 논다고 놀려댔다.

이처럼 서로 농담하며 놀릴 정도로 두 사람의 관계는 누구보다 가까웠고, 사모들과 자녀들까지도 모두 친하게 지냈다.

세 번씩이나 좌절감을 안긴 친구

하루는 조용기 목사가 전화해서 김 목사가 자기를 흉보고 다닌다는 얘기를 들었다고 말했다. 그러자 김장환 목사는 "당신 나 만나서 손해를 본 게 있으면 말해보라"고 해줬다고 한다. 물론 조 목사는 김 목사가 그런 사람이 아닌 것을 다 알고 있었지만, 그래도 확인할 겸 연락을 한 것이다.

교계에서 김장환 목사와 조용기 목사의 친분은 알 만한 사람은 다 알 만큼 소문이 나 있다. 김장환 목사가 조용기 목사보다 두 살 위지만, 두 사람은 세상에 둘도 없는 친구로 남은 생을 함께했다. 김장환 목사는 조용기 목사를 '나의 가장 친한 친구'라 말하고, 조용기 목사 역시 김장환 목사를 '나의 가장 친한 친구'라고 인정했다. 이처럼 두 사람은 바늘과 실처럼 떼려야 뗄 수 없는 관계였다.

'유유상종(類類相從)'이라는 말이 있듯이 두 사람 중 어느 한쪽이라도 라이벌 의식을 갖고 질투하거나 좁은 마음을 품은 졸장부였다면 우정은 지속될 수 없었을 것이다. 그런데 이렇게 친한 두 사람에게도 관계가 깨어질 뻔한 재미있는 위기의 순간이 세 번 정도 있었다.

두 사람의 첫 만남이 이루어진 것은 1962년으로, 서대문 순복음 중앙교회 시절 청년회에서 조 목사가 김장환 목사를 부흥회 강사로 초청하면서다. 김 목사를 처음 만났을 때 조 목사가 느낀 소감이 매우 흥미롭다.

이근미 작가와의 인터뷰 내용은 다음과 같다.

> 너무 놀랐지요. 나와 동년배인데 자가용을 운전해서 서양 여자를 옆에 앉히고 온 것을 보니 달나라에서 온 사람처럼 신기해 보이더군요. 그때만 해도 한국 사람들에게 사대주의 사상이 많았지요. 한국 남자가 외국 여자를 자동차에 태워서 온 것이 놀랍기도 하고 부럽기도 했습니다. 저 사람은 외국 유학까지 하고 외국 여자까지 마누라로 데리고 왔구나 하는 생각에서 마음속으로 시기도 좀 났지요. 그때 김 목사님과 나는 하늘과 땅 차이라고 생각되더군요. 외국에서 파송된 선교사에다 자가용까지 있었으니 말입니다. 우리는 그저 신발짝밖에 없었을 땐데…….139

조금은 부러워하면서 서로 사랑하고 아끼는 조용기 목사와 김장환 목사. 이 세계적인 두 거목의 만남은 하나님의 섭리 가운데 시작되었다. 이 역사적인 만남이 있은 지 9년 뒤부터 조용기 목사의 입장에서 보면 김장환 목사로 인해 자존심에 상처 입을 세 가지 쓰라린 경험을 하게 된다.

그중 하나가 방송국 인수 문제로 두 사람이 본의 아니게 갈등을 겪은 경우다. 1971년, 아세아방송이 한국으로 이전하는 문제로 언급될 때 조용기 목사도 인수 의사가 있었는데, 밥 존스를 졸업한 동문인 FEBC 윌킨슨 도쿄 지국장과의 인연 때문에 결국 김장환 목사에게 방송국 국장 자리가 돌아갔다. 이로 인해 두 사람 사이에는 자신들도 모르는 라이벌 관계가 형성되었다. 당시 김 목사는 조 목사가 인수하려 했다는 사실을 알지 못했고, 이를 잘 알고 있던 조 목사는 김 목사에게 나쁜 감정을 갖지 않았다. 다만 자신이 인수하지 못한데 대한 아쉬움만 있었을 따름이다.

김장환 목사가 조용기 목사에게 평생 지울 수 없는 패배감을 안겨준 두 번째 사건은 1973년 여의도에서 개최되는 빌리 그래함 전도대회의 통역자 선정과 관련된 일이었다.

역사적인 집회를 앞두고 빌리그레이엄재단에서는 헨리 홀리라는 목사를 국내에 들여보내 미리 준비를 시켰다. 그때 헨리 홀리 목사는 빌리 그레이엄 목사의 설교 통역자로 조용기 목사가 가장 적격이라 생각하고 그에게 부탁했다. 당시는 조 목사의 교회가 여의도로 이전했을 때였다.

조용기 목사가 세계 최대교회로 성장하기 전이었으므로 빌리 그레이엄 목사는 그에게 하늘 같은 존재였다. 그런 세계적인 복음전도자의 통역을 맡는다는 것은 개인적으로도 영광이었지만, 자신의 이름을 세계에 널리 알릴 수 있는 절호의 기회이기도 했다. 그래서 빌리 그레이엄 목사의 설교 테이프를 받아 들으면서 통역 연습을 열심히 했다.

그러던 어느 날 헨리 홀리에게서 다른 사람이 통역을 맡게 돼서 미안하게 됐다는 연락이 왔다. 부탁을 받고 연습까지 열심히 하던 차에 통역이 바뀌었다니 얼마나 속상하고 섭섭했겠는가. 그래서 누가 통역자로 선정되었는지 알아보니 또 김장환 목사라는 것이었다.

그때 조용기 목사의 마음에 어떤 생각이 들었을까? '아, 김장환 목사는 내게 중요한 순간마다 나를 가로막는 훼방꾼이란 말인가?' 하는 마음이 들었을 법도 하다. 그런데 그때 정말 김 목사에게 라이벌 의식이 생겼다는 조 목사의 고백을 확인할 수 있다. 그래서 조 목사는 빌리 그래함 전도대회에 참석하면서 혹시라도 김장환 목사의 통역에 오류가 없는지 꼼꼼히 살폈다고 한다. 미국에서 공부한 김 목사가 조 목사보다 영어를 더 잘하는 건 당연하겠지만, 한국말 실력은 조 목사보다 떨어질 테니 통역하다가 조금이라도 실수하지 않을까 하는 마음으로 열심히 주의를 기울여 들었다는 것이다.

아니나 다를까, 조용기 목사는 마침내 김 목사의 통역에서 한 가지 명백한 흠을 발견했다. 조 목사의 말을 직접 들어보자.

> 빌리 그레이엄 목사가 영어로 "개미집을 밟아 수많은 개미가 부상당했다"고 말했는데, 김 목사가 "여러분, 개미가 고장 났습니다"라고 말하는 거예요. 그래서 내가 옆에 있던 목사에게 "세상에, 저걸 통역이라고 하나? 어떻게 개미가 고장 날 수가 있나? 개미가 자동차냐?" 그러면서 흠을 봤죠. 사실 통역은 매우 훌륭했어요. 개미가 고장 났다는 것이 아주 잘못된 통역도 아니었어요. 내가 통역을 했더

라면 경상도 말을 하니까 더 서투를 수도 있었겠죠. 그렇지만 당시에는 내가 더 유명했고, 나에게 통역 의뢰가 왔었기 때문에 시기가 났죠.[140]

필자가 인터뷰 도중 이 내용을 전달하면서 김장환 목사에게 이렇게 질문을 했다.

"그때 목사님은 통역을 잘못했다는 걸 알고 계셨는지요? 왜 그 부분은 어색하게 통역하셨는지요?"

이에 김장환 목사는 다음과 같이 흥미로운 답을 해주었다.

"내가 한참 통역을 해나가고 있는데, 저 앞에 어떤 정신이상자 같은 젊은이가 일어서는데 뒤에서는 어머니 같은 분이 앉히려고 당기는 작은 소동이 벌어졌어요. 거기에 눈길이 쏠리고 신경 쓰다 보니 한국말에 맞게 통역하는 걸 잊어버렸어요. 따지고 보면 조 목사의 말대로 백 프로 틀린 통역은 아니었어요. 개미가 부상당했으니 고장 난 게 맞지요."

영어를 잘 모르는 이들은 통역이 좀 어색해 보이긴 했어도 알아차리지 못했을 것이다. 하지만 조용기 목사처럼 영어가 능숙한 소수는 우리말로는 자연스럽지 못한 통역을 파악했을 것이다. 그때까지만 해도 자연스럽게 통역을 잘하던 김 목사가 어째서 그 문장 하나에서는 시빗거리가 될 만한 문제 있는 통역을 했는지 필자의 질문을 통해 처음으로 밝혀졌다.

조용기 목사는 빌리 그래함 전도대회가 끝난 뒤 자기 일에 거듭

방해가 되며 앞서 나가고 있는 김장환 목사가 도대체 어떤 사람인지 제대로 알아봐야겠다고 생각했다고 한다.

그래서 조 목사가 먼저 연락해서 친구 하자고 제의했고, 당시 친하게 지낼 수 있는 최상의 방법이 함께 골프를 치는 일이었다. 앞에서 말한 대로 당시 김 목사는 테니스에 빠져 있었고, 골프는 쳐본 적이 없었다. 그래서 조 목사가 골프채를 사주고 함께 가르치며 골프에 입문했다고 한다.

조 목사는 1960년대부터 골프를 시작했다. 뒷날 서울시 부시장을 지낸 차일석 당시 대한매일신문사 사장이 조 목사에게 골프채를 선물하며 골프를 권한 것이 계기가 되었다고 한다. 조 목사의 권유 이후 두 사람은 싱글을 기록할 만큼 골프 실력이 막상막하였다고 한다. 인터뷰를 하며 두 사람이 골프를 치다가 겪은 에피소드를 김 목사에게 듣는 즐거움이 컸다. 두 사람은 각자 다른 미국 집회에 갔다가도 한 장소에 만나서 골프를 치는 경우가 가끔 있었다고 한다. 그런데 김 목사나 조 목사나 승부욕이 강해서 골프를 칠 때 무서울 정도로 경쟁을 벌였다고 이명박 대통령이 이야기해주었다.

한번은 오키나와에서 골프를 쳤는데, 김장환 목사가 친 공이 웅덩이에 빠졌다. 그런 경우 보통 공을 건져내서 치는데, 조 목사가 절대 안 된다고 해서 김 목사가 바지를 걷고 시커먼 물웅덩이에 들어가서 골프를 치느라 온몸에 흙탕물을 뒤집어썼다고 한다. 그 모습을 보고 조 목사가 박수치며 좋아했는데, 이번에는 조 목사의 공이 시멘트 바닥 위로 떨어지는 일이 벌어졌다. 그러자 이번에는 김 목사가 절대 양보하지 않아서 할 수 없이 시멘트 위에 있는 공을 치다가 비싼 골프채 하나를 버렸다고 한다.

이렇게 1973년부터 골프로 우정을 다진 두 친구에게 전혀 예기치 못한 세 번째 문제가 발생한 것은 1977년 직전이었다. 이때 팀선교회가 극동방송을 팔기 위해 국내 여러 단체와 접촉했는데, 강력하게 인수 의사를 밝힌 곳이 바로 여의도순복음교회였다. 방송 선교에 열의가 있었던 조용기 목사는 미국까지 건너가 인수 조건을 알아보고 50만 달러를 마련해 만반의 준비를 하고 있었는데, 그 또한 다른 이에게 넘어가고 말았다. 누가 인수했는지를 알아보던 조 목사는 또다시 패배감에 사로잡혔다. 그는 바로 절친 김장환 목사였기 때문이다.

골프로 우정이 더욱 깊어진 사이였지만, 얼마나 속상했겠는가. 이미 두 번씩이나 김 목사 때문에 자신이 바라던 소중한 일들이 틀어졌는데, 또다시 그런 일을 겪었으니 얼마나 패배감이 컸겠는가. 하지만 조용기 목사는 처음엔 마음이 상했지만, 그래도 자신이 바라던 일이 '다른 사람보다는 절친 김장환 목사에게 넘어가는 것이 얼마나 다행인가' 하고 생각했다고 한다.

미국 유학을 다녀와 미국 여자와 결혼해서 살고 있는 김장환 목사에게 방송국 인수에서는 두 번이나 선점당했고, 또 빌리 그레이엄 목사 통역마저 빼앗겼다. 게다가 김장환 목사는 세계 최대 교단 중 하나인 세계침례교연맹(BWA) 총회장까지 역임했다. 그러니 세계 최대 교회의 담임목사로 세계적으로 명성이 있는 조용기 목사의 입장에서는 김장환 목사에 대한 콤플렉스와 함께 라이벌 의식으로 질투를 느낄 만도 했다. 하지만 두 사람은 오히려 그런 일들을 계기로 더욱 친해졌다. 큰 그릇이 아니면 이루어질 수 없는 아름다운 우정이다.

조용기 목사는 비록 자신이 인수하지 못했지만 김장환 목사의 극동방송 운영에 도움을 주어야겠다고 생각해서 1년에 5천만 원에서 1억 원 정도를 지원했다. 김 목사의 사업이 잘되라고 물질로 힘껏 밀어준 조 목사는 참 대단한 인물이 틀림없다. 여의도순복음교회는 2000년 6월 극동방송 서울 FM 개국에 앞서 모금을 했을 때도 1억 원을 성금으로 내놓았다. 또 수원 중앙기독초등학교를 건설할 때도 조용기 목사가 적지 않은 기부금을 냈다.

이런 친구가 있다는 것은 인생에서 가장 큰 기쁨이요 자산이다. 철이 철을 날카롭게 하듯 동시대에 태어나 하나님의 나라와 사명을 위해 서로 돕고 격려하며 세계적으로 쓰임 받은 김장환 목사와 조용기 목사의 우정은 영원히 기억될 것이다. 모든 것이 하나님의 기름 부으심의 결과라고 확신한다.

신발끈도 감당치 못할 사람

때로는 친구로 때로는 라이벌처럼 살아왔던 두 사람의 서로에 대한 평가는 어땠을지 궁금하다. 먼저 김장환 목사에 대한 조용기 목사의 평가를 이근미 작가의 인터뷰 내용으로 살펴보자.

내가 수원에 있지 말고 서울로 오라고 여러 번 권유를 했지만, 자신

1970년대

지미 카터 미국 대통령에게 박정희 대통령과 면담 후 복음을 전해달라고 부탁한 김장환 목사는 박정희 대통령의 초청으로 청와대에서 박 대통령을 만났다.

김종필 국무총리와 악수하는 김장환 목사

1973년 여의도광장에서 열린 빌리 그래함 전도대회는 5일 동안 연인원 320만 명이 모였으며, 마지막 날 모인 110만 명의 인파는 집회 사상 세계 최고 기록이다. 빌리그레이엄전도협회(BGEA)는 이 대회를 '설교자와 통역이 가장 일치가 잘된 대표적인 집회'로 꼽았다.

1973년 전도대회에서 설교하기 위해 방문한 빌리 그레이엄 목사의 기자회견 때 통역하고 있는 김장환 목사

1973년 전도대회 때 빌리 그레이엄 목사와 김장환 목사

1973년 전도대회에서 빌리 그레이엄 목사의 설교를 통역하고 있는 김장환 목사

아세아방송은 선교방송인 FEBC를 모체로 하고 있다. FEBC는 1973년 6월 30일 한국에 아세아방송을 세웠고, 당시 국장은 김장환 목사였다.

1977년 1월 1일, 아세아방송과 극동방송은 공동운영에 들어갔으며, 김장환 목사는 극동방송 21년 역사에서 최초의 한국인 국장으로 취임했다.

1980년대

1986년 네덜란드 암스테르담 국제 순회 복음전도자 대회에서 주 강사로 설교하는 김장환 목사

새마을운동 강의를 하고 있는 김장환 목사

1985년 극동방송·아세아방송 운영위원회 총회 후 기념촬영
(앞줄 오른쪽으로부터 네 번째가 김장환 목사)

1984년 다시 한국을 방문한 빌리 그레이엄 목사의 기도를 통역 중인 김장환 목사

극동방송 운영위원회 송년예배에 참석한 트루디 사모와 말씀을 전하는 김장환 목사

대전극동방송은 대전시 은행동에 있는 국보상호신용금고 3층에 대전극동방송 임시사무소를 마련하고 설립예배와 현판식을 갖고 설립업무를 본격적으로 추진하기 시작했다.(왼쪽으로부터 두 번째가 김장환 목사)

88서울올림픽 때 외국인 선수에게 전도하고 있는 김장환 목사

1990년대

창원극동방송 개국감사 조찬기도회에서 인사말을 하고 있는 김장환 목사

창원극동방송 사옥 준공(1999년 8월 23일)

창원극동방송 사옥 준공식에 참석한 내빈과 테이프 커팅식을 하는 김장환 목사
(1999년 8월 23일, 왼쪽에서 두번 째)

CCMM빌딩에서 가졌던 제18회 비서 연례 세미나(1999년 12월 14일, 앞줄 가운데가 김장환 목사)

김장환 목사는 극동방송의 북방 선교가 중국 대륙의 민주화와 자유화에 기여한 공로를 인정받아
국민훈장 무궁화장 1등급을 수여받았다.(1992년 2월 22일)

2000년대

부산극동방송 시험방송 송출기념식에 참석한 내빈과 함께한 김장환 목사(2008년 4월 1일, 왼쪽으로부터 다섯 번째)

김장환 목사가 국제라이온스클럽 191개국 143만 명의 회원들이 수여하는 라이온스 봉사대상을 한국인으로는 처음으로 받았다. 이 상은 마더 테레사 수녀도 수상한 바 있다.(2004년 7월 9일)

용인 성찬감리교회에서 집회 중 설교하는 김장환 목사

지구촌교회 집회에서 이동원 담임목사와 함께한 김장환 목사

미주 집회에서 창원어린이합창단 어린이에게 질문하고 있는 김장환 목사

지미 카터 전 미국 대통령과 반갑게 포옹하며 인사하는 김장환 목사

태국 현지 사역자에게 라디오를 전달하는 김장환 목사

새들백 교회 릭 워렌 목사와 반갑게 인사하는 김장환 목사

한·일 화해를 위한 특별기도회에서 설교하는 김장환 목사

김장환 목사 생신 축하연(왼쪽부터 짐 그룬 전 국제십대선교회 회장, 주광조 전 극동방송 운영위원장, 김장환 목사, 민산웅 전 극동방송 사장)

2005년 영국 버밍엄에서 열린 침례교세계연맹(BWA) 총회장 이임식 전경.
대회의 저녁 개회예배 설교를 김장환 목사가 맡았다.

김장환 목사와 트루디 사모

극동방송 목회자선교클럽 창립예배 후 기념촬영(앞줄 왼쪽으로부터 네 번째가 김장환 목사)

극동방송 50주년 기념음악회에서 피아니스트 윤디리 씨에게 축하 인사를 하는 김장환 목사

극동방송 〈만나고 싶은 사람 듣고 싶은 이야기〉에 출연한 지휘자 정명훈 씨와 함께

기도하는 김장환 목사

극동방송 50주년 기념 홈커밍데이에서 인사말을 하는 김장환 목사(2006년 5월 20일)

2008년 미국 남침례교에서 주는 특별상인 세계침례교 지도자상을 수상한 김장환 목사

빌리 그레이엄 목사의 집을 방문하여
빌리 그레이엄 목사와 악수하고 있는 김장환 목사

포항극동방송 전속 어린이합창단 미주 집회에서 인사하는 김장환 목사

월성 원자력본부를 방문하여 설명을 듣는 김장환 목사(왼쪽으로부터 두 번째)

조지 W. 부시 전 미국 대통령과 골프 후 함께

삼부자 말씀집회 후 기념촬영

제41회 국가조찬기도회에 참석하여 기도하는 김장환 목사

캄보디아 외교관계 증진 부문 최고 훈장을 수여받은 뒤 훈센 총리와 악수하는 김장환 목사(2009년 11월 23일)

대전침례신학대학교에서 명예 철학박사를 받은 뒤 감사 인사말을 하고 있는 김장환 목사(2010년 2월)

부산극동방송 사옥 준공 축하음악회에서 내빈과 테이프 커팅을 하는 김장환 목사

세계침례교연맹대회에서 연설하는 김장환 목사

극동방송 〈만나고 싶은 사람 듣고 싶은 이야기〉
300회 특집 공개방송에 출연한 김영삼 대통령과 함께

김영삼 대통령을 예방하여 악수하고 있는 김장환 목사

극동방송국 표준FM 개국 감사 예배(2000년 12월 23일)

해군·해병 군종 목사단 워크숍을 마치고 기념촬영

극동방송 FM방송 설립을 위한 모금 생방송에서
공부영 아나운서와 함께 방송을 진행 중인 김장환 목사

김장환 목사는 전 세계 185개국 1만 1천 명의 복음전도자들이 모인 '암스테르담 2000 대회' 개회예배 설교를 통해 "세계 모든 종족과 국가가 갖는 분쟁과 질병, 경제적 빈곤 그리고 환경 문제 등의 근본적인 해결방안은 복음"이라고 설교했다.

'아버지학교'의 모체가 된 미국 남성들을 위한
'프라미스 키퍼스' 대회에서 설교하는 김장환 목사

침례교세계연맹(BWA) 총회장에 선출된 김장환 목사

세계적인 종교 지도자로서는 교황 요한 바오르 2세 이후 처음으로 쿠바의 피델 카스트로 국가평의회 의장을 만나서 성경을 전달하는 김장환 목사

김장환 목사는 세계침례교연맹 총회장 자격으로 폴란드 대통령을 만나 성경을 선물하며 폴란드 복음화에 대한 관심을 표명하였다.(2002년 3월 12일)

9·11테러 희생자를 위한 기금을 신현균 목사와 함께 전달하는 김장환 목사

상암월드컵 경기장에서 한국교회부활절연합예배위원회가 개최한 부활절 연합예배에서 설교하고 있는 김장환 목사(2002년 3월 31일)

제1야전군사령부에서 특강 후 대장 김종환 제1야전군사령관과 함께

뉴욕 UN총회 리셉션에 참석한 김장환 목사

김장환 목사는 주한미군 연합사령부에서 양국 발전에 이바지한 공을 인정받아
'좋은 이웃상'을 수상했다.(2007년 7월 31일)

서울시청 앞에서 열린 구국기도회에서 설교하고 있는 김장환 목사

사랑의교회 새벽기도집회 후 무릎 꿇고 성도들과 함께 기도하는 김장환 목사

르터너 대학에서 명예 법학박사 학위를 받은 후 인사말을 하고 있는 김장환 목사(2003년 5월)

'부흥의 파도를 소망하라' 집회 전 오정현 목사, 릭 워렌 목사, 김요셉 목사와 함께 기도하는 김장환 목사

이라크에 파병된 자이툰 부대를 방문하여 기도하고 있는 김장환 목사

김장환 목사가 캄보디아를 방문하여 속안(Sok An) 총리에게 자가발전식 라디오 5천 대를 전달했다.(왼쪽으로부터 신현석 대사, 속안 캄보디아 총리, 김장환 목사, 김진표 국회의장)

목포·전남에서 열린 초청 대성회에서 주 강사로 설교하고 있는 김장환 목사

2008년 휴가지에서 세 남매 부부와 손자, 손녀들과 함께한 김장환 목사와 트루디 사모

2007 ICC 서울대회 후 기념촬영(앞줄 오른쪽으로부터 여섯 번째가 김장환 목사)

KBS 〈아침마당〉에 장남 김요셉 목사, 차남 김요한 목사와 함께 출연한 김장환 목사

극동방송 〈만나고 싶은 사람 듣고 싶은 이야기〉 100회 특집 공개방송 후 출연자 열린우리당 정동영 의원 등과 케이크를 자르고 있는 김장환 목사(오른쪽으로부터 두 번째)

한국기독교 미주 이민 100주년을 맞아 한국과 세계 복음화에 공헌한 공로를 인정받아 기념대상을 수상한 김장환 목사

부산 수영로교회에서 열렸던 프랭클린 그레이엄 페스티벌에서 기도하고 있는 김장환 목사(2007년 3월 22일)

힐러리 클린턴 미국 대통령 후보 모금만찬회에서

힐러리 클린턴 미국 대통령 후보 모금만찬회에서 기도하고 있는 김장환 목사(2009년 2월)

미국 새들백 교회 릭 워렌 목사와 함께

태안 기름 유출 사고 때, 김장환 목사와 조용기 목사는 기독교인들과 함께 참여하여 기름 제거에 힘썼다. 현장에서 축도하고 있는 김장환 목사

2007년 12월 28일 김장환 목사는 '블레싱 캄보디아(Blessing Cambodia)' 집회에 참석차 16명의 극동방송 직원들과 캄보디아를 방문했다. 김장환 목사는 올림픽 경기장에서 열린 블레싱 캄보디아 집회에 모인 6만여 명의 사람들을 향해 "하나님만이 살아 계신 신이며 복의 통로"라고 선포했다.

극동방송 극동포럼 13회 강사로 초청한 버웰 벨(Burwell Bell) 주한미군사령관과 악수하고 있는 김장환 목사(2008년 4월 4일)

은 큰 교회 사역이 사명이 아니고 방송 선교가 사명이라며 사양하더군요. 김 목사님은 서울에 오면 대교회 목회를 할 수 있는 분이지요. 김 목사님은 또 사랑이 많은 사람이에요. 누가 부탁하면 거절을 못하고 어떻게든 그 일을 해결하려고 애쓰지요. 나는 얘기를 들어보고 분명히 안 된다고 생각되는 일은 그 자리에서 거절하는 성격이에요. 그런데 김 목사님은 누가 부탁을 하면 절대로 안 될 일도 나서서 도와주려고 애씁니다.

문제를 해결해주기 위해 사람을 만났다가 무안을 당해 얼굴이 시뻘게져서 나온 적도 있습니다. 그러면서도 누가 부탁을 하면 해결해주려고 최선을 다해요. 처음부터 안 된다는 것을 알면서도 최선을 다합니다. 내가 '당신은 뻔히 안 될 줄 알면서도 그걸 끝까지 걸머지려고 하느냐?'고 하니까 '나는 사람이 그렇게 생겼잖아!' 그러더군요. 그 성격은 아무도 못 따라갑니다. 나는 맺고 끊는 게 분명하기 때문에 원수가 많아요. 그런데 김 목사님은 원수가 없어요.[141]

그런 점에서 침례(세례) 요한이 예수님에게 사용한 표현(마가복음 1:7)처럼 자신은 김 목사의 신발끈도 감당치 못한다고 말했다. 조목사는 전두환 대통령뿐 아니라 노태우 대통령, 김영삼 대통령의 차남 김현철 씨가 감옥에 가 있을 때 사람들의 눈을 의식하지 않고 찾아가 위로하고 기도해준 점을 높이 평가했다. 그만큼 정이 많고 의리가 있는 목회자라는 것이다.

그렇게 남의 일은 자기 일처럼 적극적으로 도우면서도 정작 자기 일로는 누구한테 부탁하지 못하고 주저할 때가 많은 스타일이어서 그럴 때마다 조 목사가 나서서 김 목사의 일을 도와주곤 했다고 한다. 대표적인 예가 극동방송이 지방으로 확장을 시도할 때 문화관광부 장관을 초대해 식사를 대접하며 지방 방송국을 내달라고 부탁하고, 김영삼 대통령에게 FM을 허가해달라고 부탁한 일이다.

한편, 조용기 목사는 김장환 목사를 따라 가난한 한국에 와서 함께 살아온 트루디 사모를 높이 평가했다. 선진국인 미국에서 수세식 화장실을 사용하던 그녀가 한국에 시집와서 가장 불편했을 것으로 생각되는 것이 쪼그려 앉는 형태의 화장실이다. 트루디 사모가 화장실을 갈 때마다 김장환 목사가 늘 데리고 가서 손을 잡고 볼일을 보게 했다고 한다.

웬만한 외국 여인 같으면 벌써 짐 싸서 미국 친정으로 돌아갔을 법한데, 트루디 사모가 불평 한마디 없이 남편 내조를 잘하고 3남매도 신앙으로 잘 양육한 것을 조용기 목사는 크게 칭찬했다. 조용기 목사는 김장환 목사에게 다음과 같이 건강에 유의하라는 당부를 하며 인터뷰를 마쳤다.

> 김장환 목사님은 1세기에 하나 나올까 말까 한 인물로 하나님께서 세워주신 분입니다. 한국과 세계 복음화를 위해 충실하게 일하는 훌륭한 목사님입니다. 운동을 많이 하라고 당부하고 싶어요. 요즘 운동을 잘 안 하는데 무리하지 말고 건강 유지해서 80세, 90세 될 때까지 주의 일을 열심히 하는 동료가 되기를 바랍니다.[142]

그런데 그 말을 들은 김장환 목사는 구순이 지난 연세에도 아직 정정한데, 김 목사의 건강을 걱정하던 조용기 목사는 먼저 천국으로 훌쩍 떠나갔다. 아이러니가 아닐 수 없다.

현대판 다윗과 요나단

조용기 목사는 김장환 목사 못지않게 탁월한 설교가로 알려져 있다. 조 목사의 교회가 세계 최대의 교회로 성장하게 된 데는 그의 출중한 설교가 큰 몫을 했다. 이처럼 돋보이는 조 목사와 김 목사가 함께 집회 강사로 초청되는 일이 가끔 있었다. 세계적인 두 설교가를 동시에 부르기는 사실상 쉽지 않은 일이다.

두 사람을 강사로 모신 흔치 않은 집회가 일본 오키나와에 주둔하고 있는 미군들을 위해 개최되었다. 먼저 설교 단상에 선 김장환 목사가 조용기 목사와 자기를 비교해서 말했다. 자기는 미국에 가서 중학교부터 대학원까지 공부했기 때문에 조 목사보다 영어를 더 잘하고 인물도 더 잘생겼는데, 사람들이 자기를 몰라보고 조 목사 교회에는 많이 가면서 자기 교회에는 많이 오지 않는다고 했다.

그렇게 말하고 단상을 내려가자 이어서 올라온 조용기 목사가 응수했다. 김 목사가 미국에 가서 공부했기 때문에 자기보다 영어를 더 잘하는 게 당연한데, 김 목사 교회에는 교인이 적게 가고 자기 교회에는 교인이 많이 오는 이유는 김 목사는 하루에 30분 기도하는 반면, 자기는 하루에 3시간 기도하기 때문이라고 했다.

두 사람의 이야기를 들은 미군 병사들은 배를 움켜잡고 웃었다.

서로 상대를 깎아내리는 듯하면서도 설교를 듣는 미군들의 마음을 열기 위해 유머를 사용한 것이다. 이는 가까운 사이가 아니고서는 불가능한 유머다.

조용기 목사는 평소 영화 감상을 좋아하는데, 김장환 목사는 영화를 잘 보지 않았다. 그런데 두 사람이 딱 한 번 같이 보러 간 영화가 〈명량〉이었다고 한다. 조용기 목사와 김장환 목사는 영화를 함께 본 뒤 식사를 하면서 지나간 한국의 역사와 애국자에 대한 이야기도 나누었다고 한다.

이처럼 두 사람의 우정과 사랑은 아름답고 감동적이어서 성경에 나오는 다윗과 요나단의 현대판 모범을 보는 듯하다. 조용기 목사도 두 사람의 관계를 '다윗과 요나단'의 우정으로 묘사한 적이 있다. 기자가 둘 중 누가 다윗이고 누가 요나단이냐고 물으니 조 목사는 자신이 다윗이라고 했다. 자신의 영어 이름이 조다윗(David Cho)이니 말이다.

김장환 목사 또한 두 사람 사이를 '다윗과 요나단' 관계로 인정했다. 김 목사에게도 누가 다윗이고 누가 요나단이냐고 물었더니 조용기 목사의 답변과 똑같은 답이 나왔다. 조 목사의 영어 이름이 다윗이니 자신이 요나단이라는 답이었다.

필자가 보기에는 김장환 목사가 다윗이고 조용기 목사가 요나단에 가까운 것 같다. 왜냐하면 조용기 목사가 세 번이나 김 목사에게 양보한 셈인 데다 천국에도 먼저 갔기 때문이다.

하나님이 빌리 그레이엄 못지않게 세계적으로 널리 사용하신 두 거목의 우정은 다윗과 요나단처럼 한국 교회와 세계 교회 앞에서 돋보인다. 서로의 마음이 하나가 되어 생명같이 사랑하고 세워주어 하나님의 교회와 세계 선교를 위한 큰 지도자로 쓰임을 받아왔다.

비록 조용기 목사는 먼저 천국에 갔지만, 이 땅에서 큰일을 감당하고 있는 친구 김장환 목사를 위해 그곳에서도 기도하고 격려하는 모습이 눈에 선하다.

사무엘상 18장 1절 말씀이 절로 떠오른다.

다윗이 사울에게 말하기를 마치매 요나단의 마음이 다윗의 마음과 하나가 되어 요나단이 그를 자기 생명같이 사랑하니라

김장환 목사의
또 다른 인연들

Chapter 14

조중건

조중건 대한항공 고문은 김장환 목사보다 두 살 위인데, 이근미 작가가 쓴 『그를 만나면 마음에 평안이 온다』를 보면 그가 김 목사를 '친구이자 존경하는 목사'라고 언급했다는 이야기가 나온다. 두 사람의 인연은 1965년 UN군 사령관의 집에 초대받아 동석하게 되면서부터 시작되었다. 그때는 김장환 목사가 미8군 초청으로 집회를 많이 할 때였고, 조중건 고문은 미군 군납사업 관계로 미군들과 접촉을 많이 하던 때였다. 덕수교회 성가대원이었던 조 고문은 첫 만남 이후 김장환 목사와 매우 긴밀한 사이가 되었다.

조중건 고문은 1973년 아세아방송을 설립할 때 이사직을 맡은 이래 2009년 2월까지 극동방송 이사로 활동해왔다. 그는 사재 12억 원을 조성해 장학사업을 해왔는데, 매년 1천만 원은 꼭 극동방송에 헌금을 해왔다. 북방선교의 중요성을 너무도 잘 알기에 사명감을 갖고 후원한 것인데, 1980년 러시아나 중국 출장을 가서 또렷하게 들리는 극동방송을 듣고 보람을 느꼈다고 한다.

조중건 고문은 대한항공 부회장으로 있는 10년 동안 김장환 목사가 해외선교를 나갈 때면 언제나 1등석을 무상으로 이용하게 해주었다. 비행기 1등석은 몇 자리가 비는 경우가 생기는데, 세계 선교를 위해 여행하는 친구를 편히 모시는 건 당연한 일이라고 생각했기 때문이다. 그 혜택이 끝난 지금은 김 목사가 항공료를 전액 지불해야 해서 몹시 아까워한다고 아들 김요셉 목사가 말해주었다.[143]

조중건 고문이 베트남에 갔을 때의 일이다. 그는 미군이 전쟁물자를 싣고 와서 하역을 못하고 있는 것을 비행기에서 보았다. 하역하는 인부 중 누가 베트콩인지 알 수 없어 전쟁물자에 대한 기밀이 누설될까 봐 하역을 못하고 있었던 것이다.

당시 조 고문은 김장환 목사와 미8군에 골프를 치러 다녔는데, 그때 김 목사의 소개로 골프를 치며 만난 사람 중에 시설위원장 찰리 조(Charlie Joe) 대령이 있었다. 조 고문은 찰리 조 대령을 찾아가 자신에게 맡겨주면 일주일 만에 하역을 하겠다고 해서 그 일을 따냈다. 그 일로 이윤을 많이 남겨서 그 돈으로 적자 운영 중이던 대한항공을 사게 되었다고 한다.

조중건 고문은 "이 사람은 가급적 업그레이드를 시켜주라"는 글이 적힌 명함을 찰리 조에게 주었다. 찰리 조는 이후 한국을 약 60번 정도 방문했는데, 조 고문이 준 명함 덕분에 미국 국내선을 타고 LA로 가서 항상 대한항공을 이용하며 업그레이드 혜택을 누렸다.

김장환 목사가 설교하러 갈 때 조중건 고문이 동행하면 김 목사는 설교 전에 늘 조 고문에게 찬양을 시켰다. 아무리 사양해도 막무가내로 시켰기 때문에 조 고문은 자신을 김장환 목사의 '전속 가수'라고 했다.

하와이 어느 한인 교회에 초대받아 갔을 때도 조 고문이 설교 전에 찬송가를 불렀는데, 그날 김장환 목사가 설교했던 내용은 훗날에도 기억이 날 만큼 탁월했다. '사람이 사람다워야만 사람이다'라는 주제로 설교했는데, 조 고문은 몇 년이 지난 뒤에도 그 내용을 기억하고 있었다. 그만큼 "김 목사의 설교는 쉬우면서도 감동이 커서 가슴에 많이 남는다"고 평가했다. 특히 미국에서 영어로 설교하면 모두가 놀랄 만큼 잘했다고 한다.

또 조 고문은 공산주의자 빼고는 세상에 모르는 사람이 없다고 할 만큼 대단한 김장환 목사의 인맥에 감탄했다. 미국 남부 조지아주에 있는 '오거스타 내셔널(Augusta National)' 골프장은 세계 3대 골프장이자 PGA 투어 4대 메이저 대회 중 하나인 마스터 골프대회가 열리는 장소라 아무나 들어가서 구경도 할 수 없는, 모든 골프 애호가들의 로망 같은 곳이었다. 그런데 조 고문은 김장환 목사 덕분에 그 대단한 골프장에서 골프를 치는 행운을 누렸다.

조 고문은 김 목사가 이처럼 대단한 인맥의 소유자이면서 또한 엄청나게 자상하고 배려심이 많은 사람이라고 말했다. 사람이 권력이나 부가 있을 때는 서로 줄 서서 만나려고 하지만, 힘이 약해지거나 상황이 어려워지면 근처에도 오지 않는 게 세상인심인데, 김 목사는 언제나 한결같은 분이라고 했다. 특히 어려운 상황에 놓인 사람은 끝까지 사랑을 베풀고 위로해주는 대단한 인품을 가진 리더라고 말했다.

오랜 세월 늘 같은 마음으로 우정을 유지하고 의리를 지키기는 결코 쉽지 않은데, 가까이에서 지켜본 친구 김장환 목사는 정말 존경할 만한 이 시대의 스승이요 리더라고 자랑했다. 조 고문은 그래서 작은 힘이라도 보태 그가 하는 소중한 일을 도우려 했다고 한다.

사람이 오래 교제하다 보면 약점이 드러날 수도, 싫증이 날 수도 있다. 그런데 두 사람의 우정은 오랜 세월이 흘렀어도 변함이 없다.

하나님이 맺어주신 관계라서이기도 하겠지만, 김장환 목사가 그럴 만한 인격의 소유자여서 가능한 일일 것이다.

김연준

김연준 한양대 총장이 김장환 목사를 만나려던 시점은 그의 인생에서 매우 어려운 때였다. 김 총장이 한양대학에서 어려움을 당해 구속되었을 때, 그의 부인이 각 대학의 총장들을 찾아다니며 탄원서를 받아서 보석으로 나왔다. 그즈음 김 총장이 김장환 목사를 한번 만났으면 한다는 이야기를 어떤 이가 전달했다.

그의 요청으로 김장환 목사가 한양대학병원으로 갔을 때, 김 총장은 환자복을 입고 있었다. 그는 김 목사를 처음 만난 자리에서 보자마자 "다음 주일부터 목사님 교회에 출석할게요!" 했다. 사실 김 목사는 이전에 김연준 총장과 프레지던트호텔에서 잠깐 대면한 적이 있었다. 그 호텔 8층에 김연준 총장의 사무실이 있었는데, 한 시간을 기다렸다 가볍게 만나고 나온 게 전부였다.

김 총장이 김장환 목사를 만나자고 했던 시기는 그가 교도소에서 가석방으로 나온 뒤였는데, 당시 인수한 해운공사가 적자여서 정부 지원도 필요하고 대출도 필요하던 때였다. 그때 김장환 목사가 박정희 대통령과 좋은 관계를 유지하고 있었으므로 김 총장은 김 목사를 통해 도움을 받고자 했다. 두 사람의 만남은 아름답게 열매를 맺어 김연준 총장은 김 목사의 교인이 되었고, 세상을 떠난 뒤에는 김장환 목사의 장례식 집례를 받는 특별한 인연이 되었다. 모두 하나님의 인도하심이다.

이인희

이인희 고문은 삼성 창업주인 고 이병철 회장의 맏딸이다. 김장환 목사가 이 고문과 가까이하게 된 것은 전두환 전 대통령 내외와 이 고문의 친분 때문이었다. 김 목사가 전 대통령과 친밀한 관계여서 이 고문과도 자연스레 가까이 지내게 된 것이다.

이인희 고문과 김장환 목사 사이에 있었던 에피소드는 이 고문이 세상을 떠날 때까지 가까이서 모셨던 윤병인 한솔문화재단 사장에게 들을 수 있었다. 윤 사장에 따르면, 김 목사는 이인희 고문이 돌아가시기 얼마 전부터 자주 찾아가 기도하고 찬송도 같이 부르곤 했다고 한다. 그리고 이 고문은 김 목사의 방문과 예배에 몹시 기뻐하는 표정을 지었다고 한다.

이 고문이 임종하던 날 밤, 누워서 눈도 못 뜬 채 손가락으로 자꾸 뭔가를 가리키는 것을 윤 사장이 목격했다. 그래서 가리키는 쪽으로 시선을 돌려보니 바로 김 목사와 이 고문이 예전에 함께 찍은 사진이었다. 그때 윤 사장은 직감했다.

'아, 김장환 목사님이 보고 싶다는 말씀이구나!'

그 뜻을 알아챈 윤 사장은 곧바로 김 목사에게 전화를 걸었다.

"지금 고문님께서 목사님을 뵙고 싶어 하시는데 오실 수 있으신지요?"

윤 사장의 말에 김 목사는 그 즉시 대답했다.

"그럼, 가야지."

그러고는 곧바로 달려왔고, 김 목사가 도착하자 주치의가 '이제 준비하셔야 할 것 같다'고 말했다. 김 목사가 임종 예배를 위해 곧장 설교하고, 기도하고, 찬송하자 그동안 눈을 못 뜨던 이인희 고문이 눈을 번쩍 떴다고 한다. 그리고 얼마 지나지 않아 이 고문은 세상을 떠났다.

평소 이 고문에게 김장환 목사가 얼마나 큰 힘과 위로가 되었는지를 미루어 짐작할 수 있는 에피소드다. 사람은 세상을 떠나는 마지막 순간이 왔을 때 숨김없이 모든 것을 밝히는 법이다. 마음에 담아두었던 진심을 알 수 있는 유일한 시기가 바로 임종 때다. 죽음이 임박한 상황에서 가족과 형제, 가까운 지인들을 제쳐두고 오직 한 사람만을 보기 원했다면, 그 두 사람은 세상에서 가장 친밀한 관계라 할 수 있다. 이인희 고문에게 김 목사가 바로 그런 사람이었다. 이 땅에서 못다 한 두 사람의 인연이 언젠가 천국에서도 지속되리라 믿는다.

김승연

김장환 목사는 송신소를 옮길 때 대지 마련을 위한 자금이 모자라면 재벌들에게 가서 어렵게 말을 꺼내곤 했다. 대부분은 긍정적 반응을 보였지만 막상 실천하는 이는 별로 없었다. 그런데 한화그룹 김승연 회장은 김 목사의 이야기를 듣자마자 1억 5천만 원을 쾌척해 시흥에 송신소 대지를 살 수 있는 기틀을 마련해주었다.

김 회장은 이렇게 말한 것은 그대로 실천하는 통 큰 인물이었다. 그는 '의리의 남자'로도 잘 알려져 있는데, 이러한 기질은 선친인 고 김종희 창업주에게 영향을 받은 것이라고 한다.

김장환 목사는 그때 김승연 회장에게 받은 도움을 잊지 않고 지냈다. 그래서 김승연 회장이 부친상을 당하고 난 뒤 오랫동안 그분의 기일이 되면 어김없이 무덤 앞에 생화를 가져다두었다. 나중에 그 사실을 알고 김 회장이 크게 감동했다고 한다.

조석래

2007년부터 2011년 2월까지 전국경제인연합회 회장을 역임하고, 효성그룹 제2대 회장을 지낸 조석래 회장은 부인이 기도를 많이 해서 예수님을 영접하고 천국에 입성한 경우다. 원래 조 회장의 부인 송광자 권사는 기독교인이었다. 그런데 불교를 믿는 집안에 시집을 와서 가정 평화를 위해 30년간 교회에 다니지 않다가 시어머니가 돌아가신 뒤 다시 교회에 나가기 시작한 의지력이 강한 여성이었다.

송 권사는 교회에 다시 출석하면서부터 남편의 신앙을 위해 기도를 많이 했다. 이후 남편이 암에 걸리자 김장환 목사를 비롯한 여러 목사를 불러서 기도를 받고, 극동방송에 와서 예배드리고 기도도 많이 받았다. 송 권사는 특히 극동방송 교통방송의 애청자로서 극동방송을 많이 아끼고 사랑했다고 한다.

조석래 회장은 여러모로 한국의 경제발전에 크게 기여한 인물이다. 자녀들도 믿음이 좋아서 장남 조현준 회장은 극동방송 이사로도 추대되었다. 김장환 목사는 조석래 회장이 세상을 떠날 때 진실되게 예수님을 믿고 천국에 간 것을 보았다고 전한다.

이영수

　이영수 장로는 극동방송 감사를 맡아서 극동방송이 올바로 갈 수 있게 회칙을 정확하게 짚어주고, 간혹 극동방송이 잘못 나갈 때는 늘 정도(正導)로 갈 수 있게 격려한 은인이다. 한 회사를 재정으로 후원하는 이도 필요하지만, 그릇된 길로 가지 않게 돕는 조언자 또한 꼭 필요하다. 이 장로는 극동방송에 꼭 필요한 바로 그런 조언자였다.

　특히 이 장로의 가족과 김장환 목사의 가족은 떼려야 뗄 수 없는 관계라 할 수 있을 만큼 친밀한 관계를 맺으며 인연을 이어왔다.

임경섭

　극동방송에서 부사장까지 지낸 임경섭 장로는 경제적인 면에서뿐만 아니라 극동방송을 다양한 방식으로 홍보하는 데도 공로가 컸던 사람이다. 이를테면 소망교회가 극동방송에 헌금할 수 있도록 알리고 적극적으로 역할을 해낸 사람이 임경섭 장로였다. 그런가 하면 당시 사장이던 김장환 목사가 방송사를 나서다가 경비에게 지시한 사항을 경비가 총무국장에게 이야기하면, 그것이 김장환 사장의 지시라는 것을 총무국장에게 정확히 전달하는 것도 임 장로의 역할이었다.

임경운

　임경운 장로는 간경화로 위기 상황에 있을 때 김장환 목사에게 큰 도움을 받았다. 김 목사가 임 장로 내외를 미국으로 데려가 의사인 큰 처남에게 부탁해 뉴욕의 큰 병원에 연결해줌으로써 병을 고친 것과 다름없기 때문이다.

그 일을 계기로 미국에 정착해서 사업에 성공한 임 장로는 해마다 1천만 원~2천만 원씩 헌금을 할 만큼 극동방송에 큰 애정을 가지고 있다. 그는 지금도 해마다 재단에서 나오는 헌금을 극동방송에 하는 고마운 후원자다.

에드 더윈스키(Ed Derwinski)

미국 공화당 의원 중에 에드 더윈스키라는 정치인이 있었다. 극동방송의 로버트 보먼 총재가 지사장 회의를 서울에서 하고 미국에 가서 더윈스키에게 로비를 했다. 그래서 더윈스키가 공화당 동지들에게 편지를 써서 잉여농산물을 가난한 한국에 원조해주자고 했는데, 민주당 조 프레이저(Joe Frazier) 의원이 한국에 주지 말자는 법안을 내서 방해했다. 조 프레이저는 한국을 방문하면 재야인사 김대중은 만나면서 박정희 대통령은 만나지 않는 우리 정부의 골칫거리였다. 그런데 두 사람이 표결 대결을 해서 더윈스키가 이겼고, 그 일로 한국 정부와 박 대통령은 매우 기뻐했다.

그런데 프레이저는 한국에 해가 되는 일을 계속했다. 그때 김영광 판기국장이 방법이 없겠느냐고 물어서 김장환 목사는 알아보겠다고 답했다. 그러고는 김현덕 회장, 김익준 장로, 유상근 박사 세 사람과 함께 조 프레이저의 선거구인 미네아폴리스로 갔다. 거기서 웹 볼(Web Ball)이라는 친구에게 그 지역의 목회자들을 모아달라고 부탁해서 300명이 호텔에 모였다. 김장환 목사는 그곳에서 동행한 세 사람에게 애국 강연을 하게 하고 자신은 통역을 했다.

강연 내용은 6·25전쟁으로 가난한 한국인들이 식량 부족으로 어려움을 겪는데 농수산물 남은 것을 이 지역의 의원이 한국에 주지 말라고 방해하고 있다는 호소였다. 그 결과 다음 선거에서 조 프레이저가 낙선하는 일이 발생했다. 이 또한 김장환 목사를 통해서 하나님이 하신 일이라 하지 않을 수 없다.

로이 & 진 캐슬(Roy & Jean Castle)

로이 & 진 캐슬 부부는 김장환 목사에게 많은 영향을 준 사람들이다. 그들은 칼 파워스가 살던 동네에 살았다. 그곳은 석탄이 많이 나는 광산촌인데, 로이 캐슬은 광산 기술자로 엘리베이터를 운영하는 사람이었다. 땅 밑으로 들어가려면 엘리베이터를 타야 하는데, 로이 캐슬은 못 고치는 게 없을 정도로 손재주가 좋았다. 그 지역에서 고장이 난 것은 무엇이든 다 고쳤다.

1955년, 고등학교 3학년 빌리 킴은 신학교에 가려고 준비하며 여름방학 때 칼 파워스의 집에서 지내고 있었다. 그런데 로이 캐슬이 시골의 작은 교회에 와서 일주일 동안 부흥회를 해달라고 부탁했다. 그 교회는 파워스의 집에서 산을 하나 넘어 16km쯤 떨어진 곳에 있었는데, 빌리 킴은 설교도 하고 간증도 했다.

광산에서 일하는 로이 캐슬은 그 동네에서 유일하게 월급을 제대로 받는 사람이었다. 그는 조그마한 집 옆에 생필품 등을 파는 가게도 하나 운영하고 있었다. 한번은 빌리에게 자기 집에 와서 자고 가라고 해서 파워스에게 허락받고 자고 왔는데, 집에 돌아올 때면 꼭 100달러씩 현찰을 쥐어주었다. 더욱이 로이의 아내 진은 요리솜씨가 정말 좋았다.

캐슬 부부는 아주 소박한 이웃이었다. 주말이 되면 빌리 킴이 전도하러 들르곤 했는데, 학교에서 차로 5~6시간 정도 거리여서 전도를 마치고 나면 그 집에서 자고 캐슬 부부가 나가는 교회에 함께 나가 주일학교도 보살폈다. 그렇게 주일을 진의 집에서 보내고 학교로 돌아올 때면 빌리의 가방에 빵과 잼, 그리고 펩시콜라를 6병이나 넣어주었다. 그 당시 빌리에게는 그것이 큰 먹을거리였다. 빌리는 학교에 도착하면 가져온 빵에 잼을 발라 먹고 콜라도 마시며 축구 연습을 했다.

캐슬 부부는 빌리 일행을 지극하게 대접해주었다. 돌아올 때면 꼭 교회에서 '사랑의 헌금(Love offering)'이라고 해서 30~40달러씩 거둬주곤 했다. 빌리 일행은 그 돈으로 차에 휘발유도 넣고, 식료품 가게에 가서 일주일분 음식을 사는 데 사용하기도 했다.

그렇게 김장환 목사의 학창 시절에 큰 도움을 주었던 캐슬 부부 가운데 아내 진은 세상을 떠났고, 로이는 아직도 집집마다 돌아다니며 에어컨 등 고장 난 물건을 고쳐주고 있다고 한다. 로이 & 진 캐슬 부부와는 워낙 친해서 여름방학 때 여행도 같이 다녔고, 김 목사와 트루디 사모를 만나러 5일이나 걸려서 캘리포니아를 방문한 적도 있었다.

그렇게 고마운 분들이어서 김 목사는 백이선 목사가 중학생 아들을 미국에 보내달라고 했을 때 로이 캐슬의 집에 소개해주었다. 마침 로이 캐슬의 집 근처에 고등학교가 있어서 부탁하니 흔쾌히 보내라고 해서 맡기게 된 것이다.

빌리 킴에게 많은 도움을 준 로이 & 진 캐슬 부부는 하나님이 김장환 목사를 위해 보내주신 천사가 틀림없다.

팻 도니(Pat Doney)

김장환 목사와는 고등학교, 신학대학 동창으로 대학원은 같이 다녔지만 헬라어 시험에 떨어져서 석사과정에 못 들어가고 주말이면 늘 자동차로 김장환 목사와 함께 전도하러 다니던 친구, 팻 도니가 있었다. 그는 캘리포니아 출신으로 자동차를 가지고 다녔는데, 다른 사람은 운전대를 못 잡게 하고 자기만 운전했다. 팻 도니는 김 목사를 데리고 노스캐롤라이나, 테네시, 버지니아, 조지아 등 안 가본 데가 없을 만큼 전도를 하러 돌아다녔다. 학교는 규칙이 엄해서 감옥 같다면서 바깥으로 나가는 것을 좋아한 친구였다.

김 목사는 전도집회를 같이 다니면서도 헬라어 시험에 매번 100점을 받았는데, 팻 도니는 늘 C학점을 받았다. 대학원에 다닐 때 김 목사는 밤새도록 논문을 쓰는데, 그는 남의 논문을 인용 표시도 없이 베껴서 제출했다가 그 과목을 담당하는 드랍시 대학(Dropsy University) 출신 중국인 교수 티모시 린(Timothy Lynn)에게 들켜서 논문을 다시 쓰는 수모도 당했다.

대학을 졸업한 뒤 팻 도니는 미국 남부에 큰 집을 사서 살고 있었는데, 대학원에 다니는 마음 맞는 커플 다섯 가정을 자기 집에서 지내게 했다. 그래서 열 명이 모여서 같이 기도하고, 음식도 나눠 먹곤 했다. 아내들은 대부분 공립학교 교사였고, 트루디도 6학년 담임으로 일하고 있었다.

당시 사우스캐롤라이나주의 교사 월급은 한 달에 204달러였는데, 세금을 떼고 남은 액수가 180달러였다. 팻 도니의 아내도 고등학교 3학년 교사였는데, 그들은 세금을 떼고 남은 180달러의 10분의 1인 18달러를 십일조로 냈고, 김 목사네는 본봉인 204달러의 십일조 20달러를 드렸다.

그 당시 김 목사 부부는 식료품 가게에서 10달러어치 음식을 사서 1주일을 지냈다. 그런데 이상한 것은 김 목사 집의 냉장고에는 늘 먹을 게 있는데, 옆집에 사는 팻 도니의 냉장고는 보름만 되면 텅텅 비어서 늘 김 목사 집의 냉장고를 뒤졌다.

한번은 팻 도니가 김 목사에게 이렇게 물었다.

"킴, 왜 너희 집 냉장고엔 늘 음식이 남아도는데, 우리 집 냉장고는 텅텅 빌까?"

그때 김 목사는 이렇게 대답했다.

"너는 온전한 십일조를 하지 않지만, 우리는 온전한 십일조를 하니까 하나님이 그렇게 채워주시는 거란다."

그때 김 목사에게 한 수 배운 팻 도니는 6개월 뒤부터 온전한 십일조를 하기 시작했다. 그러자 지난번과는 달리 3주까지 냉장고에 음식이 남아 있는 기적을 경험했다.

팻 도니의 집에는 사과나무가 있어서 가을이 되면 한 소쿠리씩 선물로 주었는데, 김 목사는 강의 들으러 나가기 전 하나씩 먹던 사과가 참 맛있었다고 회상했다.

나중에 팻 도니는 군목으로 군에 가서 해군 소령이 되었다. 한번은 그가 레이더로 추적하는 군함을 타고 부산항에 입항한 적이 있었다. 절친이었던 김 목사를 만나고 싶어 집에 전화하니 트루디 사모가 받았다. 김 목사는 해외에 집회를 가고 없어서 팻 도니는 트루디 사모에게 배 구경을 하러 오라고 말했다. 그래서 트루디 사모가 이화옥 권사와 함께 부산항에 가서 만났다.

팻 도니는 부인과 아들을 데리고 김 목사의 수원 집을 방문한 적도 있었다. 그때 아들이 밖에 있는 사과나무의 몇 개 남지 않은 사과를 다 따버려서 김 목사가 다시는 데려오지 말라고 농담을 했다고 한다. 그렇게 가족끼리도 친하게 지낸 친구 팻 도니를 김 목사는 늘 기억한다고 했다. 김장환 목사보다 두 살이 적은 팻 도니는 부인이 세상을 떠난 뒤 호스피스에서 혼자 지내고 있다.

글렌 윌콕스(Glenn Wilcox)

글렌 윌콕스는 김장환 목사에게 가장 큰 영향을 미친 친구 가운데 한 사람이다. 그와의 인연은 밥 존스에서 시작되었다. 그는 여행사를 운영해서 여행과 관련해서는 훤히 잘 알았다. 김 목사의 큰아들 김요셉 목사가 방학 때 그의 여행사에서 3개월간 아르바이트를 한 일도 있다. 빌리 그레이엄 목사는 세계 어디를 가든 글렌 윌콕스의 여행사를 통해 비행기 티켓을 구매하게 해서 돈을 많이 벌게 해주었다. 1990년대에 한국에서 세계침례교연맹 총회를 할 때도 많은 한국인과 남침례교 목사들이 그의 여행사를 통해 한국에 왔다.

한번은 글렌 윌콕스가 "남침례회 총회장이 한국에 가는데 마중 나올 사람이 없으니 잘 모셔달라"고 김장환 목사에게 부탁한 적이 있었다. 그래서 김 목사는 공항에 마중 나가 총회장을 모셔 오고, 판문점을 방문하게 하고, 여의도순복음교회에서 설교도 하게 했다.

여행사도 하고 호텔 사업도 했던 글렌 윌콕스는 빌리 그레이엄 목사 측과도 가까웠고 김 목사와도 매우 친한 사이였다. 그는 김 목사를 자기 교회에서 설교하게 했고, 김 목사와 빌리 그레이엄 목사의 집에 가서 잠을 잔 적도 있었다. 빌리 그레이엄 목사의 장례식을 마친 뒤에도 직접 운전해서 모실 만큼 그는 김 목사를 지극 정성으로 잘 섬겼다. 그는 또 사람들에게 초콜릿 선물을 많이 해서 '초콜릿 할아버지'로도 잘 알려져 있다.

김장환 목사를 세계 최고의 골프장 중 하나인 오거스타(Augusta) 골프장의 플레밍 노벨(Fleming NoverIl)에게 소개한 이도 글렌 윌콕스였다. 그때 그 인연으로 김 목사는 아무나 출입할 수 없는 오거스타 골프장에서 가끔 지인들과 골프를 즐길 수 있었다. 김 목사에게 글렌 윌콕스는 잊을 수 없는 좋은 친구다.

플레밍 노벌(Fleming NoverIl)

어느 날 글렌 윌콕스가 김 목사에게 오거스타(Augusta) 골프 클럽에 가서 골프 한번 안 치겠느냐고 물었다. 그때는 김 목사가 한참 골프를 배우고 칠 때였는데, 당시 김 목사는 오거스타가 어떤 곳인지 전혀 알지 못했다. 가보면 안다고 해서 같이 가서 만난 사람이 바로 플레밍 노벌이었다.

그때 김 목사는 작은 선물을 가져가 그에게 주었다. 그는 남쪽 조지아(Georgia) 사람이라서 흑인이나 동양인을 가리지 않고 모두 친하게 지낼 수 있는 다정다감한 사람이었다. 김 목사는 그곳이 그렇게 유명한 골프장인 줄도 모르고 가서 같이 골프를 쳤는데, 철쭉이 만발한 절경이 아름다웠다. 김 목사는 그곳에서 일하는 사람들이 모두 쩔쩔매는 것을 보니 플레밍 노벌은 이사회 총무나 부회장 정도된다고 생각했다.

그렇게 플레밍 노벌과 김 목사는 교제하면서 친해졌는데, 한번은 그가 김 목사에게 자기 교회에 와서 설교해줄 수 있느냐고 물었다. 플레밍 노벌은 성공회 소속 교회를 다니고 있었는데, 김 목사는 성공회에서는 설교한 적이 거의 없었지만 요청을 받고 그 교회에 가서 설교했다. 그 교회 교인들은 김 목사의 설교를 듣고 매우 좋아했다. 김 목사가 "여기 다니기 전에 침례교회에 출석했던 교인은 손 들어보라"고 했더니 80%가 손을 들었다. 모두가 침례교회에서 싸우고 시험 들고 해서 성공회로 간 사람들이었다.

성공회는 예배를 조용히 드리는데, 김 목사가 설교하고 나니 모두 기립 박수를 쳤다. 그것을 본 플레밍 노벌이 한 번 더 와서 설교해달라고 요청했다. 그래서 김 목사는 사례금도 비행기표도 필요 없으니 아내와 함께 골프를 한 번 치게 해달라고 부탁했다. 그는 "오케이!"라고 대답했다. 오거스타는 아예 여자 멤버가 없는 골프장인데 그 부탁을 들어준 것이다.

그런데 플레밍 노벌은 골프장 하나를 더 소유하고 있었다. 김 목사는 아내와 함께 미국에 간 김에 작은아들 요한을 약혼시킬 생각이었는데, 호텔에서는 좀 그렇고 하니 골프장에서 약혼식을 하면 좋겠다는 생각이 들었다. 그래서 작은아들이 미국에서 공부하고 있고 장인 장모 될 사람도 미국에 사는데, 플레밍 노벌의 골프장에서 약혼식을 하면 좋겠다고 말하니 홀 하나를 빌려주었다. 그 덕분에 플레밍 노벌 내외와 김 목사 내외와 예비 사돈 내외, 그리고 약혼 당사자 두 사람과 주례 목사 한 사람이 그곳에서 조촐하게 약혼식을 치렀다.

2022년 큰아들 김요셉 목사와 김요한 목사가 같이 그곳에 가게 되었는데, 플레밍 노벌이 그 소식을 듣고는 온 김에 오거스타에서 골프 한번 치고 가라고 연락을 했다. 그래서 골프동우회장과 김요한 목사, 이렇게 셋이서 골프를 치러 갔다. 오거스타는 정문을 들어가기도 매우 어려운 곳인데, 차를 타고 들어오라고 해서 김요한 목사가 운전해서 들어가 골프를 치고 온 적이 있다. 지금까지 여러 차례 플레밍 노벌 덕분에 오거스타에서 골프를 쳤는데, 그동안 데려간 사람만 50여 명이나 되었다.

2023년에 또 오거스타에서 유명환 전 외교통상부 장관과 강은모 유성 컨트리클럽 대표, 이일철 극동방송 중앙운영위원장, 김 목사 넷이 골프를 친 적이 있는데, 그때 플레밍 노벌이 세상을 떠났다는 소식을 듣고 다함께 장례식에 참석했다. 그는 아들 둘, 딸 하나를 유족으로 남겼는데, 장례식에서 조화는 안 받는다고 해서 조지아 오거스타 주립대학의 플레밍 노벌 장학재단에 3천 달러를 장학금으로 내놓고 왔다. 유족이 그 소식을 듣고 무척 고마워했다고 한다.

데이비드 매덕스(David Maddocks)

데이비드 매덕스와 김장환 목사의 인연은 김 목사가 세계침례교연맹 총회장이 되었을 때 시작되었다. 당시 그는 남침례교 이사장 직책을 맡고 있었고, 사무총장이었던 덴튼 로즈(Denton Roiz)와도 절친한 관계였다.

매덕스는 김장환 목사가 총회장이 되어 사무총장과 함께 동유럽을 여행할 때 함께 다니면서 호텔비와 식사비 등을 모두 지불해준 좋은 친구였다. 그는 또 릭 워렌 목사의 새들백 교회에 400에이커 땅을 기증했을 만큼 교회에 대한 헌신도가 높은 사람이기도 했다.

김장환 목사는 릭 워렌 목사가 한국에 올 때 데이비드 매덕스도 함께 초청했다. 그래서 그는 아들과 며느리, 글렌 윌콕스와 함께 한국을 방문하게 되었다. 매덕스의 아들은 다섯 명의 이사 중 한 사람이기도 했다.

김장환 목사는 얼마 전에도 매덕스와 통화를 했다고 한다. 김 목사는 그가 외국인에게 재정적으로 도움을 주며 베풀어준 사랑과 정성을 지금도 잊지 못하고 있다.

존 그레고리(John Gregory)

존 그레고리는 테네시에서 작은 제약회사를 운영하는 김 목사의 친구였다. 그는 약국도 병원도 없는 시골 깡촌에 약국을 하나 열어서 약을 제조하고 술도 마시고 그렇게 살다가 어떤 목사의 전도를 받아서 예수를 믿고는 완전히 변했다. 존 그레고리는 바르는 약 하나를 개발해서 공전의 히트를 친 적도 있다. 골프를 좋아했던 그는 TV 광고를 하면서 골프 선수 잭 니클라우스(Jack Nicklaus)를 모델로 세웠다. 잭 니클라우스의 아버지가 약사여서 둘이 아주 친했기 때문이다.

어느 날 김 목사가 플로리다에서 부흥회를 하는데 존 그레고리가 전화해서 "플로리다에 왔으면 골프나 한번 치자"며 잭 니클라우스가 있는 골프장으로 오라고 했다. 그때 의대를 졸업한 경주 출신 최상식 장로가 덜덜 소리가 나는 밴 한 대를 빌려서 김 목사와 함께 약속한 골프장으로 운전해서 갔다. 골프장 이름이 '더 베어(The Bear)'였다. 시커먼 철문이 나타나는데, 수위가 어떻게 여기 왔느냐고 해서 "잭 니클라우스가 골프 치러 오라고 해서 왔다"고 하니 통과시켜 주었다.

클럽하우스 앞에는 벤츠 정도는 명함도 내밀 수 없을 만큼 최고급 차들이 주차되어 있었다. 그래서 두 사람은 타고 온 밴을 사람들 눈에 잘 안 띄는 뒤쪽에 세우고 들어갔다. 들어가니 '세인트 앤드루스(St. Andrews)'라는 이름의 방을 하나 주고는 식사하러 오라고 해서 잭 니클라우스와 동행한 이들과 함께 식사했다. 잭 니클라우스에게 교회에 다니느냐고 물었더니 부인 등쌀에 못 이겨서 감리교회에 나간다고 했다.

다음 날 아침 9시에 잭 니클라우스와 같이 골프를 쳤다. 드라이브는 안 치고 3번 우드로 때리는데, 폼은 별로였지만 장타가 엄청 세게 나갔다. 그렇게 라인을 같이 치고 몇 가지 가르쳐주고는 다른 팀과 함께 나가면서 헤어졌다. 골프를 치고 난 뒤 존 그레고리를 만났는데, 그는 김 목사에게 언제든지 거기서 골프를 치고 싶으면 오라고 했다.

그러다가 한번은 김영규, 백철우 장로 그리고 캄보디아에 가 있는 김명일 등 몇 사람과 함께 다시 더 베어로 골프를 치러 갔다. 그때 존 그레고리가 "모레 존 베이너(John Boehner) 하원의원 의장이 골프를 치러 거기 온다"고 알려주었다. 그는 시골에서 공화당 당원들을 위해 모은 정치자금을 가지러 오는데, 골프를 좋아해서 골프 한 번 치기로 했다는 것이다. 존 베이너는 원래 오바마 미국 대통령과 골프를 자주 쳤던 사람이다.

그 당시 이명박 대통령이 미국 의회에서 강연을 해야 하는데, 존 베이너 의장이 반대해서 아주 난처한 상황이었다. 오바마 대통령이 존 베이너 의장에게 이 대통령의 의회 강연을 요청했는데, 존 베이너 의장은 의회에서 일어나는 일은 자기 영역인데 자기와는 다른 민주당 소속 대통령이 요구하니 더욱 반발했다. 그대로 두었다가는 이명박 대통령이 의회에서 연설도 못하고 면이 서지 않게 되는 아주 곤란한 입장이었다. 이때 문제를 해결한 주역이 바로 김장환 목사였다.

김 목사는 존 그레고리에게 "존 베이너 의장이 우리나라 대통령의 의회 연설을 반대하니 마음을 좀 바꾸게 도와달라"고 했다. 존 베이너 의장이 정치자금을 받으러 와서 골프를 칠 곳이 하필 김 목사가 골프를 치기로 되어 있는 곳일 줄 누가 알았겠는가? 이 또한 한국 대통령의 미 의회 연설을 가능케 하기 위해 하나님이 준비하신 절호의 기회였다.

김 목사의 부탁에 존 그레고리는 이명박 대통령의 철자를 물었다. 그래서 김 목사가 메모지에 이름을 적어주었고, 존 그레고리는 그 이름을 존 베이너 의장에게 주면서 "한국 대통령이 의회에서 연설을 하게 해주면 좋겠다"고 말했다. 메모지를 받은 존 베이너는 그 자리에서 그렇게 하겠다고 대답했다. 그렇게 해서 이명박 대통령의 미 의회 연설이 이루어진 것이다. 골프를 통해 일어난 하나님의 역사는 한결같이 기적 같고 신기하다.

KBS 1TV 수요기획 〈빌리의 귀향〉을 촬영할 때 KBS 스태프들을 비행기로 태워다준 사람도 바로 존 그레고리였다. 그가 마련해준 비행기를 타고 KBS 기자 네 명이 밥 존스로 가서 영상을 찍을 수 있었다.

웰던 와이어트(Weldon Wyatt)

웰던 와이어트 회장은 (주)풍산의 류진 회장이 김장환 목사에게 소개한 사람이다. 만나고 보니 그의 아버지가 침례교 목사였다. 그는 김 목사가 세계침례교연맹 총회장을 했던 것을 매우 고무적으로 생각해서 김장환 목사에게 아주 잘해주었다. 극동방송 어린이합창단이 카네기홀 공연을 마친 뒤 웰던 와이어트가 초청해 네 팀이 그의 동네에서 공연한 적이 있다. 그때 한 200명 되는 어린이가 그 숙소에서 먹고 자고 했다. 골프장 안에 수십 개의 최고급 숙소가 있었는데, 어디서 자는지 모를 만큼 숙소가 넓었다.

또 그 골프장 안에는 예쁜 교회도 있었다. 두 번째 초청을 받았을 때는 100명 정도의 어린이합창단을 데려갔는데, 이때 한기붕 극동방송 사장도 동행했다. 아이들이 아침을 먹으러 클럽하우스의 특별식당에 가서 각자 주문했는데, 아이들이 좋아하는 베이컨을 많이 가져다주고, 비스킷과 머핀도 마음껏 먹게 하고, 입안에서 살살 녹는 커다란 스테이크도 먹게 해주었다. 웰던 와이어트는 이처럼 김 목사 일행을 최고로 대우해준 친절하고 고마운 사람이었다.

4년 전쯤에는 어린이합창단 50명과 권모세 더헤븐 리조트 회장, 유명환 전 외교통상부 장관 등 극동방송 운영위원 약 20명이 함께 가서 묵게 되었다. 그렇게 3박 4일 동안 70여 명이 숙식한 비용을 대충 계산해보니 적어도 7천만 원 정도였는데, 모두 무료로 해주었다고 한다. 김장환 목사는 와이어트 회장이 그만큼 배포가 크고 친절한 사람이라고 말했다.

파주에 서원밸리CC라는 골프장이 있는데, 회장이 돈을 많이 번 사람이었다. 그가 한번은 미국에 갔을 때, 거기서 이발을 하려고 해서 보니 이발하는 한국 여자가 있다고 했다. 그녀는 세지 밸리(Sedge Valley) 골프장 주인의 머리를 20년 깎은 이발사였다.

그 여자 이발사가 그에게 "이 근처에 유명한 골프장이 있는데 가 봤느냐"고 물었다. 그가 못 가봤다고 대답하니 이발사는 한번 가보 겠느냐고 묻고는 소유주 할아버지에게 부탁해보겠다고 말했다. 그래서 그 여자 이발사 덕분에 서원밸리CC 최등규 회장은 아무나 들어갈 수 없는 오거스타 골프 클럽에 가서 회장과 골프를 같이 치는 행운을 누렸다.

그때 오거스타 골프 클럽 회장이 서원밸리CC 최등규 회장에게 빌리 킴을 아느냐고 물었다고 한다. 모른다고 대답하니 오거스타 골프 클럽 회장이 김장환 목사에게 전화해서 최등규 회장을 바꿔주었다. 그렇게 김 목사와 통화를 하게 된 최등규 회장은 "한국에 가면 한번 찾아가겠다"고 약속했다.

김장환 목사와 최등규 회장의 만남도 그렇게 시작되었다. 김 목사가 그를 만나보니 그의 동생이 목사였다. 최등규 회장이 동생의 교회도 지어주기는 했는데, 아직 예수와 상관없는 사람이었다. 목사 동생이 형을 전도하지 못한 것이다. 동생 목사는 김장환 목사에게 형을 좀 전도해달라고 부탁했다. 그래서 김 목사는 조만간 시간을 내어 전도 차 서원밸리CC를 방문할 계획이라고 했다. 이 만남을 이루어준 주인공이 바로 웰던 와이어트 회장이라고 하면서 김 목사는 그를 참 좋은 분이라고 거듭 칭찬했다.

바비 그리핀(Bobby Griffin)

김장환 목사가 잊을 수 없는 또 한 사람은 바비 그리핀이다. 6·25 참전용사인 그는 사업가였다. 김 목사는 미국 기독실업인회(CBMC)에서 설교 중에 자신이 6·25전쟁 때 미군 하우스보이를 하다가 미국에 유학을 왔다고 간증한 적이 있다. 예배가 끝난 뒤 바비 그리핀이 6·25전쟁 때 한국에서 군생활을 할 때 자신에게도 하우스보이가 있었는데 꼭 찾고 싶다고 했다. 그 사람을 찾으려면 사진을 가지고 한국에 와야 한다는 김 목사의 말에 바비 그리핀은 한국을 방문했다.

인구가 많은 서울에서 찾을 길이 없어서 김 목사는 당시 〈경향신문〉 편집국장을 하던 김경래 장로와 바비 그리핀의 만남을 주선하고 하우스보이와 찍은 사진을 보여주면서 신문에 광고해 좀 찾아달라고 부탁했다. 그래서 신문에 미국의 부자 사업가가 6·25전쟁 때 자기를 도와주었던 하우스보이를 찾는다는 광고가 나갔다.

그런데 바로 그다음 날 아침, 바비 그리핀이 그렇게 만나고 싶어 하던 하우스보이가 조선호텔을 찾아왔다. 미국의 부자 사업가가 하우스보이를 찾으러 왔다고 하면 자기가 바로 그 하우스보이라며 수십 명이 나타날 줄 알았는데, 막상 찾아온 사람은 딱 한 명이었다. 그때 2층에서 내려다보던 바비 그리핀은 자신이 찾던 하우스보이가 맞는다는 확신이 들었다. 그래서 1층으로 내려와 서로 반갑게 만났다.

그의 이름은 고영재 씨로 지하방에서 부인과 살며 의정부에서 택시 운전을 하고 있었는데, 바비 그리핀이 전도해서 예수를 믿게 되었다. 그에게 일자리를 구해주었으면 좋겠다는 바비 그리핀의 부탁에 김 목사는 그를 수원중앙침례교회 버스기사로 채용했다. 고영재 씨 부부는 바비 그리핀의 초청으로 3개월간 미국을 다녀오기도 했다. 지금 고영재 씨는 암으로, 바비 그리핀은 지난 2023년 2월 세상을 떠났지만 김장환 목사는 그렇게 또 하나의 기적 같은 만남을 이루어주었다.

로저 패럿(Roger Parrott)

김장환 목사는 우연한 기회에 벨헤이븐 대학의 로저 패럿 총장을 만났다. 패럿 총장이 한국을 방문했을 때 김의환 당시 총신대 총장과 만났는데, 그때 김 총장이 패럿 총장에게 "한국에 온 김에 빌리 킴을 한번 만나보라"고 주선한 것이다. 그래서 극동방송에서 만났는데, 김 목사와 패럿 총장은 만나자마자 금세 친해졌다. 패럿 총장이 벨헤이븐 대학에 와서 강연을 좀 해달라고 요청해 김 목사가 강연을 하기도 했다.

김 목사는 미국에 살고있는 홍희경 장로의 딸을 벨헤이븐 대학 피아노 선생으로 소개해서 보낸 적도 있었다. 한번은 패럿 총장이 졸업식에 와서 설교해달라고 해서 갔더니 김 목사에게 명예박사학위를 수여했다. 김 목사는 이후 벨헤이븐 대학에 장학금도 보내고 해마다 서울여대 학생 다섯 명을 교환학생으로 보냈는데, 서울여대 측에서도 벨헤이븐 대학을 참 괜찮은 학교라고 칭찬했다.

김장환 목사는 자신이 아는 대학 총장들 가운데 로저 패럿 총장을 가장 친절한 사람으로 꼽았다. 이런 만남과 교제가 여러 사람에게 유익을 가져다주는 하나님의 인도하심이라는 것을 김장환 목사는 계속해서 체험하는 산증인이다.

릭 워렌(Rick Warren)

릭 워렌(새들백 교회 원로목사)은 오바마 대통령 취임식 때 기도를 했던 유명한 미국 목사로『목적이 이끄는 삶』과『목적이 이끄는 교회』라는 베스트셀러를 써서 세계적으로 널리 알려졌다. 김장환 목사가 세계침례교연맹 총회장 5년 임기를 마친 2005년은 침례교 세계대회 창설 100주년이어서 지미 카터 대통령 등 유명 인사들을 강사로 초청해 강연을 들었다. 그때 릭 워렌 목사도 강사로 모셨는데, 김 목사가 그에게 "한 해 뒤인 2006년이 극동방송 50주년인데, 강사로 와달라"고 부탁했다. 이에 릭 워렌 목사는 그러겠다고 대답했다.

김 목사는 다음 해 가을에 오라고 말하고는 연락하려면 누구와 접촉해야 하느냐고 물었다. 릭 워렌 목사는 데이비드 숀(David Shawn)이라는 비서와 연락하라고 했다. 김 목사는 그 비서의 전화번호와 이메일 주소를 받아 가지고 한국에 돌아와 행사 준비를 시작했다. 그런데 이메일을 세 번 보내고 전화를 세 번 했는데도 답도 없고 전화도 받지 않았다.

그해 12월, 김장환 목사 내외는 캘리포니아에 있었는데, 마침 그때 데이비드 매덕스가 생일을 맞아 두 사람을 초대했다. 그는 릭 워렌 목사의 교회에 약 1,618,000㎡의 땅을 기증한 사람으로 그의 아들이 새들백 교회의 5명의 이사 중 한 사람이기도 했다. 그래서 릭 워렌 목사와 비서를 제외한 새들백 교회의 유명한 교역자들이 모두 참석했다. 총책임 목사라는 직책을 맡아 릭 워렌과 공동으로 설교도 하는 최측근 참모이자 여동생의 남편이기도 한 홀러데이(Holladay)

목사도 그 자리에 참석했다.

그날 식사를 하는 중에 김장환 목사가 홀러데이 목사에게 물었다. "누가 새들백 교회를 운영합니까?"

그러자 홀러데이 목사가 왜 그러느냐고 되물었다. 그래서 김 목사는 중요한 일로 릭 워렌 목사의 비서 데이비드 숀에게 세 번 메일을 보내고 세 번 전화를 했는데 지금까지 아무 답이 없다고 말했다. 그 다음 날 김 목사 내외가 캘리포니아의 딸집에 있는데, 문제의 데이비드 숀이 전화해서 거듭 사과를 했다.

그 뒤 김 목사 내외는 한국에 들어와 본격적으로 행사를 준비했다. 새들백 교회 쪽에서 한국에 가장 먼저 보낸 사람은 인도인 경호원이었다. 그가 미리 온 이유를 안 김 목사는 "릭 워렌 목사가 오면 가장 좋은 곳에 모실 것이고, 경호도 여기서 알아서 할 테니 걱정하지 말라"고 해서 미국으로 돌려보냈다.

그 뒤 김 목사는 릭 워렌 목사가 한국을 방문하면 극동방송이 독점하지 않고 한국 교회를 위해 양보하겠다고 결심했다. 그래서 젊은 목사들 20명을 불러서 조식을 대접하며 그 뜻을 밝혔더니 모두가 좋다고 환영했다. 김 목사는 그 자리에서 "사실 극동방송 50주년 강사로 모시려 한 것인데 한국 교회에 양보할 테니 잘해보라"고 말했다.

때마침 대형교회마다 릭 워렌의 '40일 새벽기도'에 영향을 받아서 그것을 하고 있었다. 그래서 준비위원장과 총무, 부회장을 세워서 각 교회당 천만 원씩을 내게 해서 그 예산으로 행사를 시작해보라고 했다. 준비위원장 오정현 목사, 부회장 고명진 목사는 3천만 원을 내기로 했다. 장소는 고민 끝에 최성규 목사의 제의대로 여의도순복음교회에서 3일간 집회하고, 마지막 날에는 상암월드컵경기장에서 하기로 결정했다.

빌리 그레이엄은 1년 전부터 광고를 했는데, 릭 워렌은 베스트셀러 한 권 덕분에 준비나 광고를 많이 하지 않고도 선풍적으로 많이 모였다. 그날 헌금이 무려 4억 원이 넘게 걷혔다. 그 헌금을 반은 주고 반은 한국에서 쓰자는 얘기가 나왔지만, "약속은 약속이니 처음 얘기한 대로 다 주자"고 김 목사가 결정을 내렸다. 그래서 김 목사는 미국 돈으로 40만 달러로 바꾼 수표를 들고 릭 워렌 목사를 찾아갔다. 그리고 수표를 주면서 아프리카 르완다를 위해 써달라고 말했다. 이와 아울러 "지금 우리나라에 수해가 났으니 그중 얼마를 노무현 대통령에게 성금으로 가져가는 것이 좋겠다"고 건의했다. 이를 통해 노무현 대통령과 릭 워렌 목사의 면담도 이루어졌다.

마틴 모지에(Martin Mosier)

마틴 모지에 목사는 김장환 목사와 밥 존스 동기동창으로 김 목사가 미국에 있을 때 함께 다녔고, 한국에도 여러 번 초청해 설교하게 한 친구다. 그는 김 목사가 트루디 사모와 결혼해 한국으로 돌아올 때 큰 도움을 준 사람이기도 하다. 그때 김 목사는 미시간에 가서 트루디 부모님께 인사드리고, 버지니아에 가서 칼 파워스에게 인사한 뒤 캘리포니아로 배를 타러 가야 했다.

당시 마틴 모지에 목사의 첫 목회지는 콩밭과 옥수수밭이 끝없이 펼쳐진 아이오와(Iowa)였다. 마침 겨울이 다가오는 시즌이었는데, 그는 김 목사 가족이 입을 내의와 털모자, 신발 등을 사주고 교회에서 헌금까지 해서 건네준 고마운 친구였다. 김 목사는 밥 존스를 2년 다닌 마틴 모지에의 부인과도 가까이 지냈다. 김 목사가 학창 시절 축구부 주장을 할 때 같이 운동도 했고, 전도도 같이 다닌 사이였다.

한번은 마틴 모지에 목사가 김 목사에게 사우스다코타(South Dakota)에 설교하러 다녀오라고 해서 갔는데, '미션 컨퍼런스(Mission Conference)'라는 게 있었다. 그 지역의 뿔 달린 소가 유명한데, 누가 송아지를 사주면 농부들이 그 송아지를 자기 소와 같이 키워서 팔고 남은 돈을 선교비로 보내는 미션 컨퍼런스였다. 김 목사는 미션 컨퍼런스에 초청을 받아서 여러 차례 설교했다.

김 목사가 한국에 돌아온 뒤 수원중앙침례교회가 열 마리, 극동방송이 열 마리를 사주었는데, 해마다 그곳 농부들이 그 송아지를 키워서 팔고 남은 돈을 보내주곤 했다. 그때 송아지 가격이 한 마리당 600~700달러였는데, 잘 키우면 2천 달러가 되기도 했다. 김장환 목사는 그렇게 선교사역에 도움이 되겠다는 사명감으로 소를 키워서 이윤을 남겨준 농부들이 참 대단하다고 말했다. 지금까지도 왕래하는 마틴 모지에 목사도 김 목사에게는 정말 귀한 친구다.

스탠리 크래스키(Stanley Kraske)

김장환 목사는 미국 시카고에 있는 CBMC 본부에서 총무 에본 헤들리(Evon Hedley)와 인사를 나눈 적이 있었다. 그때 김 목사가 오후에 디트로이트로 간다고 하자 그는 "거기 가면 반드시 스탠리 크래스키(Stanley Kraske)를 만나보라"고 권했다. 그래서 김 목사가 그 사람이 뭐 하는 사람이냐고 물으니 K마트(K-mart) 주인이라고 했다. 김 목사가 만나보겠다고 하니 그는 스탠리 크래스키에게 전화를 걸어 "내일 내 친구가 디트로이트에 가니 두 사람이 만났으면 좋겠다"고 말했다.

디트로이트에 도착한 김 목사는 자녀들을 한 학기 동안 그곳의 한 교회 학교에 입학시켰다. 그 학교는 당시 극동방송 이사이기도 했던 폴 존슨(Paul Johnson)이 이사장으로 있었는데, 안식년을 맞은 김 목사의 가족은 그곳 마당에 지어놓은 선교사 주택에서 6개월을 지냈다.

다음 날, 김 목사는 에본 헤들리의 권유대로 스탠리 크래스키를 만나러 갔다. 그때 김 목사가 최종관 전 SK 부회장에게 선물받은 공작새를 수놓은 노란색 이불보를 가져갔는데, 그것을 본 크래스키가 "선물을 가져오는 동양 사람을 조심하라고 했다"고 말하는 게 아닌가. 김 목사는 그 말을 듣자마자 "조심하라고? 친구는 뇌물을 가지고 오지 않지" 하고 응수했다. 그러자 그는 껄껄 웃더니 앉으라고 했다.

그렇게 마음을 연 두 사람은 이런저런 이야기를 나누었다. 대화 도중에 그가 "뭐 필요한 게 없느냐?(What do you need?)"고 김 목사에게 물었다. 김 목사는 "나는 뭐가 필요해서 온 게 아니다(I don't need anything.)" 하고 대답했다. 그러고는 이렇게 덧붙였다.

"내가 여기 온 것은 우리 두 사람의 친구인 에본 헤들리가 자신의 친한 친구인 당신을 꼭 만나보라고 해서 방문한 것이다. 혹시 당신이 도움을 줄 수 있다면, 한국 공군에 교회 다섯 채가 필요한데 그중 한 채를 지어주면 좋겠다."

그러자 그는 교회 다섯 채를 짓는 데 비용이 얼마나 드는지 물었다. 그래서 한 평 짓는 데 50만 원쯤 든다고 하니 교회 다섯 채를 지을 수 있는 액수에 해당하는 K마트 주식을 내주었다. 그래서 김 목사는 그것을 왈도 예거 장로에게 보냈고, 예거 장로는 다시 기독교 봉사회에 전달했다. 그곳에서 그것을 한국의 이성환 공군 군종감에게 보내 결국 공군 교회 다섯 채를 지을 수 있었다.

그렇게 대방동 공군본부, 서울 공항, 강릉 전투비행단, 수원 10전투비행단, 대전 교육사령부에 한 채씩 총 다섯 채의 교회를 세웠다. 당시 옥만호 참모총장이 현역에 있었는데, 그 뒤 옥 총장이 헬기를 내줘서 미국에서 온 기술자들이 헬기를 타고 공중 답사를 통해 제주 애월에 극동방송을 지으면 좋겠다는 결론을 낼 수 있었다. 그렇게 구입한 애월땅 3만 4천 평은 나중에 아세아방송국에 모두 기증했다.

크래스키는 공군 교회를 세우는 데 도움을 준 공로로 한국에 와서 한양대학교에서 명예박사 학위를 받고, 김 목사 집에도 와서 식사하고 미국으로 돌아갔다. 김장환 목사 가족이 폴 존슨 교회 안에 있는 선교사 관저에 머물 때 마침 크래스키가 그곳을 지나가다가 "트루디 사모가 만든 애플파이를 먹고 싶다"며 들른 적도 있었다.

어느 날은 크래스키가 점심 초대를 해서 김 목사네 다섯 식구가 그의 집에 가서 식사를 하게 되었다. 그 자리에는 방학을 맞아 온 크래스키의 손자, 손녀들도 있었다. 그때 옥수수를 삶았는데, 김 목사의 아이들이 실수로 옥수수 알을 조금 떨어뜨렸다. 그러자 크래스키는 떨어진 옥수수 알을 다 주워 먹으면서 "음식을 그렇게 낭비하면 안 된다"고 아이들을 훈계했다.

한편, 헨리 키신저(Henry Kissinger)가 디트로이트의 코보 홀(Cobo Hall)에 강연하러 올 때 기도하러 가는데 크래스키의 차가 고장나서 김 목사의 차로 움직인 적이 있었다. 당시 크래스키는 재단을 만들어서 5억 달러를 기증할 만큼 대단한 부자였지만, 타고 다니던 차가 오래되어 고장나는 바람에 김 목사의 차로 강연 장소에 가야 했던 것이다. 그때 김 목사가 가까이서 보니 크래스키의 신발도 오래돼서 다 해져 있었다. 그래서 새 신발을 하나 사자고 권했지만, 괜찮다고 거절할 만큼 크래스키는 검소하고 겸손한 사람이었다.

한번은 크래스키가 김 목사를 작은 중국 식당에 데려가 함께 식사를 했는데, 식사를 마치자 냅킨에 사다리를 그리더니 사다리 타기를 해서 식사비를 내자고 했다. 각 대학에 병원도 지어주고, 기숙사도 지어주는 등 엄청나게 기부를 많이 하면서도 정작 얼마 안 되는 식사비는 내기를 해서 내자고 제안한 것이다. 그래서 김 목사가 사다리 타기를 했는데, 결국 크래스키가 내는 것으로 나와서 그가 식사비를 모두 냈다.

크래스키의 부인 돌시 크래스키(Dolthy Kraske) 또한 오버코트를 40년 동안 입을 만큼 남편 못지않게 검소한 사람이었다. 김 목사는 크래스키 부부의 검소한 삶을 통해 경제를 많이 배웠다고 말한다.

돈 엔그램(Don Engram)과 에드 라이먼(Ed Lyman)

짐 윌슨(Jim Wilson) 선교사가 김장환 목사에게 "노래를 잘하는 테너 에드 라이먼(Ed Lyman)이 한국에서 공연을 하면 좋겠다"고 제안했다. 김 목사는 그렇게 하자고 약속하고는 이화여대 강당을 빌렸는데, 아무래도 객석을 다 채우지 못할 것 같다는 생각이 들었다. 그런데 공연 날에 보기 좋게 관객들이 가득 들어차서 그때부터 각 교회를 다니며 공연을 하기 시작했다. 에드 라이먼은 당시 유행했던 노래 '갑돌이와 갑순이'를 배워서 부르기도 하고, 아이들이 좋아하는 이탈리아 가곡 '오 솔레미오(O Sole Mio)'도 불렀다.

당시 대구에 있는 야구장에서도 공연을 했는데, 가장 인상적이었던 것은 학교 이사장이었던 신진욱 장로가 3만 명의 학생들을 모아서 연 집회였다. 디트로이트 관련 책임자인 돈 엔그램(Don Engram) 목사가 설교하고, 에드 라이먼이 찬양한 이 집회는 1960년대 후반 당시로는 가장 큰 집회였다.

김 목사는 돈 엔그램 목사와 에드 라이먼을 이끌고 논산훈련소에도 갔다. 2만 5천 명 훈련병을 모아놓고 집회를 했는데, 그때 믿기로 작정한 장병들이 많았다. 그 후 YFC 팀이 한국에 여러 번 와서 집회를 했는데, 당시엔 중고등학생들이 모이면 거의 5천 명씩이나 되었다. 꿈과 비전이 없던 시절, 두 사람은 말씀과 찬양으로 소망 없는 한국 학생들에게 큰 도전을 주었다. 김 목사는 돈 엔그램 목사와 에드 라이먼을 당시 한국 청소년 전도에 크게 기여한 인물로 꼽는다.

빌리 킴 인터내셔널 센터(Billy Kim International Center)

클리프 맥카들(Cliff McArdle) 목사는 FEBC-US에서 일하던 사람이다. 김장환 목사가 그쪽 사장에게 한국 일은 클리프 맥카들에게 맡겨주면 어떻겠느냐고 제의해서 그는 한국 측 직원이 되어 어린이합창단이 미국에 갈 때마다 인솔해서 다니는 일을 잘 수행해주었다. 이후 클리프 맥카들 목사는 벨헤이븐 대학 교수로 가게 되었다. 그는 그곳에서 로저 패럿 총장과 의논해 '빌리 킴 인터내셔널 센터'를 짓기로 하고 김 목사에게 그 사실을 알려왔다.

그때 김 목사는 "한 것도 없는데 아직은 너무 이르다"고 거절했다. 하지만 클리프 맥카들 목사는 김 목사가 허락하면 자신이 다 알아서 할 테니 도울 수 있는 사람만 알려달라고 했다. 이후 바이오스타 줄기세포기술 연구원 라정찬 원장이 100만 달러를 후원하고, 서니 팍(Sunny Park)이 일부 내고, 캐나다에 있는 CDI그룹 피터 정(Peter Jung) 회장이 얼마를 기부해서 미국 대학 캠퍼스 한복판에 빌리 킴 인터내셔널 센터가 완공되었다.

2016년 6월, 미시시피주 잭슨에 있는 벨헤이븐 대학 캠퍼스 중심부에 세워진 1,672㎡ 규모의 이 시설은 고등교육에서 글로벌 관점의 중요성을 강조하고 벨헤이븐 대학과 김장환 목사의 관계를 기념하고 있다. 2층짜리 국제센터는 국제 학생들을 위한 집과도 같은 역할을 하고 모든 학생을 위한 활동의 허브 역할도 하는데, 현재 그 빌딩이 활용도가 가장 높다고 한다.

시에서도 와서 빌리 킴 인터내셔널 센터를 빌려 행사를 할 때마다

고마워한다고 한다. 또 바이올라 대학 총장이 그 얘기를 듣고는 자기 대학에서 선점하지 못한 것을 아쉬워했다고 한다.

김 목사가 짓자고 나선 것도 아닌데 클리프 맥카들 목사가 알아서 이 사람 저 사람 찾아다니며 열심히 모금해서 빌리 킴 인터내셔널 센터를 성공적으로 완공한 것이다. 김장환 목사는 이런 역사들을 지켜보며 하나님이 하시는 일은 반드시 이루어진다는 것을 절감했다고 한다.

빌리 킴 홀(Billy Kim Hall)

빌리 그레이엄 목사의 주변 사람들이 노스캐롤라이나주 살럿에 빌리 그레이엄 도서관을 짓자고 나서자 빌리 그레이엄 목사는 자신은 아내와 수양관을 지어놓은 애슈빌에 묻히겠다며 반대했다. 그래도 참모들이 한사코 도서관을 지어야 한다고 하니 결국 조건부로 허락했다.

그렇게 해서 2007년, 미국 노스캐롤라이나주 살럿에서 빌리 그레이엄 도서관이 개관했다. 빌리 그레이엄 목사가 고등학생 시절 새벽 4시에 일어나 암소 젖을 짰다고 하는데, 이를 기념해서 도서관 입구에 암소상을 세워놓고 사람들이 들어올 때마다 "예수 믿으라!"는 소리가 나도록 만들었고, 가는 데마다 빌리 그레이엄 목사의 전도 설교 영상이 나오게 했다. 마지막 코스는 그가 한국에 와서 전도대회 하는 장면을 보게 되어 있다.

그렇게 내부를 한 바퀴 돌고 나면 사람들은 감동을 받게 된다. 그리고 밖으로 나오면 상담하는 사람들이 있는데, 그 상담을 받고 예수를 믿는 사람들이 1년 방문객 100만 명 중 20~30만 명이 된다고 하니 놀라운 역사가 아닐 수 없다. 김장환 목사가 그곳에 가서 보니 1973년 한국에서 개최한 빌리 그래함 전도대회 자료가 없어서 중요한 자료를 보내주었다고 한다.

2022년 12월 13일, 빌리 그레이엄 도서관이 리모델링을 해 확장하면서 세미나와 각종 모임을 위한 다목적홀을 신축했는데, 자랑스럽게도 김장환 목사의 영어 이름을 딴 '빌리 킴 홀(Billy Kim Hall)'로 명명했다. 빌리 그레이엄 목사를 기념하는 도서관에 왜 동양인 목사의 이름을 딴 '빌리 킴 홀'이 있을까?

김장환 목사는 1973년 여의도에서 열린 빌리 그래함 전도대회에서 빌리 그레이엄 목사의 통역을 맡아 탁월한 능력을 보임으로써 세상에 널리 알려졌다. 여의도 집회 후 '두 빌리' 목사의 우정은 더할 수 없이 깊어졌고, 복음전도자로서 함께 전 세계를 다니며 복음전파에 일생을 다하는 동역자가 되었다.

두 사람은 하나님이 세워주신 복음전도를 위한 영혼의 파트너였다. 2018년 빌리 그레이엄 목사가 세상을 떠났을 때는 김장환 목사가 추도사를 맡아 유족들을 위로할 만큼 각별한 사이였다. 그런 관계이기 때문에 빌리 그레이엄 도서관에 빌리 킴 홀이 마련되어 영예로운 자리를 차지하게 된 것이다.

빌리 그레이엄 목사의 아들 프랭클린 그레이엄 목사가 이날 헌당식과 리본 커팅 행사를 진행했다. 특히 마이크 펜스 전 미국 부통령이 축사를 하고 김장환 목사가 답사를 해서 더 뜻깊은 자리였다.

프랭클린 그레이엄 목사는 환영사를 통해 김 목사를 이렇게 소개했다.

"김 목사님은 한국이 낳은 세계적인 복음전도자로서 오직 순수 복음만을 전해온 신실한 목회자입니다. 그를 통해 수많은 영혼이 주님께 돌아오고 있습니다. 실제로 김 목사님을 멘토로, 롤 모델로 삼고 살아가는 이들을 세계 곳곳에서 만났습니다."

그는 빌리 킴 홀을 신축한 것은 김장환 목사의 발자취를 돌아보고 전도 사명자들을 양성하기 위해서라고 밝혔다.

또 마이크 펜스 전 부통령은 이렇게 밝혔다.

"김 목사님은 극동방송을 통해 북한과 중국, 러시아 등에 복음을 전파하는 방송 선교사입니다. 전 세계를 다니며 빛을 잃어가는 이들에게 한 줄기 소망의 빛을 비추고 있습니다. 그의 복음사역은 기릴 만하며, 이 기념홀이 그의 사역을 후세가 기억할 수 있게 감당해줄 것을 믿습니다."

김 목사는 이에 대해 다음과 같은 소감을 전했다.

"하우스보이가 여기까지 올 수 있었던 것은 전적으로 하나님의 은혜입니다. 앞으로 더 열심히 복음을 전하겠습니다. 하나님께 모든 영광을 돌려드립니다."[144]

한국인이 미국의 세계적인 기독교 복음주의 거목과 어깨를 나란히 하며 그를 기념하는 도서관에 함께 기록된다는 것은 종교를 떠나 국가적 측면에서도 큰 경사다. 그곳을 찾는 전 세계인에게 한국인의 우수성을 널리 알리는 한편, 한국이 낳은 세계적인 목회자의 발자취가 후세들에게 좋은 역사적 산물로 남게 될 것이다.

이날 행사에는 고아 돌봄 단체인 'SOW(Serving Orphans Worldwide)'의 존 그레고리(John Gregory) 회장, 글렌 윌콕스(Glen Wilcox) 회장, 돈디 코스틴(Dondi Costin) 찰스턴 서던 대학 총장, 에드 캐논(Ed Cannon) FEBC US 사장, 극동방송의 한기붕 사장과 이일철 중앙운영위원장 등이 참석해 자리를 빛냈다.

잊을 수 없는 추도사와
졸업식 설교

Chapter 15

빌리 그레이엄 목사 장례예배 추도사

수십 년 동안 미국 대통령들의 고문으로 활동했고, '20세기의 복음전도자', '세기적 부흥사', '기독교계의 교황'으로 불리며 20세기 개신교계에서 가장 큰 영향력을 떨친 것으로 평가받는 인물이 있다. 바로 빌리 그레이엄 목사다.

빌리 그레이엄 목사는 1918년 11월 7일, 노스캐롤라이나주 작은 도시 샬럿에서 출생해 일평생 복음전도자로 살았다. 그가 '역사상 가장 많은 사람에게 복음을 전한 복음전도자'라는 데는 이견이 없다. 빌리 그레이엄 목사의 설교를 들은 사람은 2억 명에 가깝고, 라디오방송으로 메시지를 들은 사람까지 합치면 적어도 22억 명이 넘는다고 한다.

1939년 남침례교단에서 목사 안수를 받고 1943년 휘튼 대학을 졸업한 후 그는 본격적으로 선교 활동을 시작했다. 1940년대 근본주의로 일관됐던 미국 기독교에는 변화의 바람이 불었다. 분리와 고립을 자처하는 근본주의 신앙에 대한 회의적 반응으로 신복음주의자들이 등장하게 된다. 근본주의와는 달리 상당히 개방된 자세로 기독교 복음을 알리겠다는 취지의 새로운 대안이 제시되었다고 볼 수 있다. 신복음주의의 출현과 함께 이 운동의 대중화를 위한 맞춤형 아이콘이 필요했는데, 그가 바로 빌리 그레이엄 목사였다.

그런데 그에 대한 평가는 엇갈리는 면이 있다. 복음주의 부흥을 선도적으로 이끌었다는 긍정적 평가를 받기도 하지만, 미국 보수 우파와의 긴밀한 관계로 정교 유착이라는 부정적 비판을 받기도 했다. 마크 놀(Mark Noll)에 따르면 빌리 그레이엄 목사가 특히 리처드 닉슨(Richard Nixon) 대통령과 상당히 친밀한 관계였는데, 워터게이트 사건 이후 비판을 많이 받자 이후로는 정치 참여에 상당히 신중한 자세를 가지게 되었다고 한다.[145]

그 빌리 그레이엄 목사가 2018년 2월 21일, 노스캐롤라이나 몬트리트(Montreat)의 자택에서 99세의 나이로 별세했다. 이 소식에 충격을 받은 한국의 '빌리(Billy)' 김장환 목사는 추도사를 전하기 위해 장례식에 참여했다. 김 목사가 빌리 그레이엄 목사를 마지막으로 만난 것은 3년 전이었다. 그가 미국 자택을 방문했을 때 주위에서 "빌리 킴이 왔다"고 하니 거짓말하지 말라고 했다 한다. 몸이 정상이 아니고 시력도 좋지 않았기 때문이다. 그때 김 목사가 여기 있다고 하니 웃으면서 "서울에서 전도대회를 한 번 더 하자"고 제의했고, 김 목사는 지금은 그렇게 큰 집회는 불가능하다고 대답했다.

김장환 목사는 2018년 3월 2일, 노스캐롤라이나 샬럿의 빌리 그레이엄 도서관에서 거행된 빌리 그레이엄 목사 장례예배에서 추도사를 했다. 그는 추도사를 낭독한 다섯 사람 중 유일한 외국인으로 6년 전에 이미 빌리 그레이엄 목사에게 추도사를 제안받았다고 한다. 이날 장례식에는 트럼프 대통령과 펜스 부통령 및 역대 미국 대통령들도 참석했다.

김 목사는 장례식에서 "빌리 그레이엄 목사님이 전한 복음 메시지를 듣고 구원의 기쁨을 경험한 전 세계 수백만 명의 기독교인들을 대신해 그에게 감사의 말을 전합니다. (…) 생전 그의 메시지는 미국의 역대 대통령 등 수많은 이들에게 영향을 미쳤습니다"라고 말했다.

　김 목사는 "지금 한국에는 그 어느 나라보다 많은 교회가 있고, 또 수많은 선교사를 해외로 파송했습니다. (…) 바로 당신이 한국에 하나님의 말씀을 전해준 덕분입니다"라고 했다. 또 "빌리 그레이엄 목사님은 제 인생에서도 매우 중요한 사람입니다. (…) 제 아내인 트루디는 그녀의 나이 열두 살 때 미시건주에서 열린 크루세이드(crusade) 집회에 참석해 빌리 그레이엄 목사의 설교를 들은 뒤 선교사가 되기로 결심했습니다"라고 말했다.[146]

　김 목사에 따르면 빌리 그레이엄 목사는 세상을 떠나면서도 겸손한 모습을 보여주었다고 한다. 세계적으로 널리 알려진 최고의 복음주의자이면서 우리 돈으로 30만 원쯤 되는 저렴한 관을 사용했고, 그 관은 루이지애나 교도소 재소자들이 소나무로 만든 것이었다니 더 감동적이다.[147]

　다음에 김장환 목사의 빌리 그레이엄 목사 장례예배 추도사 영어 전문과 번역을 함께 소개한다.

＊＊＊＊＊

Tribute to Dr. Billy Graham by Dr. Billy Kim
Mr. Graham, on behalf of millions of international Christians around the world those who have heard you proclaim the Gospel message and were touched, challenged and saved, I join all of them to say, "Thank you!" Thank you for bringing

the salvation message to our part of the world. Since the news of your home-going, hundreds of letters and phone calls came to me to bring condolences to your family and friends.

Indeed, you've had an impact on millions of lives including Kings, Presidents, Prime Ministers and common people around the world.

Mr. Kim, Jong-pil, the Former Prime Minster of Republic of Korea has this to say:

The crowds attracted were unprecedented in our history, but more than mere size and scope of the meetings, I am convinced it radiated and intensity that amounted to an outpouring of the Holy Spirit, which will change the lives of each and every participant, and plant the sacred message of the Scriptures in the hearts of all those who were within the sound of your voice.

Proverbs 11:30 says, "The fruit of the righteous is a tree of life; and he that winneth souls is wise." You have done that all your life, all of the world.

On a personal note, your impact on my life is far greater than one can image. My wife Trudy, when she was 12 years old, went to your crusade in Grand Rapids, Michigan. After your preaching and when you gave invitations, she gave her heart to Christ and dedicated to become a missionary. She has kept that decision until now for the past 67 years.

During 1973 Seoul Crusade, my family went every night and at the final meeting with estimated 1.1 million people in attendance, all our children dedicated their lives to serve the Lord.

The church I pastored at that time, the attendance was 300 people, but since then, the rapid growth and the megachurch movement in Korea have started. Now, we have more churches and missionaries than no other countries.

Last time I saw you, when Gigi took me in, your eyesight and hearing was not good. Gigi said "Daddy, your favorite Korean preacher is here." You said, "You're kidding!" I said, "Dr. Graham, I am here." Then, you said, "Let's have one more crusade in Korea!"

To conclude my remarks, you and Mrs. Graham have been such an inspiration and encouragement and your family, a wonderful friend in the ministry. Your journey has ended on this earth, but may the Lord give you a perfect rest in the presence of our heavenly Father.

"You have fought a good fight, you finished the course, you have kept the faith. Henceforth there is laid up for you a crown of righteousness."

God bless you all!

빌리 킴 목사가 빌리 그레이엄 목사에게 바치는 헌사

그레이엄 목사님, 목사님이 전하는 복음 메시지를 듣고 감동과 도전을 받고 구원을 받은 전 세계 수백만 명의 기독교인들을 대표해 "감사합니다!"라는 말을 전해드립니다. 세계 곳곳에 구원의 메시지를 전해주셔서 감사합니다. 목사님의 천국 입성 소식이 전해진 후, 목사님의 가족과 친구들에게 조의를 표하는 수백 통의 편지와 전화가 제게 왔습니다.

실제로 목사님은 전 세계 국왕, 대통령, 총리, 일반인 등 수백만 명의 삶에 영향을 미쳤습니다. 대한민국의 전 국무총리 김종필 씨는 이렇게 말했습니다.

"1973년 빌리 그래함 대회에 모인 인파는 우리나라 역사상 전례가 없었지만, 단순한 집회의 규모와 범위를 넘어 성령의 부으심에 해당하는 강력한 능력이 발휘되어 참석자 한 사람 한 사람의 삶을 변화시키고, 목사님의 설교를 들은 모든 사람의 마음에 성경의 거룩한 메시지를 심어주었다고 확신합니다."

잠언 11장 30절에 "의인의 열매는 생명나무라 지혜로운 자는 생명을 얻느니라"라는 말씀이 있습니다. 목사님은 평생 전 세계를 다니며 그 일을 해오셨습니다. 개인적으로 목사님이 제 인생에 끼친 영향은 상상 이상으로 큽니다. 제 아내 트루디는 열두 살 때 미시간주 그랜드래피즈에서 열린 목사님의 집회에 참석한 바 있습니다. 목사님의 설교와 초대를 받은 뒤 그녀는 그리스도께 마음을 드리고 선교사가 되기로 결심했습니다. 그 결심을 지금까지 67년 동안 지켜오고 있습니다.

1973년, 서울 전도대회 때 저희 가족은 매일 밤 참석했고, 110만 명이 모인 마지막 집회에는 모든 자녀가 주님을 섬기기 위해 헌신했습니다. 당시 제가 목회하던 교회는 출석 교인이 300명이었는데, 그 이후 한국 교회의 급격한 성장과 대형교회의 출현이 시작되었습니다. 그 결과 지금은 다른 어느 나라보다 많은 교회가 생겨났고, 선교사도 많이 파송했습니다.

따님 지기(Gigi)가 저를 목사님의 사택 안으로 데려가서 마지막으로 뵈었을 때, 목사님은 시력과 청력이 좋지 않으셨지요. 그때 지기가 이렇게 말했습니다. "아빠, 아빠가 제일 좋아하는 한국 목사님이 오셨어요!" 그러자 목사님은 "농담이지?"라고 말씀하셨죠. 그때 제가 "그레이엄 목사님, 저 여기 있어요"라고 대답했지요. 그러자 무척 반가워하시면서 "한국에서 한 번 더 대회를 열어봅시다!"라고 말씀하셨지요.

끝으로, 그동안 그레이엄 목사님과 사모님은 저에게 큰 영감과 격려가 되어주셨고, 목사님의 가족은 제 사역의 훌륭한 동반자가 되어주었습니다. 이제 이 땅에서의 여정은 끝났지만, 주님께서 하늘에 계신 아버지 앞에서 완전한 안식을 주시기를 기도합니다.

"나는 선한 싸움을 싸우고 나의 달려갈 길을 마치고 믿음을 지켰으니 이제 후로는 나를 위하여 의의 면류관이 예비되었으므로"(디모데후서 4:7~8a)

이 자리에 모인 여러분 모두에게 하나님의 축복이 있으시기를!

미국 휘튼 대학 졸업식 설교

시카고 일리노이에 있는 휘튼 대학은 1860년 조나단 블랜차드(Jonathan Blanchard) 목사가 설립한 사학명문이다. 재학생이 2,400명인 이 대학은 '전도자의 하버드'라 불릴 정도로 투철한 복음주의 정신으로 유명하다. 휘튼 대학의 사명은 탁월한 고등교육을 통해 교회를 세우고, 세계적인 차원에서 사회를 발전시킬 수 있는 전인적이고 효율적인 그리스도인을 배출하는 데 있다.

이 대학에는 블랜차드 홀(Blanchard Hall)이 있는데, 이 건물 2층에는 휘튼 대학이 배출한 선교사들의 명단과 사진이 붙어 있다. 몇 사람의 사진에는 십자가가 붙어 있는데, 이는 선교사의 삶을 살다가 순교했다는 표시다. 휘튼 대학에서 40분쯤 떨어진 시카고에서 유학 생활을 했던 필자는 이곳을 방문할 때마다 십자가 표시를 보고 숙연해졌던 기억이 있다.

세계적인 복음전도자 빌리 그레이엄을 비롯해 널리 알려진 순교자 짐 엘리엇(Jim Elliot) 선교사, 존 파이퍼(John Piper), 새뮤얼 마펫(Samuel Maffet) 선교사, 베스트셀러 저자 필립 얀시(Philip Yancey) 등 다수의 유명 기독교 인사가 휘튼 대학 출신이다.

이 위대한 대학의 163회 졸업식 설교를 김장환 목사가 맡아서 화제가 되었다. 미국에서 대학교 졸업식 연설자로 초청받는 것은 전통적으로 큰 영예다. 더욱이 이 학교 출신도 아닌 한국인 목사가 미국 명문 기독교 대학의 졸업식 설교자로 섰다는 것은 대단히 영예로운 일이다. 그만큼 휘튼 대학에서 김 목사가 지닌 영향력과 탁월한 설교 능력을 인정한 것으로 보면 될 것이다.

김 목사는 2022년 5월 7일 오후 3시, 대학원 졸업식에서 마태복음 28장 18~20절 말씀을 가지고 '복음의 능력'이라는 제목으로 설교를 전했고, 다음 날인 8일 학부 졸업식에선 여호수아 24장 14~15절 말씀을 가지고 '선택들'이라는 제목으로 설교했다.

졸업을 앞둔 학생들에게 무엇보다 기도의 중요성을 강조한 김 목사는 "지금 미국은 부흥의 불길이 많이 식어가고 있다. 미국 기독교 역사의 많은 주역을 배출한 휘튼 대학의 졸업생 여러분이 다시 이 나라에 부흥을 일으키는 주역이 돼야 하며, 그러기 위해선 무릎 꿇고 기도해야 한다"고 조언했다.

덧붙여 "미국은 지금 기도가 절실히 필요하다. 믿음의 선배들이 일으킨 부흥의 불길을 여러분이 이어줘야 한다. (…) 그 기도의 불길이 미국 전역으로, 더 나아가 전 세계로 퍼져나가 기독교의 새로운 부흥의 기회가 찾아오게 될 줄 믿는다"고 당부했다.[148]

김장환 목사가 휘튼 대학원에서 전한 설교 원고를 번역해서 다음에 소개한다.

* * * * *

- 설교 제목 : 복음의 능력(The Power of Gospel)
- 본문 : 마태복음 28장 18~20절
- 일시 : 2022년 5월 7일 15~17시
- 장소 : 휘튼 대학 에드만 채플(Edman Chapel Wheaton College)

리랜드 라이큰(Leland Ryken) 박사님, 이사회장님, 교수진들, 직원 및 대학원생 모두 저를 이 소중한 졸업식에 참여하게 해주셔서 감사드립니다. 오늘 저는 감사함에 압도되었습니다. 30년 전, 제 아들이 여기서 석사학위를 받을 때 졸업식 설교를 했고, 또 내일은 손자 졸업식에서 설교를 할 것입니다. 이는 제게 너무나 큰 영광이고 기쁨입니다. 감사합니다!

오늘날 우리는 역설의 시대에 살고 있습니다!

첫째, 1963년 11월 22일, 미국 댈러스 거리에서 한 남자가 총에 맞아 사망했습니다. 2시간 만에 전 세계가 존 F. 케네디 대통령의 비극적 죽음을 알게 되었습니다. 누가 케네디 대통령을 죽였고, 그가 어떻게 살해되었는지 알아내는 데 전 세계는 불과 2시간밖에 걸리지 않았습니다. 하지만 약 2천 년 전, 예수 그리스도라는 사람이 예루살렘 성벽 밖에서 죽임을 당했는데, 2천 년이 지난 지금 세상의 절반은 구세주가 갈보리 십자가에서 죽으셨다는 소식을 듣지 못했습니다. 이 얼마나 역설적입니까!

둘째, 몇 년 전 케이프 케네디의 발사대에서 미국인들은 최초의 인간을 달에 보냈습니다. 전 세계가 하던 일을 멈추고 최초의 미국인이 달에 착륙한 역사적 순간을 볼 수 있었습니다. 한국 서울의 거리에서 "그 사람이 누군지 아세요?" 하고 지나가는 사람들에게 물어보면 대부분 "닐 암스트롱이었습니다"라고 대답할 것입니다. 그런데 같은 군중에게 "하나님이 보내신 병거를 타고 하늘로 올라간 사람이 누군지 아세요?" 하고 물으면, 그들은 예언자 엘리야에 대해 아예 들어본 적이 없기 때문에 그 이름을 대답할 수 없습니다. 그것은 역설입니다!

셋째, 몇 년 전 뉴욕 매디슨 스퀘어 가든에서 권투 경기가 있었습니다. 이것은 세기의 대전이었습니다. 무하마드 알리(Muhammad Ali)와 조 프레이저(Joe Frazier)의 대결이었습니다.

그것은 위성을 통해 전 세계에 생중계되었습니다. 어느 날 저는 서울 시내를 걷고 있었는데, 말 그대로 수백 명이 텔레비전 화면에 눈을 고정한 채 시청하고 있는 모습을 보았습니다. 저는 한 남자에게 무슨 일인지 물었고, 그는 "무하마드 알리와 조 프레이저의 권투 경기가 있다는 걸 모르십니까?"라고 말했습니다. 그것을 볼 시간이 없어서, 그날 저녁 집에 돌아와서 누가 이겼는지 세 아이에게 물었습니다. 그랬더니 딸 메리 케이가 조 프레이저가 이겼다고 말했습니다.

그날 밤, 저는 수백 명의 젊은이가 참석하는 고등학생 집회에 나갔습니다. 메시지를 전하기 전에 그들에게 "오늘 알리와 조 프레이저가 붙었는데 누가 이겼나요?"라고 물었습니다. 그러자 그들은 모두 손을 들고 조 프레이저가 이겼다고 대답했습니다. 저는 그들 중 한 아이에게 이렇게 물었습니다.

"그날 이스라엘 자손이 블레셋 사람에게 도전받았을 때, 양치기 소년 다윗과 거인 골리앗의 싸움에서 누가 이겼는지 말해줄 수 있습니까?"

그랬더니 그는 머리를 긁적거리며 부끄러워했습니다. 그는 여태껏 그 이야기를 들어본 적이 없었기 때문에 누가 그 싸움에서 이겼는지 몰랐습니다. 그것은 역설입니다!

"전도는 한 거지가 다른 거지에게 어디에 가면 먹을 것을 찾을 수 있는지를 말해주는 것"이라고 어떤 이가 말했습니다. 하나님은 우리에게 세상을 '서구화(Westernize)'하는 것이 아니라 '복음화(Evangelize)'하라고 명하셨습니다.

〈예화〉

〈타임〉지 기사.

얼마 전 〈타임〉지에 다음과 같은 기사가 실렸습니다.
"기록된 인류 역사 5,560년 동안 이 세상에 14,531번의 전쟁이 벌어졌다. 그것은 지난 5천 년 동안 이 세상에서 매년 2.6번의 전쟁이 벌어진 것으로 볼 수 있다."

누군가가 "그 전쟁을 치르는 데 비용이 얼마나 들었나요?"라고 물었습니다. 노르웨이(Norway) 컴퓨터가 답을 찾았습니다.

"기원전 54년 카이사르(Caesar) 시대에 그들은 적군 한 명을 죽이는 데 미화 75센트가 든 것으로 추정된다. 나폴레옹(Napoleon) 시대에는 적군 1명을 죽이는 데 미화 3천 달러가 든 것으로 추산된다. 제1차 세계대전에는 적군 1명을 죽이는 데 미화 2만 1천 달러, 제2차 세계대전 당시는 적군 병사 한 명을 죽이는 데 미화 20만 달러가 든 것으로 추산된다. 대규모 제3차 세계대전이 일어나면 적군 1명을 죽이는 데 100만 달러가 들 것으로 추산된다."

이런 통계가 나옵니다.

베트남전쟁이 한창일 때 미국 정부는 8천만~1억 달러를 썼다고 합니다. 우리는 한 명의 적군 병사를 죽이는 데 기꺼이 백만 달러를 쓸 용의가 있습니다. 그러나 예수님께서는 사람의 영혼의 가치를 이 세상의 어떤 것보다 더 중요하게 여기셨습니다.

"사람이 만일 온 천하를 얻고도 제 목숨을 잃으면 무엇이 유익하리요 사람이 무엇을 주고 제 목숨과 바꾸겠느냐"(마태복음 16:26).

예수님은 제자들에게 세계 복음화와 선교에 대한 다섯 가지 명령을 주셨습니다. 마태복음 28장 18~20절에서 처음으로 그분이 말씀하셨습니다.

"예수께서 나아와 말씀하여 이르시되 하늘과 땅의 모든 권세를 내게 주셨으니 그러므로 너희는 가서 모든 족속으로 제자를 삼아 아버지와 아들과 성령의 이름으로 세례를 주고 내가 너희에게 분부한 모든 것을 가르쳐 지키게 하라 볼지어다 내가 세상 끝날까지 너희와 항상 함께 있으리라 하시니라".

두 번째는 마가복음 16장 15절에 나옵니다.

"또 이르시되 너희는 온 천하에 다니며 만민에게 복음을 전파하라".

누가복음 24장 47절에서 세 번째로 세계 복음화를 말씀하셨습니다.

"또 그의 이름으로 죄 사함을 얻게 하는 회개가 예루살렘으로부터 시작하여 모든 족속에게 전파될 것이 기록되었으니".

네 번째는 요한복음 20장 21절에 나옵니다.

"아버지께서 나를 보내신 것 같이 나도 너희를 보내노라".

그리고 마지막으로 사도행전 1장 8절에 승천하시기 직전 이렇게 말씀하셨습니다.

"오직 성령이 너희에게 임하시면 너희가 권능을 받고 예루살렘과 온 유대와 사마리아와 땅 끝까지 이르러 내 증인이 되리라 하시니라".

예수님은 이 말씀을 하신 후 하늘로 올라가셨습니다. 2,000년이 넘었습니다. 그러나 세계 인구의 절반은 아직도 복음을 한 번도 들어본 적이 없습니다.

복음에는 많고 많은 대적자가 있습니다. 카를 마르크스(Karl Marx)는 "내 인생의 목적은 하나님을 폐위시키는 것이다. 그리고 자본주의를 파괴하라"고 말했습니다. 레닌(Lenin)은 "우리는 종교와 싸워야 합니다. 이것은 모든 물질주의와 그에 따른 설교자의 'ABC' 입니다"라고 말했습니다.

코카콜라는 2000년까지 전 세계 인구가 코카콜라를 맛보게 하겠다는 비전을 가지고 있었습니다. 우리는 생수를 가지고 있지만, 세계의 절반은 아직 그 생수를 맛보지 못했습니다. 기독교인들이 우리 주 예수 그리스도의 복음을 전파하지 못하도록 복음의 모든 원수가 맹렬히 활동하고 있습니다!

예수님은 "모든 권세를 내게 주셨으니"라고 말씀하셨습니다. "모든 권세를 내게 주셨으니(All power is given unto me)"라고 말씀하셨을 때 얼마나 많은 권세가 있습니까?

맹인의 눈을 뜨게 하는 데 충분한 힘, 귀머거리의 귀를 여는 데 충분한 힘, 바다를 잔잔하게 하기에 충분한 힘, 죽은 자를 살리기에 충분한 힘과 죄를 용서할 수 있는 충분한 능력!

저는 하나님께서 우리 세대에 위대한 사명을 완수하기에 충분하다고 믿습니다!

하나님, 우리를 도와주소서!

I. 모든 것을 공급하는 힘

"나의 하나님이 그리스도 예수 안에서 네 모든 쓸 것을 채우시리라"(빌립보서 4:19).

"지금까지는 너희가 내 이름으로 아무 것도 구하지 아니하였으나 구하라 그리하면 받으리니 너희 기쁨이 충만하리라"(요한복음 16:24).

하나님은 천 개의 언덕에 있는 가축을 소유하십니다. 하나님께서 공급하실 때 그분은 온전히 공급하십니다. 그분은 제자들에게 배를 거의 가라앉힐 정도로 많은 양의 물고기를을 주셨습니다(누가복음 5:6).

"오천 명을 먹이신 후에 열두 광주리에 가득 찼더라"(마태복음 14장).

가나 혼인 잔치에서 포도주가 떨어졌습니다. 그러나 그들이 돌항아리의 아귀까지 물을 채우자 혼인 잔치에서 포도주를 넉넉히 취하게 되었습니다(요한복음 2:6).

하나님은 주실 때 압도적으로 주십니다. "주라 그리하면 너희에게 줄 것이요 후히 되어 누르고 흔들어 넘치도록 하여…"(누가복음 6:38).

그분은 우리 세대에 위대한 사명을 완수하기에 충분한 능력을 공급하십니다.

하나님, 도와주소서!

〈예화〉

1) 광둥 침례교회의 매월 50달러 후원.
2) 1937년 오하이오강 홍수, 소녀가 잃어버린 인형, 크리스마스 때 인형 8천 개를 받음.

졸업생 여러분, 어디를 가든 하나님이 여러분에게 공급해주시는 그 능력을 지니고 다니세요. 그리고 예수님이 구세주이심을 세상이 알게 하세요. 아멘! 아멘!

II. 모든 것을 지탱하는 힘

"그가 시험을 받아 고난을 당하셨은즉 시험 받는 자들을 능히 도우실 수 있느니라"(히브리서 2:18).

"너희 믿음의 확실함은 불로 연단하여도 없어질 금보다 더 귀하여 예수 그리스도께서 나타나실 때에 칭찬과 존귀와 영광을 얻게 할 것이니라"(베드로전서 1:7).

<예화>

7세 소녀가 맹장 파열로 사망함.

하나님은 아합과 이세벨에게서 엘리야를 붙드셨습니다.
하나님은 로마 황제로부터 바울을 붙드셨습니다.
하나님은 시대의 박해에서 베드로를 붙드셨습니다.
"우리가 그와 함께 영광을 받기 위하여 고난도 함께 받아야 할 것이니라"(로마서 8:17).

III. 모든 것을 절약하는 힘

"이르되 주 예수 그리스도를 믿으라 그리하면 너와 네 집이 구원을 얻으리라 하고"(사도행전 16:31).

죄는 어두움이니 빛을 잃어야 합니다.
죄는 타락이니 제거되어야 합니다.
죄는 질병이니 치유되어야 합니다.
죄는 더러움이니 깨끗이 씻어야 합니다.
죄는 사망이니 없어져야 합니다.
죄는 빚이니 갚아야 합니다.
죄는 찌꺼기니 불태워야 합니다.

"… 하나님의 은사는 예수 그리스도 우리 주 안에 있는 영생이니라"(로마서 6:23).

〈예화〉
네 명의 의사들의 회심, BK's.

IV. 강력한 힘
"하나님은 우리의 피난처시요 힘이시니…"(시편 46:1).

"두려워 말라 내가 너와 함께함이라 놀라지 말라 나는 네 하나님이 됨이라 내가 너를 굳세게 하리라 참으로 너를 도와 주리라 함으로 나의 의로운 오른손으로 너를 붙들리라"(이사야 41:10).

"주께 힘을 얻는 자는 복이 있나이다"(시편 84:5).

그들의 힘을 새롭게 하소서!

〈예화〉
공산당 군인과 함께한 17세 소녀.

1. 모든 국가
"… 너희는 온 천하에 다니며 만민에게 복음을 전파하라"(마가복음 16:15).

서구 세계뿐만 아니라 모든 국가에!

인구는 35년마다 두 배가 됩니다. 인류의 시작부터 1830년까지 10억 명에 도달했습니다. 하지만 30억에서 40억이 되기까지는 16년

밖에 걸리지 않았습니다.

중국과 인도에서는 매달 100만 명의 아기가 태어납니다.

일본에서는 매년 250만 명의 아기가 태어납니다.

필리핀에서는 100만 명의 아기가 태어납니다.

매일 35만 명의 아기가 태어납니다.

그것은 매초 4명의 아기입니다.

우리에겐 예수 그리스도를 위해 이 사람들에게 다가가야 할 엄청난 임무가 있습니다. 복음사역자의 90% 이상이 세계 인구의 10% 미만인 영어권 국가에서 봉사하고 있습니다. 성령 충만하면 놀라운 세계 복음화가 가능하다는 것을 믿게 됩니다.

A. 믿을 수 없는 것(incredible)을 믿으라 – 약속에 약해지지 아니하고 믿음으로 견고하게 선 아브라함과 같이(로마서 4:18~19).

B. 보이지 않는 것(invisible)을 보라 – 믿음으로 보이지 않는 것을 본 것처럼 오래 참은 모세와 같이(히브리서 11:24).

C. 알 수 없는 것을 알라 – 너희가 지식에 넘치는 그리스도의 사랑을 알기에 뿌리가 박혀 터가 되어(에베소서 3:17).

D. 불가능한 일을 하라 – 사람이 할 수 없는 일도 하나님은 하실 수 있느니라(누가복음 18:27).

〈예화〉

그레이프라이어(Grey Friar)의 교회 묘지.

스코틀랜드 웨스트민스터(Scotland Westminster) 사원의 철문에 들어가기 직전에 그레이프라이어의 '바비(Bobby)' 기념비가 서 있는데, 이는 소년의 기념비가 아니라 개의 기념비입니다. 이 개의 주인은 에든버러(Edinburgh)에 살기 위해 온 스코틀랜드 양치기였습니다. 주인은 죽었고, 그레이프라이어의 교회 마당에 묻혔습니다. 바비는 관을 따라 교회 마당으로 가서 무덤 옆에 누웠습니다. 주인이 죽어 그레이프라이어 공동묘지에 묻히게 되자 14년간 밤마다 주인 무덤을 지켰다고 해서 유명해진 충견입니다.

주인이 죽고 나서 개가 얼마 동안 주인의 무덤을 둘러보았나요? 14년 동안 개는 주인의 무덤을 충실히 지켜보았습니다. 14년 동안 주인의 무덤을 지켜본 작은 개가 얼마나 충성스러운지요? 2000년도 더 전에 예수님께서 주신 위대한 명령에 순종하지 않은 것이 우리를 부끄럽게 합니다.

2. 모든 것

"… 내가 너희에게 분부한 모든 것을 가르쳐 지키게 하라…"(마태복음 28:20).

어떤 기독교인들은 '쌀 기독교인들(Rice Christians)'이라고 불립니다. 우리는 고아들을 먹일 준비가 되어 있지만, 사회적 복음만으로는 지상 명령을 이행할 수 없습니다. 우리가 세계 복음화에 실패한 이유는 다음과 같습니다.

A. 비전 부족

1) 바울에게는 마게도냐에 관한 비전이 있었습니다.
2) 윌리엄 캐리(William Carey)에게는 인도에 대한 비전이 있었습니다.
3) 한국에서 순교한 루비 켄드릭(Ruby Kendrick) 선교사는 "천 개의 목숨이 있다면 모두 조선을 위해 바치겠다"고 말했습니다.
4) 이사야는 주님에 대한 비전을 가졌는데, 이후로 그의 삶은 결코 이전과 같지 않았습니다.

우리는 마약, 이혼, 질병 및 비행으로 가득한 세상에 살고 있습니다. 그러므로 우리는 하나님의 비전, 주님의 비전, 개인적인 비전, 정화된 비전, 칭찬할 만한 비전을 보아야 합니다.

B. 우리 자아의 비전

1) 이뤄지지 않은
   정결하지 않은
   헌신적이지 않은
   노출된 개인 생활
2) 정화된 삶

C. 잃어버린 세계의 비전

1) 소명
2) 헌신

3) 부담

D. 침투 부족

1) 모세는 바로에게 갔습니다.

2) 여호수아는 약속의 땅으로 갔습니다.

3) 데이비드 리빙스턴(David Livingstone)은 2천 마일(3,218km) 이상을 걸었습니다.

4) 1903년, 레닌의 추종자는 17명뿐이었습니다. 1916년, 그에게는 4만 명의 추종자가 있었습니다.

E. 차별화 부족

우리는 그리스도인들에게 분명한 명령을 가르쳐야 합니다. "그러므로 너희는 그들 중에서 나와서 따로 있고 부정한 것을 만지지 말라 내가 너희를 영접하여"(고린도후서 6:17) (그러나 주와 합하는 자는 한 영이니라).

〈예화〉

부유한 영국인.

영국의 한 부유한 남성에게 자선을 요청하는 사람이 방문했습니다. 마침 부자는 두 개의 촛불을 켜고 책상에서 일하고 있었습니다. 그는 양초를 아끼기 위해 하나를 불어서 꺼버렸습니다. 그 모습을 본 방문객은 이렇게 생각했습니다.

'우리는 이 인색한 남자에게서 아무것도 얻지 못할 거야!'

하지만 부자 영국인은 대의에 기여하겠다고 약속하고 정한 날짜에 다시 오라고 했습니다. 그런데 그날이 오기 전 부자 영국인 회사의 배가 케이프타운 근처에서 침몰하는 일이 발생했습니다. 그 소식을 들은 방문객은 "지금은 절대 아무것도 주지 않을 거야!"라고 말했습니다.

그런데 정한 날에 부자의 집에 갔더니 그는 원래 약속한 것의 두 배를 주었습니다. 깜짝 놀란 방문객이 물었습니다.

"어떻게 이럴 수가 있는지요?"

그때 그 부자 영국인은 이렇게 대답했습니다.

"그 어느 때보다 지금 하나님의 도움이 더 필요합니다."

빌리 그래함 전도대회
50주년 기념대회

Chapter 16

어게인(Again) 1973

50년 전, 여의도광장을 불같은 말씀과 뜨거운 기도로 적셔 놀라운 개인 구원과 한국 기독교의 폭발적 부흥을 가져오게 했던 '1973년 빌리 그래함 전도대회'는 한국 기독교인들에게 잊을 수 없는 기적의 사건이었다. 1973년 5월 30일부터 6월 3일까지 닷새 동안 전국에서 모인 연인원 320만여 명이 여의도광장을 가득 채우며 대한민국 기독교 역사에 한 획을 그은 빌리 그래함 전도대회에 세계도 주목했다.

극동방송은 먼저 하나님과의 첫사랑을 회복하기 위해, 그리고 다음 세대에게 그날의 역사를 되새기며 새로운 역사에 대한 비전을 심어주기 위해 '빌리 그래함 전도대회 50주년 기념대회'를 개최하게 되었다. 이 기념대회에서 준비위원으로 김장환 목사가 상임고문, 사랑의교회 오정현 목사가 대표대회장, 명성교회 김삼환 원로목사, 예장백석 총회장 장종현 목사, 여의도순복음교회 이영훈 목사가 공동 대회장을 맡았다. 기념대회는 2023년 6월 3일, 7만여 명이 상암 월드컵경기장을 가득 채운 가운데 국내 정상급 음악인들로 구성된 기념음악회를 시작으로 주 강사로 초청된 고(故) 빌리 그레이엄 목사의 아들 프랭클린 그레이엄 목사의 설교로 마무리되었다.

한국의 모든 교회가 한마음 한뜻으로 헌신적으로 준비함으로써 한국 기독교 부흥의 새로운 변곡점이 되었다는 기쁨을 안겨주기에 충분했다. 참여자 7만여 명은 너나없이 50년 전 그날의 흥분과 뜨거움을 고스란히 체험하듯 찬양곡마다 박수로 호응했고, 말씀에도 연신 "주여!"를 외치며 한국 기독교 부흥의 새로운 불길을 염원했다.

기념음악회

5개 무대로 구성된 기념음악회의 첫 번째 무대는 600명으로 구성된 극동방송 전국 어린이합창단이 화려하고 힘차게 꾸몄다. 어린이합창단은 '성도여 다 함께', '오 해피 데이', '어게인 1973! 부흥이여 다시 오라!'를 부르며 화려하고도 벅찬 감동의 무대로 기념대회의 막을 성대하게 열었다.

두 번째 무대에서는 재부흥 선포를 주제로 1990년부터 2000년대까지의 강력한 부흥을 찬양 메들리로 표현했다. '할렐루야 찬양을 주님께 / 호산나 / 찬양하세', '나로부터 시작되리 / 기름 부으심', '은혜'를 한국의 대표적인 CCM 가수 송정미, 소리엘, 시와그림의 김정석, 에이멘, 지선, 지미선, 하은 그리고 빅콰이어가 함께 노래했다.

세 번째 무대는 가수 김태우, 헤리티지 매스콰이어, 한수지, 시편 150 콰이어로 구성된 대중가수 아티스트 연합이 1973년의 은혜를 회상하며 다 함께 '시편 1편·150편 복 있는 사람은 & 그 크신 하나님의 사랑', '죄에서 자유를 얻게 함은'을 찬양했다.

네 번째 무대는 부흥의 시기를 주제로 복음의 열매인 선교의 꽃, 부흥의 역사를 크로스오버 성악가들이 '부름받아 나선 이 몸', '은혜 아니면'을 통해 그려냈다. 테너 국윤종, 소프라노 최종원, 팬텀싱어즈의 존노·정민성·박현수가 출연해 열창으로 무대를 뜨겁게 달궜다.

다섯 번째 무대는 '회복을 넘어 부흥으로'라는 주제로 양재무 지휘자의 지휘 아래 '믿는 사람들은 군병 같으니 / 십자가 군병들아',

'부흥 찬송가 메들리'를 국내 정상급 성악가들로 구성된 성악가 연합팀이 아름답게 들려주었다.

대회 순서

본 대회는 준비위원장 김의식 목사의 사회로 진행되었다. 먼저 '일만명찬양대'가 입례송을 부른 뒤 윤석열 대통령의 축하 메시지 영상, 오세훈 서울시장과 김동연 경기도지사의 축사가 이어졌다.

윤석열 대통령은 영상을 통해 "50년 전 여의도에서 열렸던 빌리그래함 전도대회는 기독교인들뿐만 아니라 우리 대한민국의 모든 국민에게 희망과 사랑을 심어주었습니다. 그 뒤로 기독교는 우리 사회에 예수님의 사랑을 가르치며 따뜻하게 보듬고 선한 일에 앞장서왔습니다. 오늘은 그 뒤를 이어 아들 프랭클린이 단 위에 섭니다. 참으로 감동적입니다. 한국 교회와 성도들에게 하나님의 은총이 함께하길 바랍니다"라는 축하 메시지를 전했다.

오세훈 서울시장은 축사에서 "할렐루야! 현장을 찾아주신 여러분과 생방송으로 시청하는 한국 교회의 모든 교인에게 하나님의 은혜가 함께하기를 바랍니다. 일만명찬양대의 찬송을 들으니 50년 전의 은혜와 감동이 그대로 전해집니다. 한국 교회 부흥의 역사적 현장에서 2023년 50주년 현장까지 함께해준 김장환 목사님과 조직위원회와 모든 한국 교회 성도들에게 감사를 드립니다. 집회에서 함께하셨던 기억이 이웃들에게 힘이 되고, 뜨겁게 한 기도는 사회의 버팀목이 되어주길 소망합니다. 오늘 이 시간을 통해 새로운 기대를 가지게 되었습니다. 하나님의 은혜가 함께하시길 저도 기도하겠습니다"
라고 말했다.

이어서 김동연 경기도지사의 축사가 이어졌다. 김 지사는 "수원에서 한걸음에 기쁘게 달려왔습니다. 1973년 여의도 집회 때 저는 고등학생으로 참여했습니다. 당시 빌리 그레이엄 목사님의 집회를 통해 많은 은혜를 받은 기억이 아직도 생생합니다. 청계천 무허가 판자촌에 살 때 차비가 없어 걸어서 참석했기 때문에 더욱 잘 기억합니다. 50년 만에 다시 그 뜻깊은 대회가 열려 정말 감회가 새롭고 기쁩니다. 나라가 많은 어려움 가운데 있지만, 하나님께서 주신 사랑을 우리 이웃에게 우리가 먼저 나눠주기를 소망합니다. 나라를 위해 함께 기도해주세요"라며 1973년 여의도 집회에 참석한 경험과 축하 인사를 나누었다.

이후 공동대회장 장종현 목사의 격려사에 이어 대표대회장 오정현 목사가 개회를 선언했다. 이어 공동대회장 이영훈 목사가 개회 기도를 하고 호반그룹 회장 김선규 장로가 성경봉독을 한 뒤, 박신화 교수가 지휘하는 일만명찬양대가 '주 하나님 지으신 모든 세계 & 살아 계신 주 메들리'를 찬양했다. 1만 1천 명으로 구성된 성가대의 웅장한 화음은 경기장을 꽉 채우며 모든 관객에게 가슴 뭉클한 감동을 안겨주었다.

프랭클린 그레이엄 목사의 말씀이 선포되기 전 1973년 빌리 그래함 여의도 집회에서 통역을 맡았던 극동방송 이사장 김장환 목사가 단 위에 섰다. 김 목사는 함께 마음을 모아준 한국 교회와 성도들, 준비위원들, 스태프, 경찰 및 함께한 모든 이에게 감사의 인사를 전한 뒤 프랭클린 그레이엄 목사를 강단으로 이끌었다.

프랭클린 그레이엄 목사는 '복음의 가치'라는 제목으로 강력한 복음의 핵심을 전했다.

"지금 여러분에게 가장 귀한 것은 무엇입니까? 두둑한 통장, 최고급 차, 근사한 아파트, 든든한 직장 등이 있을 수 있지만, 이런 것들을 다 가지고도 영혼을 잃어버리면 아무 소용이 없습니다. 무엇보다 우리 영혼이 가장 중요하다는 것을 깨닫기를 바랍니다. 내가 죄인임을 깨닫고 고백하면 하나님께서 구원해주십니다. 우리는 언젠가 다 죽습니다. 우리의 영혼이 마지막 심판 날에 하나님 앞에 설 것을 생각해보십시오. 죄의 길에서 돌이켜 예수님께로 오십시오!"

프랭클린 그레이엄 목사의 설교 후 대표대회장 오정현 목사가 합심기도 시간을 인도했고, 공동대회장 김삼환 목사의 축도로 대회가 마무리되었다. 이날 통역은 명성교회 김하나 목사가 맡았다.

대회의 열매

이번 50주년 기념대회는 코로나 팬데믹으로 침체된 한국 교회를 다시 일으켜 세울 것으로 기대된다. 한국 교회가 이 대회를 통해 하나가 되었고, 뜨거운 회개의 눈물을 흘리며 하나님 앞에 나아가는 소중한 시간이었다. 경기장에 모인 7만여 명은 모두 하나가 되어 지난 과거를 회개하고 이 땅에 50년 전 부흥의 불길이 다시 일어나기를 간구했다.

무엇보다 50주년 기념대회의 큰 열매 중 하나는 6천445명의 결신자다. 프랭클린 그레이엄 목사의 콜링 시간을 통해 전도 대상자 가운데 6천445명이 예수님을 구주로 영접하고 기쁨의 눈물을 흘렸다. 극동방송은 결신자들이 앞으로도 신앙생활을 잘 유지할 수 있도록 이들과 주변 교회를 연결하는 팔로업 작업을 지속하고 있다. 이제 한국 교회는 회복을 넘어 제2의 부흥을 이끌 것이며, 더 나아가 복음통일의 날이 올 수 있게 한마음으로 계속 기도할 것이다.

'빌리 그래함 전도대회 50주년 기념대회'의 의의

'빌리 그래함 전도대회'는 50년 전 여의도광장에서 연인원 320만 명이 참석하고 7만 4천 명이 예수님을 믿기로 작정한 역사상 전무후무한 대형집회였다. 이 대회를 통해 기독교인이 된 이들도 많았지만, 목회자로 헌신한 이들도 적지 않다. 당시 대회장 뒤편에서 술에 취해 있던 다섯 젊은이 중 한 명이 빌리 그레이엄 목사의 초청에 응해 결단 기도를 드렸다. 그는 기독교인이 되었고, 신학을 해서 지금 목포 양동교회 담임이 되었다.

빌리 그래함 전도대회 이후 한국 교회는 급속도로 성장하고 대형교회도 많이 생겨났다. 당연히 국가적으로도 경제가 발전하고 선진국 반열에 올라서는 기적이 일어났다. 당시 대회의 주역이었던 빌리 그레이엄 목사는 이미 천국으로 떠났고, 통역으로 세계적 인물로 떠오른 빌리 킴, 김장환 목사는 90세의 나이에도 여전히 건강한 모습과 카랑카랑한 목소리 그대로다.

50년 전, 세계적인 복음전도자 빌리 그레이엄 목사가 한국 교회와 사회에 끼친 선한 영향력은 실로 위대했다. 그가 처음 한국과 인연을 맺은 것은 6·25전쟁이 한창이던 1952년 성탄절이었다. 빌리 그레이엄 목사는 5만여 명의 성도 앞에서 "폐허가 된 한반도와 절망에 빠진 한국인들, 그리고 1년 반째 이역만리에서 적과 싸우고 있는 미군 병사들을 보며 많은 눈물을 흘렸다"면서, 속히 전쟁이 끝나고 한반도에 평화가 찾아오기를 기원하는 내용의 메시지를 전했다.

1956년, 빌리 그레이엄 목사가 다시 한국을 찾았다. 이때 한국은 전쟁의 상흔을 씻고 막 재건을 시작할 때였다. 그레이엄 목사의 메시지는 전쟁의 상처를 보듬는 따뜻한 위로와 재기를 위한 격려로 가득했다.

그리고 세 번째 한국 방문이 그 유명한 '1973년 빌리 그래함 전도대회' 때였다. 당시 연인원 320만 명이 넘는 인파가 여의도광장을 가득 메운 전도집회는 전 세계의 이목을 집중시켰다. 사상 최대 인파가 모인 이 집회에서 빌리 그레이엄 목사는 예수님이 제자들에게 마지막으로 당부하셨던 "서로 사랑하라!(Love one another!)"는 말씀을 거듭 강조했다.

빌리 그레이엄 목사가 2018년 99세의 나이로 소천한 뒤, 그가 남긴 세계 열방을 위한 선교사역은 아들 프랭클린 그레이엄 목사가 대표로 있는 BGEA를 통해 지금까지 이어지고 있다. 50주년 기념대회에 프랭클린 그레이엄 목사가 방한해 주 강사로 메시지를 전한 데는 그런 특별한 배경이 있다.

프랭클린 그레이엄 목사는 50주년 기념대회 설교에서 "저를 포함해 모든 인간은 다 죄인이다. 그 죄가 우리를 하나님에게서 멀어지게 했다. 그래서 하나님의 용서하심이 필요하다"는 점을 강조했다. 그러면서 "예수님께서는 이 땅에 여러분을 구원하시기 위해 오셨다. 이것을 믿음으로 받아들이고 회개하고 죄에서 돌아서길 바란다"고 말했다.

50년 전 빌리 그레이엄과 함께 역사적인 대회의 주역을 담당했던 김장환 목사는 대회 전 기자와의 인터뷰에서 50주년 희년 대회의 의의를 소개한 바 있다. 김 목사는 "이 대회를 기점으로 해서 50년 전 경험했던 한국 교회의 놀라운 부흥을 다시 회복하고 불타오르게 하면 더 바랄 것이 없다"는 소망을 밝혔다.

대회가 시작되자 김장환 목사는 "1973년 여의도 대회에서 통역했던 김장환입니다" 하고 벅찬 감동이 담긴 목소리로 인사하고 프랭클린 그레이엄 목사를 청중에게 소개했다. 대회에 참석한 많은 청중을 보며, 그리고 빌리 그레이엄 목사 아들의 설교를 들으며 김 목사는 무슨 생각을 했을까? 분명 그는 과거 병석에 누워 있던 빌리 그레이엄 목사가 'Again 1973'을 외치며 소망했던 말을 떠올렸을 것이다. 50년 전 젊은 나이로 빌리 그레이엄과 함께 기독교 역사상 위대한 사건에 동참한 이후 건강한 모습으로 다시 한번 그날의 감격을 맛보게 된 김 목사는 참으로 부럽고 존경스러운 인물이다.

지금 한국 교회는 심각한 위기 상황을 맞고 있다. 예장 합동과 통합을 비롯한 한국 교회 대부분의 교단과 산하 교회들이 '교인 감소'

와 '쇠퇴'라는 문제를 안고 있지만 이렇다 할 처방을 내놓지 못하는 실정이다. 특히 코로나 팬데믹을 거치면서 한국 교회는 너나없이 전도의 장벽에 가로막혔을 뿐만 아니라 기존 성도들의 이탈과 가나안(안나가) 교인 증가 등의 문제로 위기의식이 팽배해 있다.

이런 때에 50년 전 하나님이 이 땅에 보내신 세계적인 복음전도자 빌리 그레이엄 목사를 통해 부어주신 영적 부흥에 대한 갈망이 다시 샘솟게 된 것은 한국 교회로서는 기회이자 도전이라 할 수 있다. 이 대회를 통해 한국 교회가 하나 될 수 있고, 다시금 새로운 부흥과 성장을 가져올 열정과 소망의 가능성을 본 것은 큰 수확이다.

'빌리 그래함 전도대회 50주년 기념대회' 소감

빌리 그래함 전도대회 50주년 기념대회를 기다리며 두 가지 궁금한 점이 있었다. 하나는 '누가 프랭클린 그레이엄 목사의 통역을 맡을 것인가'였고, 다른 하나는 '아들 목사가 아버지 목사보다 설교를 더 잘할 것인가'였다.

통역은 명성교회 김삼환 원로목사의 아들 김하나 목사가 맡았다. 프린스턴 대학교를 졸업한 김하나 목사의 깔끔하고 세련된 통역은 칭찬받을 만했다.

이날 프랭클린 그레이엄 목사는 아버지 빌리 그레이엄 목사가 살아생전 전했던 메시지와 다름없이 단순하고 분명한 내용의 복음을 전했다. 마치 50년 전 빌리 그레이엄 목사의 모습을 보는 듯했다. 프랭클린 그레이엄 목사의 설교와 김하나 목사의 통역을 들으며 필자

2010년대

극동방송 극동포럼 21회 강사로 초청한 이상득 국회부의장과 악수하고 있는 김장환 목사(2010년 8월 4일)

목포극동방송 10주년 감사음악회 및 감사예배에 참석한 이희호 여사가 방명록에 글을 적고 있는 모습을 옆에서 지켜보는 김장환 목사

2010년 8월 11일 설립된 극동PK장학재단은 2011년 2월 24일에 '제1기 장학금 수여식'을 열고 비전장학금 13명, 사랑장학금 18명 등 총 31명과 단체 1곳을 최종 장학생으로 선발해 장학금을 전달했다.(두 번째 줄 오른쪽으로부터 네 번째가 김장환 목사)

육군대학에서 안보 강연 후 황인무 육군대학 총장에게 꽃다발과 모자를 받고 있는 김장환 목사

극동방송 극동포럼 35회 강사로 초청한 김우식 (사)창의공학연구원 이사장에게 감사패를 전달하는 김장환 목사(2014년 5월 19일)

'2018 평창동계올림픽 유치기원' 백두대간 횃불기도회에서 연설하고 있는 김장환 목사

극동방송 창사 55주년 기념 리셉션에서 각계 인사들과 기념 케이크 커팅식을 진행하는 김장환 목사(2011년 12월 8일)

육군 53사단에서 안보 강연을 하고 있는 김장환 목사

극동방송을 방문한 킹스웨이(Kingsway) 자선단체 메리 앤 G. 블레싱(Mary Ann Gregory Blessing) 대표이사에게 홍보관을 보여주며 설명하고 있는 김장환 목사

동작구 부활절 연합 새벽예배에 초청되어 설교 중인 김장환 목사

미국 애즈베리 대학교에서 명예 신학박사 학위를 수여받고 있는 김장환 목사(2012년 4월)

부활절 기념예배에 참석한 박근혜 대통령과 함께 기도하고 있는 김장환 목사

극동방송 사옥 신축 헌당 테이프 커팅(왼쪽부터 여덟 번째가 김장환 목사)

'브라질 침례교 선교 110주년 기념대회'에서 주 강사로 설교 중인 김장환 목사(2014년 7월 16~19일)

올림피아 한국전쟁 기념공원에서 극동방송 어린이합창단원들과 함께 기도하고 있는 김장환 목사

올림피아 한국전쟁 기념공원에서 참전용사 등과 기념촬영
(오른쪽으로부터 여섯 번째가 김장환 목사)

김장환 목사가 주 캐나다 대한민국 영사관을 방문하여 강연 후 기도하고 있다.

남경필 경기도지사와 함께

빌리 그레이엄 라이브러리에서 인사말을 하고 있는 김장환 목사

NCKWV Memorial Dedication에서 말씀을 전하고 있는 김장환 목사

극동방송 신사옥 헌당 감사예배(2013년 10월 26일, 왼쪽부터 박성철 신원그룹 회장, 고명진 수원중앙침례교회 담임목사, 톰 필립스, 조용기 여의도순복음교회 원로목사, 이명박 전 대통령, 김장환 목사, 데이비드 매독스, 글렌 윌콕스)

세월호 사고 현장에서 유가족을 위로하고 이주영 해양수산부 장관과 악수하고 있는 김장환 목사

로널드 포글먼 전 미공군 참모총장의 목장을 방문한 김장환 목사

미시시피주 정부 대표단 방한 환영 조찬기도회에서 김문수 전 경기도지사와 함께 인사하는 김장환 목사

극동방송 극동포럼 28회 강사로 초청한 김장수 전 국방부 장관에게 감사패를 전달하는 김장환 목사(2012년 11월 21일)

압둘라 2세 요르단 국왕을 예방하여 대화하고 있는 김장환 목사(2013년 1월 8일)

시리아 자타리 캠프 난민을 위한 주거용 컨테이너 기증식(2013년 3월 13일)

극동방송 애청자들이 모은 성금으로 구입한 주거용 컨테이너(카라반) 400채를 비롯해 총 1,700채를 요르단에 있는 시리아 자타리 난민캠프에 설치했다. 현지 날짜 2013년 3월 13일, 카라반을 전달하기 위해 신현석 요르단 대사와 김장환 목사가 캠프를 방문했다.

김장환 목사가 부산외국어대학교에서 명예 경영학박사 학위를 받았다.(2012년 10월)

극동포럼 제32회 강사로 초청된 이용훈 전 대법원장이 강의를 마친 뒤 김장환 목사가 선물을 전달하고 있다.(2013년 5월 27일, 왼쪽으로부터 김장환 목사, 김영규 전 극동포럼 회장, 이용훈 전 대법원장)

극동방송 신사옥 상량식에서 설교하고 있는 김장환 목사

광주극동방송 '나라사랑 평화콘서트' 행사를 참관하고 있는 김장환 목사(2013년 6월 9일)

오마르 알 나하르(Omar Al-Nahar) 주한 요르단 대사 초청
성서지역 세미나에서 인사말을 하고 있는 김장환 목사

루이즈 무시키와보(Louise Mushikiwabo) 르완다 외교협력부 장관과 조찬 후

유학설명회를 위해 방한한 뉴올리언스 침례신학교 찰스 켈리(Charles Kelly) 총장이 극동방송을 방문해 김장환 목사와 인사하고 있다.

서울시장 관사 앞에서 오세훈 서울시장, 송현옥 서울시장 부인, 장종현 백석대 총장 함께 기념 촬영한 김장환 목사

조용기 여의도순복음교회 원로목사와 악수하고 있는 김장환 목사

황우여 전 국회의원과 담소하고 있는 김장환 목사

반기문 UN사무총장을 예방해 말씀을 전하고 있는 김장환 목사

일본선교회협력회 주최 합동기도회 강사로 초빙되어 답사하고 있는 김장환 목사(2015년 3월 7일)

라파엘 삐노삔또(Rafael Pino-Pinto) 파나마주 주지사 환영 조찬기도회에서 기념패를 받고 있는 김장환 목사

컴벌랜드 대학에서 수여하는 명예 신학박사 학위를 받은 김장환 목사(2006년 5월)

빌리그레이엄전도협회(BGEA)를 방문한 김장환 목사

극동포럼 제37회 강사로 초청된 커티스 M. 스카파로티(Curtis M. Scaparrotti) 전 한미연합사령관이 강의를 마친 뒤 김장환 목사에게 감사패를 받고 있다.(2015년 5월 19일)

'파이팅! 나라사랑축제 2015'에서 합창단원과 하이파이브를 하고 있는 김장환 목사
(2015년 8월 14일)

'파이팅! 나라사랑축제 2015' 행사 장면

대구 지역 '광복 70주년 기념 8·15구국기도회'에서 인사말을 하는 김장환 목사(2015년 8월 15일)

한국전쟁 참전용사 기념 메달 증정식에서 기도하고 있는 김장환 목사

휘튼 대학교 홈커밍테이 콘서트에서 설교하고 있는 김장환 목사

극동포럼 제39회 강사로 초청된 이명박 전 대통령. 강연이 끝난 뒤 김장환 목사가 감사패를 전달한 후 악수하고 있다.
(2016년 1월 22일)

매년 실시하고 있는 재외공관장 초청 간담회에서 말씀을 전하는 김장환 목사
(2016년 3월 15일)

극동포럼 제40회 강사로 초청된 마크 W. 리퍼트(Mark W. Lippert) 전 주한 미국대사가 강연을 마친 뒤 김장환 목사에게 감사장을 전달받고 있다.(2016년 4월 21일)

창사 60주년 기념 논산 육군훈련소 진중 침례식에서 4,800여 명의 훈련병들에게 침례 후 기도해주고 있는 김장환 목사(2016년 8월 6일)

극동방송 〈만나고 싶은 사람 듣고 싶은 이야기〉 600회 특집 공개방송이 500여 명의 청취자를 초대해 'Again 1973'이라는 주제로 열렸다. 1973년 서울 여의도에서 열린 빌리 그레이엄 목사의 집회에 참석한 이들을 초청해 당시 신앙 이야기와 은혜 받은 간증 등을 나누었다. 출연자들과 축하하며 케이크를 자르고 있는 김장환 목사 (2016년 8월 26일, 왼쪽으로부터 네 번째가 김장환 목사)

극동포럼 제41회 강사로 초청된 김황식 전 국무총리가 강연를 마친 뒤 김장환 목사에게 감사패를 전달받고 있다.(2016년 10월 25일)

서울시청 광장에서 개최된 '2016 디아코니아 코리아' 개막식에서 각계 인사들과 테이프를 커팅하고 있는 김장환 목사(2016년 10월 15일, 왼쪽으로부터 여섯 번째가 김장환 목사)

미국 벨헤이븐 대학교에 개관한 '빌리 킴 인터내셔널 센터' 헌정기념식 후, 김장환 목사가 극동방송 전 직원과 함께 기념촬영하고 있다.(2016년 6월 26일)

제31회 UN 조찬기도회에서 설교하고 있는 김장환 목사

3·1절 한국교회 특별기도회에 참석한 김장환 목사(왼쪽으로부터 남경필 전 경기도지사, 김진표 국회의장, 장상 전 이화여대 총장, 김장환 목사)

세계침례교 지도자상을 수상하는 김장환 목사(2015년 1월 30일)

국가와 민족, 평화를 위한 한국교회 연합기도회에서 참석자에게 기도해주고 있는 김장환 목사

한동대학교에서 명예 법학박사학위를 수여받은 김장환 목사(2018년 2월 19일)

김장환 목사가 진행하는 극동방송 〈만나고 싶은 사람 듣고 싶은 이야기〉 700회 특집 생방송에는 탤런트 김원희 집사, 트럼프 미국 대통령의 연두교서를 통해 세상에 잘 알려진 장애인 탈북자 지성호 씨(북한인권운동가, NAUH 대표)를 특별손님으로 초대하여 'Only by Grace(오직 주의 은혜)'를 주제로 진행했다.(2018년 7월 27일)

2020년대

빌리 그레이엄 목사를 기리는 기념 도서관에 세운 '빌리 킴 홀(Billy Kim Hall)' 개관식에서 마이크 펜스 전 미국 부통령, 김장환 목사, 프랭클린 그레이엄 목사가 테이프 커팅을 하고 있다.(2022년 12월 13일)

경기남부경찰청장 취임 감사예배에서 설교하고 있는 김장환 목사

명성교회에서 열린 '빌리 그래함 전도대회 50주년 기념대회'를 위한 특별예배에서 설교하고 있는 김장환 목사

빌리 그래함 전도대회 50주년 기념대회를 위한 특별예배 장면

'빌리 그래함 전도대회 50주년 기념대회' 주 강사로 초청된 프랭클린 그레이엄 목사의 기자회견

기자회견장에서 프랭클린 그레이엄 목사와 반갑게 악수하고 있는 김장환 목사

빌리 그래함 전도대회 50주년 기념대회 기자회견장에서
(왼쪽으로부터 대회장 오정현 목사, 상임고문 김장환 목사, 사무총장 박동찬 목사)

상암월드컵경기장에서 열린 '빌리 그래함 전도대회 50주년 기념대회'에서 인사말을 하고 있는 김장환 목사(2023년 6월 3일)

상암월드컵경기장에서 열린 '빌리 그래함 전도대회 50주년 기념대회'에 성도들이 좌석을 꽉 채운 모습

그래함 전도대회 50주년
대회'에서 대회 시작 전 파
을 외치는 김장환 목사와
부 임원, 오세훈 서울시장,
연 경기도지사(왼쪽으로부
다섯 번째가 김장환 목사)

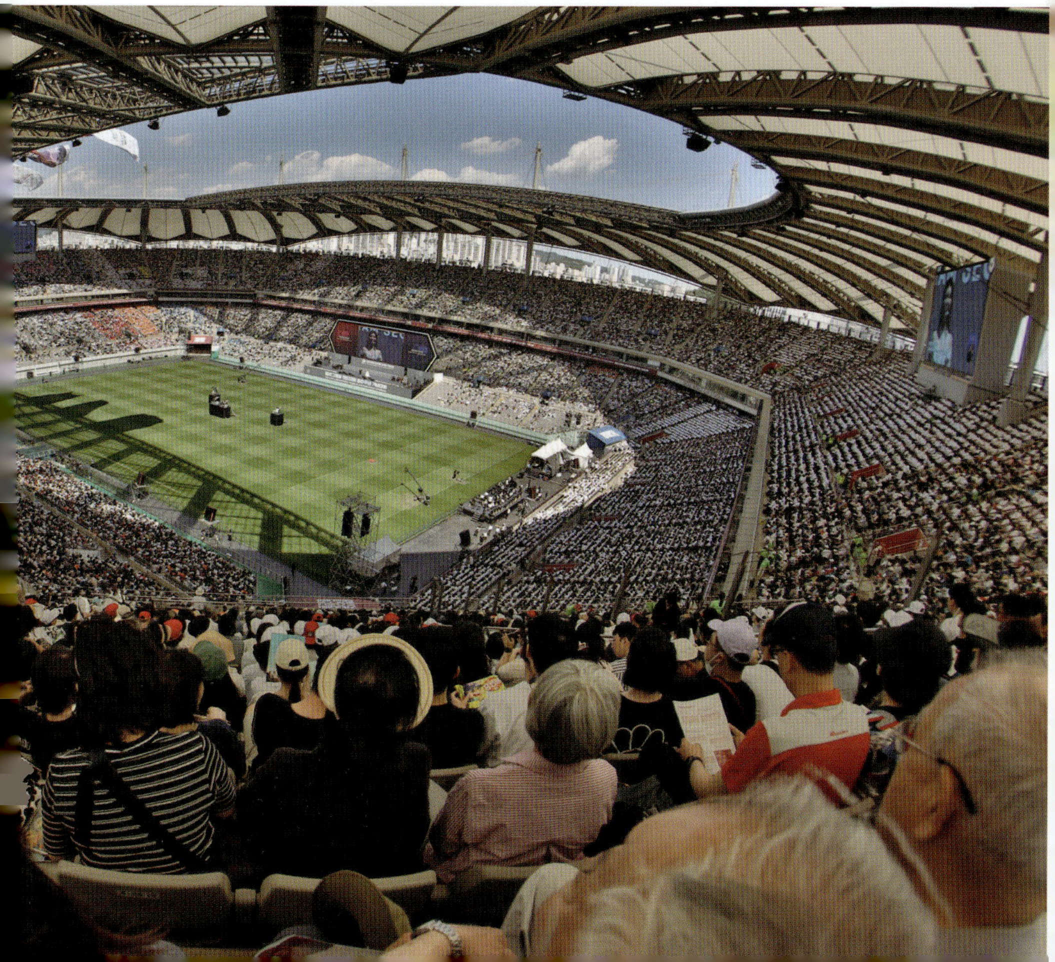

'제주극동방송 개국 50주년 기념 감사예배'에서
인사말을 하고 있는 김장환 목사(2023년 6월 9일)

'제주극동방송 개국 50주년 기념 감사예배'에 참석한 내외빈들과 테이프 커팅식을 하는 김장환 목사(2023년 6월 9일)

김동건 전 KBS 아나운서(오른쪽), 극동방송 최혜심 아나운서와 함께 전쟁으로 힘겨워하는 우크라이나 어린이들을 위한 전국 모금 생방송을 진행한 김장환 목사(2023년 8월 8일 오전 7~9시)

극동방송과 선한청지기에서 드미트로 포노마렌코 주한 우크라이나 대사에게 우크라이나 어린이들을 위한 성금 100만 달러를 전달했다.

경기도 연합 6·25 상기 구국 기도회에서 설교하고 있는 김장환 목사

해군2함대사령부 해군 평택교회에서 주일 설교를 한 김장환 목사와 예배에 참석한 각계 인사들과 장병들

수원 중앙양로원을 방문하여 후원금 1,500만 원과 쌀 500kg, 떡을 전달하고 인사말을 하고 있는 김장환 목사(2023년 12월 2일)

극동방송 이사장 김장환 목사와 NGO 선한청지기 이사장 이일철 장로를 비롯한 임직원, 그리고 박진 외교부 장관과 김현기 서울시의회 의장이 구룡마을 독거노인을 찾아 성탄 선물을 나누며 사랑의 온기를 전했다.(2023년 12월 2일)

는 50년 전 여의도광장을 뜨겁게 불살랐던 빌리 그레이엄 목사의 설교와 카랑카랑한 목소리로 선포되었던 빌리 킴 목사의 통역이 오버랩되는 것을 온몸으로 느낄 수 있었다.

다만 프랭클린 그레이엄 목사의 설교와 김하나 목사의 통역을 들으며 느낀 아쉬움이 하나 있다. 그것은 빌리 그레이엄 목사의 아들 설교에 아버지의 통역을 맡았던 빌리 킴 목사가 50년 전 당시를 추억하며 다시 통역했다면 얼마나 더 감격적이고 은혜가 컸을까 하는 아쉬움이다. 또한 김장환 목사의 장남 김요셉 목사가 통역했더라도 '50년 전 아버지 목사들과 50년 뒤 아들 목사들의 설교와 통역이라는 깊은 의미를 살릴 수 있었을 텐데' 하는 생각도 해보았다.

김장환 목사라고 왜 그런 생각을 하지 못했겠는가? 하지만 50년 전 통역 하나로 세계의 주목을 받고 전 매스컴과 기자들의 인기를 한 몸에 받았을 때, "모든 영광은 빌리 그레이엄 목사가 받아야 한다"며 일주일 동안 공군병원에 입원해 자취를 감춰버린 사람이 김장환 목사다. 그런 김 목사의 인품으로는 절대 자신이 통역하거나 아들에게 통역을 맡겼을 리 없다.

어쨌든 7만 명이 넘는 기독교인들이 한자리에 모여서 참으로 오랜만에 50년 전의 감격을 회상하며 깊은 은혜를 받았다. 이날 집계에 따르면 믿음이 없었던 소중한 영혼 6천445명이 예수님을 구주로 영접하는 역사가 일어났다. 이 행사를 계기로 한국 교회에 다시금 성령의 불길이 강하게 일어 재부흥의 역사가 각 교회마다 개인마다 일어나기를 바란다. 또 결단 기도에 응했던 이들이 모두 하나님의 자녀로 거듭나기를 소망한다.

　교회가 살고 우리가 살아야 나라가 산다. 대한민국이 살아야 세계가 살 수 있다. 미국에 이어 해외 선교사 파송 2위 국가인 대한민국이 선교사 파송 1위 국가가 되기를 기대한다.

김장환 목사의
설교 세계

Chapter 17

지인들이 말하는 김장환 목사의 설교

목회를 하는 목사들 가운데 김장환 목사만큼 직함이 많은 이도 드물 것이다. 그에게는 '극동방송 이사장', '세계침례교연맹 총회장', '한국 YFC 명예 이사장', '수원중앙침례교회 담임목사' 등 다양한 직함이 주어졌다. 그 가운데 어느 직함이 가장 마음에 드느냐고 물으면 뭐라고 대답할까?

김장환 목사는 서슴없이 '목사'라고 답한다. 자신은 언제나 목사라는 직함을 사랑했고 목사로 불리는 것이 기쁘다고 덧붙였다. 사장이나 이사장이나 총회장이라는 직함도 좋지만, 한 교회를 맡아서 목회하는 목사가 가장 감사한 직분이라고 한다. 목회를 하는 목사이기에 성경 연구와 경건 생활을 게을리할 수 없고, 또한 영혼을 살리는 설교를 할 수 있으니 그보다 더 큰 특권과 축복은 없다고 보는 것이다. 김 목사는 성도들에게 사랑받는 목사였다. 그가 수원중앙침례교회를 담임할 때 성도들이 김 목사를 존경한 이유 중 특별한 한 가지는 그의 뛰어난 설교였다.

그렇다면 김장환 목사의 설교에 어떤 장점과 특징이 있는지를 알아보자. 김 목사의 설교 특징을 한마디로 말하자면 '말씀으로 말씀을 풀이하는 설교'로 이야기할 수 있다. 김장환 목사가 목회 25주년을 기념해 펴낸 『김장환 요약설교』에 보면 자신의 설교에 대한 철학이 담겨 있다.

주일 설교를 마치고 단에서 내려오는 순간, 아니 설교를 마치고 다음 순서를 진행하는 순간부터 다음 주일 설교 준비의 부담을 안게 되는 것이 목회자의 생활이다. 나는 여행을 하는 시간이 비교적 많은 편인데 여행할 때 설교 구상을 많이 하게 된다.

설교의 원칙은 '말씀으로 말씀을 풀이한다'로 정하고 있으며, 따라서 설교 중에 성경 말씀 인용이 비교적 많은 편이다. 예화는 예화집에 있는 정적(靜的)인 예화보다 신문기사, 주변에서 일어난 일 등 동적(動的)인 것을 많이 사용하려고 노력하고 있다. 이런 예화들은 설교에 생동감과 친근감을 주는 것은 사실이나 자칫하면 설교의 격을 떨어뜨리기 쉽기 때문에 무척 조심하고 있다.

수원중앙침례교회를 담임할 당시, 월요일은 서울에 와서 방송국 관련 업무를 보고 월요일 저녁에 수원으로 돌아가면서 주제를 구상하고 화요일에 서재에서 한 주일 말씀을 대강 정하고 자료들을 찾은 뒤, 한 주일 내내 머릿속에서 가다듬다가 토요일에 완성하고, 토요일 밤에 기도로 무장한다.[149]

김장환 목사는 설교를 준비할 때 '서론'에 신경을 가장 많이 쓴다고 했다. 본론에서는 성경 구절을 많이 인용하는 것이 특징이라고 스스로 진단했다. 영어가 유창하지만 한국 강단에서는 영어를 거의 사용하지 않고 한국말로만 설교하는 편이다. 김 목사는 복음을 쉽고도 재미있게 설명하는 이야기꾼이라 할 수 있다.

김장환 목사의 설교를 매주 듣는 이들에게 그 특징을 한마디로 말해보라고 하면 모두가 '쉽다'고 한다. 한국 교회 설교의 대가로 한 시대를 풍미했던 충신교회의 박종순 원로목사가 「목회」라는 잡지에 연재한 '한국 교회 설교 조명'이라는 글에서 이 사실을 확인해볼 수 있다.

> 그(김장환 목사)의 설교는 쉽다. 그리고 천국에 대한 신앙과 소망이 뚜렷하다. 그의 설교는 한국어나 영어에 있어서 버금간다는 평을 듣고 있다. 성경 구절 인용이 빈번하고 예화도 등장하지만 진부하지는 않다. 김장환 목사의 설교는 청중과의 호흡에 무척 신경을 쓴다. 그것은 그의 설교 구성이나 전달에서 역력히 드러난다.[150]

설교가 쉽다는 것은 청중에게 잘 어필한다는 뜻이다. 그만큼 김 목사가 청중의 입장에 서서 전달에 신경을 많이 쓴다는 말이다. 청중에게 들리지 않는 설교를 하는 이들이 많다. 들리지 않는 설교에 성도들은 불만이 많다. 그런 점에서 김 목사의 청중은 복된 성도들이라 할 수 있다.

청년 시절부터 수원중앙침례교회에서 김장환 목사의 설교를 듣고 자란 청년 가운데 훗날 한국 설교의 대명사로 유명해진 인물이 있다. 그는 지구촌교회의 이동원 원로목사다. 이 목사는 김장환 목사의 설교 스타일에 대해 이렇게 말했다.

> 김장환 목사님의 설교는 제목 설교입니다. 제일 큰 장점은 설교의 서론이 탁월하다는 점입니다. 처음 몇 마디에 사람들과 공감대를 형성

하죠. 시사적인 이야기를 하거나 인상적인 이야기를 하여 서론에서 먼저 사람들의 마음을 열죠. 그런 다음 성경 말씀을 많이 인용해 마음속에다 확실한 말씀을 심지요. 마지막에 사람들이 결신할 수 있도록 인도합니다.[151]

이번에는 김장환 목사가 설교할 때의 발음과 음성, 강약·고저장단의 억양(Intonation) 부분에 대해서 알아보자. 누구나 다 인정하는 바이지만, 김 목사는 발음이 매우 정확하다는 것이 장점이다. 연세가 90에 가까워지면 발음이 새서 부정확하게 들리는 경우가 대부분인데, 김 목사의 발음은 지금도 변함없이 또렷하고 또박또박 들린다.

또 작은 체구에 맞지 않게 음성이 크고 미성이라는 점도 장점이다. 문장을 한 단어 한 단어 또박또박 말하기 때문에 귀에 쏙쏙 들어온다. 또 경기도 출신으로 표준어를 구사하기 때문에 어느 지역 사람이 들어도 거부감 없이 잘 들린다.

발음이 또렷하고 미성이라 해도 설교 톤이 천편일률적으로 흘러가면 청중에게 따분함을 유발할 수 있다. 그런데 김장환 목사의 억양은 고저장단과 강약이 골고루 발휘돼 청중이 듣기에 편안하다는 점이 무엇보다 큰 장점으로 평가된다.

이는 선천적으로 타고난 면도 있지만 피나는 노력으로 이루어낸 산물이라 볼 수 있다. 그가 전미 고등학교 웅변대회에서 우승한 것도 결코 우연이 아니었다. 김장환 목사는 밥 존스 고등학교 시절 웅변대회를 앞두고 학교에서 웅변 훈련을 받았는데, 그때의 훈련이 지금도 유용하게 사용되고 있다.

고등학교 교과 과목에 스피치 과정이 있었던 것도 큰 도움이 되었다. 수업 시간에 초빙된 전문가 교수는 학생들에게 상대방과 눈을 맞추는 '시선 처리(Eye contact)'와 함께 억양, 강약, 속도 조절을 가르쳤다고 한다.

김장환 목사가 고등학교 시절에 배운 것 가운데 지금껏 활용하는 것이 '시선 처리'다. 그는 설교를 시작하기 전 미리 지정해놓은 몇 명의 성도와 눈을 마주치면서 설교한다고 한다. 허공을 보고 설교하면 성도들의 마음이 분산된다고 믿기 때문이다. 시선 처리는 청중과 호흡하고 청중을 설교 속에 집중하게 만드는 중요한 기술이다.

김장환 목사가 길러낸 첫 번째 제자 한국성서신학대학 홍설자 교수는 김장환 목사의 설교를 복음에 충실하고 복음을 강조하는 설교라고 이야기한 바 있다.[152]

김 목사의 설교에서 핵심은 복음이요, 대인 관계에서의 핵심도 복음이요, 삶 자체에서의 핵심도 복음이다. 그는 오직 복음을 위해 태어났고, 복음을 위해 말씀을 전하고, 복음을 위해 사는 사람이 틀림없다.

김장환 목사와의 인터뷰

김장환 목사와 설교에 대한 인터뷰를 한 적이 있다. 그때 필자가 김 목사에게 가장 먼저 한 질문은 '어떻게 설교를 배우게 되었느냐'였다. 자신은 신학교에서 공부를 했는데, 석사과정에서 '신약학

(New Testament)'을 전공했다고 한다. 그래서 남다른 성경 지식을 겸비할 수 있었고, 또 수업 시간에 교수들로부터 성경 실력을 갖추는 것은 물론 설교문을 작성하는 데 도움이 되는 훈련을 많이 받았다고 했다.

예를 들면, "사도행전에 뭐가 나오는가?", "그 메시지로 설교의 개요를 작성해보라" 또는 "오병이어의 기적이나 여리고성 함락, 다윗과 골리앗의 이야기를 가지고 어떻게 설교할 것인지 생각해보라"는 식으로 교수들의 훈련과 연습을 통해 설교 작성 비결을 배울 수 있었다고 한다. 아울러 자신이 정한 본문을 40번 읽고 전후 문맥까지 파악해 본문의 핵심 메시지를 잘 파악하는 습관도 수업을 통해 얻게 되었다.

다음 질문은 '어떤 설교자를 통해서 설교 노하우를 습득하게 되었느냐'였다.

기독교 학교여서 채플이 많았는데, 미국에서 내로라하는 설교자들의 설교를 많이 들을 수 있었다고 한다. 그때 자신에게 자연스럽게 감동을 주고 배우고 싶다는 생각이 들게 하는 설교자들의 설교에 집중하다 보니 저절로 설교를 터득하게 되었다고 한다.

우리가 배울 수 있는 설교자를 몇 명 정한 뒤, 그들의 설교 원고를 눈여겨보고 그들이 전하는 영상을 계속 분석하면서 배우는 것보다 더 좋은 설교 방법은 없다. 김장환 목사도 그런 설교자들의 설교를 들으며 그들의 설교 장점 하나하나가 안에 쌓이고 쌓여서 오늘의 탁월한 설교자 김장환 목사로 자리매김하게 된 것이다.

세 번째 질문은 '목사님 설교에 감동적인 예화가 약방에 감초처럼 등장하는데, 예화를 찾는 비결이 있느냐'였다.

예화는 '설교의 꽃'이라 할 수 있다. 예화는 저자의 의도와 의미를 쉽게 이해하게 만들고, 청중에게 들리는 설교를 가능하게 하는 중요한 도구다. 그래서 김 목사의 설교에는 감동적이고 은혜로운 예화가 어김없이 소개된다. 김장환 목사가 즐겨 애용하는 예화집을 물었더니, 미국 벨뷰 침례교회의 로버트 리(Robert Lee) 목사가 쓴 『500가지 예화집』을 소개했다. 국내 책으로는 곽선희 목사의 예화집을 즐겨 활용했다고 한다.

그다음 질문은 '한 설교 안에 성구 인용이 적어도 10개에서 많을 때는 35개 가까이 되는데, 어떻게 본문 내용에 적절한 구절들을 찾아내느냐'였다.

과거에는 그렇게 많은 성구를 찾아내기가 힘들었으나, 요즘은 성구 사전도 있고 활용하기 좋은 소프트웨어가 있어서 비서가 찾아줄 때도 있다고 했다. 필자가 김 목사의 설교를 들으면서 놀란 점 하나는 그가 사용하는 그렇게 많은 성구가 본문 메시지와 딱 맞아떨어진다는 것이었다. 설교를 처음 들을 때는 성경 구절을 너무 과도하게 인용하는 게 아닌가 하는 생각이 들었다. 하지만 "낙숫물에 바위가 뚫린다"는 말처럼, 성경 본문 저자가 말하려는 핵심 주제나 메시지를 설교자가 비슷한 성경 구절로 계속 연결해서 강조하기 때문에 청중은 본문의 주가 되는 내용을 가슴에 확실히 새길 수밖에 없다.

마지막 질문은 '전달을 위한 구체적 준비 과정이 있느냐'였다.

그런데 예상치 못한 답이 나왔다. 철저하게 시연(Rehearsal)을 한다는 것이었다. 예를 들면, 빌리 그레이엄 목사의 추도사를 맡았을 때도 호텔방에서 계속 소리 내어 원고를 읽으며 리허설을 했다고 한다.

인터뷰 중 그때 함께 동행했던 비서가 자신의 경험담을 들려주었다. 당시 미국에 가서 김 목사 바로 옆방에 묵었는데, 김 목사의 리허설 소리를 동료 몇 사람이 숨죽이며 들었다고 한다. 다음 날 낭독할 조사를 철저히 준비하는 모습을 현장에서 경험한 것이다.

김 목사는 설교 원고가 완성되면 침대에 누워서도 소리 내어 읽으며 시연을 준비한다고 한다. 적어도 7번 이상을 그렇게 리허설을 한다는 것이다. 역시 프로는 다르다. 아마추어와 프로의 차이는 완벽한 준비에 있다. 아무 준비도 없이 완성되는 작품은 없다. 위대한 미술 작품이나 신들린 듯한 피아노 연주는 오랜 시간 땀과 눈물을 쏟아 준비한 노고의 대가다. 김장환 목사의 설교에 사람들이 홀린 듯 빠져드는 이유도 그렇다. 철저한 준비 없이는 위대한 설교가 탄생하지 않는다.

성경 본문 해석에도 충실하고 원고 작성도 효과적으로 했는데 전달이 제대로 안 되는 설교가 너무 많다. 정작 중요한 설교 시연을 해보지 않았기 때문일 것이다. 원고를 자기 마음에 흡족할 때까지 계속 다듬고 다듬었지만, 거기에 시간을 거의 할애하다 보니 완성된 원고를 한 번도 읽어보지 않은 채 설교단에 오르는 이들이 얼마나 많은지 모른다.

오늘의 설교자들은 이 점에 주의할 필요가 있다. 김장환 목사가 빌리 그레이엄 목사의 설교 통역만 잘해서 이렇게 명성이 높아진 것은 아니다. 통역은 영어와 한국말을 잘하는 목사라면 누구나 할 수 있다. 하지만 김 목사 자신에게 탁월한 설교 전달력이 있지 않고는 세계 최고의 복음전도자 빌리 그레이엄의 설교를 현장에서 있는 그대로 살려서 전달할 수 없었을 것이다. 그래서였을까. 빌리 그레이엄 목사와 사모 역시 빌리 킴의 설교를 아주 좋아했다고 한다.

김장환 목사 설교의 장점

설교학 교수로서 필자가 생각하는 김장환 설교의 장점은 다음과 같다.

첫째, 강해 설교가 아니라 주제(제목) 설교의 전형이다.

요즘 설교자들은 대부분 강해 설교를 선호하는데, 과거에는 거의 모든 설교자가 주제 설교를 했다. 강해 설교를 유일한 성경적 설교로 이해하는 이들이 많다. 틀린 말이 아니지만, 그렇다고 주제 설교를 비성경적인 설교로 단정해서도 안 된다. 일반적으로 본문을 정해 놓고 그 본문이 말하는 주제를 가지고 설교해야 강해 설교가 가능하다. 그만큼 설교자가 주제를 정해놓고 그 주제에 맞는 구약과 신약 본문을 찾다 보면 본문의 의도보다 설교자의 의도가 우선시될 위험성이 다분하기 때문이다.

그런데 김 목사의 설교를 분석해보면 본문에서 주제를 하나 찾아내어 그 본문을 중심으로 설교를 펼쳐나간다. 하지만 그는 본문에 나오지 않는 구약과 신약에서의 다른 유익한 성구도 여러 개 활용해 논리적 설교를 곁들여 나가는 방식을 취한다. 그의 설교를 보면 대부분 성도의 신앙생활에서 변화와 성장을 이끄는 유익한 주제다. 청중이 기대하고 그들의 삶에 적절히 적용할 수 있는 주제나 메시지가 담긴 본문을 정해서 설교하기 때문에 성도들이 좋아할 수밖에 없다. 본문 저자의 의도에서 벗어나지 않는다는 전제 아래 주제 설교는 청중에게 가장 어필하는 설교 방식으로 평가할 수 있다.

둘째, 많은 성경 구절을 소개한다.

김장환 목사 스스로 자신의 설교를 '말씀으로 말씀을 풀이하는 설교'라 했다. 그의 설교문을 분석해보면 한 설교에 적게는 10개, 많게는 35개의 성구가 인용된다. 평균 27개의 성구가 한 설교에서 언급된다고 보면 된다. 일반적으로 설교자들이 한 설교에 언급하는 본문 외의 참고 성구는 많아도 서너 개를 넘지 않은 것을 고려하면 매우 많은 숫자다. 성구가 너무 많아서 설교의 흐름이 끊기거나 복잡하지 않을까 생각할 수도 있지만, 오히려 권위 있는 말씀의 능력이 성도들에게 강력하게 어필되는 효과가 있다. 그 이유는 다음에 소개하는 특징 때문이다.

셋째, 명료하고 논리적이다.

보통 한 설교에 성구 인용이 많고 대지(Point) 속에 몇 개의 소지(Sub-point), 소지 안에 또 여러 개의 소소지(Small sub-point)가 있으면 짜임새가 없거나 복잡하고 너저분할 가능성이 크다. 하지만 그의 설교는 탄탄한 논리와 짜임새가 주특기라 할 만큼 간단명료하고 선명하다. 논리가 없으면 청중을 설득할 수 없다. 김 목사의 설교는 상당히 논리적이라는 것이 큰 특징이다.

넷째, 감동적인 예화를 적절히 소개한다.

예화의 출처가 어디인지 궁금할 만큼 성도들이 잘 모르는 신선한 예화가 주를 이룬다. 예화 출처는 필자와의 인터뷰에서 밝힌 바 있다. 본문의 주제를 잘 드러내는 적절한 예화는 약방에 감초와 같다. 예수님의 설교에도 예화가 큰 비중을 차지한다. 예화는 설교를 구성하는 들러리가 아니라 영적 진리를 쉽게 이해하고 감동을 이끌어내는 설교의 기초와도 같다. 김 목사만큼 감동적이고 특별한 예화를 사용하는 이도 많지 않다.

다섯째, 적절한 인용문이나 속담과 격언이 자주 등장한다.

유명 인사들의 교훈이나 말, 그리고 흔히 사용되는 속담과 격언 또한 설교에 신뢰와 감칠맛을 더하는 중요한 도구다. 신뢰할 만한 인물들이나 위인들 또는 학자들의 한마디, 한마디는 그만큼 강력한 효과가 있기 마련이다. 그것을 잘 찾아내서 설교에 활용하면 누구나 효과적인 설교를 할 수 있다.

여섯째, 은혜로운 찬송가와 그 가사가 나온 배경 등을 가끔 소개한다.

설교자가 전달하려는 영적 교훈이나 가르침에 부합하는 가사가 있는 찬송가는 성도들에게 은혜와 감동을 주기에 최적의 도구다. 가사를 읽어줄 때도 있지만 은혜로운 목소리로 찬양을 직접 부를 때도 있는데, 그럴 때는 감동이 더욱 진해진다. 거기에 그 찬송이 나오게 된 배경에 대한 소개는 은혜로운 찬송에 강도를 더하는 작업이라 할 수 있다.

일곱째, 성도의 신앙생활에 바로 적용할 수 있는 구체적인 내용이 등장한다.

대부분이 어떻게 하면 바람직한 신앙생활을 영위할 수 있고, 어떻게 하면 자녀 교육을 제대로 할 수 있고, 어떻게 하면 승리하는 부부생활을 유지할 수 있는지에 대한 구체적이고도 상세한 방법이다. 이처럼 김 목사의 설교는 성도들의 실제 신앙생활에 바로 적용할 수 있고, 또 유익을 주는 내용으로 구성되어 있다.

여덟째, 귀납적 방식으로 구성한다.

김장환 목사의 설교는 도입부(서론)에서 성도들의 관심을 끌 수 있는 예화로 시작하는 '귀납적 방식'으로 되어 있다. 성도들이 가장 싫어하는 설교는 설교를 시작하자마자 본문 얘기부터 하는 방식이다. 이런 방식을 '연역적 방식'이라고 한다.

설교는 도입부가 중요하다. 그날의 설교에 집중할 것인가 말 것인가를 결정하는 중요한 부분이 바로 서론이다. 설교의 출발점에서 본문 내용이나 사건과 흡사한 오늘의 화젯거리나 관심사, 그리고 최근 국가적으로 또는 전 세계적으로 이목을 끈 뉴스를 전할 때 성도들은 귀를 기울이고 집중하기 마련이다.

요즘 설교자들은 대부분 설교 서론을 예화로 시작하는 귀납적 방식을 사용하지만, 김 목사가 젊었을 때는 선배 설교자들이 본문 얘기로 설교를 시작하는 경우가 많았다. 그런 점에서 귀납적인 방식으로 설교를 진행한 김장환 목사는 구별된 설교가라고 할 수 있다.

설교 개요 및 영상 분석

이제 그의 많은 설교문 가운데 대표적인 설교문의 개요를 살펴보려 한다. 지금까지 소개한 김장환 설교의 특징을 조금이나마 맛볼 수 있도록 설교 한 편의 뼈대만 소개한다.

설교 제목은 '자녀를 이렇게 양육하라!', 본문은 마태복음 18장 1~6절이다.

여기에 소개한 김 목사의 설교 개요를 살펴보면 그의 설교가 얼마나 짜임새 있고 논리 구성이 탄탄한지 알 수 있다.

다음으로, 그의 설교 영상을 여러 편 보고 들으며 분석한 특징을 살펴보려 한다.

〈설교 개요〉

서론

첫째, 거듭난 자녀로 양육하라
1) 거듭남의 필요성(시 51:5, 롬 3:23, 요 3:3, 벧전 1:23, 엡 5:26, 요 15:3, 골 3:10, 벧후 1:4)
2) 거듭남의 결과(요일 5:1, 요일 3:9, 요일 2:29, 요일 3:14, 요일 5:4, 요 1:12~13)

둘째, 겸손한 자녀로 양육하라(마 18:4, 벧전 5:56)
1) 겸손의 모습
   (1) 겸손한 사람은 자신이 죄인임을 인식한다(눅 18:13~14)
   (2) 겸손한 사람은 자신의 불쌍한 상태를 인식한다(눅 15:17~21)
   (3) 겸손한 사람은 자신의 한계를 인식한다(왕상 3:7~9)
   (4) 겸손한 사람은 하나님의 거룩하심을 인식한다(사 6:1~3)
2) 우리가 겸손해야 하는 이유(빌 2:5~7, 요 13:5, 눅 9:46~48, 마 23:11, 눅 14:11, 22:27, 대하 7:14)

셋째, 순종하는 자녀로 양육하라(엡 6:1)
1) 불순종의 대가는 멸망이다(삼상 2:22~25, 15:23)
2) 하나님은 순종하는 사람을 축복하신다(삼상 2:20, 신 28:2~6, 요 14:21, 마 7:24, 수 1:8, 눅 2:40, 빌 2:8)

결론

첫째, 김장환 목사는 표정이 밝고 미소 띤 얼굴이어서 듣는 이에게 기쁨을 갖게 한다.

설교자가 찌푸린 얼굴을 하거나 심각한 표정을 지으면 성도들의 마음도 무거워지기 마련이다. 하지만 김 목사는 머리가 희끗희끗하고 이마엔 주름이 져 있지만 여전히 동안의 모습이 역력해 설교 시작부터 성도들의 마음에 행복을 전한다는 장점이 있다.

둘째, 김장환 목사의 발음은 아주 정확하고 명료하다.

설교자들 가운데는 발음이 선명하지 않은 이들이 많다. 발음이 정확하지 않으면 설교를 듣는 성도들의 이해력이 떨어진다. 사실 젊을 때 아무리 발음이 정확해도 나이가 많아지면 혀가 굳어져 발음이 제대로 안 되는 경향이 있다. 그런데 김 목사는 아직도 또렷하고 정확한 발음을 장점으로 구사하고 있으니 젊은 시절의 설교가 성도들에게 얼마나 더 확실히 전달됐을지 미루어 짐작할 수 있다.

한 예로 '빌리 그래함 전도대회' 때 통역하던 김장환 목사의 젊은 시절 목소리를 찾아 들어보라. 카랑카랑한 목소리에 너무도 발음이 정확해서 들을 때마다 귓전을 확실하게 울려준다. 그래서 시간이 지나도 기억에 오래 남게 하는 효과가 있다.

셋째, 김장환 목사의 설교는 강약·고저장단의 폭이 다양하고 넓다.

설교하는 이가 처음부터 똑같은 톤으로 전달하면 단조로워서 듣는 이들이 졸릴 가능성이 있다. 하지만 김 목사의 설교는 변화무쌍하다. 빠를 때는 속사포처럼 빠르다가 천천히 할 때는 느린 속도로 차분히 전달한다. 강할 땐 힘차게 몰아치듯 전달하고 부드럽게 할 때는 잔잔하게 전한다. 그러니 성도들이 딴생각하거나 졸 틈이 없다.

넷째, 김 목사는 다양한 제스처 활용의 모범 교과서다.

설교자의 무기 가운데 첫째는 목소리이고 둘째는 제스처다. 사실 이 두 가지는 설교 전달의 모든 것이라 해도 무방할 만큼 중요한 요소다. 그런데 제스처 활용을 잘하는 설교자가 많지 않다. 제스처를 전혀 활용하지 않는 이가 있는가 하면 활용하더라도 어색할 때가 많다. 그런데 김장환 목사의 제스처는 모든 설교자가 본받아야 할 모범 답안이라 할 수 있을 만큼 자연스러운 데다 다양하게 발휘된다.

다섯째, 김장환 목사의 목소리는 옥구슬이 굴러가듯 청중에게 자연스럽게 잘 들린다.

아무리 발음이 또렷해도 오히려 그 소리가 청중의 귀에는 거슬릴 수가 있다. 하지만 김 목사의 목소리는 청중에게 거부감을 주지 않고 기름을 바른 듯 매끄럽게 잘 전달되는 톤이다. 이런 목소리는 선천적으로 타고나야 하고, 그렇지 않다면 부단한 노력과 연습을 통해서만 변화를 경험할 수 있다.

빌리 그래함 전도대회 통역 설교 외에는 김장환 목사의 젊은 시절 설교를 더 들을 수 없는 것이 아쉽다. 인터넷이 없던 시절 테이프로 설교를 녹음했기 때문에 그의 젊은 시절 설교는 유튜브에 등장하지 않는다.

여섯째, 김장환 목사는 항상 설교 서두에 재미있는 유머를 구사한다.

이는 청중과의 어색한 분위기를 깨뜨리고 마음을 여는 데 특별한 장점이 있다. 특별히 본교회가 아닌 다른 강단에서 설교할 때는 그 유머가 더욱 효과 만점이다. 청중석에서 많은 박수가 터져 나오고 청중의 마음이 활짝 열린 상태에서 설교한다는 것은 설교자에게 최고의 축복이 될 것이다.

필자는 김장환 목사의 현재 설교를 극동방송에서 여러 번 듣고 타고난 설교가라는 것을 알 수 있었다. 지금 이 정도라면 한창때는 얼마나 더 카랑카랑한 목소리로 파워풀하게 설교를 잘했을지 예상이 되었다. 미국 유학 당시 전국 웅변대회에서 우승할 정도의 스피치였고, 빌리 그레이엄 목사의 설교보다 통역 설교가 더 어필될 정도였으니 더 말할 필요가 없을 것이다.

김장환 목사가 부임해서 대형교회로 성장시키고 국내외적으로 엄청난 영향력을 끼치는 인물로 자리매김하기까지는 복음과 선교를 위한 열정과 뛰어난 영어 실력이 물론 한몫을 했겠지만, 무엇보다 그의 출중한 설교 실력이 큰 역할을 했다고 생각한다.

김장환 목사 설교의 기법

김장환 목사의 대표 설교라 할 수 있는 한 편의 설교를 번역해 분석해보았다. 다음은 1986년 네델란드 암스테르담에서 개최된 '복음주의 컨퍼런스(Evangelism conference)'에서 행한 '우리가 필요로 하는 부흥(The revival we need)'(하박국 3:1~15)이라는 제목의 설교 전문을 가지고 필자가 분석한 내용이다.

촌철살인의 유머 활용

미국 대통령들은 청중을 웃게 만드는 것이 의무라도 되는 듯 끊임없이 유머를 시도한다. 에이브러햄 링컨(Abraham Lincoln)이나 로널드 레이건(Ronald Reagan) 같은 이가 그 대표 격이다. 영국 총리 윈스턴 처칠(Winston Churchill)도 촌철살인의 유머로 유명하다.

사람들이 천국과 지옥의 갈림길에 놓여 있는데 어찌 우스갯소리를 할 수 있느냐며 설교할 때 절대 유머를 사용하지 않았다는 마틴 로이드 존스(Martyn Lloyd-Jones)도 평소에는 유머깨나 하는 사람이었다고 한다.

역사적으로 유명한 설교자들은 대개 유머가 풍부한 사람들이었다. 설교의 황태자 찰스 스펄전(Charles Spurgeon)은 설교에 유머를 너무 많이 사용해서 지적받을 만큼 유머를 잘 활용한 설교자였다.

강해 설교의 대가인 존 스토트(John Stott) 역시 유머의 유익을 이렇게 말했다.

> 설교에서 유머는 긴장을 해소시키고, 회중과의 담을 무너뜨리는 비범한 능력이며, 거드름을 피우기 좋아하는 인간의 허위를 분쇄함으로써 우리를 겸손케 한다.[153]

미국 최고의 설교자 중 한 사람인 찰스 스윈돌(Charles Swindoll)의 매력도 타고난 그의 유머 감각이라고 한다. 필자는 미국에서 TV를 통해 스윈돌의 설교를 들을 기회가 많았는데, 그는 설교를 듣는 청중이 고개를 젖히고 가슴을 내민 채 활짝 웃게 하는 묘한 재주를 타고난 사람이다.

오늘 한국 강단에서도 설교깨나 한다고 소문난 이들을 보면 대부분 유머 감각을 소유한 설교자들이다. 유머는 우선 설교자와 청중의 거리를 없애주고 긴장을 빨리 풀어주는 역할을 한다. 그래서 청중이 설교에 마음을 열게 한 뒤, 마침내 강력한 메시지를 꽂아 넣어 설교

자의 의도를 효과적으로 달성하는 데 아주 유익한 도구다.[154]

　김장환 목사를 잘 아는 사람이면 누구나 유머 감각이 풍부하다는 것을 알고 있을 것이다. 설교할 때 발휘되는 그의 유머 감각은 약방에 감초 역할을 한다. 이제 이 설교에 나오는 그의 유머를 하나씩 소개해본다.

　저는 뉴욕에서 비행기를 타고 프랑스 파리로 여행 중이었습니다. 비행기가 이륙한 직후 스튜어디스가 나에게 질문을 했습니다. 그녀는 "당신은 일본 사람입니까?"라고 말했습니다. 저는 "아니요"라고 말했습니다. 그런 다음 두 번째 질문이 "당신은 중국인입니까?"라는 것이었습니다. 저는 "아니요"라고 말했습니다. 그런 다음 그녀의 다른 질문으로 이어졌습니다. "당신은 베트남 사람입니까?" 저는 "아니요"라고 말했습니다.

　그녀는 저에게 "그러면 당신은 어느 나라 사람입니까?"라고 물었습니다. 그때 저는 그녀에게 "한국인"이라고 말했습니다. 그녀는 조금 당황했습니다. 저는 그녀에게 중국인과 일본인과 한국인을 구분할 수 있는 방법을 말해주었습니다. 뭔지 아세요? 여러분이 길에서 동양인을 볼 때 돈이 많고 부자라고 생각하면 중국인입니다. 지적이고 똑똑하다고 생각하면 그는 일본인입니다. 여러분이 길거리에서 착해 보이고 잘생겼다고 생각하면 한국인입니다.

　김장환 목사의 설교를 들어보면 그의 유머 감각은 특별하다. 특히 외부에서 설교할 때는 청중과의 사이에 서먹서먹한 분위기가 감도는데, 이럴 때 김 목사는 '아이스 브레이킹(Ice breaking)'을 잘 활용하는 설교자다. 아이스 브레이킹은 '청중과의 괴리감이나 서먹서먹한 관계를 일순간 깨뜨리는 것'을 뜻한다. 이에 유머보다 더 좋은 도구는 없다.

앞에 소개한 유머는 동양인 설교자로서 서양 청중의 폭소를 자아내는 효과 만점 내용이다. 실제 영상에서도 청중석에서 폭소가 터지고 환호하는 반응을 볼 수 있었다.

다음에 또 다른 유머 하나가 그의 설교에 소개된다.

한 이야기를 들었습니다. 들었는지 안 들었는지 모르겠지만, 오늘 여기에서 제 요점("나쁜 것과 좋은 것을 합한다고 반드시 좋은 일이 일어나는 건 아니다")을 설명하는 것 같습니다. 어느 집사의 집에 사람 말을 흉내 내는 앵무새가 한 마리 있었습니다. 집사의 앵무새가 유일하게 할 수 있는 말은 "키스해!"였습니다.

누군가가 정문으로 걸어갈 때마다 "키스해!", "키스해!"라고만 말했습니다. 집사는 매우 당황했습니다. 어느 날 그는 목사님의 집에도 앵무새가 한 마리 있다는 사실을 알게 되었습니다. 그런데 그 목사님의 앵무새가 할 수 있는 유일한 말은 "기도해!", "기도해!"였습니다.

집사는 자기 앵무새를 설교자의 앵무새와 함께 놓으면 좋은 영향을 미칠 것이라고 생각했습니다. 그래서 그들은 앵무새를 합쳤습니다. 앵무새들은 서로를 바라보고 서로의 냄새를 맡았습니다. 갑자기 집사의 앵무새가 말했습니다. "키스해!" 그러자 목사님의 앵무새가 이렇게 말했습니다. "하나님 감사합니다. 드디어 제 기도가 응답되었습니다!" 나쁜 것과 좋은 것을 합한다고 반드시 좋은 일이 일어나진 않습니다. 오직 성령의 능력을 통해서만 우리는 전능하신 하나님께 용납될 수 있습니다. 복음전도자인 우리가 사역에서 부흥을 보려면 순결한 삶, 깨끗한 삶, 성결한 삶을 살아야 합니다.

본문이나 설교 내용과 전혀 상관없는 유머는 지양해야 한다. 이 유머는 "나쁜 것과 좋은 것을 합한다고 반드시 좋은 일이 일어나는 건 아니다"라는 본문의 교훈에 아주 적합한 유머라 판단된다.

유머 활용에 천부적 재능을 지닌 김장환 목사의 진면목을 엿볼 수 있는 실례들이다. 현대인의 필수품인 유머는 오늘의 설교자들이 갖추어야 할 필수 자산이다. 딱딱하고 구태의연한 설교로 청중을 졸게 만들지 말고 신선한 유머로 청중의 마음을 편하게 하는 설교로의 변신은 모든 설교자가 시도할 만하다고 본다. 촌철살인의 유머가 청중을 설교에 빠지게 하는 효과적 도구임을 놓치지 말자.

반복 대구법 활용

역사상 가장 위대한 연설 중 하나로 평가되는 대단한 인권 연설이 바로 마틴 루터 킹(Martin Luther King, Jr.) 목사의 '나에게는 꿈이 있습니다(I have a dream)'이다. 그의 연설이 위대한 이유는 청중이 완전히 빠져들고 열광하게 만들기 때문이다.

이 연설이 왜 그렇게도 많은 사람을 열광시켰을까? 생생한 그림 언어와 함께 수많은 '반복적 대구법(Repetitive parallelism)' 때문이다.[155] 중요한 단어들이 반복된 킹 목사의 연설은 가히 예술에 가깝다.

바울이 쓴 빌립보서도 마찬가지다. 빌립보서의 주제는 '기쁨'과 '기뻐하라'다. 그래서 이 명사와 동사가 17번씩이나 거듭 반복되고 있음을 확인할 수 있다. 그만큼 중요한 단어요 핵심 주제이기 때문에 계속 반복되는 것이다.

설교도 마찬가지다. 중요한 문장이나 내용을 반복적으로 언급하는 것은 그만큼 중요한 메시지이기 때문이다. 또한 설교자가 중요하다고 생각해서 반복적으로 강조하는 내용은 청중의 뇌리에 깊이 새기는 데 효과가 있다. 세상일에 마음을 많이 빼앗기고 강퍅해진 성도들의 심령에 파고들려면 선명한 한 가지 초점, 한 가지 주제를 마치 융단폭격하듯 반복적으로 외쳐야 한다.[156]

김장환 목사의 설교 특징 중 하나는 중요한 단어나 문장을 거듭 반복한다는 사실이다. 매 문장에 적어도 똑같은 주제를 한 번 이상 반복해서 언급하는 것을 보면 혀를 내두르게 된다. 이런 설교 내용은 청중의 뇌리와 가슴에 오래 남을 수밖에 없다. 위대한 설교가에게는 그렇게 불릴 만한 유별난 이유가 있다. 김장환 목사 설교의 장점을 배우고 습득해서 잘 활용하다 보면 자연스레 위대한 설교가 선포될 것이다. 이제 김 목사가 활용한 실례를 하나씩 살펴보자.

기도하는 교회(A Praying church)

복음을 전파하는 교회(A Propagating church)

정화된 교회(A Purified church)

찬양하는 교회(A Praising church)

핍박받는 교회(A Persecuted church)

"~하는 교회(~ing Church)"나 "~된(받는) 교회(~ed Church)"라는 말을 다섯 번이나 반복해서 각기 다양한 교회를 소개하고 있다.

모세가 기도했을 때(When Moses prayed)

아브라함이 기도했을 때(When Abraham prayed)

여호수아가 기도했을 때(When Joshua prayed)

다윗이 기도했을 때(When David prayed)

엘리야가 기도했을 때(When Elijah prayed)

다니엘이 기도했을 때(When Daniel prayed)

바울이 기도했을 때(When Paul prayed)

존 녹스가 기도했을 때(When John Knox prayed)

조지 뮬러가 기도했을 때(When George Muller prayed)

로버츠가 기도했을 때(When Roberts prayed)

"기도했을 때(When ~ prayed)"라는 말이 무려 열 번이나 반복되고 있다.

또 다른 예로는, 대한체육회 회장을 역임했고 '할렐루야 축구단'을 창설했던 최순영 회장의 예화에서 "할렐루야!"라는 단어가 무려 23번에 걸쳐 반복되고 있다. 아울러 두 번째 설교의 대지 속에 "그것은 역설입니다"라는 문장이 세 번에 걸쳐 반복되고 있는 것도 볼 수 있다. 그리고 마지막에 나오는 오스왈드 J. 스미스(Oswald J. Smith) 목사의 예화에서는 "도구를 주시면 작업을 완료하겠습니다"라는 본문의 핵심적 문장이 두 번에 걸쳐 소개되고 있는 것도 눈여겨봐야 한다. 이렇게 핵심되는 단어나 문장이 계속 반복되면 청중의 가슴속에 깊이 새겨질 수밖에 없다. 같은 내용의 단어와 문장이 여러 번에 걸쳐서 압도적으로 많이 반복돼 활용되는 것에 주목할 필요가 있다. 이는 김장환 목사의 설교 파워 중 하나를 엿볼 수 있는 대목이다. 거듭 반복해서 강조할 때 잘 박힌 못처럼 청중의 뇌리에 새겨지는 것은 당연한 이치다.

다양한 성경 속 인물 활용

약 4년 전 설교 세미나를 인도하러 LA를 방문했다가 밸리(Valley) 지역에 있는 한 한인 교회를 방문해 담임목사의 설교를 들은 적이 있다. 필자는 그날 설교한 담임목사에 대해 사전 지식이 전혀 없었는데, 그의 설교는 매우 충격적이었다. 필자가 들은 최고의 설교 중 하나였기 때문이다. 구약과 신약을 연결하는 성경 해석도 탁월했지만, 사용하는 예화의 깊은 감동과 함께 본문에 나오는 내용과 흡사하거나 대조적인 사건 또는 인물에 대한 소개 등이 돋보이는 설교였다.

　필자는 성경에 나오는 비슷한 사건이나 인물에 대한 참조는 되도록 피하라고 가르쳐온 사람이다. 새롭고 신선한 내용이 아니라 청중이 익히 아는 것들이기 때문이다. 하지만 그 목사의 설교를 들으며 내 생각이 옳지 않다는 것을 처음으로 인식하게 됐다. 설교자가 정한 본문의 내용뿐만 아니라 구약과 신약에 나오는 유사하거나 대조적인 인물과 사건을 곁들여 소개하는 것은 효과적인 설교에 크게 유익하다.

　김장환 목사는 이런 면에서도 유능한 설교자다. 하나씩 확인해 보자.

　　1) 모세가 기도했을 때, 바다가 열리고 고속도로가 되었습니다.
　　2) 아브라함이 기도했을 때, 하나님은 인간적으로는 불가능한 아들을 주셨습니다.
　　3) 여호수아가 기도했을 때, 강력한 도시들이 무너졌습니다.
　　4) 다윗이 기도했을 때, 하나님께서는 그가 거인 골리앗을 죽이도록 도우셨습니다.
　　5) 엘리야가 기도할 때, 하늘에서 불이 임했습니다.
　　6) 다니엘이 기도했을 때, 하나님은 그를 사자들로부터 구해주셨습니다.
　　7) 바울이 기도했을 때, 감옥의 문이 경첩에서 떨어져 나갔습니다!

모세, 아브라함, 여호수아, 다윗, 엘리야, 다니엘, 바울까지 신구약 성경에 나오는 7명의 인물이 소개되고 있다. 오늘날 대부분의 설교자는 현실 속 인물들을 예화로 사용하기를 즐겨한다. 하지만 성경에 나오는 위대한 인물들의 실례를 소개하면 더욱 강력한 감동과 은혜를 줄 수 있다는 점에서 김 목사의 성경 속 인물에 대한 소개는 모든 설교자에게 도전을 준다.

무게 있는 인용문 활용

언젠가 재미있는 영상을 하나 보았다. 리오넬 메시(Lionel Messi)와 함께 축구의 신으로 불리는 크리스티아누 호날두(Christiano Ronaldo)가 수염을 붙이고 변장한 채 사람들이 많이 지나다니는 거리에서 공으로 묘기를 부리기 시작한다. 실로 엄청난 기술로 공을 갖고 놀지만, 한두 명만 쳐다볼 뿐 사람들은 별 관심 없이 지나갈 뿐이었다. 그러다가 호날두가 수염을 떼고 분장을 제거하자 그를 알아본 사람들이 순식간에 몰려와 에워싸는 모습이 연출되었다.

아무리 신기에 가까운 묘기를 부려도 이름 없는 사람이 하면 사람들은 관심을 가지지 않는다. 사람들에게는 누가 했느냐가 중요한 것이다. 처음부터 호날두가 하는 것을 알았다면 모두 탄성을 지르며 찬사를 보냈을 것이다.

연설이나 설교도 마찬가지다. 그가 전하는 말의 내용이 중요한 것이 아니라 그 말을 누가 했느냐가 중요하다. 그래서 무게 있는 유명인사들의 의미심장한 말을 인용하는 것은 매우 유익한 자산이 된다.

평범한 사람이 "나에게는 꿈이 있어요!"라고 하면 사람들은 관심도 없다. 하지만 "마틴 루터 킹 목사가 이렇게 말했어요. '나에게는 꿈이 있어요.'라고요" 하면 귀를 기울일 것이다.

이처럼 인용문은 상대의 관심을 끌어내는 것은 물론 짧은 메시지로 강력한 효과를 발휘하는 데 필수적인 수단이라 할 수 있다.[157]

김장환 목사는 인용문 활용에도 탁월한 면이 있다. 그의 설교에 나타난 인용문 실례를 살펴보자.

> 찰스 스윈돌은 그의 책 중 하나에서 "기독교는 순결의 챔피언입니다!"라고 말한 적이 있습니다.
>
> 스미스 목사님은 단 1~2분 정도 들었던 당시 영국 총리(윈스턴 처칠)의 연설 내용을 평생 잊을 수 없었다고 합니다. 그 내용이 무엇인지 아십니까? 바로 이 말입니다.
> "도구를 주시면 작업을 완료하겠습니다!(Give us the tools, and we will finish the job!)"

이처럼 미국의 저명한 설교자 찰스 스윈돌과 오스왈드 스미스 목사의 무게 있는 내용을 인용해서 활용하는 것을 볼 수 있다.

대조와 대비 문장 활용

미국이 낳은 최고의 철학자이자 신학자이며 목회자였던 조나단

에드워즈(Jonathan Edwards)는 목소리가 우렁차고 대중 설교에 익숙했던 조지 휫필드(George Whitefield)와는 달리 원고에 매여 시선 처리나 제스처가 전혀 없는 상태에서 차갑게 설교했던 설교자로 인식되어왔다. 하지만 1741년 7월 8일 노샘프턴 인근의 엔필드(Enfield)라는 마을에서 행한 '진노하신 하나님의 손 안에 있는 죄인들(Sinners in the hands of an angry god)'이라는 설교는 미국 역사상 가장 위대한 설교로 평가되고 있다.

필자는 에드워즈의 이 설교에 관한 논문에서 무엇보다 탁월한 그림 언어(Image)와 대조법 사용이 그의 설교를 최고의 설교 중 하나로 자리매김하게 했음을 확인한 바 있다.[158] 이 두 가지 수사 기법은 설득력 있는 설교를 위한 필수 도구로 인정받는데, 그중 대조법은 모든 설교자가 반드시 배우고 활용해야 할 중요한 요소라는 것을 기억할 필요가 있다.

대조법은 대립, 반대되는 것을 들어 차이점이나 거리를 드러내는 수사법으로 듣는 이들의 관심을 끌고 설득하기에 매우 좋은 기법 중 하나다. 김장환 목사의 설교에 청중이 매료되는 주된 이유 중 하나도 풍부한 대조법 활용임을 다음에서 확인해보자.

1963년 11월 22일, 미국 텍사스 댈러스의 거리에서 한 남자가 총에 맞아 사망했습니다. 전 세계에서 존 F. 케네디 대통령이 죽었다는 사실과 어떻게 죽었는지를 아는 데에는 두 시간밖에 걸리지 않았습니다. 약 2천 년 전에 예수 그리스도라는 이름의 한 남자가 예루살렘 성벽에서 죽임을 당했습니다. 그런데 세계의 절반은 갈보리 십자가에서 구세주가 죽었다는 소식을 아직 듣지 못했습니다. 그것은 역설입니다!

'존 F. 케네디 대통령'과 '예수 그리스도'를 대조하고 있는 게 보이는가?

만일 여러분이 서울 거리에서 만나는 누구에게나 "미국인으로 달나라에 처음 간 사람이 누구인지 아시나요?"라고 묻는다면 십중팔구 "닐 암스트롱입니다"라고 대답할 것입니다. 그런데 여러분은 같은 사람들에게 이렇게 물어봅니다. "병거 타고 하늘로 올라간 최초의 사람은 누구인지 아시나요?" 그러면 그들은 엘리야 선지자라고 답할 수 없을 것입니다. 한 번도 들어본 적이 없기 때문입니다.

'닐 암스트롱'과 '엘리야'를 대조하고 있는 게 보이는가?

메시지를 시작하기 전에 저는 젊은이들에게 "오늘 권투 시합에서 누가 이겼습니까?"라고 물었습니다. 그들은 모두 손을 들었고, 조 프레이저가 싸움에서 이겼다는 것을 알고 있었습니다.

저는 그중 한 청년을 골라서 다음과 같이 물었습니다. "블레셋 군대가 이스라엘을 침략하던 그날, 양치기 소년 다윗과 거인 골리앗 사이에서 누가 이겼는지 말해주겠습니까?" 그들은 성경에서 그 이야기를 들어본 적이 없기 때문에 누가 그 싸움에서 이겼는지 몰랐습니다.

'조 프레이저'와 '다윗과 골리앗'을 대조시키고 있는 게 보이는가?

이처럼 김장환 목사는 한 설교 속에 '세상에 대한 사람들의 지식'과 '성경에 대한 사람들의 지식'을 다양한 실례를 들어 대조시키고 있다. 앞에서 소개한 여러 실례를 통해 이미 느낄 테지만, 청중의 뇌리에 오래 각인되는 설교를 하려면 대조법을 잘 활용하는 것이 주효함을 설교자들은 놓치지 말아야 한다.

차별화된 새롭고 특별한 예화 활용

예수님만큼 예화를 많이 사용하신 분도 없을 것이다. 그분은 예화 활용의 대가셨다. 예수님이 사용하신 성경 속에 나오는 예화를 거부할 사람은 없을 것이다. 그렇다면 예수님을 비롯한 성경의 여러 저자가 활용한 예화는 어떤 것들인지 한번 살펴보자.

더도 말고 예수님이 사용하신 예화를 보면 '씨 뿌리는 비유', '공중에 나는 새', '들의 백합화' 등이 있다. 이것은 어떤 것들인가? 하나님이 진리를 전할 때 활용하라고 천상에서 내려준 거룩하고 신비롭고 오묘한 것들이 아니다. 이 땅에 사는 사람이라면 누구나 익히 알고 가까이 접할 수 있는 세상의 것들이다. 이 땅에 존재하는 피조 세계의 모든 것은 진리의 증거에 활용하라고 하나님이 주신 소중한 수단이라는 것을 알아야 한다.

이렇게 성경 속 예화도 사용할 수 있지만, 그것은 청중이 이미 너무 잘 아는 것들이어서 신선함과 감동이 떨어지는 것이 사실이다. 따라서 이 시대 사람들이 아주 가까이에서 익히 알고 있거나 경험하는 현실 속의 예화야말로 가장 잘 어필할 수 있는 유익한 도구다.

호주 출신의 신학자 마이클 프로스트(Michael Frost)가 쓴 『일상: 하나님의 신비(Eyes wide open: Seeing God in the ordinary)』 서문에 나오는 다음 이야기가 오늘의 설교자들에게 전하는 메시지는 매우 설득력이 있다.

> 나는 초자연적 차원과 그 권능을 믿는다. 그러나 우리가 그런 차원만 추구하다 보면 잃는 것이 너무 많지 않을까 싶다. 우리의 눈은 더 이상 놀란 듯 활짝 열려 있지 않다. 고흐의 작품 〈해바라기〉에서 하나님을 발견할 수는 없는가? 부서지는 파도 속에서 하나님이 보이지 않는가? 갓 태어난 아기의 해맑은 눈동자 속에 하나님이 보이지 않는가? 장미 한 송이 혹은 영화나 책에 등장하는 인물, 아름다운 노래, 계절의 변화 가운데서는? 친구가 사랑한다고 말할 때 그분의 목소리가 들리지 않는가? 또한 맛있는 음식과 감미로운 대화에서 그분을 맛보지 않는가? 하나님의 나라는 이 세상 도처에서 확장되고 있다. 우리의 눈을 열어 굉장한 사건을 주목하는 만큼 이른바 일상적인 삶 속에서 하나님의 은혜를 맛보기로 하자. 이제 당신은 평범함 속에서 비범함을 발견하는 기쁨을 누릴 수 있어야 한다.[159]

구구절절 옳은 말이다. 하나님이 만드신 하늘과 땅과 바다와 나무와 꽃과 들풀은 물론, 영적인 것들의 그림자로 사용될 시나 소설이나 영화나 드라마나 베스트셀러나 뉴스나 인터넷상에 소개되는 모든 자료는 활용하는 이의 목적과 방향에 따라 위대한 설교 도구가 될 수 있다.

김 목사의 설교문을 보거나 설교를 직접 들어본 이들은 누구나 다 그의 예화 활용 능력에 놀라게 된다. 본문에 딱 들어맞는 재미있고 감동적인 예화를 읽고 듣노라면 시간 가는 줄 모르고, 그가 전하는 말씀에 빠져든다.[160]

김장환 목사가 설교에 사용하는 예증이나 예화를 분석해보면 다른 설교자들과는 확연히 차이가 있음을 알게 된다. 우선 그가 사용하는 예화는 다른 이들이 잘 사용하지 않는 내용일 때가 많다. 그것은 그가 다른 설교자들이 잘 읽지 않는 책을 많이 접하기 때문이다. 김 목사는 눈물샘을 자극하는 감동의 명품 예화에다 새롭고, 유별나고, 특별한 예화 활용의 달인이라 할 수 있다.

김장환 목사가 암스테르담에서 했던 한 편의 설교에는 다양한 예화가 등장한다. 6·25전쟁 당시의 이야기, 영국 왕 조지의 연설을 미국인에게 듣게 해주려고 끊긴 전선 두 쪽을 양손으로 잡아 자신의 몸이 찢어지는 고통 속에서도 전선이 연결되고 회로가 복원되게 했던 해롤드 비비안의 이야기, 조나단 에드워즈와 맥스 주크(Max Juke)의 대조적인 이야기, 할렐루야 축구단을 창설한 대한체육회 회장 최순영 회장의 이야기, 소련 전투기가 대한항공 여객기를 격추해서 269명의 무고한 사람들이 사망한 이야기, 제암리교회 교인들의 순교 이야기, 버마(미얀마) 아웅산 테러 이야기 등 새롭고 감동적이고 특별한 예화가 등장한다.

유익한 통계 활용

많은 사람이 제게 "오늘날 한국 교회가 부흥하고 있는 이유가 뭡니까?"라는 질문을 했습니다. 지난 10년 동안 수백, 수천 명의 사람들이 그리스도를 개인의 구주로 신뢰하게 되었습니다. 사실은 1955년에는 교회가 4천 개에 불과했고, 기독교인은 100만 명도 채 되지 않았습니다. 10년 후인 1965년에 우리는 200만 명이 넘는 기독교인과 함께 두 배나 되는 8천 개 교회로 부흥 성장했습니다. 또 10년 후인 1975년에는 430만 명의 기독교인이 출석하는 1만 6천 개 이상의 교회로 다시 두 배로 늘어났습니다. 또 다른 10년이 지난 해인 1985년 정부 센서스에 따르면 한국에는 3만 2천 개 이상의 교회가 존재하고, 거의 1천만 명의 기독교인이 신앙생활을 하고 있다는 통계가 나와 있습니다. 한국의 인구가 고작 4천만 명임을 감안해서 생각해보시기 바랍니다.

한국의 기독교 인구 증가 속도는 일반 인구의 4배입니다! 그리고 오늘날 한국에는 매일 15개의 새로운 교회가 세워지고 있습니다.

10년마다 늘어나는 한국 교회의 부흥과 성장에 대해 통계 숫자로 소개하는 내용은 설교를 듣는 청중의 신뢰와 설득력을 높이는 힘이 있다. 다른 실례를 살펴보자.

M. R. 디한(M. R. DeHann) 박사는 그의 우수한 일일 독서 중 하나에

서 갈라디아서 6장 7절의 진리를 보여주는 인상적인 그림을 보여줍니다.

"속지 말라 하나님은 업신여김을 받지 아니하시나니 사람이 무엇으로 심든지 그대로 거둘 것이라."

그는 조나단 에드워즈와 맥스 주크라는 두 남자의 가계에서 '씨 뿌리고' '거두는 것'이 자신의 주목을 끌게 했다고 말합니다.

조나단 에드워즈는 높은 문화와 세련미와 기독교인의 성품을 지닌 사람이었습니다.

그의 1,394명의 후손을 추적한 결과,

    13명은 대학 총장이었고,

    65명은 교수였고,

    60명은 저명한 변호사였고,

    32명은 저술가였고,

    90명은 의사였고,

    200명은 복음의 헌신자였고,

    300명은 착한 농부였습니다.

반면에 맥스 주크는 악명 높은 사람이었습니다. 그의 후손 903명을 추적한 결과,

    300명이 술 중독자였고,

    300명은 체납자였고,

    90명은 매춘부였고,

    285명은 치명적인 병이 있는 사람들이었고,

100명 이상이 평균 13년을 감옥에서 보낸 사람들이었습니다.

조나단 에드워즈와 맥스 주크 후손들의 가계가 선명하게 대조되어 보이지 않는가? 숫자와 직업까지 제시된 이런 선명한 통계는 청중의 신뢰를 얻는 파워풀한 설교를 가능하게 한다.

구체적 적용 활용

청교도들의 설교를 보면 적용에 상당히 많은 내용이 할애되어 있다. 설교 내용 중 50% 이상이 적용이다. 예를 들어 조나단 에드워즈의 '진노하신 하나님의 손 안에 있는 죄인들'이라는 유명한 설교 원고를 분석해보면 모두 38개의 문단 중 19개가 적용에 해당한다. 구원에 이르는 신앙은 지식적인 신앙이 아니라 행동으로 옮기는 신앙이다.

조나단 에드워즈는 미국이 낳은 최고의 철학자요 신학자이면서 프린스턴 대학 총장까지 지냈던 미국 최고의 지성이자 학자 겸 목회자였다. 그는 현대인이 읽기에 부담이 될 만큼 형이상학적이고 깊이 있는 글을 남겼다. 하지만 그런 그의 설교를 통해 대각성 운동에 불이 붙는 위대한 역사가 일어난 이유는 무엇일까? 설교 내용도 그러하거니와 구체적이고 적나라한 적용이 있었기 때문임을 기억해야 한다.161

우리 시대에 예술적인 설교로 호평을 받아온 이동원 목사는 성공적이고 성경적인 적용의 다섯 가지 조건을 말했다. 첫째, 성경 본문의 교훈과 일치해야 하고, 둘째, 청중 전체를 위한 것이면서도 개인적이어야 하고, 셋째, 현대적인 것이어야 하고, 넷째, 역동적이어야 하며, 마지막으로 구체적이고 실천적이어야 한다.[162]

김장환 목사는 구체적 적용에도 출중한 실력을 갖춘 설교자다. 김 목사의 설교 중 구체적 적용이 활용된 실례를 소개해본다.

> 동료 복음전도자 여러분, 재정적 위기나 가족 문제 또는 사람들이 여러분의 사역을 감사히 여기지 않을 수 있지만, 여러분의 삶은 하루 종일 찬양의 삶으로 표시되어야 함을 믿으시기 바랍니다.

> 나쁜 것과 좋은 것을 합한다고 반드시 좋은 일이 일어나진 않습니다. 오직 성령의 능력을 통해서만 우리는 전능하신 하나님께 용납될 수 있습니다. 복음전도자인 우리가 사역에서 부흥을 보려면 순결한 삶, 깨끗한 삶, 성결한 삶을 살아야 합니다.

> 1930년 1월 21일, 그 당시 역사상 가장 멀리까지 들었던 한 라디오 방송의 이야기를 들은 적이 있습니다. 영국 왕 조지(George)는 런던 해군무기회의 개회식에서 메시지를 전달하기로 되어 있었고, 전 세계는 역사상 처음으로 그의 연설을 듣게 될 예정이었습니다. 그러나 미국은 거의 그 연설을 듣지 못할 위기에 빠지게 되었습니다. 연설이 시작되기 불과 몇 분 전, CBS 스튜디오 기술자 중 한 사람이 전선에 걸려 넘어지는 바람에 선이 끊어져버렸습니다. 미국인들은 조지 왕

의 이 역사적 메시지를 놓칠 위기를 맞은 것입니다. 바로 그때 수석 통제운영자인 해롤드 비비안(Harold Vivian)이란 사람이 갑자기 아래로 뛰어 내려가 끊어진 전선의 끝을 양손에 하나씩 움켜쥐었습니다. 그가 250볼트의 전기가 자기 몸을 관통하며 흐르는 고통을 참고 서 있는 덕분에 새롭게 전선이 연결되고 회로가 복원되어, 마침내 미국인들은 왕의 메시지를 들을 수 있었던 것입니다.

오늘 밤 만왕의 왕과 만주의 여호와께서 자신의 메시지를 세상에 알리고자 하시지만 회로가 끊겼습니다. 죄로 인해 깨졌습니다. 그분은 여러분과 저를 그 틈을 메울 수 있는 위치의 복음전도자로 두셨습니다. 그래서 우리가 기도하고 설교하는 동안 여러분과 저는 한 손으로는 길을 잃고 절망적인 가난한 세상으로 내려가고, 다른 한 손으로는 만유의 전능하신 하나님께 다가가서 치유와 구속에 대한 그의 메시지가 우리를 통해 흐르게 하여 모든 사람이 예수님이 구원하셨다는 사실을 듣고 알 수 있는 기회를 갖게 할 것입니다.

김장환 목사가 활용한 적용의 내용을 보면 얼마나 구체적인 적용거리인지 알 수 있다. 설교자가 이렇게 구체적이고 분명한 적용을 해줘야 청중의 실생활에 명확한 변화가 일어나지 않겠는가?

본문에만 치중한 설교, 적용이 부족한 설교, 적용이 있더라도 구체적이지 못한 설교는 청중에게 지식만 전달할 뿐 구체적인 삶의 변화를 가져오게 할 수 없다. 그런 점에서 절대 배신하지 않는 구체적 적용을 잘 사용하는 김장환 목사의 설교는 모든 설교자가 배우고 도전받아야 할 모델이라 할 수 있다.

'촌철살인의 유머 활용', '반복 대구법 활용', '다양한 성경 속 인물 활용', '무게 있는 인용문 활용', '대조와 대비 문장 활용', '차별화된 새롭고 특별한 예화 활용', '유익한 통계 활용', '구체적 적용 활용'까지 무려 8가지의 특징이 포착될 만큼 탁월한 재능이 발휘된 설교에 폭발적 반응이 나타나는 것은 당연하다.

유능한 설교자로 거듭나기를 원한다면 김장환 목사의 설교 특징과 장점을 눈여겨봐야 한다. 그저 관심을 가지고 연구하는 데 그치지 말고, 그의 설교 원고는 물론 설교 영상을 읽고 듣고 보면서 김 목사의 남다른 장점을 배우고 체화해 자신의 무기로 장착하는 것이 최고의 지혜다.

김장환 목사의
장점

Chapter 18

필자는 하나님의 은혜로 우리 시대에 요긴하게 사용하시는 위대한 신앙의 인물들과 많이 만나고 교제하는 특권을 누려왔다. 모두 한결같이 본받을 점이 많고 대단한 재능과 장점이 있는 분들이었다. 그중에서도 가장 장점이 많고 배울 점이 두드러지는 분은 바로 김장환 목사다.

지인들이 증언하는 김 목사의 장점은 헤아릴 수 없이 많다. 필자가 여러 차례에 걸쳐 인터뷰하면서 짧지 않은 시간 보고 듣고 경험한 김 목사의 장점은 하나같이 놀라울 정도로 특출했다. 한 사람에게서 그렇게 많은 재능과 특징을 발견할 수 있다는 것은 정말 어렵고도 귀한 일이다.

이제 필자가 직간접으로 파악한 김장환 목사의 남다른 특징들을 하나씩 소개해본다.

받은 은혜만 기억하는 사람

김장환 목사의 장점 중 하나는 자신이 도와준 일은 잊어버리지만, 받은 은혜는 결코 잊지 않고 갚는 사람이라는 것이다.

좋은 실례가 바로 송아지 한 마리가 기적을 낳은 사건이다. 송아지 한 마리가 덩치 큰 황소로 자라서 논밭으로 불어나고, 논밭은 어엿한 예배당으로 변해 성도가 1천여 명에 달하는 믿음의 터전으로 탈바꿈했다. 믿음으로 뿌린 작은 물질의 씨앗이 큰 열매로 결실한 이 꿈같은 이야기는 1961년으로 거슬러 올라간다.

1961년 어느 날, 군인 한 명이 김장환 목사의 집을 찾아왔다. 그는 김장환 목사에게 정중히 인사를 드린 뒤 이렇게 간절히 부탁했다.

"목사님, 우리 동네에는 교회가 없습니다. 교회를 개척해주세요. 우리 동네 사람들도 예수님을 알 수 있게 도와주세요."

군인이 말한 동네는 경기도 용인시 포곡면이었다. 지금은 30분이면 가는 거리지만, 당시 수원에서 포곡까지는 차로 1시간도 더 걸리는 시골이었다. 울퉁불퉁한 돌이 잔뜩 박힌 비포장도로를 덜컹덜컹 시달리며 달려야 갈 수 있는 곳이었다. 하지만 복음을 전하는 일을 최고의 사명으로 알고 살아가는 김장환 목사는 거리낌이 없었다. 그래서 흔쾌히 교회 개척을 돕게 된다.

청년들이 직접 벽돌을 찍어서 허름하게나마 예배당을 세우기까지 1년 동안 김장환 목사는 비가 오나 눈이 오나 오토바이 하나에 의지해 수원과 포곡을 오가며 설교했다. 그렇게 1961년 12월 5일부터 1년 동안 전심전력을 다해 말씀과 사랑으로 섬겼다. 김 목사는 거기에 그치지 않고 작고 보잘것없는 시골의 작은 교회에서 너무도 열심인 청년들에게 감동해 송아지 한 마리를 선물로 사주었다.

귀한 선물을 받은 청년들은 김 목사가 사준 송아지를 금이야 옥이야 정성껏 키웠다. 이 송아지는 시간이 지나 덩치가 큰 황소로 건강하게 자랐다. 청년들은 이 황소를 팔아 논을 샀고, 그 논에서 다 함께 농사를 지어 얻은 이익금으로 교회 부지를 구입해 반듯한 예배당까지 지었다.

그리하여 복음의 황무지 포곡 땅에 첫 복음의 메시지가 울려 퍼지게 되었다. 세월이 많이 흐른 뒤 그 작은 시골 교회는 1천여 명의 성도가 출석하는 지금의 포곡제일교회로 자라났다. 김장환 목사가 뿌린 말씀과 물질의 씨앗이 아름답게 열매를 맺은 것이다.

수년 전, 포곡제일교회 김종원 담임목사는 과거에 김장환 목사가 포곡제일교회를 위해 베푼 사랑의 손길을 잊지 못하고 감사를 표하기로 했다. 김종원 목사는 필자의 신대원 동기로 받은 은혜를 결코 잊지 않고 보답하는 훌륭한 목회자로 알려져 있다.

2019년 7월 1일, 김종원 목사가 담임하는 포곡제일교회에서 뜻깊은 행사가 열렸다. 그는 맥추감사주일에 교회 설립자나 마찬가지인 김장환 목사를 초청해서 집회를 가졌고, 집회 후 전체 교인의 감사한 마음을 담아 황소 한 마리 사진과 함께 감사패와 사례비를 전달했다. 물론 김장환 목사는 사례비를 극동방송의 안테나 이전 비용으로 전액 헌금했다. 사실 김 목사는 과거에 자신이 포곡제일교회에 행한 선행을 까맣게 잊고 있었다. 은혜를 잊지 않고 기억한 포곡제일교회의 김종원 목사도 귀하지만, 자신이 행한 일은 아예 잊고 살아온 김장환 목사도 귀하다.

김장환 목사와 인터뷰하며 느낀 점은 기억력이 정말 출중하다는 것이다. 연세도 많으신 분이 어쩌면 그렇게 오래된 사건도 날짜와 장소, 이름까지 다 기억하는지 놀라울 정도다. 그런데 포곡 지역에 자신이 행한 선행은 잊고 살아온 것이다. "내가 해준 것은 잊어버리고 남에게 받은 은혜만 기억하는 것입니다"라는 김장환 목사의 지론이 사실임을 보여주는 확실한 실례다.[163]

이처럼 김장환 목사는 그동안 수많은 목회자와 교회, 어려운 학생들과 탈북자 등 힘들고 소외된 이들을 많이 도왔다. 특별한 이유나 목적은 없다. 단지 내 이웃을 내 몸과 같이 사랑하라는 예수님의 가르침을 실천하기 위해서였다. 그리고 '내가 베푼 사랑은 잊어버리고 남에게 받은 사랑만 기억하는 것', 즉 빛과 소금의 삶을 살기 위해서다. 이는 모두가 배우고 몸에 익혀야 할 소중한 자세다.

근검절약으로 소문난 수원 구두쇠

극동방송에는 절약을 위한 다양한 철칙이 있다. 김장환 목사는 직원들에게 극동방송의 운영자금으로 절대 해서는 안 되는 철칙을 정해두었다.

첫째, 그 누구에게도 거마비를 주어서는 안 된다.
둘째, 방송국 운영자금으로 직원 회식을 하지 않는다.
셋째, 정부기관에 대한 로비를 하지 않는다.

필자가 여기에 하나 더 추가하고 싶은 것은 "스폰서를 해주지 않는다"이다. 극동방송은 방송 운영자금으로 누구에게도 스폰서 역할을 하지 않는다는 것이 철칙이다. 하지만 그 원칙이 깨어진 적이 한 번 있다.

유니폼 등 뒤에 늘 극동방송 로고를 붙이고 다니는 선수가 한 명 있다. 독실한 크리스천 골프선수 이다연이다. 그녀는 2021년 8월 메이저 대회인 KLPGA 한화클래식에서 19언더파 269타를 기록해 역대 최저타로 우승을 차지하는 등 KLPGA에서 6승을 거둔 선수다.

이다연 선수가 김장환 목사를 처음 만난 것은 고등학교 2학년 때로, 골프선수가 되길 원하는 그녀를 위해 김장환 목사가 축복기도를 해주면서부터다. 그러던 어느 날 이다연 선수의 부모가 유니폼에 극동방송 로고를 달게 해달라고 부탁했다. 극동방송 측에서는 깜짝 놀라 스폰서를 할 수 없다고 했고, 이다연 선수의 부모는 "그런 것은 필요 없고 시합 때마다 붙이고 나가게만 해준다면 감사하겠다"고 말했다. 그래서 본의 아니게 철칙을 깨고 극동방송이 이다연 선수의 영적 후원 단체가 됐다.[164] 이후 이다연 선수의 경기를 지켜볼 때마다 '극동방송'이라는 네 글자가 화면에 선명하게 잡혔고, 덩달아 방송사 홍보와 전도가 이루어지면서 많은 분이 응원해주고 기도해주는 것을 느낄 수 있었다.

극동방송의 지출 방침은 "가능한 한 적게 쓰되 복음을 전하기 위해 꼭 필요한 만큼만 쓴다"는 것이다. 극동방송은 사장 이하 전 직원이 방송사 일로 피치 못하게 돈을 써야 할 상황이 생기면 개인 신용카드를 쓴 뒤 나중에 결제를 받아야 한다. 극동방송 직원들은 김장환 목사를 '수원 소금, 수원 깍쟁이'라고도 부른다. 극동방송 직원뿐만 아니라 수원중앙침례교회 교역자, YFC 출신 목사 등 김장환 목사를 아는 사람들은 누구나 그의 절약 철칙 한두 가지쯤은 몸소 경험했거나 듣거나 목격했을 것이다.

김 목사는 안식년을 맞아 수원기독교회관 건립을 위한 모금을 하러 가족과 함께 미국에 간 적이 있었다. 그로부터 세월이 상당히 흐른 어느 날, 김장환 목사가 과거 미국에서 모금할 때 자신이 어떻게 생활했는지를 큰아들 김요셉 목사에게 털어놓았다.

> 아버지는 그때 수원기독교회관 건립을 위해 하루에 16시간 넘게 운전을 하면서 8개월 동안 미 대륙을 두 번이나 횡단했다고 했다. 게다가 호텔값을 아끼려고 주로 밤에 많이 이동하셨다고 한다. 그렇게 악착같았기에 그 8개월 동안 수원기독교회관을 건립할 선교 헌금을 모금하실 수 있었을 것이다.[165]

그런데 아끼고 절약하는 모습도 부부가 똑같이 닮은 모양이다. 트루디 사모가 파이 만드는 모습을 자세히 살펴본 이의 말에 따르면, 트루디 사모가 파이를 만들려고 계란을 깨서 그릇에 떨어뜨리는 모습을 보고 소중한 교훈을 얻었다고 한다. 계란 껍데기 속의 다 빠져나오지 않은 흰자위를 손가락으로 모두 긁어서 마지막 한 방울까지 그릇에 담아 사용하는 모습에서 말이다.[166] 정말 못 말리는 알뜰 부부다.

필자는 김장환 목사를 인터뷰하면서 절약에 대한 이야기를 여러 차례 들었다. 한번은 임원 몇 명이 함께 골프장에서 골프를 친 뒤 방송사 돈으로 비용을 지불했다고 한다. 그 뒤 직원들이 사용한 영수증 내역을 훑어보던 김 목사의 눈에 그것이 띄었다. 화가 난 김 목사는 당사자들을 불러 각자가 돈을 내서 방송사에 갚으라고 호되게 야단을 쳤다. 그때 1인당 십여 만 원씩 내서 방송사에 갚았다고 민산웅 전 극동방송 사장이 말해주었다.

또 공부영 이사의 일화도 있다. 어느 날 용무가 있어서 출장 갔다가 퇴근하기 전 방송사에 들러 처리해야 할 급한 일이 있어 택시를 탔다고 한다. 그때 택시요금을 방송사 돈으로 처리하려고 신청했다가 김 목사에게 "과부의 두 렙돈 같은 헌금을 택시 타는 데 썼다"고 야단맞고는 개인 돈으로 지불했다.

어찌 보면 방송사 이사장이라는 직위에 있는 사람이 너무 살림을 짜게 사는 것 아니냐고 비판할 수도 있다. 그런데 김 목사의 지론은 이랬다. 방송사 후원자 중에는 대기업 회장이나 부자들도 있지만, 과부나 아이들이나 평범하고 가난한 사람들도 많이 있다. 그들이 복음 전파와 선교에 사용하라고 아껴 모은 돈을 후원했는데 직원들이 막 쓰면 안 된다는 것이다.

방송사 직원들이나 YFC 관계자들, 수원중앙침례교회 교역자들은 김장환 목사와 함께 해외 출장을 가서 그가 어떻게 경비를 절감하는지 보고 배웠다. 김장환 목사는 가장 싼 비행기 티켓을 사서 가장 경제적으로 다니는 방법을 누구보다 잘 알고 잘 활용한다. 동행이 있을 때는 호텔 경비를 아끼기 위해 방을 하나만 예약한다. 사실 높은 사람과 한방에서 자는 것만큼 부담되고 불편한 일도 없는데, 절약이 몸에 밴 김 목사의 고집으로 편치 않은 잠을 자야 한다.

해외 출장에 여러 차례 동행했던 민산웅 전 사장의 증언은 큰 감동을 준다.

우리는 목사님과 함께 자는 게 아무래도 어렵죠. 돈 많이 든다고 함께 자자고 하시면 거역할 수가 없어요. 셋이 함께 잔 적도 있어요. 목사님은 워낙 부지런하신 데다 늘 선교여행을 다녀서인지 시차 때문에 고생하지 않아요. 외국 여행 가도 새벽 4시면 꼭 일어나세요. 우리가 깰까 봐 새벽에 일어나 화장실로 들어가서 기도하고 성경 보고 씻고 그러다가 6시쯤 되면 우리를 깨워요.[167]

수원 출신의 가난한 하우스보이가 미국에 유학 가서 공부하다 보니 아끼고 절약하는 습관이 몸에 뱄을 것이다. 하나님이 극동방송을 알차고 효율적으로 운영할 총책임자로 세우기 위해 일찍이 그렇게 생활하게 하신 것 같다.

후원금 모금은 아무나 할 수 없는 일이다. 그런데 김 목사는 그 일에서는 타의 추종을 불허할 만큼 영향력이 크다. 김장환 목사가 아니었으면 오늘의 극동방송이 존재했을까? 한마디로 그는 '대체 불가능한 존재'다.

후원금 모금은 결코 쉽지 않은 일이다. 사람들이 주머니를 열어 후원하게끔 만드는 비결이 뭔지 궁금했다. 그 비결에 대해 김 목사는 이렇게 말한다.

"주머니를 열게 하는 비결은 자신이 낸 돈이 목적대로 쓰일 것이라는 믿음을 주는 것입니다."

그렇다. 돈이 남아돌아서 후원하는 이는 거의 없다. 아무리 부자라도 그 재산을 모으기까지는 피나는 고난과 수고가 있었을 것이다. 그들이 피 같은 돈을 후원할 때는 믿는 구석이 있어야 한다. 아무리

선한 목적으로 일한다 해도 경영하는 이가 기부금을 투명하게 사용하지 않거나 자신과 직원들에게 사용해버리면 신뢰를 줄 수 없다. 신뢰를 주지 못하는 사람과 단체에 기부할 사람은 없다. 그만큼 김장환 목사의 근검절약 정신이 널리 소문나서 지금도 계속해서 후원금이 답지하고 있다.

김 목사는 동전 하나에서부터 수백만 달러에 이르기까지 후원하는 이들의 바람대로 정직하게 아껴서 사용하는 습관을 들이는 것이 중요하다는 것을 임원들과 직원들에게 몸소 가르친다. 이사장인 자신이 극동방송에 관여한 이후 단 한 번도 월급을 받은 적이 없으니 따로 말이 필요 없다.

김장환 목사는 자신의 경제철학을 이렇게 밝혔다.

"하나님의 돈을 갖고 하는 일이기 때문에 첫째, 아껴야 하고, 둘째, 낭비하지 말아야 합니다. 최대로 절약하면 하나님이 필요할 때 꼭 주십니다."

김장환 목사는 오늘도 그러한 철학으로 극동방송을 신실하게 이끌어가고 있다.

정직과 근면을 생활화한 사람

집에서 아버지에게 영향을 받고 자랐어야 할 어린 나이에 장환은 돌아가신 아버지가 아니라 미군들에게서 일생을 살아가는 데 지침이 될 값진 교훈을 많이 얻었다. 필자도 군생활을 경험해봐서 잘 알지만, 한국 군대에선 물건을 잃어버리는 일이 다반사다. 만일 불시에 개인 소지품 검사를 해서 양말 하나라도 없는 병사가 있으면 소대원 전체가 기합을 받는다. 지금도 그런데 6·25전쟁 당시 가난하기 짝이 없던 우리 군대와 사회는 어땠겠는가? 훔치고 속이는 일이 비일비재했다.

하지만 장환은 미군들과 생활하는 동안 남의 물건을 탐내거나 훔치는 군인을 본 적이 없었다. 물건들이 풍부했기 때문인지는 모르나, 물건을 아무 데나 놔둬도 훔쳐 가는 이가 없었다. 당시 미군 막사 안에는 우리나라 사람들에게 돈이 될 만한 물건이 널려 있었다. 위스키, 시계, 트랜지스터라디오, 군화 등 몇 가지만 들고 나가면 집을 살 수도 있었다. 당시에는 미군 부대에서 일하며 빼돌린 물건을 현금으로 바꿔서 이윤을 취하는 이들이 있었다.

그때까지 한 번도 남의 물건을 몰래 가져본 적이 없는 장환이 딱 한 번 실수를 저지른 사건이 있었다. 어느 날, 장환은 예쁜 그림이 그려진 크리스마스카드를 보았다. 태어나서 처음 보는 그 아름다운 카드를 어머니에게 보내고 싶은 유혹에 그만 아무도 몰래 그 카드 한 장을 훔치고 말았다. 하지만 정직이 몸에 밴 미군들을 가까이서 지켜보며 장환은 자신도 정직하게 살아야겠다고 결심했다.

미군들은 정직할 뿐 아니라 부지런했다. 꾀병과 게으름에 일가견이 있는 우리나라 사람들과는 달리 미군들은 하루 8시간씩 일해도 상관의 눈을 속이고 근무 태만인 사람이 하나도 없었다. 김장환 목사 하면 정직과 성실로 유명한데, 모두가 미군 부대에서 하우스보이를 하며 미군들에게 배워서 몸에 익힌 것이다. 유학 시절 공부할 때부터 국내에 들어와 목회하고 방송사를 경영할 때도 그 장점이 잘 발휘되어 유익을 끼쳤다. 그것은 소년 다윗이 양을 치다가 곰이나 사자가 나타나면 물맷돌로 쳐 죽이곤 하던 솜씨가 쌓여 골리앗을 때려눕히고 이스라엘을 다스리는 왕이 되는 데 큰 도움이 된 것과 마찬가지로 소중한 자산이었다.

복음 증거에 목숨을 건 사람

국내외를 막론하고 김장환 목사만큼 발이 넓은 사람은 찾아보기 힘들다. 그의 막역한 친구 조용기 목사 외에는 그만큼 두터운 인맥을 형성하고 있는 이가 없다. 그 비결이 궁금한데, 김장환 목사가 각계각층의 유명 인사들과 교분을 쌓게 된 비결을 이렇게 이야기한 적이 있다.

> 내가 만나는 모든 사람은 전도 대상입니다. 나는 만나는 사람들에게 하나님의 말씀을 전하고 목사인 나에게 어떤 요청이 올 때면 내 힘이 닿는 데까지 최선을 다해 도울 따름입니다. 또한 내 삶이 다른 사람의 도움으로 여기까지 왔기 때문에 나도 내 힘이 필요한 사람이라면 도와야 한다고 여길 뿐입니다.**168**

그동안 김 목사는 소중한 영혼을 전도할 사명이 있었기에 누구에게나 도움의 손길을 베풀며 관계를 형성해왔다. 김장환 목사는 평소 친밀하게 지내는 유명 인사에게 전화를 걸 때 먼저 비서와 통화한다. 비서에게 따뜻한 말 한마디를 건네면서 전도하기 위해서다. 또 골프장 캐디들을 인격적으로 존중하며 전도할 만큼 복음 전하는 일에 최선을 다하는 멋진 신앙인이다.

김 목사가 접촉하는 인사들 가운데는 유명한 지도자들이 많다. 그들에게 전도해서 신앙인이 되면 파급효과가 상상할 수 없을 만큼 크다. 그래서 김 목사와 친분 관계가 있는 이들 중 유명 인사가 많은 것이다.

김 목사가 대통령이나 고위직 인사들과 많이 어울린다고 정치 목사라고 비난하는 이들이 가끔 있다. 그것은 김장환 목사를 제대로 모르고 하는 소리다. 김 목사가 정치나 자리나 명예에 조금이라도 마음이 있었다면 자신이 원하는 뜻을 언제든 이룰 수 있었을 것이다. 하지만 김장환 목사는 오직 복음 외에는 아무 욕심이 없었다. 그가 대통령이나 고위직 인사들과 많이 만나는 이유는 일단 그들의 요청이 있어서였다. 그들에게 김 목사의 폭넓은 인맥이 필요했기 때문에 국가의 안위와 유익을 위해 국민의 한 사람으로서 도움을 준 것이다.

또 하나의 이유가 있다면 복음 증거의 기회로 삼기 위해서였다. 실제로 김 목사와 지미 카터 미국 대통령의 인연을 거슬러 올라가 보면 쉽게 이해가 된다. 카터가 조지아 주지사일 때 김 목사가 찾아가서 대통령에 당선되라고 기도해주지 않았다면 훗날 카터 대통령이 한국을 방문했을 때 우리나라의 운명은 어떻게 되었을까? 생각만 해도 등골이 오싹해진다.

당시 카터와의 친분을 활용해 김 목사가 "주한미군 철수와 감축은 곧 적화통일을 의미하는 것이고, 그렇게 되면 기독교인들이 가장 먼저 죽고 교회는 사라질 것이므로 미군 철수와 감축은 절대 안 된다"고 조언했기 때문에 우리나라는 미군 철수의 위기를 벗어났다. 영혼 구원을 위한 그의 열심이 얼마나 컸으면 카터 대통령까지 활용해서 박정희 대통령에게 복음을 전하려고 했을까.

한 나라를 대표하는 지도자나 높은 자리에 있는 사람들이 하나님의 사람으로 거듭난다면 그보다 더 큰 효과는 없겠기에 김 목사는 고위직 인사들과의 교제를 마다하지 않는다. 한 사람의 폭넓은 인맥이 여러 사람에게 도움을 주기도 하지만, 나라 전체의 운명을 바꿀 정도로 요긴하게 활용되기도 하는 것을 김장환 목사에게서 본다. 이 또한 하나님이 함께하셨으니 가능한 일이다. 하나님은 영혼을 사랑하고 복음 증거를 목숨 걸고 실행하려는 자들을 사용해 위대한 일을 하신다. 그 모범적인 예가 극동방송 김장환 이사장이다.

포용력 있는 겸손한 사람

리더는 자신이 이끄는 구성원들을 움직여 성과를 내고 조직과 사람을 성장시키는 역할을 해야 한다. 그래서 리더십의 성패는 조직이 추구하는 성과를 냈는지, 구성원들을 제대로 움직였는지, 그리고 긍정적인 변화를 만들어냈는지에 따라 판단해야 한다.

그렇게 볼 때 극동방송 리더십의 정점에 있는 김장환 목사는 성공적인 리더십의 소유자라 할 수 있다. 무엇보다 그리스도인으로서 목사로서 모범적인 지도력이 출중하다.

김장환 목사가 직원들을 평가할 때 중요시하는 것은 성실성과 진실성이다. 능력이나 역량도 중요하지만 게으르거나 거짓말하는 사람과는 일할 수 없기 때문이다. 재주가 부족한 것은 다른 사람이 채울 수 있지만, 사람이 성실하지 않고 진실하지 않으면 남이 대신 해결해줄 수 없다.

최선을 다했는데도 모자라거나 실수가 있어도 문책하지 않는다. 정해놓은 원칙에 어긋나면 엄격하게 주의를 주지만 상처 입지 않게 매사에 배려한다. 문제 있는 직원이나 일을 잘못 처리한 직원이 있으면 아무에게도 말하지 않고 조용히 덮어준다. 김 목사의 포용력이 돋보이는 대목이다. 그리스도의 사랑이 아니고서는 불가능한 일이다.

김장환 목사는 회사 사장이 아니라 가정의 부모 같은 리더십이 돋보이는 지도자다. 자신과 인연을 맺은 직원은 끝까지 배려하고 도우려 애를 쓴다. 김 목사는 또 겸손으로 허리를 동인 지도자다. 극동방송 간부들이 지방 방송사가 늘어나고 있으니 사장 대신 '회장'이라는 직함을 사용하는 게 어떠냐고 여러 차례에 걸쳐 권면했지만, 김장환 목사는 이를 단호히 거절했다.

김 목사가 직원들에게 달고 사는 한마디가 바로 "겸손하라!"다. 아랫사람에게 말만 하고 자신이 모범을 보이지 않는 상사도 많은데, 김 목사는 몸소 섬김의 모범을 보이는 지도자로 소문나 있다. 그러니 극동방송 직원들도 겸손하게 순종하지 않을 수 없다.

예를 하나 들어보자. 과거에 김 목사는 김익준 의원과 벽산 김인득 회장, 한양대 김연준 이사장과 여행을 가는 일이 잦았다. 그럴 때면 김 목사는 항상 그들의 가방을 즐겨 들어주었다. 아무리 김 목사보다 10년 이상 나이가 많더라도 장로들의 가방을 들어주는 목사의 섬김에 마음이 편치는 않았을 것이다. 하지만 김 목사의 섬김의 자세는 누구도 말릴 수 없었다.

활력 넘치는 생기 있는 사람

김장환 목사를 가까이에서 만나고 그의 활동 범위를 파악하면서 필자는 충격을 받았다. 김 목사와 동년배인 필자의 부친은 지금 요양병원에서 대화도 제대로 나누지 못할 정도로 건강이 나쁘시다. 하지만 구순이 지난 김장환 목사는 건강 나이로 볼 때 40대 젊은이 못지않게 에너지 넘치고 활기찬 모습이다.

김 목사는 마치 일중독에 걸린 사람처럼 자신이 맡은 일을 아주 꼼꼼하고 정확하게 하며 즐기는 스타일이다. 기력을 잃거나 의기소침해 있거나 낙심 중인 직원들이 있을 때 김장환 목사를 만나면 해결된다는 말이 있을 정도다. 마치 명약처럼 되살아나게 만드는 묘한 재주가 김 목사에게 있기 때문이다. 김 목사와 여러 차례 인터뷰하면서 필자도 마치 자양강장제를 한 병 마신 것처럼 활력이 솟구치는 것을 경험했다.

김장환 목사를 거론할 때 또 빠지지 않는 점이 바쁘다는 것이다. 사실 그는 대한민국에서 가장 바쁜 목사 중 한 사람이다. 더욱이 신기한 것은 두세 가지 일을 한꺼번에 처리하는 능력도 탁월하다는 점이다. '바쁨'에 대한 그의 지론은 이렇다.

> 단순히 책임 때문에 부지런하다는 얘기를 듣고 싶지는 않다. '일에 쫓기지 말고 일을 좇는 자가 되자!' 이것을 신조 가운데 하나로 여기고 있다. 부지런하다는 소리를 듣게 된 이유 가운데 하나가 밥 존스 대학 덕분이라고 늘 생각하고 있다.[169]

실제로 김장환 목사는 밥 존스 대학에서 "하나님은 게으른 자를 쓰시는 법이 없다"는 말을 자주 들었다. 성경 속 위인들도 모두 부지런했다. 모세, 이사야, 바울 등 한결같이 하나님과 복음을 위해 정신없이 살다가 부름을 받은 지도자들이었다.

김장환 목사는 자동차 안에서도 많은 일을 처리하는 것으로 유명하다. 특히 수원에서 서울 방송사로 출근하는 차 안에서 보통 30여 통의 편지 답장을 녹음한다. 나중에 비서가 그 녹음 내용을 듣고 타이핑해서 올리면 거기에 서명해서 보낸다.

도서출판 나침반 대표이자 극동방송 방송심의실장을 지낸 바 있는 김용호 목사는 극동방송 운영위원회 수련회에서 김장환 목사를 '3E'로 정의했다.

> '이반젤리스트(Evangelist)'로서 철저한 복음전도자이며, '이코노미스트(Economist)'로서 최소비용으로 최대효과를 내는 분이며, '에너자이저(Energizer)'로서 여러 계층의 사람들에게 활력을 주는 분이기에

존경하는 마음으로 사역의 한 모서리에 서 있기로 했습니다.[170]

김용호 목사의 표현대로 김장환 목사는 세상의 어떤 지도자보다 에너지가 넘친다. 큰아들 김요셉 목사가 아버지를 존경하는 이유 중 하나도 바로 '부지런함'과 '열정 넘치는 에너지'다. 그가 쓴 책 『삶으로 가르치는 것만 남는다』를 보면 김장환 목사가 어떻게 살아왔는지를 알 수 있다.

잠이 오지 않아 성경책을 폈는데 성경도 읽어지지 않았다. 그러다가 우연히 벽시계를 보았다. 초바늘이 돌아가고, 분바늘이 돌아가고, 시바늘이 돌아가는 시계…….
그 세 개의 바늘이 우리 가족의 세 남자로 보이기 시작했다. 성미 급한 초바늘은 아버지, 너무 빠르지도 너무 느리지도 않은 속도가 적당한 분바늘은 나, 느려터진 시바늘은 남동생![171]

오랜 세월을 함께 살아온 자식의 눈에도 김장환 목사는 그렇게 부지런하고 에너지 넘치는 사람이다.

탁월한 기억력과 전달력을 지닌 사람

나이가 90세가 되면 목소리가 약해지고 힘이 없어지는 게 정상이다. 하지만 김장환 목사는 지금도 목소리가 카랑카랑하고 발음이 정확하며, 쉴 새 없이 이야기하는 것을 즐기는 청년 같은 사람이다. 신체적 건강 상태는 물론 정신 건강 또한 여전히 젊고 싱싱하다고 표현해도 좋을 정도다. 무엇보다 놀라운 기억력과 총명함은 천재라 할 정도로 탁월하다.

김 목사와 인터뷰를 진행하며 놀랄 때가 많았다. 아니, 믿을 수 없을 정도였다. 김 목사처럼 기억력이 좋은 분은 만나본 적이 없었기 때문이다. 60세에 접어든 필자도 단어나 사람 이름이나 장소가 잘 생각나지 않아 강의할 때나 글을 쓸 때 불편함이 있다. 그런데 90세 노인이 어떻게 그렇게 모든 것을 잘 기억해내는지 정말 기적 같다.

김장환 목사는 6·25전쟁이 발발한 날 일어난 사건이나 사람, 장소나 시간 등을 정확히 기억할 뿐만 아니라 이후 지금까지 만난 모든 사람과 경험한 모든 일을 선명하게 기억했다. 마치 지나온 모든 순간을 저장해둔 컴퓨터가 머릿속에 들어 있는 것 같았다.

그뿐만 아니라 90세의 연세에도 여전히 동안인 김 목사의 입에서는 지난날의 감동적인 이야기들이 시간 가는 줄도 모르고 술술 쏟아진다. 거미에게서 거미줄이 끊임없이 나오듯 구수하고 재미있고 감동적인 이야기가 이어진다. 누구도 따라 올 수 없는 화술을 지닌 이야기꾼이다. 중간에 끼어들 틈도 없이 줄줄 이어지는 이야기보따리는 멈출 줄 모르고 계속 꼬리에 꼬리를 문다. 이른 아침부터 스태프들과 함께 모여 옛 추억을 듣다 보면 어느새 이야기에 빠져들어 질문할 타이밍을 놓치고 만다.

사람에겐 장점도 있고 단점도 있기 마련인데, 김장환 목사만큼 장점이 압도적으로 많은 리더는 흔치 않다. 하나님이 그에게 주신 풍성한 은사와 재능을 보며 부럽다는 생각이 들 때가 많았다.

시간 관리에 철저한 부지런한 사람

"일찍 일어나는 새가 벌레를 잡는다(Early bird catches the worm.)"는 말이 있는데, 김장환 목사는 '얼리 버드(Early bird)'가 틀림없다. 몸에 밴 부지런함과 성실함이 하우스보이의 길로 가게 했고, 마침내 미국 유학의 길이 열렸다.

김장환 목사의 하루 일과는 새벽 3시 반부터 시작된다. 김 목사와 함께 생활해온 극동방송 임원들에 따르면 김 목사와 시간 약속을 하면 죄송한 마음이 들 때가 많다고 한다. 왜냐하면 항상 약속 시간보다 빨리 도착해 있기 때문이다. 김 목사보다 먼저 가보려 애를 써보지만 김 목사는 늘 한발 앞서 도착해 있다고 한다.

김장환 목사의 제자 중 한 사람인 지구촌교회 이동원 원로목사는 김장환 목사에 대해 이렇게 말한다.

> 유학 시절 김 목사님이 미국에 오실 때마다 함께 다녔어요. 따라다니면서 느낀 것은 나는 목사님처럼 살 수 없겠다는 것이었어요. 목사님은 너무 부지런하고 도무지 지치지 않으셨는데 따라다니다가 나는 병이 났어요. 미국에서 김 목사님을 보면서 느낀 점은 부지런하다는 것과 애국자라는 점이에요. 김 목사님은 근면함을 굉장히 중요하게 여기는 분입니다. 나는 김 목사님을 만나지 않았으면 굉장히 게을렀을

거예요. 나는 천성적인 사색형인데, 김 목사님을 만나서 부지런해지고 시간 관리를 철저히 하게 되었죠. 출장비를 쓰고 남으면 돌려주는 모습을 통해 공사(公私)를 구별하는 것도 배웠어요. 부인과 자녀를 사랑하는 가정적인 면도 배운 점입니다. 예수님을 향한 불꽃, 복음적인 정신, 전도하려고 애쓰는 것도 배웠지요. 극동방송 사장으로 행정적인 면, 조직 관리 같은 것이 아주 훌륭합니다.[172]

이동원 목사 역시 성실한 지도자로 알려진 분인데, 김장환 목사처럼 사는 것은 불가능하다고 표현할 정도다. 김장환 목사와 함께 일했던 사람들이 공통으로 하는 말도 "너무 부지런해서 따라갈 수 없다.", "시간 관리에 철저하다", "공사가 분명하다"다.

지도자는 시간 관리에 철저해야 한다. 게으른 지도자는 세상에 존재할 수 없다.

인간관계를 중시하는 의리 있는 사람

인간관계와 관련해 김장환 목사의 철칙이 몇 가지 있다. 먼저 그는 어떤 일이 있어도 직원들의 월급만은 지급이 중단되는 일이 없어야 한다는 것을 철칙으로 삼아온 사람이다. 회사 사정에 따라 직원들을 희생시킬 수도 있으나, 김 목사는 한 번도 그들을 실망시킨 적이 없다. 그만큼 극동방송을 위해 수고하는 직원들에 대한 마음이 특별하기 때문이다.

다음 철칙은 아무리 바빠도 걸려 온 전화는 반드시 리턴콜을 한다는 것이다. 사람이 웬만큼 지위가 높아지면 연락 자체가 힘들다. 일과도 바쁘고 전화기도 여러 대를 사용하기 때문에 이전 연락처로는 통화가 불가능하다. 연락했을 때 리턴콜이라도 해주면 좋으련만 자기보다 지위가 높은 사람이나 도움이 될 것 같은 사람들이 아니면 리턴콜을 하지 않는다. 기다리는 사람은 상대의 전화를 학수고대하는데 이를 무시해버리면 인간관계가 깨어질 수밖에 없다. 그런 자세로는 신뢰를 줄 수 없고 교제를 이어갈 수 없다.

이메일도 마찬가지다. 수원중앙침례교회 고명진 목사도 자신에게 걸려온 전화나 이메일은 어떤 형태로든 꼭 회신하는 것을 원칙으로 삼는다고 한다.[173] 전임인 김장환 목사에게서 사람을 중시하는 목회의 기본을 잘 배운 결과라 할 수 있다.

겸손으로 허리를 동인 사람

2022년, 영국 프리미어 리그에서 공동 득점왕에 오른 축구선수 손흥민에 대한 이야기가 전 세계에서 화제가 되었다. 우리나라와 관계가 별로 좋지 않은 일본과 중국의 팬들조차 손흥민을 격찬할 정도다. 심지어 "손흥민은 깔 데가 없다"거나 "손흥민을 경배하라"는 내용까지 올라온다.

그렇게 된 배경에는 손흥민이 월드클래스로 인정받은 최고의 축구 실력에 겸손한 인간성까지 겸비한 점이 크게 작용했다. 실력도 없는 사람이 겸손하면 누구도 관심을 기울이지 않고 비웃는다. 실력이 출중한 사람이 교만하면 그보다 더 보기 싫은 것이 없다. 그러나 실력이 출중한 데다 겸손하기까지 한 사람은 누구나 좋아하기 마련이다.

김 목사가 현재 방송사 이사장 신분으로 언론에 많이 오르내려 언론과 친화적일 수밖에 없으리라 생각하겠지만, 사실 그는 언론 노출을 매우 꺼리는 사람이다. 오히려 자신이 홀로 빛을 받기보다는 다른 사람을 배려해서 세워주고 높여주는 데 익숙하다.

김장환 목사는 그런 사람이다. 그는 늘 자신보다 다른 이들을 세워주기를 좋아한다. 빌리 그레이엄 목사의 통역으로 유명해졌을 때 못 이기는 체하고 매스컴에 오르내리는 걸 즐길 수도 있었다. 평생 한 번 찾아오기도 힘든 기회가 아닌가. 하지만 빌리 그레이엄에게 돌아갈 찬사를 자신이 대신 누릴 수는 없다며 공군병원에 입원해버린 사건을 기억할 것이다. 이는 보통 사람으로서는 하기 힘든 선택이다. 겸손으로 허리를 동이고 겸허함이 몸에 배지 않으면 불가능하다.

예수님이 오병이어 기적을 베푸신 뒤 자신을 왕으로 삼으려는 백성들을 뒤로한 채 산으로 기도하러 올라가신 장면이 오버랩된다. "박수 칠 때 떠나라!"는 말도 떠오른다. 잘나갈 때 눈에 뵈는 게 없어 망하는 이들을 자주 본다. 타인에게 받는 인기, 찬사, 박수에 강한 사람은 거의 없다. 오죽하면 예수님조차도 그 자리를 피해 홀로 하나님과 대면하기 위해 산으로 가셨겠는가. 얼마 가지 못하는 인기에 혹해서 살다 보면 교만으로 남도 망치고 자신도 망치게 된다는 사실을 잊어선 안 된다. 김장환 목사는 누구보다 이를 잘 알기에 혹시 교만의 냄새라도 묻을까 두려워 그 가능성조차 사전에 차단하려 애쓸 만큼 겸손한 하나님의 사람이다.

Part 2

전파 선교의 첨병 극동방송

무릎에 얹어주신 선물

세상은 다 인맥으로 통한다. 정계든 재계든 심지어 기독교계든 모두가 혈연, 지연이 중요한 역할을 한다. "우리가 남이가!"라는 원리가 작동해 같은 학교 출신을 이끌어주고 도와주는 모습을 자주 본다. 그런 점에서 김장환 목사는 한국 교계에서 불리한 요소를 가장 많이 지닌 사람이라 할 수 있다. 군소 교파인 침례교 목사인 데다 국내 신학교 출신이 아니기 때문에 텃세에 밀려 국내 사역에 핸디캡이 많은 사람이 틀림없다.

이런 배경에서도 김 목사는 한국 교계에서 가장 영향력 있는 인물 가운데 한 사람으로 쓰임을 받아왔으며, 지금도 여전히 교계는 물론 재계나 정치계에까지 큰 역할을 하는 인물이다. 미국에서 대학을 졸업한 까닭에 국내에는 학연이 전혀 없는 그가 한국 교계뿐 아니라 한국 사회에 끼치는 영향력이 큰 것은 정말 기적 같은 일이다.

김 목사가 이렇게 되기까지는 여러 가지 요인이 작용했다. 우선 극동방송 사장 및 이사장이라는 직책과 무관하지 않다. 방송국 하나는 대기업 하나와 맞먹을 만큼 많은 사람에게 영향을 미칠 수 있는 절대적 힘이 있다. 김 목사가 짧지 않은 세월 동안 극동방송의 사장 및 이사장으로 영향을 미쳐온 데는 그럴 만한 이유가 있다. CCC 총재 김준곤 목사가 언급한 대로 김장환 목사의 인품이나 자질이 뛰어난 점도 무시할 수 없지만, 그가 방송국을 운영한다는 것이 큰 장점이라고 볼 수 있다.[174]

방송사 사장 및 이사장으로서 개인의 홍보를 위해 방송을 전용할 수도 있겠지만, 김 목사는 사적인 일에는 방송사의 혜택을 전혀 받지 않았기 때문에 더욱 존경과 사랑을 받는 리더십을 확립할 수 있었다. 복음전도자로서, 청소년 사역자로서, 수원중앙침례교회 담임으로서 눈코 뜰 새 없이 바쁘게 지내온 김장환 목사가 방송사 중직을 맡은 것은 결코 우연이 아니었다. 그는 자신이 방송사 사장이 된 것에 대해 "하나님께서 무릎에 얹어주셨다"고 표현했다. 전적으로 하나님의 섭리와 은혜로 되었다는 말이다.

1970년대 중반, 극동방송은 과거 미국 팀선교회에서 주도하며 미국 선교사들이 운영하다 보니 아무래도 한국말로 의사소통하는 데 어려움이 있었을 것이다. 이들은 당시 한국 교회 내에서 이단으로 알려진 구원파의 권OO, 유OO에 대해서 잘 알지 못해 함께 방송을 운영하는 실수를 범하게 된다. 나중에 이를 인지한 팀선교회 측에서 이들을 해임했는데, 이들은 계약위반이라며 소송을 걸어 재판에서 승소함으로써 극동방송이 구원파 쪽에 넘어갈 위기에 처했다.[175]

이때 한국말과 영어가 완벽한 김장환 목사가 미국 선교사들을 도와 구원파로부터 극동방송을 구해내는 역할을 했다. 이것이 계기가 되어 팀선교회에서는 아세아방송 국장이었던 김장환 목사에게 극동방송 운영을 의뢰하게 되었고, 아세아방송을 세운 FEBC 측과 협의가 잘되어서 극동방송과 아세아방송이 공동 운영에 들어가게 되었다.

김 목사는 1973년에 정말 우연히 아세아방송을 맡게 되었다가

1977년 극동방송과 공동 운영을 하게 되면서 뜻하지 않게 극동방송 사장 자리에도 올랐다고 말했다. 하지만 그를 아는 지인들은 경영이 어려워진 방송사를 살리고 최대한 발전시키기 위해 하나님께서 가장 적절한 인물을 세워주신 것이라고 평가했다.

김장환 목사는 자신이 다양한 일을 하는 데 은사가 있는 사람이라는 것을 누구보다 잘 알고 있다. 그의 지인들은 모두 김 목사를 지치지 않고 끊임없이 일을 벌이는 에너지가 왕성한 사람, 일을 주도적으로 해나가는 탁월한 은사를 지닌 사람으로 평가한다. 김 목사가 목사가 안 되고 쭉 국내에 살았더라도 지금쯤 어떤 분야에서 엄청난 일을 해냈을 것이고, 그 영향력 또한 광범위하게 넓혀갔을 것이라고 본다. 하나님은 기드온이나 베드로처럼 자격 없는 자를 들어서 사용하시기도 하지만, 다윗이나 바울처럼 재능 있는 자를 사용하시기도 한다. 김장환 목사는 물론 후자에 속하는 사람이다.

김장환 목사는 유학 시절 자신이 방송사를 맡아 일하게 되리라는 생각을 한 번도 해본 적이 없었다. 방송사 하나를 맡아서 적자가 안 나게 잘 운영하기란 여간 어려운 일이 아니다. 김 목사에게도 극동방송·아세아방송 사장과 이사장 자리는 너무도 버거운 자리였다. 그런데 어떻게 하다가 그 일에 얽혀 지금에까지 이르렀다. 원래는 미국 본부에서 한국에 선교방송 기구를 세우기로 하고 책임자를 보냈는데, 그 책임자가 김 목사의 밥 존스 대학 동창생이었다. 그래서 일을 조금 거들었는데, 그 친구가 그만 과로사하는 바람에 억지로 책임을 떠맡게 된 것이다.

김 목사는 1970년 FEBC가 한국에 아세아방송을 세울 것을 결의하자 실무 책임을 맡아 아세아방송을 설립하고, 1973년 6월 30일 개국과 함께 초대 국장에 취임했다. 그리고 FEBC와 극동방송을 설립한 팀선교회의 공동 운영 협약에 따라 1977년 1월 1일자로 공동 운영과 함께 극동방송 제7대 국장에 취임했다.

예비된 방송 사역자

제2차 세계대전이 거의 끝나갈 무렵 일본 근해에서 작전 중이던 미 제38기동 함대의 항공모함 본험리차드(Bon Homme Richard)호에서 정찰기 한 대가 정찰 임무를 수행하기 위해 이함했다. 정찰기가 이함하고 얼마 지나지 않아 기상이 갑자기 악화되었다. 거대한 항공모함도 돛단배처럼 흔들렸다. 이때 정찰기가 귀함하고 있다는 연락이 들어왔다. 바다에 추락할 게 분명했다. 숨죽인 항공모함 승조원들의 시야에 이윽고 정찰기 불빛이 들어왔고, 잠시 후 정찰기는 항공모함 갑판에 내려앉았다. 박수가 터져 나왔고, 얼마 뒤에는 아무 일도 없었던 것 같은 평온함이 찾아왔다.

이 광경을 지켜보던 크리스천 장교 존 브로거(John C. Broger) 준위의 머릿속에 성구와 함께 섬광처럼 스쳐 가는 영감이 있었다. 성구는 "내가 너의 갈 길을 가르쳐 보이고 너를 주목하여 훈계하리로다"(시편 32:8)였고, 영감은 "무선으로 길 잃은 비행기만 유도할 수 있는 것이 아니라 어둠 속에서 헤매고 있는 영혼들도 밝은 곳으로 인도할 수 있겠구나!" 하는 것이었다.

이 사건을 계기로 브로거는 전역 후 친구 로버트 보먼(Robert H. Bowman)과 함께 선교 방송을 설립하는 일에 착수했다. 보먼은 '안식의 항구(Heaven of Rest)'라는 남성 사중창단의 리더였다. 이 '안식의 항구'를 모체로 해서 1945년 12월 20일 비영리 법인으로 선교 방송 'Far East Broadcasting Co.'를 등록했다. 설립 기금은 브로거와 보먼, 이 일에 동참한 또 한 사람 윌리엄 로버츠(William Roberts) 목사가 가진 돈을 모두 내놓아 마련한 천 달러였다. 2월 말, 세 사람은 석 달 안에 1만 76달러 56센트를 모금했고, 이것이 FEBC의 시작이었다.

FEBC는 중국 선교를 기본 목적으로 하고 있었기 때문에 처음에는 아예 중국 내에 방송국을 세우려 했다. 비록 국공내전(國共內戰)과 중국의 공산화로 중국에 방송국을 세우는 일은 이뤄지지 않았지만, 그 대신 마닐라와 오키나와에서의 복음 전파는 중국을 향해 계속되고 있었다.

1960년대 후반, FEBC는 작지 않은 문제와 맞닥뜨렸다. 오키나와는 제2차 세계대전 이후 미국의 통치 아래 있었으나, 1972년에는 일본에 귀속될 예정이었다. 일본 당국은 오키나와에서 중국을 향해 선교 전파를 송출하는 송신소 KSBU(주파수 1360kHz, 10kw)의 철수를 요청했다. 일본은 국제 정세의 변화를 민감하게 살피며 중국과의 관계 개선을 추진 중이었는데, 자국 영토에서 중국이 원치 않는 방송이 송출되는 것이 관계 개선에 걸림돌이 된다고 판단했던 것이다.

이에 FEBC는 1969년 9월부터 오키나와 KSBU 송신소의 이전 문제를 검토하기 시작했다. 보먼 박사는 FEBC 간부들과 어디로 옮겨야 할지 고민했다. 그들은 아시아 지도를 한가운데 펼쳐놓고 회의를 거듭했고, 그중 한 사람이 지도상의 섬 하나를 가리켰다. 이 선택이 바로 '신의 한 수'였다. 그 자리에 있던 사람들이 천천히 그 섬 이름을 읽어나갔다.

"제주(CHEJU)."

아세아방송이 탄생하는 순간이었다.

FEBC 오키나와 행정 책임자인 조지 리트먼(George Litman)은 지역 국장 회의에서 한국의 제주도가 이전 후보지로 가장 적합하다고 보고했다. 제주도가 상하이에서 가장 가까운 곳이라는 설명을 들은 참석자들은 모두 고개를 끄덕였다. 그리고 데이비드 윌킨슨(David Wilkinson)이라는 사람을 오키나와 송신소 제주 이전의 준비 책임자로 임명했다.[176]

당시 FEBC의 도쿄 지국장으로 있던 윌킨슨은 김장환 목사와 밥 존스 고등학교 동기 동창으로 고등학교 시절 주말이면 전도지를 들고 함께 전도하러 다니던 절친한 친구였다. 1955년 메디슨 스퀘어 가든에서 빌리 그레이엄 전도대회가 열렸을 때 같은 차를 타고 노스캐롤라이나에서 뉴욕까지 함께 갔을 만큼 친분이 두터웠다. 이 모든 인연 또한 하나님의 섭리였음을 두 사람은 세월이 지나서야 깨닫게 된다.

15년의 세월이 흐른 1970년 5월, 두 사람은 박정희 대통령 조찬기도회장에서 극적으로 재회했다. 김 목사가 그 자리에 초빙된 한 외국인 강사의 통역을 맡았는데, 이때 옛 친구 윌킨슨을 만난 것이다. 윌킨슨은 제주도에서 송신소를 옮기는 일을 도와줄 한국인으로 빌리 킴을 생각하고 있었다. 그런데 때마침 김 목사를 만난 그는 사정을 말하고 도움을 요청했고, 김 목사는 처음엔 사양하다가 윌킨슨의 끈질긴 요청으로 설립 때까지만 돕는 조건으로 수락했다. 당시는 통일교에서 자유아세아방송을 설립하기 위해 온갖 노력을 했으나 실패했을 만큼 방송국 설립 허가는 불가능에 가깝다는 이야기가 돌고 있었다.

그 당시만 해도 김장환 목사는 유학을 마치고 돌아와 목회하면서 복음 전파에 힘을 쏟고 있었으므로 정치인 인맥은 거의 없었다. 그런 상황에서 방송국 설립을 위해 하나님이 붙여주신 최고의 도우미가 있었으니 당시 공화당 의장 윤치영 박사와 김익준 의원이었다. 윤치영 의장은 잠시 자신의 통역을 맡아준 것을 계기로 김 목사의 부탁을 많이 들어주었다. 물론 그는 평소 "공산주의 문제를 해결하는 데는 선교 방송이 1개 사단보다 낫다"고 말하던 사람이었다.

그런 윤치영 의장을 통해 새문안교회 장로 김익준 의원을 소개받은 것은 그야말로 신의 한 수였다. 김 의원은 매우 저돌적이고 겁이 없었다. 방송사 설립 관례로 허가받을 일이 많았는데, 그때마다 해결사 노릇을 척척 해주었다. 비서들이 만날 수 없다고 막아서는데도 사전 통보도 없이 막무가내로 사무실에 들어가서는 친분 관계를 이용해 도장을 받아내곤 한 대단한 인물이었다.[177] 김익준 의원이 아니었다면 그 일은 성사되기 힘들었을 것이다.

그런데 설립까지만 돕고 목회에 전념하려 했던 김장환 목사가 예기치 않게 실무를 떠맡아야만 하는 일이 발생했다. 방송국 설립을 위해 여러모로 신경 쓰고 마음을 썼던 친구 월킨슨이 1971년 8월 26일 과로사로 세상을 떠나고 만 것이다.

이제 소련, 중국, 북한을 향한 방송국을 맡을 사람이 필요했다. 그런데 미국 본사와도 잘 소통되고 한국 실정에도 밝은 김장환 목사보다 더 준비되고 적격인 사람은 없었다.

아세아방송 초대 국장

하나님은 곳곳에 당신의 사역을 도울 인재를 숨겨두셨다. 당시 방송국을 개설하기까지 도움을 준 손길이 많았는데, 옥만호 공군 참모총장도 그중 한 사람이다. 그는 수원 전투비행단장을 오래 했기 때문에 김장환 목사와 가까웠다. 김장환 목사는 10전투비행단에서 가끔 예배를 인도했고, 트루디 사모는 비행단 장교 부인들에게 영어를 가르친 인연이 있었다. 사실 그는 공군참모총장을 할 위치가 아니었는데 극적으로 그 자리에 올랐다. 에스더가 왕후가 된 것이 그때를 위해서였듯 옥 참모총장도 그때를 위해 하나님이 높이신 것이다.

옥 참모총장은 김장환 목사가 제주도 현지답사를 할 때 참모총장이 타는 8인승 전용 항공기를 내주었다. 방송국이 들어서기에 적합한 위치를 찾으려면 공중에서 살펴보는 것이 가장 좋은 방법이었기 때문이다. 미국에서 온 기술자들이 항공기를 타고 120,000m²에 가까운 애월읍의 대지를 보고 그곳으로 정했고 김 목사도 좋다 해서 보면 총재와 기술자들이 항공기에서 내려 지프를 타고 북제주 군수를 찾아갔다.

군수가 군청에 가서 열람을 해보니 땅 주인이 43명이었다. 그들의 동의를 받는 것이 쉬운 일은 아니었지만, 군수가 나서서 일대일로 땅 주인들을 만나 설득한 끝에 땅을 모두 확보하게 되었다. 하나님께서 방송의 중요성을 잘 아시는 터라 여러모로 사람들을 움직이셔서 1971년 2월 11일에는 애월읍 하귀리와 구엄리 일대의 대지 58필지 119,785m²에 대한 등기 이전이 완료되었다.

하나님께서 실무에 필요한 사람도 한 사람씩 보내주셨다. 임옥 목사의 사모가 소개한 여비서를 비롯해 이경숙 씨(비서), 장혜성 씨(총무과장), 수원에 있던 이영자 씨와 오숙경 씨가 번갈아가며 와서 도와주었다.

하지만 모든 문제가 해결된 것은 아니었다. 한 가지 문제를 풀면 다른 문제가 터지곤 했다. 체신부에서는 1973년 4월 30일까지 모든 시설을 갖추고 시험 방송을 하라고 요구했는데, 1972년 8월에 이미 부산항에 들어와 있는 송신기를 관세 때문에 들여오지 못하고 있었다. 관세도 문제지만 시간이 갈수록 쌓여가는 엄청난 창고 보관료도 부담이었다. 그런데 그즈음에 해리 트루먼 전 미국 대통령이 서거해 김종필 총리가 조문 사절로 가게 되었다.

그러자 김장환 목사는 도쿄로 가서 FEBC 본사 보먼 총재에게 전화를 했다. 김 목사는 대통령 조문 사절로 김종필 총리가 가게 되었으니 워싱턴 정치인들을 많이 동원해서 김 총리를 위한 파티를 열고, 그 자리에서 면세를 요청해달라고 부탁했다. 그는 김 목사의 부탁대로 했고, 김 총리는 그 자리에서 면세로 통관해주겠다고 약속하고 귀국해서 재무부 장관에게 지시했다. 하지만 해당되는 법 조항이 없어서 또다시 난관에 봉착하게 되었다.

그때 김영선 국토통일원 장관이 국토통일원의 대공 방송을 위한 장비를 아세아방송에 20년간 기증하는 형식으로 이 일을 해결했다. 그래서 면세로 통관이 되었는데, 그 뒤 이 문제로 국토통일원이 자꾸 감사에 걸렸다. 서류상으로는 국토통일원에 방송사가 하나 있는 것으로 돼 있는데, 실제로는 방송을 안 하고 지출되는 예산도 없으니 문제였다.

당시는 카터 대통령이 내놓은 주한미군 철수와 감축 문제를 해결하는 데 김장환 목사가 혁혁한 공을 세워 여러 사람에게 칭찬을 받고 있던 때였다. 그때 국토통일원의 장비를 아세아방송에서 다시 가져갈 수 없느냐는 제의가 왔다. 그래서 서류를 총리 행정실장에게 제출하고 그 장비를 완전히 아세아방송 명의로 귀속시켰다. 이 또한 하나님의 섭리 가운데 이루어진 기적이었다.

2월 28일, 통관 수속을 마친 송신기와 장비들이 통운의 주황색 트럭에 실려 세관을 빠져나와 부산 영도다리를 건너 3월 4일, 5일 이틀에 걸쳐 제주 송신소에 무사히 도착했다. 이미 제주도에 와 있던 블레이크(Blake) 선교사와 엑스먼(Exman) 선교사(스튜디오 담당) 외에 FEBC의 데이비드 허드슨(David Hudson) 기술부장(안테나 담당), 루이스 엔츠(Lewis Entz), 필리핀 FEBC의 폴 레이놀즈(Paul Reynolds) 등 FEBC 엔지니어가 총동원되어 송신기 설치 공사를 서둘렀다.

그 외 많은 선교사들이 수고를 해주었다. 오키나와에서 일한 아서 오스틴(Arthur Austin) 씨가 직원숙소 설계를 했고, 기술책임자인 워렌 빌스(Warren Beals) 씨가 건축을 지휘했다. 또한 마닐라 FEBC에서 일하던 잭 렌츠(Jack Lentz) 선교사가 건축과 정지작업을 도왔고, 뉴질랜드에서 온 노리 피차트릭(Norrie Fetzatrick) 씨가 중장비를 가지고 부지 내에 있던 돌들을 정리했다. 한편 초대 송신소장은 노먼 블레이크(Norman Blake)였다.

여기에 한국인 엔지니어 두 사람도 가세했다. 민간 상업 방송의 송신소 실무 책임자로 일했던 이명구 씨가 아세아방송 기술부장으로 입사해 김태경 엔지니어와 함께 제주도에 온 것이다.

송신기 설치는 5월 31일에 끝났다. 체신부가 전파 발사를 한 달 연기해주었는데, 그 마지막 날이었다. 비록 송신기와 전력 공급 준비가 만족스러운 상태는 아니었으나 작은 송신기를 작동해 간신히 검사를 통과했다. 이날 밤 10시 25분부터 11시 15분까지 음악을 담은 전파가 처음 송출되었고, 6월 20일에 무선국 검사가 끝났다.

제주도 애월의 12만 평방미터에 가까운 부지에 정지 작업이 이루어지고, 방송 장비가 통관되고, 송신소가 세워졌다. 그렇게 여러 절차를 밟아 아세아방송은 1973년 6월 30일에 제주도 현지에서 역사적인 개국과 송신소 건물 헌당 예배를 드리게 되었다. 이 예배에는 국내외 내빈이 다수 참석했다. 특히 아세아방송 건립을 위해 애쓰다가 순직한 FEBC 도쿄 지국장 윌킨슨 선교사의 미망인 조질린 윌킨슨(Georglyn Wilkinson) 여사가 부모, 자녀와 함께 참석해 사람들의 주목을 끌었다. 아세아방송 이사인 김익준 장로의 기도에 이어 감사인 최금덕 장로가 성경을 봉독하고 설교가 시작되었는데, 보면 총재는 설교에서 윌킨슨 선교사를 땅에 떨어져 죽어 많은 열매를 맺은 한 알의 밀알(요한복음 12:24)에 비유했다.

이날 눈길을 끈 또 다른 사람은 송신기를 기증한 92세의 존 러더퍼드(John J. Rutherford)였다. 윌킨슨 선교사와 존 러더퍼드를 비롯해 FEBC 이전 장소를 제주도로 결정하는 데 주도적 역할을 한 리트먼 선교사 등 여러 사람에게 감사패가 전달되었다.

이렇게 방송국을 개국하고 송신기는 굉음을 토하기 시작했는데, 방송 전문요원은 채 확보되지 않은 상태였다. 할 수 없이 이원철 엔지니어가 마이크를 잡고 역사적인 첫 방송을 했다.

여기는 HLDA 아세아방송입니다. 본 아세아방송은 하나님의 말씀을 온 누리에 널리 알리기 위해 주파수 1570KHz, 출력 250kW, 호출부호 HLDA로 오늘 역사적인 첫 방송을 하게 되었습니다. 우리는 오늘의 이 기쁨을 보내주신 하나님의 은혜에 감사드리며, 그동안 본 방송국의 개국을 위해 힘써주신 여러분의 사랑과 노고를 길이 간직할 것입니다. 아울러 우리는 이 기쁜 마음에 앞서 방송국 개설에 힘쓰다 순직한 고 데이비드 윌킨슨 씨 영전에 삼가 머리 숙여 명복을 비는 바입니다. 청취자 여러분, 하나님의 은총을 골고루 나눠드리기 위해 오늘 새로이 탄생한 HLDA 아세아방송을 많이 청취해주시기 바랍니다.[178]

아세아방송의 한국어 편성 진용은 1974년 5월 강원희 아나운서가 입사하고, 8월 1일에 강안삼 아나운서와 유관시 프로듀서가 입사함으로 갖춰지게 되었다.

이렇게 여러 가지 시행착오와 기술적 문제를 해결하고 마침내 아세아방송 개국과 송신소 건물 헌당 예배가 드려졌고, 김장환 목사가 초대 국장에 취임했다. 당시는 방송사가 아니라 방송국이었기 때문에 '국장'이라는 명칭을 사용했다.

초창기에는 아세아방송 서울 사무소가 무교동에 있었는데, 얼마 후 김연준 한양대 이사장의 주선으로 태평로 대한일보빌딩 3층으로 옮겼다. 한국은 관공서에서 서류를 내고 절차를 밟다가 포기하는 경우가 비일비재할 만큼 일 처리가 까다롭고 불편했다. 방송국 허가나 이전 문제 등 무엇 하나 수월하지 않아 인맥이 동원되거나 돈이 필요했다.

난제가 발생할 때마다 아세아방송은 전 직원이 금식기도를 하며 하나님께 매달렸고, 그동안 쌓인 김장환 목사의 인맥이 발휘되어 문제가 해결될 때도 있었다. 로버트 레이놀즈 전 FEBC 부사장의 말대로 FEBC가 한국에 설립되기까지는 하나님의 역사와 함께 빌리 킴의 역할이 컸음은 두말할 필요가 없다.[179]

극동방송 시대의 개막

아세아방송과 극동방송에 대해서 많은 사람이 궁금증을 갖고 있다. 두 방송이 전혀 다른 근원에서 하나로 합친 것인지, 아니면 원래 한 근원에서 나왔다가 다시 하나로 합친 것인지 말이다. 두 단체는 출발부터가 전혀 달랐다. 아세아방송은 1973년 미국 FEBC(Far East Broadcasting Company)가 설립했고, 극동방송은 1956년 미국 팀선교회(TEAM, The Evangelical Alliance Mission)가 설립했다.

원래 미국 FEBC 본사에서 주도해 방송지사 설립을 결정한 뒤 명칭을 극동방송으로 하려고 했으나, 한국에 이미 팀선교회가 설립한 극동방송이 있어서 고심 끝에 '원동방송(遠東放送)'으로 하자는 의견까지 나왔으나 결국 '아세아방송'이라고 이름 지었다. 그러다가 1977년 극동방송이 부채로 경영이 어려워지자 FEBC가 극동방송을 인수해 오늘에 이른 것이다.[180]

아세아방송과 극동방송이 공동 운영에 들어간 것은 1977년의 일이다. 한국 극동방송은 미국 팀선교회가 1956년 12월 23일 인천에서 한국복음주의 방송국이라는 이름으로 첫 방송을 시작했다. 극동방송은 KBS와 CBS에 이어 한국의 세 번째 방송국으로 개국했으며, 민간 방송으로는 CBS에 이어 두 번째다. 대외 방송으로는 극동방송이 한국에서 첫 번째다.

김장환 목사는 1977년 전부터 극동방송과 인연이 깊었다. 1962년에 30분 시간을 사서 〈청년의 시간〉이라는 제목의 방송을 직접 진행했고, 1964년부터 1969년까지 극동방송 이사로 활동했다. 팀선교회에 밥 존스 동창생들이 많아 그들과의 인연으로 이사를 맡은 것이다.

극동방송은 1970년 중반 60만 달러나 되는 적자로 큰 어려움을 겪었다. 또한 당시 교리 논란이 있었던 모 이단 교파의 한국인 경영진들이 편향적으로 운영해 여러 가지 문제가 야기되었다. 이 파동으로 문제가 생겨 합병인수는 5년 뒤로 미뤄졌다. 팀선교회는 난국을 타개하기 위해 공동 운영 단체를 찾아 나섰다. 소문이 나자 여러 교회나 한국 교회에서 이단으로 낙인찍힌 종파까지 인수하겠다고 제의를 했다. 팀선교회는 물론 재정적인 면도 무시할 수는 없지만, 무엇보다 순수한 신앙으로 복음 전파를 위해 힘쓸 역량 있는 단체를 찾기 위해 노력했다.

팀선교회의 아시아 지역 책임자 칼 데이비스(Carl W. Davis) 목사는 1976년 1월 29일, 극동방송 운영 문제를 해결하기 위한 계획서를 작성했다. 여기서 가장 바람직하게 인식된 것은 FEBC와의 공동 운영이었다. 이미 5년 전에도 심도 있게 검토되고 계획까지 세운 것이어서 이 의견은 자연스럽게 받아들여졌다. 1976년 8월 25일 오전, 미국 시카고 근교에 있는 팀선교회 본부에서 이와 관련한 회의가 열렸다.

미국 본부는 아세아방송 국장인 김장환 목사의 의견이 무엇보다도 중요하다는 견해를 밝혔다. 팀선교회 쪽에서도 김장환 목사라면 신뢰하고 맡길 수 있다며 환영했다. 김 목사는 방송을 통한 선교가 얼마나 효과적인가를 아세아방송을 통해 이미 경험했기 때문에 그들의 제의를 받아들였다.

그렇게 팀선교회와 FEBC는 여러 차례에 걸쳐 진지하게 검토한 끝에 공동 운영 협약을 맺었고, 1977년 1월 1일 김장환 목사가 이사회 전원의 동의를 거쳐 극동방송 제7대 국장에 취임했다. 극동방송국 21년 역사에서 최초로 한국인 국장이 취임하는 순간이었다. 공동 운영이라고 하지만 실제로는 FEBC가 모든 운영 책임을 맡았다.

극동방송 국장으로 취임한 김장환 목사는 취임 인사를 겸한 포부를 다음과 같이 밝혔다.

> 첫째, 극동방송을 우리나라 선교사역의 본산지 위치로 끌어올리기 위해 노력하겠다.
> 둘째, 한국어 방송을 강화하겠다.
> 셋째, 자립을 위해 최선을 다하겠다.[181]

공동 운영이 시작되고 연주소(演奏所)를 각기 태평로와 상수동에 두고 간부회의를 합동으로 열었으나, 1978년 연말 아세아방송이 연주소를 상수동 극동방송 스완슨기념관(Swanson Memorial)으로 옮겨 '한 지붕 두 살림' 형태가 시작되었다. 그러다가 1979년부터 방송국에서 방송사로 명칭을 바꾸면서 김장환 목사도 국장 대신 사장 직함을 사용하게 되었다.

극동방송을 움직이는 힘

극동방송을 맡은 김장환 목사는 세 가지 경영 원칙을 세웠다.

첫째는 누구에게도 거마비를 주어서는 안 된다는 것, 둘째는 방송사 운영 자금으로 직원 회식을 하지 않는다는 것, 셋째는 정부기관에 로비를 하지 않는다는 것이다.

이는 방송사를 제대로 경영하려면 꼭 필요한 근검·절약 정신이 담긴 원칙이었다. 이 원칙의 우선 적용 대상이 이사진이었다. 당시 극동방송 이사진은 대부분 교계 목사들이어서 방송사가 거마비를 주곤 했다. 그래서 김 목사는 이사진을 목사들에서 후원금을 낼 수 있는 기업인 장로 중심으로 교체했다.

이에 따라 최순영 신동아그룹 회장, 김인득 벽산그룹 회장, 조중건 대한항공 고문, 김용운 엘칸토 회장, 박성철 신원그룹 회장 등 낯익은 인물들이 이사진에 포함돼 극동방송을 물질적으로 많이 도왔다. 한편, 현재 재단법인 극동방송 이사장은 김장환 목사, 이사로는 이중명 전 아난티그룹 회장, 유명환 전 외교통상부 장관, 권모세 더헤븐 리조트 회장, 조봉희 지구촌교회(서울) 원로목사, 정연훈 방주 회장, 안창호 전 대법관, 강은모 유성컨트리클럽 대표, 김요셉 원천침례교회 담임목사, 황형택 새은혜교회 담임목사, 조현준 효성 회장, 백정수 주식회사 영안 회장이며, 감사로는 조용근 (재)석성장학회 이사장, 이완기 주식회사 오티스타 대표이사이다. 그렇게 김장환 목사는 초기부터 극동방송은 돈을 내면서 일하는 곳이라는 인식을 확실히 심어놓았다. 그러다 보니 김 목사에게는 '수원 왕소금', '수원 깍쟁이'라는 별명이 붙었다. 하지만 사장인 김장환 목사 자신이 거마비는 둘째 치고 월급도 받지 않고 봉사했기 때문에 누구도 그의 방침을 불평하지 못했다.

그렇게 재력 있고 신앙 좋은 이사들로 구성하면서 극동방송이 효과적으로 운영되기 시작했다. 그때까지는 극동방송의 과거 부채를 고맙게도 팀선교회가 약속대로 꼬박꼬박 잘 갚아주고 있었으나 여전히 자립은 쉽지 않았다.

그러던 어느 날, 하루 종일 비가 내려 건물 곳곳에서 비가 샜다. 김장환 목사는 비가 새는 것을 구슬프게 쳐다보며 깊은 상념에 잠겼다. 하필이면 그날이 며칠 전부터 고민해온 직원들의 월급날이었다. 동전까지 다 긁어모았지만 500만 원이 모자랐다. 월급날만 기다리는 직원들과 그 가족들의 모습이 떠올라 김 목사는 마음이 아팠다. 눈물이 절로 났다. 기도하려고 애썼지만 그저 한숨만 나왔다.

엎드려서 한참을 울고 있는데 전화벨이 울렸다. 비서가 임경섭 장로가 찾아와서 기다리고 있다고 알렸다. 해병대 소장으로 예편한 임 장로는 해군본부 참모부장 시절 주한미군 철수 문제로 여러 번 만난 적이 있었다.

밖으로 나오는 김장환 목사의 얼굴을 보니 눈이 퉁퉁 부어 있었다. 임경섭 장로가 깜짝 놀라 이유를 물었고, 김 목사는 자초지종을 이야기했다. 그 말을 들은 임 장로는 마음이 아파서 군 후배인 이명복 장로에게 연락해서 딱한 사정을 이야기하고 극동방송을 위해 500만 원만 빌려달라고 부탁했다. 그러자 이 장로는 빌려주는 게 아니라 500만 원을 헌금하겠다고 말했다. 김 목사의 기도가 임 장로의 방문으로 즉각 응답된 셈이다. 이를 계기로 임경섭 장로, 이명복 장로, 이진우 장로, 이항수 장로는 매달 월급의 모자라는 부분만이라도 채우자고 약속했다고 한다.[182]

이 일을 겪고 김장환 목사는 깨달은 바가 있었다. 극동방송의 사장은 김장환이 아니라 '하나님'이라는 사실이었다. 이후 하나님은 극동방송의 또 다른 후원자 그룹을 마련해주셨다. 그것이 바로 '운영위원회'다. 극동방송 운영위원회는 순수 헌금으로 운영되는 극동방송이 재정난으로 운영이 어려울 때 자발적 참여로 만들어진 단체다. 1980년 9월 18일, 32명의 후원자가 모여 방송사의 어려운 상황을 듣고 재정적으로 돕기로 결의하고 출범했다.

그렇게 시작된 극동방송 운영위원회는 1년 만에 70가정으로 늘어났다. 극동방송 운영위원회 회원들은 대개 장로인데, 사회적으로 이름이 알려진 실업인과 전문직업인 등이 다수 포함되어 있다. 현재 중앙사(서울·인천·수원·평택·안성·용인·동탄) 400여 가정을 비롯해 전국과 미주 포함 14개 지역, 38개 지회에서 2천여 운영위원 가정이 동역하고 있다. 모두가 교파를 초월해 극동방송을 돕겠다는 일념으로 모인 사람들이다.

역대 운영위원장으로는 중앙사의 경우 발기 및 준비위원장에 임경섭 장로를 시작으로 이항수 장로, 이영수 장로, 주광조 장로, 오병용 장로, 김익명 장로, 정의순 장로, 정중렬 장로, 이홍순 장로, 김영규 장로, 장길평 장로, 권모세 장로 그리고 현재 이일철 장로에 이르고 있다.

운영위원회는 단순히 헌금만 하는 것이 아니라 중국, 독립국가연합 등 북방 현장을 방문해서 방송 선교의 효과를 확인하고 북방 주민을 돕는 일도 계속하고 있다. 매년 한 차례 전국 운영위원 수련회가 개최되는데, 이 자리에는 전국에서 1천여 명이 넘는 운영위원들이 참석해 방송 선교의 중요성을 다시 한번 확인하고 재헌신하는 시간을 가진다.

서울 운영위원회의 경우 매주 목요일 아침, 방송사에서 예배 시간에 김장환 목사의 설교를 듣고 조찬 및 교제를 나누고 돌아간다. 코로나 19가 시작되던 시점부터는 전 지사 운영위원들이 영상으로 함께 동참해왔다.

필자도 운영위원회 모임에 한 번 참석한 적이 있다. 새벽 6시 반에 극동방송에 도착하니 주차장에 이미 차가 꽉 차 있었다. 많은 운영위원이 새벽같이 달려와 예배에 참석하는 모습을 보고 깜짝 놀랐다. 더 놀란 것은 일 년에 몇 차례 그런 모임이 있는 줄 알았는데, 상반기 3개월, 하반기 3개월 동안은 매주 목요일마다 그렇게 많은 운영위원이 늘 참석한다는 사실이었다. 극동방송이 큰 힘을 발휘하는 이유가 바로 거기에 있다는 것을 절감하는 순간이었다.

아세아방송과 극동방송의 합병

　방송국이라는 거대 단체를 운영하려면 모금이나 후원 없이는 불가능하다. 큰 손이든 작은 손이든 기부금을 납부하는 헌신자들이 있어 극동방송은 오늘날까지 운영되어 왔다. 1980년 언론인 대량 해직과 언론 통폐합이라는 비바람이 몰아쳤을 때 극동방송도 위기를 겪었다. 기도를 쉴 틈이 없었다. 그런데 역시 하나님의 은혜로 엄청난 태풍이 극동방송은 비껴갔다.

　당시 극동방송은 보도 방송도 하지 않고 방송 시간도 짧은 특수 방송이었기 때문에 사정 대상에 포함되지 않았다. 오히려 공산권 선교에 기여한 공로를 인정받아 1981년 FEBC 총재 보먼 박사가 정부로부터 수교훈장 흥인장을 받았으며, 1982년 제19회 방송의 날에는 김장환 목사가 국민훈장 동백장을 받았다.

　그런데 극동방송의 최우선 과제는 하루빨리 셋방살이를 벗어나야 한다는 것이었다. 사옥 마련을 위해서는 당시 사용하고 있던 컴패션(Compassion) 한국 사무실 건물과 부지를 매입해 개축 또는 증축해야 했다. 컴패션은 '스완슨기념관 유지재단' 명의로 등기돼 있었다. 컴패션 유지재단의 이사이기도 한 김 목사는 스완슨기념관 유지재단 측을 만나 컴패션 건물을 사옥으로 봉헌하고 싶다는 뜻을 전했고, 유지재단 측은 매우 긍정적으로 받아들였다.

　하지만 난관이 하나 있었다. 스완슨기념관은 보건사회부 관할 법인인 반면, 방송사는 문화공보부 관할 법인이어서 매입이나 이전이 불가하다는 것이었다. 이에 김 목사와 극동방송 직원들은 시간 날 때마다 기도하고 관계 당국을 끈질기게 설득해 공식적인 허가를 받아냈다. 그래서 컴패션 건물과 부지가 방송사 앞으로 등기 이전되었고, 그 대신 스완슨기념관 유지재단은 수원시 권선동 중앙양로원으로 자산이 교체되었다. 이 일을 위해 당시 극동방송 민산웅 기획실장과 중앙양로원의 백이선 목사가 실무적으로 큰 역할을 했다. 스완슨기념관 유지재단이 자리 잡은 땅은 김장환 목사가 사재를 털어 헌납했다.

그런데 하나를 해결하면 또 다른 문제가 생겼다. 컴패션 건물의 소유권을 얻었지만, 건물이 좁고 비가 새서 또 다른 기도 제목이 생겼다. 한 층이라도 새 건물을 더 올려야 했는데, 이를 위해서는 1억 원이 절실했다. 김 목사는 건축을 위해 열정적으로 움직여 1억 원을 모았지만, 온갖 노력이 무색하게 건물 안전도 검사에서 증축 불가 판정이 나오고 말았다.

그때 부사장이던 임경섭 장로가 김 목사에게 "이 기회에 기존 건물을 헐고 새로 짓자"고 제안했다. 다른 대안이 없어 김 목사도 이에 찬성하고 우선은 당장 사용할 수 있는 건물을 따로 짓기로 했다. 대지 300평에 지하 1층, 지상 3층 규모로 설계하니 6억 원이란 거금이 필요했다. 방법을 찾던 중 극동방송 이사로 있던 벽산그룹 김인득 회장에게 우선 1억을 주고 건물을 지어달라고 한 뒤 매년 1억씩 갚자는 의견이 나왔다.

당시 김인득 회장의 부인 윤현의 권사가 암으로 병원에 입원해 있었는데, 김장환 목사와 임경섭 부사장이 병문안을 갔다. 김 목사가 간절히 기도하고 난 뒤, 윤 권사는 주님께로 갈 때가 되었는데 공산권 선교를 하지 못하고 떠나는 게 못내 마음에 걸린다면서, 소중한 일 하나를 남기고 싶다고 말했다.

얼마 뒤 윤현의 권사는 주님의 부르심을 받았고, '소중한 일' 하나를 남기겠다는 말은 유언이 되었다. 남편 김인득 장로는 5억 원을 헌금해 1984년 8월 17일 지하 1층, 지상 3층에 스튜디오와 공개홀 등을 갖춘 건물을 건립했다. 이것이 바로 '현의기념관'이다.

『제주극동방송 창사 35주년 화보사』에 따르면 김인득 장로의 신앙 회고록『내 집을 채우라』에 김 장로가 현의기념관을 건립하게 된 동기가 나온다.

> 나는 극동방송 내에 아내의 기념관 건립을 거절하는 방향으로 말했다. 그러자 극동방송 부사장인 임경섭 장로가 내게 말했다.
> "장로님, 전 세계에 이와 같은 교회는 없습니다. 우리 방송은 방송국만이 아니라 바로 교회입니다. 중국 안에 약 1억 명이 예수 믿고 이 방송을 기다리고 있고, 소련 안에 약 8천만 명이 있습니다. 몽골과 기타 지역에 적어도 천만 명, 모두 약 2억의 사람들이 이 방송을 듣고 신앙생활을 하고 있습니다. 그곳에는 선교사 한 사람도 못 들어갑니다. 중공에는 1949년에 5,800명의 선교사가 쫓겨나 한 사람도 못 들어갑니다. 선교사들이 못다 하던 그것을 지금 우리 방송이 하고 있습니다. 하나님께서 장로님한테 윤 권사님을 통해 여기에 방송 스튜디오를 지어서 그들에게 복음을 전하라고 명령하셨는데,

어떻게 그것을 거절할 수 있겠습니까? 장로님은 방송국이라고만 생각하시는데 이곳은 공산권에 들어가 있는 소중한 생명들을 위한 교회입니다. 전 세계에서 제일 큰 교회입니다. 장로님께서 하늘나라에 가실 때 세계에서 제일 큰 교회를 지었다고 자부하셔도 될 것입니다."

임 장로의 말을 듣는 순간, 나는 아내를 잃은 슬픔으로 인하여 하나님의 일을 외면하고 있는 나 자신을 들여다보았다.

'아차!'

그것은 깨달음이었다. 죽음의 순간에 임박해 있으면서도 하나님의 일을 염려했던 아내에 비하면 하나님의 필요에 의하여 이 세상에 살아 있는 나의 사명이란 물질이나 감정에 연연할 때가 아님을 알고 황급히 뉘우쳤다. 하나님이 나에게 이와 같이 큰일을 맡기신 것을 생각하니 정말 감사하였다.[183]

마침 당시는 한국 개신교 100주년 기념대회가 열리고 있어서 집회 마지막 날 설교자였던 빌리 그레이엄 목사가 준공 예배에 참석해 축사를 했다. 아내의 뜻을 기려 거액을 헌금해 건축한 기념관의 준공 예배에 세계적 인물이 축사를 했으니 김인득 회장의 마음도 뿌듯했을 것이다.

극동방송 이사인 김인득 회장이 새 건물을 지어 방송국에 헌납하자 이번에는 이사장인 신동아그룹 최순영 회장이 덩달아 움직이는 역사가 일어났다. 이전에 최순영 회장이 63빌딩 44층을 극동방송에 무상으로 빌려주겠다고 제의한 적이 있는데, 김 목사는 이를 정중히 사양했다. 그때 뜻을 이루지 못한 최순영 회장은 컴패션 건물을 헐고 4층짜리 방송사 본관 건물을 무상으로 지어주었다.

이렇게 두 사람의 헌신으로 극동방송은 번듯한 사옥을 갖게 되었다. 김장환 목사가 빚에 시달리던 극동방송에 부임한 지 9년 만인 1986년 9월의 일이었다. 모두가 불가능하다고 보았던 과제를 하나님이 가능으로 바꿔주신 것이다.

그 뒤 2001년 10월 1일부로 극동방송과 아세아방송 법인의 합병이 이루어졌다. 극동방송 이사회와 아세아방송 이사회는 각각 회의를 열어 방송사의 발전과 효율적인 선교사역을 위해 양 방송사의 합병을 결의하고 제반 허가 절차를 마쳤으며, 9월 7일 아세아방송 이사회를 해체함으로써 합병을 이루게 되었다. 이에 따라 아세아방송은 '제주극동방송'으로 사명을 변경해 극동방송에 편입되었다. 주파수와 출력(AM 1566kHz, 250kW, FM 101.1MHz), 인원 그리고 북방선교를 위한 순수복음 방송 내용을 비롯한 모든 사항은 제주극동방송에 그대로 승계되었다.

현재 서울극동방송, 제주극동방송, 대전극동방송, 창원극동방송, 목포극동방송, 영동극동방송, 포항극동방송, 울산극동방송, 부산극동방송, 대구극동방송, 광주극동방송, 전남동부극동방송, 전북극동방송, 미주지사 등 14개사가 개국해서 활발히 운영 중이다.

청취자들로부터 온 생명의 소식

제주극동방송의 AM(중파) 안테나에서는 복음을 담은 생명의 전파가 흘러나온다. 멀리 북방에 전파를 보내기 위해서는 높은 출력은 물론이고 넓은 대지에 높은 안테나가 필요하다. 이 안테나의 출력은 250kW로 민간 방송 최대출력이며, 국내 극동방송 FM 출력이 1~5kW인 것을 생각하면 실로 어마어마한 힘으로 복음을 전하고 있는 것이다. 안테나 높이는 48m인데, 놀랍게도 탈북할 때 건너는 압록강의 가장 짧은 거리와 같다고 한다. 육신은 쉽게 건널 수 없지만 복음은 전파를 타고 그 강을 넘어 영혼의 자유를 전하고 있다.

극동방송의 AM 전파는 복음을 들고서 누구도 갈 수 없는 북한 땅을 자유롭게 마음대로 건너간다. 제주에서 쏘아 올린 전파(AM 1566kHz)는 국내 민간 방송 가운데 최대출력인 250kW로 한국어, 일본어, 중국어, 러시아어로 방송하고 있다. 서울에서는 100kW의 전파(AM 1188kHz)로 북한에 복음을 전한다. 극동방송의 설립 목적이 북방선교인 만큼 극동방송에서는 북한을 향하고 통일을 준비하는 프로그램을 제작, 송출하고 있다.

이 방송은 북한을 넘어 중국과 러시아에까지 닿는다. 초기에 북방을 향해 방송하던 직원들은 벽에 대고 말하는 것 같았다고 한다. 무신론과 공산주의와 독재의 장벽을 넘어 복음의 소리를 전하기는 하는데, 누가 그리고 얼마나 많은 사람이 듣고 있는지 알 수 없으니 그럴 만도 했다. 그러던 중 기다리던 기쁜 소식이 전해졌다.

1970년대에 중국이 개방되면서 시청자들로부터 수없이 많은 편지가 전해졌고, 그 편지 중 일부는 극동방송 역사박물관에 전시되어 있다.

편지 내용은 다양했다. 방송에서 나오는 성경과 찬송가를 받아 쓰거나, 퀴즈 정답을 맞히거나, 성경책을 보내달라거나, 이산가족을 찾아달라는 내용 등이었다. 특히 중국에 사는 한 동포가 보내온 손수건이 눈길을 끌었다. 그 손수건에는 '생명줄 던져 구원해줍소서'라는 눈물의 호소가 수놓여 있었다.[184]

다음에 북한과 중국에서 보내온 소식과 편지 내용 중 일부를 소개한다.

북한에서 온 소식

북한 주민들이 극동방송을 듣고 있는지, 듣고 있다면 얼마나 많은 사람이 듣고 있는지를 파악하기 어려워 한동안 답답하던 시절이 있었다. 그러던 중 지난 2005년 북한 남포 지역에서 40명의 기독교인이 순교하고 62명은 정치범 수용소인 요덕 15관리소로 보내져 생사 여부가 확인되지 않고 있다는 충격적인 소식이 알려졌다.

이는 북한에서 일어난 최대의 기독교인 처형과 박해 사건이어서 충격을 더했다. 이러한 사실은 북한 안전부 출신의 한 탈북자가 세상에 알렸다. 그는 기밀문건으로 분류된 이 사건 보고서를 직접 열람한 적이 있으며, 상부에 업무보고 차 출장 왔던 남포 출신의 한 보안서 요원에게 이 사실을 확인했다고 밝혔다.

보도에 따르면 이들을 중심으로 구성된 지하교회에 출석하던 한 대학생이 성경에 대해 말하는 것을 우연히 엿들은 남포시 보안서 소속의 안전소조원이 이를 고발함으로써 김정일에게까지 보고됐다. 이후 북한은 정치책임자까지 파견해 1년간 비밀수사를 벌였고, 마침내 전모를 밝혀내 관련자 102명을 모두 체포했다. 체포된 102명 중 40명은 예수를 믿는다는 이유를 숨긴 채 남조선 녹화물을 불법 시청했다는 죄목으로 비공개 총살형에 처해졌고, 나머지 62명은 정치범 수용소인 요덕 15관리소로 보내져 생사를 알 수 없는 것으로 알려졌다.

이들이 어떤 경로로 신앙을 가지게 됐는지를 알면 놀랍다. 지난 2003년 남포시 50대 남성에게서 모든 것이 시작됐다. 김씨 성을 가진 것으로만 알려진 그는 우연히 극동방송에서 흘러나오는 설교를 듣게 되어 궁금증을 품게 됐다. 처음 들어보는 내용이어서 호기심을 갖고 경청하던 그는 점차 믿음이 생겼고, 넉 달간 청취한 방송 내용을 빠짐없이 기록하기 시작했다. 그 양이 무려 700쪽에 달했다고 한다.

이후 김씨는 성경을 구해 기록한 내용과 비교하며 5개월간 연구한 끝에 성경을 대부분 이해하게 됐고, 깊은 영적 기쁨을 느꼈다고 한다. 성령의 감동으로 예수님의 은혜를 경험한 그는 믿음에 확신을 갖고 아내와 두 아들, 가까운 친척과 친구, 이웃에게도 성경을 이야기하기 시작했다. 하지만 결정적인 순간까지 그는 '성경'이나 '예수 그리스도'라는 말을 직접적으로 하지는 않고 성경 내용을 전했다.

김씨는 그들에게 "우리 앞길을 밝혀주는 이와 같은 진리가 있느냐?"고 물었는데, 그것이 복음인 줄 모르는 상태에서도 모두가 '이와 같은 진리는 처음'이라며 놀라워했다고 한다.

이와 같이 부담 없는 접근을 통해 복음에 감동한 사람이 늘어났고, 그들이 그 감동을 다시 전하면서 몇 달 새 기독교인이 무려 50명을 넘었다. 이즈음에 김씨는 자신이 전한 모든 내용이 성경에 쓰여 있다고 털어놓았다. 그러나 이미 깊은 은혜를 체험한 사람들은 공개 총살형이라는 위협 속에서도 신앙을 버리지 않고 사도행전 속 초대교회 사람들처럼 서로 돕고 의지하며 나누는 믿음의 공동체를 이뤄 살았다.

이후 김씨는 방송 청취 시설을 대담하게 설치해 '성도들'과 함께 서울에서 송출되는 극동방송을 청취했고, 그에 따라 지하교인이 100명으로 늘어나는 파급 효과도 있었다. 한 사람으로 시작된 복음의 씨앗이 성경 말씀대로 100배의 결실을 맺은 것이다.

이들은 체포된 이후 모두 남포보안서 구류장에 구금됐다. 그러나 이들의 겁 없는 믿음에 오히려 보안서 사람들이 두려워 떨 정도였다고 한다. 이들은 정오만 되면 울리는 고동 소리에 일제히 일어나 큰 소리로 주기도문을 암송했으며, 기도가 시작되면 보안요원들이 소총 개머리판으로 피투성이가 되도록 때려도 막을 수 없을 만큼 담대했다고 한다. 복음의 능력이 그렇게 나타난 것이다.

이 사건 이후 김정일 정권은 성경의 부패성과 반동성을 선전하는 데 열을 올렸고, 성경의 위험을 알리는 각종 강연 행사를 강화시켰다고 한다. 그럼에도 불구하고 북한 사람들에게 성경이 급속히 퍼져 나가고 있다는 것은 분명히 확인됐다.185

이 사건은 북한 땅에 사람이 직접 가서 복음을 전하지 않더라도 방송만으로 충분히 소중한 영혼을 구원할 수 있음을 보여주었다. 그뿐 아니라 외부와 단절된 북한 사람들에게는 성경 말씀이 폭탄과 같은 위력이 있고 전염병같이 확산력이 빠르다는 것을 보여주는 실제적 증거라 할 수 있다.

* * *

1980년, 함경남도 리원군에서 태어난 연모세 선교사는 일찍이 아버지를 여의고 홀어머니 밑에서 어렵게 자랐다. 그가 스물두 살이 되던 2001년 9월, 10년을 구형받고 함경북도 회령에 있는 교화소에서 복역하게 됐다. 강제 노역과 영양실조로 하루에도 수십 명이 떼죽음을 당하는 지옥 같은 그곳에서 나온 뒤 그는 탈북을 시도했다.

죽을힘을 다해 북한군을 따돌리고 중국으로 건너가면서도 걱정스러운 점은 앞으로 남의 나라 땅에서 펼쳐질 자신의 운명에 대한 것뿐이었다. 중국인들은 탈북자를 발견하면 무조건 신고하거나 멸시 천대를 한다는데, 믿을 사람 하나 없는 그는 두려운 마음으로 중국 땅에 도착했다. 하지만 그를 기다리고 있는 것은 감사하게도 하나님의 은혜였다. 그가 처음으로 들어간 집에서 만난 사람이 놀랍게도 한국인 선교사였던 것이다.

그곳에서 선교사의 선한 행실과 헌신적인 삶을 보면서 복음을 받아들이고 변화된 그는 단기 신학과 전도 훈련을 마치고 다시 북한으로 들어갔다. 하나님의 말씀을 들고 북한에 가면 어떻게 될지 뻔히 알면서도 그는 성령의 임재 가운데 담대한 마음으로 성경책과 찬송, 반도체 라디오를 가지고 들어갔다.

은밀히 말씀을 전하며 지하교회 성도들과 예배를 드렸는데, 신학을 단기간에 배워 성경 실력이 턱없이 부족함을 절감했다. 그럴 때 가뭄 끝에 단비 역할을 한 것이 바로 극동방송이었다. 그는 몰래 갖고 간 성경을 읽을 순 있었지만 해석하기가 어려웠고, 기초 복음은 받아들였지만 지속적인 말씀의 공급으로 신앙을 성장시키기 어려운 상황이었다. 이때 극동방송은 가장 좋은 주석가와 설교자 역할을 했고, 그의 신앙을 굳게 붙드는 동역자가 되었다.

말씀에 대한 그의 집념과 노고는 대단했다. 육지에서는 새벽 시간에 이불을 뒤집어쓰고 청취했는데, 보위부가 추적해 오자 바다로 나가 3년을 살며 방송을 들었다. 모두가 잠든 한밤중에도 연모세 선교사는 외로운 바다 위 배에서 늘 깨어 있었다. 그 시간대에 제주극동방송이 가장 잘 들렸기 때문이다. 그는 라디오를 통해 깨끗한 음질로 하나님의 말씀과 찬양을 들을 수 있었다. 당시 부표 안에 몰래 숨겨서 가져간 라디오에서 전달되는 복음의 소리는 하나님께서 매일 그에게 보내주시는 '축복의 만나'였다.

탈북했다가 중국에서 선교사를 만나 예수님을 영접한 연모세 선교사는 복음을 전하기 위해 다시 북한으로 들어가 극동방송 주파수가 맞춰진 라디오와 성경을 나눠주다가 발각돼 감옥으로 끌려갔다.

하지만 그는 하나님의 도우심으로 감옥에서 나왔고, 동해안에서 새벽 1시에 오징어잡이 배를 탔다. 갑자기 거센 풍랑이 일면서 주변 배들이 모두 뒤집히는 가운데서도 그가 탄 배는 가까스로 빠져나왔지만, 이번에는 바다에 표류하게 되었다.

'이젠 죽었다' 싶은 절망적인 상황 속에서 갑자기 가져온 라디오 생각이 났다. 그래서 라디오를 켜니 극동방송에서 이사야 43장 1절 "야곱아 너를 창조하신 여호와께서 지금 말씀하시느니라 이스라엘아 너를 지으신 이가 말씀하시느니라 너는 두려워하지 말라 내가 너를 구속하였고 내가 너를 지명하여 불렀나니 너는 내 것이라"는 말씀에 대한 설교가 나와 다시 살 힘을 얻었다고 한다. 그때 연모세 선교사에게 설교로 힘을 준 주인공은 공교롭게도 김장환 목사였다.¹⁸⁶ 그렇게 힘과 소망을 얻은 그는 마침 그곳을 지나가던 외국 상선에 기적같이 발견되었고, 마침내 2012년에 한국으로 오게 되었다.

종교의 자유가 없는 지옥 같은 북한 땅에서 3년간이나 한 사람을 바다 한가운데서 깨어 있게 한 힘은 무엇일까? 탈북 후 중국에서 받은 복음을 전하기 위해 다시 북한으로 들어가 극동방송 주파수를 맞춘 라디오를 가지고 배에 타게 한 힘은 무엇일까? 바로 '복음의 힘'이다. 방송은 국경을 초월하는 장점이 있고, 이런 장점을 백분 활용하는 극동방송이야말로 인간 선교사가 하지 못하는 일을 감당하는 최고의 수단이라 할 수 있다.

* * *

존경하는 김장환 목사님.

우리 주 예수 그리스도의 은혜와 여호와 하나님 아버지의 지극하신 사랑이 사자 목사님에게와 교회에 함께하심을 축원하옵니다.

사랑하는 목사님. 우리 중국에 있는 기독 교회의 신자들은 해방 후 4인패의 종교박해로 인하여 흑암의 시대에 처하여 있는 중 화국봉 주석의 계책에 의해 지금은 종교 자유를 얻어 각처 숨어 있는 신자들 속속 소집회로 예배하며, 신앙의 노상(路上)에 상정되오니 먼저 하나님의 뜻이 이 땅 위에 이루어지는 것을 무한히 감사하며 바라나이다.

이곳 요령성 심양은 과거에도 남만 노회 소재지였기에 지금도 종교 발상지로 되어 있습니다. 이러하오니 목사님과 귀 방송국에서는 우리 민족과 신자가 집중하여 있는 심양지구를 위하여 유의하시옵고 많은 기도와 지원을 아끼지 마시옵기 바랍니다.

지금 제일 곤란한 문제는 성경이올시다. 심양지구에 성경과 찬송가가 몇십 부밖에 없사오니 한심한 일이옵니다. 현 심양지구에 신자가 6개소에 근 200명 각 좌우 나오는데 책이 없으니 큰 문제이옵니다. 찬송가는 수시로 대람하고, 성경은 없고, 쓸 수도 없고 교회 기관이 취급하기에는 아직 희망이 없습니다.

이러한 사정이오니 우리 중국에 있는 신자들을 위하여 보내주시면 감사하겠사옵니다. 지금 북경 중국 교회는 집회 중이옵고, 이곳 심양 시에도 불일 허가가 나온다고 함이 확실합니다. 이곳 전도 사업에 성경이 절실히 필요하오니 선처하여 주심 바라옵니다. 이곳 신자들도 목사님 말씀을 전파로 듣고 많은 은혜 받습니다.

목사님 분망하신데 극히 곤란한 부탁을 말씀드려 죄송합니다. 그러나 많이 기도하시고 하나님의 뜻이 이루어짐을 기원하면서 이로 끝마칩니다. 감사합니다.

은혜 중 안녕히 계시옵소서.

1979년 3월 고진형**187**

이 편지를 보낸 고진형 장로(당시 69세)는 뜨거운 신앙을 가진 분으로, 그 뒤에도 재중 동포들의 신앙 지도와 대외 연락에 힘썼다. 1990년 8월 14일, 요양시 조광교회 낮 예배에 참석 중에 현장에서 졸도한 고 장로는 성도들이 둘러싸고 '해보다 더 밝은 저 천국'을 부르는 가운데 하나님 품에 안겼다.

극동방송 신사옥 헌당

시리아 난민을 위한 하나님의 선물

2013년 1월 8일, 극동방송 직원과 애청자 200여 명이 함께 요르단(Jordan)으로 성지순례를 떠났다. 그런데 십수 년 만에 불어닥친 폭설로 호텔에 발이 묶여버렸다. 그곳을 처음 방문한 사람들이 대부분인데 일기가 나빠 얼마나 발을 동동 굴렀을까? 하지만 그것이 사람들의 계획과 전혀 다른 하나님의 뜻을 이루시는 기막힌 섭리였음을 누가 알았겠는가.

갑작스러운 폭설과 교통 두절로 하나님은 김장환 목사 일행의 발걸음을 시리아 난민이 있는 자타리 캠프로 이끌었다. 거기에는 7만여 명의 시리아 난민이 살고 있었는데, 성지순례 일행이 지켜본 그들의 생활은 이루 말로 표현할 수 없을 만큼 참혹했다. 한겨울인데도 아이들은 맨발이었다.

김장환 목사가 캠프 책임자에게 가장 필요한 것이 무엇이냐고 물으니 컨테이너 하우스인 카라반이라고 했다. 그래서 한 채 가격이 얼마냐고 물으니 3,500불이라고 했다. 이에 김장환 목사는 귀국하게 되면 컨테이너 하우스 마련을 위한 모금 캠페인을 벌이겠다고 약속했다. 하지만 당시 극동방송사에서는 중앙사 신사옥 건축 모금이 진행 중이었고, 성지순례가 끝나면 곧바로 모금방송에 착수할 계획이었기 때문에 당연히 실무자들은 반대했다. 특히 당시 편성국장이었던 공부영 이사의 반대가 심했다.

그러나 김장환 목사는 추위에 맨발로 뛰어다니는 아이들과 난민들의 참상을 차마 못 본 척할 수 없었다. 김 목사 자신이 6·25전쟁의 참상을 직접 경험했기에 더욱 그랬다. 그래서 먼저 컨테이너 하우스가 필요한 이들을 위해 모금을 하고 나면 신사옥 건축을 위한 모금은 하나님이 알아서 넘치게 도와주실 것이라고 직원들을 설득했다.

필자가 당시 상황에 대해 김장환 목사와 인터뷰하던 중 공부영 이사가 얼굴을 붉히며 한마디 거들었다. 공 이사는 한국에 들어오면 목사님의 생각이 달라질 줄 알았다고 한다. 막상 현실로 돌아와 눈앞에 놓인 과제와 맞닥뜨리면 신사옥 건축을 위한 모금에 매진하지 않겠느냐는 생각이었다. 그러나 그것은 김 목사를 몰라서 한 생각이었다.

　김장환 목사는 요르단에서 돌아와서도 신발도 없이 맨발로 자신을 졸졸 따라오던 시리아 난민 아이들을 잊을 수가 없었다. 그래서 결국 신사옥 건축 대신 시리아 난민을 위한 모금을 했는데, 모금 생방송 날에 누구도 예상하지 못한 놀라운 일이 벌어졌다. 컨테이너 하우스 100채 정도를 마련할 돈(4억 원)이 모금되지 않을까 생각했는데, 무려 400채가 넘는 17억여 원이 모금된 것이다.

　SK그룹 최태원 회장이 혼자 컨테이너 하우스 1,000채를 감당했고, 우리 정부에서도 300채를 기부해 총 1,700채의 컨테이너 하우스가 세워졌다. 답답하지 않도록 창문을 두 개씩 내는 세심함도 잊지 않았으니 난민들이 얼마나 편했을지 짐작이 된다.

　그해 3월 13일, 자타리 캠프에서는 컨테이너마다 태극기가 부착된 코리아타운(Korea Town)이 조성됐다. 남은 모금액으로 축구장도 만들어주고 여성용품, 담요, 학용품, 생필품 등을 난민들에게 전달했다. 신현석 당시 요르단 대사는 "국가에서 하기 어려운 일을 민간 방송사에서 주도한 것은 우리나라의 국격을 높이는 고무적인 사건"이라며 "요르단과 중동 지역에서 대한민국의 위상이 더욱 높아지는 계기가 될 것"이라고 격려했다.

　아무도 상상하지 못한 기적이었다. 김장환 목사와 극동방송 전 직원이 하나님이 하시는 일이 항상 그러함을 다시금 경험하는 순간이었다.188

더욱 놀라운 것은 그 이후 중앙사 신사옥 건축 모금에 하나님께서 6만 5천여 명의 후원자들을 보내주셔서 통일 시대의 전초기지가 될 사옥을 빚도 없이 완공하게 하셨다는 사실이다. 극동방송이 먼저 하나님의 나라와 의를 위해 시리아 난민 돕기 모금에 우선순위를 두고 행했을 때, 신사옥 건축을 위한 모금은 하나님이 넘치게 채워주신 것이다.

김 목사는 이 일을 통해서 마태복음 6장 33절 "그런즉 너희는 먼저 그의 나라와 그의 의를 구하라 그리하면 이 모든 것을 너희에게 더하시리라"는 말씀이 사실이라는 것을 경험했다. 역시 하나님을 향한 극동방송 선장 김장환 목사의 신뢰는 강철같이 강했다.

복음의 전초기지 건립

복음의 전초기지를 향한 극동방송의 소중한 꿈이 마침내 성취되었다. 2012년 4월부터 진행된 중앙사 신사옥 건축이 2013년 10월 하나님의 축복 아래 완성된 것이다. 건물 디자인은 주님의 음성이 전파를 통해 울려 퍼지는 것을 형상화해서 평평한 석재가 아닌 물결 모양으로 독특하게 만들었다. 건물 규모는 지하 4층, 지상 7층, 연면적 19,834.7㎡(6,000평)로 통일 시대를 대비하기 위해 완전히 무장했다.

'마지막'이라는 이름이 붙은 것은 모두 특별하기 마련이다. 2012년 4월 6일, 상수동 구사옥에서 드린 마지막 직원 예배도 그랬다. 8국·2실·1팀의 이사는 3일 만에 속전속결로 이루어졌다. 영등포 사옥으로 거처를 옮기면서 공간이 좁아져 넓은 책상부터 채플실, 구내식당, 회의 공간까지 모두 반납해야 했다. 몸은 힘들었지만 신사옥을 향한 기다림으로 마음만은 설렜다.

신사옥 구석구석에는 땅끝까지 복음을 전하기 위한 공간이 마련됐다. 홍대 한복판에 복음의 랜드마크로 자리 잡은 방송 송신탑은 건물 옥상에 무게 18톤, 높이 25미터의 규모로 세워졌다. 지하 1층의 450석 규모 극동 아트홀은 집회, 공연 등 다채로운 행사가 이루어질 수 있는 공간으로 꾸며졌다. 또 지하 2층과 지상 5층의 영상 스튜디오는 TV방송 사역으로 미디어 세대들의 친근한 통로가 되기 위해 마련됐다.

지하 1층 150석 규모의 직원 식당은 직원들의 건강을, 3층 200석의 채플실은 영의 건강을 책임질 곳이다. 믿음을 나눌 수 있는 카페도 지하 1층에 준비됐다. 사옥 곳곳에는 방송사를 위해 헌금한 성도들의 흔적이 남아 있다. 지하 1층과 1층 그리고 건물 뒤편의 벽돌공원에는 극동방송 사옥 건축을 위해 헌금한 소중한 이름들이 빼곡히 적혀 있다. 450석의 아트홀 좌석과 스튜디오에도 기증자의 이름을 담았다. 특히 벽돌공원에는 타임캡슐을 묻어둔 공간이 있다. 2013년에 매립해 100년 후인 2113년에 개봉할 타임캡슐에는 극동방송의 정신과 당시 시대상을 담은 물품이 담겨 있다.

10월 25일 롯데호텔 크리스탈볼룸에서 신사옥 헌당 첫 축하 행사로 축하 리셉션이 열렸다. 남성 중창단 콜로라도 콰르텟(Colorado Quartet)의 특별 콘서트로 시작된 이날 리셉션에는 해외 인사 150여 명을 포함, 국내외 정·재계 인사 1천여 명의 축하객이 참석했다. 조지 W. 부시 전 미국 대통령은 영상 축사를 통해 "극동방송의 새 사옥은 그리스도의 사랑을 전하는 복음의 터전이 될 것"이라는 격려 메시지를 전했다.

극동방송 사옥 신축 축하 음악회도 10월 25일 오후 7시에 용산전쟁기념관 야외공연장에서 성황리에 열렸다. 5천여 명의 극동방송 국내외 청취자가 참여한 이날 음악회는 '하나님의 축복'이라는 주제 아래 '축복의 씨앗', '축복의 걸음', '축복의 열매', '축복의 통로' 등 총 4개 무대로 구성됐다.

건축을 위한 마중물

극동방송이 복음 전파를 위해 큰 역할을 하고 있다는 것은 그리스도인이라면 누구나 다 아는 사실이다. 하지만 극동방송이 어떻게 세워져왔으며, 구체적으로 지금 무엇을 어떻게 하고 있는지에 대해서는 잘 모른다. 필자도 얼마 전까지는 그랬다. 그런데 극동방송 스토리를 집필하면서 그동안 전혀 몰랐던 사실을 하나씩 접하게 되고, 또 큰 은혜와 감동을 받고 있다.

해보지 않은 사람은 잘 모르겠지만 사실 건축을 하는 것만큼 어려운 일도 드물다. 그것도 비용이 엄청 많이 드는 건축이라면 더욱 그렇다. 우선 물질이 크게 필요하기 때문이다. 돈이 넉넉한 부자가 건축을 하면 문제가 없겠지만 지하 4층, 지상 7층 건물을 오직 후원금으로만 지으려면 정말 기적의 역사가 있어야 한다.

그런데 그 힘들고 어려운 공사 역시 기적같이 현실이 되었다.

2013년 10월, 극동방송 신사옥이 마침내 완성된 것이다. 이는 하나님의 역사가 분명하지만, 그 위대한 역사에 마중물 역할을 한 감동적 스토리가 많아 다음에 소개한다.

① **중국 선교사가 남긴 유산**

2012년 8월 14일, 광복절을 앞두고 여성 둘이 방송사 문을 두드렸다. 중국에서 선교하던 한 선교사의 가족이라고 소개한 이들은 극동방송 신사옥 건축헌금으로 1,300만 원을 헌금하려고 극동방송을 찾았다. 그것은 중국에서 선교하던 이옥분 선교사(당시 51세)가 드린 건축헌금이었다. 중국에서 혈혈단신으로 고아 사역을 하던 그녀는 폐암 말기 판정을 받고 임종 시설에서 투병 중이라고 했다. 10년이라는 긴 세월 동안 중국에서 복음을 전파한 선교사가 신사옥 건축헌금을 드린 것이다.

선교사만큼 후원이 필요한 대상이 없는데도 적지 않은 돈을 극동방송 신사옥 건축헌금으로 낸 데는 이유가 있었다. 그것은 자신을 대신해서 북한 땅에 복음을 전해달라는 강한 의지와 소망의 표현이었다. 이 소식을 들은 김장환 목사는 가만있지 않았다. 김 목사는 고마운 마음을 갖고 이옥분 선교사의 병상을 방문하고 위로했다. 당시 김 목사가 포도를 선물로 가져갔는데, 그것은 그날 아침 이 선교사가 '포도가 먹고 싶다'고 기도한 데 대한 응답이었다고 한다. 하나님이 김 목사를 통해 보내주신 선물이었다.

이 선교사는 그 뒤 한 달을 채우지 못하고 하나님의 부르심을 받았다. 극동방송 신사옥 건축헌금을 낸 지 한 달 만에 본향으로 간 것이다. 부음을 들은 직원들은 그녀가 천국에 간 것을 확신했고, 마지막까지 평안히 생을 마감했다는 소식에 함께 위로했다.[189]

그 후 이옥분 선교사의 가족이 방송사를 다시 방문했다. 가족의 손에는 이 선교사가 남긴 재산과 보험금 전부를 극동방송 신사옥 건축헌금으로 드리겠다는 내용의 유서가 들려 있었다. 선교사 신분으로는 어마어마한 1억 원에 가까운 금액이었다. 북한을 향한 이 선교사의 간절함이 극동방송 신사옥 건축으로 뜨겁게 이어졌음은 물론이다. 극동방송에서는 6층 C스튜디오를 이옥분 선교사 기념 스튜디오로 명명해 기념하고 있다.

② 막내 아이 돌반지를 건축헌금으로

5톤 트럭을 전액 캐피탈에서 빌려 물류일을 하는 성도가 있다. 그는 기름값을 아끼려고 집에는 토요일에만 가고 주중 식사는 하루 한 끼만 먹는다고 했다. 아내와 세 아이가 있지만 아직 결혼식을 못 올려 결혼할 때 예물로 쓰려고 했던 막내 아이의 돌반지를 그는 극동방송 건축헌금으로 드렸다.[190] 약소해 보이지만 너무도 소중한 정성이었다. 액수의 크고 작음에 상관없이 하나님이 기쁘게 받으셨고, 극동방송 건축의 마중물 역할도 잘 감당했다.

③ 4,300원 월급 12년 치를 건축헌금으로

15년 형을 선고받고 13년째 교도소에서 복역 중인 성도가 있다.

그는 12년 전 교도소 내 집회에서 하나님을 만나고 회심해 교도소 기독신우회 리더로 섬기고 있다. 비록 죄를 지어 영어의 몸이 되었지만, 그 속에서 살아 계신 하나님을 만난 것이다.

그 속에서 어떻게 하나님을 만났을까? 믿음은 들음에서 비롯되고 들음은 그리스도의 말씀을 통해서라고 했다. 복음을 들어야 회심의 역사가 일어난다. 그는 매월 4,300원씩 12년 동안 받은 월급 96만 5,150원 전액을 극동방송 신사옥 건축헌금으로 드렸다.[191]

앞에 소개한 이야기 외에도 수없이 많은 이의 헌금이 마중물 되어 극동방송 신사옥이라는 옥동자가 탄생했다. 우리 하나님이 일하시는 방법은 참으로 신기하다. 방송 선교를 위한 신사옥 건축 일도 수백억이나 수천억 재산이 있는 한두 사람을 통해 어렵지 않게 진행하시면 될 텐데, 왜 이렇게 많은 이의 크고 작은 헌금이 모여 열매 맺게 하시는지 궁금하기 짝이 없다.

극동방송 신사옥은 여러 사람이 보낸 물질로 지어진 건물이 아니다. 수많은 사람의 다양한 감사 사연들이 마중물 되어 완성된 거룩한 작품이다.

오전 8시 생방송을 하지 않는 극동방송

모두가 출근길을 재촉하는 오전 8시, '생방송 황금시간대'라 불리는 이 시간에 극동방송은 생방송을 하지 않는다. 방송하는 이들에겐 상식과도 같은 황금시간대에 생방송을 하지 않는다니 도무지 믿을 수 없는 일이다.

이유를 알고 보니 감동이다. 그 소중한 시간을 사람이 아닌 하나님께 드리기 때문이다. 극동방송은 그 황금같이 소중한 시간에 생방송이 아니라 직원 예배를 드린다. 찬양과 기도는 세계화 역량 함양을 위해 영어로 진행되며 메시지는 목회자, 기독 기관장, 기독 연예인 등 매일 다른 설교자가 맡는다.

극동방송이 오늘날 이 자리에 있기까지는 전 직원이 업무를 시작하기 전 하루의 가장 중요한 첫 시간을 하나님께 드리며 주님을 만나는 예배가 있었다. 방송을 생명보다 중시하는 방송사이면서도 생방송보다 우선시하는 예배, 이것이 극동방송의 숨은 저력이다.

전 직원이 신앙 하나로 똘똘 뭉쳐야 복음으로 세상을 변화시키고 많은 영혼의 생명을 살리는 일에 일사불란하게 움직일 수 있다. 그런 점에서 극동방송은 직원들의 신앙과 영성 충만을 위해 여러 모임을 가진다.

우선 전국 극동방송 직원이 한자리에 모이는 직원 영성수련회가 있다. 이 모임은 국내외 장소를 아우르며 연 1회 열리고, 1박 2일의 강연과 휴식을 통해 직원들이 쉼을 통한 회복 시간을 가지게 한다. 그동안 필리핀 마닐라, 미국 LA 본사, 하와이 호놀룰루를 비롯해 국내 전국 지사가 있는 곳에서 영성수련회를 열었다. 특히 2016년에는 창사 60주년을 맞아 전 직원이 뉴욕 카네기홀에서 '나라 사랑 평화 음악회'를 관람한 뒤 미시시피주 잭슨에 있는 벨헤이븐 대학교에서 2박 3일 수련회를 가졌다.

극동방송에서는 직원의 영성 향상과 더불어 지식 습득과 글로벌 역량 강화를 위해 직원 해외연수 프로그램도 일찍이 시작했다. 여권이 발급되기 어려운 시기에도 1977년 동남아 해외 지사 방문을 시작으로 1982년 방송 및 기술 요원 동남아 연수 등 직원들의 선진문화 습득을 위해 연수를 진행했다. 그 뒤 해외연수 프로그램을 더 발전시켜 미국 앨라배마주 버밍햄 소재 사우스이스턴 대학과 미시시피주 벨헤이븐 대학에서 3개월의 직원 해외연수 등으로 직원들에게 영성, 언어, 문화 연수 기회를 심도 있게 제공했다.

제주극동방송의 모체가 되는 아세아방송을 설립할 때의 이야기다. FEBC 선교사들은 각자의 왕복 여비를 자비로 부담하며 자기 공구를 가지고 와서 네 것 내 것 가리지 않고 사용했으며, 돌아갈 때는 이곳에 필요한 공구 또는 측정기를 기증하고 돌아가기도 했다. 특히 초대 송신소장으로 부임한 노먼 블레이크(Norman Blake) 선교사의 헌신적인 신앙과 절약 정신은 지금도 교훈을 준다.

블레이크 선교사는 구멍가게에서 빵 한 조각과 맹물 한 그릇으로 점심을 해결했고, 1973년 겨울 변전소에 화재가 발생했을 때 모두 양동이 등을 들고 변전소로 뛰어가는 정신없는 와중에도 땅에 무릎을 꿇고 기도했다. 블레이크 선교사 같은 이들의 헌신으로 세워진 극동방송에서 일하는 방송 사역자는 직장인을 넘어 위대한 하나님의 사역자다.

이와 같은 맥락에서 극동방송의 모든 직원은 입사 때 선교사

헌신 서약서를 쓰며 초창기 선교사들의 정신을 이어가고 있다. 이 정신은 사역에만 국한되지 않는다. 2012년 신사옥 건축을 위한 모금을 시작하기 전 직원들이 자발적으로 헌금했는데, 이는 건축의 중대한 마중물이 되었다. '매칭 헌금', '젖소 헌금', '묘목 헌금' 등 직원들이 참여한 모금도 다채롭다. 이렇게 여러 방식으로 프로젝트에 동참한 이유는 먼저 헌신하지 않고는 권유하기 어렵기 때문이었다.

극동방송 직원들은 일반 기업과 달리 경제 절약과 투명성 제고를 위해 '개인 카드'를 사용하고 내역을 '영수증'과 함께 제출해 비용 처리를 한다. 극동방송만의 특별한 문화에는 근무 시간 차별화도 있다. 일찍이 시작된 주 5일 근무, 주말 한 시간 조기 퇴근이 바로 그것이다. 또한 하절기에는 전력의 원활한 공급과 전기 절약을 위해 탄력근무제 실시로 출퇴근 시간을 조정한다. 또 매주 수요일에는 직원들의 개교회 수요예배 참석을 독려하는 의미에서 퇴근 시간을 오후 4시 30분으로 정하고 있다.

이 외에도 하나님이 주신 유무형의 복지는 여러 부문에 필적할 만하다. 1980년대 초부터 직원들을 위한 식당과 점심을 제공했으며, 그 뒤 직원 자녀를 위한 학자금과 복지기금 등도 마련했다.[192]

하나님께 최우선권을 드리고, 영성 도약을 위한 수련회를 가지며, 세계 최고의 문화를 체험하고, 최대한 아끼고 절약하는 삶을 생활화하고 있는 극동방송은 주님 재림의 날까지 소멸되거나 쇠퇴할 이유가 절대 없을 것이다.

백령도 중계소 개설

김장환 목사는 어떻게 하면 한 사람이라도 더 복음을 듣게 하고 전도할지에 대한 생각으로 꽉 차 있는 사람이다. 특히 북한에 대해서는 그 생각이 남다르다. 아마도 북한은 폐쇄사회이고 종교의 자유가 없다 보니 복음을 전할 수 있는 길은 방송뿐이라고 확신하는 것 같다. 그래서 서울극동방송과 제주극동방송에서 북한을 향해 송출하는 시간대인 새벽과 밤시간을 끝까지 고수하고 있는 것이다.

그런 김장환 목사의 귀를 솔깃하게 하는 일이 있었다. "우리나라 서해 최북단인 백령도에 중계소를 세우면 백령도를 비롯한 서해 5도 주민은 물론 북한 황해남도와 거리가 가까우니 그곳에서도 들리지 않겠느냐"는 한 지인의 제안이었다. 김 목사의 눈이 번쩍 띄었다. 백령도는 김 목사도 집회를 다녀온 적이 있어서 잘 아는 곳이다. 가까운 북한 땅과의 거리가 15km 정도라는 기억이 스쳐 지나갔다. 한번 결정하면 신속하게 진행하는 특성상 김 목사는 곧장 백령도에 엔지니어를 파견해 가능 여부를 타진했고, 가능하다는 반가운 소식이 들려왔다.

2018년 7월 방송통신위원회에 중계소 허가신청을 냈고, 그해 12월 23일 주파수 106.9MHz, 출력 500w의 백령도 극동진촌 FM방송 보조국(중계소) 설립허가를 받게 되었다. 뒤이어 백령도 교계의 협력을 얻어 끝섬 전망대 인근의 철탑에 안테나를 설치했다. 이 철탑은 이전에 성탄 트리 점등식 때 사용하던 것으로 하나님께서 이번에는 복음을 전하는 안테나가 설치되게 하셨으니 참으로 오묘한 섭리가 아닐 수 없다. 사곶교회에서 교회 공간을 내주어 녹음은 물론 현지 생방송까지 가능한 시스템을 갖춘 스튜디오가 마련되었다.

2019년 4월 1일부터 시험방송에 들어가 백령도 곳곳에 찬송이 울려 퍼지는 감격스러운 역사가 일어났다. 2019년 8월 14일 준공검사에서 합격을 받은 뒤로는 매일 24시간 본격 방송을 시작했다. 한 가지 아쉬운 점은 날씨 사정과 코로나 팬데믹으로 별도의 개소 행사를 열지 못했다는 것이다.

백령도는 조선 시대와 구한말에 북한 지역 선교의 관문 역할을 했던 곳으로 극동방송의 전파선교를 통해 이제 다시 그 사명을 이어가고 있다. 통일되면 백령도 중계소 방송을 들었다는 북한 청취자들을 많이 만날 수 있으리라 기대한다.

울릉도 중계소 개설

울릉도 중계소는 2023년 11월 10일 정식 개소했다. 이를 기념하는 조찬 감사 예배가 울릉도 라페루즈 리조트에서 있었고, 개소식은 저동침례교회 안에 있는 울릉 스튜디오에서 각각 이루어졌다. 남한권 울릉군수를 비롯해 공경식 울릉군의회 의장, 울릉군 기독교연합회 임원, 극동방송 한기붕 사장 등 모두 120여 명이 개소식에 참석했다.

울릉도 중계소의 개소로 울릉도에 거주하는 도민 9천여 명은 물론 관광차 울릉도와 독도를 찾은 관광객들까지 주파수 96.7MHz를 통해 복음방송을 들을 수 있게 되었다. 울릉도의 1년 관광 인구는 30만 명이 넘는다고 한다.

그런데 대한민국 극동에 자리한 울릉도에 어떻게 중계소가 세워졌을까?

어느 날, 이유림 권사라는 분이 김장환 목사를 찾아와 거금 천만 원을 내놓으면서 자기 고향인 울릉도에 극동방송을 세워줄 것을 부탁한다. 울릉도 주민들이 24시간 내내 찬양과 말씀을 들을 수 있으면 정말 행복하고 기쁘겠다는 것이었다.

사실 방송국이 아닌 중계소라 해도 설립에는 수억 원이 들어가는데, 김 목사는 이유림 권사의 아름다운 믿음을 보고 감동받아 중계소 설립에 착수했다. 하나님께서는 안테나 설립 장소도 울릉도 전 지역에서 들을 수 있는 나리분지 고산지대로 인도하셨고, 모금도 스튜디오 장소도 순탄하게 이끌어주셨다. 또한 2018년도부터 울릉 중계소 설립 준비 움직임을 보였던 울릉도 교계도 적극적으로 협조했다.

김장환 목사는 여기에서 한 가지 더 기대하는 바가 있다. 공해상에서 북한 어선이 방송을 들을 수 있지 않을까 하는 기대다. 어선을 탔다가 표류하던 도중 극동방송을 듣고 하나님이 함께하심을 확신하는 가운데 구조됐던 연모세 선교사 사례와 같은 역사가 울릉도 중계소를 통해 더 일어나기를 김 목사는 기대하고 있다.

울릉도 중계소의 개소로 극동방송은 서해로는 백령도 중계소, 남쪽으로는 제주극동방송, 동쪽으로는 울릉도 중계소를 갖추게 되었다.

극동방송 창사 60주년 비전 선포

극동방송은 지난 60년간 자랑스러운 조국 대한민국의 복음화를 위해 쉼 없이 '오직 복음, 오직 예수'만 전해왔다. 창사 60주년을 맞아 2016년 1월 4일(월) 시무 예배 때 하나님께서 주신 복음 전파의 사명을 다시 한번 깊이 상고하며, '복음 60년! 또 복음 60년!'이라는 사역 표어를 내걸고 비전을 선포하는 시간을 가졌다. 지나온 60년을 발판 삼아 변함없이 방송으로 그리스도를 전 세계에 전하겠다는 굳은 각오를 담은 극동방송 창사 60주년 비전을 소개한다.

첫째, 통일을 위한 약속!

극동방송이 통일을 위한 기독교적 활동의 구심점 역할을 해나가겠습니다. 북방선교의 기수라는 이미지 정착과 역할을 통해 통일 대한민국의 주역이 되겠습니다. '북방선교의 기수'로서 이미지 정착과 역할수행을 목표로 통일을 위한 꾸준한 노력을 강화하고 북한선교의 구심점 역할을 해나가겠습니다. 또한 사역을 통일과 통일 중(中), 통일 후(後)로 세분화시켜 '북한선교를 위한 전문 채널로의 위치'를 견고히 넓혀 나가겠습니다.

둘째, 교회를 위한 약속!

극동방송의 가치와 연합하는 국내외 네트워크를 구축해 교회와 함께하는 글로벌 기독 방송이 되겠습니다. '전문 네트워크를 통한 교회와의 소통과 연합의 장 형성'을 목표로 '극동방송의 가치'를 널리 알리고 이 가치와 함께할 수 있는 '국내외 실제적인 전문 네트워크'를 구축하도록 하겠습니다. 또한 '전문 네트워크 구축 분야'와 '각 분야별 극동방송의 가치와 연합할 수 있는 전문가 및 전문단체'를 선정해 네트워크를 구축하겠습니다. 이를 통해 '극동방송을 통하면 새로운 기회가 생긴다'는 이미지를 확보하고 소통과 연합의 장을 형성하는 데 노력하겠습니다.

셋째, 사회를 위한 약속!

복음적 해법 제시로 영향력을 확대해 사회 패러다임의 신선한 변화를 이끌어 나가겠습니다. '선교 전문 종합 미디어 선호도 1위'를 목표로, '가정 회복, 다문화, 동성애와 같은 반기독교적 인식 확산' 등에 기독교적 세계관을 제시하겠으며, '전문 네트워크를 통해 선정된 기독교적 선점 과제에 대한 다양한 복음적 해법 제시와 실천 운동'으로 새로운 사회의 패러다임을 선도해 나가 다변화된 사회의 초석이 되겠습니다.

넷째, 청취자를 위한 약속!

다양한 소통 채널을 통해 청취자 수요 접근성을 넓히는 방송이 되겠습니다. '디지털 접근성 향상과 감성적 반응성 제고'를 목표로 '청취자와의 미래 소통 우선', '디지털 접근성 향상을 위한 채널 다양화', '디지털 반응은 물론 감성적 현장 접촉 제고'를 추진하고 시도하겠습니다.

다섯째, 다음 세대를 위한 약속!

사역자 양성을 위한 기회의 장이 되겠습니다. 6만 명의 'FEBC-Youth 양성'을 목표로 '극동방송 인재상에 부합하는 글로벌 전문인력 양성', 어린이합창단, FEBC 프렌즈, 신학생 설교대회, 해외 선교 기관 탐방 등의 프로그램을 통해 YOUTH 그룹을 양성하도록 노력하겠습니다. 이를 통해 극동방송을 지속적으로 홍보하며, '이미지 상승과 청취층 다양화, 잠재 청취층 확보, 차세대 인재 양성'이라는 복합적인 시너지를 만들어내도록 하겠습니다.

5가지 비전을 통해 '오직 복음'으로 '통일'을 이뤄내고, '오직 복음'으로 '교회와 사회를 변화'시키며, '오직 복음'으로 '청취자와 다음 세대'에 영향력을 주는 극동방송이 되어 훗날 하나님께서 함께 역사하신 순간이었다고 길이길이 기록되기를 바란다.

극동방송 창사 60주년 행사
뉴욕 카네기홀 평화음악회

2016년 6월 24일 금요일은 극동방송으로서는 결코 잊을 수 없는 날이다. 극동방송 창사 60주년을 맞아 미국 뉴욕의 카네기홀에서 '나라사랑 평화음악회'를 개최했기 때문이다. 이날의 행사는 참석한 한인들에게는 감격과 자부심을 안겨주었고, 미국인들에게는 감사와 사랑을 느끼기에 충분한 시간이었다.

카네기홀을 찾은 재미교포와 한미 양국 관객 2천800여 명은 모두 극동방송 11개 지사 500여 명의 어린이합창단이 펼치는 공연에 환호하고 눈물지으며 깊은 감동을 받았다. 또한 전 세계 음악인 사이에서 '꿈의 무대'로 꼽히는 카네기홀 무대에 오른 500여 명의 어린이합창단에게도 자부심과 도전 의식을 심어주기에 충분한 시간이었다.

한국전쟁과 같은 비극이 없기를 소망하며 6·25전쟁 하루 전인 6월 24일에 개최한 이 평화음악회는 앤 그레이엄 로츠(Anne Graham Lots, 빌리 그레이엄 목사의 딸이자 엔젤 미니스트리 대표)의 개회 기도로 시작되었다. 이후 박근혜 당시 대통령의 영상 축사와 오준 UN대사의 환영사로 성대하게 막이 올랐다.

박근혜 대통령은 축사에서 "극동방송 창사 60주년과 나라사랑 평화음악회를 진심으로 축하드린다"면서 "6·25를 맞아 펼쳐지는 이번 음악회를 통해 한국전쟁과 같은 비극이 앞으로 다시 일어나서는 안 된다. 평화의 메시지를 전달하는 극동방송이 큰일을 하는 것"이라고 의미를 부여했다.

음악회는 어린이합창단의 정적인 합창에서 더 나아가 음악, 무용, 댄스가 어우러진 각종 퍼포먼스, 영상으로 보는 대한민국의 역사 및 그와 함께한 미국과의 우정을 보여주는 스토리, 출연자와 관객이 함께 부르는 통일 노래 등 다양한 모습으로 관객들을 놀라게 했다. 특히 '고향의 봄'과 같이 재미교포들을 향수에 젖게 하는 가곡과 애국가와 미국 국가가 함께하는 무대, 가스펠과 미국 팝 메들리 등은 기존 어린이합창단 공연에서는 볼 수 없던 신선한 무대였다.

이날 공연의 백미는 피날레 성가곡 '할렐루야'였다. 관객들은 너나없이 기립해 평화를 기원하는 마음으로 합창했다. 뉴저지주에서 왔다는 한 미국 관객은 "다 함께 '할렐루야'를 부를 때는 온몸에 전율이 일었다. 한국 어린이들의 노래 실력에 감탄하고 놀랐다"면서 "이렇게 좋은 공연에 초청해주어 정말 감사하다"고 인사했다.

이날 행사에는 6·25전쟁 참전용사와 가족 140여 명, 각국의 UN 대사 100여 명, 찰스 랭글 미 상원의원 등이 참석해 자리를 빛냈다. 특히 참전용사들에게는 희생에 대한 감사의 표시로 극동방송에서 마련한 감사 메달과 기념 시계가 전달되었다. 선물을 전달받은 참전용사 대표는 "한국이 우리를 잊지 않고 찾아주어 고맙다. 우리는 한국을 여전히 사랑한다. 한국을 위해 기도하겠다"고 감사의 마음을 표현했다.

평화음악회를 성황리에 마친 뒤 극동방송 이사장 김장환 목사는 "이번에 열린 음악회는 단순한 음악회의 의미를 넘어 창사 60주년을 기념하고 한국과 미국의 우호를 다지는 뜻깊은 시간이었다. 한국인의 가슴에는 자부심이, 미국인의 가슴에는 감사와 사랑이 남는 시간이 되었으리라 확신한다"고 말했다. 그리고 "특히 자유민주주의 수호를 위해 희생을 마다하지 않고 싸워준 미국과 참전용사들에게 다시 한번 감사한다"고 인사를 전했다.

제31회 극동방송 찬양합창제

2016년 9월 7일 수요일 저녁 7시 30분, 세종문화회관 대극장에서 극동방송 창사 60주년 기념 제31회 극동방송 찬양합창제가 성대하게 개최되었다. 이날 찬양합창제에는 강남대학교합창단, 동서화합합창단, 방주교회찬양대, 밴쿠버 시온선교합창단, 여의도순복음교회찬양대, 육군본부교회찬양대, 지구촌교회찬양대, 통일합창단 등 국내외 총 8개 찬양대가 참여했으며, 앞서 6월에 뉴욕 카네기홀에서 공연했던 극동방송 어린이합창단의 특별무대도 펼쳐졌다. 출연 인원 2천 명과 관객까지 총 5천 명이 함께한 이날 극동방송 찬양합창제는 극동방송을 통해 생중계되었으며, 극동방송 인터넷 홈페이지와 극동방송 애플리케이션으로도 생중계되었다.

31회 극동방송 찬양합창제는 남과 북, 동과 서가 하나 되는 특별한 무대였다. 전라도와 경상도의 여성합창단이 하나가 된 동서화합합창단, 영락교회갈보리찬양대와 안산시립합창단, 탈북자 50여 명으로 이루어진 통일합창단, 전 세계에서 활동하는 캐나다 밴쿠버의 시온선교합창단이 찬양합창제 무대에 올랐다. 영락교회갈보리찬양대의 한 단원은 "과연 탈북자들과 호흡을 잘 맞춰 하나의 하모니를 이룰 수 있을까 걱정도 되었는데, 처음 연습하는 시간부터 마음에 큰 감동이 일어나며 단숨에 하나 되는 아름다운 찬양을 올릴 수 있었다"고 말했다.

1976년 극동방송 창사 20주년을 기념해 시작된 극동방송 찬양합창제는 국내외 최고 찬양대의 찬양을 한자리에서 듣는 기쁨을 주는 것은 물론 개교회의 찬양대 발전에 아이디어와 영감을 제공하는 자리로도 의미가 있었다. 특히 무대의 대미를 장식하며 모든 출연자가 함께 찬양하는 헨델의 오라토리오 「메시아」 중 '할렐루야'는 교회 성가 합창의 진수를 선사했다.

찬양 합창의 발전을 위해 40여 년간 다양한 시도를 거듭해온 극동방송 찬양합창제는 대한민국 찬양 합창이 발전하는 계기를 마련했으며, 합창대의 성장과 더불어 화합하는 교회의 롤 모델로 제시되기도 했다. 이는 극동방송만이 치를 수 있는 행사로서 첫째는 하나님께 영광을 돌리고, 둘째는 하나님을 찬양하는 각 교회 대원을 위로하며, 셋째는 각 교회의 찬양대 발전에 중요한 모델을 제시했다는 점에서 의미가 크다.

60주년 축하 리셉션 만찬

2016년 12월 19일 오후, 서울 63빌딩에서 극동방송 창사 60주년 축하 만찬이 열렸다. 이날 행사에는 청취자 60명, 탈북민 60명, 장애인 60명 등 총 900명이 참석했으며, 이용훈 전 대법관과 박지원 당시 국민의당 원내대표, 명성교회 김삼환 목사 등도 참석해 극동방송 창사 60주년 행사에 대한 소감과 간증을 전했다.

이 자리에서 김장환 목사는 "'복음 60년, 또 복음 60년'이라는 극동방송 창사 60주년 표어처럼 남북이 하나 된 한반도에서 극동방송이 북한 땅에 복음을 전할 날을 기대한다"고 말했다. 만찬에 참석한 이들은 개 교회의 물질과 기도 후원에 힘입은 극동방송이 창사 60주년을 맞아 더 큰 사명과 역할을 감당하고, 방송을 통해 더 많은 이에게 복음을 전하게 되기를 간절히 바라며 행사를 마쳤다.

기타 행사

극동방송은 창사 60주년을 맞아 2016년 8월 6일, 미국 목회자와 기업인 및 미군 등이 참석한 가운데 육군훈련소 연무대 군인교회에서 5천여 명의 훈련소 장병을 대상으로 진중침례식을 가졌다. 10월 11일에는 예술의전당에서 가을 음악회를, 12월 6일에는 극동아트홀에서 성탄 음악회를, 12월 29일에는 극동아트홀에서 송년 음악회를 개최했다.

극동PK장학재단

'극동PK장학재단'은 꿈과 비전을 품고 공부하는 학생들에게 장학금을 지원해 국가와 사회, 나아가 세계에 공헌할 수 있는 인재 양성을 꿈꾸며 설립된 공익법인이다. 극동PK장학재단을 설립했을 당시의 이름은 극동BK장학재단이었다. 재단 설립을 담당한 추진위원회에서 김장환 목사의 영어 이름(Billy Kim)의 이니셜을 사용한 것이다. 이후 김장환 이사장은 자신의 이니셜 앞에 은인 칼 파워스(Carl Powers)의 이니셜을 덧붙여 재단 이름을 바꾸었다. 칼 파워스의 P, 김장환의 K를 붙인 극동PK장학재단은 제2, 제3의 칼 파워스를 찾아 김장환 목사와 같은 리더들을 길러내는 것을 목표로 하고 있다.

2010년 8월 11일 설립된 재단은 2011년 2월 24일 오전 8시 30분, 극동방송 별관 공개홀에서 '제1기 장학금 수여식'을 열고 비전장학금 13명, 사랑장학금 18명 등 총 31명과 단체 1곳을 최종 장학생으로 선발해 장학금을 전달했다. 이후 매년 두 차례에 걸쳐 경제적으로 어려운 학생들과 북한 이탈 주민, 선교사와 목회자 자녀, 유학생 등을 고루 선발하고 있다. 2023년 8월 현재까지 모두 스무 차례에 걸쳐 1,500여 명의 국내외 학생들에게 39억여 원의 장학금이 전달되었다.

극동PK장학재단 장학생들은 국내를 비롯한 세계 곳곳에서 꿈을 키우며 공부하고 있다. 다음은 앞서 혜택을 받은 장학생 몇 사람의 이야기다.

극동PK장학금은 저에게 큰 의미가 있습니다. 1990년 초 극동방송을 듣고 지역에서 최초로 목회를 시작한 저의 언니는 밤마다 방송을 들으면서 메모한 설교로 성도들에게 말씀을 선포하며 6개 지역에 교회를 세우고 일꾼을 양육했습니다. 저도 언니를 통해 주님을 영접하고 극동방송을 들으며 신앙생활을 했습니다. 5년 전, 신학 공부를 위해 한국에 와서 전적인 하나님의 은혜로 극동PK장학재단의 장학금을 받으며 공부하고 졸업하게 되었습니다. (…) 은혜로 받았던 장학금이 복음에 대한 사명에 더욱 책임감을 느끼게 했고, 날마다 만나는 불신자에게 주저 없이 복음을 전할 수 있게 했습니다. 이제 제자 되고 제자 삼고 제자 삼게 하여야 하는 사명으로 먼저 중국 복음화, 북한 복음화 그리고 땅끝까지 가서 복음을 전파하겠습니다.

_OOO 전도사(재중 동포)

극동PK장학재단 장학생으로 2번을 지원했지만 떨어졌습니다. 포기하지 않고 세 번째 지원 만에 장학생이 돼 더욱 기쁩니다. 오히려 두 번의 탈락으로 인해 장학금의 소중함을 더 절실히 깨닫게 됐고, 나를 돌아보며 겸손해지는 것을 배울 수 있었습니다. 앞으로 극동PK장학재단의 사랑에 보답하고자 열심히 공부해 반드시 내가 받은 사랑을 어렵고 힘든 학생들에게 다시 베풀겠습니다.

_ 김하늘(총신대학교 영어교육과 2학년)

극동PK장학재단을 통해 살아 역사하시는 하나님의 사랑을 느낄 수 있어서 감사합니다. 하나님의 크신 은혜를 잊지 않고 앞으로 사회와 이웃에 선한 영향력을 끼치며, 더 나아가 하나님의 사랑을 전 세계에 전해야겠다는 다짐도 하게 되었습니다. 은혜와 기쁨이 넘치는 장학금 수여식의 자리에 초청해주셔서 감사합니다.

_ 이진주(홍익대학교 2학년)

극동PK장학재단을 설립해주신 김장환 목사님과 장학재단 후원자님들에게 감사를 드립니다. 저도 김장환 목사님처럼 훌륭한 목회자가 되고 싶다는 꿈을 갖게 되었습니다. 더욱 열심히 공부해서 받은 은혜 잊지 않고 선한 목회자가 되어 예수님의 사랑을 어려운 이웃들과 나누며 귀한 복음을 온 세계에 잘 전하겠습니다.

_ 김진형(침례신학대학교 대학원)[193]

극동방송 비서 연례 세미나

세상에 이런 모임이 있을까? 아마 듣지도 보지도 못했을 것이다. 청와대를 비롯해 우리나라 중요 회사와 기관의 비서들이 연례적으로 한자리에 모이는 뜻깊은 만남 말이다. 어디에서 근무하든 비서가 하는 일들은 많고도 중요하다. 그래서 그들은 늘 업무로 인해 스트레스를 받는다. 그런데 그런 그들이 한자리에 모여서 서로의 업무나 일을 이야기하고, 서로 위로하고 위로받으면서 친목을 도모하는 모임이 있다면 얼마나 좋겠는가.[194]

그런 모임이 바로 극동방송 '비서 연례 세미나'다. 누구도 상상하지 못한 발상을 한 이는 역시 김장환 목사다.

성탄절을 앞두고 거리 곳곳에 성탄 장식이 수를 놓을 즈음, 극동방송과 업무적으로 동역한 관련 비서들을 기억하는 행사가 있다. 바로 비서 연례 세미나다. 초창기에는 극동방송 영문 비서 앨리스 렌츠(Alice Lentz)와 해외 담당 부사장 잭 렌츠(Jack Lentz) 선교사가 준비해 SAID(Secretarial Annual Inspirational Dinner)로 발전했다.

SAID는 1982년 12월 용산 미8군 골프식당의 작은 방에서 다섯 명의 오붓한 만찬으로 출발했다. 그 뒤 더 많은 비서가 참석해 인원이 늘어났다. 이 모임은 주로 비서들을 응원하며 대부분이 불신자인 비서들에게 예수님을 전하는 전도의 축제로까지 발전되었다.

60명의 비서가 함께한 제주극동방송 탐방 및 연수가 있었고, 홍콩 FEBC 방문과 마카오 여행도 이루어졌다. 1993년 대전에서 개최된 엑스포 박람회 때는 기차 한 량을 전세 내서 80여 명의 관련 비서가 1박 2일 연수 및 세미나를 하기도 했다.[195]

그러나 비서 연례 세미나는 2015년 34회를 끝으로 중단되었다. 2016년 발효된 '부정청탁 및 금품 등 수수의 금지에 관한 법률', 일명 김영란법이 시행됨에 따라 오해의 소지를 없애기 위해서였다.

극동포럼

2003년에 출범한 극동포럼은 극동방송의 방송 선교사업을 돕는 유관 기관이다. 우리 시대의 주요 명제들을 기독교적 세계관으로 조명하기 위해 각 분야 전문가를 초청해 정기적으로 포럼을 개최하고, 학문적 교류사업과 정책 대안 도출 및 이를 확산시키기 위한 사업을 다양하게 추진해왔다.

극동포럼은 서울 및 전국의 주요 도시와 해외에서도 개최되었다. 강사로 초청된 정치, 경제, 사회, 외교 각 분야의 전문가로는 이명박 전 대통령, 마크 리퍼트(Mark Lippert) 전 주한 미국대사, 김황식 전 국무총리, 이용훈 전 대법원장, 황장엽 전 북한노동당 비서, 마이크 펜스 전 미국 부통령, 반기문 전 UN사무총장, 그리고 극동방송의 열렬한 팬으로서 많은 격려를 아끼지 않았던 김동길 박사 등이 있다. 극동포럼은 2023년 9월 19일 현재 제55회에 걸쳐 포럼을 개최하는 등 활발히 사역하고 있다.[196]

극동포럼이 하나님이 기뻐하시는 모임이라는 것을 보여준 놀라운 사건이 하나 있다. 이용훈 전 대법원장을 강사로 초청해 목포 지역에서는 처음으로 포럼을 개최했는데, 공교롭게도 포럼 당일에 세찬 바람과 엄청난 양의 폭우가 내렸다. 포럼이 시작되는 저녁 시간이 다가올수록 기상 상황은 더욱 나빠졌다. 행사 장소의 관계자들조차도 "이런 날씨에는 사람들이 도저히 참석할 수 없을 것"이라고 비관적인 전망을 내놓았다. 관계자들은 초조와 긴장 속에 그저 하나님 앞에 기도할 수밖에 없었다.

"하나님! 포럼을 진행할 수 있도록 비와 바람을 잠잠하게 해주세요."

그러나 비와 바람은 그치지 않았다. 그런데 시간이 흐르면서 그 세찬 비바람을 뚫고 한 사람, 두 사람 모여들기 시작했다. 마침내 포럼이 시작됐을 때는 500명을 수용할 수 있는 장소가 차고 넘쳐서 별도 공간을 마련해야만 했다. 폭우 속에 어떻게 왔느냐는 김장환 목사의 질문에 참석자들이 공통으로 들려준 이야기는 바로 이 내용이다.

"목사님! 하나님께서 이런 비바람 속에서는 아무도 참석하려 하지 않을 테니 너라도 그 자리를 채워야 하지 않겠느냐는 마음을 주셔서 오게 되었습니다."

이는 하나님의 역사로 포럼 개최가 가능했다는 증거다.

그날 하나님의 기도 응답 방식은 평소와 사뭇 달랐다. 하나님은 그들이 그토록 원한 대로 비와 바람을 잠잠하게 하시는 대신 참가자들의 마음을 바꿔주시는 기적으로 답하신 것이다.

파이팅! 나라사랑축제

전국 극동방송 어린이합창단이 해마다 광복절을 기해 공연하고 있는 '파이팅! 나라사랑축제'는 극동방송의 대표적인 여름 행사이자 이제는 일반 국민에게까지 큰 사랑을 받는 행사로 자리 잡았다.

그 시작은 지난 2011년 10월 14일 당시 세빛둥둥섬(현 세빛섬) 야외무대에서 펼쳐진 '파이팅! 서울사랑축제'였다. 세빛섬에 야외무대가 있다는 소식을 들은 김장환 목사는 어느 날 간부회의에서 전국 극동방송 어린이합창단이 연합으로 공연하면 좋겠다는 아이디어를 냈고, 마침내 그 꿈이 이루어졌다. 극동방송 어린이합창단원 500여 명이 2011년 10월 14일 금요일 저녁 7시 세빛섬 미디어아트갤러리 야외무대에 모여 '파이팅! 서울사랑축제'를 연 것이다.

극동 어린이합창단은 분수쇼, 55명의 어린이가 펼치는 리본체조, 난타공연, 드럼행진, 부채춤 등 다양한 소재로 3천여 관중의 마음에 큰 감동을 주었다. '10월의 어느 멋진 날', '아름다운 이 세상', '민요 메들리', '스몰 월드 Small world' 등 아름다운 노래로 가을하늘을 수놓았으며, 연합곡으로 '오 해피 데이'를 부를 때 10분간 펼쳐진 불꽃 쇼는 모든 관중의 마음을 사로잡기에 충분했다. 남녀노소 누구나 함께 즐기고 관람할 수 있는 열린 음악회로 개최돼 특히 가족 단위 관중이 많았다.

김장환 목사는 행사가 성황리에 끝난 데다가 무엇보다 많은 사람이 어린이합창단의 연합공연에 크게 감동하고 국가에 대한 사랑이 더 깊어지는 것을 보고, 일회성 행사로 끝낼 것이 아니라 연례행사로 이어가야겠다는 새로운 꿈을 꾸기 시작했다. 그리고 서울뿐만 아니라 전국을 순회하며 개최하고, '파이팅! 나라사랑축제'라는 명칭으로 진행하기로 했다.

이에 따라 2012년과 2013년 광복절에는 속초, 2014년 8월 8일에는 부산, 2015년 8월 14일에는 광주, 2016년 6월 24일에는 미국 카네기홀, 2016년 8월 15일에는 대전, 2017년 8월 10일에는 창원, 2018년 8월 13일과 14일에는 각각 울산과 부산에서 축제를 개최하게 되었다. 코로나 팬데믹으로 인해 잠시 공연이 중단되기도 했으나 2022년 8월 12일 제주에서 다시 나라사랑축제를 열었고, 2023년에는 8월 13일과 14일에 각각 대구와 포항에서 나라사랑축제를 개최했다.

특히 대구와 포항에서 열린 나라사랑축제에는 서울을 비롯해 제주, 대전, 창원, 목포, 영동, 포항, 울산, 부산, 대구, 광주, 전남동부, 그리고 전북지사에 소속된 13개 합창단원 650여 명이 하나 되어 이 땅의 역사와 아픔 그리고 회복과 발전, 더 나아가 평화통일을 향한 염원과 대한민국의 밝은 미래를 노래하며 큰 감동의 무대를 만들어냈다.

어린이합창단 공연을 본 사람들은 "가장 큰 애국을 어린이합창단이 하고 있는 것 같다", "지금까지 본 공연 중 단연코 최고의 공연이다", "사람이 할 수 있는 일이 아니며, 이것은 기적이다"라는 평가를 쏟아냈다.

극동방송 연합 어린이합창단은 다시 한번 은혜와 감동을 안겨줄 2024년 8월 11일 수원컨벤션센터 공연, 8월 23일 미국 워싱턴 D.C. 케네디센터 공연을 준비 중이다.

가을음악회

2023년 9회째를 맞은 가을음악회는 '찬송과 가곡의 밤'이라는 이름으로 2014년 9월 극동방송 아트홀에서 처음 시작되었다. 다음 세대를 위한 장학금 마련을 목적으로 하는 음악회였다.

1회 가을음악회가 수준 높은 공연으로 호평을 받자 당시 운영위원장이었던 장길평 장로가 일반 장소에서 음악회를 개최할 것을 제안했고, 2015년부터 가을음악회라는 이름으로 예술의전당과 롯데콘서트홀 같은 큰 무대로 옮겨 개최했다. 그러면서 문화적으로 소외된 계층을 초청해 음악회를 하게 되었는데, 김장환 목사의 아이디어로 2019년부터는 주제를 정해 음악회를 기획 및 구성하고, 이에 해당하는 대상을 초청해 저녁을 대접하고 공연하는 방식으로 이루어졌다.

예를 들어 2022년에는 교정교도관들을 초청해 음악회를 열었는데, 출연팀 가운데 법무부 교정기독교선교연합회 소속 교도관으로 구성된 '연합합창단'의 무대가 마련돼 그 의미를 더하고 큰 박수를 받았다. 평소 지위고하, 빈부귀천을 막론하고 교도소를 방문해 재소자 선교에 힘써온 김장환 목사는 "사회의 그늘진 곳에서 늘 긴장과 어려움 가운데 위험을 무릅쓰고 수감자들을 돌보는 일에 헌신해온 교도관들에게 조금이나마 위로와 힘을 전하는 시간이 되었으면 한다"는 소감을 밝혔다.

찬양합창제와 전국 복음성가 경연대회

방송을 통한 복음 전파와 아울러 찬양 합창의 발전을 위해 다양한 시도를 거듭해 46년을 이어온 극동방송 찬양합창제(구 성가대합창제)는 1976년 10월 30일, 극동방송 창사 20주년 기념으로 류관순기념관(현 이화여고강당)에서 제1회를 시작해 지금까지 계속되고 있는 기독교 최고의 문화행사다.

극동방송 찬양합창제는 46년 동안 350팀이 넘게 참여하고, 참여 단원은 6만여 명, 관객 수는 30만여 명에 이르는 국내 최대 규모의 찬양합창제다. 매년 세종문화회관 대극장에서 열리는데, 드문드문 빈자리가 보이는 다른 공연과는 달리 늘 자리가 꽉 찰 만큼 성황을 이루고 있다.

첫 합창제부터 지금까지 한 번도 빠지지 않고 참여한 성가대는 영락교회 시온성가대다. 시온성가대를 상당 기간 지휘했던 작곡가 윤학원 장로는 찬양합창제를 이렇게 평가했다.

> 제1회 대회 때는 디킨슨 작곡의 '주의 이름은 크시고 영화롭도다'라는 곡을 노래하여 사람들이 큰 은혜를 받았습니다. 지금은 시골 교회에서도 거침없이 이 곡을 노래할 정도가 되었으니 극동방송의 성가대합창제(찬양합창제)가 한국 교회에 끼친 영향은 지대하다고 할 수 있습니다. 성가대합창제는 한국 교회의 성가 수준을 한 단계 높이는 데 큰 역할을 했습니다.[197]

찬양합창제는 지방 공연과 미주 공연으로 이어졌는데, 어느 해에는 일본 교회 성가대까지 참여했을 만큼 반응이 뜨거웠다. 1990년 미주 공연 때는 최초로 LA 월튼 극장, 뉴욕 카네기홀에서 공연하기도 했다.

2022년 9월 6일 오후 7시 30분, 극동방송 찬양합창제가 코로나의 장벽을 허물고 마침내 4년 만에 세종문화회관 대극장에서 성대하게 막을 올렸다. 코로나 팬데믹으로 인해 잔뜩 움츠렸던 상황에서 기를 활짝 펴고 여호와의 선하심과 아름다우심을 마음껏 찬양하는 모습은 매우 감동적이었으며, 침체된 한국 교회에 새로운 활력을 불어넣기에 부족함이 없었다.

제33회 극동방송 찬양합창제에 출연한 팀은 한국 교회를 대표하는 5개 교회찬양대와 3개의 선교합창단이다. 교회찬양대로는 꿈의교회(김학중 담임목사), 사랑의교회(오정현 담임목사), 여의도순복음교회(이영훈 담임목사), 영락교회(김운성 담임목사), 온누리교회(이재훈 담임목사)가 참여했다. 선교합창단으로는 캐나다 밴쿠버시온합창단(단장 정문현), 솔리데오장로합창단(단장 박남필), 정신여고합창단(교장 최성이), 극동방송 연합여성합창단이 함께했다. 교파는 서로 달라도 참여한 단원 모두가 하나 된 마음으로 자리를 빛냈으며, 한국 교회의 화합과 연합의 축제로 진행됐다.

극동방송 이사장 김장환 목사는 "코로나 팬데믹으로 인해 그동안 침체되었던 교회들이 찬양을 통해 다시금 힘을 얻고 부흥의 불길이 일어나길 바라는 마음으로 준비했다"며 "우리가 한마음 한뜻으로 하나님을 힘껏 찬양할 때 모든 근심 걱정은 물러가고 밝은 희망의 빛이 밝아올 줄 믿는다"고 개최 취지와 소감을 전했다.

극동방송 사장 한기붕 장로는 "46년 동안 극동방송이 찬양합창제를 이어올 수 있었던 것은 모두 한국 교회 성도님들의 사랑과 관심 덕분이었다. 참으로 감사를 드린다"며 "앞으로도 주님을 높여드리는 최고의 무대로, 한국 교회의 화합과 연합의 문으로 계속 극동방송 찬양합창제가 세대와 세대를 통해 이어지도록 노력하겠다"고 감사의 뜻을 밝혔다.[198]

찬양합창제와 쌍벽을 이루는 또 하나의 기독교 문화 행사는 바로 '전국 복음성가 경연대회'다. 이 대회는 극동방송 개국 25주년 기념행사의 하나로 1980년 12월 1회를 시작한 찬양 오디션으로, 그동안 많은 크리스천 뮤지션을 배출하며 기독교 음악 문화를 선도해왔다.

지난 24회부터 '가스펠싱어'로 새롭게 변화를 시도한 극동방송 전국 복음성가 경연대회는 '가스펠싱어 2019'라는 타이틀로 진행됐다. 이 대회는 역사상 가장 많은 1,191명의 지원자가 신청해 3차례 예선을 거쳐 최종 11팀과 창작곡이 뽑혔다. 복음성가 경연대회는 첫해부터 148팀이 응모할 정도로 인기를 누렸는데, 3회 때부터는 복음성가 창작곡만 참가시키기로 결정했다.

지금까지 복음성가 경연대회를 통해 1천여 곡의 성가가 발표되었고, 20여 명의 전문 복음성가 가수가 배출되었다. 기독교인들에게 최고의 인기를 누리고 있는 박종호, 송정미 등 정상의 복음성가 가

수들이 모두 극동방송 전국 복음성가 경연대회 출신이다.[199]

극동방송 한기봉 사장은 다음과 같이 말했다.

> 세종문화회관에서는 클래식, 오페라, 뮤지컬 등 많은 장르의 공연이 기획, 제작되어 오른다. 또한 최근 오디션 프로그램들은 경쟁과 자극적인 메시지에 열을 올렸다. 극동방송 복음성가 경연대회는 다르다. 가스펠이라는 주제 아래 다양한 장르의 음악을 한자리에서 시간 가는 줄 모르고 듣게 될 것이고, 경쟁이 아닌 화합의 모습을 보게 될 것이다.[200]

극동방송이 주관하는 찬양합창제와 가스펠싱어는 단순한 성가 발표회나 성가에 은사가 있는 인재의 등용을 뛰어넘어 코로나 상황으로 침체된 한국 교회의 예배와 찬양의 회복 그리고 부흥을 소망하는 마음으로 준비되어 올려졌다. 아름다운 선율의 하모니뿐만 아니라 교파와 교단의 연합 그리고 세대의 벽을 뛰어넘는 찬양으로 모두 하나가 되어 하나님을 마음껏 찬양하기를 소망하는 극동방송의 노력에 하나님이 매우 흡족해하실 것이라 확신한다.

Part 3

내가 본 김장환 목사

강은모 유성컨트리클럽 대표이사

김장환 목사가 유학을 마치고 한국에 돌아온 1959년은 강은모 대표가 출생한 해이기도 하다. 원래 김 목사가 강 대표의 아버지와 친하게 지냈던 터라 자신도 어려서부터 김 목사를 잘 알았다고 한다. 아들뻘인 강 대표가 김 목사와 가까워진 것은 부친 강민구 회장(유성컨트리클럽 창립자) 소천 후 극동방송 재단 이사 자리를 물려받아서 이사회에 나가게 되면서부터였다. 더욱이 온 가족이 김 목사의 수원중앙침례교회를 같이 다녔기에 서로 잘 알고 지냈다.

강 대표는 자신이 아는 한 김 목사가 가장 성실하고 의리 있는 분이라고 생각한다. 강 대표의 부친도 평소 한국기독실업인회(CBMC)와 라이온스클럽 회원으로 봉사활동을 활발히 하셨던 분인데, 연세가 많아지고 치매가 오고 나니 친했던 분들이 다 떠나가고 심지어 그중 일부는 불만을 제기하기까지 했다. 치매로 인해 했던 말씀을 하시고 또 하셨고, 어떤 이에겐 하루에 수십 번씩 전화를 해대는 통에 그분에게 항의 전화도 받았다.

그렇게 평생 친하게 지내던 분들이 연락을 끊는 일이 벌어졌지만, 딱 한 사람 김장환 목사는 근처에 오면 어떻게든 시간을 내서 찾아와 차를 함께 마시며 계속 질문하고 대화했다. 그렇게 김 목사가 와서 한참 얘기하다 가면 강 대표 부친도 기분이 좋아져 활력을 찾으셨다. 그 모습을 곁에서 지켜본 강 대표는 김 목사를 가리켜 "세상에 그런 분 없다"고 감탄했다. 그래서 부친 소천 후 이사회에 나오라는 김 목사의 부탁에 무조건 순종할 수밖에 없었다.

강 대표는 김 목사가 일 년에 네 번 정도 어린이합창단을 이끌고 미국에 갈 때도 동행했다. 한 번 가면 보통 2~3주를 같이 다니는데, 자신이 미국에 오래 산 데다 운전도 자신 있었고, 또 경제적으로도 제법 여유가 있어 강 대표가 직접 운전하며 김 목사를 편히 모셨다. 그렇게 일 년이면 2개월 정도를 김 목사와 함께 보내다 보니 오히려 혈육보다 함께 지내는 날이 더 길었다.

강은모 대표는 지난 7~8년간 차로 김 목사를 모시고 함께 다니는 동안 개인적으로 더 가까워져 좋은 말씀도 많이 들었다. 강 대표가 가까이서 목격한 김장환 목사는 한마디로 어마어마한 노력파였다. 강 대표는 미국에서 18년이나 유학 생활을 했고 김장환 목사는 그 반도 안 되는 8년 정도를 미국에서 공부했는데, 영어 실력을 보면 자신이 따라갈 수 없을 정도였다. 그는 김 목사가 당연히 영어를 잘하는 줄 알았는데 알고 보니 영어 설교가 잡혀 있는 날이면 밤에 잠도 자지 않고 옆방에 다 들릴 만큼 철저하게 발음과 억양 연습을 하는 모습을 여러 번 보았다.

김 목사가 빌리 그레이엄 목사의 장례식 추도사를 맡았을 때도 강 대표는 미국에 동행했는데, 그때 영어가 자연스럽게 나올 때까지 연습에 연습을 거듭하는 것을 옆방에서 들으며 거저 되는 것은 하나도 없음을 확인했다.

강 대표가 보기에 김 목사의 미국 스케줄은 살인적이라 할 만큼 꽉 차 있었다. 돌이켜 보면 김 목사와 함께한 일이 모두 기적이었다.

어린이합창단을 이끌고 수십 번이나 미국을 다녀왔지만, 아픈 아이 하나 없었고 사고도 한 번 없이 매번 안전하게 다녀왔기 때문이다.

강 대표는 김장환 목사의 경우 연세가 많아질수록 더 훌륭해지는 것 같다고 말한다. 그는 어떤 상황에서도 김 목사가 화내는 모습을 본 적이 없다. 김 목사는 충분히 화를 낼 만한 상황이 벌어져도 전혀 화난 기색조차 보이지 않는 인간 고수 같았다고 한다. 오래전부터 알고 지낸 편한 사이인 만큼 허점을 드러낼 만도 한데 한 번도 그런 일을 본 적이 없었다. 대개의 경우 기사나 비서가 있으면 사생활이 노출되기 마련인데, 김 목사는 비서가 여러 명으로 자신의 삶을 숨길 수 없는 상황에서도 모두 그에게 존경을 표한다는 점도 놀라운 일이다.

미국에서 몇 년을 차로 모시고 다녔다기에 차 안에서는 어떻게 시간을 보내는지, 좀 자면서 휴식을 취하는지 물었다. 돌아온 답은 '한숨도 자지 않는다'였다. 그럼 뭘 하느냐고 물으니, 그때가 바로 김 목사가 비서와 함께 밀린 업무를 보는 시간이라는 전혀 예상치 못한 답이 돌아왔다.

동승한 비서가 편지 온 것을 보고하면 김 목사는 일일이 답장을 해주는데, 분량이 수십 장이나 된다. 도중에 개인 업무는 전혀 보지 않고 답장을 마무리한 뒤에는 다음 만날 사람들에게 또 전화로 미리 연락을 취한다. 김 목사는 그렇게 미리 연락한 사람들과 만나서 교제하고, 헤어진 뒤에는 차를 타고 가면서 또 전화해서 "오늘 만나서 고마웠다"거나 "다음에는 ○○에서 모일 텐데 그때는 참석할 수 있는지?"

등의 얘기를 나누고 작별 인사를 한다고 한다. 이것은 정말 몸에 배지 않으면 누구도 흉내 내기 어려운 김장환 목사만의 특징이다.

강 대표는 김 목사가 미국 국내선 비행기를 꺼리는 이유도 알려주었다. 항공 시간이 딜레이되는 경우가 많아 스케줄이 엉망이 될 위험성이 매우 높기 때문이라고 한다. 비행기 대신 차를 타면 약속 시간이나 집회 시간에 늦을 염려가 없고, 차 안에서 업무도 처리하니 김 목사에겐 안성맞춤이다.

대부분 뒷좌석엔 김 목사와 비서가 타서 일을 처리하고 앞좌석엔 운전하는 강 대표와 일행 중 한 사람이 타는데, 김 목사와 한마디 대화도 못하고 차에서 내릴 때가 많았다. 함께 차를 타고 이동하면 으레 김 목사와 대화를 나눌 수 있겠거니 생각하지만, 사실은 일하느라 바빠서 대화하기가 어렵다고 했다.

2000년, 호주에서 세계침례교연맹 총회장에 선출될 때 강 대표도 김 목사와 몇몇 장로들과 함께 갔다. 그 당시에는 김 목사가 60대 중반이고 장로들은 모두 김 목사보다 나이가 더 많았다. 강 대표는 그때 김 목사가 마치 사단장을 모시는 병사처럼 장로들을 섬기는 모습에 감탄했다. 강 대표의 부친도 여러 장로님을 모시는 김 목사의 모습은 비서의 표본이라 할 정도라고 말했다.

이제 김 목사는 누구와 동행해도 자신보다 연배가 위인 사람이 없을 만큼 나이가 많다. 그런데도 젊은 시절 연세 많은 장로들을 모실 때처럼 지금 젊은 운영위원들을 섬기는 김 목사의 모습을 보고 강 대표는 존경스럽고 감탄이 절로 나온다면서 "그분 흉내만 내도 찬사를 받을 수 있을 것"이라고 말했다.

부친에게 김 목사 이야기를 들은 적이 있느냐고 물었다. 강 대표는 아버지께서 평소 아들들에게 이런 말씀을 자주 하셨다고 회고했다.

"목회자의 길이 얼마나 힘든지 아느냐? 김장환 목사님은 그중에서 가장 모범이 되고 표본으로 삼아야 하는 분이다. 항상 그분께 많이 배워라."

고명진 수원중앙침례교회 담임목사

이 시대의 거목이자 대한민국 교계의 거장인 김장환 목사의 후임으로 안정적이고 모범적인 목회를 해나가고 있는 고명진 수원중앙침례교회 담임목사와 인터뷰가 약속돼 있어 반가운 마음으로 교회를 찾아갔다. 필자와는 고등학교 선후배인데 오늘에서야 처음 대면하는 셈이었다. 전임 목사와 후임 목사 간의 갈등으로 어려움을 겪는 교회가 적지 않은 상황에서 고명진 목사는 모범적인 세대교체로 교회 성장을 이루어 칭찬과 부러움을 한 몸에 받는 인물이다. 그래서 후임으로 정해진 목사들이 조언을 얻기 위해 가장 많이 찾는 교계 선배이기도 하다.

먼저, 김장환 목사와의 만남이 어떻게 이루어졌는지 물었다. 고 목사는 고향과 자신의 신앙 배경부터 먼저 설명했다. 괜찮은 목회자를 여럿 배출한 경북 문경에서 태어난 그는 친가로는 3대, 외가로는 4대째 기독교를 믿는 집안에서 자라 장로교회를 다녔다. 1976년 침례신학교 1학년 때 김장환 목사에게 침례를 받은 인연으로 안양 성결대학교 재학 시절 김장환 목사가 설립한 경기신학교 영어성서과(야간)에 입학했다. 영어를 배우겠다는 일념에 주간에는 신학교에서 공부하고 야간에는 수원으로 달려오는 모습을 눈여겨본 김 목사가 그에게 학생부 전도사 자리를 맡겼다.

성실한 청년 고명진을 눈여겨본 김장환 목사는 그때부터 그를 재목감으로 미리 테스트하고 훈련했는데, 고명진 목사는 그것을 나중에야 깨달았다. 김 목사는 고명진 전도사에게 주일 낮 예배 설교를 맡긴 적도 있었다. 당시는 3부 예배를 드릴 때인데, 1부에서 3부까지 내리 맡기기도 했다. 또 새벽기도 때 나흘 연속 기도를 시킬 만큼 특별한 사랑을 보여서 주변의 질투도 좀 받았다.

김 목사는 당연히 두 아들 중 한 명을 후임으로 세울 것이라는 세간의 예상을 뒤엎고 제자인 고명진 목사에게 담임 자리를 물려주었다. 후임으로 발탁된 비결과 이유가 뭔지 궁금할 수밖에 없다.

김장환 목사가 고명진 목사에게 후임 목사 제의를 처음 한 것은 2002년이었다. 그 당시 오산에서 신나게 목회를 잘하고 있던 고 목사는 김 목사의 작은아들 김요한 목사에게 교회를 맡기는 게 어떠냐고 했다가 "그런 말 하는 사람은 마귀"라는 핀잔을 들었다고 한다.

김 목사가 생각하는 후임 목사의 기준은 세 가지였다. 첫째는 김 목사를 잘 아는 사람, 둘째는 수원중앙침례교회를 잘 아는 사람, 셋째는 국제 감각이 있는 사람이었다. 앞의 두 가지에는 누구보다 부합했지만, 고 목사는 유학파가 아니라서 국제 감각을 갖췄다고 자신할 수는 없었다.

하지만 필자가 보기에 고 목사는 실력은 물론 친화력 넘치는 온화한 인품에 성실함까지 겸비한 리더로서 김장환 목사의 후임으로 그보다 나은 이는 없었을 것이다. 그리고 김 목사의 선택은 한 치의 오차도 없이 정확했다. 전임자와 후임자 사이에 아무 갈등 없이 서로를 인정하고 자랑하는 모습은 모든 교회의 귀감이라 할 수 있다.

필자는 다음 질문으로 김장환 목사처럼 카리스마가 대단한 목사가 전임목사이니 어려운 점도 있지 않느냐고 물었다. 고 목사는 김 목사가 중학교 때부터 미국에서 공부해 미국적 사고를 지닌 분답게 인사권과 재정권을 후임에게 다 넘겨주고는 큰아들이 목회하는 교회에 출석하며 수원중앙침례교회에는 아예 오지 않는다고 했다. 그나마 미리 간절히 부탁해야 1년에 한두 번쯤 와서 설교하는데, "교회는 담임목사 중심으로 돌아가야 한다"며 주보에 고명진 담임목사의 이름을 먼저 쓰고 그다음에 원로목사인 자기 이름을 넣으라고 할 만큼 김 목사는 겸손하고 쿨한 분이다.

후임의 목회에 전혀 관여를 안 해서 고 목사가 "이런 문제가 있는데 어떻게 생각하십니까?" 하고 여쭤보면 김 목사는 그제야 자기 생각을 털어놓는다. 그러면서도 김 목사는 "내 세대는 여기서 끝이야" 하며 뭐든지 알아서 하라고 한다.

마지막으로 김장환 목사의 리더십은 어떤 유형인지에 대해 물었다. 고 목사는 하나님이 김장환 목사를 세계적인 인물로 사용하신 이유가 있다고 말했다. 하나님이 김 목사를 그렇게 사랑하시는 이유는 그가 '철저한 복음주의자'이기 때문이라고 했다. 박정희 대통령을 비롯한 역대 대통령들과 현재 윤석열 대통령에 이르기까지 누구나 가릴 것 없이 만날 때마다 김 목사는 복음 전하는 일을 최고의 사명으로 알고 실천한다. 김 목사는 "만일 어떤 사람이 예수만 믿는다면 나는 그의 발바닥도 핥을 수 있다"는 말을 자주 했다.

고명진 목사는 재미있는 일화를 하나 소개했다.

국회의원과 문교부 장관, 국회부의장을 역임한 민관식 씨는 우리나라 스포츠계의 아버지 같은 인물이다. 어느 날, 김장환 목사가 그를 만나 예수를 믿으라고 전도했다. 그때 민관식 씨가 이렇게 제의했다고 한다.

"당신이 내가 주는 포도주를 한 잔 마시면 교회에 나가겠소!"

그러자 김 목사가 즉시 "한 잔 주세요!" 하고는 포도주를 단숨에 마셔버렸고, 민관식 씨 부부는 약속대로 교회에 출석했다. 너무 통쾌하고 감동적인 일화를 들으니 바울이 한 말이 떠올랐다. 바울은 그들의 영혼을 얻을 수만 있다면 '유대인들에게 유대인같이 되고 이방인들에게는 이방인같이 되는 것'도 불사하겠다는 심정으로 전도했다(고린도전서 9:20). 천하보다 소중한 한 영혼이 주님께 돌아오기만 한다면 그동안 철칙처럼 지켜온 금주라는 규율도 잠시 깰 수 있음을 보여준 김장환 목사의 강단 있는 결단력에 고개가 절로 숙여진다.

김장환 목사가 포도주를 마신 이유는 무엇일까? 그동안 자신이 지켜온 금주 규율을 한순간 내려놓아 소중한 한 영혼이 구원받을 수 있다면 그 정도는 자신이 희생할 수 있다는 생각에서 한 행동이 아니겠는가? 민관식 씨 부부는 어떻게 그 일이 있고 바로 다음 주일부터 김 목사의 교회에 출석해서 천국에 입성했을까? 영혼 구원을 위해서라면 목숨보다 소중하게 생각하는 신앙 철칙까지도 잠시 내려놓을 수 있다는 김 목사의 결심을 이해했기 때문일 것이다.

김장환 목사의 놀라운(?) 행동으로 말미암아 민관식 씨 부부와 자녀들은 물론 그 후손들과 그 밖의 알지 못하는 다른 이들까지 하나님의 자녀가 되었을 테니, 역시 하나님이 사용하시는 큰사람은 달라도 많이 다르다는 것이 새삼 느껴지는 일화였다. 아울러 참예배와 헌신과 온전한 그리스도인의 삶이 무엇인지에 대해 새롭게 도전받는 시간이었다. 하나님이 사용하시는 위대한 일꾼들과의 교제는 항상 기쁘고 유익하고 행복하다.

공부영 아나운서 / 전 극동방송 이사

극동방송의 간판으로 부시 대통령 부자와 김영삼·김대중 대통령, 김종필 국무총리 등을 인터뷰했고, 1996년 한국방송대상 아나운서상을 받았던 공부영 이사를 만났다. 공 이사는 김장환 목사와 함께한 지 워낙 오래된 극동방송의 산증인이다.

공 이사는 1973년 빌리 그래함 전도대회에 참석해서 김장환 목사의 설교를 처음 들었다. 당시 뜨거운 아스팔트 위에 책과 노트를 깔고 앉아서 설교를 들으며 김 목사에게 매료되었다. 이때 설교는 빌리 그레이엄 목사가 했지만 공 이사에게는 김 목사가 설교하고 옆에서 빌리 그레이엄 목사가 영어로 통역하는 것처럼 들렸다고 한다. 영어를 못 알아듣는 사람들에게는 지극히 자연스러운 반응이다.

2년 뒤인 1975년, 공 이사는 극동방송의 정식직원으로 입사했다. 그즈음 야외 행사에 녹음을 하러 나가면 '아세아방송'이라는 처음 보는 방송사에서도 나와 있는 것을 보게 되었다. 그리고 다시 2년 뒤인 1977년 1월, 아세아방송과 같이 간다는 개념에서 김장환 목사가 극동방송 사장으로 부임했다.

이에 따라 가까이에서 김 목사를 대면하게 되었다. 그 당시에는 외국인이 대표로 있었기 때문에 젊은 한국 사장이 부임하자 직원들의 기대가 컸다. 김 목사는 단단해 보이고 바늘로 찔러도 피 한 방울 안 나올 것처럼 차갑게 보였다. 전임자들도 헌신을 많이 하고 훌륭했지만 선교자금 자체가 좀 느슨하게 운영된 측면이 있었는데 새로 부임한 김 목사는 재정을 매우 철두철미하게 운영했다.

얼마 되지 않아 아세아방송에서는 보너스를 주는데 극동방송은 여건이 안돼 직원들에게 보너스를 주지 않을 거라는 소문이 돌았다. 김장환 목사 역시 그 체계를 지속할 것이라는 이야기가 돌면서 직원들이 동요하기 시작했다. 김 목사가 사장으로 부임하면서 내심 변화에 대한 기대가 컸는데 그것이 한낱 기대로 끝날 수도 있었기 때문이다. 그 당시는 송신소가 기계화되지 않아 거기에서 근무하는 인원이 열댓 명이나 되고 모두 남자들이어서 입김이 센 편이었다. 송신소에 근무하는 직원들이 송신소에 딱 한 명만 남기고 모두 방송국으로 와서 면담을 요구함에 따라 새로 부임한 김장환 목사와 직원들 사이에 첫 면담이 이루어졌다.

채플룸에 모두 모여 사장을 기다리던 중 가장 연장자인 송신소 소장이 공 이사에게 "여자이기도 하고 부양할 가족도 없으니 설사 밉게 보여 잘리더라도 큰 문제가 없지 않으냐"며 총대를 메고 사장에게 발언을 좀 해달라고 부탁했다. 기질상 불의하거나 비합리적인 일을 보면 그냥 넘기지 못하는 터라 공 이사는 죽으면 죽으리라는 에스더의 심정으로 마음을 다잡았다.

그때 김 목사가 문을 열고 들어오는데 얼마나 당당해 보이던지 공 이사도 잠시 움츠러들 정도였다. 김 목사가 먼저 말문을 열었다.

"오늘 여러분이 나와 대화를 원했다고 하는데, 좋아! 누가 먼저 말해볼래요?"

그러자 직원들은 모두 고개를 숙인 채 아무 말도 못했다. 국장들도 바닥만 쳐다볼 뿐이었다. 점점 공 이사가 나설 수밖에 없는 분위기가 조성되었다. 자신이 나설 수밖에 없다는 것을 확인한 공 이사가 마침내 자리에서 일어났다. 그 순간 모든 직원이 공 이사를 쳐다보았다. 공 이사는 너무 떨렸지만, 웃으며 창밖을 한 번 쳐다보고는 이렇게 말했다.

"목사님, 그래도 저희가 대화를 원한다니까 이렇게 와주셔서 정말 감사합니다. 정말 멋지고 근사한 분이시라고 생각했습니다. 아세아방송이 극동방송으로 흡수되기도 했고, 건물도 극동방송이 더 크고 인원도 훨씬 더 많은데 아세아방송만 보너스를 준다고 하니 모두가 섭섭해하고 있습니다. 이건 도리에 맞지 않는 일이라 생각합니다."

그렇게 용기를 내어 하고 싶은 말을 다 했다. 그러자 김 목사는 "아세아방송의 봉급 체계는 보너스를 위해 조금씩 적립하는 형태지만, 극동방송은 그런 준비가 전혀 안 돼 있어 보너스를 줄 수 없는 것"이라고 설명했다. 방송만 하다 보니 방송국의 재정 현황을 잘 알지 못했던 공 이사로서는 반박하기 어려운 내용이었다. 그래도 다행인 것은 김 목사에게 "어떻게든 보너스를 50%는 받을 수 있게 애써 보겠다"는 약속을 받아냈다는 점이다.

모두가 다행이라는 눈짓을 했다. 김장환 목사는 워낙 발이 넓어서 직원들이 모두 사표를 낸다고 해도 꿈쩍도 안 할 게 뻔했다. 그래서 50% 보너스를 받는 것으로 만족해야 했다.

면담이 있고 한 달쯤 지난 어느 날, 『죽으면 죽으리라』의 저자 안이숙 여사가 서울에 와서 공 이사는 인터뷰를 하러 그분이 묵고 있는 호텔로 갔다. 그런데 호텔 로비에서 우연히 김장환 목사와 맞닥뜨렸다. "여긴 어쩐 일이냐"는 물음에 자초지종을 말하니, 김 목사는 다시 "인터뷰가 얼마나 걸리겠느냐"고 물었다. "30분쯤 걸릴 것 같다"고 대답하니, "끝나고 스카이라운지로 오면 커피 한잔 사주마" 했다.

잠시 후 안이숙 여사의 방에서 인터뷰 중인데, 노크 소리가 들리더니 호텔 직원이 과일 바구니를 들고 들어왔다. 그것은 김장환 목사의 이름으로 안이숙 여사에게 보내는 선물이었다. 공 이사는 김 목사와 함께 일하면서 그런 점이 그의 큰 장점 중 하나라는 것을 알게 되었다. 김 목사의 배려와 순발력은 누구도 따라갈 수 없을 정도로 대단했다.

인터뷰를 마치고 공 이사는 김 목사와 스카이라운지에서 커피를 마셨다. 그 자리에서 김 목사가 한 달 전에 있었던 면담 이야기를 꺼냈다. 김 목사는 직원들의 면담 요청에 차가운 마음으로 대화를 시작했는데, "정말 멋지고 근사한 분이시라고 생각했다"는 공 이사의 한마디에 마음이 눈 녹듯 녹아버렸다는 사실을 그때 비로소 이야기해주었다.

당시 김 목사는 매일 방송을 켜놓고 모니터를 했다. 그래서 공부영 아나운서의 목소리가 참 좋다고 느꼈고, 극동방송의 간판이라 생각하고 있었다. 그렇게 생각하는 직원이 자신을 좋게 표현하니 마음이 상당히 누그러졌고, 결과적으로 그 표현이 '보너스 50% 약속'을 끌어낸 셈이었다.

이후로 공 이사는 김 목사에게 가끔 "직원들 칭찬을 좀 해주면 좋겠다"고 부탁했다. 김 목사가 칭찬에 인색하다는 것을 잘 알고 있었기 때문이다. 그러면 김 목사는 이렇게 대꾸했다.

"잔소리하지 않으면 다 칭찬이지 뭐!"

그런 김 목사인 만큼 아주 가끔 어깨를 한번 쳐주거나 "오늘 수고했다!"고 한마디 해주면 그 기쁨이 일 년씩이나 갔다.

평소 입바른 소리를 잘하는 공 이사는 김 목사에게도 대들고 따질 때가 있었다. 그 모습을 본 당시 부사장이 "이건 하극상이니 잘라야 합니다!" 하고 나섰는데, 김 목사가 "그 친구야말로 충신입니다!" 하며 말렸다고 한다. 목소리 좋은 극동방송 간판 아나운서인 데다 따지기를 잘하는 기질을 간파한 김 목사의 통 큰 배려심이었다고밖에는 해석할 길이 없다.

공 이사는 불합리하다고 생각하는 일은 어김없이 따지고 반박했지만, 지나고 보니 김 목사의 생각과 판단이 모두 옳았다는 것을 절감했다. 그것을 알고 난 이후부터는 김 목사에게 반기를 들지 않았다.

1996년, 공 이사는 아나운서로서 일생에 한 번은 꿈꿀 만한 한국방송대상 아나운서상을 수상했다. 그날 수상을 축하하기 위해 김장환 목사와 직원들이 현장에 도착했는데, 난처한 일이 발생했다. 수상 순서가 너무 뒤여서 그날 출국 예정인 김 목사가 다급한 상황에 처한 것이다.

생방송이 진행되는 동안 김 목사는 뒤에 서서 쭉 지켜보고 있었다. 웬만큼 기다리다가 갈 만도 한데 김 목사는 자기 직원이 수상하는 것을 끝까지 보고 난 뒤 공항으로 출발했다. 엄청난 카리스마와 냉정해 보이는 리더십의 소유자이면서도 굉장히 따뜻하고 섬세한 배려심을 갖춘 리더임을 잘 보여주는 대목이다.

사실 김장환 목사처럼 스케일이 큰 리더는 흔치 않다. 이런 분들은 워낙 통이 크다 보니 큰 방향만 정해주고 나머지는 아랫사람들에게 맡기기 마련인데, 김 목사는 스케일도 크지만 디테일에도 아주 강한 분이라는 것이 공 이사의 말이다.

우리나라에서는 성탄절이나 설날에는 선물이 많이 오가지만 부활절이나 추수감사절엔 선물을 별로 하지 않는다. 극동방송에서는 바로 이때 지인들에게 선물 바구니를 보낸다. 예쁜 바구니를 사서 직원들이 그 안에 사탕, 쿠키, 외국 소스 같은 선물을 넣은 뒤 한꺼번에 택배로 부치는 것이다.

한번은 선물 바구니에 들어갈 케이크를 김 목사와 함께 먹어보았는데, 가루가 부서지는 것을 보더니 케이크 대신 차라리 초콜릿으로 보내라고 했다. 공 이사의 입에는 케이크 맛이 별로 나쁘지 않았는데, 세계 최고급을 맛봐온 김장환 목사의 명이 떨어졌으니 1차 선물은 준비한 케이크를 그냥 보내고 2차는 초콜릿을 주문해서 보냈다. 김 목사는 그렇게 선물로 보내는 작은 것 하나까지 철저히 체크해서 오케이를 할 만큼 세심했다.

젊은 시절 극동방송의 간판 아나운서였던 공부영 이사는 지금도 현역처럼 일한다. 김 목사가 좋은 자리에 책상까지 놔주어서 자유롭게 후배들을 격려하며 도울 수 있어 정말 감사하다고 했다. 공 이사는 극동방송 직원들이 겸손을 겸비한 만능인이라고 자랑한다. 여느 방송국 직원들이 프로그램을 하나 맡아서 하는데도 쩔쩔매는데, 극동방송 직원들은 섭외도 해야 하고, 꽃바구니도 만들어야 하고, 목요일에는 운영위원 조찬기도회도 나온다. 또 남자들이 와이셔츠 소매를 걷고는 국 푸고 밥 푸고 배식까지 하는데, 어찌나 일을 잘하는

지 식사하는 손님들이 용역회사 사람들인 줄 알았다고 할 정도다. 공 이사도 외국에서 손님이 오면 공항에 나가 꽃목걸이를 목에 걸어 주고 환영하는 역할까지 해보았다고 털어놓는다. 이 모든 것이 김장환 목사의 가르침과 훈련에서 비롯된 것이라면서.

따지기를 좋아하고 깐깐한 공부영 이사와의 인터뷰를 통해 김장환 목사의 큰 스케일과 아울러 아버지같이 따뜻하고 인간적인 리더십을 확인할 수 있었다. 김장환 목사는 분명 특별한 리더다.

권모세 (주)더헤븐 리조트 회장

최고의 경치와 전망을 자랑하는 기막힌 장소에서 아주 귀한 분과 만났다. 주인공은 극동방송 운영위원장을 역임한 (주)더헤븐 리조트 권모세 회장이다. 삼면이 바다로 둘러싸인 경기도 안산 대부도에 자리한 (주)더헤븐 리조트 골프장은 절로 감탄이 나올 만큼 아름다운 자연경관을 자랑한다. 가히 대한민국에 단 하나뿐인 천혜의 장소라 할 만하다.

이곳은 '한국의 페블비치'로도 불릴 만하다. 바다에서 바로 깎아지른 듯한 링크스 코스의 아찔함을 통해 진정한 골프의 묘미를 즐기고, 망망대해 한가운데 서 있는 듯 탁 트인 바다가 너른 시야를 틔워주는 곳이 바로 (주)더헤븐 리조트다.

회장실에서 만나 김장환 목사를 어떻게 생각하느냐는 필자의 첫 질문에 권모세 회장은 '영웅 중의 영웅'이라고 추켜세웠다. 이유가 뭐냐고 물으니 여러 가지 이야기를 들려주었다. 먼저 그는 이미 알려진 이야기지만 미국의 카터 대통령이 우리나라에 와서 박정희 대통령과 1차 정상회담을 한 뒤 분위기가 어색하고 난처해졌을 때의 일을 언급했다. 당시 카터 대통령은 주한미군 철수와 감축을 고집했는데, 박 대통령이 이를 반대하면서 두 나라 사이에는 냉기가 감돌았다.

이렇게 냉랭한 분위기에서 카터 대통령의 마음을 녹여서 2차 정상회담을 성공적으로 마치게 한 인물이 바로 김장환 목사였다. 이런 시도나 결과는 세계 외교사 어디에도 찾아보기 어려운 일이다. 미국 대통령이 고집하는 주한미군 철수나 감축으로 대한민국에 도래할 엄청난 비극과 불행을 막은 이가 김장환 목사였다는 것을 사람들은 알기나 할까?

카터 대통령이 주한미군 철수나 감축 카드를 사용하지 않게 만든 결과도 놀랍지만, 그런 엄청난 열매를 가져온 김 목사의 설득 방식 이야말로 정말 대단하다고 권 회장은 말했다. 한낱 목사가 세계 최강국 대통령에게 정치적 부탁이 아니라 신앙적 부탁, 즉 박정희 대통령을 전도해달라는 부탁을 함으로써 기독교인인 카터 대통령의 마음을 누그러뜨렸다는 점이 신의 한 수였다. 그래서 권 회장은 미국과 대한민국 사이의 가교 역할을 탁월하게 감당한 김 목사를 '영웅 중의 영웅'이라고 칭한 것이다.

김장환 목사를 가까이에서 모신 경험이 많은 권 회장은 김 목사를

'순간적인 상황판단의 귀재'라고도 칭찬했다. 권 회장의 지인인 탤런트 김영철 씨는 김 목사를 '궁예의 관심법'을 지닌 인물이라 표현했다고 한다. 권 회장은 신앙적으로 말하면 김 목사는 '영적으로 탁월한 혜안'을 지닌 인물이요, '하나님이 함께하시는 임마누엘의 리더'라고 말했다.

또 권 회장은 김 목사를 '근검절약의 챔피언'으로 소개하기도 했다. 김 목사를 아는 지인들은 그를 '수원 짠돌이'라 부른다. 권 회장이 김 목사를 가까이에서 모시며 느낀 점은 근검절약이 몸에 밴 분이라는 것이다. 한 예로 모임을 하고 나서 판촉물이 남았는데, 김 목사가 그것도 버리지 않고 다음에 쓰도록 모두 챙기는 것을 보았다. 권 회장은 "그런 근검절약 정신이 없었다면 오늘의 극동방송은 존재하지 않았을 것"이라고 힘주어 말했다. 그는 여러 면에서 김장환 목사를 국가와 민족을 위해 살아오신 영웅으로 존경한다고 말했다.

김장환 목사에 대한 권모세 회장의 사랑과 존경은 타의 추종을 불허한다. 필자는 권 회장과 처음 만나고 그다음 날 전화 통화를 했다. 권 회장은 자신이 세 사람을 존경하는데, 두 분은 순교자이신 주기철·손양원 목사이고 나머지 한 분이 김장환 목사라고 말했다. 주기철 목사와 손양원 목사는 책이나 설교를 통해서 알게 되었다면, 김장환 목사는 그가 직접 교제와 대화를 통해서 깊이 경험한 분이다. 직접 만나 대화하면서 느끼고 알게 된 김 목사는 권모세 회장에게 믿음 영웅 중의 영웅이 틀림없다. 큰바위얼굴 김장환 목사를 닮아

권모세 회장도 하나님께 크게 영광 돌리는 '영웅 기업인'으로 우뚝 서기를 바란다.

김기수 (주)알바트로스 대표이사

김기수 대표는 목포의 중심가 명륜동에서 태어나 유년 시절을 보냈는데, 그곳에 몇 개의 교회가 있었다. 김 대표의 할머니는 소녀 시절부터 새벽 종소리가 울리면 일어나서 성경책을 들고 교회에 갈 만큼 독실한 기독교인이었다. 할머니가 매일 새벽 교회에 가는 모습을 지켜보며 자란 김 대표는 주일학교 시절부터 열심히 교회에 출석했다. 그런데 초등학교를 졸업하고 서울로 올라온 이후부터는 교회를 나가지 않았다.

김 대표의 할아버지는 『천자문』을 떼게 하고 『사서삼경』도 읽게 하려고 손자가 학교 갔다 와서 그 책으로 공부하면 꼭 용돈을 쥐어주었다. 『천자문』과 『사서삼경』을 공부하며 김 대표는 교회와 점점 더 멀어졌다. 그렇게 서울에서 살다가 다시 광주로 이사 오고 난 뒤 이복형의 전도로 광주순복음교회에서 본격적으로 신앙생활을 하기 시작했다.

김 대표는 먼저 극동방송과 김장환 목사를 처음 알게 된 때를 떠올렸다. 그는 1973년 빌리 그래함 전도대회가 개최되는 것을 극동방송을 통해 처음 알았다고 했다. 또 쉰여섯 살쯤에 극동방송 라디오에서 흘러나오는 김장환 목사의 목소리를 처음 들었고, 김 목사를 본격적으로 알게 된 것은 광주극동방송 운영위원회 임원이 되면서부터였다. 김 대표는 방송에 애착이 많아서 광주극동방송 운영위원장으로 13년째 일해왔다.

김 대표는 '김장환 목사는 어린 시절부터 하나님이 일찍 콜링해주셔서 유학을 다녀오게 하셨는데, 왜 나는 이렇게 오랜 세월 내버려두었다가 늦게 불러주셨을까' 하는 원망을 많이 했다고 한다. 왜 좀 더 일찍 자신을 선택하시지 않았는지 원망하다가 가만 생각해보니 그동안 하나님이 깨닫게 하신 때가 많았는데, 자신이 무지해서 제대로 몰라 고생을 많이 했다는 사실을 뒤늦게나마 이해하게 되었다.

김 대표는 광주극동방송 운영위원장으로 일하며 가까이에서 본 김 목사의 특징을 말해주었다. 우선 김 목사가 목회자이면서도 낮은 자세로 평신도들을 섬기는 서민적 삶을 몸소 실천하는 모습에 감동을 받았다. 대통령에서부터 가난한 이웃들에 이르기까지 가리지 않고 만나면 전도부터 하고 위로하고 기도해주는 모습이 매우 인상적이었다.

또 하나, 외적으로는 따뜻하고 부드러우면서도 내적으로는 강력한 리더십과 파워가 숨어 있다는 것도 알게 되었다. 김 대표는 이것을 '소프트 파워 리더십'이라 불렀다. 그런 장점이 있는 리더십의 소유자이기에 하나님이 김장환 목사를 크게 사용하신다는 것을 곁에서 보고 절감했다.

하나님이 말씀 속에서 강조하신 원리대로 사람을 대하는 김 목사의 모습에 김기수 대표는 크게 감동했다. 아울러 항상 무릎 꿇고 하나님께 기도로 여쭤보는 모습도 인상적이라고 말했다. 언제나 성령님이 김 목사와 함께하시고 지혜와 영감과 통찰력과 명철함이 그 속에서 발휘되는 이유가 바로 그런 모습에 있음을 김 대표는 잘 헤아릴 수 있었다. 예수님이 말씀하신 대로 정직, 성실, 근면, 검소를 생활화하는 진실한 인격을 지닌 김장환 목사가 기업을 운영하는 김 대표에게는 여전히 많은 도전을 던져주는 지표다.

김병종 화가 / 가천대 석좌교수

김병종 교수는 신앙 좋은 모친 덕분에 김장환 목사를 알게 되었다. 1973년, 어머니는 빌리 그래함 전도대회 이야기를 꺼냈다. "미국에서 세계적인 목사님이 와서 설교하고 영어 잘하는 김장환 목사님이 통역한다니 꼭 가서 말씀을 들어야겠다"는 어머니의 얘기 덕분에 김 교수는 김장환 목사에 대해 관심을 가지게 되었다. 그러다가 본인도 그림으로 명성을 얻으면서 극동방송의 〈만나고 싶은 사람 듣고 싶은 이야기〉에 출연 요청을 받아 김 목사와의 교제가 시작되었다.

오정현 목사가 시무하는 사랑의교회 교인이기도 해서 교제를 이어오다 10년 전에는 극동방송 갤러리에서 김 교수의 작품을 전시하면서 김 목사와의 관계가 더욱 깊어졌다. 마이크 펜스 전 미국 부통령이 왔을 때는 김 목사를 통해 자신의 작품을 증정한 일도 있었다.

김 교수는 무엇보다 "믿음의 터가 견고해야 하늘을 바라볼 수 있다"는 세계관을 사람들에게 심어주려는 김 목사의 모습에 매료되었다고 말한다.

김장환 목사의 장점이 뭐라고 생각하느냐는 질문에 김 교수는 여러 가지 답을 내놓았다. 우선 김 목사가 사람을 존대하는 모습이 인상적이었다고 한다. 몇 달 전 오정현 목사의 아들이 국제교회를 개척할 당시 축사하는 것을 보았는데, 손자보다 더 어린 오 목사의 아들에게 경어를 사용하는 모습이 참 보기 좋았다. 김 교수는 이것이 김 목사가 젊게 사는 이유가 아닐까 생각한다고 했다.

김 교수는 또 김장환 목사의 애국심에 놀라곤 한다. 그는 과거 평양에서 대부흥운동이 일어났어도 공산정권이 나라를 잡으니 교회가 다 폐쇄되는 것을 보며 국가가 건강하게 발전하는 것이 너무도 소중하다고 느꼈고, 김장환 목사의 남다른 애국심을 볼 때 정말 작은 거인이라고 생각했다. 특히 극동방송 〈만나고 싶은 사람 듣고 싶은 이야기〉에 출연했을 때, 김장환 목사가 틀에 매이지 않고 격의 없이 자연스럽게 질문하고 대화하는 모습이 참 인상적이었다.

아울러 김장환 목사가 현대 젊은이들에게 절실한 '부권적 카리스마'를 지녔다는 점도 간파했다. 김병종 교수는 자신의 어머니가 부권적 카리스마로 어릴 때부터 다섯 형제에게 신앙교육을 시켰는데, 지금은 그런 '어른의 목소리'를 듣기가 어려워 이 나라에 문제가 많다고 지적한다. 시대적으로 강하고 임팩트 있는 어른의 목소리가 필요한데, 김장환 목사가 바로 그런 목소리를 낼 수 있는 드문 어른이라고 말했다.

　김 교수는 김장환 목사가 장수하실 것 같다고 말하며, "부디 김장환 목사님이 오래도록 건강하게 장수하셔서 대한민국 모든 국민에게 귀감이 되시기를 바란다"고 덕담했다.

김영혜 전 극동방송 국장

김영혜 전 국장이 극동방송과 인연을 맺은 것은 1982년의 일이다. 그는 대학교를 졸업한 뒤 공채로 합격해서 3월 1일에 극동방송에 첫 출근을 했다. 모태신앙이지만 대학교 2학년 때 캠퍼스에서 주님을 제대로 영접하고, 성경공부를 하며 만돌린으로 연주하는 선교단체에서 군부대와 교도소를 찾아가 예배드리고 전도도 열심히 했다. 당시는 대학 졸업한 여자들은 결혼만 잘하면 된다고 생각하는 사람들이 적지 않았는데, 김 국장은 그렇게 되면 자기 발전이 전혀 없으리라는 생각에 직장 생활을 하기로 결심했다.

　김 국장은 직장을 선택할 때 하나님을 절대 잊어버릴 수 없는 곳, 전공인 영어를 활용할 수 있는 곳을 놓고 기도했다. 이때 마지막 조건이 가장 먼저 오라는 곳에 가겠다는 것이었는데, 그곳이 바로 극동방송이었다. 그렇게 김장환 목사의 비서로 취직했는데, 김장환 목사에 대해서는 조금 알았지만 극동방송이 무엇을 하는 곳인지는 사실 잘 몰랐다.

앞서 두 군데에 이력서를 넣었다가 떨어지고 난 뒤 가장 먼저 오라는 곳으로 가겠다고 하나님께 약속했기에 어머니가 내심 다른 곳으로 가기를 원하는데도 극동방송으로 최종 결정을 했다. 그런데 문제가 하나 생겼다. 직원 건강검진 결과 폐결핵이라는 진단이 나온 것이다. 공채로 겨우 뽑아놓은 비서가 폐결핵이라니, 모두 충격을 받았다. 극동방송보다 집에서 더 난리가 났다. 과년한 딸이 폐결핵이면 결혼도 힘들고 하니 당장 일을 그만두라고 했다.

김장환 목사는 "우리 교인들 중에도 폐결핵 환자가 있다. 약 먹고 1년쯤 지나면 나을 테니 집에 가서 한 달만 쉬고 다시 나오라"고 했다. 그때 기침은 하지 않았지만, 같은 공간에서 결재도 받고 해야 하는데 폐결핵을 옮기면 큰 문제가 될 수 있는 상황이었다. 비서를 다시 뽑으면 되는데 김 목사는 그녀가 그만두는 것을 바라지 않았다.

만약 그때 그만두라고 했으면 그녀의 미래가 어떻게 달라졌을지 모른다. 김 국장은 "모든 게 다 하나님의 역사였음을 절감한다"고 고백했다. 폐결핵 진단 사건을 겪으며 그녀는 김장환 목사에 대해 더 많이 알게 되었다. 생각이 상당히 합리적이고 마음이 넓다는 것을 경험한 것이다.

김 목사의 말대로 김 국장은 약을 먹은 지 1년 만에 폐결핵이 완치되었다. 그리고 3년 뒤 결혼하고 신접살림을 대전에서 하게 되어 퇴사하고 집에서 지내고 있었는데, 후임자 교육이 제대로 이루어지지 않자 김 목사가 일주일에 두 번 정도 올라와서 후임 교육도 하고 도와달라고 부탁했다. 그녀는 당시 아이도 없고 해서 그 부탁을 받아들여 극동방송에 복직했다. 원칙주의자인 남편이 반대했지만, 당시 환경이 그렇게 되어가는 바람에 김 국장은 오랜 세월 김 목사의 비서로 일하게 되었다.

김 국장은 복직하면서 월급을 정직원일 때 받던 대로 책정해준 배려에 감동을 받았다. 그 당시 김 목사는 그녀에게 "남편 월급이 얼마냐"고 가끔 물었는데, 자신의 비서가 남편 월급보다 적게 받는 것을 몹시 싫어할 만큼 자부심이 강해서였다.

사실 가난한 집안으로 시집가는 바람에 일을 하긴 해야 하는데 아이가 생기면 어떡하나 염려하던 차에 모친이 "김 목사님이 필요하다고 부르시면 내가 도와줄 테니 일하라"고 해서 계속 일하기로 했다. 그러던 중 정말 아이가 들어섰다. 대전에서 오가면 몸에 무리가 될 것 같아 그만둘까도 생각했지만, 이제 일을 제법 잘하게 된 마당에 그만두기도 아까워서 고민만 하고 있었다. 그때 모친이 "아이는 내가 봐줄 테니 극동방송 근처에 집을 구해서 다니라"고 권했다. 그래서 그녀는 방송국 근처에 집을 얻었고, 남편과는 주말부부로 지냈다.

김영혜 국장은 그렇게 4년간 서울에서 일하다가 1988년에 다시 대전으로 갔다. 주말부부로 지내다 보니 남편이 아들을 자주 볼 수 없었기 때문이다. 그래서 사정을 설명하고 대전으로 가겠다고 하니 김 목사는 "가정이 가장 중요하다"면서 그렇게 하라고 허락했다. 그런데 대전에서 가정주부로 산 지 두 달쯤 지났을 때, 신기하게도 바로 그때 극동방송 대전지사 허가가 났다. 그 일을 위해 김 목사가 여러모로 애썼지만 정말 허가가 날 줄은 몰랐는데 바람대로 된 것이다. 그래서 김 국장은 다시 일을 하게 되었지만, 그 일이 그녀에게는 개척교회를 시작하는 것과 마찬가지로 힘든 나날의 시작이기도 했다. 당장 사무실도 없고 돈도 없는 상황에서 일단 후원할 교회 주소를 다 받아서 대전에 극동방송 허가가 났다는 것을 목회자들에게 편지로 알리기로 했다.

당시 김 국장은 700~800통의 편지를 남편과 함께 풀로 붙여서 대전 목회자들에게 돌리는 등 고생을 많이 했다. 그렇게 사무실도 없이 1년의 준비 기간 동안 일하다가, 당시 대전의 유력 인사였던 이병익 장로 소유의 상호신용은행 2층에 사무실 하나를 얻어 출근하기 시작했다. 그렇게 김 국장은 대전극동방송 설립추진위원회 행정과장이 되었다.

김장환 목사가 직원들에게 늘 강조하는 말이 "자원봉사자와 물질로 후원하는 전파 선교사, 운영위원 모두 소중한 사람들이니 잘 섬기라"였다. 김 국장은 그렇게 철저한 교육을 받고도 바쁘다 보면 그분들의 소중함을 잊어버릴 때가 종종 있었다고 말했다. 김영혜 국장이 김장환 목사의 비서로 일하면서 가장 힘들었던 것 중 하나는 김 목사에게 걸려 오는 전화는 어떤 경우에도 바꿔주어야만 한다는 원칙이었다. 김 목사는 자신이 통화 중이더라도 전화한 사람에게는 누구냐고 절대 묻지 말고 잠깐만 기다리라고 한 뒤 반드시 바꿔주게 했다. 전화를 건 이가 누구든 그는 김 목사의 양이고 자신은 목자라는 개념이 있었기 때문이다.

김 목사가 어디서 어떻게 배워서 터득했는지 몰라도 비즈니스적인 사고를 지니고 있었음이 분명하다고 김 국장은 말했다. 김 목사는 해외를 다녀오면 거기서 만난 사람들의 명함을 주면서 잘 관리하라고 하고, 또 비행기에서 만난 스튜어디스들의 주소를 주면서 책이나 전도지를 보내라 할 때도 있었다. 비행기를 타든 무엇을 하든 김 목사의 머릿속에는 항상 복음을 전해야 한다는 생각이 가득한 것 같았다.

한번은 홍수가 나서 인천 송신소가 물에 잠긴 적이 있었는데, 그때 송신소장이 중요한 부품만 간신히 챙기고 다른 것은 모두 물에 잠겨버렸다. 그래서 방송이 완전히 중단되었고, 당시 공부영 이사는 "이제는 끝났다"며 좌절했다. 물에 잠겼던 부품을 말리고 수리해서 다시 방송하려면 상당 기간 손을 놓을 수밖에 없다고 다들 생각했다. 그런데 그다음 날 김 목사가 와서는 "이건 주저앉으라는 것이 아니라 오히려 테이크업 할 수 있는 절호의 찬스"라며 김 국장에게 외국에 도움을 요청하는 편지를 보내라고 해서 수백 통을 써서 보냈다. 홍수로 모두 절망에 빠져 있을 때 그 상황을 오히려 테이크업 할 기회로 보고 일을 추진하는 김장환 목사의 모습에서 김 국장은 진정한 리더의 모습을 발견했다.

직원들에게 월급을 줄 수 없는 형편이었던 적도 있는데, 그럴 땐 지출을 완전 스톱시켜 월급을 모으기도 하고, 그렇게 해도 안 될 때는 운영위원을 조직해서 월급이 중단되지 않게 하기도 했다. 김영혜 국장과의 인터뷰를 통해 다시 한번 김 목사의 리더로서의 모습과 깊은 배려심을 확인할 수 있었다.

김요셉 원천침례교회 담임목사 / 김장환 목사 장남

김장환 목사의 장남으로서 부친에 대한 평가를 하기는 쉽지 않겠지만, 아버지 김 목사에 대한 다른 이들의 평가와는 분명 다른 면이 있어 의미가 있으리라 생각한다.

신앙 좋은 부모님을 만났으니 믿음 전수가 잘 되었으리라 생각할 테지만, 김요셉 목사는 창세기 26장에 나오는 이삭 이야기에서 이삭이 아들 야곱에게 신앙 이전에 죄성을 먼저 전수해준 사실을 보았다고 말한다. 분명 김요셉 목사는 아버지에게 혁대로 맞기까지 하며 신앙으로 잘 양육을 받았지만, 아버지의 죄성이 자신에게도 있음을 알게 된 것이다. 그 죄성 가운데 하나를 소개하면, 아버지가 자신 앞에서 잘못했다고 인정하는 것이다. 그것이 자신이 아버지에게 바라는 딱 하나의 소원이라고 말했다.

김요셉 목사가 아버지의 죄성 중 하나를 언제 알았느냐 하면 자기 아들이 열여덟 살 때였다고 한다. 아들이 밤중에 자기를 찾아와서는 "아빠한테 다른 것 아무것도 원하지 않고 딱 하나만 원한다"고 했다. 그게 뭐냐고 물으니 "아빠가 아빠 입으로 잘못했다고 시인하는 것을 듣고 싶다"고 했다. 김요셉 목사가 아버지에게서 가장 듣고 싶은 것 한 가지가 바로 아들이 자신에게 가장 듣고 싶어 하는 내용이라는 걸 확인한 순간 깜짝 놀랐다. 그것이 아버지의 죄성이라기보다는 자기 안에 들어 있는 아담으로부터 내려온 죄성이라는 것을 알게 된 것이다.

아버지 김장환 목사의 장점이 많은데, 그중 하나가 '남을 배려하는 마음'이라고 했다. 창세기 26장에 보면 이삭이 우물을 파서 물이 펑펑 쏟아지면 그 지역 사람들이 와서 자기네 땅이니 그 우물도 자기네 것이라며 계속 빼앗은 사건이 나온다. 그럴 때마다 이삭이 거듭 양보하는 모습을 볼 수 있는데, 아버지 김장환 목사도 이삭과 흡사한 분이라고 했다.

아버지가 한국에 와서 가장 먼저 지은 건물이 미국에서 모금을 받아 건립한 기독회관인데, 길에서 3m인지 6m인지 안쪽으로 들여서 담을 쌓고 밖에는 나무를 심었다. 수원중앙침례교회를 지을 때도 사람들이 지나다닐 수 있게 10m 정도 안쪽에 공터를 넣어서 지었다. 이로써 10m 정도를 자체적으로 기부한 것이나 마찬가지였다. 또 극동방송 건물도 큰길에서 안쪽으로 상당 부분 들어와 있다.

2013년 요르단에 성지순례를 갔다가 수십 년 만에 내린 폭설로 관광은 하지 못하고 자타리 난민캠프를 방문한 뒤 김장환 목사가 본사 신사옥 건립을 위한 모금방송을 취소하고 난민들을 위한 카라반(주거용 컨테이너) 모금방송을 먼저 한 적이 있었다. 이러한 아버지의 삶과 모든 행동이 창세기 26장에 나오는 이삭의 우물 파기와 흡사했다고 김요셉 목사는 말했다. 어릴 때는 이런 아버지의 모습을 이해하지 못했지만 나이가 들면서 아버지의 삶이 자신에게 전수되어 있음을 본다고 했다.

또 김요셉 목사는 아버지 안에 있는 복음의 열정을 보아왔는데, 그것은 아무 공로 없이 열일곱 살 때 예수님의 보혈을 믿은 아버지 인생의 전환점이 그렇게 만든 것이며, 그것이 이제는 자신에게 전수되는 것을 본다. 그 복음의 열정으로 인해 아버지는 정치 목사라는 욕을 먹으면서도 아랑곳하지 않고 감옥에 갇혔거나 어려운 일을 당한 대통령들을 면회하곤 했다. 그 열정이 박정희 전 대통령 시절부터 발휘되어 지금까지 이어졌는데, 김요셉 목사는 아버지가 그들에게 잘 보여서 본인이나 극동방송에 도움이 되려 한 것이 아니라는 사실을 잘 알고 있다. 아버지는 어떻게 하면 그들을 복음으로 변화시켜 예수를 믿게 할까에만 초점을 맞추었고, 그것은 쇼가 아니라 하나님이 은혜 가운데 아버지에게 주셔서 DNA로 내재된 진정성임을 아들로서 분명히 말할 수 있다고 했다.

김요셉 목사가 아버지에게 가장 고마워하는 것 두 가지가 있다. 하나는 돈에 대한 부분이다. 아버지는 비행기 마일리지가 누구보다 많이 쌓일 만큼 비행기를 자주 탔는데, 그것으로 비행기를 타면 탔지 자신을 위해서는 절대로 돈을 안 쓰는 경향이 있다고 했다. 이런 경향은 미국 유학 시절 아버지에게 지대한 영향력을 끼친 칼 파워스 씨와 예거 장로에게서 배워 체화된 것이다. 그분들 역시 남을 위해서는 아껴두었던 통장까지 깨서 기꺼이 후원하면서도 자신들을 위해선 구두쇠라 할 만큼 인색한 분들이었다.

그래서 가끔 아버지에게 "이젠 자신을 위해서 돈 좀 쓰고 사시라"고 권해드리곤 하지만, 맡은 교회나 극동방송이 재정적으로 부족함없이 빚지지 않고 유지되어온 것도 모두 아버지의 근면하고 검소한 습관 때문이었다는 것을 잘 안다.

김요셉 목사는 초등학교 저학년 때, 아버지가 하도 용돈을 안 주셔서 아버지 지갑에서 5천 원을 훔쳤다가 들키는 바람에 고아원에 버려질 뻔한 일도 있었다. 그는 이때 아버지 것이지만 남의 것을 훔치면 안 된다는 것과 공짜로 누리는 삶보다는 열심히 노력해서 벌어 쓰는 삶이 유익하다는 것을 아버지가 몸소 보여주셨다고 생각한다.

김요셉 목사가 서른세 살에 중앙기독학교를 세울 때, 아버지가 시무하는 교회의 헌금은 사용하지 못하게 하고 기독봉사회라는 미국 선교단체에서 보내온 선교자금으로 지은 기독회관을 팔아서 학교 짓는 데 사용하게 한 것도 다 그런 의미에서였다.

아버지는 예배드리는 공동체인 교회와 선교일을 하는 선교단체의 역할을 확실히 구분하셨다. 수원중앙침례교회를 위해 학교를 세우는 데도 교회 예산을 절대 허락하지 않았을뿐더러 오히려 건축비로 사용하는 금액의 십일조까지 하라고 하시는 아버지에게 김요셉 목사는 두 손 두 발 다 들었다. 그렇게 해서 아버지는 하나님 것에 대한 청지기적 물질관을 아들에게 철저히 심어주셨고, 김요셉 목사는 그것이 하나님이 자신에게 주시는 가장 큰 복이라고 생각한다.

지난 명절 때 김요셉 목사의 자녀들이 할아버지, 할머니에게 감사한 점을 얘기하는데 "십일조 생활을 철저하게 하시는 것을 배운 것"이라고 했다고 한다. 디모데전서 6장 6절에 "자족하는 마음이 있으면 경건은 큰 이익이 되느니라"는 말씀이 있는데, 사람이 많이 가지면 가질수록 만족하지 못하고 더 가지려는 마음이 커지므로 작은 것 하나라도 하나님이 주신 것으로 생각하고 감사한 마음이 넘치면 그것이 자족하는 마음이라고 했다. 김요셉 목사는 그것을 알게 해주신 것이 하나님이 자신에게 주신 축복이자 아버지에게 받은 가장 큰 선물이 아닌가 생각한다고 했다.

김요한 함께하는교회 담임목사 / 김장환 목사 차남

김요한 목사는 김장환 목사의 작은아들이자 대전 함께하는교회 담임목사다. 김장환 목사의 아들인 만큼 알려지지 않은 에피소드가 있으면 소개해달라고 했다. 무엇보다 김장환 목사가 자녀교육에 성공한 분으로 알려져 있는데, 김요한 목사는 아버지의 자녀교육에 대해 어떻게 생각하는지 알고 싶었다.

김요한 목사는 아버지 김장환 목사가 '일 중심의 사람'이라는 것을 잘 알고 있다. 아버지는 늘 새벽 5시면 출근을 했다. 새벽 5시는 이전에는 새벽기도에 갈 시간, 은퇴 후에는 방송국 출근 시간이었다. 누구보다 일찍 일어나 집을 나서는 뒷모습에서 어린 아들은 아버지가 일 중심의 사람이라는 것을 느꼈다.

하지만 김요한 목사는 성인이 되면서 새로운 사실 하나를 알게 되었다. 아버지가 일을 좋아하시고 열심히 하시는 것은 맞는데, 그 이면은 '사람 중심'이라는 점을 새삼 느낀 것이다. 아버지는 사람을 만나면 누구에게나 호의적이고 도움이 필요하면 최대한 도움을 주려고 노력하셨다. 결국은 아버지가 일에 열심인 이유는 사람에 대한 관심과 애정 때문이라는 것을 김요한 목사도 알게 되었다.

김장환 목사가 사람들에게 관심을 가지고 최대한 도와주기 위해 애를 쓰는 데는 그분의 은인인 칼 파워스 씨의 영향이 컸다. 그분의 도움으로 김장환 목사는 미국에서 유학하고 고국으로 돌아올 수 있었다. 김장환 목사가 미국을 떠나면서 칼 파워스 씨에게 고마움을 표하며 어떻게 해야 그 큰 은혜를 갚을 수 있는지 물었다고 한다. 그때 칼 파워스 씨는 "그냥 당신의 도움이 필요한 사람들이 있거든 가능한 범위 내에서 도와주는 것이 나한테 빚을 갚는 것"이라고 말했다.

김요한 목사는 칼 파워스 씨가 아버지 김장환 목사에게 했던 그 한마디가 아버지 삶의 중요한 모티브가 되지 않았나 생각한다. 자기 인생에 획기적 변화를 가져오게 한 은인이 베푼 사랑과 은혜를 모른다면 바른 사람이라 할 수 없을 것이다. 하지만 실제로 사랑과 은혜를 알고 갚는 이들은 매우 적으며, 그런 면에서 보면 김장환 목사는 인간의 도리를 아는 사람이라 할 수 있을 것이다.

김요한 목사에게 아버지가 혹대로 체벌한 것을 어떻게 생각하는지 물었다. 김요한 목사는 당시는 혼혈아에 대한 이미지가 상당히 부정적이었던 시절이고, 목회자인 아버지의 입장에서는 혹시나 자녀들이 비뚤어지게 행동하면 교회 안에서도 말이 나올 수 있으니 더 엄격하게 교육할 수밖에 없었을 것이라고 이해했다.

형 김요셉 목사가 아버지에게 많이 맞았다고 알고들 있지만, 사실은 자기가 더 많이 맞았다고 할 만큼 김요한 목사도 꽤 체벌을 받았다. 철없는 어린 시절엔 '왜 이렇게까지 매를 맞아야 하지' 하는 마음도 있었지만, 나중에는 아버지의 마음을 이해하게 되었다. 또한 아버지가 혹독하게 혼내면서도 동시에 사랑하는 마음을 보여주셨기에 엇나가지 않았다고 한다.

열두 살 무렵, 한번은 몰래 아버지 차를 몰고 나갔다가 그만 들키고 말았다. 당시 차에 대한 호기심이 많았던 김요한 목사는 몰래 차를 타보고 들키지 않게 가져다놓으면 될 줄 알았는데, 비가 많이 와서 흙탕물이 차에 튀기는 바람에 들켜버렸다. 잘 닦았다고 생각했는데, 차 밑바닥 부분은 손을 댈 수가 없어 그냥 두었다가 들키고 만 것이다. 그때 엄청 혼날 줄 알았는데, 아버지가 당시 운전을 맡아 하던 박일량 수원중앙침례교회 장로를 불러 "요한이 데리고 어디 넓은 운동장 같은 데 가서 운전 연습을 시키고 오라"고 했다. 이때 김요한 목사는 아버지의 너그러운 면을 처음으로 경험했다.

그런 경험은 또 있다. 성인이 되어 5년 동안 오토바이를 탔는데, 어느 날 아버지가 "요한아, 너 오토바이 탄다며?"하고 물었다. 자식이 오토바이 탄다고 하면 사고 날까 봐 못 타게 하는 게 인지상정이라 또 야단을 맞겠거니 했다. 그런데 "잠깐만 기다려!" 하더니 잠시 후 가죽점퍼를 하나 들고 나와서는 "너 오토바이 탈 때 이거 입고 타라!"고 했다. 김장환 목사가 누군가에게 선물을 받고 입을 일이 없어서 그냥 걸어두었던 가죽점퍼를 오토바이를 타는 아들에게 입으라고 내준 것이다. 그런 아버지의 또 다른 모습에 김요한 목사도 놀랐다.

김요한 목사는 아버지에게서 다른 이들과는 전혀 다르게 사람들을 대하는 모습을 자주 봐왔다. 아버지는 자신의 말이나 행동이 상대방에게 유익하기보다 해를 끼칠 가능성이 있으면 남들이 상상할 수 없는 역발상적 방식으로 사람들을 대했다.

김요한 목사가 한번은 차를 타고 경부고속도로를 달리다가 "딸을 찾아주세요!"라는 현수막을 보고는 직원에게 거기 적힌 전화번호로 연락해서 교회에 다니는지, 왜 이걸 오랫동안 걸어놓고 있는지 등의 내용을 요약해서 알려달라고 했다. 김요한 목사는 직원이 가져온 내용을 읽어보고는 아버지에게 가서 "이 분이 많이 힘든 것 같은데, 우리 교회에서 얼마를 후원하려 한다"고 말하고는, 극동방송에서 도울 방법이 있으면 후원해달라고 부탁했다.

그러자 아버지는 한 1분쯤 생각하더니 오히려 자기 교회에서 운영하는 양로원에서 평생 거주할 수 있도록 방을 내주는 게 좋겠다고 말했다. 그렇게 오랫동안 딸을 찾기 위해 애쓰는 분에게 좀 더 직접적이고 미래지향적인 도움을 줄 방법을 선택한 것이다. 김요한 목사는 아버지에게서 이렇게 다소 엉뚱하면서도 역발상적인 사고를 많이 봐왔다.

김요한 목사는 또 아버지에게 섬세한 면도 있다고 했다. 평생 자신을 운전으로 섬겼던 박일량 수원중앙침례교회 장로를 세심하게 챙겨온 것이 한 사례다. 또 칼 파워스 씨나 어머니 트루디 사모, 그리고 미국 유학 생활에서 영향을 받았는지 모르겠지만 다른 사람에게 기회를 주려는 자세가 몸에 배어 있다고 했다. 예를 들면, 박정희 전 대통령이 집권하던 시절 트루디 사모가 청와대 경호원들에게 영어를 가르친 적이 있었는데, 그때 청와대에서 수원까지 늘 차를 보내 모셔갔다고 한다. 당시로는 대통령 경호원들이 보내주는 차를 타고 청와대를 제 집 드나들듯 하는 것은 엄청난 특권이자 자랑거리였다. 그런데 아버지는 이때도 다른 외국인 선교사들에게 기회를 주자고 어머니에게 권했다.

여러 사람과 인터뷰를 진행하는 동안 김장환 목사에 대해 필자가 들은 최초이자 최고의 칭찬이 아들 김요한 목사에게서 나왔다.

"이건 약간 자랑 같아서 조심스러운데요, 아까 목회자 자녀들 말씀하셨잖아요. 저희가 잘났다는 그런 얘기는 전혀 아니고요. 어쨌든 아버님의 설교와 삶이 일치했던 것 같아요. 물론 아버지에게 실망하고 힘들어한 부분도 간혹 있었지만, 대체로 아버지의 설교와 삶이 일치했다고 말할 수 있어요. 저희 자녀들의 입장에서는 아주 중요한 일이죠. 아버지가 설교와 어긋나는 삶을 사셨다면 형님이나 제가 목사가 안 되었거나 못 됐을 확률이 높지 않겠어요?"

한집에 오랜 세월 같이 살면서 자식들에게 이런 말을 듣기는 정말 어려운 일이다. 목회자들에게 최고의 찬사는 바로 이런 자식들의 고백일 것이다. 그런 점에서 김장환 목사는 정말 우리 시대에 후배 목사들이 인정하고 배워야 할 큰바위얼굴이다.

예전에 김요한 목사가 쓴 글 중에 「어머님의 손, 아버지의 발」이 있다. 그때 '아버지의 발'이라 표현한 것은 아버지가 언제든 자신을 필요로 하는 사람이 있으면 빈부귀천을 가리지 않고 심방도 가고 교도소도 찾아가기 때문이었다.

얼마 전 김요한 목사가 결혼식 주례를 한 적이 있는데, 옆에 앉으신 분이 인천 ○○교회 목사였다고 한다. 그때 그분이 "왜 당신 아버지는 전두환 같은 이를 만나냐?"고 말했다. 김요한 목사는 그렇게 아버지를 이해하지 못하고 비판하고 욕하는 이들을 많이 보았다. 하지만 예수님이 사람을 가리지 않고 만나 사랑하며 복음을 전했던 것처럼 아버지도 목회자이자 성직자로서 사람들을 만났기 때문에 아버지를 백분 이해한다고 했다.

이번에는 아버지가 후임 목사를 선정할 때의 이야기를 김요한 목사에게 들었다.

형이나 자신이나 다 목회자이기에 교회 성도들 사이에 세대 차이가 있음을 잘 알고 있었다. 가족 안에서도 아버지와 자식 간에 세대 차이가 있어서 당연히 목회관이 다를 수밖에 없다. 교회 장로들 가운데 형 김요셉 목사를 찾아가서 후임이 돼야 하지 않느냐고 제의한 사람도 있었고, 김요한 목사를 찾아와서 제의하기도 했다. 하지만 감사한 것은, 아버지가 자식들을 후임으로 생각한 적은 한 번도 없었다는 것이다. 오히려 "너희의 목회관은 나와 다른 것으로 안다. 그리고 너희들이 여기 오면 힘들다. 너희들이 알아서 개척해!" 했다고 한다. 그래서 형 김요셉 목사도 개척을 했고, 자신도 개척을 했다.

김장환 목사가 두 아들이 목회하는 것을 가까이서 지켜보며 답답해한 적도 꽤 있었다. 하지만 잘못되었으니 고치라고 강압적으로 밀어붙인 적은 없고, 서로의 다름을 이해하며 참아주었다. 아버지가 워낙 유명한 분이어서 부담되는 점은 없느냐는 질문에 김요한 목사는 전혀 그렇지 않다고 했다. 김장환 목사는 자신을 의지하는 것이나 아버지 스타일을 흉내 내는 걸 원치 않고 "너희는 너희대로 알아서 해라!"는 식이었기 때문이다.

김요한 목사는 아버지에 대해 한 가지 이야기를 더 꺼내놓았다.

아버지는 자식들이나 남들에게 폐를 끼치고 싶지 않은 마음이 워낙 강하다 보니 약간 완벽주의 성향이 있다. 그래서 아들로서 아버지를 생각하면 '실수가 거의 없는 완전한 분'이라는 그림이 그려질 때가 많다. 다만 세상에 완전한 사람은 없으니, 이번에 만드는 평전에 아버지가 너무 완벽한 분으로 묘사되지는 않았으면 좋겠다는 마음을 내비쳤다. 아버지에 대해 말하며 혹시 사람의 자랑이 드러나지 않을까 조심하는 아들 목사의 겸허한 마음을 읽을 수 있었다. 부전자전(父傳子傳), 역시 그 아버지에 그 아들이었다.

마지막으로 구순이 넘은 아버지에게 바라는 점이 있다면 무엇인지 물으니 김요한 목사는 이렇게 마음을 전했다.

"아버지는 소탈한 성품에다 선천적으로 타고난 재능이 많은 분이세요. 하지만 노력도 다른 사람에게 뒤지지 않을 만큼 많이 하세요. 잠도 많이 주무시지 않고 아침 일찍 일어나서 하루를 사시는데, 이젠 일을 좀 내려놓으시고 건강이 좋지 않은 어머니와 함께 좀 여유 있고 편안하게 사셨으면 하는 것이 제 바람입니다."

김우식 전 카이스트 이사회 이사장 / 부총리 겸 과학기술부 장관

김우식 전 카이스트 이사회 이사장은 대한민국을 만들어온 주역 중 한 사람이다. 공학도 출신으로는 최초로 연세대학교 총장을 역임하며 대학의 경쟁력을 높이는 데 앞장섰고, 노무현 대통령 비서실장, 부총리 겸 과학기술부 장관을 역임하며 인화의 정치를 지향하고, 대한민국 과학기술의 비전과 과학기술인 처우 개선을 이끈 인물이다. 정치적으로는 보수에 속하지만, 성향을 불문하고 각계에 진출한 동문 및 제자들과 늘 교제하며 자상하게 챙겨왔기에 운동권 출신 제자들에게도 '미워하기 힘든 사람'*으로 알려져 있다.

김 이사장의 집무실에 들어섰을 때 그의 외모에서 온유하고 편안한 인품이 느껴졌다. 김장환 목사와의 인연이 어떻게 시작되었는지에 대한 물음으로 인터뷰를 시작했다.

김 이사장이 김 목사를 처음 본 것은 1973년 여의도에서 개최된 빌리 그래함 전도집회에 참석했을 때였다. 당시 대학교 2학년 때였는데, 유창하게 통역하는 김 목사를 보고 엄청난 감동을 받았다. 그는 당시 김 목사의 통역 설교가 빌리 그레이엄 목사의 설교보다 더 감동적으로 청중의 가슴에 와닿았다고 말했다.

무엇보다 크게 감명받은 것은 그렇게 탁월한 통역자로 쓰임받는 김 목사가 하우스보이 출신이라는 사실을 알고 나서였다. 김 이사장

---

* 박창식, "김우식 총장은 누구인가 - 미워할 수 없는 합리적 조정자," 〈한겨레21〉(2004년 2월 1일자); https://h21.hani.co.kr/arti/politics/politics_general/10288.html.

은 배울 만한 훌륭한 인물이 있으면 직접 강연을 듣고 닮아보자고 비망록을 적는 버릇이 있는데, 집회 참석 이후 김장환 목사의 강연에 여러 차례 참석해 도전받고 영향을 받았다. 그래서 수원중앙침례교회에도 한두 번 출석한 적이 있을 만큼 김 목사는 김 이사장에게 너무 멋있는 분으로 각인되었다.

김 이사장은 평생 누구에게 멘토가 되어달라고 한 적이 없는데, 김장환 목사에게 처음으로 멘토가 되어달라고 부탁했다. 그렇게 해서 김 목사를 인생의 멘토로 모시면서 골프도 같이 치고, 무슨 일이 있으면 만나는 친분 관계로 발전했다. 바빠서 참석하기 힘들 때도 있었지만 김장환 목사가 부르면 거절하지 않고 기꺼이 갈 정도였다.

김 이사장이 경험한 김장환 목사는 특유의 흡인력이 있는 분이다. 행동반경이 매우 넓고 교제 범위가 아주 넓은 분이기도 했다. 또 늘 자문도 구하고 도움을 받는 스승 같은 분이기도 했다. 무엇보다 매일 만나서 신앙과 삶에 대해 감명을 받아온 분으로 소개했다. 매일 만난다는 게 무슨 뜻이냐고 물으니, 김장환 목사가 쓴 『김장환 목사와 함께하는 경건생활 365일』이란 책이 있는데, 매일 새벽 5시 반에 일어나 그 내용을 한 편씩 읽곤 한다고 했다. 감동적인 이야기와 깨우침을 주는 소중한 교훈이 많아서 인격도야에 큰 지침이 되었다.

간혹 김 목사를 '고단수의 정치 지향적 목사'라고 비난하지만, 김 이사장이 아는 김 목사는 맑고 깨끗하고 정이 많은 분이며, 시야가 매우 넓은 데다가 부지런하기 짝이 없는 분이라고 했다. 김 목사는 대통령을 비롯한 누구라도 교인이 아니면 전도 대상으로 삼는 분이었다.

정치가에게는 국가와 국민이 가장 중요하다. 하지만 김 이사장이 생각하는 김장환 목사는 3차원적인 사람이다. 김 목사는 국가와 국민에 '세계'까지 신경을 쓰는 영적 지도자다. 보통 지도자가 아니라 글로벌 리더십을 활발하게 사용하는 리더다. 김 이사장이 정치적 현안이나 국가적 이슈에 대해 조언을 구하면 한 번도 거절하지 않고 늘 기억했다가 전화를 해주는 자상한 멘토이기도 하고, 언제나 사람을 편안하게 하고 희망을 주는 리더십을 지닌 놀라운 분이다.

김 이사장은 앞으로 대한민국에 김장환 목사 같은 분들이 많이 나와서 사회정화와 국민의 품격 향상, 국가발전과 민생안정, 국민적인 신앙생활을 증진시키는 일에 매진했으면 좋겠다고 말했다. 그는 이 일을 위해 김 목사의 역할이 아주 중요하다고 한다. 현재 84세의 나이로 대학 총장과 대통령 비서실장과 부총리 겸 과학기술부 장관을 역임한 리더가 여전히 영향받고 조언을 구할 정도라면 김장환 목사가 어떤 존재인지 굳이 말할 필요가 없을 것이다.

김우식 이사장은 끝으로 김장환 목사에게 바라는 애정 어린 마음을 이렇게 전했다.

"골프 잘 치셔서 늘 건강하시고 말씀 잘하시고 맑고 밝고 올바른 거인! 만날 때마다 기분이 좋고 활력이 생기게 하시는 거인 김장환 목사님! 오래도록 우리들을 위해 활동해주시기를 바랍니다."

김진표 전 국회의장

김진표 국회의장과 인터뷰하기 위해 난생처음 국회에 갔다. 꽤 긴장했는데 김 의장은 편안하고 미소 띤 얼굴로 필자를 맞아주었다. 간단히 인사를 나눈 뒤 먼저 김장환 목사와 알게 된 계기부터 물어보았다.

때는 김진표 의장이 중학교 3학년이던 시절로 거슬러 올라간다. 당시 김장환 목사는 20대 중반으로 미국에서 유학을 마치고 결혼해서 귀국한 지 얼마 안 된 시점이었다. 김 목사가 십대선교회(YFC)를 수원에서 처음 시작했는데, 모임 장소를 구하기 위해 수원중학교에 찾아간 적이 있었다. 그런데 그런 문제는 원래 교장이 결정하기 마련인데, 이상하게도 교장은 학생회장에게 물어보고 결정하라고 했다. 그래서 김 목사가 학생회장 김진표를 만나 부탁하게 되었고, 굳이 반대할 이유가 없어 좋다고 결정하면서 YFC 첫 모임이 수원중학교에서 출발하게 되었다.

어느 수요일 오후, 김진표 의장이 강당에 가보니 김장환 목사가 직접 물을 뿌리고 청소하고 있었다. 저녁 집회 준비를 하느라 혼자 부지런히 일하는 모습을 보고 김 의장은 십여 명의 친구들을 불러 일을 도왔다. 그러자 김 목사가 고마움을 표시하며 농구를 한 게임 하자고 제안했다. 김 의장이 기억하는 그 시절의 김 목사는 구기 종목은 무엇이든 잘하는 젊은 목회자였다.

당시 목사라고 하면 대부분 대하기 어렵고 엄한 이미지가 연상되었는데, 그때 김 의장이 목격한 김 목사는 그와는 전혀 딴판으로 친절하고 인간적인 사람이었다. 목사가 중학생 아이들과 농구를 할 정도로 소탈했던 것이다.

그 모습에 김진표 의장은 김 목사에게 매료되었고, 그날 저녁 집회에 참석해 김 목사가 설교 후 앞으로 나오라고 할 때 거기에 응해서 앞으로 나갔다. 이미 교회에 출석하고 있었지만, 그날 이후 김 의장은 더욱 열심히 교회에 출석하는 기독교인으로 바뀌었다.

중학교 3학년 때 시작된 김장환 목사와 김진표 두 사람의 인연은 고등학교 3년과 대학교 4년, 직장생활을 거치는 10년 동안 교제가 끊겼다가 김 의장이 경제부총리로 재직할 당시 아주 오랜만의 점심식사 모심으로 다시 이어지게 되었다.

김장환 목사와의 만남에서 특별히 소개할 만한 에피소드를 들려달라고 하자 김진표 의장은 박정희 대통령 이야기를 먼저 소개했다. 1970년대 초반까지는 북한이 남한보다 더 잘살던 시기였는데, 그런 상황에서 쿠데타로 정권을 잡은 박 대통령에 대해 미국은 한때 공산주의자로 오해했다. 미국은 우방국에 전쟁이 일어나면 먼저 그 나라가 최선을 다해 전쟁에 임하는가를 지켜본 뒤 도울 만하다 싶을 때 전쟁에 동참한다는 사실을 박 대통령은 잘 간파하고 있었다. 그래서 M16 소총을 달라고 미국에 요구했지만 미국은 이를 거절했다.

이에 화가 난 박 대통령은 우리나라도 무기를 자체 개발해야겠다고 결심하고 머리 좋은 공업고등학교 졸업생 20명을 룩셈부르크 같은 나라에 보내서 특수강 만드는 비법을 배우게 했다. 그러면서 한편으로는 핵을 자체적으로 개발하려고 박차를 가했는데, 미국이 이를 알고는 서둘러 M16 소총을 우리나라에 보급했다.

그러다가 지미 카터가 미국 대통령이 되었다. 카터 대통령은 박정희 대통령이 쿠데타로 정권을 잡은 데다 목사들을 감옥에 보내고 야당 지도자인 김영삼과 김대중을 탄압하는 데 대해 감정이 좋지 않아 미군을 철수하려고 했다. 대한민국으로서는 큰 위기 상황이었다. 이때 위기를 해소한 이가 바로 김장환 목사였다. 김 목사가 같은 침례교도이자 친분이 있었던 카터 대통령이 방한했을 때 미군 철수 후 예상되는 우리나라의 위기 상황을 설명하고 박 대통령에 대한 오해를 풀어줌으로써 주한미군 철수를 전격적으로 취소시키는 쾌거를 이루었음을 김진표 국회의장은 생생하게 말해주었다.

김진표 의장은 노무현 정부 당시의 에피소드도 소개했다. 당시 대통령 인수위원회 부위원장을 역임하고 경제부총리로 재직하던 김 의장은 노 대통령이 취임한 이후 5월 미국 방문을 앞두고 잠을 이루지 못했다. 당시는 아들 부시 대통령 시절로 미국에선 노 대통령이 캐나다를 방문한 적은 있으나 미국은 한 번도 방문하지 않은 사실을 포착하고, 그를 반미주의자로 생각하고 있었다. 김 의장은 그런 상황에서 미국을 방문할 경우 노 대통령의 성정으로 볼 때 분명 큰 문제가 발생할 가능성이 있다고 판단했다. 이럴 때 김 의장이 찾을 수 있는 유일한 분이 바로 김장환 목사였다.

김 목사에게 조언을 구하니 먼저 아버지 부시 대통령을 초청하자고 해서 방미 전 그가 한국에 와서 노 대통령을 만나게 했다. 그 후

노 대통령이 미국을 방문해서 아들 부시 대통령과 대담하게 되었는데, 대담 도중 부시 대통령이 갑자기 "아버지께 고맙다고 전화해야겠어요!"라고 했다. 당시 미국에선 노무현 대통령에 대한 의구심이 있었는데, 앞서 한국을 방문한 아버지 부시 대통령이 귀국 후 아들에게 전화해서 이렇게 안심시켰다고 한다.

"내가 한국에 가서 노무현 대통령을 직접 만나보니 너와 딱 비슷한 스타일이야. 너처럼 서슴없이 말하고 행동해서 어디로 튈지 모르지만, 사람이 단순 명쾌하고 아주 소탈한 성격이더구나. 믿어도 되겠어."

부시 대통령은 아버지 부시 대통령의 말을 듣고 그러려니 했는데, 노 대통령을 직접 만나서 대화해보니 정말 자기와 성격이 비슷하다고 느껴 기분이 좋아서 그렇게 말한 것이다. 당연히 한미 정상회담은 난항 없이 성공적으로 끝났다. 그 일로 노 대통령과 김진표 의장은 김장환 목사에게 깊이 고마워했다.

문재인 대통령 시절에도 트럼프 대통령과의 정상회담을 앞두고 김 의장의 고민이 컸다. 그때도 잠을 이루지 못하고 기도하다가 김장환 목사에게 도움을 요청했다. 그렇게 김 목사의 도움으로 방미 전에 트럼프 대통령을 움직일 수 있는 프랭클린 그레이엄 목사를 한국으로 불러서 먼저 트럼프 대통령에게 신뢰를 준 뒤 미국을 방문해 정상회담을 성공적으로 마칠 수 있었다.

김 목사의 나라 사랑하는 마음이 얼마나 큰지 김 의장과의 인터뷰에서도 확인할 수 있었다. 또한 국가의 대사를 앞두고 늘 기도하며 하나님의 뜻과 도우심을 간구한 김 의장의 신실한 신앙 자세도 엿볼 수 있었다.

이번에는 김장환 목사의 장점을 소개해달라고 했다. 그러자 자신이 알고 있는 김 목사는 매사에 적극적이고, 열심이 특심인 분이라고 했다. 일반적으로 사람들은 생각의 함정에 빠지는 경우가 많은데, 자신이 아는 한 김 목사는 생각하면 바로 행동에 들어가는 분이라고 했다. 하나님의 말씀을 그대로 믿고 쉬지 않고 행동에 옮기는 행동주의자이고, 교소도 방문을 통해 복음전도와 선교에도 지대한 관심을 가지고 실천하는 분이었다.

다음으로, 수원중앙침례교회 장로인 김 의장이 국회의장이 되었을 때 김장환 원로목사가 어떤 덕담을 했는지 물어보았다. 당시 국회의장 당선 감사예배를 드릴 때 김 목사는 대표기도를 통해 김 의장이 요셉과 같은 지도자가 되게 해달라고 기도했다. 모진 고난과 어려움에서도 하나님에 대한 신실함을 끝까지 견지함으로써 하나님이 형제들과 가족들이 먹고 살 수 있게 애굽 총리로 높이 세워주신 요셉처럼 말이다.

마지막으로, 김장환 목사에게 남기고 싶은 한마디를 부탁했다. 김진표 의장은 앞으로 김장환 목사가 하나님의 말씀을 있는 그대로 믿고 실천하는 영적 지도자로서 한국 교회뿐 아니라 우리나라 국민이 모두 존경하고 따르는 인물로 오래오래 남았으면 좋겠다는 마음을 전했다.

남경필 (주)빅케어 대표이사 / 전 경기도지사

장남의 마약사건 이후 남경필 전 경기도지사는 종적을 감추었고, 재혼 소식은 지인을 통해 전해 들었다. 서울 한남동의 한 카페에서 오랜만에 남 지사의 얼굴을 볼 수 있었다.

먼저 언제 신앙을 가졌는지 물었는데, 바로 김장환 목사를 통해서였다. 남 지사의 부친과 김 목사는 비슷한 연배였다. 부친은 남 지사가 34세 때 세상을 떠나셨는데, 그분을 신앙으로 이끈 분이 김 목사였다. 남 지사도 부친과 함께 김장환 목사가 시무했던 수원중앙침례교회에 출석했다.

남 지사의 정치계 입문은 유학을 다녀온 뒤에 이루어졌다. 남 지사는 "정치를 하며 김장환 목사님께 야단을 많이 맞고 경고도 많이 받아서 몇 개월간 피해 다닌 적도 있다"고 말하며, 재미있는 일화 몇 가지를 털어놓았다.

김장환 목사가 백석대에서 명예박사학위를 받을 때의 일이다. 당시 이홍구 전 총리와 명성교회 김삼환 목사가 축사했는데, 김 목사가 갑자기 남 지사에게도 축사를 부탁하는 바람에 준비 없이 나가 참석한 이들을 포복절도케 했다.

남 지사는 축사를 이렇게 시작했다.

"오늘 명예 박사학위를 받으신 김장환 목사님에게는 여러분이 잘 모르는 비밀이 하나 있습니다!"

그러자 사람들이 긴장하며 주의를 집중했고, 남 지사는 말을 이어갔다.

"저는 김장환 목사님의 숨겨놓은 아들입니다!"

그러자 모두가 어깨를 들썩이며 웃음을 터뜨렸다.

김장환 목사와 관련해 '독수리 5형제'라는 말이 회자되는데, 그 말의 비밀을 남 지사에게 제대로 들을 수 있었다. 김장환 목사에게는 김요셉 목사와 김요한 목사 형제가 있는데, 여기에 의형제로 맺은 3형제가 더 있다. 그래서 나이순으로 김장환 목사의 맏아들은 사랑의교회 오정현 목사, 둘째 아들은 친아들 김요셉 목사, 셋째 아들은 남경필 지사, 넷째 아들은 친아들 김요한 목사이고 다섯째 아들이 효성그룹 조현준 회장이다.

남 지사가 꺼내놓은 또 하나의 일화는 김장환 목사의 생신 때 있었던 일이다. 남 지사가 생신 축하 화환을 주문하면서 '숨겨놓은 아들 남경필 드림'이라고 써서 보내라고 했는데, 정작 현장에는 '숨겨놓은 아들 드림'으로 전달되는 바람에 모여 있던 축하객들을 놀라게 했다는 것이다.

남 지사는 경기도지사에 당선된 2014년, 이혼의 아픔을 겪었다. 그는 tvN 〈어쩌다 어른〉에 출연해 전 부인과의 갈등에 대해 밝힌 바 있다. 아내는 정치와 상관없는 평범한 삶을 살고 싶어 했으나 자신은 그럴 수 없어 갈등이 생겼고, 2014년 경기도지사에 당선되고 나서 그전에 합의한 대로 헤어지게 되었다고 한다.

그로부터 4년 뒤, 남 지사는 선거에 낙선한 뒤 교회 성가대에서 만난 여성과 재혼했다. 당시 김장환 목사의 주례로 소박하게 결혼식을 했는데, 직계가족과 특송을 맡은 교회 순례자중창단만 초대했다. 특송하러 왔던 순례자중창단원들은 결혼식 장소에 와서야 비로소 신부가 성가대 동료라는 사실을 알고 깜짝 놀랐다.

남경필 지사는 33세의 젊은 나이에 국회의원에 당선돼 이후 내리 5선을 지냈고, 2014년엔 경기도지사까지 지내며 승승장구했다. 당선 직후 이혼의 시련을 겪기도 했지만, 2017년엔 대선에 도전할 만큼 정치적 입지가 넓어졌다. 그런데 갑자기 장남 마약 투약 사건이 터지면서 이듬해 치러진 경기도지사 재선에 실패하고 말았다. 그 뒤 남 지사는 홀연히 정계를 떠났다.

장남의 마약 사건은 현재도 그를 따라다니는 어두운 그림자다. 인터뷰 도중 남 지사는 아들과 관련해 〈중앙일보〉 기사를 소개해주었다. 아들이 투옥됐을 때 김장환 목사가 가서 기도를 해주고 위로도 많이 해주었다. 김 목사는 빌리 그레이엄 목사의 아들인 프랭클린 그레이엄 목사의 책을 선물하며, "프랭클린은 너보다 더 형편없었어! 너도 변화되면 멋지게 살 수 있어!" 하고 힘을 주었다.

남 지사의 장남은 앞으로 프랭클린 그레이엄처럼 신학을 공부해 마약 퇴치를 위한 목회자가 되는 소망을 품고 있다고 한다. 남 지사는 "장남과 함께 마약퇴치운동을 하는 상상을 하면 가슴이 뛴다"고 했다.*

---

* 김태호, "남경필 장남 '아빠, 내 마약 때문에 선거 졌죠?' 묻자 그의 대답,"
〈중앙일보〉(2023년 10월 5일자);
https://www.joongang.co.kr/article/25197137#home.

앞으로 정치는 다시 하지 않을 생각이냐고 남 지사에게 물었더니, 김장환 목사가 해준 말을 소개했다. 김장환 목사는 이렇게 말했다고 한다.

"Never say 'never…'."

장남의 허물로 정치 계획이 틀어진 것은 숨길 수 없는 사실이지만, 오히려 그 일을 통해 신앙적으로 영적으로 더 의미 있는 사명을 찾은 것 같아 기쁘고 반갑게 느껴졌다. 말뿐인 그리스도인이 아니라 깊이 있는 신앙인임을 확인하는 순간이었다. 남 지사는 김장환 목사에게 허락받아 지금은 한 개척교회에 출석하고 있으며, 어린아이들을 위한 새로운 비전을 갖고 있다.

마지막으로, 김장환 목사의 리더십과 관련한 이야기를 들려주었다. 김장환 목사가 은퇴하기 직전, 수원중앙침례교회 안팎에서는 김 목사가 70세에 은퇴를 안 할지도 모른다는 애기와 아들에게 교회를 물려줄 것이라는 소문이 파다했다. 그런 소문이 돌고 몇 달 뒤, 김 목사는 모두의 예상을 깨고 주일 강단에서 두 가지를 선언했다. "내년에 반드시 은퇴한다"는 사실과 "아들에게는 절대 세습하지 않는다"는 것. 그러고는 부목사로 섬겨온 고명진 목사를 후임으로 전격 결정했다. 그날 이후로 후임과 관련해 떠돌던 소문이 한순간에 자취를 감췄고, 남 지사는 그 모습에서 김장환 목사가 진정한 리더임을 확인했다.

남 지사는 김장환 목사가 은퇴하던 날 있었던 재미있는 에피소드도 소개해주었다. 김 목사의 은퇴식에 절친인 조용기 목사가 직접 오지 못하고 영상을 보내주어 그것을 틀었는데, 모두 배꼽을 잡고 웃었다고 한다.

조용기 목사는 친구 김장환 목사에게 이렇게 말했다고 한다.

"사랑하는 친구의 은퇴를 축하해. 그런데 왜 은퇴해? 난 은퇴 안 해. '은퇴'가 뭐야? 영어로 'Retire' 아니야? 타이어를 새로 가는 거지. 타이어 새로 갈면 되지 왜 은퇴해?"

이 영상을 틀었을 때의 분위기는 짐작하고도 남는다.

끝으로 남경필 지사는 "김장환 목사님은 영적 아버지 정도가 아니라 친아버지와 마찬가지라 할 만큼 자상하게 배려하고 아껴주는 분으로 존경하고 있다"는 말로 김 목사에 대한 마음을 표현했다.

도충현 (주)원전 회장

도충현 회장은 1974년 경찰관이 되었고, 4년 뒤인 1978년 4월부터 영덕에 있는 영덕읍교회에 출석했다. 자발적으로 교회에 나가게 된 이유는 초등학교 시절로 거슬러 올라간다. 초등학교 1학년 무렵 교회가 없던 울진군에서 살았는데, 전도사 한 분이 동네에 와서 어린 아이들을 모아놓고 과자 주고 사탕도 주고 '주의 친절한 팔에 안기세!' 찬송도 부르곤 했다. 그런 교회 문화가 인상에 남아 신앙생활의 기초가 되었다.

도 회장은 중학교 1~2학년 무렵 사람이 왜 죽어야 하는지, 죽으면 어디로 가는지, 그리고 자신은 누구이며 어디로 갈 것인지 등 고민을 많이 했다. 그러다가 『사명대사』라는 책 등과 불교책을 읽고는 중이 되려고 삭발까지 하려고 한 적도 있었다. 그 뒤 고등학교 때는 토요일만 되면 절에 가서 나무를 해주고 밥 먹고 잠을 자고 오기도 했다.

도 회장은 군에서 제대한 뒤 경찰관 시험을 치러 경찰관이 되었다. 영덕에서 경찰관을 할 때 주일이면 교회에서 들려오는 종소리와 부부가 성경을 들고 교회 가는 모습이 너무 평화롭고 좋아 보였다. 그래서 '나도 예수님을 한번 믿어봐야겠다'는 마음이 들어 친구에게 교회에 데려다달라고 청했다.

그렇게 남성도 목사가 담임으로 있던 영덕읍교회에 등록하고 본격적으로 신앙생활을 시작했다. 교회에 다니면서 초등학교에 입학하기 전 전도사님이 아이들에게 눈깔사탕을 주면서 "너는 하나님의 것이야!" 하고 말했던 것이 떠올랐다. 도 회장은 이미 그때 하나님이 자신을 선택하셨다는 것을 깨달았다.

1995년 경찰관 생활을 그만두고 사업을 시작했는데, 주로 국가기관을 상대로 하는 도로 건설, 전기 시스템 공사 분야의 일이었다. 도 회장은 지금 생각해도 경찰관을 일찍 그만두고 사업을 시작한 것이 참 잘한 선택이었다고 말한다. 장로도 되고 기업을 경영해서 남을 도와줄 수 있고 좋은 일도 할 수 있으니 감사하다는 것이다. 도 회장이 경찰관을 그만두고 막 사업을 시작할 무렵, 포항중앙교회 서임중 목사와 김장환 목사가 좋은 관계를 맺고 있었고 포항에도 극동방송을 설립하면 좋겠다는 뜻을 갖고 있었다고 한다. 그때 서울에서 극동방송 운영위원장 장로 한 사람이 포항에 왔는데, 관계를 잘 맺어두면 도움이 되겠다는 생각에 식사 자리를 갖고 교제를 시작했다. 그 만남이 계기가 되어 도 회장은 2011년에서 2016년까지 5년 동안 포항극동방송 5대 운영위원장으로 일했다.

도 회장은 2011년부터 김 목사를 알게 되어 운동도 같이 하는 사이로 발전했다. 그렇게 김 목사를 만나 대화하면서 낮고 높음이 없이 사람을 대하는 소탈한 모습에 자연스레 끌렸다.

2013년경 도 회장이 장로로 사역하는 포항중앙교회에 조용기 목사, 김삼환 목사, 김장환 목사 세 분을 초청해서 3일 연속 집회를 한 적이 있었다. 서임중 담임목사는 세 분과 좋은 관계를 맺어 식사도 같이 했는데, 그때 그 자리에 함께했던 도 회장은 그분들과의 교제를 통해 각자의 특징과 개성을 엿볼 수 있었다. 특히 김장환 목사가 장소 불문하고 뛰어난 위트와 재치로 분위기를 이끌며 남을 편안하게 해주는 모습에서 깊은 인상과 존경심을 갖게 되었다.

도충현 회장이 기억하는 김장환 목사의 장점은 평신도들에게 친밀감 있게 다가가는 분이라는 점이다. 또 김 목사는 한번 결정하면 그대로 추진하는 리더십이 대단한 분이라고 했다. 그러면서 도 회장은 김장환 목사를 '우리 민족의 스승이자 자신의 스승'이라고 추켜세웠다.

도 회장은 또 김장환 목사를 '우리 시대의 애국자'라고 말했다. 한번은 극동방송이 서울 시그니엘 호텔에서 4성 장군 출신 약 70명을 모셔서 식사를 대접하며 위로의 밤을 가진 적이 있었다. 도 회장은 그때 4성 장군 출신들이 애국가를 부르며 김장환 목사의 애국심 가득한 감화력에 눈물바다가 되는 장면을 지켜보며 김 목사야 말로 진정한 애국자라는 것을 절감했다.

그 뒤로도 코로나 시국에 환자들을 위해 수고한 간호사들을 불러 위로의 시간을 베풀고, 또 교도관들을 초청해 식사대접과 가을음악회를 통해 노고를 위로하는 모습을 보고 큰 감명을 받았다. 김장환 목사는 이렇게 나라를 위해 애쓰는 군인, 간호사, 교도관들까지 알뜰하게 챙기고 위로하는 진정한 애국자요 참 리더다.

마지막으로 김장환 목사에게 전하는 한마디를 부탁했다. 도 회장은 평소 돈을 많이 저축해두는 이유를 김 목사에게 물었는데, 통일이 되면 북한에 방송국을 세우는 데 사용하기 위해서 저축한다는 대답을 들었다며 이렇게 말했다.

"부디 무병장수하셔서 목사님의 바람대로 두 동강 난 남북이 하나 될 때 백두산에 가서 함께 기도하고, 북한 전역에 극동방송 세우는 것을 꼭 보셨으면 좋겠습니다."

라정찬 바이오스타 줄기세포기술연구원 원장

라정찬 원장이 신앙생활을 시작한 것은 아내 때문이었다. 서울대 수의학과 4학년 때 기숙사 후배인 아내를 만났는데, 그녀는 기독교인이었다. 라 원장은 과거에 교회를 다녀본 적은 있었지만 당시는 주일성수를 잘하는 크리스천이 아니었다. 대학을 졸업하고 군대에 다녀온 뒤 취직했는데, 그때 작은 개척교회를 다니던 아내가 함께 교회에 나가자고 권유했다. 과학을 공부한 사람으로 아버지 없이 동정녀의 몸에서 태어났다는 예수를 신으로 믿는 것이 내키진 않았지만, 연애 중인 사람이 권하니 거절할 수 없어서 나가기로 했다. 하지만 "작은 교회에 나가면 사람들과 너무 가깝게 되어서 귀찮을 수 있으니 가장 큰 교회로 가자"고 했다. 그렇게 해서 1988년부터 아내와 함께 출석한 교회가 김장환 목사가 담임하던 수원중앙침례교회였다.

큰 교회다 보니 사람들이 아는 척을 하지 않아서 좋았고, 무엇보다 굉장히 간결하면서도 미국에서 경험한 색다른 예화가 버무려진 김 목사의 합리적인 설교가 귀에 들어왔다. "믿음은 들음에서 난다"(로마서 10:17)는 말씀처럼 라 원장은 김장환 목사의 설교를 계속 들으며 믿음이 조금씩 자라는 것을 느꼈다. 교회에 출석하게 된 것은 아내 때문이었지만, 예수님을 영접하게 된 것은 김장환 목사의 설교를 통해서였다. 그렇게 크리스천이 되어 1989년 가을 미사리 조정경기장에서 수원중앙침례교회 1만 명 침례식을 할 때 침례도 받았다. 침례를 받고 나서는 열정을 갖고 신앙생활을 하게 되었다.

1994년 당시 라 원장은 여의도 쌍둥이빌딩에 있던 LG생명과학에 근무했다. 그는 거기서 사업팀장을 맡았는데, 이후 IMF가 와서 힘든 시절을 보냈다. LG의 사훈이 '인화(人和)'지만, 사실은 성과가 좋지 않으면 엄청나게 스트레스를 주었다. 그때 '고름우유 파동'이 나서 사람들이 우유를 먹지 않는 현상이 벌어졌다. 그 당시 라 원장이 맡았던 것이 우유를 많이 생산하게 하는 바이오 제품이었는데, 우유가 안 팔리니 제품이 쓸모가 없어 몹시 힘들었다. 당시 기도로 매달리면서 하나님께 "사업을 잘하게 해주시면 하나님 사업에 힘쓰겠다"고 서원기도 같은 것을 했다.

IMF로 인해 당시 다른 사업들은 다 망했는데, 라 원장의 경우는 1994년부터 개척한 해외 시장이 1997~1998년에 허가가 나고 1달러에 720원 하던 것이 2천 원까지 3배나 껑충 뛰어 회사에 많은 수익을 가져오게 되었다. 그런 일을 겪으며 신앙이 좀 더 성숙해졌고, 2001년에는 바이오스타 그룹을 창업했다. 그 당시는 벤처 시장이 힘든 시기였지만, 라 원장은 22년 동안 벤처기업을 성공적으로 운영해왔다.

라 원장의 회사에는 직원이 400~500명쯤 된다. 라 원장은 직원들에게 늘 복음을 전한다. 그는 자신이 살면서 가장 잘한 선택이 예수 믿은 일이고, 신앙생활을 하다 보니 사업도 잘되고 모든 게 너무 행복하기 때문이라고 말하며 복음을 전한다. 라 원장이 그렇게 직원들에게 늘 "예수 믿으라"고 권면해서 많은 직원이 침례를 받았다.

그러던 중 라 원장은 2013년과 2018년에 구치소 신세를 지게 되었다. 벤처기업을 만들고 상장하면서 바이오 업계의 스타로 여겨질 만큼 잘나가던 라 원장은 어떤 계기로 줄기세포 배양 기술을 개발했는데, 국내에서는 치료가 허용되지 않아 일본에서 주사를 맞는 방식으로 진행했다. 그러다 보니 우리 국민을 해외로 보내 원정 시술을 한다고 해서 보건복지부나 식약청이 꺼리는 기업이 되었다. 결국 보건복지부와 식약청으로부터 약사법 위반으로 고발당해 압수수색을 받게 되었다. 회사 장부를 보니 라 원장 개인이 가져간 것은 아니지만 법을 잘 몰라서 배임과 횡령에 해당하는 위반한 것으로 밝혀져 본의 아니게 구치소 생활을 하게 되었다.

그런데 라 원장은 구치소 안에서 진짜 하나님을 만나 거듭났다. 제대로 예수님을 영접하고 성령 침례를 받은 것이다. 그는 구치소에 200일 동안 갇혀 있으면서 오로지 찬송가만 불렀다. 원래부터 세상 노래는 전혀 부르지 않았지만, 구치소에서는 찬송과 기도 외에는 아무것도 할 것이 없었다. 당시 김장환 목사를 비롯해 고명진 목사, 이종윤 목사, 엄기호 목사 같은 분들이 오셔서 위로의 말과 힘이 되는 기도를 해주었다.

그 뒤 보석으로 구치소에서 나와 경영에 복귀하려는데, 잠시 회사 경영을 맡겨두었던 친구가 배신해서 너무 힘든 상황이 벌어졌다. 당시 회사 빚이 많았는데 그 친구가 채권자들을 동원해서 경영에 복귀하지 못하게 막았다. 그래서 이사진들을 만나 경영에 복귀하겠다고 하니 한 달 안에 350억을 갚으라고 하면서, 그렇게 하지 않으면 라 원장이 맡기로 했던 주식과 특허를 모두 몰수하겠다고 했다.

위기 상황이었다. 그런데 그때 350억이 적은 돈이 아닌데 친하게 지내는 장로분들이 망한 회사에 투자해주어 복귀할 수 있었다. 김장환 목사와 지인 목사들의 기도와 하나님의 놀라운 은혜로 기적이 일어난 것이다.

라정찬 원장은 여고 교사인 아내가 갑상선암에 걸렸을 때 경험한 놀라운 은혜도 간증했다. 당시 아주대병원에서 로봇수술을 했는데, 성대 신경을 잘못 건드려서 그만 목소리가 나오지 않았다. 교사가 말을 못하면 아무것도 할 수가 없으니 아산병원에 가서 성대발성학으로 연습도 해보고 삼성의료원에서 주사도 맞고 했는데 도무지 치료가 되지 않았다.

라 원장은 큰일이다 싶어서 주일예배가 끝난 뒤 김장환 목사를 찾아가 안수기도를 부탁했다. 평소 안수기도를 하지 않던 김 목사가 아내를 위해 안수기도를 해주었고, 1주일 뒤 목소리가 정상으로 돌아오는 놀라운 기적을 경험했다.

또한 김장환 목사는 라 원장이 가장 어려울 때 전화해서는 "내가 항상 라 집사를 위해 새벽마다 기도한다"고 말해주었는데, 그 말에 참으로 큰 위로를 받았다. 그래서 앞으로 최선을 다해 김 목사의 복음사역을 도우려 한다고 했다.

라 원장은 김장환 목사의 장점을 세 가지로 꼽았다.

첫째, 김 목사는 하나님 사업을 위해서 가장 필요한 것이 무엇인가를 판단하는 능력이 아주 빠르고 뛰어난 분이다. 둘째, 김 목사는 최대한 낮아지려고 하는 겸손한 분이다. 한 예로 최근에 라 원장은 김 목사를 모시고 미국 출장을 갔는데, 연세 많은 김 목사를 위해 퍼스트 클래스로 모시려고 했는데 한사코 거부했다고 한다. 셋째, 매우 검소하다. 함께 미국 출장 갈 때 보니 양말과 와이셔츠를 직접 빨아서 말려 사용하는 검소한 모습을 보고 놀랐다고 한다.

아직도 활력이 넘치고 건강하지만 구순을 넘긴 김장환 목사에게 라정찬 원장은 이런 당부의 말을 남겼다.

"김 목사님이 어느 주일 3부 예배 설교 때 하신 말씀이 있어요. '천국에 가면 우선은 잠만 푹 잤으면 좋겠다.' 이젠 일을 좀 덜어놓으시고, 연세에 맞게 잠도 푹 주무시고 좀 쉬시면서 오래오래 일하시다가 천국 가셨으면 하는 게 그분을 향한 제 소원입니다."

민산웅 전 극동방송 사장

민산웅 전 극동방송 사장을 만났다. 민 사장은 한양대 영문학과를 졸업하고, 1971년 기독교방송 CBS 아나운서로 방송계에 입문했으며, 1976년 극동방송으로 옮겨 편성국장과 대전지사장, 전무이사, 부사장, 상임고문, 사장 등을 역임했다.

김장환 목사와의 만남은 민 사장이 한국대학생선교회(CCC) 김준곤 목사의 비서로 일할 때 이루어졌다. 김장환 목사가 CCC 건물 7층에 있는 아세아방송에 들를 때 가끔 본 적이 있는데, 언뜻 보아도 풍기는 포스가 대단해 보였고, 사람을 끌어당기는 흡인력이 있어서 '저런 분과 함께 일했으면 좋겠다'고 생각했다.

민 사장은 김장환 목사 가까이에서 가장 오랫동안 친분을 유지해 온 만큼 다른 이들에게서는 들을 수 없는 에피소드가 많았다. 배려심 많은 김 목사에게 지독하고 단호한 면이 있다는 것도 그에게 처음 들었다. 완벽주의자에 가까운 김 목사의 맘에 들지 않을 땐 "당신 없으면 일이 안 돼?"라는 호된 질책도 받았다고 한다. 사람들은 야단맞을 때 고개를 숙이기 마련인데, 그럴 때면 언제나 "내 눈을 똑바로 쳐다보고 말하라"고 했다. 그러고 나서 다음 날에 만나면 김 목사는 아무렇지 않게 친절히 대했다.

김 목사는 회의 시간에는 업무에 대해 야단도 치고 단호하다가도 회의가 끝나고 돌아서면 언제 그랬냐는 듯 따뜻한 관심으로 대했다. 업무와 관련해서는 단호하게 대했지만, 행여 직원의 마음이 상했을까 싶어 다음에 만나면 무심히 악수를 청하거나 스스럼없이 다가갔다. 그러면 직원들은 김 목사 역시 야단을 쳐놓고는 마음이 편치 않았다는 것을 느낄 수 있었고, 그런 마음이 전해져 서운함이 절로 풀렸다.

김장환 목사는 누가 자신에게 전화했는데 일 때문에 받지 못하면 반드시 리턴콜을 해주었다. 상대가 누구든 어김없이 문자메시지를 보내거나 리턴콜을 했다. 한번은 여자 국장이 김 목사에게 온 전화를 보고하지 않았다가 나중에 그 사실을 안 김 목사에게 눈물이 쏙 빠질 만큼 야단을 맞은 적도 있었다.

언젠가 회의 도중에 김 목사에게 전화가 왔는데, 통화를 하는 김 목사의 얼굴이 일순간 화가 난 표정으로 바뀌더니 전화를 끊고는 몹시 불쾌해했다. 민 사장이 "무슨 일인데 그러시느냐"고 물었더니, 전화 건 상대방이 김 목사에게 '백 년에 한 번 나올까 말까 한 인물'이라고 칭찬하고 추켜세우더란다. 그 말을 들은 민 사장은 이렇게 말했다.

"저희도 목사님을 그렇게 생각하는데요."

민 사장은 자신이 오랫동안 모셔온 김장환 목사에 대해 "전 세계에 이런 분은 없을 것"이라고 거듭 자랑했다. 미국 대통령을 비롯해 한국 역대 대통령들을 거치며 이런 관계성을 가지고 선한 영향력을 끼치며 목회할 수 있는 분이 김 목사 말고 또 누가 있겠느냐는 것이다.

민 사장의 기억 속에 있는 김 목사는 자투리 시간을 가장 잘 활용하는 사람이다. 모든 것을 처리하는 속도가 매우 빨랐다. 식사할 때도 빨리 먹고, 사우나를 가서도 같이 간 사람들이 겨우 샴푸하고 있을 때 벌써 샤워를 마치고 나갈 정도였다.

또 김 목사는 비서들을 잘 훈련시키기로 유명하다. 김 목사의 사역과 연결되는 대통령 및 각 장관의 비서, 대기업 회장 비서들까지 연말에 초대해서 '연례 비서 세미나'를 열 정도로 비서들을 제대로 훈련시켰다. 얼마나 훈련을 잘 시켰던지 모 기업에서 비서 교육을 위해 직접 김 목사를 찾아올 정도였다.

김장환 목사는 돈 앞에서도 정확하고 철저했다. "하나님의 사역을 하는 기관에서 돈을 한 푼이라도 허투루 쓰면 하나님께서 우리에게 돈을 맡기시겠느냐"고 하면서 작은 돈 한 푼도 '과부의 두 렙돈'처럼 여겼기 때문에 함부로 썼다가는 불호령이 떨어졌다.

김 목사가 돈 관리뿐만 아니라 시간 관리도 철저하다는 것은 그를 아는 사람들에게 이미 잘 알려진 사실이다. 민 사장은 이를 가리켜 '빌리 킴 시간'이라 불렀다. 김 목사는 약속 시간에 결코 늦는 법이 없었다. 교통 상황이 나쁠 때조차 미리 도착해서 주차하고 쉴지언정 결코 늦는 법이 없었다.

민 사장은 김 목사의 미국 출장 때 일화를 들려주었다. 그날 일정을 마무리한 김 목사가 "내일 아침 6시에 보자"며 방에 들어갔다. 함께 갔던 사람들은 10분 전에 가 있으면 되겠다 싶어 5시 50분에 갔는데, 김 목사는 벌써 와서 신문을 읽고 있었다. 사람들이 안 되겠다 싶어 다음 날엔 30분이나 일찍 나갔는데도 김 목사가 이미 와 있었다고 한다.

민 사장은 또 남다른 안목과 적극적인 태도를 김 목사가 지닌 비범한 점으로 꼽는다. 공영방송에서도 FM 라디오를 줄여가는데 오히려 극동방송 지사를 13개나 확장한 것이라든가, PD와 아나운서의 역할이 명확한 방송계에서 많은 직원의 반대와 불평에도 '아나듀오'라는 방식으로 PD와 아나운서를 겸하는 멀티포지션을 갖게 한 일, 컴퓨터 컨트롤러라는 디지털 자동화 시스템을 가장 먼저 도입한 일 등이 그 예다.

이런 것들을 도입할 때만 해도 기존 시스템에 익숙한 직원들에게 큰 반발을 샀고, 여타 큰 공영방송 라디오에서조차 도입할 생각을 하지 못했다. 그런데 시간이 지나고 보니 이는 극동방송이 최첨단 시스템으로 무장하는 계기가 되었다. 극동방송이 라디오 분야에서는 독보적 위치에 있다는 것을 직원들뿐 아니라 공영방송에서도 알고 이를 배우기 위해 견학을 오기도 한다. 민 사장은 이 일로 김 목사가 방송계에 한 획을 그었다고 해도 과언이 아니라고 했다.

탁월한 안목은 사람을 중용할 때도 드러난다. 김 목사가 사람을 쓸 때의 기준은 심성이었다. 성품이 바르고 괜찮으면 일이 조금 서툴러도 업무를 먼저 주고 일할 수 있게 했다. 극동방송 아나운서를 기용할 때도 표준어를 쓰고 거부감 없는 음성을 지닌 사람을 기준에 두는 것이 아니라 사투리 억양이 있고 음성이 조금 안 좋아도 복음을 전하겠다는 의지가 있으면 오히려 그 사람을 썼다.

민 사장과 직원들은 김 목사처럼 열심히 일하는 '워커홀릭'은 없다고 입을 모았다. 해외에 가서도 매일 비서들에게 팩스나 이메일로 보고를 받고, 차를 타고 이동하는 중에도 계속 소통하며 일한다. 어린이합창단의 해외순방 일정도 김 목사가 직접 짰고, 그 기간에 스무 번 넘게 공연하는데도 모든 공연을 빠짐없이 맨 앞자리에 앉아 몰입해 관람했다.

민 사장은 지금까지 살아오면서 대하기 어려운 사람이 별로 없었는데, 지금도 김장환 목사를 대하는 것이 조심스럽고 어렵다고 말한다. 그래서 김 목사가 자신을 부르기 전에는 그분 가까이 가지 않는다고 했다. 그만큼 존경하기 때문에 어렵고 조심스럽게 대하는 것이리라.

박성철 신원그룹 회장

국내 굴지의 의류업체 신원은 자타공인 믿음의 기업이다. 경영이념 첫째가 믿음중심이고, 다음이 고객중심과 미래지향이다. 매주 월요일 아침이면 전 세계의 신원 직원들이 예배를 드린다. 회사 입구에는 "주일은 주님과 함께"라는 문구가 크게 붙어 있다. 이유를 막론하고 주일에 쉬는 것은 박성철 회장이 창업 때부터 지켜온 철칙이다. 박 회장을 만나 인터뷰한 회장실 벽에는 십계명을 새긴 액자가 걸려 있었다. 서울 신길성결교회 원로장로인 박 회장이 얼마나 신앙 중심으로 경영하는지를 엿볼 수 있는 증거다.

박성철 회장에게는 개인적으로 자랑거리가 많다. 장남 박정환 씨는 미국 워싱턴 대학, 댈러스 신학대학, 예일 대학을 졸업하고 세계적 패션 학교인 뉴욕 파슨스디자인스쿨과 하버드 대학에서도 공부한 재원이다. 이것만으로도 충분히 자랑할 만한데 더 큰 자랑거리가 있다. 그것은 박정환 씨가 2010년 10월 30일, 한국교회100주년기념관에서 대한예수교장로회 개혁선교 수도노회로부터 목사 안수를 받았다는 사실이다. 자식이 목회자의 길을 간다는 것은 자랑스럽고 보람 있는 일이 아닐 수 없다.

이날 박 회장은 인사말을 통해 "37년 동안 하나님께 기도드린 응답이 이제 이루어졌으며, 장남을 하나님께 드리게 되어 감사하고 기쁘다"고 말했다. 박 회장과 가까운 김장환 목사도 축사를 통해 "미국 5개 대학에서 우수한 성적을 거둔 그 열정으로 복음을 전파하는 데

총력을 기울여달라"고 당부했다.*

　박성철 회장에게 김장환 목사와의 인연에 대해 물었다. 박 회장은 김 목사와 45년 지기라고 했다. 조용기 목사와 셋이 형제처럼 지냈다는 박 회장은 김 목사와는 여섯 살, 조용기 목사와는 네 살 차이가 나는데 친구처럼 형제처럼 가깝게 교제해왔다고 했다. 해외에도 함께 가고, 운동도 같이 하는 등 국내에선 하루 두세 번을 만나기도 할 만큼 김 목사와 친밀한 관계라고 밝혔다.

　박 회장이 오랜 세월 가까이에서 지켜보고 느낀 김장환 목사는 특별한 존재였다. 인간관계가 폭넓고, 남을 먼저 배려하고, 부지런하고 자상하며, 한다면 하는 성격이고, 이해력이 높고, 머리가 명석해서 설교도 잘하며, 열정적이고, 기억력이 좋고, 약속을 잘 지키고, 의리 있고, 헌신적이고, 남의 허물을 잘 덮어주고 실수도 감싸주는 통이 아주 큰 '인간 완성품'이라는 것이다.

　박 회장은 이처럼 다양한 장점을 지닌 김 목사와 교제하며 배운 것도 많다. 새벽 3~4시에 일어나 새벽기도를 다니는 것도 김 목사를 통해 바뀐 것이고, 사람 사이의 의리를 중시하는 것도 김 목사에게 배웠다.

　인터뷰를 마무리하며 김장환 목사에게 남기고 싶은 한마디를 부탁했다.

　"이제 연세가 90이신데, 건강에 유의해서 오래오래 후배들에게

---

* "십자가 지고 겸손히 하나님 사명 감당," 〈기독교헤럴드〉(2010년 11월 5일자); http://m.cherald.co.kr/news/articleView.html?idxno=3787.

귀감이 되는 목사님이 되시기를 간절히 바랍니다."

박영규 배우

중견배우 박영규 씨를 만났다. 어떻게 김장환 목사를 알게 되었는지 물으니 1973년 어느 날을 기억해낸다. 박영규 씨는 배우가 하고 싶어 1973년 서울로 올라왔다. 그때 여의도 근처에서 친구들과 놀고 있는데, 어마어마하게 많은 사람이 몰려가는 것을 보고 호기심이 생겨 따라가게 되었다. 바로 빌리 그래함 전도대회 현장이었다. 빌리 그레이엄이라는 유명한 미국 목사가 영어로 설교하는데, 옆에서 우리말로 통역하는 작은 사람의 목소리가 귀가 들어왔다. 배우 지망생인 그가 보기에 '저 사람이 진짜 배우 아닐까?' 하는 생각이 들 만큼 빌리 그레이엄 목사의 열정과 감정과 제스처를 그대로 따라 했다.

그때 김장환 목사에게 강한 인상을 받은 박영규 씨는 세월이 흐른 뒤 돌고 돌아 대부도의 한 리조트에서 백발의 김 목사를 다시 만났다. 2023년 1월 음력설에 그는 아내와 리조트에 놀러 가서 식사하고 하룻밤을 묵었다. 다음 날 아침 체크아웃을 하려고 하는데, 리조트 회장이 저녁에 사랑의교회 오정현 목사와 김장환 목사 부부가 리조트에 온다고 알려주었다. 그러고는 그분들과 함께 저녁 식사를 할 수 있는지 물었다. 박영규 씨는 잠깐 고민했다. 근처에 사는 장인 장모님과 저녁 약속이 되어 있었기 때문이다. 그래서 장인 장모님께는 점심에 식사를 먼저 대접하고 다시 리조트로 갔다.

5시쯤 아내, 딸과 함께 약속 장소로 가니 머리가 하얗게 센 분이 반갑다며 안아주시고는 박영규 부부의 어깨에 손을 얹고 안수해주었다. 그분이 바로 젊은 시절 통역으로 깊은 인상을 남겼던 김장환 목사였다.

원래 아내는 교회를 굉장히 열심히 다녔던 사람인데 불신자인 박영규 씨와 결혼한 뒤로 교회를 다니지 않고 있었다. 그래서 김장환 목사가 안수기도를 해주자 아내는 너무도 행복해하며 감격의 눈물을 흘렸다. 그의 아내에게는 김장환 목사가 감히 뵐 수 없는 너무나 거대한 존재였기 때문이다.

그날 저녁 식사를 하고 모두 모여서 이야기를 나누다가 그 자리에 함께한 김장환 목사의 손녀가 노래를 불렀다. 그러자 리조트 회장이 "아, 우리 박 선생도 노래라면 대한민국 땅에서 누구한테도 뒤지지 않죠!" 하고 분위기를 잡았다. 그래서 윷놀이가 준비된 곳으로 이동한 뒤 박영규 씨는 자신의 주특기인 '파니스 안젤리쿠스(Panis Angelicus, 생명의 양식)'를 불렀다. 그랬더니 "앵콜! 앵콜!" 하고 반응이 너무 좋았다.

그런데 김장환 목사 앞이니 좀 수준 높고 의미 있는 노래를 한 곡 불러드리고 싶었다. 그래서 프랭크 시나트라의 '마이 웨이(My way)'를 불렀더니 김 목사가 매우 좋아했다. 박영규 씨는 자신과 친분이 있는 조영남 씨가 김 목사의 주선으로 미국에 갔다는 사실도 그날 처음 듣고 알았다.

거기서 재미있게 윷놀이를 하고 아이들 노는 것도 보면서 사랑의교회 오정현 목사와도 얘기를 나누었다. 그러다가 갑자기 김장환 목사가 박영규 씨에게 물었다.

"그동안 하나님을 안 믿었다죠?"

그 질문에 박영규 씨는 마음에 묻어두고 있던 아픈 개인사를 꺼냈다. 아들이 하나 있었는데, 딱 20년 전 스물두 살의 나이에 세상을 떠났고, 그 아픔으로 인해 하나님을 믿기는 하면서도 교회에 발길을 끊고 지금까지 지내왔다고 얘기했다. 그러고는 "지금 김 목사님을 뵈니 너무 영광스럽고 감동이 된다"고 말했다.

그 얘기를 들은 김 목사는 "하나님이 박영규 선생을 진짜 사랑하시는 것 같다. 그래서 나한테 보내신 것이다"라고 했다. 그 순간, 박영규 씨는 고집 센 아버지가 김장환 목사 정도 되시는 분을 만나야 결단할 수 있을 것 같아 천국 간 아들이 하나님께 부탁해서 자신을 김 목사에게 보냈다는 느낌이 들었다. 사실 그동안 유혹도 많았고, 교회를 나가다가 안 다닌다고 고집을 피우기도 해서 그를 전도하려는 이들이 많았다.

박영규 씨는 김장환 목사의 말에 바로 그 자리에서 답했다.

"즉시 교회에 나가겠습니다."

그러자 김 목사는 오정현 목사의 사랑의교회에 등록해서 다니라고 했다. 박영규 씨는 김 목사의 말대로 그다음 주부터 사랑의교회에 나가서 등록하고 다니고 있다.

리조트 안에는 드라마에도 가끔 나오는 유명한 방주교회가 있다. 박영규 씨의 아내는 리조트 운영진과 잘 아는 사이여서 방주교회에 출석하면 목사님들을 만날 수 있다는 것을 이미 알고 있었다. 아내가 방주교회에 가는 것을 너무 좋아해서 박영규 씨도 설날 연휴의 주일에 김장환 목사와 함께 예배를 드렸다.

믿지 않는 남편과 결혼한 뒤 교회를 나가지 못했던 아내는 남편과 함께 예배드리는 것을 너무도 감격스러워했다. 모든 것이 하나님의 은혜였지만, 리조트 회장인 권모세 장로의 소개로 이루어진 일이기도 했다. 김 목사의 설교는 들을 때마다 박영규 씨의 마음에 와서 꽂혔다. 그때부터 김 목사는 행사가 있으면 박영규 씨를 데려간다.

박영규 씨를 수행하는 이는 그를 대하는 김장환 목사의 태도가 남다른 것 같다면서 마치 막냇동생을 대하듯 아껴주는 것 같다고 했고, 그 말에 박영규 씨는 뿌듯해했다. 김장환 목사 같은 분이 그렇게 아낌없이 보살펴주는데 어떻게 감동하지 않겠는가.

그러던 어느 날, 김 목사가 갑자기 박영규 씨에게 말했다.

"이봐, 내가 앞으로는 장로라고 부를 거야. 알았어?"

그 순간, 박영규 씨는 자기도 모르게 "예? 장로요? 예, 예!" 했다고 한다. 사실 그도 장로가 아무나 되는 것도 아니고, 신앙생활을 오래 하고, 교회에 모범이 되고, 성도들에게 인정받아 투표로 당선되며 장로 고시도 봐야 한다는 것을 모르지 않았다. 하지만 김 목사의 말에서 신앙생활 열심히 해서 장로다운 사람으로 빨리 성장하길 바라는 애정을 읽었기에 그렇게 답한 것이다.

박영규 씨는 남의 말을 잘 듣지 않는 편인데, 김장환 목사를 만난 뒤로는 그분의 말을 한 번도 거역해본 적이 없다고 했다. 그저 그분이 시키는 대로 순종하며 가까이에서 모시는 것이 최고의 기쁨이기 때문이다. 스스로 생각해도 뭔가에 홀린 것 같다고 했다. 그런데 가만 생각해보니 자신이 김 목사를 만난 것도 그동안 제대로 믿지 못했던 하나님을 잘 믿고 그분께 영광 돌리는 삶을 살라는 하나님의 뜻과 섭리라는 사실을 알게 되었다.

빌리 그래함 전도대회 50주년 기념대회 발대식을 하는 날, 박영규 씨는 20년 전 3년을 함께 일했던 대표를 다시 만났다. 그렇게 하나님의 기막힌 인도하심으로 그 대표는 지금 박영규 씨의 매니저로 다시 일하고 있다. 이 모두가 김장환 목사와 극동방송을 통해 이루어진 일이다.

박영규 씨는 자신도 김 목사를 좋아하지만 김 목사도 자신이 옆에 있으면 어린아이처럼 좋아하시는 것 같다면서 "그러니 그 얼굴을 보고 어떻게 평생 같이 가지 않을 수 있겠느냐?"고 말했다. 하나님이 김 목사를 통해 자신이 더 빛날 수 있게 해주셨는데, 하늘에서 지켜보고 있는 아들이 아빠가 피폐한 삶에서 벗어나 하나님께 영광 돌리는 기쁜 삶으로 변화하도록 김장환 목사와 연결해주었다고 믿는다고 했다. 그 모든 일이 살아 계신 하나님의 역사가 아니고는 이루어질 수 없는 일이기 때문이다.

김 목사를 만난 뒤로는 계속 좋은 일만 일어난다는 박영규 씨는 이제 더 이상 아들을 잃은 아픔과 좌절 속에 허덕이는 불신자가 아니라 하나님의 존귀한 아들이 분명했다. 그는 이제 남은 생은 자신에게 맡겨진 일은 그것대로 더 열심히 하고, 김 목사가 같이 가자고 하시면 보디가드로라도 동행해서 자신의 삶과 인격으로 참믿음을 보여주고 싶다고 했다. 그는 '열심히 땀 흘려 돈을 벌어 헌금도 하고, 김장환 목사님이 살아 계시는 동안에는 부모님 용돈 드리듯 따로 용돈도 드리고 싶다. 그런데 받으시려나?' 하는 생각도 한다고 했다.

박영규 씨는 절대 빼먹으면 안 되는 중요한 한 가지가 있다고 했다. 하나님의 놀라운 영광이 50년 만에 다시 왔다는 것이다. 그는 하나님께서 뭔가 자신을 크게 쓰실 것만 같다고 했다. 노래를 배워둔 것이 이렇게 하나님의 영광을 위해 쓰일 줄은 그도 미처 몰랐다.

비록 9개월밖에 안 된 막 쪄낸 찐빵이지만, 김장환 목사의 격려와 사랑으로 멋진 기독교인으로 거듭나고 있는 박영규 씨의 앞으로의 모습이 더욱 기대된다. 그를 통해서 더 놀라운 하나님의 기적을 만나게 되지 않을까.

박일량 수원중앙침례교회 원로장로

30년이라는 오랜 세월 동안 김장환 목사의 분신과도 같이 운전기사로 봉사했던 박일량 장로를 만났다. 소탈하고 정이 많은 분이라는 것을 한눈에 알 수 있었다. 또 '리틀 김장환'이라 불러도 손색없을 만큼 건강한 모습이었다. 함께한 세월만큼이나 박 장로는 김 목사에 대해 꺼내놓을 이야기가 많았다. 하루 종일, 아니 일주일을 들어도 시간이 부족할 듯했다.

김 목사와 처음에 어떻게 만났느냐고 물으니, "한 편의 드라마 같았다"는 대답이 돌아온다. 박 장로는 오래전 누님이 운영하는 주유소에서 일했는데, 택시도 한 대 소유하고 있어서 1963년 운전면허를 따서 운전일을 했다. 김 목사와의 인연도 운전에서 시작되었다. 1964년 트루디 사모가 강의하는 불광동 수양관으로 여러 번 운전을 해드린 적이 있었다. 당시는 일당 800원 하던 시절이었는데, '화춘옥'이라는 갈빗집에서 갈비탕을 사주시고는 헤어질 때 봉투를 하나 건넸다. 그 안에는 당시 일당의 두 배가 넘는 1,500원이 들어 있었다.

약 1년 뒤, 트루디 사모와 연결해준 전도사가 다시 박 장로를 찾아와 김장환 목사가 만나고 싶어 한다고 했다. 김 목사는 수원중앙장로교회 전도사로 시무하는 캐나다인 짐 윌슨의 자녀를 연세대 근처 외국인학교까지 통학시켜달라고 부탁했다. 그래서 박 장로는 1년 6개월 동안 짐 윌슨 선교사 자녀를 통학시켜주었다.

어느덧 짐 윌슨 선교사 가족이 다시 캐나다로 돌아갈 즈음, 김 목사가 "그동안 수고했으니 송별회 겸 식사나 하자"고 불렀다. 그래서 김장환 목사, 짐 윌슨 부부와 함께 식사하게 되었는데, 윌슨 부부가 김 목사에게 박 장로를 성실한 사람이라고 칭찬했다. 식사 중에 김 목사가 박 장로에게 "지금 타고 있는 차를 팔고 거기에 돈을 보태서 코로나 택시 한 대를 사면 좋지 않겠느냐"고 제안했다. 그러고는 코로나 택시 한 대 가격이 얼마나 하는지 물어서 125만 원이나 한다고 말했다. 당시 집 한 채 가격이 20~30만 원쯤이었는데, 김 목사는 130만 원을 주면서 "미스터 박 이름으로 택시를 사라"고 했다.

그 뒤 차를 사서 김 목사에게 보여드렸다.

"어, 새 차 왔네. 오늘부터 미스터 박이 사장이니 돈 많이 벌어!"

그렇게 해서 박 장로는 택시를 운행해 돈을 벌게 되었고, 가끔 김 목사가 서울 갈 때는 택시로 모셨다. 일을 마치고 돌아오면 김 목사는 "손님 태울 시간에 나한테 봉사했으니 택시비 받아" 하며 일당을 주었다.

그렇게 김 목사는 가끔 박 장로의 택시를 이용했는데, 한 달에 한 번꼴이던 횟수가 점점 늘어 일주일에 한 번꼴로 바뀌었다. 박 장로는 그렇게 택시 운전으로 돈을 벌어서 김 목사에게 50만 원을 갚았다. 그런데 하루는 김 목사가 불러 갔더니 이제 돈을 그만 갚으라고 했다. 차가 헌 차가 되면 또 바꿔야 할 테니 돈을 모아두었다가 새 차 살 때 쓰라는 것이었다. 나중에 코로나 신형이 나왔을 때도 50만 원이 모자라서 박 장로가 그 이야기를 하니 김 목사가 50만 원을 주어서 새 차를 샀다.

1~2년쯤 뒤 안식년으로 미국에 가게 된 김 목사는 박 장로에게 그동안 자기 집에 와서 살면서 집을 좀 봐달라고 부탁했다. 그래서 박 장로는 당시 전세 살던 집을 비워놓고 자녀 둘과 함께 김 목사의 집에서 1년을 살았고, 그동안 돈을 모아 중고차를 한 대 더 사서 운영하게 되었다. 1년 뒤 귀국한 김장환 목사는 공항에서 만나자마자

영업이 잘되느냐고 물었다.

"목사님 덕분에 돈을 벌어서 차를 한 대 더 굴리고 있습니다."

그런데 김 목사가 그것을 정리하고 자기 차를 운전해달라고 했다.

"죄송하지만, 저는 돈 받고 운전하는 직업적인 운전기사는 싫습니다. 저 대신 좋은 사람을 소개해드리겠습니다."

박 장로는 그렇게 말하고는 그동안 자기 택시가 있으니 이런저런 상황에서 운전을 해드린 것이지 돈을 벌려고 한 일은 아니었다고 덧붙였다.

그래도 김 목사는 "미스터 박과 같이 다니고 싶다"고 거듭 부탁했다. 박 장로가 그래도 운전기사 노릇은 싫다고 재차 거절하자 김 목사는 이렇게 설득했다.

"그럼 내가 비서나 수행원으로 생각할 테니 운전을 좀 도와주면 안 되겠나?"

그 말에 박 장로는 더 이상 거절할 수 없었다. 그렇게 해서 김 목사와 박 장로의 깊고 친밀한 관계가 시작되었다.

그 뒤로 김 목사는 차를 탈 때 뒤에 타지 않고 항상 옆에 타서 동행했다. 그렇게 2년 정도 지난 어느 날, 박정희 대통령에게서 식사를 같이 하자는 연락이 와서 청와대에 들어가게 되었는데, 김 목사는 박 장로를 배려해 운전을 직접 하겠다고 나섰다.

김 목사는 또 광주나 부산같이 먼 곳의 집회에 다녀올 때면 "혼자 운전하면 너무 피곤하니 반은 내가 하겠다"고 했다. 그래서 박 장로가 뒤에서 자며 오기도 했다. 두 사람은 그렇게 서로를 배려하며 30년을 동행했다.

박 장로의 얘기에 필자는 크게 감동했다. 어느 보스가 운전기사가 피곤하다고 교대로 운전을 해준단 말인가? 정말 김 목사는 듣지도 보지도 못한 유형의 보스다. 박 장로도 김장환 목사는 자신을 고용인과 피고용인, 보스와 부하의 관계가 아니라 동료 관계로 생각하며 동행해준 너무나 고마우신 분이라며 1세기에 한 번 나올까 말까 한 인물이라고 격찬했다.

가끔 뉴스를 보면 기업 회장이나 정치인들의 비리나 허물이 운전기사에 의해 들통날 때가 있다. 그만큼 가장 가까운 거리에서 일거수일투족을 잘 알기 때문이다. 그런데 45년이나 친밀한 관계를 유지해온 박일량 장로의 입에서 나오는 말이 온통 김 목사에 대한 존경과 찬사뿐이어서 감탄이 절로 나왔다.

김장환 목사는 청와대 경호원들에게 영적인 강연을 해달라는 부탁을 받고 한 달에 몇 번 청와대를 출입했다. 트루디 사모도 외국에서 손님이 오면 경호원들도 영어를 알아야 하니 가르쳐달라고 부탁해서 도와주었다. 그래서 경호원들에게 김장환 목사 부부는 스승과도 같은 존재였다.

대통령 경호원들은 대통령 차 외에는 청와대로 들어가는 차에 경례를 붙이지 않는다. 그런데 김장환 목사를 태운 차가 들어오면 예외적으로 경례를 했다. 그러면 뒤따라오던 장관들이 "도대체 누가 탄 차냐"고 궁금해했고, 장관 차를 운전하는 기사들이 박 장로에게 와서 누굴 모시고 왔느냐고 물을 때도 많았다. 그러면 박 장로는

"대사를 모시고 왔다"고 했고, 어디 대사냐고 물으면 '천국 대사'라고 답했다고 한다. 박일량 장로도 참 재치 있는 사람이라는 생각이 들었다.

어느 날, 김장환 목사가 박 장로에게 물었다.

"나는 지금까지 당신을 많이 도와주곤 했는데, 당신은 날 위해 뭘 했지?"

그 물음에 박 장로는 이렇게 대답했다.

"목사님은 기라성 같은 분들과 교제하시니 저 같은 사람의 도움은 필요 없으시잖아요. 그래도 저는 목사님을 위해 기도하고 있습니다."

그러자 김 목사는 맞는 말이라면서 고마워했다.

박 장로는 원래 술을 못 마셨지만 건달들과 친하게 지내곤 했는데, 김 목사의 차를 운전하고부터는 그들과 멀어졌다. 그러던 중 '더는 김 목사한테 매이지 말고 옛 친구들도 만나며 여유 있게 살라'는 사탄의 유혹에 마음이 흔들렸다고 한다. 그래서 기회를 봐서 그만두겠다고 말할 생각이었는데, 그것을 막는 사건이 일어났다.

1973년 어느 날 아침, 출근하려고 나서는데 네 살 먹은 첫 아이가 많이 아파 신경이 쓰였다. 일단 출근은 했는데, 애가 더 아파서 병원에 입원시켜야겠다는 아내의 연락을 받고 함께 성빈센트병원으로 데려갔지만 혼수상태였다. 아침 7시에 트루디 사모에게서 빵이라도 먹고 가라는 전화가 왔다. 그때 병원에서 연락이 와 가보니 아이가 눈을 뜨고 "다 나았어!" 하는 말을 남기고는 하늘나라로 떠났다.

친구들과 함께 아이 장례를 치른 뒤 방송국에 와서 마음을 가라앉히고 있는데, 김 목사를 떠나려 했던 게 떠올라 회개했다. 박 장로는 아이가 죽으면서 "목사님을 떠나지 말라"는 신호를 주었다고 생각해서 결국 김 목사 곁에 남았다며 눈시울을 붉혔다.

박 장로는 김 목사가 돈을 주며 교인들에게 고기를 사다 드리라고 해서 그렇게 했던 이야기도 들려주었다. 곁에서 지켜본 김 목사는 그렇게 인정이 많은 사람이었다. 또 심방을 갈 때는 걸어서 다니곤 했는데, 도중에 청소부들을 만나면 꼭 돈을 건네며 건강해야 한다고 위로했다.

박 장로는 자신이 반평생을 모신 김장환 목사가 얼마나 겸손한 분인지에 대해서도 이야기해주었다. 식사도 겸상했고, 같은 방에 잘 때도 오히려 박 장로를 침대 위에서 자게 하고 김 목사는 바닥에서 잘 때가 많았다. 박 장로는 김 목사가 그렇게 인간미 넘치는 분이라는 사실을 뿌듯해했다.

1991년경, 김 목사가 불러서 "그동안 수고 많이 했으니 그만두고 관리책임자로 내려가라"고 해서 박 장로는 운전을 그만두게 되었다. 박 장로는 김 목사의 차를 운전하는 동안 단 한 번도 사고를 낸 적 없는 모범 운전자였다.

박일량 장로는 지금도 김 목사와의 인연을 하나님이 맺어준 인연으로 생각한다. 보스와 운전기사의 만남이 이처럼 친구 같은 관계로 맺어진 경우를 세상에서는 찾아보기 힘들 것이다.

반기문 (재)보다나은미래를위한반기문재단 이사장 / 제8대 UN사무총장

반기문 전 UN사무총장이 김장환 목사를 만난 것은 1996년이었다. 당시 김영삼 대통령의 의전수석비서관 신분이었는데, 김 목사가 주말이나 주일에 가끔 청와대에 와서 대통령에게 좋은 말씀을 해주곤 해서 그때 처음 대면하게 되었다. 당시는 김 목사의 교제 상대가 대통령이니 인사만 나눌 정도였고, UN사무총장직을 수행하면서부터 가까이하게 되었다.

2006년 12월 14일은 반기문 UN사무총장의 취임식이 열린 날이다. 김 목사는 이틀 뒤인 토요일에 축하기도회를 열어주었다. 김 목사는 반 UN사무총장을 위해서 UN을 11번을 방문했고, UN을 위해선 딱 한 번 방문했다. UN총회가 시작되던 2016년 9월 13일에는 김 목사가 전 세계 193개국 대사 193명과 UN직원을 포함해 300명이 참석한 자리에서 조찬기도회를 열어주었다.

김 목사는 그해 12월에도 다시 와서 반 사무총장을 위해 축복기도를 해주었는데, 그때도 혼자 오지 않고 『목적이 이끄는 삶(Purpose Driven Life)』의 저자로 유명한 릭 워렌(Rick Warren) 목사와 함께였다. 릭 워렌 목사는 미국을 대표하는 목사로 미국 대통령과도 친분이 두터워서 반 총장이 일하는 데 도움을 줄 만한 영향력 있는 인물이었다. 그날 김 목사는 유능한 교육학자와 경제학자는 물론 벨헤이븐 대학 총장, 미 공군참모총장과도 동행했다.

반 총장은 이때 김장환 목사의 국제적인 인맥에 크게 놀랐다. 사실 UN사무총장의 인맥도 누구 못지않은데, 그런 반 총장조차 연이 닿지 않은 쟁쟁한 인물들을 김 목사가 모임 때마다 데려와서 큰 힘이 되었다. 한국인이 UN사무총장이 되었으니 어떻게 하면 도움이 될까 해서 김 목사가 자신의 인맥을 동원해 애를 많이 썼던 것이다.

반 총장이 김장환 목사에 대해 더 놀란 일은 따로 있었다. 빌리 그레이엄 목사가 소천했을 때 자택에서 장례예배가 있었고, 그 예배는 세계 곳곳으로 생중계되었다. 그 자리에는 트럼프 대통령과 펜스 부통령, 부시 전 대통령 등 미국의 최고 지도자들이 모두 참석했다. 그런데 전 세계의 관심이 집중된 장례식에 전 목회자를 대표해서 김장환 목사가 추도사를 했다. 전 세계인이 지켜보는 가운데 추도사를 맡아 애도의 마음을 전달하던 김장환 목사의 모습을 현장에서 지켜본 반 총장은 같은 한국인으로서 너무도 감격스럽고 기뻤다. 특히 완벽한 영어로 추도사하는 김 목사의 모습이 몹시 부러우면서도 자랑스럽기 그지없었다.

이 대목에서 반 총장이 궁금해한 내용이 있었다. 장례식 추도사를 빌리 그레이엄 목사가 유언으로 남긴 것인지, 아니면 두 분이 각별한 관계였으니 김 목사가 해야 한다고 주변 사람들이 부탁했는지 궁금하다는 것이다. 그래서 필자가 들은 대로 빌리 그레이엄 목사가 세상을 떠나기 전 김장환 목사에게 추도사를 미리 부탁했다고 말해주었다. 반 총장은 그 이야기를 듣고는 더욱 놀라며 "빌리 그레이엄 목사의 지인들과 절친이 미국에만 수천 명이 넘을 텐데, 미국 사람도 아닌 김 목사에게 추도사를 맡길 만큼 두 분의 관계가 각별했다는 뜻이 아니겠느냐"고 말했다.

반 총장을 한 번 더 감동시킨 것은 2016년 9월 13일 UN총회에서 김장환 목사가 유일한 스피커로서 한 설교였다. 제목이 '한 사람의 힘'이었는데, 아직까지도 기억할 만큼 감동적이었다. 지금도 그렇지만 그 시절 김 목사의 설교는 대단히 파워풀하고 대단했다고 한다.

김 목사는 영어가 유창한 데다 목소리가 좋고 전달력도 탁월했는데, 특히 설교 도입부를 지금도 선명하게 기억할 정도로 흥미롭게 전개했다고 한다.

"석기시대는 돌로 짐승을 사냥하거나 사람을 죽였다. 기껏해야 돌 하나에 몇 센트밖에 하지 않는다. 그다음 청동기 시대는 철로 무기를 만들어 공격했다. 그것은 몇십 불 되지 않았다. 그 후에는 대포가 나왔다. 그것은 훨씬 더 돈이 드는 무기였다. 다음에는 원자탄이 개발되었다. 그것은 실로 엄청난 비용이 드는 무기다."

설교는 이렇게 시작해서 "이렇게 세월이 흐르면서 더 값비싼 무기들이 생산되고 있는데, 이러면 되겠느냐? 공멸 아니냐? 그러니 예수님의 가르침에 따라서 서로 평화와 사랑과 상호이해의 정신으로 나아가야 한다"는 흐름으로 이어졌다. 지구촌교회 이동원 원로목사가 그의 영적 스승인 김장환 목사의 설교를 평가할 때 "서론에 신경을 많이 쓴다"고 했는데, 이는 사실이다. 당시 UN에서 했던 김 목사의 설교는 듣는 이에게 큰 감명을 준 최고의 연설로 남았다.

반 총장은 해외에서 외교관 생활도 했고 또 UN사무총장을 하면서 미국 대통령을 비롯해 세계 각국의 유명 정치인들의 많은 연설을 들었는데, 대부분 밋밋하고 따분했다고 한다. 냉전 때는 소련의 흐루쇼프 제1서기 같은 사람이 와서 신발을 땅땅 두드리고, 그 뒤 쿠바의 피델 카스트로 의장이 와서 몇 시간씩 떠들어대고, 그다음엔 리비아의 카다피 의장이 와서 행패를 부리는 등 볼거리도 좀 있었다. 하지만 세계 지도자들은 대부분 점잖게 연설해서 재미가 없고 졸음이 올 정도였다.

그런데 원고도 거의 보지 않고 유창한 영어와 카랑카랑한 목소리로 전달하는 김장환 목사의 설교는 5분만 들어도 힘이 느껴지고 귀에 잘 들어왔다. 그래서 UN사무총장으로서 또 같은 나라 사람으로서 김 목사의 설교가 정말 자랑스러웠다고 한다. 세월이 꽤 지난 지금도 반 총장이 생생히 기억할 만큼 김 목사의 설교는 탁월했다.

그 당시 반기문 총장은 세계적 리더의 위치에 있었다. 그런데 그를 존경하는 이들도 있었지만 비판하는 이도 많았다. 특히 정치 외교적인 리더들은 존경받지 못할 때가 많다. 하지만 김장환 목사를 비판하는 사람은 거의 없었다고 한다. 반 총장은 간혹 김 목사를 '정치 목사'라고 욕하는 사람들이 있긴 했지만, 이는 제대로 몰라서 하는 비판이라고 했다. 반 총장은 거의 모든 이에게 존경받는 김장환 목사를 보면 존경스럽고 부럽다고 했다. 더욱이 김장환 목사는 한국인으로서는 최초로 세계침례교연맹 총회장까지 역임했으니, UN사무총장을 역임한 반 총장이 부러워하고 자랑스러워할 만한 자취를 남긴 인물이기도 하다.

반 총장은 총영사로 있을 때부터 워싱턴에서 수많은 종교 지도자를 만났는데, 그들 중에는 배타적이고 독선적인 사람들도 많았다. 그런데 김장환 목사는 그런 종교 지도자들과는 달리 모든 사람을 품고 어려운 일이 있으면 발 벗고 나서서 구체적으로 돕는 존경스러운 분이다.

반 총장이 UN사무총장으로 있을 때 그의 종교가 기독교인지 여부가 기독교인들에게는 최고의 관심사였다. 그는 어릴 때 장로교회에 출석했는데, 신앙이 있어서 다닌 게 아니라 그때는 교회에 가야 커피나 우유, 크레용, 장난감 같은 구호물자를 얻을 수 있었기 때문이다. 그래서 그의 모친도 장로교회에 나가서 성탄절 연극도 하고 찬송가도 배우고 했지만, 이후 바빠지면서 교회를 멀리하는 대신 불교에 심취해 자녀 이름을 모두 절에 걸었다. 물론 반 총장이 워싱턴 총영사로 있을 때는 한인 이민사회의 구심점인 교회에 더 자주 나갔다. 그때 대한민국 대통령이 미국을 국빈방문 하면 총영사로서 교회에 나가 대통령 환영을 위해 인원동원을 부탁하기도 했다. 그 덕분에 교회와 인연이 깊어져 지금도 교회에 많이 나가곤 하는데, 사실 이 모든 것이 김장환 목사 덕분이라고 했다. 이 또한 김 목사가 반 총장에게 감동을 주는 영향력 있는 지도자여서 가능한 일이었을 것이다.

반기문 총장은 우리나라가 자유민주국가이고 세계에서 10번째 가는 경제대국인데 사회가 너무 분열돼 있어 치유가 필요하다는 것을 절감한다고 말했다. 그는 이 문제를 해결하는 방법은 교육과 종교밖에 없다고 본다. 그런데 종교 중에도 가장 영향력 있고 액티브

하고 국민에게 잘 접근하는 종교가 기독교이기 때문에 사회적으로 분열된 우리나라를 하나로 통합하는 유일한 방법은 기독교밖에 없다고 했다.

반기문 총장은 다음과 같은 바람으로 인터뷰를 마쳤다.

"그 기독교의 거목이 김장환 목사님이시니 그분의 리더십이 국가와 교회에 힘이 되었으면 좋겠고, 오래오래 장수하셔서 조국 통일에까지 영향을 미치게 되시기를 바랍니다."

백철우 (주)코스피아 & (주)하이랙 대표이사

백철우 대표는 약 30년 전 공직에 있을 때 김장환 목사를 처음 만났다. 그때는 백 대표가 예수를 믿지 않을 때였는데, 이후 김 목사를 통해서 신앙생활을 시작했다.

백 대표가 수원경찰서장으로 재직할 당시의 일이다. 진급이 안 되어 마음에 무거웠던 그는 새벽 일찍 순찰을 돌다가 차를 세워놓고 김장환 목사의 교회에 들어갔다. 예배 후 김 목사가 나와서 백 대표가 주차해놓은 차를 보고 누구 차냐고 물었고, 경찰서장이 온 것 같다고 직원이 말해줘서 처음 인사를 나누게 되었다.

김 목사는 백 대표에게 해장국을 같이 먹자고 했다. 첫 만남에서 김 목사가 예수 믿으라고 권했지만 백 대표는 그 권유를 거절했다. 이틀 뒤 김 목사가 경찰서로 직접 찾아와 전도하는데도 여전히 안 믿는다고 대답할 만큼 백 대표는 단호했다.

당시 신임 경찰서장이 부임하면 수원 시내 약 150명의 목사에게 부임 인사를 하게 했는데, 기독교 신자는 아니지만 신참 서장이니 각 교회의 지도자들과 잘 지내서 나쁠 건 없다는 생각에 만나기로 했다. 백 대표는 일반인이 아닌 목사들과의 만남인 만큼 성경 구절을 인용해서 인사말을 하면 좋겠다고 생각했고, 마침 경찰서에 신우회가 조직돼 있어 그 회원에게 적절한 성구를 알려달라고 해서 그 내용을 포함시켜 인사했다. 그랬더니 "이번에 신앙 좋은 경찰서장이 부임했다"고 다들 좋아하는 것을 보고 백 대표는 속으로 웃었다고 했다.

백 대표가 수원에서 경찰서장을 할 때의 일이다. 그때 초등학생들이 굴다리 밑에서 500원, 천 원을 뺏겼다는 신고가 자꾸 들어왔다. 그래서 과장을 불러서 "왜 자꾸 이런 신고가 들어오는지 한번 가보자" 하고는, 직접 현장에 나가보니 가로등이 없어서 어두컴컴했다. 어두워서 범죄가 계속 일어난 것이다. 그래서 가로등이 왜 없느냐고 물으니 전임 소장이 200m 거리가 안 된다고 와서 신호등을 철거했다고 했다. 그 문제는 시청 소관이어서 가로등을 세워달라고 했지만 경찰서장 주제에 무슨 말이냐며 거부했다.

당시 시청을 수사해서 위생계를 처벌한 일이 있는데, 시장이 식사를 하자고 해도 응하지 않자 다급해진 시장이 신호등을 다시 검토해보겠다며 식사를 하자고 했다. 하지만 백 대표는 이에도 응하지 않았다. 거기에 사업을 하고 있던 수원시장에게 세무사찰 까지 들어가니 시청에서 할 수 없이 신호등을 설치하게 해주었다.

김장환 목사가 그 사실을 알고 기뻐하며 백 대표를 찾아와 또 예수 믿으라며 책을 주고는 기도까지 해주었다. 당시는 퇴직이 얼마 남지 않은 때라 마음이 좀 심란해서 '이젠 예수를 믿어볼까' 망설이던 차였는데, 김 목사의 작은아들 김요한 목사도 신호등을 설치해줘서 고맙다고 인사를 왔다. 그 이후 김요셉 목사와도 가까워졌고, 그 만남을 계기로 김장환 목사를 만나 마침내 예수를 믿겠다고 말했다. 그 뒤 김 목사가 기도해주면서 경무관 진급은 어려울 것 같으니 퇴직하라고 조언했고, 그 조언대로 백 대표는 퇴직을 결심했다.

그런데 백 대표가 퇴직한 지 한 달도 못 돼서 김 목사가 함께 미국에 가자고 했다. 그때 은퇴 후에 무엇을 하면 좋겠는지 의논했고, 김 목사는 고향 여수에서 사업을 한번 해보라고 권했다. 그래서 여수에 있는 공단에 가서 여기저기 알아보다가 사업자등록증도 만들었다. 이것저것 일거리를 알아보다가 LG화학에 프로콘 백을 납품하는 일에 관심이 가서 백 대표는 퇴직금과 모아둔 돈을 투자해 트럭 2대를 사고 사무실도 임대하고 창고도 하나 샀다.

그 일이 잘되어가는데 김 목사가 내려와서 "이 사업으로는 수지가 안 맞을 테니 다른 일을 시작해보라"고 해서 50평(165m²)짜리 사무실을 하나 빌려 새 사업을 시작했다. 그러다가 2년쯤 지났을 때, 김 목사가 이왕 사업을 크게 하려면 다른 게 좋겠다고 조언해주어 전문 인력 10명을 채용해 또다시 새로운 사업을 시작했다. 그렇게 사업을 해나간 결과 6~7년 뒤에는 1만 평(33,057m²)정도 되는 부지를 30년간 임대해 사용할 만큼 사업이 확장되었다. 백 대표는 김장환 목사가 공장에 자주 와서 기도해주고 직원들을 격려해주어 오늘의 성공에 이르게 된 것이라고 말했다.

백 대표는 지난 30년 동안 해외 출장 때를 제외하고는 한 번도 빠짐없이 토요일이면 여수에서 수원으로 올라가 교회에 출석했다. 또한 김 목사의 기도 덕분에 불교를 믿던 가족이 모두 예수를 믿게 되었고, 형제들까지 장로가 되고 권사가 되는 은혜를 입었다. 백 대표는 이 모든 것이 하나님의 은혜요, 김장환 목사의 위로와 배려 덕분이라고 감사했다. 백 대표는 "김장환 목사님을 만나지 못했다면 나는 예수를 믿지 않았을 것이고, 술고래여서 사업 성공은커녕 이미 죽은 목숨이었을 것"이라고 말했다. 백 대표는 예수를 믿고 교회를 다니는 순간부터 그 좋아하던 술을 딱 끊었다.

백 대표의 자녀들이 결혼할 때도 김 목사가 도와주고 주례까지 맡아주었는데, 특히 영국 명문가로 시집간 둘째 딸 이야기는 감동적이다.

케임브리지 대학을 졸업하고 증권회사에 다니던 영국 청년이 있었는데, 그는 백 대표의 둘째 딸에게 영어를 가르쳐주고 딸은 그에게 한국어를 가르쳐주다가 마음이 맞아 결혼을 결심하게 되었다. 사위가 될 청년이 청바지와 와이셔츠 차림으로 인사하러 온 것을 보고 백 대표는 국제결혼이 싫어 그를 사윗감으로 받아들이지 않았다. 그런데 그 사실을 안 김 목사가 그 청년의 집안을 알아보고는 "하나님의 뜻이니 반대할 이유가 없다"고 해서 결국 허락을 했다.

그런데 이번에는 청년 쪽 부모가 결사적으로 반대하는 바람에 그 일로 김 목사가 영국까지 가게 되었다. 청년의 부모는 김 목사를 만나 교제하며 마음이 움직였고, 마침 영국을 방문한 카터 대통령과 김 목사의 관계를 확인하고는 김 목사의 위상에 신뢰를 갖게 돼 마침내 결혼을 승낙했다. 그렇게 해서 백 대표는 영국 명문가와 사돈을 맺게 되었다. 현재 손자들도 모두 좋은 대학에 다니고 있으며, 김 목사에게 침례까지 받았다고 한다.

백철우 대표는 자신이 공직자로 계속 진급하고 은퇴했다면 아마도 지금처럼 크게 성공하지는 못했을 것이라고 말한다. 그는 모든 것이 김장환 목사가 자신을 잘 이끌어주고 기도해준 덕분이며, 무엇보다 예수를 믿은 것이 가장 큰 은혜와 축복이라고 했다.

"사람이 사람을 만나면 역사가 일어나고, 사람이 하나님을 만나면 기적이 일어난다!"

극동방송 1층 엘리베이터에 쓰여 있는 이 글귀가 바로 자신의 이야기라고 백 대표는 말했다. 김장환 목사를 만난 것이 인생의 터닝 포인트였으니, 자신이 바로 그 글귀의 산증인이라는 것이다.

백철우 대표에게도 김장환 목사를 위한 한마디를 부탁했다.

"목사님은 가난한 사람이든 힘 있는 사람이든 도움이 필요한 사람들은 무조건 친절하게 보살피고 배려하시는 분입니다. 그래서 건강에 무리가 갈 때가 많죠. 이제 남은 생은 너무 무리해서 일하거나 애쓰지 마시고 쉬엄쉬엄 일하시며 무병장수하시기를 바랍니다."

송용필 목사 / 어와나코리아(Awana Korea) 총재 / 전 극동방송 부사장

어와나코리아(Awana Korea) 총재, 횃불트리니티신학대학원대학교 대외협력 부총장, 한국독립교회선교단체연합회(KAICAM) 4대 회장, 극동방송 부사장 겸 라디오 방송 목사(Radio Pastor), 목회자, 교육자 등 굵직한 타이틀로 지금까지 사역해온 이 시대 또 한 분의 영웅 송용필 목사를 만났다.

먼저 김장환 목사와의 만남이 언제 어떻게 시작되었는지 물었다. 송 목사는 이를 위해 긴 설명을 시작했다.

송용필 목사는 함경남도 장진군에서 태어났다. 당시 일본이 미국과의 전쟁에서 져서 우리나라가 해방될 가능성이 있자 남한으로 피난 가려던 동네 면장의 권유로 온 가족이 고향을 떠나 충청남도 공주에 정착했다. 타향인 공주에서의 생활은 극심한 가난과 피폐 그 자체였다. 초등학교 때는 제대로 된 학용품 하나 준비하지 못할 만큼 찢어지게 가난했다. 송 목사는 초등학교를 졸업하고 중학교 입학시험에 합격했지만 등록금이 없어서 진학을 포기해야만 했다.

1953년 어느 날, 왠지 서울로 가면 일자리를 찾을 것 같다는 생각에 서울행을 결심한 송 목사는 부모 형제와 헤어져 조치원역에서 서울행 기차에 몸을 실었다. 하지만 노량진역에 도착해 한강을 건너기 직전 도강증(강을 건널 때 필요한 허가증) 검사에 걸려서 강제로 하차당했다. 그때 웅성거리는 군중 속에 군용트럭이 보였다. 송 목사는 무작정 군용트럭에 올라탔다가 그만 잠이 들어버렸다. 얼

마 뒤 정신을 차리고 보니 트럭이 수원역에 도착해 있었다.

캄캄한 새벽, 쫄쫄 굶은 채 수원역 대합실 의자에 누워서 잠을 청하는데 누가 어깨를 흔들었다. 눈을 떠보니 허름한 차림의 또래 아이였다. 아이는 거기서 자면 얼어 죽을 수 있으니 자기를 따라오라고 했다. 먹을 것을 주겠다는 한마디에 혹해서 무작정 아이를 따라갔다. 수원여자고등학교를 지나고 동산교회를 지나 언덕을 오르고, 골목을 지나 한참 가니 동산정미소 앞마당에 조그마한 굴이 나왔다. 굴 안에 밥집이 있는 줄 알고 따라 들어갔는데, 안에 들어서자마자 갑자기 '퍽' 하는 소리와 함께 누가 머리를 내리치는 바람에 그 자리에 쓰러지고 말았다.

정신을 차리고 보니 옷이 다 벗겨진 알몸 상태였고, 주위엔 험상 궂은 어른과 쑥덕거리는 자기 또래의 아이들이 여럿 보였다. 구걸과 소매치기를 하며 살아가는 양아치굴에 잡혀 온 것이다. 순간 겁이 덜컥 났다. 평생 여기서 살아야 한다고 생각하니 끔찍했다. 송 목사는 그곳에서 몇 번이나 도망치다가 잡혀서 매를 맞았다. 감시하는 놈들이 있어 도망은 엄두도 내지 못했다.

그러던 어느 날, 정미소 마당에서 동네 사람들이 영화를 본다고 하자 감시하던 양아치들도 떼로 모여서 같이 구경을 갔다. 혹시라도 도망갈까 봐 옷가지를 다 가져가버려서 송 목사는 알몸으로 덜덜 떨고 있었다. 하지만 그대로 있을 수는 없었다. 주변을 살피던 그는 "기회는 이때다!" 하고 벌거벗은 몸으로 양아치굴에서 탈출했다. 알몸으로 뛰는 자신을 쳐다보는 사람들의 시선이 느껴져 어디로 가야 하나 고민하다가 파출소로 뛰어들었다. 그러고는 살려달라고 외치다가 그 자리에 쓰러지고 말았다.

사정을 파악한 경찰들의 배려로 그는 파출소에서 옷도 얻어 입고 밥도 얻어먹을 수 있었다. 오갈 데 없었던 송 목사는 그곳에서 청소와 잡다한 심부름을 하며 경찰들의 구두도 닦아주었다. 그런데 한 경찰이 "역전에 나가서 구두를 닦으면 돈도 벌 수 있다"고 알려주었다. 그때부터 송 목사는 수원 역전에 나가 본격적으로 구두닦이를 시작했다.

그렇게 파출소에서 역전 대합실로 거처를 옮긴 송 목사는 돈을 제대로 벌기 위해 철도공무원이 되기로 결심했다. 그래서 먼저 검정고시에 합격한 뒤 철도고등학교에 원서를 접수했는데, 그만 나이 제한에 걸려서 뜻을 이루지 못했다. 송 목사는 실의에 빠져 자살을 생각하기도 했다. 그러다가 수원매산감리교회를 다니게 되었고, 담임목사의 배려로 교회 종각으로 거처를 옮겼다. 그 뒤 삼일고등학교에 입학한 송 목사는 교회에 나가 성경말씀을 읽고 기도하며 점점 희망을 품게 된다.

교회에서 새벽종을 치는 일로 하루를 시작했던 송 목사는 선생님의 소개로 신앙 좋은 집사와 권사 자녀들의 가정교사가 되었다. 그렇게 일하면서 공부해 외국어대학교 특차에 합격, 영어과 1학년에 입학했다. 하나님의 은혜로 보증을 서주는 분도 만나 송 목사는 외국어대학교를 마음 편히 다닐 수 있었다.

1960년 4·19혁명이 일어나고 며칠 지나지 않아 송 목사는 자신의 인생을 통틀어 가장 큰 파장을 불러일으킬 사람을 만나게 된다. 그는 후덕한 인상에 또렷한 목소리를 지녀 호감이 갔다. 그가 바로 송 목사의 인생 멘토이자 지금까지도 가장 큰 영향력을 미치고 있는 김장환 목사다.

송 목사는 중학교 때 같은 교회에 다니며 알게 된 체조 선생님과 수원 영동파출소 앞에서 만나기로 했는데, 바로 그 자리에서 김장환 목사와의 운명적 만남이 이루어진 것이다. 체조 선생님이 그를 '공부 잘하는 독실한 크리스천'으로 소개했고, 김 목사는 비슷한 학생들 모임이 있는 자기 문화원에 와서 간증하라고 초청했다.

송 목사는 혼자 가기가 좀 쑥스러워 친구와 함께 십대선교회(YFC) 문화원을 방문했고, 두 사람은 YFC 회원들 앞에서 그동안 살아온 이야기를 나누었다. 간증이 뭔지 모르는 두 사람이 그동안 살아온 이야기를 시작하니 몇몇이 고개를 끄덕일 정도로 반응이 좋았다. 처음 하는 것치고는 그 정도면 잘했다 싶어 안도감을 느끼던 순간, 김장환 목사가 던진 한마디가 가슴 깊숙한 곳에 비수로 꽂혔다.

"이 두 친구의 간증에는 크리스천이라는 증거가 없군요."

그동안 교회에도 열심히 다니고 기도도 열심히 했는데 크리스천이라는 증거가 없다니, 창피하기도 하고 화도 나고 마음의 상처가 몹시 컸다. 그래도 송 목사는 김장환 목사가 말한 크리스천이라는 증거가 무엇인지 매우 궁금했다. 오랜 고민 끝에 이제부터는 신앙생활을 제대로 해야겠다는 마음이 강하게 들어 교회를 김 목사가 담임하는 수원중앙침례교회로 옮겼다. 김장환 목사와의 긴 인연은 이렇게 시작되었다.

어느 주일 예배 때 송 목사의 마음에 들어온 설교가 있었다. 김장환 목사는 요한복음 1장 12절에 나오는 "영접하는 자 곧 그 이름을 믿는 자에게는 하나님의 자녀가 되는 권세를 주셨다"는 내용을 전하며, 지금 예수를 구세주로 믿겠다고 고백해야 모든 죄를 용서받고 하나님의 자녀가 될 수 있다고 했다. 그제야 송 목사는 자신의 신앙 생활에서 결핍된 부분이 무엇인지를 깨달았다. 크리스천이라는 증거가 없다고 지적한 내용이 무엇인지를 알게 된 것이다. 그는 설교가 끝난 뒤 예수님을 구세주로 영접할 사람은 앞으로 나오라는 김 목사의 초청에 앞에 나가 구원을 위한 영접 기도를 받고 하나님의 자녀로 거듭나는 체험을 난생처음 하게 된다.

송 목사는 돌이켜 보면 가난하게 산 것도, 서울로 가려다 도강증이 없어서 수원역에 내려 양아치 소굴로 끌려간 것도, 그리고 김장환 목사를 만난 것도 오직 하나님의 은혜라고 말했다.

송 목사에게 김장환 목사의 장점을 말해달라고 요청하자, 먼저 "김 목사님은 예스와 노가 분명한 분"이라고 했다. 자신도 공부했던 밥 존스 대학교에서 배운 신학 노선을 철저히 지켜나가는 대단한 분이라는 평가다.

또 김 목사는 사심이 없는 분이라 했다. 극동방송 이사장을 맡을 때도 운전기사와 비서만 붙여주면 사례비는 받지 않겠다고 했는데, 지금까지도 그 말을 잘 지키고 있다. 송 목사는 과거에 자신이 미국에 있을 때 김 목사 개인을 위해서 사용하시라고 1만 달러를 보내드렸는데, 대구방송국을 지을 때 사용했다는 이야기도 들려주었다. 이렇게 개인적인 선물이든 설교 후 받은 사례금이든 가리지 않고 무조건 방송국에 집어넣는 김 목사의 모습은 누구나 이구동성으로 칭찬하는 '사심 없는 스승의 모습' 그 자체였다.

송 목사에게 김장환 목사의 설교에 대해 말해달라고 하니 그는 한마디로 '엑스포지토리 서먼(Expository Sermon)'이라고 했다. 본문을 철저히 연구해서 성경적으로 소개하는 '주해 설교'라는 뜻이다. 송 목사는 김 목사의 설교에는 두 가지 특징이 있는데, 첫째는 '이반젤리컬(Evangelical)'하고, 둘째는 '이반젤리스틱(Evangelistic)'하다고 했다. 이반젤리컬하다는 말은 '복음적'이란 뜻인데, 오직 복음을 위해서 살아가는 김장환 목사의 삶을 대변하는 적절한 표현이다. 김 목사가 정치 목사라는 말을 들으면서도 역대 대통령들과 교제해온 유일한 이유는 오직 복음 전도 때문이라고 송 목사는 말했다. 또 이반젤리스틱하다는 말은 '선교적'이란 뜻인데, 극동방송에 매진하는 것만 봐도 김 목사에게 딱 들어맞는 표현이다.

송 목사는 또 김장환 목사의 설교는 청중의 마음을 사로잡는 감동적 예화를 사용하는 것으로 유명하다면서 김 목사에게 직접 들은 말을 소개했다. "설교자는 성도들의 심금을 울려야 해!"라는 말이다. 송 목사의 말대로 김 목사는 설교를 할 때 감동적인 예화를 자주 활용한다. 하나하나가 큰 감동과 찔림과 도전을 주는 특별한 예화인데, 이는 독서량이 많지 않고는 결코 갖추기 어려운 차별화된 재능이라 할 수 있다.

송 목사가 방송국 일을 그만두었을 때 누가 물었다고 한다. 계속해서 사장도 하고 이사장도 하지 왜 그만두었느냐고. 그때 그가 "김장환 목사님에게 야단만 받고 칭찬받은 적이 없어서 그랬다"고 말했더니, 왜 야단만 맞았느냐고 되물어서 "아무리 잘해도 김 목사님만큼 철저하게 일을 처리할 자신이 없다"고 답했다. 그러고는 "김 목사님이 너무 건강하셔서 오래 사실 것 같은데, 기다려 봤자 나한테는 기회가 없을 것 같아 그만두었다"는 농담까지 덧붙여 한참을 웃었다.

어느 날 문화공보부에서 공문이 왔는데, 한 사람이 방송사 두 곳 사장을 겸임해서는 안 된다는 내용이었다. 당시 극동방송과 아세아방송사는 재단이 달랐는데 김장환 목사가 두 방송사 사장을 겸하고 있었다. 그래서 이사회에서는 송 목사를 아세아방송 사장으로 추천했다. 아세아방송에서 극동방송 경영을 맡고 있어 비중으로 봐서는 아세아방송이 실질적 역할을 하고 있을 때였다.

송 목사는 고민이 되었다. 송 목사가 아세아방송 사장직을 수용할 경우 분명 극동방송과 아세아방송이 둘로 나뉠 것이라는 생각 때문이었다. 일주일 후에 송 목사는 아세아방송 사장직을 반려했다. 그리고 스스로 2인자를 자처했다.

그런데도 문화공보부뿐만 아니라 미국 극동방송(당시 한국 아세아방송 본부)에서도 한 사람이 양 방송사 사장을 맡을 수는 없다고 강력히 반대했다. 이 문제가 점점 심각해지자 송 목사는 하나님께 기도하며 지혜를 구했다. 하나님께서는 그에게 지혜를 주셨다.

'극동방송과 아세아방송의 두 조직을 하나로 통합하면 한 사람이 통합 조직의 대표를 맡아도 문제가 없지 않은가!'

송 목사는 아세아방송 이사직까지 사임하며 통합을 제안했다. 결국 아세아방송과 극동방송은 극동방송이라는 이름으로 통합되었고, 김장환 목사가 계속해서 사장직을 이어갈 수 있었다. 이런 일련의 상황을 지켜본 김 목사가 송 목사에게 이런 말을 했다.

"당신은 문제가 있어. 욕심이 너무 없는 게 흠이야."

송 목사는 그 말을 김장환 목사가 자신에게 해준 유일한 칭찬으로 받아들인다고 말하며 웃었다.

인터뷰를 마치며 송용필 목사는 이 말을 덧붙였다.

"빌리 그레이엄과 빌리 킴 두 분을 모두 아는 제가 볼 때, 김장환 목사님이 최고예요. 나는 평생 이분을 배우고 싶어요. 이분과 동시대에 살았고, 극동방송에서 함께 사역한 것이 제 인생 최고, 최대의 영광입니다."

이보다 더한 찬사가 또 있을까? 송용필 목사는 김장환 목사와 가장 깊은 인연을 맺은 인물에 속한다. 김장환 목사가 유학 생활을 마치고 미국에서 돌아온 1959년 바로 다음 해부터 교제를 시작했기 때문이다. 벌써 64년이라는 긴 세월이 흘렀다. 가장 깊이, 가장 오랫동안 김장환 목사를 가까이에서 봐온 만큼 송용필 목사의 얘기는 충분히 의미가 있다.

신효헌 전 호주 대사

함경북도 청진에서 태어난 신효헌 전 대사는 1946년 서울대 법대를 졸업한 뒤, 군 복무를 마치고 돌아와 경희대학교 법대 대학원을 졸업하고 제1회 외무고시에 합격한 실력자다. 국제법조약기관의 조약국 국장(현 외교부 국제법률국장)으로도 일했던 신 전 대사는 가나, 사우디아라비아, 호주, 아르헨티나 대사를 역임한 외교에 잔뼈가 굵은 외교관이다.

김장환 목사와의 첫 만남은 1985년부터 1988년까지 미국 시카고에서 총영사관 수석영사로 근무했던 당시로 거슬러 올라간다. 독실한 크리스천인 신 전 대사가 출석하던 교회는 가나안장로교회인데, 그 교회에는 당시 트리니티복음주의신학교에서 공부하던 김장환 목사의 장남 김요셉 목사가 전도사로 사역하고 있었다. 그 교회에 김장환 목사가 부흥회 강사로 초청되었는데, 이때 김 목사의 신앙심과 인격에 매료돼 지금까지 가까이 모시며 본받으려 애쓰고 있다고 했다. 신 전 대사는 무엇보다 김 목사의 박력 있는 스타일이 자신과 같다고 생각돼 더욱 따르게 되었다고 말했다.

신 전 대사는 시카고 근무를 마치고 서울올림픽이 개최된 1988년에 귀국해 외무부 조약심의관으로 근무를 시작했다. 이때 김장환 목사와 만나 식사도 하고 교제했다. 그리고 매년 롯데호텔에서 극동방송이 주관하는 해외공관장 조찬기도회에 참석하면서 김 목사와 더욱더 친해졌다.

1999년, 신 전 대사는 호주 대사로 발령받아 캔버라(Canberra)로 부임했다. 그곳에서 3년간 근무할 때 김장환 목사가 호주를 방문했다. 그 다음 해에 김 목사가 세계침례교연맹(BWA) 총회장으로 선출되었는데, 그 장소가 호주의 멜버른이었기 때문이다. 김장환 목사의 요청으로 신 전 대사도 회의에 참석해 하룻밤을 묵게 되었는데, 회의장에는 만 명에 가까운 회원들이 참석했다. 한국인으로서는 최초로 전 세계 침례교단을 대표하는 총회장이 되었으니 대한민국 국위를 크게 선양한 셈이었다. 그래서 당시 김대중 대통령이 축전을 보내왔고, 축전 전문을 영어로 번역해서 총회 회의장에서 대독한 이가 바로 신효헌 대사였다. 신 전 대사는 지금도 그 일을 영광스럽게 생각한다.

크리스천의 사명으로 해외선교를 위해 극동방송을 도와야겠다고 생각한 신 전 대사는 은퇴 후 극동방송 운영위원으로 오랫동안 활동해왔다. 신 전 대사는 김 목사에게 배울 점이 너무나 많다며 세 가지를 꼽았다.

첫째, 검소하고 누구에게나 사랑을 베푸는 분이라고 했다. 특히 어려운 일을 당해 교도소에 수감된 사람들을 직접 찾아가 기도해줌으로써 위로하고 격려하는 것은 널리 알려진 사실이다. 둘째, 매우 부지런하신 분이라고 했다. 고령에도 불구하고 극동방송에 일찍 출근해서 일하는 것을 보면 그저 놀라울 따름이다. 셋째, 판단력이 매우 빠르고 남이 무엇을 부탁하면 그것이 할 수 있는 일일 경우 즉시 행동에 옮기는 분이라고 했다.

신효헌 전 대사는 김장환 목사가 건강하게 장수하셔서 오래오래 극동방송을 잘 이끌어가고 선한 영향력을 더 많이 끼치기를 바란다는 말로 인터뷰를 마쳤다.

신현석 전 요르단 대사

신현석 전 대사가 김장환 목사를 처음 만난 것은 2006년 캄보디아 대사로 발령을 받아 근무를 시작한 지 얼마 안 되었을 때였다. 그해 4월쯤 한국의 투자회사가 캄보디아에서 전선 만드는 회사를 설립했는데, 이 회사 대표가 김요셉 목사가 담임으로 있는 교회 성도여서 김장환 목사와 밴드단까지 약 200명 정도가 캄보디아를 방문한 것이다. 캄보디아 훈센 총리가 참석할 정도로 매우 큰 프로젝트여서 신 대사도 참석해 김장환 목사와의 첫 만남이 이루어졌다. 이후 신 대사가 캄보디아 대사로 근무하는 동안 김 목사가 몇 차례나 방문하면서 두 사람의 친분이 두터워졌다.

신 대사는 2009년 국내에 들어와서 광주광역시 자문위원으로 있다가, 6개월 뒤 인천광역시 자문위원으로 일했다. 그리고 2010년 8월 요르단 대사로 임명돼 다시 떠나게 되었다. 당시 신 대사는 자신이 바라던 큰 나라가 아니라 작은 나라 요르단의 공관으로 부임하게 되어 몹시 실망했다. 떠나기 전 김장환 목사에게 부임 인사나 드리고 가야겠다고 생각했는데, 조찬을 하게 되었다. 김 목사는 식사를 함께하며 예전에 세계침례교대회가 요르단에서 열려 당시 대사관저를 가본 적이 있는데 크고 좋더라고 말해주었다. 신 대사는 덕담이라 생각하면서도 기분이 좋아졌다. 식사를 마치고 헤어지기 전 김 목사는 요르단을 꼭 한 번 방문하겠다고 약속했는데 신 대사는 교통도 불편한 요르단에 과연 오시겠나 반신반의했다.

그 뒤 2년간은 모든 것을 잊고 대사로서의 소임을 다했다. 그런데 2012년 9월 김장환 목사에게서 전화가 왔다. "내년 1월 초에 요르단에 방문하겠다"는 내용이었다. 김 목사는 약속대로 2013년 1월에 3박 4일 일정으로 어린이합창단 40명을 포함한 성지순례단 200명을 이끌고 요르단을 방문했다. 과거 왕실에서 일했고 극동방송 〈만나고 싶은 사람 듣고 싶은 이야기〉에도 출연했던 오마르 알 나하르(Omar Al Nahar) 초대 주한 요르단 대사는 김 목사가 압둘라 2세(Abdullah II Ibn Al Hussein) 요르단 국왕을 예방하고 환담하는 것은 물론 종교부 장관, 문화부 장관도 만날 수 있도록 주선했다.

당시 요르단은 인구가 600만 명 정도였는데, 시리아에서 내전이 일어나 요르단으로 60~70만 명 정도가 들어와 있어서 시리아 난민 문제가 심각한 이슈였다. 요르단은 출애굽한 이스라엘 백성이 40년간 머물렀던 성지다. 모세가 가나안을 바라보며 죽었던 느보산도 요르단에 있다. 그곳을 탐방하기로 되어 있던 날, 눈이 너무 많이 와서 길이 막히는 바람에 갈 수 없게 되자 김 목사가 신 대사에게 전화를 했다. 성지순례를 못하게 되었으니 이 기회에 시리아 난민(자타리) 캠프를 방문하고 싶다는 것이었다. 당시 요르단 교통부 장관은 휴가

중이어서 연락이 닿지 않았다. 그래서 캠프를 담당하는 UN 난민기구에 연락해 방문 의사를 전달한 뒤 동의를 얻어 10인승의 작은 버스를 타고 자타리 난민 캠프(Zaatari Refugee Camp)를 방문하게 되었다.

요르단과 시리아 국경지대에 있는 자타리 캠프에는 10여만 명의 난민이 수용돼 있었고, 대부분이 시리아 남부지역에서 피난 온 부녀자와 아이들이었다. 허허벌판에 그렇게 많은 사람이 UN에서 배급받은 텐트에 한 가족씩 거주하고 있었다. 김 목사와 일행이 캠프에 간 시기가 겨울이어서 몹시 추운 데다가 눈비가 내려 텐트도 무너지고 주변에 물이 많아서 엉망인 현실을 목도했다.

김 목사 일행과 신 대사가 자타리 캠프 책임자에게 "이곳에 지금 가장 필요한 것이 뭐냐?"고 묻자, "카라반입니다. 그게 필요합니다"라고 말했다. 그는 컨테이너 같은 조립식 가옥을 카라반이라 불렀다. 자타리 캠프에 필요한 만큼 제공하려면 1만 개의 컨테이너가 필요했다. 그곳에 이미 설치되어 있는 컨테이너는 사우디아라비아, 오만, 아랍에미리트(UAE) 등에서 지원해준 것이었다. 카라반 한 채의 가격은 우리 돈으로 약 350만 원 정도였고, 그것도 받으려면 5~6개월을 기다려야 했다.

그런데 자타리 난민들의 열악한 환경을 둘러본 김장환 목사가 "내가 서울 가면 카라반 100채 살 돈을 보내주겠다"고 하는 게 아닌가. 100채라면 가격이 무려 3억 5천만 원 정도인데, 그것을 선뜻 지원하겠다고 나선 것이다.

2013년 1월 23일은 극동방송이 신사옥 건축을 위한 생방송 모금을 하기로 예정된 중요한 날이었다. 그동안 좁고 불편한 사옥에서 직원들이 고생을 해왔기 때문에 신사옥 건축은 모두에게 중요한 사안이었다. 그런데 김장환 목사는 몇몇 직원의 강력한 반대를 무릅쓰고 신사옥 건축 대신 시리아 난민을 위한 모금방송을 하기로 했다. 어렵고도 대단한 역사적 결단이었다.

　　시리아 난민 모금방송이 있던 날, 극동방송은 요르단에 있는 신 대사를 생방송에 출연시켜 그곳 상황을 알리게 했다. 그렇게 나흘 동안 방송한 결과 18억 원이라는 거금이 모였다. 하나님의 은혜였다. 전체 모금액 18억 중 15억 원은 컨테이너 400채를 주문하는 데 사용하고, 나머지 3억 원은 담요 등 생필품을 구입해 전달했다. 카라반은 오만 대사가 기증한 제품의 품질이 좋아 그것으로 결정했다. 그렇게 해서 3월까지 400채를 기증하게 되었는데, 이때 카라반 겉면에는 태극기 문양과 'FEBC극동방송 기증'이라는 글자를 새겨 넣었다.

　　이를 계기로 최태원 SK회장이 기부해서 추가로 카라반 1,000채를 기증하는 기적 같은 일도 있었다. 또 민간단체가 앞장서서 국위를 선양하는데 정부는 뭐 하느냐고 신 대사가 호소해서 한국 정부도 300채를 기증하게 되었다.

　　그렇게 해서 신 대사가 퇴임하기 전까지 모두 1,700채의 카라반을 기증했다. 카라반 열쇠 기증행사 때는 김장환 목사 부부와 김요셉 목사 부부도 초청했다. 신 대사는 "이 모든 일이 김장환 목사님을 통해 시작되었는데, 내가 요르단 대사로 있을 때 생긴 일이어서 너무도 보람 있는 사역이었다"고 말했다.

카라반을 기증하고 남은 나머지 3억 원으로는 담요, 옷, 밀가루, 식료품 등의 생필품을 준비해서 신 대사가 직접 가정마다 방문해서 전달했다. 또 김 목사가 아이들이 뛰놀 수 있게 축구장을 만들라고 해서 축구장 5개를 만들었고, 신 대사가 그곳에 갈 때마다 기업인들에게 축구공을 기증했으면 좋겠다고 권해서 엄청나게 많은 양의 축구공도 선물했다. 김 목사와 신 대사는 축구장에서 축구하는 것을 구경하고 구호물품을 전하러 갔을 때 주민들과 아이들에게 엄청난 환영을 받았다. 신 대사는 그때의 감격과 감동이 지금도 생생하다고 말했다.

그러던 어느 날, 신 대사에게 김요셉 목사가 보낸 이메일이 도착했다. 자신이 이번에 요르단에 가는데, 예수님이 요한에게 침례받은 요단강에서 신 대사가 침례를 받는 게 어떻겠느냐는 제의였다. 자신이 비록 신실한 기독교인은 아니라고 생각했지만, 신 대사가 그 복된 제의를 거절할 이유는 없었다.

컨테이너 기증식 바로 전날인 3월 14일, 신 대사 부부는 마침내 예수님이 침례받으신 요단강에서 감격적인 침례를 받았다. 그 모습을 지켜보던 요르단 종교부 장관이 그때 찍은 사진을 관광 홍보물로 써도 좋겠느냐고 해서 그렇게 하라고 허락했다. 요르단은 비록 이슬람 국가지만 종교의 자유가 있었다. 춥고 배고프고 힘든 시리아 난민을 위해 카라반을 기증한 보람도 물론 컸지만, 신 대사에게는 예수님이 침례받으신 요단강에서 침례받은 일이 잊을 수 없는 감격과 기쁨으로 남았다.

한편, 요르단에는 선교사들이 많았는데, 신 대사는 시리아 난민들에게 한국의 자랑 태권도를 보급해달라고 선교사들에게 요청했다. 이때도 김장환 목사가 태권도 장비를 보급하도록 몇만 달러를 보내주어 국위를 선양하고 복음을 전파하는 데 일조했다.

신 대사는 김장환 목사를 우리 시대의 큰 어른이라 말하며 존경을 표했다. 국가와 사회와 다른 나라 사람들에게 이처럼 크고 놀라운 영향력을 발휘하는 분은 찾아보기 힘들다고 했다. 또한 김 목사는 너무나 크게 선한 영향력을 발휘하는 분이어서 만날 때마다 용기를 얻는다고도 했다.

신 대사가 생각하는 김장환 목사의 가장 큰 장점은 '세상을 항상 긍정적으로 보는 것'이다. 김 목사는 세상을 비관적이거나 부정적인 관점으로 보는 일이 없었다. 한마디로 '긍정의 아이콘' 그 자체였다. 신 대사는 김장환 목사가 어린 시절 미국에 건너가 외롭게 공부했을 텐데, 어떻게 그런 환경에서 긍정의 마음이 싹텄는지 놀랍다고 했다.

신현석 대사는 요르단 대사로 임명받아 갔을 때와 임무를 다 마치고 돌아온 이후의 자신에게 얼마나 큰 변화가 있었는지에 대해 말했다. 요르단에 가기 전에는 불만과 낙심으로 가득 찬 모습이었다면, 돌아올 때는 김장환 목사와 함께 시리아 난민들을 위해 소중한 일을 수행한 것은 물론 신앙적으로도 요단강에서 침례받은 기쁨과 감격으로 180도 달라진 모습이었다. 신 대사에게는 이 모든 것이 하나님의 은혜였다.

그는 마지막으로 존경하는 김장환 목사가 건강하게 오래 장수해서 우리 사회에 더 큰 빛으로 영향을 끼치기를 간절히 바라며 인터뷰를 마쳤다.

심순택 농업회사법인(주)한닭 대표

심순택 대표에게 김장환 목사와 어떻게 인연을 맺었는지에 대해 먼저 물었다. 심 대표는 오랜 시간 극동방송을 사모하고 김장환 목사를 존경해왔다. 전라북도 하면 기독교보다는 원불교의 세가 굉장히 강한 곳으로 유명하며, 익산시도 원광대학을 기점으로 기독교 세가 원불교에 잠식당하는 지역이다. 그런 익산시의 기독교 복음화율이 25~30%나 된다는 것은 의외다. 심 대표는 그 원인을 CBS 기독교방송에서 찾았다.

심 대표가 인구 5만의 익산에 20~30년 동안 거주하며 살펴본 결과 CBS를 통해 기독교 문화가 전파되고, 또 각 교회가 협력하고 단합해 큰 영향력을 미쳤다. CBS는 보도 기능도 있지만 광고 기능도 있는 방송국이다 보니 전라북도의 중심지인 인구 80만의 전주로 비밀리에 갑자기 방송국을 이전했다. 이 일로 인해 익산시 목회자들과 장로들의 상실감과 박탈감은 매우 컸다. 당시 심 대표는 막 장로 임직을 받은 터였다.

익산의 목회자들과 장로들이 모여 "이미 떠난 방송국은 다시 돌아오지 않을 테니 이해관계를 따지지 않는 순수한 복음방송을 유치하자"고 의논했고, 그 대안이 바로 극동방송이었다. 당시 전라북도에는 극동방송이 없어서 비교적 가까운 대전극동방송에 가서 자문을 받고 조언도 듣기로 했다. 심 대표는 그들 틈에 끼어 대전극동방송을 방문해 자문을 구했고, 전북에 극동방송이 세워지는 것은 좀 힘들겠지만 대전극동방송 익산 본부 형식으로 허가를 받기는 그리 어렵지 않을 것이라는 조언을 들었다. 그래서 신광교회 장로를 위원장으로 하고 장로와 집사 20여 명이 발기인으로 참여해 대전극동방송 익산운영위원회를 발족해 본부 방향으로 초점을 맞춰 일을 진행했다.

이 일에는 당시 국회 문화관광위원장으로 있던 조배숙 의원의 도움이 절대적으로 필요했다. 다행히 조배숙 의원이 심 대표와 같은 교회에 출석하는 권사인 데다 초등학교 2년 후배로 잘 아는 사이였다. 그런 인연으로 국회를 찾아가 조배숙 의원에게 상황을 설명하고, 당시 방통위원회 위원장을 만나 자문도 받고 잘될 수 있게 해달라고 부탁도 했다. 그렇게 해서 2009년경 대전극동방송 익산 본부 허가를 받았다.

그 뒤의 진행 과정은 순탄치 않았다. 2010년 11월 2일로 개국 날짜는 이미 받아놨는데 그때까지 스튜디오가 없으면 허가가 취소된다는 연락이 왔다. 도저히 방법이 없어서 심 대표는 자신이 살던 집을 처분해서 좀 보태고 빚도 좀 얻어 건물을 지었다. 그리고 마침내 11월 2일, 하루도 지체하지 않고 그 건물에서 개국했다.

그렇게 대전극동방송 익산 본부 개국에 헌신하는 과정에서 심 대표는 하나님이 부어주시는 복을 받아 큰 은혜를 경험했다. 심 대표는 양계사업을 하고 있었는데, 이 사업이 좀 잘될 때는 돈이 돌지만 적자가 날 때는 몇 억씩 적자가 나는 일이 다반사였다. 그런데 익산 본부 개국을 위해 헌신을 결단하고 나서부터는 좋은 시세가 계속 유지되는 기적의 역사를 체험할 수 있었다.

심 대표는 대전극동방송 익산 본부가 개국하는 과정에서 자연스럽게 김장환 목사를 만났다. 개국 과정에 대해 심 대표의 간증을 들은 김 목사는 하나님을 위해 헌신하면 더 큰 축복을 주실 것이라며 기도해주었다. 그것이 김 목사와의 첫 만남이었다.

인터뷰 도중 심순택 대표가 지상파 방송국 허가증이 담긴 휴대폰 바탕화면을 보여주었다. 자신이 죽을 때까지 평생 함께할 바탕화면에는 '주파수 허가증'이 나오고, '허가 기간'이 '2018년 9월 20일'로 새겨져 있다. 그리고 '2019년 9월 30일까지 방송국을 설립해 스튜디오를 만들라'는 1년의 시간이 주어져 있었다.

2018년 허가를 받는 과정에는 또 다른 기적이 숨어 있다. 박근혜, 이명박 정부를 거쳐 문재인 정부가 들어서자 5년 안에는 방송국 허가를 받기 어렵겠다고 판단한 심 대표는 '문재인 정부가 끝날 때까지는 익산 본부에서 하루 2시간 정도 방송하는 데 만족해야겠다'고 생각했다.

그런데 문재인 정부에서 초대 방통위원장으로 내세운 사람이 익산 출신의 이효성 씨였다. 그가 방통위원장으로 임명되는 순간, 심 대표는 '이것은 하늘이 우리 전북을 살리는 절호의 기회'라고 생각했다. 이효성 씨가 남성고등학교 19회 졸업생이라는 것을 알고 졸업앨범을 뒤져보니 심 대표가 아는 사람이 눈에 띄었다. A시에서 4선을 한 이모 의원과 익산에서 가장 큰 교회인 S교회 J 목사였다. 그래서 그분들을 찾아가 극동방송 이야기를 해봤는데, 기대와는 달리 별 관심을 보이지 않았다.

이효성 씨를 잘 아는 사람이 있는지 찾아봤지만 별로 없었다. 그러던 중 그와 만남을 가질 수 있는 실마리가 생겼다. 이효성 씨가 한 달에 한두 번은 고향 익산에 내려와 어머니와 저녁식사를 하고 친구 집에서 자고 올라간다는 이야기를 들은 것이다. 그런데 그 친구 집이 마침 심 대표와 같은 교회 성도로 한의원을 하는 모 집사의 장인어른 집이었다. 심 대표는 직접 그 장인어른을 찾아갔다. 비록 초면이었지만 그분은 심 대표의 양계장에서 베푼 달걀과 닭을 몇 번 받은 적이 있어서 심 대표를 잘 알았다. 심 대표는 "친구분이 조금만 도움을 주시면 익산에 방송국 하나를 세울 수 있으니 잘 말씀해주셨으면 좋겠다"고 부탁했다. 그러자 그분이 그 자리에서 곧장 이효성 씨에게 전화를 걸어서는 "여기 귀한 후배가 찾아왔는데, 내려오면 한번 같이 만나면 좋겠다"고 미팅을 주선했다.

그렇게 해서 심 대표는 모 집사의 한의원에서 이효성 씨를 만날 수 있었다. 심 대표는 만나자마자 이효성 씨에게 고향을 위해서도 좋은 일이니 방송국 설립을 도와달라고 부탁했다. 초면에 다짜고짜 부탁하니 좀 곤란해하며 망설이긴 했지만, 이효성 씨도 이미 극동방송과 이사장인 김장환 목사에 대해서는 잘 알고 있었다.

그 이후 심 대표는 가까이에 사는 이효성 씨의 모친을 시간이 날 때마다 찾아갔다. 혼자 살고 계시니 소소한 집안일도 도와드리고, 닭과 계란도 가져다드리는 등 세심히 보살폈다. 그랬더니 이효성 씨 어머니가 아들에게 "멀리 있는 자식보다 가까이 있는 남이 더 잘해준다"며 심 대표를 칭찬했다고 한다.

얼마 뒤, 이효성 씨에게서 방통위에 한번 와보라는 연락이 왔다. 이효성 씨는 심 대표에게 이렇게 말했다.

"여건상 쉽지는 않지만, 이제 내 나이도 68세인 데다 방통위원장 마친 뒤 국회로 진출할 것도 아니어서 공직 생활은 이게 마지막입니다. 내가 예수를 믿지는 않지만, 고향에 좋은 방송국이 생기는 걸 반대할 이유도 없죠. 잘되도록 노력해볼 테니 걱정하지 마십시오."

그래서 극동방송 한기붕 사장에게 전화해 그 사실을 말했다. 하지만 당시에는 전북극동방송보다 서울 중앙극동방송의 음악 FM이 더 시급한 사안이었다. 그래서 음악 FM을 방통위에 먼저 신청하고, 전북극동방송은 서너 번째 순서로 진행해야 했다.

심 대표는 김장환 목사를 직접 찾아가 전북극동방송을 최우선 순위로 하게 해달라고 간곡히 부탁했다. 심 대표의 온갖 노력과 수고에 하나님께서 감동하셨는지 김장환 목사는 마음을 바꾸어 전북극동방송을 1순위로 해주었다. 심 대표는 그 모든 것도 알고 보면 하나님의 역사이자 은혜라고 말했다.

그렇게 노력한 끝에 마침내 전북극동방송 허가가 나왔다. 그런데 전주 쪽에서 "전주는 인구가 80만이고 익산은 25만밖에 안 되니 전주 쪽으로 가져가야 한다"고 주장했다. 이때 김장환 목사가 "당연히 전주가 시장이 더 크고 대우도 더 잘 받겠지만, 익산의 심 장로가 역할을 하고 애쓰고 헌신해서 따낸 것인 만큼 익산에 줘야 한다"고 못 박았다. 심 대표는 이 일을 통해 김장환 목사가 원칙과 의리를 지키시는 분임을 알았고, 그래서 더욱 신뢰하게 되었다.

그 당시 익산 시내 한복판 번화가에 700평쯤 되는 커다란 주유소가 있었다. 심 대표는 그것을 볼 때마다 아깝다고 생각했다. 거기에 극동방송이 들어서면 정말 좋겠다는 마음이 솟구쳤기 때문이다. 그러던 중 심 대표가 어렵게 그 땅을 사게 되었고, "이곳에 극동방송을 짓겠다!"고 선언했다. 하지만 심 대표가 산 땅에는 당장 건물을 지을 수 없다는 게 문제였다. 사고 보니 그 땅이 주유소 존치 지역이라 다른 건물을 지을 수 없었기 때문이다. 심 대표가 사방팔방으로 애를 써봤지만 어떻게 해도 해결책이 나오지 않았다.

허가가 났으면 방송국을 지어야 하고, 그러려면 적어도 스튜디오가 4개는 있어야 하고, 다른 여유 공간도 필요했다. 그런데 건물을 지을 수 없으니 자칫 사기꾼이 되기 십상이었다. 심 대표는 답답한 마음에 하나님께 기도했다.

"하나님, 저 사기꾼 만드시렵니까? 어떻게든 사기꾼 안 되게 여건을 좀 만들어주세요!"

그렇게 기도하며 다니다 보니 현재 극동방송이 세워진 땅을 하나님이 보여주셨다. 그 땅에는 150평(496m²) 건물이 있었는데, 1층은 식당으로 세를 주고 2층은 비어 있었다. 그곳에 방송국을 만들면 되겠다는 생각에 심 대표는 부랴부랴 빚을 좀 얻어 그 땅을 샀다. 목회자들에게 도움을 요청해봤지만 침묵으로 일관하니 심 대표가 혼자 모든 것을 짊어질 수밖에 없었다. 그렇게 해서 심 대표는 건물 2층 리모델링을 시작했다. 7~8억 정도를 들여서 스튜디오와 사무공간 및 식당을 만들고, 최고 성능의 컴퓨터로 세팅까지 마무리했다. 그때까지는 온전히 심 대표가 모든 일을 감당했다.

그랬더니 운영위원들이 "왜 혼자만 복을 받으려고 하느냐? 우리에게도 기회를 달라!"며 자원해서 어떤 이는 피아노, 어떤 이는 강대상, 어떤 이는 책상 하는 식으로 나누어 맡아 힘을 보탰다. 그렇게 해서 2019년 4월 13일, 마침내 심 대표가 그렇게 바라마지않던 전북극동방송이 개국했다.

심 대표는 전북극동방송 개국 과정을 설명한 뒤, "나는 삽과 호미와 곡괭이로 하나님 일을 하는데, 하나님이 나한테 주실 때는 포클레인과 불도저로 역사해주셨다"고 말했다. "주님의 일을 위해 희생하고 헌신하면 복을 주실 것"이라던 김장환 목사의 말대로 심 대표의 사업에 엄청난 복이 임한 것이다.

하나님의 역사를 경험한 심순택 대표는 지난 세월 여러 차례 만나서 듣고, 느낀 김장환 목사를 이렇게 평가했다.

"만일 그분이 정치를 했으면 최고의 대통령이 되었을 것이고, 사업을 했으면 삼성그룹보다 앞서가는 기업을 운영했을 겁니다. 김 목사님은 카리스마가 대단한 분인데, 위에서 군림하고 지시하는 성격이 아니라 어렵고 힘든 사람들을 보살피고 품어주는 부드럽고 자애로운 카리스마의 소유자시지요. 반면에 어떤 결정을 할 때는 무섭게 결정하고 냉정하게 결단합니다. 또 일을 진행할 때의 추진력은 누구도 따라갈 수 없을 만큼 탁월하십니다."

마지막으로, 심 대표는 김장환 목사를 향한 자신의 간절한 바람을 털어놓았다.

"김장환 목사님은 지금 북방 사역에 온갖 열정을 쏟고 계십니다. 부디 목사님이 살아 계실 때 통일이 되어 신의주극동방송, 해주극동방송, 평양극동방송이 세워져 그곳에서 목사님이 축복기도 해주시는 모습을 꼭 보고 싶습니다. 목사님이 그날까지 오래오래 무병장수 하시기를 기도합니다."

아키바 토르(Akiva Tor) 주한 이스라엘 대사

아키바 토르 대사는 2020년 11월, 주한 이스라엘 대사로 부임하자마자 극동방송이 주최하는 '가을음악회'에서 김장환 목사를 처음 만났다. 그때 첫인상이 강렬했다고 한다. 아키바 대사는 김 목사의 표정에서 자신을 진심으로 반기는 마음을 읽을 수 있었다. 그렇게 열린 마음을 지닌 따뜻한 성품의 김 목사에게 아키바 대사는 처음부터 호감을 느꼈다. 김 목사는 그 자리에서 UN사무총장을 지낸 반기문 총장을 소개했고, 아키바 대사에게 좋은 친구들도 많이 소개해서 더욱 특별한 감정으로 교제를 나누게 되었다.

2020년 11월에 부임해 만난 지 3년밖에 안 되지만 그동안 느낀 김장환 목사의 장점이 무엇인지 물어보았다. 아키바 대사는 김 목사의 끝없는 열정이 놀랍고, 연륜에 따른 지혜가 탁월한 분이라고 했다. 그러한 지혜는 무엇보다 하나님을 잘 알고 사람도 잘 아는 데서 나오는 것이라고 평가했다. 또 연세가 많은데도 젊은이의 에너지를 발하며 사람들을 잘 이해하는 점도 놀라웠다. 할 일은 많고 일꾼은 적고 시간은 부족한데, 김 목사는 일을 정말 사랑하고 대단히 부지런한 분이었다. 아키바 대사는 김 목사를 유대 랍비들의 말과 일맥상통하게 일을 사랑하고 즐기면서도 자리에는 연연하지 않는 고매한 인격의 소유자라고 말했다.

아키바 대사는 또 김장환 목사와 트루디 사모 그리고 자녀들을 만나면 김 목사의 리더십 가치를 제대로 알 수 있다고 했다. 그는 김장환 목사의 리더십이 성경적이며, 하나님의 뜻에 따라서 겸손히 일하는 것이라고 말했다. 이스라엘 대사이기 이전에 기독교를 진리로 인정하지 않는 랍비의 아들이자 유대교를 신봉하는 유대인에게 듣기 힘든 평가여서 필자는 적잖이 놀랐다.

아울러 아키바 대사는 김 목사가 대통령을 만나든 국회의장을 만나든 세계적인 정치인들을 만나든 자신이 어린 시절 하우스보이였다는 사실을 숨기지 않는 솔직하고 당당한 모습에 놀랐다. 또한 김장환 목사는 강력하게 몰아붙이기도 하고 부드럽고 유연하게 이끌어가기도 하면서 목표를 이뤄내는 스타일이라고 말했다. 정치에서도 좌우를 모두 아우르는 특유의 장점이 있어 김 목사를 만난 이스라엘과 워싱턴의 지도자들이 모두 감동을 받는다고 하면서 이것이 바로 성경에 나오는 치우침 없는 하나님의 관점을 제대로 활용한 결과라고 극찬했다. 그는 성경에 나오는 캐릭터로 비유하자면 김장환 목사는 평화주의자 제사장 아론에 가깝다고 말하기도 했다.

바쁜 일정에도 불구하고 김장환 목사 관련 인터뷰에 응해준 아키바 토르 이스라엘 대사에게 감사한 마음을 전한다.

오정현 사랑의교회 담임목사

김장환 목사와 알게 된 계기를 물었다. 오정현 목사는 김 목사가 수원중앙침례교회 담임목사이자 극동방송 일을 하고 있을 때 자신은 내수동 교회 대학부를 하면서 극동방송과 연결되어 알게 되었으며, 이동원 목사와도 연결돼 인사를 드리면서 지금까지 30년 넘게 인연을 이어왔다. 결정적으로 오 목사가 1990년대 남가주 사랑의교회에 있을 때 김장환 목사와 김요셉, 김요한 두 아들을 강사로 '3부자 집회'를 개최해 센세이션을 일으켰고, 그때부터 김장환 목사는 물론 두 아들과도 깊은 교제를 나누었다.

오정현 목사는 하나님이 사역 스승으로는 옥한흠 목사, 목회 스승으로는 박희천 목사에게 영향을 받게 하셨고, 이민교회에서는 김동명 목사 그리고 김장환 목사를 멘토로 주셔서 깊은 영향을 받게 하셨다고 말했다.

1994년 여름은 100년 만의 더위로 온 나라가 펄펄 끓었다. 그해에 지구촌교회에 집회를 하러 온 오정현 목사는 친구 목사를 따라 두 아이와 함께 설악산을 등반했다. 미국에서 목회하고 있어서 설악산 등반은 처음이었는데, 비선대 쪽에서 오 목사의 둘째 아들이 돌 위에 올라갔다가 그만 떨어져서 팔이 너덜너덜할 정도로 심하게 다치고 말았다. 그때 사고 소식을 전해 들은 김장환 목사가 망설임 없이 "헬기를 보내줄까?" 하며 애정을 보여주었다. 오 목사는 이후로도 두 아들을 아끼고 사랑해준 김 목사를 잊을 수 없다고 했다.

오정현 목사의 장남도 목사인데, 2023년 5월 14일 백석총회회관에서 NSC(New Seoul Church)라는 외국어권 인터내셔널 교회를 개척했다. 김장환 목사는 그날 설교를 맡을 만큼 오 목사의 두 아들에 대한 애정이 깊다. 그리고 3월에는 극동방송 〈만나고 싶은 사람 듣고 싶은 이야기〉 프로그램에 오 목사의 아들을 출연시키기도 했다. 오 목사는 오랜 세월 깊이 알고 지내온 김 목사와 자신은 부모 자식 같은 관계라고 말했다.

그렇게 아버지 같은 김장환 목사의 장점이 무엇이냐고 물었다. 오 목사는 "그분의 장점은 헤아릴 수 없이 많다"면서, 첫째로 김 목사는 '이반젤리스트(Evangelist)'라고 말했다. '오직 복음을 전하는 열망으로 꽉 찬 복음주의자'라는 말이다. 그래서 오직 복음을 전하려는 의지로 역대 대통령들과도 교제를 해왔고, 지위 고하를 막론하고 감옥에 갇힌 외롭고 힘든 이들을 찾아가 기도하고 위로하는 일을 감당해왔다는 것이다.

오 목사는 장로교가 교리는 강한데 고백적 신앙을 펼치고 결단시키는 데 약한 반면, 김 목사가 교육받고 훈련해온 침례교는 그 부분에서 남다른 장점이 있어 전도에 강점이 있다고 말했다. 그는 목사에게 타이틀이나 직위 등은 덤으로 주어지는 것이고, 중요한 것은 복음에 대한 정확한 자기 이해가 확고한지 여부라고 말하면서 그것이 한 사람의 인격과 역량 및 사역을 결정짓는다고 덧붙였다.

오 목사는 한국은 장로교가 대세지만 미국에서는 침례교가 주류라는 점을 상기시키면서 그 이유를 한국 교회가 제대로 알아야 한다고 했다. 그는 한국 교회에서는 복음의 형식과 교리만 이야기하므로 문제가 있다고 지적했다. 복음의 핵심인 복음의 정의를 올바로 내리는 것이 중요하다면서 예수님이 우리를 위해 십자가에 달려 돌아가시고 부활하셨다는 것은 복음의 내용이고, 복음의 정의는 바로 '복음의 능력'이라고 강조했다.

오 목사는 로마서 1장 16절을 인용해 "복음은 모든 믿는 자에게 구원을 주시는 하나님의 능력"이라고 말했다. 하나님을 믿지 않는 이에게 그분을 믿게 하는 현장과 무력한 그리스도인이 예수 그리스도를 만나 변화하는 능력을 체험하는 현장이 있어야 하는데, 한국 장로교에는 변화의 현장이나 콜링(Calling) 능력이 부족하다는 것이다.

물론 콜링에 대해서는 호불호가 있지만 하나님의 심정을 제대로 이해한다면 죽어가는 자들을 향해 설교만 할 것이 아니라 강력한 결단 요청이 필요한데, 김장환 목사는 복음의 능력을 잘 이해하고 그것을 탁월하게 매우 잘 실행하는 분이라고 오 목사는 칭찬했다. 목회자로 부름 받았다면 지금 당장 죽어가는 사람에게 5분이든 10분이든, 아니면 최소한 30분 안에 복음을 선명하게 전할 수 있어야 한다. 그런 면에서 김장환 목사는 오 목사의 롤 모델이다.

다음으로 김장환 목사의 리더십 유형에 대해 물었다. 오 목사는 리더십은 타고난 리더십과 훈련된 리더십으로 나눌 수 있는데, 김장환 목사는 이 두 가지를 모두 갖춘 리더십의 소유자라고 했다. 오 목사는 김 목사가 타고난 리더십을 갖추고 있다고 말한다. 이런 리더는 사람의 니즈(Needs)에 대해 탁월한 통찰력을 지니는데, 통찰력만 있어선 안 되고 그 니즈를 채워줄 수 있는 대단한 관심과 능력과 열정을 갖춰야 한다고 했다.

오 목사는 특히 김 목사의 리더십을 한마디로 '글로벌 리더십(Global leadership)'이라고 규정한다. 어렸을 때 미국 유학 생활을 해서 영어를 자유자재로 구사하고, 또 미국인을 아내로 맞은 것 등 김 목사는 글로벌 리더로서의 조건을 갖춘 리더가 틀림없다는 것이다.

아울러 김장환 목사는 훈련된 리더라면서 오정현 목사는 리더가 갖춰야 할 덕목 중 최고가 '낄끼빠빠'라고 했다. 즉, '낄 때 끼고 빠질 때 빠지는 것'이란다. 김 목사는 1973년 빌리 그래함 전도대회 당시 통역을 뛰어나게 잘해서 대한민국과 전 세계의 스포트라이트를 한 몸에 받게 되자 "빌리 그레이엄에게 돌아가야 할 찬사를 내가 받아선 안 된다"며 공군병원으로 피한 적이 있는데, 오 목사는 이것이 바로 훈련된 리더십의 표본이라고 했다. 또 김 목사가 자신의 두 아들과 오 목사에게 늘 해주는 말이 "겸손하라"인 것도 모두 훈련된 리더십에서 나오는 것이라 볼 수 있다.

오 목사는 김장환 목사의 리더십에 대해 타고난 '비저너리(Visionary)'라는 것을 추가하고 싶다고 했다. 그에게 '비저너리'는 자기 실력으로 할 수 있는 것을 하는 것이 아니라 하나님이 도와주시지 않으면 할 수 없는 것을 꿈꾸고 해내는 사람을 뜻한다. 하나님이 함께하시는 비저너리는 가는 곳마다 사람과 물질이 계속 따르기 마련인데, 김장환 목사가 바로 그런 사람이라는 것이다.

오 목사는 또 한국 교회에는 큰 용량의 믿음의 거목은 없고 골목대장만 많다고 지적하며 김장환 목사야말로 '빅 자이언트(Big giant)'라고 했다. 오 목사는 김 목사가 1973년 빌리 그래함 전도대회 때 수백만 명 앞에서 통역하며 믿음의 용량이 키워진 것 같다며 자신도 2007년 부산 해운대에 모인 22만 명 앞에서 설교하며 믿음의 용량이 커지는 경험을 했다고 말한다.

사실 한국 교회는 뛰어난 인재가 있어도 깎아내리고 흠잡는 일이 많아 큰 인물로 자라기 어려운 환경이다. 그런데 김장환 목사는 미국에서 유학했고, 세계침례교연맹 총회장을 역임하고 빌리 그레이엄 목사와 교제하며 본인만 성장한 것이 아니라 많은 인재를 유학 보내서 키우고 세워주는 큰 리더로 우뚝 섰다. 오 목사는 그런 모습이 후배가 느끼기에 비할 데 없이 큰 자랑거리라고 말했다.

오정현 목사는 김 목사에겐 독특하게 따뜻한 리더십이 있다면서 에피소드를 하나 들려주었다. 사랑의교회를 건축하며 정부와 서울시로부터 큰 압박을 받고 있을 때, 김 목사는 "만일 사랑의교회 건축이 어려워지면 내가 대법원 앞에 누워서 시위라도 할 것"이라고 말했다. 그뿐 아니라 "나는 사랑의교회의 영원한 부목사"라고 늘 말했다니, 그 말을 들은 오 목사가 어찌 존경하고 따르지 않겠는가.

오 목사는 또 김장환 목사만큼 타이밍에 강한 분은 없다고 했다. 자신도 목회를 해보니 목회는 정말 타이밍이 중요하므로 무엇보다 '용서와 심방'은 타이밍을 놓치면 안 된다는 점을 부교역자들에게 자주 강조한다. 김 목사는 어려운 사람을 도와주기로 작정했으면 필요한 때에 끝까지 돕는 것으로도 유명하다. 이처럼 따뜻하고 시의적절한 김 목사의 리더십으로 키워진 인물도 적지 않다. 김 목사는 지구촌교회 이동원 원로목사를 비롯해 어와나코리아 총재 송용필 목사, 수원중앙침례교회 고명진 담임목사, 미국 댈러스 세미한 교회 이은상 담임목사 등 헤아릴 수 없이 많은 후진을 양성했다.

마지막으로, 오정현 목사는 김 목사가 자기관리를 철저하게 잘하는 놀라운 분이라고 덧붙였다. 특히 물질에 대한 자기관리를 잘하시는데, 사적으로 사용하라고 드린 돈조차 극동방송에 모두 집어넣을 만큼 물질에 사심이 없는 분이라고 했다. 인터뷰를 마치며 오정현 목사는 김장환 목사의 평전이 많은 사람에게 영향을 끼쳐서 한국 교회에 제2, 제3의 김장환 목사가 많이 나오기를 소망한다고 말했다.

유명환 전 외교통상부 장관

유명환 전 장관은 노무현 정부 때 외교부 차관을 했고, 이명박 정부의 첫 번째 외교통상부 장관을 지냈다. 유 장관이 김장환 목사를 직접 대면한 것은 1998년 워싱턴 D.C.의 공사로 근무할 때였다. 당시 미국 대사로 있던 이홍구 대사가 김장환 목사 부부를 관저로 초청하면서 교제가 시작되었다.

그날 유 장관이 트루디 사모에게 한국에 시집와서 가장 힘들었던 게 뭐였느냐고 물었더니, "화장실 가는 게 제일 무서웠어요"라고 말했다. 당시는 화장실이 집 밖에 있는 데다 쪼그려 앉는 식이었고, 화장지도 없어 신문지를 비벼서 사용하거나 그것도 없는 시골에서는 고운 볏짚을 비벼서 사용하던 시절이었다. 미국에서 편리한 수세식 화장실을 사용했던 트루디 사모가 냄새나고 지저분하고 밤에는 칠흑같이 캄캄한 화장실에서 볼일을 봐야 했으니 얼마나 불편하고 힘들었겠는가.

유명환 전 장관은 자신도 수원과 가까운 시골 안산에서 초등학교를 나왔기 때문에 그 열악하고 힘겨운 삶을 너무도 잘 알고 있었다. 그래서 환경이 열악한 한국에서 오랜 세월 살면서도 남편에게 부담을 줄까 봐 한 번도 미국에 가는 게 좋겠다고 말하지 않았다는 트루디 사모의 말에 마음이 몹시 아팠다. 유 장관은 바로 그런 트루디 사모의 대단한 신앙심과 희생·봉사 정신이 오늘의 김장환 목사를 만든 것이라고 높이 평가했다.

유 장관은 워싱턴 D.C.의 공사로 있을 때 김 목사 내외를 몇 번 더 만났고, 이명박 대통령 시절 장관을 하면서는 더 자주 만날 수 있었다. 이 대통령이 교회 장로이고 김 목사와 막역한 사이여서 유 장관도 해외에 여러 번 같이 다니며 경험한 에피소드가 꽤 있다고 한다. 특히 어려운 일이 있을 때 김 목사에게 말하면 성심성의껏 도와주어 관계가 더욱 깊어졌다.

장관직을 그만두고 나서 조용히 미국으로 가려고 했는데, 미국으로 떠나기 전 김 목사가 전화해서 꼭 만나 점심을 같이 먹자고 해서 한 불고기 식당에서 만났다. 유 장관은 이때 김 목사에게 격려의 말씀을 듣고 큰 위로를 받았다.

한번은 유 장관이 연말에 미국에 갔다가 집에 돌아오니 현관에 메모가 한 장 붙어 있었다. 부재중이라 전달하지 못한 등기우편을 우체국에 와서 찾아가라는 내용이 적혀 있었다. 우체국이 꽤 멀리 있어서 좀 귀찮아하며 찾아 가지고 와서 뜯어보니 크리스마스카드가 들어 있었다. 카드를 열어보니 그 안에는 "크리스마스니까 부인과 좋은 식당에 가서 식사 한 끼 하라"는 내용의 친필 편지와 수표 한 장이 들어 있었다. 그것을 보니 눈물이 핑 돌았다.

그때 수표에 적힌 액수는 좋은 식당에서 한 끼가 아니라 서너 끼 정도는 식사할 만큼 충분한 액수였다. 당시 유 장관은 자비로 미국에 갔기 때문에 절약하며 지내던 터라 그런 선물을 보내준 김 목사의 마음이 이루 말할 수 없이 고마웠다. 그 덕분에 유 장관은 모처럼 아내와 좋은 식당에 가서 외식도 했다. 그렇게 어렵고 힘들 때 베푼 사랑의 마음을 어찌 잊을 수 있겠는가. 그날로 유 장관이 김장환 목사의 열렬한 팬이 된 것은 물론이다.

1년 뒤 귀국해서 김 목사에게 전화하니 당장 교회에 나오라고 해서 2011년 8월 말부터 원천교회를 한 주도 빠짐없이 다니고 있다. 극동방송 어린이합창단이 미국을 방문할 때도 김장환 목사와 5번 정도 동행했는데, 가장 인상 깊었던 것은 미국 카네기홀에서 열린 극동방송 60주년 행사였다. 유 장관은 그때 미국 사람들과 6·25 참전용사들이 많이 참석한 가운데 어린이합창단 500명이 무대에서 차질 없이 공연하는 것을 보고 정말 감동했다. 한 미국 참전용사 가족은 유 장관의 손을 꼭 잡고 감격스러워했다. 그 뒤 애틀랜타에서 열린 공연에서도 미국 사람들이 크게 감명받아 연신 고맙다고 하던 모습이 기억에 남았다. 그때 유 장관은 "외교관 100명이 할 일을 극동방송 어린이합창단이 해낸 것"이라고 김 목사에게 말했다. 김장환 목사가 혼자 민간외교관 역할을 잘 감당해낸 것은 물론 어린이합창단을 통해서도 그 일을 지속적으로 해나가는 것을 보고 전직 외교통상부 장관으로서 감회가 깊었다.

2016년, 미국 남부에 최초로 한국인 이름을 새긴 대학 건물이 개관해 화제가 되었다. 기독교계 예술 인문대학으로 유명한 미시시피 주 잭슨 소재 벨헤이븐 대학은 6월 26일에 새롭게 준공한 국제센터에 극동방송 이사장 김장환 목사의 이름을 붙인 '빌리 킴 인터내셔널 센터(Dr. Billy Kim International Center)' 헌정 기념식을 가졌다. 이날 행사에서 벨헤이븐 대학 로저 패럿 총장은 조지 W. 부시 전 대통령이 보내온 축사를 대독했다. 이어서 필 브라이언트 미시시피 주지사, 댄 존스 미시시피 대학 전 총장, 존 그레고리 회장, 로비 허지스 여사 등이 축사했다. 이 행사에는 한국 측 축하객들과 벨헤이븐 대학에서 연수 중인 극동방송 직원 및 어린이합창단 등 500여 명이 하객으로 참석했으며, 유명환 장관도 함께했다.

특히 필 브라이언트 미시시피 주지사는 김장환 목사가 세계를 향해 하나님과의 관계를 대언해온 인물이라고 소개하며 이렇게 축사했다.

"섬김의 지도자인 김 목사님이 계속해서 삶을 변화시키고 전 세계에 복음을 전하고 빛이 되어주리라 믿습니다. (…) 김장환 목사님을 친구로 알게 된 것은 우리에게 축복입니다."

이날 유 장관은 충격을 받았다. 자존심이 센 미국 대학에 한국인 이름을 딴 국제센터가 마련되었다는 것은 주지사의 말대로 미국인들이 김장환 목사를 리스펙한 결과였기 때문이다.

'김장환 박사 국제센터'에 들어가면 성경의 '황금률(Golden rule)'로 알려진 누가복음 6장 31절 말씀이 벽에 기록되어 있다. "남에게 대접받고자 하는 대로 너희도 남을 대접하라"는 말씀이다. 평소 김 목사가 자주 언급하며 몸소 실천해온 말씀인데, 대학 측에서 그것을 알고 새겨놓았다고 유 장관은 말했다.

유 장관에게 김 목사의 설교에 대해 물으니 "듣는 이의 귀에 쏙쏙 들어오는 장점이 있다"고 말했다. 성경 내용만 설명하면 듣는 사람들이 따분해질 수 있는데, 김 목사는 자기 경험과 책에 나오는 이야기로 성경을 풀어주기 때문에 재미있고 듣는 사람들이 쉽게 알아듣는다. 유 장관의 아내도 김 목사의 설교는 알아듣기 쉽고 편안하게 들리는 장점이 있다고 했다. 원래 유 장관은 중학교 시절에 교회를 다녔고 아내는 신앙생활을 하지 않았는데, 요즘은 아내가 김장환 목사의 설교를 듣고 싶어서 더 열심히 교회에 다닌다.

유 장관은 무엇보다 한미 관계에 미치는 김장환 목사의 영향력에는 그저 감탄이 나온다고 했다. 정계와 종교계에 김 목사의 손이 미치지 않는 곳이 없다면서 "김장환 목사는 우리 국가의 아주 소중한 자산이자 보물"이라고까지 표현했다.

2008년, 이명박 대통령은 워싱턴 인근 캠프 데이비드에서 조지 부시 대통령과 한미 정상회담을 갖고 한미 관계와 한반도 현안 및 동북아 정세 등 공동 관심사를 폭넓게 논의했다. 이 대통령은 3박 4일 일정으로 워싱턴을 방문하는 동안 미국 상하원 합동회의에서 연설했다. 이 대통령에게는 그 연설이 지난 노무현 정부 때 틀어진 한미 관계를 조속히 복원하고 양국 동맹관계를 한 차원 승화시킬 것을 천명하는 중요한 기회였다. 또 한국 대통령의 다섯 번째 미 의회 연설로서 역사적 의미도 있었다. 그런데 이 역사적 의회 연설을 성사시킨 주인공이 바로 김장환 목사라고 유 장관은 말했다.

유 장관은 필자와 인터뷰하기 전 대학생들에게 강연하고 온 얘기를 했다. 그가 미래 인재들에게 강조한 요점은 "먼저 베풀어야 인간관계가 형성된다"는 것이다. 유 장관은 자신의 경험상 별것 아닌 걸 정성 들여 도와주니 그것이 수십 배, 수백 배로 돌아오더라고 말하면서 그것을 김장환 목사에게 배웠다고 덧붙였다. 적자 나던 극동방송이 지금 광고 없이도 1년에 몇백 억을 후원받아 지탱하는 것도 그러한 김장환 목사의 철학과 영향력에 힘입어서라고 강조했다.

유명환 장관은 극동방송이 복음만 전하는 방송으로 성공할 수 있었던 것은 김장환 목사의 철학이 이뤄낸 큰 업적이라고 평가했다. 마지막으로 그는 김장환 목사가 원하진 않겠지만, 우리나라에도 '빌리 킴 센터' 같은 것이 하나 세워졌으면 좋겠다는 바람을 내비쳤다.

윤병인 한솔문화재단 사장

삼성의 창업주인 고 이병철 회장의 맏딸 고 이인희 고문을 40년간 가까이에서 모셨던 윤병인 사장이 김장환 목사를 만난 지는 30년쯤 된다. 자주 만난 것은 아니고 업무상 관계였다. 이인희 고문이 전두환 대통령 내외와 친해서 그 인연으로 김장환 목사와도 자연스레 가까이 지내게 된 것이다.

윤 사장은 김장환 목사에게 강렬한 인상을 받은 적이 많다면서 그중 하나를 소개했다. 이인희 고문이 김 목사를 해외로 초청했는데 이때 윤 사장이 동행하게 되었다. 윤 사장이 호텔에서 김 목사와 같이 서서 엘리베이터를 기다리고 있었는데, 김 목사는 지나가는 청소부와 직원 등 모두와 친절히 인사하고 대화를 나누었다. 윤 사장은 그 모습에서 깊은 인상을 받았다. 처음 보는 사람들이자 다시 만날 일이 없는 사람들을 소홀히 대하지 않고 기분 좋게 만드는 걸 보면서 김 목사의 세심하고 따뜻한 마음을 느낄 수 있었다고 했다.

김 목사의 세심한 배려는 이미 정평이 나 있는데, 윤 사장 역시 그런 모습을 여러 번 보았다. 한번은 아주 사소한 일인데도 김 목사가 먼저 전화를 걸어서 결과가 어땠고 어떤 게 좋았고 하면서 자세히 얘기하는 것을 보고 윤 사장은 '참 특이한 분'이라고 생각했다. 김장환 목사가 워낙 바쁘신 분인 만큼 전달만 하면 끝날 일인데도 하나하나 설명하고 해답을 주는 모습에서 윤 사장은 깊이 감동받고 큰 영향을 받았다. 윤 사장은 자신이 모신 이인희 고문 주변의 그 많은 사람 가운데서도 김 목사는 정말 남다르고 특별한 분이라는 생각에서 이후 김 목사의 기사나 책이 나오면 구해서 읽게 되었다.

윤 사장은 김장환 목사에게 닮고 싶은 점이 많지만, 무엇보다 청명한 목소리를 닮고 싶다고 했다. 그의 표현에 따르면 '늘 푸르고 쨍쨍한' 목소리는 김장환 목사의 전매특허다. 한번은 이인희 고문이 플로리다의 작은 교회에 김 목사를 강사로 모셨는데, 처음부터 강한 톤으로 설득력 있게 설교하는 김 목사의 목소리에 크게 감동을 받았다고 한다.

그날 윤 사장이 김 목사에게 "어떻게 그렇게 목소리가 좋으시냐"고 물으니 김 목사는 "내가 학교 다닐 때 연습 많이 했어!" 했다. 김 목사의 맑고 또렷이 울리는 젊고 푸른 목소리는 타고난 면도 있지만 웅변대회를 앞두고 피나게 훈련하고 노력한 결과이기도 했다.

김 목사가 교도소를 자주 찾아가 많은 사람과 함께 예배드리고 좋은 말씀도 해주고 용기를 주며 기도해준다는 것은 널리 알려져 있다. 윤병인 사장도 김 목사와 함께 교도소를 몇 번 갔다. 세상에서 누구보다 바쁜 사람으로 꼽히는 김 목사가 교도소 재소자들을 찾아가 설교로 위로하고, 기도해주고, 예배드리는 모습을 보면서 윤 사장은 '어떻게 저런 삶을 살 수 있을까' 하고 많은 생각을 했다고 한다.

윤 사장은 김 목사를 만날 때마다 그의 강렬한 눈빛을 보면서 영적인 권위가 대단한 분이라는 걸 느낀다고 했다. 그러면서 윤 사장은 2019년에 이인희 고문이 돌아가실 때의 이야기를 들려주었다. 김 목사는 이인희 고문이 돌아가시기 얼마 전부터 자주 찾아와서 기도도 해주고 찬송도 같이 하곤 했는데, 이 고문이 말은 잘 못했지만 표정을 보면 무척 좋아하는 게 드러났다.

돌아가시던 날 밤, 이 고문은 누워서 눈도 못 뜨면서 윤 사장에게 자꾸 뭔가를 가리켰다. 그래서 눈을 돌려 보니 그것은 김 목사와 이 고문이 옛날에 함께 찍은 사진이었다.

'아, 목사님이 보고 싶다는 말씀이구나!'

그 뜻을 알아챈 윤 사장은 곧바로 김 목사에게 전화를 걸었다.

"지금 고문님께서 목사님을 뵙고 싶어 하시는데 오실 수 있으신지요?"

윤 사장의 말에 김 목사는 즉시 대답했다.

"그럼, 가야지."

그러고는 곧바로 달려왔고, 김 목사가 도착하자 주치의가 "이제 준비를 해야 할 것 같다"고 말했다. 그 말에 김 목사가 곧장 설교하고 기도하고 찬송하자 눈을 못 뜨던 이인희 고문이 눈을 번쩍 떴다. 그리고 얼마 지나지 않아 세상을 떠났다.

윤병인 사장은 마지막으로 김 목사를 만나고 나서 많은 영향을 받았다는 말을 덧붙였다. 남을 배려하는 마음, 또 세세한 것까지 챙겨주고 잊을 만하면 전화해서 먼저 안부를 묻는 자상함까지 김장환 목사의 많은 모습을 통해 윤 사장의 삶도 많이 달라졌고, 더욱더 김 목사를 존경하게 되었다고 털어놓았다.

윤인선 전 국회사무처 서기관 / 윤치영 전 민주공화당 의장 아들

윤인선 씨는 초대 내무장관과 민주공화당 의장을 지낸 윤치영 씨의 아들이자 윤인구 KBS 아나운서의 부친이다. 윤 씨와 김장환 목사의 관계는 부친 윤치영 전 의장과의 인연으로 거슬러 올라간다. 윤 씨의 부친은 김 목사보다 30년 이상 연배가 높은데도 두 분이 신앙적으로는 물론 여러 면에서 생각이 맞았다. 그래서 우연찮게 극동방송을 만들게 된 것이다. 윤 씨는 "선친이 살아 계셨다면 김장환 목사에 대해 하실 말씀이 많았을 것"이라고 아쉬워했다. 윤 씨는 연세대 재학 시절 충정로에서 부모님과 살았는데, 어느 날 식사 시간에 부친에게 이런 얘기를 들었다고 한다.

1970년대 초반 김장환 목사가 윤치영 전 의장과 만나서 제주극동방송 개국을 논의했다. 이때 박정희 대통령의 도움이 필요했기 때문에 김 목사는 박 대통령과 친분이 있는 윤치영 전 의장에게 도움을 요청했다. 당시 박 대통령에게는 대북 관계가 매우 중요한 이슈였다. 그런 상황에서 우리나라 최남단 제주도에 기독교방송이 생기면 북한 주민들은 물론 당시 소련에 있던 사람들까지 복음으로 변화시켜 대한민국의 이미지 개선 및 안보에도 큰 유익이 될 테니 박 대통령이 반대할 이유가 없었다.

"제주도에 극동방송이 들어서면 비록 전파방송이긴 하지만 나라를 안전하게 지킨다는 면에서 1개 사단 이상의 역할을 할 것"이라는 윤치영 의장의 설명에 박 대통령은 "할 수 있는 한 도와줄 테니 잘해 보라"고 말했다. 이후 확답에 가까운 대통령의 대답을 전해 들은 김장환 목사가 얼마나 기뻐했을지는 충분히 상상하고도 남는다.

윤 씨에 따르면 윤 의장이 민주공화당 총재 상임고문 자격으로 초청을 받아 일본 외신구락부에서 강연할 때 김장환 목사가 영어 통역을 맡기도 했다. 1972년 스위스 로잔에서 열린 대형 집회에 참석한 윤 의장은 김장환 목사의 설교에 대한 사람들의 반응에 크게 감동했다. 윤 씨는 김장환 목사가 선친과는 나이 차이로 보아 아들뻘이었지만 선친이 김 목사를 많이 아끼고 좋아했으며 또한 존경했다고 말했다. 김 목사는 로잔 집회에서 빌리 그레이엄 목사에게 윤치영 의장을 소개하기도 했다.

윤인선 씨는 두 분의 관계가 아주 좋고 잘 맞았다고 말했다. 선친에게는 섬기는 교회가 있었지만, 일 년에 몇 차례는 김장환 목사의 수원중앙침례교회 예배에 출석했다. 특히 추수감사절 때는 꼭 수원중앙침례교회 예배에 참석하셨는데, 예배가 끝나고 트루디 사모가 준비한 점심을 함께 먹고 돌아올 때는 트루디 사모가 구운 파이와 쿠키 등을 담은 선물 바구니도 받아 왔다. 김 목사 부부도 종종 충정로 사가에 들렀다. 어느 해에는 김 목사 자녀들까지 와서 윤 의장에게 신년 세배를 드렸고, 또 어느 해엔 극동방송 설립자 로버트 보먼 총재와 간부들이 들러서 함께 식사를 했다.

한번은 미국 정부의 초청으로 윤치영 의장과 김 목사가 함께 미국을 방문했는데, 윤 의장이 김 목사에게 좋은 호텔방을 잡아주었다. 그런데 김 목사가 "이런 걸 원치 않는다"고 해서 결국 같은 방에 묵었다. 그 뒤 일본에서도 또 한 번 같은 일이 있었는데, 그때 선친이 "김 목사는 매우 겸손하고 검소한 분"이라고 칭찬했던 것이 기억난다고 했다. 신앙이 깊었던 윤치영 의장은 신앙적으로도 김장환 목사를 존경했으며, 공산주의를 철저히 비판하는 애국자라고 김 목사를 추켜세울 때도 많았다.

윤치영 의장을 직접 인터뷰하면 좋았을 텐데 이미 돌아가시고 안 계셔서 아쉬움이 남는다. 다만 윤 의장과 김장환 목사 사이에서 있었던 일을 윤 의장의 아들 윤인선 씨에게 들을 수 있어 참 다행이라 생각한다. 윤인선 씨와의 인터뷰는 김장환 목사가 나이와 상관없이 모든 분의 존경과 사랑을 받았다는 것을 다시 한번 확인하는 좋은 시간이었다.

윤재옥 국민의힘 전 원내대표

윤재옥 국민의힘 전 원내대표는 2010년 경기지방경찰청장을 할 때 김장환 목사를 만났다. 그때 "윤 청장, 이제 교회 나와야지" 하는 말에 자기도 모르게 "알겠습니다" 하고 대답했다고 한다. 윤 대표는 평소 말을 했으면 지켜야 한다고 생각하는 사람인지라 이후 수원중앙침례교회에 등록하고 출석했다. 김장환 목사가 원로이고 워낙 영향력이 대단한 데다 유명 인사여서 이전에 경찰청 정보국 국장을 할 때도 인사를 드린 적은 있지만, 김장환 목사와 제대로 교제를 시작한 것은 2010년부터였다.

윤재옥 대표에게 김장환 목사와 관련된 에피소드나 기억나는 얘기가 있으면 들려달라고 했다. 윤 대표는 경기지방경찰청장을 그만두고 1년 6개월 정도 이른바 야인 생활을 했던 적이 있는데, 그때 김 목사가 윤 대표의 집으로 심방을 왔다. 꼭 필요하고 절실한 때에 심방을 받으니 윤 대표도 힘이 났지만, 무엇보다 남편이 공직을 떠나 쉬는 동안 마음이 편치 않았던 아내에게 큰 위로가 되었다. 윤 대표의 아내는 김장환 목사를 단순히 목사가 아니라 아버님처럼 생각했으며, 김 목사도 좋은 일이 있으면 연락도 해주고 가끔 찾기도 하는 등 딸처럼 대해주었다.

사람이 잘나갈 때보다는 어렵고 힘든 상황에 있을 때 찾아와서 위로하고 격려하고 기도해주면 더 힘이 나고 평생 잊을 수 없을 만큼 고마운 법이다. 어렵고 힘든 이를 격려하고 위로하고 기도해주는 것, 또 좋은 일이 있을 때도 늘 전화해서 기쁨에 동참해주는 것이 바로 김장환 목사가 지닌 탁월한 장점이다.

김장환 목사의 장점을 물으니 윤재옥 대표는 이렇게 말했다.

"장점이 너무 많으시죠. 먼저 일할 때 열정을 갖고 치밀하면서도 추진력 있게 끌고 나가는 것을 보면서 저도 많이 배웁니다. 그리고 옆에서 보면 많은 사람이 이런저런 부탁을 하러 오는데, 어쨌든 목회자로서 무엇보다 일일이 얘기를 잘 들어주고 받아들여서 가능한 한 도와주려는 마음을 가지고 있고, 그것이 목회자가 해야 할 일이라고 생각하시는 것 같습니다. 오랜 세월 교계 지도자로서 사람에 대한 따뜻함과 배려를 가지고 계시기에 더욱더 존경받으시는 것 같습니다."

윤 대표는 김 목사가 교계에 널리 알려진 지도자이면서도 누구보다 배려심이 깊어 더 많은 사람이 존경하고 따르는 것 같다고 말했다.

마지막으로 김 목사에게 바라는 점을 말해달라는 부탁에 윤재옥 대표는 이렇게 진심 어린 대답으로 마무리했다.

"김 목사님은 우리나라와 교회를 위해서 꼭 필요한 분입니다. 한국 교회에서 중심 역할을 하는 어른이시기도 하고요. 국익을 위해서 건강이 허락하는 한 몸을 사리지 않고 계속 전면에서 많이 애쓰실 것 같은데, 늘 건강하셨으면 좋겠습니다. 그리고 성령 충만하셔서 좋은 영향력을 오랫동안 발휘하시기를 바랍니다."

윤형주 가수 / 한국해비타트 이사장

1960~1970년대에 포크 열풍을 일으킨 조영남, 송창식, 이장희, 김세환 등과 같이 음악감상실 쎄시봉에서 활약한 대한민국 대표 포크 가수이자 작곡가, 작사가로 유명한 윤형주 장로를 만났다. 그는 윤동주 시인의 6촌 동생이기도 하다.

윤형주 장로의 집안은 1890년대에 함경북도 회령에서 살다가 두만강을 넘어 북간도로 이주했다. 윤동주 시인의 외삼촌이자 별명이 '북간도 대통령'이었던 김약현 목사가 강화로 들어온 캐나다 북장로교 선교사들을 통해 복음을 받아들이면서 윤 장로도 예수 믿고 4대째 장로가 되었다. 김약현 목사는 북간도를 일군 대단한 인물로 3·1 독립선언과 2·8 동경 유학생 독립선언이 있기 전 연해주에서 무오독립선언을 했던 38인 중 한 분이다. 당시 윤 장로의 집안은 돈을 많이 번 부농이었는데, 그 돈으로 독립군 군자금을 댔다고 한다.

집안이 기독교인 데다 모태신앙이었던 윤 장로도 교회에 출석하긴 했지만, 실제로 하나님을 깊이 체험한 것은 연예인 대마초사건을 겪으면서였다. 1975년 12월 초 윤 장로는 가수 이장희, 이종용 등과 함께 습관성의약품관리법 위반혐의로 구속되었다. 후배가 생일선물로 가져다준 대마초를 피우지도 않았는데 대마초 흡연자로 몰려 억울하게 서대문 구치소에 수감된 것이다. 인기 절정의 유명인이 수치스러운 죄목으로 구치소에 들어갔으니 얼마나 좌절했겠는가.

윤 장로는 깊은 갈등과 고민 끝에 죽음을 생각하고 자살을 시도할 마음까지 품었다. 그런데 어머니가 면회를 와서 주고 가신 성경책을 읽다가 이사야 43장 1절 말씀을 통해 하나님이 자신을 오랫동안 기다리셨음을 깨닫고 인생이 온전히 바뀌는 경험을 하게 된다. 그 이후 자기 목소리의 주인으로 살았던 윤 장로는 비로소 그 목소리를 주신 분을 찬양하기 시작했다.

윤형주 장로는 부친이 돌아가시고 1년 뒤인 1978년, 김장환 목사에게서 국제전화를 받았다. 김 목사는 윤 장로에게 부친 윤영춘 장로가 극동방송위원으로 7년간 봉사했다는 사실을 알려주었다. 윤 장로는 워낙 바쁘게 살다 보니 부친이 일주일에 한 번씩 극동방송에 가서 당신이 쓰신 신앙 에세이를 낭송했다는 사실도 알지 못했다. 윤영춘 장로는 시인이자 수필가였다. 김장환 목사는 "아버지가 귀한 사명을 감당하시다 돌아가셨으니, 이젠 아들이 그 사역을 물려받아야 하지 않겠느냐"고 말했다. 그렇게 해서 1980년부터 시작한 것이 〈윤형주와 함께〉라는 90분짜리 찬양 프로그램이었다.

윤 장로는 이 프로그램을 무려 14년 동안이나 했다. 그 당시 윤 장로는 다른 방송에서 90분 방송을 하면 한 달에 400만 원 정도를 받았는데, 극동방송에서는 90분 방송을 진행해도 한 달에 5만 원을 주었다. 윤 장로는 그 출연료를 받지 않겠다고 하고는 무급으로 일했다. 김장환 목사의 주례로 결혼한 딸 윤선영도 현재 극동방송에서 16년째 〈찬양의 향기〉라는 프로그램을 진행하고 있다. 윤 장로의 사위이자 성악가인 전병곤은 김장환 목사가 결혼주례를 할 때 축가를 하고, 손주 둘은 화동을 하는 등 윤 장로 집안은 사실상 4대째 김 목사를 돕고 있는 셈이다.

어쩌다 윤 장로가 김장환 목사에게 자기 가족은 3대째 극동방송을 위해 무급으로 봉사하고 있다고 얘기하면 김 목사는 "나는 공짜로 한다는 놈이 제일 무섭더라!"며 농담했다. 37년째 대를 이어서 방송선교를 위해 극동방송과 함께 일해온 사랑의 관계이니 하나님이 윤 장로와 김 목사를 얼마나 기특하게 여기실까.

한번은 윤 장로가 아침 8시 40분쯤 급하게 방송국에 전화해서 제작부 직원을 바꿔달라고 했더니 경비실에서 8시 반부터 9시까지는 직원예배를 드리기 때문에 바꿔줄 수 없다며 전화를 끊어버렸다고 한다. 그래서 윤 장로는 김장환 목사를 만나서 따지듯 물었다.

"목사님, 누가 자살하려다가 그래도 마지막으로 한번 극동방송에 전화했는데 예배 중이라고 안 바꿔주면 어떡합니까? 그리고 만약에 그 사람이 죽었다면 어떡하겠어요?"

윤 장로는 이런 말까지 대놓고 할 수 있을 만큼 김 목사와 친밀한 관계를 유지해왔다.

윤형주 장로는 중학교 2학년 때부터 YFC 활동을 시작해 30대 중반에는 YFC 이사가 되어 25년 이상 김장환 목사와 같이 일했다. 윤 장로가 만든 '아버지학교'의 모체가 되는 미국 남성들을 위한 '프라미스 키퍼스(Promise Keepers)'와 연결해준 사람도 김장환 목사였다.

윤 장로는 또 하나 재미있는 에피소드를 들려주었다. 63빌딩에서 현역 판사, 고검장, 지검장 등 수백 명을 대상으로 하는 전도집회가 있어서 김장환 목사와 함께 차를 타고 가는데, 김 목사가 다짜고짜 이렇게 말했다.

"윤 집사, 오늘 설교는 당신이 해!"

"예? 오늘 저는 특송을 하러 가는 거 아닙니까?"

놀라서 물으니 김 목사가 단호하게 대답했다.

"내가 소개할 테니 당신이 간증 좀 해!"

그 말에는 무조건 순종할 수밖에 없었다. 그때가 윤형주 집사가 찬양도 하고 과거 대마초사건 이야기로 간증도 하던 시절이었다.

63빌딩 모임 장소에는 이건개 고검장, 김태정 차장검사 등이 참석해 있었다. 윤형주 집사는 검찰 수뇌부가 지켜보는 가운데 이렇게 말문을 열었다.

"세상에 죄 없는 사람은 없는데, 이 자리에 계시는 여러분도 죄인입니다. 들킨 죄가 있는가 하면 안 들킨 죄가 있는데, 저는 들켜서 감옥에 갔다 온 죄인입니다. 안 들켰으면 멀쩡했을 사람인데 들키는 바람에 전과자가 되었습니다. 판·검사석에 앉아 피의자들에게 몇 년씩 구형하고 판결을 내리는 여러분도 들키진 않았지만 모두 죄를 지은 죄인이라는 것을 명심하시길 바랍니다."

그러고 나서 자신이 옥중에서 만난 예수님을 간증하고 자리로 돌아왔다.

그 뒤 이건개 고검장이 체포되는 사건이 있었다. 윤형주 장로의 경기고 7년 선배이기도 한 이 고검장은 윤 장로를 만나더니 "그동안 하고 싶은 얘기가 있어서 만나고 싶었다"고 했다. 이유를 물으니 이 고검장은 자기 이야기를 들려주었다. 이건개 고검장이 감옥에 들어가니 너무 화가 나서 밖에 나가면 손볼 사람들의 얼굴이 주마등처럼 지나가더란다. 그러던 중 성경을 읽다가 변화되어 언젠가 집회에서 고등학교 후배 윤형주 장로가 했던 말이 기억나더라는 것이다. 윤 장로는 "이것이 김장환 목사가 당신 대신 나를 단 위에 세워서 간증하라고 하는 바람에 벌어진 일"이라고 말했다.

끝으로 윤 장로가 느끼는 김장환 목사의 장점은 무엇인지 물었다. 윤형주 장로는 우선 김 목사가 젊은 세대에 대해 깊은 애정과 비전이 있는 분이며, 차세대 리더들을 세우는 일에 대한 관심과 열의도 대단한 애국자라고 추켜세웠다. 그리고 감옥에 갇힌 이들에 대한 마음이 아주 유별난 데다 군선교를 위한 열정도 대단하다고 말했다. 오랜 시간을 김장환 목사와 함께 다니며 특송으로 섬겼으니 윤형주 장로가 누구보다도 잘 알 것이다.

윤형주 장로는 "김장환 목사님을 어려워하는 사람들이 많은데, 40년 가까이 교제해온 김 목사님은 소통이 잘되고 아주 편안한 분"이라고 말했다. 또 김 목사가 새벽형 인간이어서 자신은 도저히 따라갈 수 없다고 털어놓았다. 40년 가까이 이어진 두 사람의 거침없는 발맞춤이 모두 하나님의 작품임을 절감하며 인터뷰를 마쳤다.

이동원 지구촌교회 원로목사

이동원 목사는 김장환 목사가 유학 보내 키운 제자 가운데 가장 유명한 인물이라 할 수 있다. 미국 워싱턴과 한국에서 개척해 대형교회를 일궜으며, 명설교로도 유명하다.

1963년, 수원 출신인 이동원 목사는 대학입시에 실패하고 재수를 하면서 어떻게 하면 시간을 유익하게 보낼지 생각하다가 영어 시험에 도움이 될 방법을 찾는다. 그때가 김장환 목사가 트루디 사모와 귀국해 수원에서 중·고등학생들 전도를 위한 한국십대선교회(YFC), 대학생 청년들을 위한 라이프클럽(Life Club)을 창립해 활동하던 시기였다. 그중 라이프클럽에서는 외국 선교사들이 일주일에 한 번씩 영어로 미팅을 했으므로 이동원 목사는 영어에 도움이 될까 해서 나가게 되었다. 거기서 이 목사는 '구원의 확신'이라든가 '천국 갈 확신' 등 굉장히 생소한 내용의 대화가 오가는 것을 들으며 조금씩 기독교에 대해 알아가기 시작했다.

김장환 목사도 가끔 참석했지만 주로 외국 선교사들이 나와서 교대로 영어 성경 이야기를 하며 기독교 신앙을 가르쳤다. 자꾸 듣다 보니 관심이 생겨서 이 목사는 YFC 모임에도 나가게 되었다. 모임에 가보니 라이프클럽에 있는 사람들이 간사처럼 돕고 있었는데, 이 목사에게 같이 돕자고 해서 아직 신앙이 없는 상태에서 함께 활동을 시작했다. 그렇게 10개월쯤 지나고 나니 선교사들이 준 책을 몇 권 읽게 되었다. 그 책 가운데 오스왈드 스미스 목사가 쓴 『내가 가장 사랑하는 나라(The country I love best)』와 M. R. 디한 목사의 『율법이냐 은혜냐』가 있었다.

이 목사는 영어로 된 책이 어려워서 포기했다가 그것을 끝까지 못

읽으면 영어를 못 배울 것 같아 다시 책을 집어 들었다. 오스왈드 스미스 목사가 쓴 책은 복음서에 나오는 나인성 과부의 아들 이야기였다. 여기에 나오는 청년은 착한 사람이 되어야 한다는 도덕적 권면으로는 살아날 수 없었고 종교 의식으로도 살지 못했는데, 다만 예수님의 생명의 말씀으로 살아났다는 내용이 설득력 있게 다가왔다. 이 목사는 『내가 가장 사랑하는 나라』와 『율법이냐 은혜냐』 이 두 권을 통해 처음으로 종교와 복음, 도덕과 생명, 율법과 은혜의 차이를 깨닫게 되었다. 사실 지금 생각해보면 평범한 내용인데, 당시 기독교에 관심이 많았던 이 목사에게는 이것이 놀라운 설명이었다.

또 『천로역정』 첫 장면에 나오는 "내가 어떻게 해야 구원을 얻으리까"라는 구원에 대한 고민이 그 클럽에 나가면서 4~5개월가량 계속되었던 것을 기억하고 있다. 그러다가 이듬해 봄이 될 무렵 신앙에 대한 확신이 왔다. 이 목사는 갑자기 십자가를 알게 되었고, 그 십자가에서 나사렛 예수라는 존재가 '나를 위해 죽으시고 나를 위해 다시 사신 것'이 믿어졌다.

그 뒤 이 목사는 거듭남을 경험했고, 그때부터 전도와 간증의 삶을 시작했다. 그 시절 처음으로 공적 집회에서 간증했는데, 하고 나니 참석했던 사람들이 모두 은혜받았다고 하면서 "참 좋았다"고 격려를 해주었다.

이 목사는 서울대 법대에 가려고 시험을 쳤다가 떨어졌기 때문에 원래는 법대를 갈 생각이었으나 신앙에 확신이 들고 신학을 하고 싶은 마음이 강해져 김장환 목사를 찾아가 상담했다. 그때 김 목사는 "미스터 리가 여기서 서울대를 안 가면 학교에 만족하지 못할 것 같으니, 나하고 몇 년 여기서 공부하다가 미국에 가라"고 했다. 이것이 바로 최고의 강해설교가 이동원 목사가 탄생하는 순간이었다.

김장환 목사의 말대로 미국에 가기 전 국내에서 신학 기초를 닦기 위해 학교를 선택해야 하는데, 어디로 가야 할지 몰랐다. 그래서 김 목사에게 조언을 구하니 밥 존스 출신의 강태국 박사와 다른 선교사들이 많은 한국성서대학교로 가라고 했다. 이 목사는 입학시험을 쳐서 그 학교에 1등으로 들어가긴 했지만, 성경과 신학을 잘 모르니 성적은 별로 좋지 않았다. 신학교 교과 내용이 자신이 상상한 학문의 여왕으로서의 신학이 아니었기 때문이다. 영어를 배우는 데는 최상이었으나 신학 공부에는 만족하지 못했다. 이때 학교에서 고영민이라는 똑똑한 친구를 만났는데, 그는 나중에 구약 박사가 되었다. 그리고 건국대학교 부총장을 하고 농촌운동도 한 유태영 선배도 알게 되었다. 하지만 이 목사는 스스로 만족할 수 없어 결국 1년 반쯤 공부하다가 군대에 갔다.

이 목사는 21사단 소속 12동 외과 병원에 배치되었다. 신학교에 다니다 입대한 까닭에 군인이 죽으면 시신을 화장해서 가져다주는 일을 하는 서무과 영현계 보직을 맡았다. 이 목사가 있었던 외과 병원은 모든 의료보급품을 주한미군에게 받았다. 입대한 지 1년쯤 되었을 때 갑작스럽게 3군단 사령부 미 군사고문단(KMAG) 카투사로 차출돼 파견근무(TDY, Temporary Duty)를 하게 되었다. 그러던 어느 날, 미 군사고문단이 8군에 속한 미 군사공단으로 시찰을 나왔다.

시찰 나온 미군이 병원장과 얘기를 나누는데 통역병이 자리에 없어서 때마침 영어를 좀 하는 이 목사가 통역을 하게 되었다. 그러자 미군이 깜짝 놀라며 자기 쪽 통역이 곧 전역하게 돼 이 목사 같은 사람을 찾고 있었다고 말했다. 그렇게 이 목사는 TDY로 특별 차출을 받아 전역할 때까지 3군단 소속 미 군사고문단 통역으로 있었다.

미 군사고문단에서 이 목사는 굉장히 재미있는 일을 경험했다. 그곳에서 채플을 하는데, 주일에 머리가 하얀 미국인 할아버지 한 분이 피아노를 치다가 설교 시간이 되면 올라가서 설교도 했다. 한 사람이 연주도 하고 설교도 한 것이다. 이 목사가 그 할아버지와 이야기를 나누게 되었는데, 자기도 가끔 통역이 필요하다고 했다. 그 할아버지가 바로 한국에 교회음악을 처음으로 가져온 드와이트 말스베리(Dwgight R. Malsbary, 한국식 이름 마두원)였다. 그는 선교사로 한국에 와서 숭실대학교에서 교회음악과 기독교음악을 가르쳤다.

이 목사는 군에 있을 때 수원에 가서 김장환 목사를 만났는데, 영어 실력이 많이 향상된 것을 보고는 제대하면 같이 일하자고 했다. 그래서 이 목사는 제대하자마자 김장환 목사가 미국에서 들어와 만든 기독봉사회(Christian Service Incorporated)에서 간사로 일하게 되었다. 기독봉사회는 미국인의 후원을 받는 단체로 그 당시 회장으로 섬기던 분이 왈도 예거 장로였다.

이를 계기로 이동원 목사는 기독봉사회 간사와 YFC 간사로 일했다. 김장환 목사를 도우며 기독봉사회 일을 하는 동안 미국에서 온 왈도 예거 장로도 몇 번 만났다. 이 목사는 왈도 예거 장로에게 미국에 가서 공부하고 싶다고 말했고, 이후 그의 도움을 받아 미국에서 신학 공부를 하게 되었다.

이 목사는 미국에서 박사과정까지 마치려고 댈러스 신학교에 입학했는데, 그때 "사람이 필요하니 빨리 오라"는 김장환 목사의 호출을 받고 한국으로 돌아왔다. 이후 이 목사는 수원중앙침례교회에서 부목사로 사역했고, 한국 YFC 총무와 수원 YFC 대표도 맡았다. 그렇게 이 목사는 10년 정도 김 목사를 도와 일했다.

그런데 함께 일하다 보니 이 목사는 김장환 목사와 자신의 성격이 정반대라는 것을 절감했다. 김 목사가 요구하는 것을 다 맞추기가 어려워서 이 목사는 독립 사역의 필요성을 느꼈다. 그러던 어느 날, 장성 출신으로 아주대학교와 유신고등학교를 설립한 박창원 씨가 이 목사를 찾아와 아주대학의 교목으로 초빙했다. 워낙 학생들과 젊은이들을 좋아했던 이 목사는 기회다 싶어 김장환 목사를 찾아가 독립해서 나가고 싶다고 말했다. 그러자 김 목사가 한참 쳐다보더니 이렇게 말하는 것이었다.

"나는 당신을 내 후임으로 생각하고 있는데, 가면 어떡하나?"

그때 이 목사에게 좋은 대답이 떠올랐다.

"목사님이 저보다 더 오래 사실 것 같아서 안 되겠습니다. 너무 건강하셔서요."

그랬더니 김 목사가 웃음을 터뜨리며 "그럼 가서 잘해봐!" 했다. 그렇게 해서 이 목사는 독립할 수 있었다.

이동원 목사는 김장환 목사와 카터 대통령이 처음 알게 된 에피소드도 들려주었다. 이 목사가 미국에 간 지 얼마 안 되었을 때 미국을 방문한 김 목사가 "집회가 있어 왔는데 같이 다니자"고 했다. 그래서 이 목사는 김 목사의 미국 집회에 몇 차례 참석하게 되었다. 어느 날, 애틀랜타 제일침례교회라는 규모가 큰 교회에서 김 목사가 설교하기로 되어 있었는데, 갑자기 이 목사에게 5~10분 이내로 간증하라고 했다. 그래서 이 목사는 갑작스럽게 간증을 했고, 김장환 목사가 설교를 했으며, 그때 함께 동행했던 조영남 씨는 특송을 했다.

다음 날, 김장환 목사가 조지아 주지사를 만나러 가는 길에 두 사람도 동행하게 되었다. 당시 조지아 주지사였던 지미 카터가 김 목사와 얘기를 나누는 동안 이동원 목사와 조영남 씨는 뒤에 앉아 두 사람의 얘기를 듣고 있었다. 차츰 대화가 무르익자 김장환 목사가 카터 주지사에게 앞으로의 계획이 뭐냐고 물었고, 카터 주지사는 대통령이 되고 싶다고 말했다. 그러자 김장환 목사가 타이밍을 놓치지 않고 말했다.

"제가 기도해도 되겠습니까?"

그러자 카터 주지사가 흔쾌히 대답했다.

"물론 좋습니다."

그래서 김 목사는 카터 주지사의 손을 잡고 기도했고, 이렇게 연결된 두 사람은 이후 편지를 주고받는 사이가 되었다.

이 목사는 이와 비슷한 에피소드를 하나 더 들려주었다.

한번은 김 목사가 워싱턴 공항에서 전화를 걸어 "이 목사, 지금 뭐 해요?" 하고 물어서 그냥 집에 있다고 하니 두세 시간쯤 시간이 있느냐고 물었다. 워싱턴 공항에서 세 시간쯤 머물러야 하는데, 당장 공항에 올 수 있느냐는 것이었다. 그래서 이 목사가 워싱턴 공항에 갔는데 김 목사는 별이 두 개인지 세 개인 장성과 얘기를 나누고 있었다. 김 목사가 이 목사에게 그를 소개해주어 예전부터 잘 아는 사이냐고 물으니 김 목사는 이렇게 대답했다.

"아니, 지금 만났어."

잠깐 사이에 친구가 된 것이다. 이동원 목사는 그 일을 통해 김장환 목사가 사람을 만나 친구를 만드는 친화력이 엄청난 분이라는 것을 실감했다.

김 목사는 또 공항에서 한 시간쯤 머무르는 동안에도 많은 엽서를 썼다. 이 목사는 그 모습을 보고 '이래서 대인관계가 좋고 인맥도 잘 관리하시는구나' 하고 생각했다. 예전에는 녹음기에 답장을 쭉 녹음해두면 비서가 그것을 듣고 타이핑을 했다. 그렇게 해서 하루에도 수백 명에게 편지를 쓰고 답장도 할 수 있었던 것이다. 한마디로 김 목사는 조용히 앉아서 책 읽고 공상하고 묵상하는 것을 좋아하는 이 목사와는 전혀 다른 스타일이었다.

또한 김장환 목사는 새벽형 인간이어서 새벽부터 일어나 전화를 걸었다. 자기 관리를 잘하는 것은 물론 철저한 면모도 있어서 직원들이 출장을 다녀오면 십 원 단위까지 모두 보고하게 했고, 김 목사 자신도 그렇게 했다고 한다. 이동원 목사는 이런 '청지기적 자기 관리'를 김장환 목사의 큰 장점으로 꼽았다.

다음으로, 이동원 목사에게 김장환 목사의 설교 특징을 말해달라고 부탁했다. 옛날에는 김 목사의 설교 원고가 나오면 이 목사가 정리했다고 한다. 김 목사의 의중을 잘 알고 있으니 문장력 좋은 이 목사가 잘 다듬은 것이다. 김 목사가 어디를 가든 즐겨 하는 설교가 20개 정도 있는데, 모두 명설교문이고 그중에는 영어 설교도 있었다.

김 목사의 설교에는 사람의 눈을 번뜩이게 하는 스토리텔링의 내러티브가 있으며, 이 목사는 그 점을 김 목사에게 많이 배운 것 같다고 말했다. 다만 그 내러티브를 논리적으로 계속 끌고 가지는 않는다는 점에서 자신의 설교와 김 목사의 설교는 차이가 있다고 했다. 그것은 설교 초반에 사람을 확 끌어당기고 외국인들도 휘어잡는 주제별(Topical) 설교의 전형인데, 미국 신학교에서 설교 모델로 삼고 있을 만큼 김 목사는 탁월한 설교가다.

이동원 목사는 매사에 부지런하고, 인맥 관리를 잘하며, 자기 관리에 철저하고, 설교할 때 감동적 스토리를 잘 개발해서 활용하는 점 등이 뛰어난 분이라고 김 목사의 장점을 꼽았다. 그러고는 필자가 묻지 않았는데도 마지막으로 김장환 목사 대신 변호해드리고 싶은 게 하나 있다고 했다. 김 목사가 역대 대통령들과 가깝게 지내다 보니 그를 '정치 목사', '권력 지향적 목사'라고 비판하는 이들이 많은 것에 대한 이야기였다. 이동원 목사는 김장환 목사가 교회에서 몹시 가난한 분이 찾아와 남편이 억울하게 교도소에 갔다고 하소연하니 직접 가서 위로해주었던 에피소드를 들려주었다. 대통령처럼 유명한 이들만 신경 쓰는 게 아니라 가난하고 힘없는 이들도 애정을 가지고 보살핀다는 것이었다.

유명하거나 권력 있는 분들과 교류하는 것도 오직 복음 증거를 위한 일념에서인데, 사람들이 그런 김 목사의 의도와 마음을 모르기 때문에 비판하는 것이라고 이 목사는 말했다. 구체적인 예로, 전두환 전 대통령과 가까워서 비난받고 있을 때 이 목사도 존경하는 은사를 위해 많이 말렸다고 한다. 그때 김 목사의 입에서 나온 한마디는 "전도해야 할 거 아니야!"였다. 이 목사는 그렇게 해서 전도가 되었는지는 판단할 일이 아니지만, 김 목사의 진정성은 영혼을 향한 사랑의 마음이라고 했다.

정말 마지막으로, 이동원 목사가 꼭 소개하고 싶은 에피소드가 있다고 했다. 이 목사는 '아주 중요한'이라는 수식어를 붙였다. 이 목사가 김 목사와 동역할 때 불만이 하나 있었는데, 크리스마스 때면 김 목사가 교회에 안 계셨다는 것이다. 그 당시에는 이유를 몰랐는데, 나중에 알고 보니 미국에 있는 자식들을 만나러 갔다고 했다.

이 목사는 사실 그 당시엔 이해가 잘 안됐는데, 세월이 흘러 나이가 들고 나서 그때 일을 다시 떠올려보니 자식들 입장에서는 아버지가 성탄절 설교도 안 하고 자신들과 함께 지내기 위해 미국에 왔으니 얼마나 가정적으로 느껴졌을까 하는 생각이 들었다. 그렇게 바쁘게 사시는 분이 특별한 절기에는 가정에 충실한 모습을 보이며 자녀 교육에 신경을 쓴 덕분에 자식들이 다 잘되어 멋지게 사역하며 살고 있잖은가. 이 목사는 "심은 대로 거둔다"는 말이 그렇게 입증되는 것이라고 말했다.

이명박 대한민국 제17대 대통령

이명박 전 대통령이 김장환 목사에게 관심을 갖게 된 것은 1973년 빌리 그래함 전도대회 때였다. 빌리 그레이엄 목사의 설교도 좋았지만, 김장환 목사의 통역이 아주 감동적이어서 많이 끌렸다. 1990년대 초 이 대통령은 회사에서도 떠나고 국회의원도 그만둔 채 미국으로 떠났다. 이때 김 목사가 같이 기도하는 모임을 하자고 해서 거기서 처음 사적으로 만났다. 대단한 목회자인데 권위의식 같은 게 전혀 없고 소탈해서 첫 만남에서 크게 호감을 느꼈다. 그때부터 교제를 시작해 오늘날까지 이어온 것이다.

이 대통령은 김 목사가 자신보다 일곱 살 위인데 나이 많은 티가 나지 않고 건강해서 만나는 데 부담이 없다며 대단한 분이라고 했다. 김 목사는 동안인 데다 목소리까지 여전히 카랑카랑하니 그보다 더 큰 복이 없다면서 그게 전도나 선교를 하는 데 큰 도움이 될 것이라고 덧붙였다. 또 만나면 기분이 좋아지고 마음이 편안해져서 자꾸 가까이하고 싶게 하는 점이 김 목사의 매력이라고 했다.

김 목사를 향해 정치 목사라고 비판하는 이들이 있는데, 이 대통령은 그들에게 반문한다. 정치 목사가 맞다면 힘 있을 때나 만나지 왜 감옥에 가 있는 사람을 만나느냐고. 힘 있을 때나 힘이 다 떨어지고 감옥에 가 있을 때나 가리지 않고 찾아와 기도해주고 위로해주는 목사가 바로 김장환 목사라고 했다. 그리고 "그분은 권력 있는 사람만 만나는 게 아니라 힘없는 사람도 가난한 사람도 만나기를 즐겨

하는 분"이라고 말했다. 전두환 대통령이 백담사에 갔을 때 찾아가서 기도해주고, 어려움을 당할 때 찾아가서 위로하는 것이 바로 목회자의 사명 아니냐는 것이다.

이 대통령은 많은 목회자와 친분이 있지만 김 목사처럼 끝까지 의리를 지키고 사랑을 베풀며 복음을 전하려 애쓰는 목사는 드물다고 했다. 이 대통령이 교도소 소장에게 들으니 수감자들이 운동하도록 비치한 자전거도 모두 김 목사가 마련해준 것이라고 했다.

사람들 눈치 보지 않고 예수님 대신 힘든 이들을 찾아가 기도해주고 섬기는 일을 욕먹으면서까지 홀로 감당하고 있는데, 그런 점은 우리 모두가 본받아야 한다고 강조했다. 또 조용기 목사같이 대단한 리더십도 있지만, 김장환 목사의 리더십은 누구도 따라올 수 없는 독특함이 있다고 말했다. 그리고 "다른 이들과는 비교 대상이 되지 않는 특별한 분이니 오래 사셔야 한다"고 강조했다.

이 대통령은 트루디 사모도 대단한 분이라고 추켜세웠다. 김 목사가 유학을 마치고 돌아와 극동방송을 맡은 뒤 온갖 고생을 하며 키웠는데, 다른 사모 같으면 힘들어서 벌써 도망갔을 텐데 사모를 잘 만나서 이렇게 존경받고 있다는 것이다. 게다가 자녀들도 잘 성장해서 더 존경을 받는 것 같다고 말했다. 자녀들은 부모를 보고 배우는데, 특히 훌륭한 아버지의 모습을 보고 자란 까닭에 모두 제 역할을 훌륭히 하고 있다는 것이다. 어려운 환경에서 자라면 티가 나기 마련인데 김 목사의 자녀들은 그렇지 않고 잘 성장했다고 칭찬했다.

"그저께 김요셉 목사가 직접 요리한 음식을 들고 왔는데 맛있었어요. 그게 다 요리 잘하는 어머니에게 배운 것이겠죠."

이 대통령은 음식을 맛보고는 김요셉 목사에게 은퇴하면 식당을 차리라고 했다고 한다.

이명박 대통령은 잘 알려지지 않은 비밀 한 가지도 공개했다. 6·25 당시 그의 고향 포항에 미군 해병대가 주둔하고 있었는데, 동란 이후 고등학교를 못 가니 하우스보이로라도 취직하려고 찾아갔다고 한다. 미군 병사에게 취직하려고 왔으니 높은 사람을 만나게 해달라고 말하니 연락을 해줘서 들어가 사정을 말했다. 영어를 못해 한국말로 했는데, 뜻을 알아들었는지 그 사람이 어깨를 툭툭 치며 초콜릿과 과자를 싸주었다. 그의 표정을 보고는 일자리를 주겠거니 생각하고 집에 돌아와 잠이 들었는데, 밤새도록 군용트럭이 움직이는 소리가 나서 가보니 부대가 이동을 해버린 뒤였다.

이명박 대통령이 하우스보이를 할 뻔했다는 사실은 전혀 알려지지 않은 이야기다. 그때 만약 이 대통령이 하우스보이로 일했다면 김장환 목사처럼 미국 유학을 갔을지 궁금하기도 하다. 그 뒤 이 대통령은 낮에는 돈을 벌고 야간 학교를 다녔다. 이 대통령은 김 목사가 하우스보이로 선택돼 미국에 간 것은 하나님의 특별한 계획에 따른 것이라고 확신했다.

이 대통령이 정치에 입문한 것은 김영삼 대통령 때문이다. 당시 종로에 이종찬이나 노무현 같은 이가 후보로 나오니 아무도 종로에서 출마하지 않으려고 하자 이 대통령에게 출마를 권했다. 대통령을 모시고 있는 여당에서 종로 1번지에 국회의원 후보를 못 내면 안 되겠으니 도움을 요청한 것이다.

그렇게 민주자유당에 입당해 14~15대 국회의원을 지낸 뒤 서울시장에 당선되었으며, 마침내 17대 대통령으로 당선되었다. 아쉬운 것은 퇴임 후 역대 대통령 중 4번째로 구속되는 아픔을 겪었다는 것이다. 그때도 김장환 목사가 면회를 가서 예배드리고 말씀으로 위로해줄 때가 많았다. 도중에 코로나에 걸려서 면회가 안 될 때도 인터넷으로 성경 통신문을 보내서 위로했다. 성경 구절을 쓰고 설명하고 예화 같은 것을 넣어서 보내주는 일을 하루도 빼놓지 않았다. 당시 구치소에는 '인터넷 서신' 제도가 있었는데, 하루에 한 번만 정해진 시간에 보낼 수 있었다. 김장환 목사는 이 대통령을 위해서 하루도 빠짐없이 인터넷 서신을 보냈는데, 놀라운 것은 외국에 나가서도 한국 시차에 맞춰 어김없이 보냈다는 사실이다.

이 대통령은 주일을 포함해서 하루도 빠짐없이 보내오는 김 목사의 인터넷 서신에 감동받고 큰 힘을 얻었다. 국가 권력을 쥔 현직 대통령도 아니고 감옥에 있는 전직 대통령에게 하루도 거르지 않고 위로의 말씀을 보낸다는 것은 쉽지 않은 일이고, 어떤 목회자도 시도하지 않은 일인데 김장환 목사가 그렇게 해주어서 이 대통령은 지금도 감사한 마음을 가지고 있다.

이 대목에서 옆에 있던 이 대통령의 비서가 놀라운 사실을 하나 알려주었다. 이 대통령의 부인 김윤옥 여사도 그 서신을 받아보고 싶어 극동방송에 전화해서 요청했다고 한다. 김장환 목사가 직접 보냈으리라고는 미처 생각지 못했기 때문이다. 당연히 직원을 시켜서 보냈거니 하고 극동방송 조현진 비서실장에게 물어보니 비서들은 전혀 모르고 있었다.

김장환 목사 정도의 위치에 있는 분은 지시를 내리면 비서들이 다 알아서 보내기 마련이다. 더욱이 외국 방문 중일 때는 시차가 있어서 본인이 아니라 한국에 있는 비서들이 제시간에 메일을 보내는 게 당연하다. 그런데 비서들이 그 사실을 전혀 몰랐다는 것은 해외에 있을 때도 김 목사가 직접 시차를 확인하고 보냈다는 말이 된다. 세상에 이런 리더가 또 있을까?

이명박 대통령이 수감 중에 병원으로 이송되었을 때도 김 목사가 면회를 한 적이 있는데, 한 번도 자신이 보낸 서신을 잘 받아보았느냐고 묻지 않았다. 이 대통령은 그것이 바로 예수님의 사랑이라고 말했다. 김 목사가 예수님을 본보기로 따르는 목회자임을 실감한 것이다. 이 대통령은 "생활 자체가 예수님을 닮은 삶이니 피곤해하지도 않는 것 같다"는 말도 덧붙였다.

마지막으로, 한국 교회를 위한 김장환 목사의 역할에 대해 물었다. 이 대통령은 한국 교회가 하나 되지 못하고 어려운 때를 맞고 있는데, 부활절 예배도 따로 드리는 모습은 보기 좋지 않다고 말했다. 그만큼 한국 교회가 분열되어 있다는 뜻인데, 이럴 때 진정한 리더인 김장환 목사의 역할이 매우 중요하다고 강조했다. 이 대통령은 1907년 장대현교회에서 평양대부흥운동이 있었고, 1973년 여의도에서 개최한 빌리 그래함 전도대회에는 무려 320만 명이 넘는 인원이 참여했는데, 김 목사가 살아 있을 때 남북이 통일되어 다시 한번 큰 부흥운동이 일어났으면 좋겠다고 말했다.

인터뷰를 마치며 예수님을 믿는 전직 대통령으로서 한국 교회를 위해 할 일이 무엇인지에 대해 물었다. 이명박 대통령은 한국 교회가 하나 되는 일에 자신이 조금이라도 도움이 된다면 최선을 다하겠다고 약속했다. 그리고 구순이 넘은 김장환 목사에게 "오래오래 건강하게 사셔서 젊을 때처럼 앞으로 10년, 20년 이런 모범을 한국 교계뿐 아니라 일반 사람들에게도 널리 보여주시면 좋겠다"는 소망도 전했다.

이배용 국가교육위원회 위원장

기억력이 특출한 역사학자요 감동적인 문화해설가요 한국의 사찰과 서원을 유네스코에 등재시킨 문화대사 이배용 위원장을 만났다. 이대 총장을 역임하고 윤석열 정부 들어서는 국가교육위원장까지 맡아 수고하고 있는 자타 공인 대한민국 여성계의 대표 리더다.

이배용 위원장은 빌리 그래함 전도대회 후 여성 지도자들의 나라사랑 기도 모임에 김 목사를 지도 목사로 모시면서 수시로 만나기 시작했다. 이 위원장은 특히 힐러리 클린턴(Hillary R. Clinton) 미 국무장관이 한국을 방문했을 때 김 목사를 존경하게 되었다고 말한다. 이 위원장이 이대 총장으로 재직 중이던 2009년, 우리나라를 방문한 힐러리 국무장관이 이화여대 대강당에서 연설을 했다. 대개 다른 나라의 대통령이 방한하면 국립대인 서울대에서 연설하는 것이 관례인데, 김장환 목사가 연결해줘서 힐러리 국무장관은 이대에서 연설하게 된 것이다. 김장환 목사의 폭넓은 인맥이 발휘된 순간이었다.

당시 이화여대 측에서는 "최초로 미국 민주당 여성 대권 주자로서 여성의 정치참여 역사에 새 장을 열고 법조인이자 교수, 영부인이자 상원의원 현재는 국무장관으로 여성과 아동, 가족의 권익과 인권수호에 공헌한 점을 높이 평가해 '명예 이화인'으로 선정했다"고 설명하고, 힐러리 클린턴 미 국무장관에게 명예 이화인을 수여했다.

이배용 총장은 "여성과 국가를 위해 새로운 도전을 멈추지 않았던 이화의 개척정신을 닮은 힐러리 국무장관의 행보를 기념하고 재학생들에게 미래 리더로서의 포부와 도전정신을 상기시키는 자리가 될 것"이라고 말했다.

이배용 위원장은 김장환 목사의 장점으로 깊은 애국심을 맨 먼저 꼽았다. 다음으로는 여성에 대한 김 목사의 존중을 꼽았다. 이 위원장이 경험한 김 목사는 여성에 대한 배려가 아주 세밀한 분이었다. 이배용 위원장은 김장환 목사가 대통령 취임예배에서나 다른 중요 모임에서 자신을 성경봉독 순서에 넣는 것을 보고 늘 배려하는 마음에 감동받았다.

또 김장환 목사의 열정과 부지런함에 많이 놀랐다. 맡은 일에 대한 열정과 추진력은 젊은이들 못지않고, 새벽 일찍 일어나 하루 일과를 시작할 만큼 부지런한 분이라고 했다. 아울러 따뜻한 인간미가 있는 리더이자 판단력과 결단력과 통찰력이 탁월한 어른이라면서 "그것은 하나님에 대한 김 목사님의 굳건한 신앙심에서 나오는 것"이라고 말했다.

이배용 위원장은 트루디 사모 또한 대단한 분으로 기억하고 있다. 혼혈 자식들에게 한국인이라는 것을 상기시키고 한글 공부를 철저히 시킨 대단한 부인의 내조가 있었기에 오늘의 김장환 목사가 있는 것이라고 칭찬했다.

마지막으로, 이배용 위원장은 김장환 목사에게 "나라를 위해, 정의를 위해, 복음을 위해 옳은 일을 용기 있게 이끌어가는 추진력과 용기를 갖춘 지도자가 절실한 이때, 오래오래 장수하셔서 방송을 통해 좋은 말씀 많이 전해주시고 더 큰일을 해주세요"라고 바람을 전했다.

이승훈 리인터내셔널 회장

서대문에 있는 리인터내셔널(Lee International) 법률사무소에서 이승훈 회장을 만났다. 훤칠한 키에 훈남형인 이 회장은 법조인답지 않게 온유하고 편안한 인상이었다.

먼저 김장환 목사와의 인연을 물어보았다. 이 회장은 1973년 6월 3일 개최된 빌리 그래함 전도대회를 통해 김 목사를 알았지만, 가깝게 알게 된 지는 오래되지 않았다. 원래 토속적인 불교 집안에서 태어난 이 회장은 불심 깊은 외할머니를 모시고 살다 보니 절에도 자주 따라다니고, 부적을 달고 살았다고 한다. 그랬던 그가 전도대회에 참석한 것은 빌리 그레이엄 목사의 명성 때문이었다. 어느 날 '빌리 그래함 전도대회' 포스터를 보고는 세계적으로 널리 알려진 목사가 무슨 말을 하는지 들어봐야겠다는 생각이 들었다.

그런데 설교를 듣던 이 회장은 빌리 그레이엄 목사보다 오히려 통역하는 김장환 목사에게 관심이 쏠렸다. 빌리 그레이엄 목사보다 통역하는 김 목사의 설교가 더 파워풀하게 느껴졌기 때문이다. 마지막 날 빌리 그레이엄 목사는 예수 믿을 사람은 일어서라고 했다. 그때 이승훈 회장도 일어서서 기도를 받고 예수님을 영접했다. 그리고 집에 돌아가면서 이 회장은 김장환 목사 같은 분을 멘토로 삼으리라고 마음먹었다.

그때가 대학 3학년 때였는데, 이 회장은 과자와 과일을 사 들고 다짜고짜 김장환 목사를 찾아갔다. 당시 김 목사의 집은 수원시 매탄동에 있었는데, 물어물어 마침내 집을 찾았다. 문을 두드리니 트루디 사모가 나와서 김 목사님은 집에 안 계신다고 했다. 이 회장이 나중에 안 사실인데, 김장환 목사는 그때 전도대회를 마친 후 기자들이 자꾸 들이닥쳐서 며칠 동안 공군병원에 숨어 지냈기 때문에 만날 수가 없었다.

이후 이승훈 회장은 대학교와 대학원 졸업 후 군대를 다녀오고 나서 미국 유학을 떠났다. 거기서 만난 친한 친구가 여자 친구를 소개해주겠다고 해서 뉴욕교회에서 반주하는 한 여자를 만나게 되었다. 이 회장은 비록 종교는 달랐지만 그녀가 마음에 들어서 결혼하기로 결심한다. 비록 이 회장의 어머니가 유학 갈 때 부적 삼아 하라고 주신 불상 목걸이를 하고 다녔지만, 점점 신앙심이 깊어져 부흥회도 쫓아다녔다. 그리고 신앙심 깊은 여자 친구에게 잘 보이려고 찬송가를 불러주기도 했는데, 여자 친구는 이에 크게 감동했다.

그렇게 그녀와 3년간 연애하다가 약혼을 하려는데, 이 회장의 어머니가 제사도 안 지내는 기독교 신자와는 결혼시킬 수 없다고 극구 반대했다. 결국 양가 부모님 없이 두 사람만 약혼식을 했다. 그러나 계속 결혼을 반대했던 부모님이 놀랍게도 결혼식에는 참석해서 무사히 결혼할 수 있었다.

이 회장은 결혼 후 아내가 첫아이를 낳을 때 경험한 놀라운 이야기를 들려주었다. 아내가 해산하려고 하는데, 태아가 거꾸로 있어서 밖으로 나오지 못했다. 이 회장은 산고에 시달리는 아내를 안아주었는데, 갑자기 아내의 목에 걸린 십자가 목걸이를 보고는 '아, 이건 종교 싸움이다' 하는 생각이 들었다. 자기 목에는 불상 목걸이가 걸려 있고, 아내 목에는 십자가 목걸이가 걸려 있는 모습이 이 회장의 눈에 아주 대조적으로 각인된 것이다. 아내와 자신의 목에 걸린 각기 다른 종교의 목걸이를 보고 충격을 받은 이 회장은 자기 목의 불상 목걸이를 공용 화장실에 걸어놓고는 다시 아내에게 들어갔다. 그러자 신기하게도 아이가 돌아서 쉽게 나왔다고 한다. 마치 배 속의 아이가 엄마 아빠의 신들 가운데 하나를 버리고 다른 하나로 통일해야 밖으로 나가겠다고 시위한 것 같았다고 했다.

이 회장은 그때 낳은 아들이 이제 마흔 살이 다 되어 현재 드림교회 집사로 구역장도 하고, QT 팀장도 하고, 찬송가 경연대회도 돕고, 성경에 관한 책을 번역하는 등 신앙이 아주 깊다고 자랑했다. 큰딸도 파리에서 환경오염을 고발하는 전시회를 했다고 한다. 첫 그림이 '천지창조'였는데, 하나님이 창조하신 위대하고 아름다운 지구를 왜 인간들이 이렇게 망가뜨렸냐는 내용으로 지구를 오염시킨 인간들을 고발하는 그림이었다. 그 딸도 신앙심이 깊어서 친구들이 놀자고 하면 자기는 크리스천이라고 말하며 다르게 살아가는 모습을 보고 부모들의 신앙의 흐름이 그렇게 흘러가는구나 하고 새삼 느꼈다고 했다.

이승훈 회장은 15~16대 국회의원을 지냈던 고 유재건 전 의원을 자신의 회사에서 10여 년 동안 모시고 있었는데, 유 의원은 나중에 CGN TV 대표이사가 되면서 그만두었다. 유 의원이 김장환 목사와 가까운 사이여서 이 회장은 그에게 자신이 옛날 빌리 그래함 전도대회 때 감동받아서 김장환 목사의 집까지 찾아갔던 사연을 말하면서 김 목사에게 큰아들 주례를 좀 부탁해달라고 했다. 그러자 유 의원이 그렇게 하겠다면서 따라오라고 해서 전쟁기념관 근처 어느 사무실에서 김장환 목사를 만났는데, 김 목사는 흔쾌히 주례를 승낙했다.

그렇게 김 목사가 큰아들 결혼식 주례를 한 이후 이 회장은 김 목사와 가까운 분들과 가끔 골프도 치며 두터운 친분을 쌓아갔다. 이 회장은 김 목사에게 빌리 그래함 전도대회 이후 김 목사 집을 찾아간 이야기며, 힘들게 결혼한 얘기를 하면서 크리스천이었던 아내로 인해 불교 집안이 완전히 기독교로 바뀌었다고 말했다. 그 얘기를 들은 김장환 목사는 매우 감동하며 기뻐했다.

그 후 어느 날 김 목사에게서 전화가 왔다. 빌리 그레이엄 목사가 편찮으셔서 1년에 한 번은 미국 갈 때 찾아뵙는데, 이 회장 집안이 크리스천이 된 내력을 글로 써서 빌리 그레이엄 목사에게 전달하면 그분이 너무 기뻐하고 보람을 느낄 것 같다고 말했다. 그때 마침 이 회장 부부는 결혼 30주년을 기념해 해외여행 중이었다. 당시 뉴욕에 살던 둘째 딸이 이 회장 부부가 있던 비엔나로 왔을 때 이 회장은 딸에게 집안의 종교가 기독교로 바뀐 내용을 영어로 좀 쓰라고 했다. 그리고 딸이 써준 그 글을 김장환 목사에게 보냈다.

미국을 방문한 김 목사는 빌리 그레이엄 목사를 만나서 불교 집안이었던 이승훈 회장의 집안이 1973년 빌리 그래함 전도대회 이후 기독교로 바뀌었다는 내용이 적힌 글을 읽어주었다. 그것을 들은 빌리 그레이엄 목사가 "여의도 원스 어게인!(Yeouido once again!)" 하며 여의도 전도대회를 한 번 더 하자고 했다고 한다.

아쉽게도 빌리 그레이엄 목사는 그 소원을 이루지 못한 채 천국으로 떠나고 없지만, 지난 2023년 6월 3일 빌리 그래함 전도대회 50주년 기념대회가 다시 상암월드컵 경기장에서 열렸다. 아마도 이승훈 회장 집안의 이야기가 자극과 동기가 되어 이루어진 결과가 아닐까 생각한다.

50년 전 대한민국 여의도에서 엄청난 열기 속에 열렸던 며칠간의 집회가 이렇게 놀라운 열매를 맺을 줄은 미처 몰랐다. 이승훈 회장 집안을 뒤집어놓은 복음의 위력은 오늘도 지구 곳곳에서 계속되고 있다. 하나님의 역사는 정말 위대하고 놀랍기만 하다.

이일철 애항하지외과 원장

2023년 현재 극동방송 중앙운영위원장을 맡고 있는 이일철 원장은 부친이 목사인 모태신앙인이다. 그는 어린 시절부터 인생의 굴곡진 여정 속에서 여느 모태신앙인처럼 습관적인 신앙생활을 해왔다. 그러던 어느 날, 성경을 읽다가 하나님께서 원하지 않는 모습으로 살아온 날을 회개하고, 세상 즐거움을 좇기보다는 주의 백성과 함께 찬양하는 삶을 살기로 결심했다. 그 결과 큰 변화를 경험했고, 그때부터 점점 하나님을 기쁘게 하는 삶으로 거듭났다.

김장환 목사와는 인천에서 종합병원을 할 때 같은 교회에 다니는 분이 극동방송 운영위원회를 소개해주어 알게 되었다. 극동방송 운영위원회는 매주 목요일 새벽 극동방송에서 예배를 드리는데, 같이 가자고 권유해서 따라간 것이 시작이었다. 그러다 더 깊이 관련된 것은 2004년부터였고, 그로부터 8년 뒤인 2012년 운영위원회 청년위원장을 맡게 되었다. 이 원장은 그때부터 극동방송 어린이합창단과 함께 몇 차례 미국을 다녀왔다. 그렇게 미국 방문에 동행하다 보니 김장환 목사와 개인적으로 교제를 나눌 기회도 많았다.

이일철 원장은 김장환 목사를 가까이에서 지켜보며 세상 리더들과는 전혀 다른 김 목사의 모습에 적잖이 충격을 받았다. 김장환 목사는 섬김을 받기는커녕 동행한 이들을 일일이 세심하게 섬기는 스타일의 리더였다. 이 원장은 그때부터 김장환 목사를 더욱 존경하고 따르게 되었다고 한다.

이 원장에게 김장환 목사의 장점을 물어보았다. 이 원장이 가까이에서 지켜본 김장환 목사는 일단 결단력과 추진력이 타의 추종을 불허하는 사람이었다. 현안이 생겼을 때 김 목사가 가까운 임원들이나 비서들이 반대해도 자신이 옳다고 판단하면 적극적으로 밀어붙이는 것을 보고 그 당시는 모두 염려하고 걱정했지만, 시간이 지나고 나면 결국 김 목사의 판단이 옳았다는 것을 알게 되었다. 다음으로, 김 목사는 많은 사람이 보지 못하고 놓치는 핵심을 잘 포착해서 효과적으로 활용하는 능력도 탁월하다고 했다.

김장환 목사는 하나님께서 영감을 주셔서 목표를 정하면 결단하고 밀고 나가는데, 그럴 때마다 하나님께서 채워주시는 것 같다고 이 원장은 말했다. 그러면서 한 가지 예를 들었다. 극동방송 60주년을 앞두고 한기붕 사장이 어떻게 행사를 준비해야 하나 고민하다가 자기 딴에는 스케일을 크게 해서 세종문화회관이나 예술의전당을 빌려서 60주년 행사를 치르면 어떻겠냐고 김 목사에게 물었다. 그랬더니 김 목사는 이렇게 대답했다.

"그 정도 가지고 되겠어! 카네기홀을 빌려서 전국 12개 극동어린이합창단과 북한에 연락해서 북한 어린이합창단도 한번 오라고 해보자."

일개 방송사의 60주년 행사를 미국 카네기홀을 빌려서 치른다니 쉽게 이해가 가지 않을 것이다. 하지만 모든 것이 김 목사의 생각대로 되었다. 극동방송 직원 200명이 미국으로 건너가 카네기홀에서 60주년 행사를 치렀다면 믿겠는가? 이날 공연에는 6·25전쟁과 같은 비극이 없기를 소망하며 6·25전쟁 하루 전날 개최한 음악회에는 재미교포와 한미 양국 관객 2,800여 명이 참석했다.

극동방송 각 지사에서 참가한 12개 어린이합창단의 공연은 카네기홀뿐 아니라 미국 전 지역에서 이루어져 많은 미국인에게 큰 감동을 주었다. 김장환 목사의 남다른 스케일을 엿볼 수 있는 에피소드가 아닐까 생각한다.

이일철 원장이 생각하는 김장환 목사의 또 다른 장점은 세심함이다. 김 목사는 각종 행사 때마다 좌석 배치 하나하나까지 신경을 쓸 만큼 꼼꼼하고 세심하다. 미국 선교여행 때는 식당 종업원의 명찰을 보고 이름을 부르며 진지한 대화를 나누고 팁도 꼭 챙겨주고, 직원이 생일을 맞으면 카드에 친필로 사인하고 100달러를 넣어 선물한다. 카터 전 미국 대통령 생일에도 카드와 함께 100달러짜리 두 장을 넣어 보내서 놀라게 한 일화는 주변 사람들에게 많이 알려져 있다.

이일철 원장도 그런 세심함을 자주 경험했다. 김 목사에게 과일이나 다른 선물을 할 때가 가끔 있는데, 그럴 때면 김 목사는 언제나 친필로 "그때 그 과일을 주셔서 참 맛있게 먹었습니다. 계속 기도하겠습니다"라고 적고 사인한 카드를 보냈다. 이런 세심함이 김 목사와 교제하는 이들을 놀라게 하고 친밀감을 느끼게 하는 비결일 것이다.

한화 김승연 회장과 관련된 일화도 주변 사람들에게 잘 알려져 있다. 김장환 목사는 매년 김승연 회장의 선친 기일에 꽃바구니를 묘지 선영에 가져다 놓았다. 처음엔 잘 몰랐는데 김승연 회장 쪽에서 이내 그 사실을 알고는 깜짝 놀랐다고 한다. 남의 조상 기일을 누가 그렇게 챙겨주겠는가?

이처럼 김장환 목사는 신세를 지면 그 은혜를 잊지 않고 한 치의 소홀함도 없이 반드시 보답하는 큰 장점을 갖춘 사람이다. 이 원장은 김장환 목사의 평생 좌우명이 몇 가지 있는데, 그중 하나가 "내가 도움 준 사람은 즉시 잊어버리고, 내게 은혜 베푼 사람은 평생 기억하자"라고 했다.

이 원장은 김장환 목사의 폭넓은 인맥에 놀랐던 경험담도 들려주었다. 극동방송에서 매년 가을음악회를 롯데콘서트홀에서 하는데 어느 해에는 교정공무원을 대상으로 하고, 어느 해엔 소방공무원을 대상으로 한다. 어느 해에는 퇴역한 육해공군 4성 장군들을 초대했다. 당시 생존해 계신 퇴역 4성 장군이 70여 분이었는데 거의 90퍼센트인 60여 쌍이 음악회에 참석해서 말 그대로 별들이 빛나는 밤이 되었다고 한다.

당시 이 원장은 육군참모총장 출신 세 부부와 합석했는데, 그중 한 분이 이렇게 말했다.

"오늘 4성 장군들이 거의 다 참석했다고 봐야 해요. 대통령이 불러도 이만큼 모이지는 않을 겁니다. 하지만 김장환 목사님이 부르면 무조건 올 수밖에 없습니다. 왜냐하면 군 생활을 하면서 김장환 목사님에게 신세를 지지 않은 사람이 없으니까요. 그러니 김장환 목사님이 부르면 종교가 달라도 안 올 수가 없는 겁니다."

그만큼 김 목사가 군인들 돕기에 힘써왔다는 증거가 아닐까 싶다.

이일철 원장이 생각하는 김 목사의 장점은 이 밖에도 차고 넘친다. 김장환 목사는 신앙생활을 철저히 하고, 부지런한 새벽형 인간이며, 저녁 식사는 꼭 집에서 트루디 사모와 함께 하고, 숨김과 비밀이 없으며, 설교에 감동이 있고, 스피치 능력이 뛰어나며, 만나는 사람마다 전도하고 편안하게 해주는 장점이 있다고 말했다.

이 원장은 거기에 또 다른 장점도 추가했다. 의사들이 가장 꺼리는 직업이 하나는 목사이고 다른 하나는 선생인데, 늘 가르치는 일에 익숙하다 보니 자기주장이 강해서 의사 말을 잘 듣지 않기 때문이다. 그런데 연세가 많은 김장환 목사가 건강을 그 나름대로 잘 유지하는 비결은 바로 이 원장을 비롯해 전문가인 의사의 말을 잘 듣기 때문이라고 말했다.

김장환 목사를 통해 많은 것을 배워온 이일철 원장은 해외에서 전해지는 복음의 역사, 감동적인 사연들, 눈물 흘리게 하는 헌신을 보며 조금이라도 따라 할 수밖에 없었고, 그 결과 자기 능력 이상의 축복으로 돌아왔다고 간증했다. 무엇보다 하나님을 향한 자신의 마음과 믿음이 예전보다 확고해졌다고 주저 없이 말했다.

"제가 김장환 목사님을 10년만 더 일찍 만났다면 지금과는 완전히 다른 변화된 삶을 살 수 있었을 겁니다."

이 말은 이일철 원장이 입버릇처럼 하는 말이다. 김장환 목사의 광팬인 이일철 원장을 만나 그의 간증과 고백을 들으며 한 사람이 끼치는 영향이 참으로 크다는 것을 느꼈다. 선하고 준비된 인격체들을 하나님이 기뻐하시는 일꾼으로 성장시키는 김장환 목사는 '복 받은 사람'이기도 하고, '복을 유통하는 사람'이기도 하다.

이재우 보고펀드자산운용 대표

이재우 대표는 극동방송이 재정적으로 많이 어려웠던 초기에 그의 어머니가 당시로는 꽤 큰 액수인 10만 원을 매달 후원하는 것을 보고 자랐다. 이 대표는 그렇게 부모님과 인연을 맺은 극동방송에 20대 최연소 운영위원이 되었다. 당시 운영위원들은 모두 어른이었는데, 이 대표는 청장년에 해당하는 젊은 나이였다. 당시 중앙성결교회에 다녔던 그는 가장 젊은 집사이기도 했다.

이재우 대표의 어머니는 새벽마다 김장환 목사 부부와 세 자녀, 요셉·애설·요한을 위해 기도할 만큼 남다른 정성을 기울였고, 그로 인해 이 대표도 어린 시절 김 목사 부부는 물론 자녀들과도 친형제처럼 지냈다. 특히 이 대표의 어머니는 트루디 사모가 한국에 와서 고생하면서도 목사님이 엄하셔서 자녀들을 매까지 때리고 혼내면 따뜻하게 품어주시는 것을 보며 사모님을 굉장히 귀하게 여기셨다. 이 대표는 그 당시 자기보다 네 살 어린 요셉과 그 동생들이 혼혈아라는 이유로 어려움을 당한 것도 잘 알고 있었다.

이 대표는 어린 시절 수원의 허허벌판에 덩그러니 있는 김 목사의 집에 가면 모든 게 신기했다고 한다. 사모가 미국인이어서 한국식과는 전혀 다르게 집을 지었으니 그럴 수밖에 없었을 것이다. 그 단층집에는 수세식 화장실이 있었고, 삐그덕 소리가 나는 바닥에는 카펫이 깔려 있었다. 썩 좋은 집은 아니었지만 마당은 엄청 넓었다.

이 대표는 대학 때부터 부동산 투자를 하겠다고 돌아다니다가 사기꾼을 만나서 돈을 모두 날려 먹은 이력이 있다. 대학교 2~3학년 때부터 이미 어디 투자할 만한 데가 없나 알아보기 위해 이대 앞 뒤 김집 같은 곳도 보러 다녔다. 어머니는 땅을 보러 다니려면 차가 필요하다고 하시면서 이 대표가 대학 4학년 때 차도 사주셨다. 이 대표는 자신이 공부를 어느 정도 하기는 했지만 공부에 집중하기보다는 놀러 다니고 부동산 투자를 하는 데 정신이 팔려 있었다고 말했다. 그러다가 4학년 때 투기꾼들에게 엮여서 왕창 손해를 보고 다 날려 버렸는데, 김장환 목사는 그에게 "네가 아직 이런 걸 할 단계가 아니니 유학을 다녀와라" 하고 조언했다.

아들을 위해 기도를 많이 하셨던 이 대표의 어머니는 미국에 보내 공부시켜야겠다고 마음먹고 김장환 목사에게 도움을 청했다. 그즈음 김 목사의 은인 칼 파워스 씨가 한국에 왔고, 함께 식사하며 이 대표가 유학을 갈 수 있게 이끌어주었다. 김 목사는 미국에서는 시골에 해당하는 테네시(Tennessee)주에 있는 킹 칼리지(King College)를 권했다. 당시는 유학 시험을 치러야 해서 유학 가기가 지금처럼 쉽지 않았는데, 김 목사가 알아서 다 준비해놓고 그냥 연결을 시켜주었다.

그런데 이 대표가 막상 미국 학교에 가보니 너무 시골이어서 서머스쿨만 마치고는 김 목사에게 말하지 않은 채 워싱턴 D.C.로 옮겨 조지 워싱턴 대학교(George Washington University) MBA 과정에 입학했다. 원래 MBA는 경력이 2년 이상 있어야 하는데, 이 대표는 그곳에 아는 사람들도 있고 해서 바로 시험 보고 들어가 공부를 시작할 수 있었다.

이재우 대표는 미국 유학 후 당시 미국에서 최고 금융기관이었던 시티은행에 취직, 한국 지점에 와서 금융계에 발을 디뎠다. 영어 한 마디 못하던 이 대표가 김장환 목사 덕분에 미국 유학을 가서 영어를 하게 되고, 시티은행과 당시 세계 최대 은행이던 JP모건에 입사할 수 있었던 것이다. 그 뒤 미국에 계속 있다가 지금은 문을 닫았지만 당시엔 넘버 5에 속하던 금융기관의 한국 총괄대표도 하고, 또 지금의 회사도 만들었다. 이 대표는 2013년 출범한 사모펀드(PEF)협의회 첫 회장을 역임하며, 오늘날 한국에서 가장 큰 자산운용사로 뻗어나가고 있다. 그것은 이 대표에게 기적과도 같은 일이었다. 이 대표는 "이 모든 것이 김장환 목사와 만나지 않았으면 일어날 수 없는 일"이라고 말했다.

김장환 목사는 가끔 이 대표를 구치소에 데려갔다. 거기서 대통령 아들도 만나고 기업체의 회장이나 부회장도 만나서 기도하고 위로해주는 김 목사를 가까이에서 지켜보았다. 이 대표는 구치소에 동행하면서 김 목사가 그곳에서 얼마나 극진한 대우를 받는지 확인할 수 있었다. 김 목사가 교도소에 수감된 전직 대통령을 면회하며 복음을 전하다 보니 사람들에게 '정치 목사'라는 비판을 듣기도 한다는 것을 이 대표는 잘 알고 있었다. 그런 이들에게 이 대표는 할 말이 많다고 했다. 지위가 높든 낮든 상관없이 힘들고 어려운 상황에 놓인 사람들을 목회자가 외면하고 위로하지 않는다면 어찌 예수님을 따르는 제자라고 할 수 있겠느냐는 것이다.

어려움에 빠진 대통령들이나 정치인들을 찾아가서 위로하며 하나님의 말씀을 전하지 않으면 누가 그들에게 복음을 전하겠는가? 그렇다고 그들에게 가서 죄를 지었으니 회개하고 감옥살이 달게 받으라고 입바른 소리를 한다면 먹히겠는가? 사회적으로 국가적으로 영향력이 큰 사람들이 예수를 믿고 돌이키면 그 파급효과가 크지 않겠는가?

이 대표는 자신과 공동대표로 창업하기로 했던 선배 이야기도 들려주었다. 그 선배는 정부에서 잘나가는 분이어서 모두가 장관도 할 사람이라고 했는데, 그 자리를 박차고 나와 이 대표와 동업해 회사를 세우기로 했다. 부인은 사랑의교회를 다니고 있었는데 그 선배는 교회를 나가지 않았다. 개업예배를 드릴 때 김장환 목사를 모셔서 말씀을 듣고 기도했는데, 예배를 마치고 난 뒤 김 목사가 선배에게 이렇게 말했다.

"당신이 이 장로보다 나이도 많고 여기 리더인데 예수를 안 믿어 걱정돼요!"

이 대표의 어머니도 믿지 않는 사람과 사업을 한다니 걱정이 되었다. 그래서 아들과 그 선배와 또 한 사람의 파트너 사진이 나온 잡지를 보며 매일 예수님 믿으라고 눈물로 기도해서 그 페이지가 쭈글쭈글해질 정도였다.

그런데 회사를 시작한 지 얼마 안 돼서 그 선배가 억울한 누명을 쓰고 감옥에 가는 어려움을 겪게 되었다. 그때 이 대표가 김장환 목사를 모시고 구치소에 면회를 갔다. 거기서 김 목사가 기도해주자 그 선배가 이렇게 말하며 눈물을 흘렸다.

"그때 목사님이 말씀하실 때 예수님 믿었어야 하는데, 제가 안 믿어서 이렇게 된 겁니다."

그 자리에는 선배의 부인도 와 있었다. 이 대표와 선배의 부인은 그전부터 둘이 애서서 전도하자고 했는데, 구치소에서 뒤늦게 하나님을 만난 것이다. 선배는 나중에 모두 무죄로 인정되어 자유의 몸이 되었다. 그러고도 두 번에 걸쳐 더 구속되었지만, 다 무죄선고를 받고 모든 일이 잘 해결되었다. 그때 이 대표의 어머니가 말했다.

"봐라, 하나님은 살아 계신다. 사람을 구속시켜서라도 하나님을 믿게 만드시지 않느냐!"

그 뒤 선배는 『구치소에서 만난 하나님』이란 책을 쓰고 극동방송에 와서 간증도 할 만큼 큰 변화를 경험했다. 이 대표는 김장환 목사가 이처럼 축복의 통로 역할을 하는 분이라고 말했다.

국내에서도 이처럼 놀라운 영향력을 발휘하는 김 목사지만, 하나님은 그것으로는 부족하셔서 세계침례교연맹 총회장까지 만들어주시고 글로벌한 영향력을 마음껏 펼치게 하신 것이라 생각한다.

이중명 아난티 회장

국내 굴지의 골프 & 리조트 기업 아난티 이중명 회장을 만났다. 이 회장은 그동안 각종 언론매체에서 성공한 기업인이라는 타이틀과 함께 '가난한 청소년을 위한 교육과 봉사를 실천한 기업인'으로 알려진 인물이다. 그는 수많은 언론매체 인터뷰에서 교육과 인재 육성, 사회봉사를 실천하는 참된 기업인이자 교육자로 다뤄졌다. 그리고 그런 평가의 중심에는 "폐교 위기였던 남해해성고를 인수해 파격적인 장학혜택을 제공해 명문고로 키웠다"는 내용이 있다.

　이중명 회장이 예수님을 처음 구주로 영접한 것은 1991년 11월이다. 그때 이 회장은 '뜨레스디아스(Tres Dias)'라고 하는 영성 집회에 참석했는데, 사업에서 세 번 실패한 뒤 도망 다니다가 어느 장로의 소개로 그 모임에 참석해서 예수님을 믿기 시작했다. 모태신앙이 아니라서 처음에 참 순박하게 신앙생활을 시작했는데, 집회에 참석해 은혜를 받고 보니 눈에 나무 같은 것이 움직이고 노래하고 춤추는 현상이 느껴져서 아내에게 말했더니 "이상한 데 다녀온 거 아니냐"고 핀잔을 놓았다.

　이 회장은 사업에 실패해 어려웠던 시절, 아침 일찍 비누와 면도기를 수건에 싸 들고 동네 목욕탕을 즐겨 다녔다. 그런데 몹시 추운 어느 겨울날, 오리털 점퍼를 입고 홍은동 스위스 그랜드 호텔 근처에 있는 동네 목욕탕에 가던 그는 전혀 예상치 못한 엄청난 일을 경험했다. 목욕하러 가는 길에 예수님이 지팡이를 짚고 오들오들 떨고 계시는 것을 생생하게 목격한 것이다. 이 회장은 깜짝 놀라서 수건과 비누를 땅에 내려놓고는 입고 있던 오리털 점퍼를 벗어서 예수님께 입혀드렸다. 점퍼를 벗어주고 나니 너무 추워서 빨리 목욕탕에 들어가려고 땅에 두었던 물건을 들고 일어섰는데, 놀랍게도 예수님이 사라지고 없더라는 것이다. 오리털 점퍼도 보이지 않았다. 정말 신기하고 놀라운 체험이 아닐 수 없다.

이게 어찌 된 영문인가 의아해하다가 목욕탕에서 목욕하고 나와 다시 현장에 가보았지만, 예수님의 흔적을 찾을 수 없었다. 추위에 떨면서 집에 돌아오니 점퍼는 어디 두고 이렇게 떨면서 왔느냐고 아내가 캐물었다. 그래서 사실을 얘기했더니 아내는 이상한 사람 다 본다는 식으로 말했다.

그 이후로 이 회장은 예수님을 한 번 더 만나봤으면 좋겠다는 생각이 간절했지만 더는 만나지 못했다. 그렇게 예수님을 만난 이후 이 회장은 순수하게 교회 일만 주로 했다. 당시는 김진홍 목사의 설교에 푹 빠져서 그분의 설교 테이프를 틀어놓고 은혜받곤 했다. 그렇게 이 회장은 열심히 사업하고 일하다가 드디어 김장환 목사를 만났다. 이 회장은 김 목사와 교제하면서 극동방송에 자주 초대받았는데, 떡국 한 그릇이나 샌드위치 한 조각, 소박한 밥 한 끼를 먹어도 비싼 호텔 식사보다 더 맛있고, 함께하는 교제 또한 즐겁고 보람 있고 의미 있는 시간이었다고 했다.

이중명 회장도 어김없이 김장환 목사의 감사카드와 축하카드에 대해 얘기해주었다. 뉴욕이든 샌프란시스코든 출장 중에 카드를 보내주기도 하고, 성탄절이나 새해나 생일 때면 카드와 함께 꽃이 배달될 때도 있다. 이런 정성 어린 선물을 받는 이들의 마음이 어떨지 충분히 짐작이 간다.

어떨 때는 김 목사가 미국에서 비행기를 타고 와서 인천공항에 도착해 수원 집으로 가는 길에 "나 귀국했어요!" 하고 전화해서 안부를 전했다. 김 목사는 출장 가서도 가장 먼저 일어나 준비하고 사람들을 기다리며, 충분히 섬김받을 연세와 위치이면서도 오히려 동행하는 지인이나 직원들을 늘 섬기기를 좋아한다.

이 회장은 김장환 목사의 근검절약에서도 큰 교훈을 얻었다. 일례로, 김 목사와 함께 미국에 갔을 때 이 회장은 큰 가방에 와이셔츠와 러닝과 양말을 여러 개 넣어서 가져갔는데, 김 목사는 와이셔츠와 러닝과 양말이 하나씩 든 작은 가방 하나만 들고 와서는 입은 와이셔츠를 저녁에 빨아서 말려 다시 입었다고 한다. 몸에 밴 김 목사의 검소함에 이 회장은 큰 교훈과 감동을 받았다.

호주의 TV 작가 겸 제작자 론다 번(Rhonda Byrne)이 쓴 자기계발서 『시크릿(The Secret)』을 보면 세계적으로 출세하고 성공한 1%에 속한 사람들의 성공 비결이 나온다. 거기에 나오는 최고의 비결은 "내 것을 먼저 주면 결국은 더 큰 것으로 돌아온다!"이다. 쉽게 말해서 '먼저 주면 상대방이 내 것이 된다'는 얘기다. 이 회장은 "자기 것을 먼저 주는 최고의 모범적 실례가 있다면 바로 김장환 목사님이다!"라고 힘주어 말했다. 이 회장도 그것을 잘 실천하며 살다 보니 어느새 지금의 위치에까지 올랐고, 훈장까지 받았다. 남해에 있는 폐교를 인수해서 학생들에게 장학금을 주고 공부를 시켰는데, 2023년 90명의 졸업생 가운데 수시로만 서울대 8명, 고려대 9명, 연대 8명을 보내고 나머지는 성균관대와 서강대 등에 모두 입학시켜서 뉴스에도 나왔다고 이 회장은 자랑스럽게 말했다.

이 회장은 남해해성고 이사장으로 취임하는 날 교장 선생과 교감 선생의 발을 씻어주는 사랑을 베풀어 참석한 이들을 깜짝 놀라게 하기도 했다. 이렇듯 먼저 사랑과 배려를 선물하면 싫어할 사람이 없을 것이다.

이 회장에게 만약 김장환 목사가 다른 직업을 선택했으면 어땠을 것 같냐고 질문했다. 그러자 이 회장은 만일 김장환 목사가 정치를 했다면 훌륭한 대통령이 되었을 것이고, UN사무총장을 하면 역대 최고의 총장이 되었을 것이며, 사업을 했더라도 최고 기업의 회장이 되었을 것으로 생각한다고 대답했다. 그리고 마지막으로 김장환 목사를 만난 것이 자신의 유일한 성공 비결이라고 말했다.

이중명 회장과의 인터뷰를 마치면서 필자에게 강하게 다가오는 느낌이 하나 있었다. 거지의 모습으로 떨고 있던 예수님을 다시 한 번 만나봤으면 하는 마음이 간절했던 이중명 회장에게 김장환 목사는 하나님이 보내주신 또 다른 예수님일지도 모른다는 생각 말이다.

이태식 전 주미대사

이태식 전 주미대사가 김장환 목사를 처음 만난 것은 2000~2002년 1년 반 동안 이스라엘 대사를 할 때다. 그때 처음 이스라엘에서 '중동 평화를 위한 기도회'를 한다고 해서 김장환 목사를 비롯해 지금은 돌아가신 금란교회 김홍도 목사와 이영덕 전 국무총리 등 많은 분이 방문했다. 그 당시 이스라엘에서는 자살 폭탄 테러가 일어나는 등 정세가 굉장히 복잡했다. 그쪽 정세와 분위기도 잘 모르는 분들이 이스라엘에 와서 선교대회를 한다고 하니 이 대사는 몹시 걱정스러웠다.

당시는 이스라엘 사람들과 팔레스타인 사람들의 감정이 극도로 대립하고 있었다. 기독교인들이 선교지를 배려하는 좋은 마음으로 방문했지만 만일 충돌이라도 발생하면 큰 문제를 야기할 수 있었다. 이스라엘 사람들은 기독교 신앙이 좋아서가 아니라 여러 가지 다른 의도와 목적이 있어서 받아들이기는 하지만, 팔레스타인 사람들의 입장에서는 좋지 않게 받아들일 게 뻔했다.

그런 이유로 이 대사는 이스라엘에서 개최되는 기도회를 반길 수 없었다. 그런데 그 일행들이 이스라엘을 방문하면서 미리 통보하지 않아 이 대사는 방문 사실을 모르고 있었다. 그런데 오후에 갑자기 관광 안내하는 사람이 전화해서 왜 대사가 행사에 참석하지 않느냐고 따지듯 물었다. 이 대사가 그게 무슨 말이냐고 물으니, 지금 기도회가 열려 김장환 목사도 오고 이영덕 전 국무총리 등 많은 손님이 참석했는데, 현지 대사가 안 오면 되겠느냐고 되물었다. 그래서 이 대사는 뒤늦게 기도회에 참석했다.

기도회가 끝나고 저녁 식사를 한 뒤 김장환 목사가 이 대사에게 얘기를 좀 하라고 했다. 그러자 이 대사는 "단기선교 비슷하게 와서 기분 좋게 박수하고 찬송하는 건 좋은 일이지만, 여기 정세가 워낙 심각해서 바로 옆의 팔레스타인 주민들에게 좋지 않은 영향을 미칩니다. 그러니 좀 자제하는 것이 좋겠습니다." 라고 말했다.

성지에 와서 뜨거워진 성도들의 은혜로운 분위기에 이 대사의 발언이 찬물을 확 끼얹은 셈이었다. '대사라는 사람이 뭐 저래?' 하는 표정이 역력했다. 그래도 이스라엘 현지 한국 대사로서 당연히 해야 할 말을 했다고 생각했기에 이 대사는 주눅이 들지는 않았다.

행사가 다 끝나고 다음 날 아침, 김장환 목사는 대사관에서 조정한 것도 아닌데 어떻게 주선했는지 시몬 페레스(Shimon Peres) 이스라엘 총리와 면담이 예정되어 있었다. 그래서 예루살렘에 올라가 김 목사를 모시고 함께 총리를 만나러 갔다. 김 목사는 시몬 페레스 총리를 만나 한국 기독교인들의 성지순례 안전보장 및 입국절차 간소화에 대한 협력을 부탁했으며, 중동 평화를 위해 페레스 총리가 역할을 잘할 수 있게 기도한다고 말하고 성경책을 전달했다.

이 대사는 보통 사람들은 남의 나라에 가서 단기선교 정도 하면 그것으로 끝이지만, 적어도 김장환 목사는 그 나라의 최고위 인물과 만나 평화를 위한 대담을 나누고 기도해주는 목회자로서의 본분에 충실한 분이라고 생각했다. 그때 첫 만남에서 이 대사는 김 목사가 참 독특한 분이라고 생각했다. 이처럼 김장환 목사는 어디를 가서 누구를 만나든지 틈만 나면 시간 낭비 없이 복음 전도를 위해 기도해주는 것을 자신의 사명으로 알고 살아가는 분이었다.

이 대사가 단기선교팀의 분위기에 찬물을 끼얹는 발언을 했는데도 김 목사는 떠나면서 저녁 예배 때 나온 헌금을 모두 서울에서 환전해 대사관에 보내주겠다고 말했다. 이스라엘에서 사역하는 한국인 선교사들의 형편이 어려우니 그들에게 조금씩이나마 도움이 되게 해달라는 것이었다. 그렇게 이스라엘에서 김장환 목사를 처음 만난 이 대사는 그때부터 김 목사를 존경하게 되었고, 지금까지 만남을 이어오고 있다.

그 뒤 이 대사는 1년 반쯤 차관보로 있다가 다시 주영국 대사로 나가게 되었다. 한번은 김 목사가 세계침례교연맹 총회장 자격으로 영국을 방문했다. 이 대사는 김 목사를 관저로 모시기 위해 묵고 있는 호텔에 갔다가 김 목사가 아주 작은 가방 하나만 소지하고 온 것을 알게 되었다. 일반적으로 해외여행 때는 작은 가방은 메고 큰 트렁크를 끌고 오는 법인데, 김 목사에겐 작은 가방 하나가 전부였다. 그래서 그렇게 작은 가방으로 어떻게 여행하시는지 물었더니 빨간 넥타이 하나와 와이셔츠, 속옷, 양말을 빨아서 입고 다닌다고 했다. 그러고는 손수 빨래를 하려고 해서 그 모습을 본 이 대사의 아내가 빨아드리겠다고 하니 주지 않고 손수 와이셔츠와 속옷, 양말을 빨았다. 이런 김 목사의 검소한 모습에 이 대사 부부는 매우 놀랐다고 했다.

이 대사는 김 목사를 모시고 세계침례교연맹 총회가 열리는 웨일스의 버밍햄으로 갔다. 그곳에서 많은 외국인을 만나 말로 휘어잡는 김 목사를 보며 '이분은 목회자가 아니라 다른 일을 해도 아주 조직적이고 친화력 있게 충분히 잘하겠구나' 라고 생각했다고 한다.

2007년 이 대사가 주미 대사로 있을 때 노무현 대통령이 미국을 방문하고 돌아가는 길에 샌프란시스코에서 릭 워렌 목사와 조찬을 한 적이 있다. 릭 워렌 목사는 『목적이 이끄는 삶』이라는 베스트셀러의 저자이기도 하고, 당시 미국 최대 교회인 새들백 교회의 담임이기도

하며, 미국 대통령들과도 친분이 두터운 인물이었다. 그때 노무현과 릭 워렌, 이 두 사람의 만남은 릭 워렌 목사와 친한 김장환 목사의 주선으로 이루어졌다. 그런데 두 사람이 만날 때 김장환 목사는 한국에 있었고 아들 김요셉 목사가 조찬을 같이 했다. 이 대사는 당시 조찬 모임의 분위기와 모양새가 좋았다고 말했다. 그런데 더 놀랍고 재미있는 것은 노무현 대통령이 릭 워렌 목사에게 먼저 악수를 청하고는 앉자마자 "음식이 이렇게 차려져 있으니 목사님이 기도해주세요"라고 해서 릭 워렌 목사가 손을 잡고 기도했다고 한다.

노무현 대통령과 릭 워렌 목사는 조찬을 하며 평화에 대해 많은 얘기를 나누었다. 헤어질 때 릭 워렌 목사가 노무현 대통령에게 다시 기도를 해주고 헤어지는 것을 이 대사는 생생히 지켜보았다. 미국 최고의 정치가들에게 큰 영향을 미치는 릭 워렌 목사를 만나는 것은 하늘의 별 따기보다 어려운 일인데, 김장환 목사가 미리 다 준비를 해놓은 것이다. 이는 그만큼 김 목사의 인맥과 영향력이 세계적이라는 것을 증명하는 일이기도 하고, 목회자로서 한 영혼을 사랑하고 구원받게 하려는 노력이었을 것이다.

김 목사가 미국을 방문할 때 기독교 지도자들을 만나는 건 당연한 일이지만, 반드시 영향력 있고 저명한 미국 정치인들을 만나곤 한다. 한마디로 민간외교관 역할을 하는 것이다. 반기문 전 UN사무총장의 말대로 한국 외교관 100명의 역할을 혼자서 하는 셈이라는 표현이 어울린다. 그뿐 아니라 극동방송 어린이합창단을 이끌고 미국에 가서 6·25전쟁에 참전한 고마운 미국 참전용사들을 위로하는 일도 자주 했다. 자신들이 피와 땀으로 사수한 대한민국의 어린이합창단이 펼치는 위문공연에 참석한 참전용사들이 행복해하는 모습은 그 자체로 감동이었다.

노무현 대통령 때는 한미 관계가 여러 가지 문제로 조금 껄끄러웠지만, 김 목사가 하는 이런 민간외교나 봉사들이 한국에 대해 좋지 않은 이미지를 갖고 있던 미국인들과 미국 정치인들의 마음을 움직이는 데 크게 기여한 셈이다. 한국 정부가 해야 할 일을 혼자 감당하는 김장환 목사는 최고의 민간외교관이 틀림없다고 이 대사는 추켜세웠다.

이명박 전 대통령은 조지 W. 부시 대통령과 캠프 데이비드에서 처음으로 정상회담을 했다. 이 대통령이나 조지 W. 부시 대통령은 모두 독실한 기독교인이므로 통하는 게 있기도 했지만, 정상회담이 원만히 진행되도록 김장환 목사가 아이디어를 냈다. 두 대통령이 만날 때 릭 워렌 목사와 김장환 목사가 동석해서 만찬을 마친 뒤 축복기도를 해주고 분위기를 띄우면 좋겠다는 아이디어였다. 그래서 릭 워렌 목사에게 알리고 백악관에 문의했는데, 당시 릭 워렌 목사를 탐탁지 않게 여겼던 백악관 담당자가 받아들이지 않아 계획에 차질이 생겼다. 그 소식을 들은 이 대통령은 김장환 목사에게 기도문을 써주면 부시 대통령과 함께 그걸 읽으면서 기도하겠다고 요청했다. 그래서 김 목사가 기도문을 써서 건넸고, 정상회담 당시 그 기도문을 가지고 채플에 가서 둘이 기도했다고 한다. 같은 하나님을 믿는 기독교인 대통령들이 기도까지 함께했으니 회담이 성공적일 수밖에 없었다.

　이 대사는 이 모든 것이 김장환 목사의 아이디어로 된 것인데, 정작 본인은 자랑은커녕 말 한마디도 하지 않더라고 했다. 김 목사가 겸손으로 허리를 동인 감동적인 리더임을 이 대사의 증언을 통해 다시금 확인할 수 있었다.

　김 목사를 오랜 시간 알고 지내온 이 대사는 김 목사를 보고 느낀 점 하나를 소개했다. 오랜 시간을 지켜봐도 김장환 목사가 일을 하는 동기와 목적은 늘 순수했다는 것이다. 매주 목요일에 열리는 운영위원 모임을 그렇게 이른 새벽에 하는데도 많은 사람이 몰려와 함께 선한 목적으로 찬양하고, 말씀 듣고, 기도하는 모습에 놀랐다. 그리고 그런 그들의 손을 일일이 잡아주는 김 목사의 모습에도 놀랐는데, 이 대사는 그것이 그분의 진가와 본심이라는 것을 확인할 수 있었다.

　이태식 대사는 자기 몸을 사리지 않고 대한민국의 평화와 번영과 발전을 위해 최선을 다하는 애국자로서의 김장환 목사와 틈만 나면 복음 증거를 위해 애쓰는 목회자로서의 김장환 목사는 누구도 대신할 수 없는 대한민국의 보석 같은 분이라고 말했다. 존경의 마음으로 가득한 이 대사와의 인터뷰는 그렇게 끝났다.

임성준 전 캐나다 대사

임성준 전 대사는 캐나다 대사와 이집트 대사를 지냈고, 김대중 전 대통령 때는 외교안보수석을 역임한 인재로서 외교관으로 잔뼈가 굵은 인물이다. 집안 전체가 기독교인이어서 1973년 빌리 그래함 전도대회 때 김장환 목사가 통역을 잘했다는 이야기는 학생 신분에도 익히 알고 있었다. 그는 평소 김 목사가 외교관들을 잘 위로하고 격려해주어 개인적으로도 늘 고마움과 존경심을 가지고 있었다.

캐나다 대사 시절에는 토론토나 밴쿠버 같은 대도시가 아니라 오타와라는 외진 곳에서 근무했기 때문에 김장환 목사가 방문하기 어려워서 아쉬웠다. 그래도 임 대사는 한 번씩 재외공관장 조찬기도회 등에 참석해서 기도를 받으면서 김장환 목사와 친분을 쌓아갔다. 은퇴 후 시간이 나자 임 대사는 극동방송 운영위원으로 10년 이상 봉사했다. 외교 관련 모임이 있을 때면 언제나 김 목사가 임 대사를 불러 참석시켰고, 전직 대통령 댁에 인사하러 갈 때도 임 대사와 함께 했다.

임 대사가 아는 김장환 목사는 민간외교인으로서 대한민국에 그만큼 기여한 분은 지금까지도 없었고 앞으로도 없을 것이라고 말했다. 또 외교관이라는 신분이 주어지지 않았을 뿐 전문 외교관보다 인맥풀이 비교할 수 없을 만큼 넓고 국제 감각도 뛰어난 분이라고 말했다. 부시, 카터 같은 전 미국 대통령과도 교분이 두텁고, 누구를 만나든 무슨 일을 하든 복음 전도를 목적으로 접근하고 교제하는 분이라고 임 대사는 존경심을 표했다.

골프를 칠 때도 캐디들에게 예수 믿으라고 전도하는 김장환 목사의 모습은 정말 영혼을 사랑하는 열정으로 충만하지 않으면 나올 수 없는 자세였다. 그는 기독교가 한국 사회에서 좋지 않은 모습으로 비치고 비난도 받고 있지만, 대한민국의 역사와 외교사를 제대로 알고 보면 기독교가 우리나라에 끼친 선한 영향력은 매우 크며, 그중에서도 김장환 목사 한 사람이 대한민국에 끼친 기여는 상상할 수 없을 정도라고 했다.

이홍구 전 총리가 이사장으로 있는 서울국제포럼에서 2021년 '영산외교인상' 수상자로 김장환 목사를 선정했는데, 그때 수상자 자격 요건으로 올라온 김장환 목사의 외교 공적을 참조하라며 임 대사가 필자에게 준 내용을 세 가지만 다음에 소개해본다.

첫째, 김장환 목사는 침례교 목사로서 그간 구축해온 미국 내 네트워크를 활용해 박정희 대통령을 비롯한 우리나라 역대 대통령들과 미국 대통령들의 정상회담을 성공시키는 데 크게 기여했다. 1979년 주한미군 철수를 결정한 카터 대통령이 방한했을 때 박정희 대통령은 독실한 침례교 신자인 카터 대통령의 결정을 번복시키기 위해 그와 친분이 두터운 김장환 목사를 내세워 당시 긴장이 고조되었던 양 정상의 관계를 풀게 했고, 그 결과 주한미군 철수 방침이 철회되었던 일은 중요한 외교 비사로 알려져 있다.

그 이후에도 김 목사는 이명박, 박근혜 대통령의 방미 시 의회 연설을 추진하기 위해 개인적 친분이 두터운 의회 지도자들의 협조를 얻어냈고, 문재인 대통령과 트럼프 대통령의 첫 대면 정상회담이 순조롭게 진행되도록 트럼프 대통령과 절친한 프랭클린 그레이엄 목사를 사전에 청와대로 불러들이는 외교적 수완을 발휘했다.

둘째, 김 목사는 2000년 기독교 교단인 세계침례교연맹(BWA) 총회장에 아시아인 최초로 당선되었으며, 총회장 재임 중에 전 세계 50여 개국을 다니며 선교와 구호사업을 펼쳐 국위를 크게 선양한 공이 있다.

셋째, 미국에서 'Rev. Billy Kim'으로 알려진 김장환 목사의 위상이 결정적으로 빛난 계기가 있었다. 20세기의 가장 훌륭한 기독교 부흥사로 일컬어지는 빌리 그레이엄 목사가 2018년 2월, 99세를 일기로 세상을 떠난 뒤 노스캐롤라이나의 빌리 그레이엄 도서관에서 트럼프 대통령 내외를 비롯해 펜스 부통령 내외와 상하원 지도부 및 종교 지도자, 외교단 등 미국 내 저명인사 2,300명이 참석한 가운데 전직 대통령급으로 장례예식이 개최되었다. 그날 최대의 관심사는 '장례식에 참석한 인사들 가운데 과연 누가 대표 추모사를 할 것인가'였다. 그 주인공은 트럼프 대통령이나 상원의원, 주지사, 저명한 기독교 지도자들이 아니라 한국의 빌리 킴, 김장환 목사였다. 김 목사는 미국 현직 대통령과 부통령을 청중으로 앉히고 연설한 최초의 한국인으로 기록될 것이다.

당시 빌리 그레이엄 목사의 추도식 연설 장면은 400만 명 이상의 미국인이 시청한 것으로 알려졌다. 그들 모두가 한국의 빌리 킴 목사의 추도사를 들었을 것이다. 이는 김 목사 개인의 영광을 넘어 우리나라의 위상까지 드높인 자랑스러운 순간이 아닐 수 없다. 대한민국 사람이 세계 최대 강국인 미국에서 그렇게 큰 영향력을 발휘할 수 있음은 우리 모두의 기쁨이요 자랑이 아닐 수 없다.

임 대사는 수상자 심사 보고 이야기를 매듭지으면서 김장환 목사를 이 땅에서 '투잡'을 뛴 분으로 소개했다. '목사'라는 직업에 '외교관'이란 직업을 하나 덧붙여야 하기 때문이다.

임성준 전 대사는 미국 대통령도 움직이는 '민간외교의 달인' 김장환 목사의 무병장수를 바라고, 조국을 위해 더욱 큰일을 감당하시기를 간절히 바라며 인터뷰를 마쳤다.

장길평 JS건설 회장

극동방송 중앙운영위원장을 오랫동안 역임한 장길평 회장을 만났다. 장 회장은 이명박 전 대통령과 현대건설에 근무하며 기반을 닦은 멤버로 40여 년 전 JS건설을 설립해 지금까지 경영하고 있다.

김장환 목사와의 인연이 어떻게 시작되었는지 물었다. 장 회장은 극동방송이 어디에 있는지도 모른 채 복음 방송이라는 이유만으로 후원을 시작했다. 장 회장은 지구촌교회에 출석하는데, 침례교회 교인으로서 침례교 목사인 김장환 목사에게 관심이 있었다.

처음엔 먼발치서 김 목사를 지켜보는 정도였는데, 어느 날 침례교 남선교회 회장이 찾아와서 극동방송에 운영위원이라는 게 있다고 알려주었다. 그래서 운영위원 자격을 물어보니 연 100만 원만 내면 된다고 해서 목요일 아침 성경공부 시간 때 직접 극동방송을 찾아가 등록했다. 그것이 벌써 약 25년 전의 일이다.

장 회장은 극동방송 운영위원이 되면서 비로소 김 목사와 개인적으로 알게 되었다. 처음엔 협동총무로 임명되어 1년을 열심히 봉사했더니 부위원장으로 임명되었고, 또 3년을 열심히 했더니 운영위원장으로 임명되었다. 그렇게 운영위원장으로 11년을 봉사하면서 장 회장은 김장환 목사와 친분이 두터워졌다고 한다.

장 회장은 김장환 목사와 직접 관련된 에피소드를 들려주었다. 그는 운영위원으로 14년을 봉사하는 동안 매년 한두 차례 김 목사와 미국행 비행기에 올랐다. 장 회장은 김 목사와 함께 미국에 갔을 때 만난 1925년생 미국인 데이비드 매덕스를 잊을 수 없다고 했다. 김장환 목사가 미국의 한인교회에서 한국말로 설교할 때 알아듣지도 못하는 설교를 꼿꼿이 앉아서 듣고 있는 매덕스를 보고 처음엔 의아했다. 그리고 그가 김 목사의 호텔비와 음식값 일체를 치르는 것을 보고는 놀랐다.

장 회장은 미국 방문 중에 김장환 목사를 깍듯이 대하는 미국인들의 태도에도 놀랐다. 동방예의지국이라는 우리나라 사람보다 존칭어를 사용하지 않는 미국인들이 더 철저히 예의를 갖추는 이유는 하나밖에 없다. 서양인은 자기가 무릎을 꿇을 정도로 탁월한 사람은 동양인보다 더 깍듯이 예우한다. 아마 데이비드 매덕스에게도 김장환 목사가 엄청난 존경의 대상이었을 것이다.

장 회장은 또 하나의 에피소드를 들려주었다. 한번은 미시시피 주에 있는 벨헤이븐 대학에서 기념관 오픈식이 있다고 해서 사정도 모른 채 그냥 김장환 목사를 따라갔다고 한다. 그런데 거기서

'빌리 킴 인터내셔널 센터(Billy Kim International Center)'라는 글자가 새겨진 건물을 보고는 깜짝 놀랐다. 그 자존심 강한 미국인들이 한국 목사의 기념관을 세우고 영구히 기념한다니 선뜻 이해가 가지 않았다.

이 기념관에 크게 감명받은 장 회장은 오픈식을 마치고 돌아오면서 한국에도 김 목사의 기념관을 하나 만들자고 제의했다. 하지만 김 목사는 "한국에서는 워낙 말들이 많아 생각조차 할 수 없다"며 극구 사양했다.

이런 김 목사의 반대에도 불구하고 장 회장은 김장환 목사의 둘째 아들 김요한 목사에게 자신의 간절한 바람을 말했다. 김장환 목사 이름을 단독으로 써서 기념관을 지으면 말이 생길 테니 칼 파워스 상사의 이름과 합쳐 '극동PK장학재단' 기념관 같은 것을 꼭 만들면 좋겠다고 했다. 극동PK장학재단은 꿈과 비전을 품고 공부하는 학생들에게 장학금을 지원해 국가와 사회, 세계에 공헌하는 인재로 키운다는 목표로 설립된 공익법인이다. 처음에는 김장환 목사의 영어 이름 이니셜을 따서 극동BK장학재단이었는데, 이후 김 목사가 자신의 이니셜 앞에 칼 파워스의 이니셜을 붙여 재단 이름을 극동PK장학재단으로 바꾸었다.

장 회장은 김장환 목사를 잘 아는 만큼 그의 장점에 대해서도 많은 얘기를 들려주었다.

장 회장이 생각하는 김 목사의 첫 번째 장점은 '부지런함'이다. 김 목사는 아침 6시에 약속을 해도 보통 1시간 전에는 약속 장소에 나와 있다. 김 목사는 동행하는 사람들이 도저히 따라가기 힘들 만큼 근면함이 몸에 밴 분이라고 했다.

두 번째 장점은 '메모 없는 탁월한 기억력'이다. 보통은 노트에 적어두고 확인하며 기억하기 마련인데, 김 목사는 참조할 노트 하나 없이도 얼마나 총명한지 과거 이야기를 줄줄 한다고 했다.

세 번째 장점은 '계획한 것은 반드시 이룬다'는 점이다. 인생을 살아가면서 아무 계획 없이 사는 사람은 많지만 계획을 분명히 세우는 이는 드물고, 자신이 계획한 것을 이루는 사람은 극히 드물다. 그런데 놀랍게도 김장환 목사는 계획하고 구상한 것은 반드시 이뤄온 실력자여서 장 회장은 감탄을 금치 못한다. 한 예로, 장 회장은 과거 극동방송이 구원파에게 넘어갔을 때 그것을 찾아온 과정을 잊지 못한다. 그 당시 직원 월급도 주지 못하고 이단에 완전히 넘어가 파산한 방송국을 되찾아 회복시키겠다는 계획은 김장환 목사 말고는 누구도 이룰 수 없는 계획이었다.

네 번째 장점으로는 '사심이 없다'는 것이다. 수원중앙침례교회 담임으로 재직할 당시 김 목사가 미국을 갈 때 장 회장은 달러를 준비해 드렸다. 미국에서 자유롭게 쓰시라고 개인적으로 드린 것인데, 얼마 뒤 교회에서 우편물이 와서 열어보니 영수증이 들어 있었다. 미국 가서 쓰시라고 드린 달러를 김 목사가 수원중앙침례교회 선교비로 드려서 그에 대한 영수증이 온 것이다. 장 회장은 김 목사가 설교하고 받은 사례비도 모두 극동방송 후원금으로 돌린다고 말하며, "김 목사님처럼 물질에 사심이 없는 분은 이 세상에 없을 것"이라고 했다.

다섯 번째 장점은 '대단한 리더십의 소유자'라는 것이다. 장 회장은 김장환 목사를 결단력과 추진력을 지닌 리더십의 소유자라고 평가했다. 그러면서 자신이 즐겨 애독하는 에드거 F. 퍼이어의 『명장의 코드(American Generalship)』라는 책을 소개했다. 이 책은 미군을 성공적으로 지휘한 100명의 대장과 원수들 및 1천 명의 준장급 장군들의 리더십 비결을 다루고 있는데, 그 비결을 한마디로 축약하면 '사심 없는 리더십'이다. 장 회장은 김장환 목사야말로 그런 사람이라고 말했다.

장길평 회장은 최고의 인품과 재능, 리더십을 소유한 이 시대의 거목 김장환 목사를 오랫동안 가까이에서 모셔온 것을 매우 자랑스럽게 생각한다고 했다. 자신이 존경하는 김장환 목사를 기쁘고 영광스럽게 소개하는 장길평 회장의 아이같이 순수한 모습에서 김장환 목사의 그림자가 드리워져 보였다.

장향희 든든한교회 담임목사

일산 든든한교회 장향희 담임목사는 1976년, 경기도 일산 중산마을에 교회를 개척하고 바로 부흥강사로 사역을 시작해 48년 동안 4,500회에 걸쳐 부흥성회를 인도한 전문 부흥강사다. 현재 든든한교회 출석 성도는 약 3천 명이다.

먼저 김장환 목사와 어떻게 알게 되었는지 물었다. 그는 고등학교

3학년이던 1973년, 빌리 그래함 전도대회에 참석해 큰 은혜를 받았으며, 그때 김 목사를 처음 알게 되었다. 빌리 그레이엄 목사의 설교를 통역하는 김장환 목사의 그 카랑카랑하고 매력적인 목소리에 매료돼 그때부터 존경심을 가졌다. 김 목사를 따르는 이들이 한결같이 고백하는 대로 장 목사도 김 목사를 따르고 사랑받다 보니 큰 은혜를 입었다고 했다.

김 목사에게 감화받은 장 목사는 그다음 해인 1974년에 신학교에 입학했고, 한국대학생선교회(CCC)에도 가입했다. 그리고 1974년에 개최된 엑스플로 '74에도 참가했는데, 놀랍게도 본부에서 활동 경험이 거의 없는 그를 대순장으로 임명했다. 장 목사는 그것이 하나님의 역사가 아니었나 생각한다고 했다. 이때 신학생 신분으로 존경하는 김 목사를 먼발치에서 뵈었고, 간혹 만나면 인사하고 얼굴을 조금씩 익히는 정도였다.

장 목사가 김 목사와 의미 있는 만남을 시작한 것은 1년 반쯤 전이었다. 장 목사는 극동에서 개최하는 세미나에 참석하고, 미스바 집회에 강사로 나가 부흥집회도 하고, 직원 채플에서 설교도 여러 차례 하고 부흥회도 했다. 특히 2023년에 개최된 빌리 그래함 전도대회 50주년 행사 때 김 목사와 개인적으로 더욱 가까워졌다.

목회자의 시각에서 김장환 목사의 장점을 얘기해달라고 하자 그는 즉시 한 사건을 떠올렸다. 장 목사 교회에 김장환 목사를 강사로 모셔서 설교를 듣고 사례금을 드린 적이 있는데, 그때 극동방송에서 곧장 영수증을 보내와서 깜짝 놀랐다고 한다. 김 목사가 받은 사례금을 극동방송 후원금으로 돌린 것이다. 그 일로 장향희 목사는 그분의 소유욕 없는 정결한 신앙과 겸손함에 더욱 존경심을 가지게 되었다고 했다.

또한 장 목사는 자신도 부흥사지만 김장환 목사의 성경적이고 감동적인 설교와 들리는 설교에 많은 감동을 받는다. 부흥사라면 설교 내용도 감동적이고 전달도 기막히게 잘하는 설교 전문가라 할 수 있는데, 그런 장 목사가 보기에도 김장환 목사의 설교는 특별했다. 예화 하나하나와 성경적 메시지가 가슴에 와서 꽂히는 탁월하고도 감화력 깊은 설교였다.

장 목사는 김 목사가 정이 많은 분이라는 점도 언급했다. 행사 때 보면 김 목사가 큰어른으로서 참석자들 한 사람 한 사람과 악수를 나누는데, 그 모습을 자세히 보면 그저 형식적으로 하는 것이 아니라 진심 어린 마음으로 인사 나누는 것을 알 수 있었다. 장 목사도 사람을 많이 만나는데, 솔직히 바쁘다 보면 건성으로 인사하고 악수할 때가 있다. 그런데 김장환 목사는 언제나 친절하게 이름까지 기억해서 불러주고 영향력 있는 이들에게 소개까지 해주는, 그런 다정하고 겸손하고 친근감 넘치는 분이다. 장 목사는 2023년 연말 어느 행사에서 만난 김 목사가 자신에게 "장 목사 왔어?" 하면 될 것을 굳이 "향희 왔어?" 하고 친근감 있게 불러주었다는 얘기도 들려주었다. 그럴 땐 그냥 "아버님!"이라는 대답이 나올 수밖에 없을 것이다.

장 목사는 또 김 목사의 비상한 머리를 장점으로 꼽았다. 어떻게 그렇게 오랜 세월 교제해온 이들의 이름을 다 기억하는지 그저 신기하기만 하다고 했다. 그런 능력이 있었기에 국내에서 세력이 미미했던 침례교회의 담임을 맡아 그렇게 큰 교회로 성장시키고, 극동방송 이사장으로서 지대한 영향을 끼치는 인물이 된 것이라 생각했다. 장 목사는 김장환 목사가 그런 능력을 선천적으로 타고난 것 같다고 부러워했다.

장향희 목사는 부흥협의회 회장을 지냈고, 연세대학교 총동문 목회자부흥협의회 회장을 맡고 있으며, 서울구치소 교정협의회 대표회장으로도 활동하는 등 맡은 일이 참 많은 목회자다. 그러다 보니 후원할 단체도 많은데, 그런 가운데서도 극동방송만 생각하면 그저 돕고 싶은 마음이 생겨 계속 후원하고 있다. 장 목사는 이런 자발적 마음이 생기는 것도 따지고 보면 모두 김장환 목사 때문이라고 했다. 그는 자신을 비롯해 교제하는 모든 이에게 그런 마음을 갖게 하는 것 또한 김장환 목사의 장점이라고 생각한다.

마지막으로, 김장환 목사에게 하고 싶은 말이 있는지 물었다. 장 목사는 김장환 목사처럼 나라를 사랑하고 나라 위해 기도하는 애국자는 무조건 오래오래 건강하게 사셔야 한다고 했다. 극동방송을 위해서뿐 아니라 대한민국과 미래를 짊어지고 나갈 젊은이들을 위해서도 김 목사 같은 국가의 보배로운 어르신이 오래 사셔서 지표가 돼주셔야 한다는 것이 그의 진심 어린 고백이다.

장향희 목사가 김장환 목사를 만날 때마다 "130세까지 사시라!"는 농담 비슷한 덕담을 해드리는데, 싫은 기색은 아니었다고 한다. 대부분 연세 드신 분들에게 그렇게 말하면 "에이, 아니야. 오래 살아서 뭐 해?" 하는 경우가 많은데, 김 목사는 그 말을 들으면 어린아이처럼 좋아한다는 것이다. 필자는 그 또한 김장환 목사가 대한민국과 극동방송, 그리고 자신을 따르는 이들을 위한 자신의 사명을 누구보다 잘 알기 때문이라고 생각한다.

정광택 사단법인 북한인권 상임고문

정광택 사단법인 북한인권 상임고문은 영화 〈인천상륙작전〉, 〈장사리〉, 〈잊혀진 영웅들〉을 제작한 태원엔터테인먼트 회장이며, 〈아이리스〉 제작자인 정태원 감독의 부친이다. 그는 한국공연사업계 1세대 대부로 통하는 인물이기도 하다. 현재 한국기독교100주년기념재단 이사, 극동방송 운영위원회 부위원장, 극동PK장학재단 후원회장으로 활동하고 있으며, 다문화총연합회 총재로 학교법인 대성학원 이사도 맡고 있다.

   정 고문이 예수를 믿은 계기가 있다. 그는 사실 예수 믿는 사람들이 모두 위선자 같아서 세상이 다 예수 믿어도 자신은 예수를 안 믿을 줄 알았다고 한다. 그런데 젊은 시절 사업하다가 부도가 나서 미국으로 도망가 어떤 여자를 만났는데, 그녀가 예수를 믿으라고 해서 재미 삼아 믿겠다고 대답하고는 예수쟁이 행세를 하게 되었다. 처음엔 신앙도 없이 건성건성 교회를 다니다가 김장환 목사를 만난 뒤 정말 예수를 믿게 되었다.

정 고문은 김 목사를 '뵙기만 해도 기분 좋은 분'이라 했다. 세상에는 많은 목사가 있어도 대부분 가짜 같은데, 김장환 목사는 진짜 목사로 느껴진다는 것이다. 정 고문이 보기에 김 목사는 하나님이 선택하신 사람으로 인자하고, 겸손하고, 한결같고, 모든 사람을 기쁘게 하고 기분 좋게 만드는 은사가 있다. 또 담대하고, 승부욕도 강하며, 부단히 노력하고, 남 돕기를 잘하고, 공과 사가 분명하고, 정직을 생명으로 여기고, 행동반경이 온 세계에 미칠 만큼 교제 폭도 넓은 분이라고 했다. 한마디로 단점을 찾을 수 없는 게 유일한 단점이라는 것이다.

정 고문이 한번은 "하늘나라에 가면 누구랑 함께 계실 건가요?" 하고 김 목사에게 물어봤는데, 김 목사의 대답이 "정광택이지 누구야!"였단다. 또 정 고문은 자신이 김장환 목사에게 어떤 사람인지도 유머러스하게 말해주었다. '안 보면 보고 싶어지고, 보면 골치 아픈 존재'라고.

정광택 고문은 2021년 2월 극동방송 프로그램 〈만나고 싶은 사람 듣고 싶은 이야기〉의 '고(故) 칼 파워스 상사 특집'에 출연한 적이 있다. 김장환 목사와 함께 올랜도 플로리다에서 개최된 기드온 국제대회에 참가했다가 돌아오는 길에 버지니아 단테에 가서 휠체어를 탄 칼 파워스 씨를 만났다. 정 고문은 파워스 씨가 양화진 묘지에 있는 어느 선교사 못지않게 중요한 인물이라고 평가했다. 그리고 이렇게 말했다.

"나는 칼 파워스 씨가 김장환 목사 한 사람을 세계적 인물로 세우기 위해 하나님이 한국 땅에 파병하신 천사라고 생각합니다."

그러고는 자신이 그토록 존경하는 김장환 목사를 미국에 유학시키고 세계적인 거목으로 만든 은인 칼 파워스 씨를 한국에 초대하지 못한 것을 몹시 아쉬워했다.

정광택 고문은 또 다른 관점에서 보면 김장환 목사가 먼저 예수님을 영접한 뒤 칼 파워스 씨를 그리스도인이 되게 했고, 또 1978년 요단강에서 파워스 씨에게 직접 침례까지 베풀었으니 김 목사가 그분에게 받은 은혜에 백배 천배로 보답한 셈이라고 말했다. 그리고 칼 파워스 씨가 김장환이라는 세계적 신앙의 거성을 발굴해 세상에 큰 영향을 끼쳤듯 또 한 사람의 김장환을 발굴해 세상을 변화시키는 또 다른 칼 파워스가 많이 나오기를 간절히 바란다고 덧붙였다.

정문현 프리마코프재단 회장

KBS 〈글로벌 성공시대〉에 출연한 바 있는 캐나다 최대 교육그룹 CDI 정문현 회장을 만났다. 정 회장이 김장환 목사를 처음 대면한 것은 1987년이었다. 그는 LA에서 살 때 친구들과 함께 성경공부를 했는데, 그중 킹 카프먼이란 미국인이 있었다. 가장 친한 친구에게 아내를 빼앗겨 절망적 상황에 있던 카프먼은 너무 힘들다면서 "예전에 한국에 살 때 사귄 친구들을 소개해줄 테니 같이 가자"고 해서 정 회장은 그때 함께 한국에 나와 김장환 목사를 처음 만났다.

정 회장은 김장환 목사의 장점이 아주 많다고 하면서 '항상 복음 중심으로 살고 가르치는 분'이라는 점을 가장 먼저 꼽았다. 전직 대통령이나 유명 정치인, 기업인이 감옥에 가면 사람들 눈을 의식하지 않고 찾아가 위로하고 기도해주는 일을 하다 보니 오해도 비난도 많이 받지만, 모두 그리스도의 사랑으로 복음 전도를 위해 하는 일이기에 정 회장은 그 모습이 보기 좋았다. 또 그렇게 유명한 사람들 외에도 가난한 할머니들을 찾아가서 바쁜 중에도 기도해주는 모습도 자주 보았는데, 신분의 높고 낮음에 상관없이 사랑으로 대하는 모습이 무척 존경스러웠다고 한다.

다음으로, 정 회장은 김 목사가 '시간을 칼같이 지키는 분'이라고 했다. 1989년경 김 목사와 약속한 시간에 정 회장이 5분쯤 늦었는데, 김 목사는 이미 떠나고 없었다. 부끄럽고 죄스러웠지만, 그 일 이후로는 사람들과의 약속에 늦는 법이 없었을 만큼 큰 교훈이었다.

정 회장은 또 김장환 목사를 '의리가 있는 분'으로 기억한다고 했다. 1990년, 정 회장의 사업이 쫄딱 망했을 때 김 목사는 자신을 위로한 것은 물론 어떻게 도와줄 길이 없나 하는 생각으로 가득 차 있었다. 그 모습을 보고 정 회장은 큰 감명을 받았다.

정 회장의 아내는 전 세계를 누비며 활발히 활동하는 시온선교합창단의 상임지휘자 이성자 권사다. 그런데 남 부러울 게 없어 보이는 이 부부에게도 아픔이 있었다. 기쁨 속에 태어난 큰아들 조셉이 자폐 진단을 받은 것이다. 이후 부부에게는 더 큰 아픔이 찾아왔다. 조셉이 갑작스러운 사고로 세상을 떠난 것이다. 자녀를 먼저 떠나보낸 부부, 특히 이성자 권사는 끝없는 절망과 좌절에 빠졌지만 그 고통의 끝에서 비로소 하나님의 마음을 알게 되었다.

조셉은 처음부터 끝까지 하나님의 메시지를 전해준 보배로운 아이였다. 조셉을 키우지 않았다면 몰랐을 하나님의 마음, 하나님의 메시지를 비로소 받게 되었기 때문이다. 정 회장 부부는 아들 조셉의 꿈을 기리고 장애인들을 섬길 목적으로 선물을 준비했다. 바로 조스 테이블(Joe's Table) 카페다. 2013년 캐나다에서 1호점을 오픈했고, 국내에는 극동방송과 서초동 사랑의교회에 각각 2, 3호점을 오픈했다.

정문현 회장은 선교사가 될 생각도 했지만 에베소서 6장 1~3절이 생각나기도 하고, 목사이신 부친의 "선교사를 돕는 선교사가 돼라"는 말씀에 사업가가 되었다. 사업가인 정 회장이 보기에 김 목사는 상당히 조직적인 데다 사업가 기질도 많다고 했다. 정 회장은 김장환 목사가 사업을 했다면 자신과는 비교가 안 될 만큼 크게 했을 것이고, 대통령을 해도 참 잘했을 것이며, UN사무총장을 맡았다면 역대 최고로 잘했으리라 생각한다고 말했다.

정연훈 주식회사 방주 회장

정연훈 회장은 김장환 목사가 '한 세기에 한 번 나올까 말까 한 분'이라는 말로 인터뷰를 시작했다. 세상에 흠 없는 사람은 없다지만, 김 목사는 단점으로 치면 1%밖에 안 되고 나머지 99%는 장점인 분이라고 말한다. 정 회장은 김장환 목사를 한마디로 '대한민국의 국보'라고 평가하면서 세상에서 보는 그 이상의 어떤 인간적 매력과 신앙적인 믿음의 뿌리가 있다고 말했다. 김 목사는 평소에도 정 회장에게 "준 것은 잊어버리고 받은 것만 절대 잊지 말라"고 한다. 그래서 정 회장은 받은 것은 잊지 않는다고 했다.

정 회장이 본 김 목사는 복음을 전파하고 전도하기 위해 권력을 가진 사람이나 가지지 못한 사람이나 가리지 않고 모두를 사랑하고 가까이하며 격려하고 힘을 북돋아주는 리더다. 정 회장은 김 목사가 반기문 UN사무총장의 임기 10년 동안 한 해도 거르지 않고 12월에 뉴욕을 방문해 예배드리고 기도해주는 모습에서도 말할 수 없는 존경심을 느꼈다. 정 회장은 "우리나라에 한경직 목사, 조용기 목사 등 많은 영적 지도자가 있지만, 김장환 목사 같은 리더십을 찾아보기는 힘들다"고 했다. 그러면서 "나 같은 시골 무지렁이한테도 극진한 사랑을 베풀어주셔서 오늘의 내가 되었다"고 말했다. 정 회장은 자신이 현재 위치에 있는 것도 먼저는 하나님의 은혜이고, 거기에 더해 김 목사의 극진한 사랑을 입었기 때문이라고 했다. 그 깊은 베풂과 사랑으로 볼 때 김장환 목사는 국보로 불려도 전혀 과함이 없는 분이라고 말했다.

정 회장은 또 김 목사가 외교관 신분은 아니지만 실질적으로 그 어떤 외교관보다 국제 감각이 뛰어나고 외교력도 탁월하다고 말한다. 그는 이미 많이 알려진 일들을 통해 김 목사가 우리 국익에 도움이 되는 민간외교관으로서 결정적 역할을 많이 했다는 점을 언급했다.

김장환 목사는 장학재단을 만들 때 자신의 영어 이름 이니셜인 BK로 하지 않고 칼 파워스와 자신의 이름 이니셜을 따서 PK장학재단으로 명명했다. 정 회장은 이를 통해서도 김 목사에게 대단히 큰 도전을 받았다. 사람이 돈이 많든지 권력이 있든지 유명해지면 자기가 잘났다고 뻐기는 경우가 많은데, 김 목사처럼 받은 은혜를 잊지 않고 의리를 지키는 것이 중요하다는 것을 절감했다.

유교사상이 팽배한 집성촌에서 자란 정연훈 회장은 모태신앙이 아니다. 그는 29세에 서울 고덕의 한 교회에서 주님을 영접하고 신앙을 가지게 되었으며, 수원으로 이사 와서는 1994년 김장환 목사가 담임하는 수원중앙침례교회에 등록해 28년 동안 다녔다. 이후 김 목사가 은퇴한 후에는 아들 김요셉 목사가 시무하는 안디옥교회로 옮겨 그곳에서 김장환 목사에게 장로 안수를 받았다. 정 회장은 김 목사가 2000년 1월 세계침례교연맹 총회장에 선출될 때 호주 멜버른에도 동행했고, 미국을 비롯해 해외 집회를 따라다니며 김 목사와 함께했다.

정 회장은 1985년 결혼하고 3년 만에 창업했는데, 그동안 신앙생활을 상당히 뜨겁게 했다. 아내와는 만난 지 20일 만에 결혼했고, 울산에서 서울로 올라온 지 석 달 만에 실직하고 어려움을 겪다가 주님을 만났다. 그 과정에서 주님이 사업에 길을 열어주셨고, 이때 '노아의 방주'라는 이름이 떠올랐다. 비록 구멍가게 같은 15평짜리 공장으로 시작했지만 야망은 컸다.

정 회장은 그 뒤 오대양 육대주를 다니며 사업을 확장했다. 사업을 하면서 기도 제목이 있었다. 그는 새벽기도를 다니며 온전한 십일조 생활과 주일 성수를 위해 기도하고, 그다음엔 자신의 회사가 복음의 전진기지로서 노아의 방주가 되게 해달라고 기도했다. 정 회장은 주님이 지금까지 변함없이 그 기도에 응답하시고 이뤄주신 것에 감사하고 있다.

특히 멘토인 김장환 목사님을 만난 것이 큰 힘이 되었다. 정 회장도 사람인지라 뜨겁게 신앙생활을 하다가도 뜨거움이 식을 때가 있었는데, 그래도 지금까지 별 탈 없이 잘 살아온 것은 김장환 목사를 가까이에서 뵈며 조언도 받고 격려와 기도를 받은 덕분이었다. 다만 김장환 목사를 좀 더 일찍 만나지 못한 것은 아쉬운 일이라고 했다. 정 회장은 자신이 김장환 목사를 한 20년 전에만 만났어도 '지금보다 더 나은 삶을 살고 있을 텐데' 하는 아쉬움이 남는다는 말로 인터뷰를 마쳤다.

조봉희 (서울)지구촌교회 선교목사

조봉희 목사를 만나 먼저 신앙생활을 언제 시작했는지 물었다. 고조할아버지와 증조할아버지가 학문을 한 분들인데 서양 선교사를 만나 예수를 믿고 상투를 자른 뒤 살던 집을 교회로 바쳤고, 그 교회가 130년이 넘었다고 한다. 증조할아버지는 월남 이상재, 조병옥 박사 등과 함께 독립운동을 했는데, 목회자가 되기 위해서가 아니라 민족운동을 하려고 평양신학교에 갔을 만큼 독특한 분이었다. 조 목사는 당시 노회록에 "상기인은 목회자가 아닌 독립운동을 위해서 신학교를 지원했으나 노회가 허락하기로 하다"고 되어 있는 것을 보고 크게 감동을 받았다고 한다. 그런 집안에서 태어났으니 조 목사는 당연히 모태신앙이다.

조봉희 목사는 하나님의 특별한 은혜로 제주 아세아방송이 북방 선교 방송을 하게 되면서 김장환 목사와 연결되었다. 아세아방송이 제주에서 시작하며 러시아어 방송을 하게 돼 러시아어를 할 줄 아는 사람이 필요했는데, 마침 조 목사가 부교역자로 사역하는 교회에 러시아어가 가능한 김영국 장로라는 분이 있었다. 평양사범학교 출신으로 정보장교를 하다가 1·4후퇴 때 월남한 김 장로는 "러시아어는 할 수 있으나 설교는 못한다"고 했다. 그래서 할 수 없이 신학생이던 조 목사가 설교를 맡고 김 장로가 러시아어로 통역을 하게 되었다. 신학생 때부터 극동방송에서 설교한 사람은 조봉희 목사 말고는 없을 것이다. 어쨌든 이를 계기로 조 목사가 김장환 목사에게 특별한 사랑을 받아온 것이 벌써 40년째다.

조봉희 목사에게 김장환 목사와 관련해 특별한 에피소드가 있는지 물었다. 조 목사는 김 목사를 한마디로 '스케일과 디테일의 고수'라고 말했다. 미국 정·재계와 기독교계까지 인맥이 연결돼 있을 만큼 세계적인 지도자이면서도 한 사람 한 사람 돌보며 큰 것, 작은 것에 모두 동등한 가치를 부여해서 챙길 만큼 디테일에도 강한 분이라는 뜻이다. 조 목사는 자신과 관련된 예를 하나 들었다. 그가 풀러 신학교에서 선교학을 공부하다가 논문을 쓸 때가 되었는데 그만 목 디스크가 터지고 말았다. 논문만 써서 통과하면 학위를 받을 수 있는데 건강 문제로 포기해야 하니 너무 아쉬웠다.

그런데 그때 김장환 목사가 남부 미시시피주 잭슨에 있는 벨헤이븐 대학에서 명예박사학위를 받도록 주선해주었다. 벨헤이븐 대학은 스코틀랜드 사람들이 130년 전 세운 학교로 아시아인에게 명예박사학위를 준 것은 조봉희 목사가 학교 역사상 최초였다. 그 당시 주지사도 참석하는 대단한 축제였는데, 스코틀랜드 복장을 한 악단이 먼저 입장하고 그다음에 총장, 그 뒤를 명예박사학위를 받는 조 목사가 따라 들어갔다. 그날 설교자가 김장환 목사였는데, 벨헤이븐 대학에서는 설교자로 온 김 목사에게도 명예박사학위를 같이 수여하기로 했다. 그래서 조 목사 뒤에 김 목사가 있었다. 조 목사는 죄송한 마음에 앞으로 서시라고 권했지만, 김장환 목사는 이렇게 말했다.

"오늘은 당신이 주인공이야!"

김 목사는 그렇게 극구 사양하고 조 목사 뒤에 섰다. 조 목사는 물론 그곳에 함께 갔던 30명쯤 되는 교인들이 작은 일이지만 김 목사의 겸손한 모습에 모두 깊이 감동을 받았다고 한다.

조봉희 목사는 또 자신이 아는 김장환 목사는 큰 것과 작은 것을 동시에 행하는 분인데, 1973년 빌리 그래함 전도대회에서 그렇게 쉽고 간결한 통역으로 예수를 안 믿는 불신자들까지도 기독교에 친근감을 느끼게 해주었다는 점에서 '한국 교회 부흥의 이정표를 만든 분'이라 자랑할 수 있다고 말했다.

조 목사는 1973년 여의도에서 열린 빌리 그래함 전도대회 때 고등학생이었는데, 그 뒤 50년이 지난 시점에 개최된 2023년 빌리 그래함 전도대회 50주년 기념대회로 한국 교회의 새로운 부흥을 가져다줄 소중한 변곡점을 만든 것이 큰 의미라고 말했다. 그동안은 교단끼리 기관끼리 서로 다투느라 대형 집회도 없이 큰 것을 놓치고 지내왔는데, 2023년 상암동 월드컵경기장에서 개최된 대형 집회는 "이 나라에 부흥의 불길이 활활 타올라서 교회마다 다시 부흥할 수 있는 계기를 마련해준 것"이라고 말했다.

조봉희 목사는 김장환 목사의 장점으로 탁월한 설교도 언급했다. 우선 김 목사는 훌륭한 전달자인데, 메시지가 간결하고 주제가 분명하고 곁길로 가지 않는다고 했다. 또 김 목사의 설교는 전도 지향적이면서 헌신 지향적인 설교라 할 수 있다고 말했다. 조 목사는 김장환 목사의 설교가 초신자에게도 쉽게 전달되고, 일반 신자에게는 하나님께 헌신하도록 이끈다고 덧붙였다.

끝으로 김장환 목사에게 바라는 말씀을 부탁했다.

"하나님이 더 강건함을 주셔서 성경에 나오는 믿음의 영웅들처럼 100세를 넘어서까지 오래오래 장수하시길 바랍니다. 김장환 목사님이 세우자고 하셔서 백령도에 방송국을 세운 것처럼 평양에도 극동방송이 세워져 목사님이 그곳에서 기도하는 모습을 꼭 보고 싶습니다."

조영남 가수

가수 조영남 씨 댁을 방문했다. 평소에 호감이 있진 않았으나 대화를 나누면서 아주 소탈하고 진솔한 분이라는 느낌을 받았다. 그 정도 위치에 있으면 웬만하면 속에 있는 부끄러운 이야기들은 숨길 만도 한데, 전혀 그런 모습을 볼 수 없었다.

조영남 씨는 전국 고등학생 음악 콩쿠르 성악부에 당당히 1위를 차지하며 전액 장학생으로 한양음대 성악과에 입학했다. 그때 김연준 한양대 총장이 고등학교 2학년 때부터 등록금은 물론 성악 레슨비까지 대주었다. 조영남 씨는 한양대에서 서울대로 옮기고 나서도 김 총장과는 계속 친하게 지냈고, 당시 명지대 설립자이며 독실한 기독교인인 유상근 총장과 함께 이따금 수원중앙침례교회 주일 예배 때 참석했다.

김장환 목사와는 용산 육군본부에서 군복무 중일 때 처음 만났다. 그때 육본교회에 김 목사가 초빙 설교자로 왔고, 조영남 씨는 성가대원이었다. 당시는 김 목사가 미국에서 고향 수원으로 돌아와 목회를 시작해서 30대 무렵이었다.

조영남 씨가 성가를 잘 부르는 것을 알게 된 김 목사는 설교 초빙을 받을 때마다 그의 상관에게 부탁해 군복 입은 그를 성가 가수로 세워주었다. 김 목사는 간혹 주최 측으로부터 사례금 봉투를 받으면 열어보지도 않고 그에게 건네며 이렇게 말했다.

"이걸 열어서 얼마 들었는지 알게 되면 욕심이 생기니까 미스터

조가 그냥 가져."

조영남 씨가 제대를 몇 달 앞두고 있을 때 김 목사는 지나가는 말처럼 이렇게 말했다.

"얼마 안 있어 빌리 그레이엄 목사님이 한국에 와서 대규모 부흥집회를 여는데, 내가 통역을 맡게 될 것 같아. 그렇게 되면 내가 미스터 조를 특별 성가 가수로 추천해볼 거야."

그렇게 김장환 목사의 추천으로 그는 짧은 머리에 군복을 입은 채, 여의도광장의 100만 인파 앞에서 '주 하나님 지으신 모든 세계(How great thou art)'를 부르게 되었다. 그가 대중 앞에 이름을 알리는 순간이었는데, 이는 순전히 김장환 목사의 배려 덕분이었다.

1973년 여의도광장에서 개최된 빌리 그래함 전도대회는 조영남 씨의 인생을 완전히 바꾸어놓았다. 당시 김장환 목사의 영어 통역은 통역 자체만으로도 압권이었고, 세계 기독교계가 깜짝 놀란 사건이었다. 집회 도중 김 목사는 그에게 이런 말을 전했다.

"이번에 미스터 조 노래를 듣고 반한 켄 앤더슨이라는 세계적인 선교 영화 제작자가 당신을 미국으로 초청하겠대. 당신은 성가 가수로 미국을 순회하면서 선교 영화에도 출연하게 될 거야."

그렇게 해서 조영남 씨는 제대하자마자 김 목사를 따라 미국으로 건너갔고, 미국에서 성가 가수로 출발해 찬송을 부르기 시작했다. 그런데 한 가지 문제에 봉착했다. 하나님께 찬양을 드리려면 성경 지식도 있고 믿음도 좋아야 하는데 그는 노래는 선천적으로 타고나서 잘 불렀지만 신앙심이 부족했다. 당시 미국의 가스펠 가수들은 대부분 신학을 공부한 사역자들이었다.

조영남 씨는 어머니에게 이끌려 어려서부터 교회에는 나갔지만 자신은 별 신앙이 없는 엉터리였다고 말했다. 그래서 김 목사에게 할 수 없이 사정을 얘기하며 도저히 안 되겠다고 하소연했는데, 김 목사가 대뜸 한마디 했다.

"그럼 성경학교에 들어가 공부하지 뭘 그려."

그래서 그는 플로리다주의 트리니티 침례신학교에 입학해 5년 만에 졸업하고 목사 자격증도 받았지만 목사 안수는 받지 않았다고 한다. 왜 그랬느냐고 물으니 "나는 너무 세속적이어서 하나님의 말씀을 가르치는 목사가 될 수 없었다"고 진솔하게 말했다.

김 목사와 함께 미국에 가서 소년 빌리 킴을 미국으로 데려와 공부시킨 은인 칼 파워스 씨의 집에도 가보고 빌리 그레이엄 목사의 사저에도 가보았다. 또 당시 함께 유학 온 이동원 원로목사와 친분을 쌓으며 그에게 성경을 배웠다. 조영남 씨는 당시 일주일에 한 번씩 이동원 목사가 디트로이트에서 인디애나주에 있는 자신의 집까지 차를 몰고 와서 복음을 가르쳤던 그때를 잊지 못한다고 했다.

그는 자신이 성미 급한 입방정과 싸움을 거는 성격으로 낭패당하고 곤궁에 처한 적이 여러 번 있었다고 하면서 자신의 은인 김장환 목사에게 대들었다가 본전도 못 찾은 이야기를 들려주었다.

당시 그의 눈에 비친 김장환 목사는 정치인이나 돈 많은 사업가들을 편애하는 것 같았다. 그래서 큰맘 먹고 어느 날 김장환 목사에게 충정을 표시한답시고 이른바 '직언(直言)'을 했다.

"목사님 신분에 도대체 왜 그런 사람들과 어울리십니까?"

그러자 김 목사가 그를 쳐다보지도 않은 채 조용히 대답했다.

"어이! 사람들이 나더러 왜 하필 조영남 같은 딴따라하고 어울려 다니느냐고 얼마나 항의하는지 알아!"

조영남 씨는 그 한마디에 얼굴이 화끈 달아올랐다고 한다.

조영남 씨는 인터뷰를 마치며 자신의 재능을 인정해서 미국 신학교도 보내주고 찬양 사역도 하게 해준 김장환 목사의 은혜를 잊지 못한다고 했다. 그리고 다른 많은 이가 말한 김 목사의 장점을 모두 인정하며 존경을 표했다. 그리고 무엇보다 1973년 빌리 그래함 전도대회 당시 김 목사의 탁월한 통역을 잊지 못한다고 했다.

조영남 씨만큼 김장환 목사에게 큰 사랑을 받은 이가 없다는 점은 자타가 공인하는 사실이다. 조영남 씨 또한 자신을 자식 이상으로 돌보고 이끌어준 김 목사에게 송구한 마음을 가지고 있다는 것을 느낄 수 있었다.

조용근 (재)석성장학회 이사장

인터뷰를 시작하며 조용근 이사장은 김장환 목사를 '목사님'이 아니라 '대부님'이라 부른다고 했다. 1946년생인 조 이사장과 띠동갑인 김 목사가 인간적으로 대부님이 맞다고 생각하기 때문이다.

조 이사장은 2004년 12월 대전지방국세청장직에서 명예퇴임을 하며 공직에서 나왔다. 어느 날 뜻 있는 국세청 출신 세무사 간부들이 찾아와서 세무사 회장에 출마해달라고 부탁했다. 이유를 물으니 당시 세무사 회장이 불자인지 회관에 불상이 놓여 있는 게 영 보기 싫다는 것이었다. 공공기관에 불상이 놓여 있다니 말이 되지 않았다. 그래서 '이게 하나님의 뜻일 수도 있겠구나' 생각하고 있는데, 선후배들이 "세무사 개혁을 위해선 조용근이 꼭 필요하니 제발 출마해달라"고 간청했다. 변협은 간접선거지만 세무사 회장은 직접선거로 뽑았다. 그렇게 해서 2007년 세무사 회장 선거에 출마해 압도적인 표 차이로 당선되었다.

당시는 이명박 정권이 들어설 무렵이었는데, 조 이사장은 그때까지만 해도 김장환 목사를 전혀 몰랐다. 조 이사장이 김 목사를 처음 만난 것은 한국세무사 회장 때였다. 국세청에서 근무할 때 같이 업무를 보며 연배도 비슷해 죽이 잘 맞았던 김진표 전 국회의장과는 부부 동반으로 식사할 정도로 친하게 지냈다. 그런데 김진표 국회의장이 김 목사에게 세무사 회장이었던 조 이사장을 추천했다면서 한번 찾아가보라고 했다. 그래서 2009년쯤 별 의미도 없이 김장환 목사와 처음 만났다.

2010년 3월 천안함 피격 사건이 일어난 뒤 조 이사장은 우연찮게 천안함재단 이사장으로 임명되었다. 재정을 가장 투명하게 운영할 사람이라고 해서 세무사 회장이었던 그에게 일을 맡긴 것이다. 그 무렵 김장환 목사가 극동방송에 나와서 일 좀 하라며 자연스럽게 극동방송재단 감사와 시청자위원장을 맡겼고, 매주 목요일 아침 5분

정도의 경제칼럼 방송도 맡겼다. 그래서 그 일을 8년간 했는데, 그만두겠다고 해도 김 목사가 허락지 않아서 계속했다.

조 이사장도 김장환 목사처럼 석성장학재단을 운영하고 있다. '석성'은 부친과 모친의 이름을 조합해 만든 명칭으로, 무학자였던 부모님의 염원을 담아서 만든 재단이다. 1984년 아버님이 돌아가시면서 물려준 구의동 집이 있었는데, 팔았더니 5천만 원이 남았다. 그 돈으로 주식을 사서 10년간 그냥 두었는데, 국세청 간부로 재산등록을 하며 계산해보니 2억 2,800만 원으로 늘어 있었다. 10년간 4.5배나 증가한 것이다. 조 이사장은 그 돈을 아내와 상의해서 석성장학회를 만들었고, 2001년 마침내 법인으로 만들었다.

2005년 현직을 떠날 때 석성세무법인을 만들면서 후배들에게 '석성'이라는 이름을 빌려주는 대신 매출액의 1%를 장학금으로 내게 했는데, 1년에 8천만 원 정도가 들어와 현금 30억 원이 모였다. 또 2021년에는 조 이사장의 기독교인 친구가 석성장학회에 일산의 70억 빌딩을 통 크게 기부해서 장학재단 자금은 100억 원으로 늘어났다. 석성장학회에는 그렇게 여기저기서 후원금이 들어오고 있고, 매년 3~4억씩 장학금이 지출된다.

조 이사장은 2011년 '석성일만사랑'이라는 사단법인을 하나 더 만들어서 발달장애가 있거나 소외된 아이들을 돌보는 일을 하고 있다. 이를 김장환 목사가 예의주시하는 것 같다면서 어떻게 그렇게 자신과 비슷한 가치관으로 콘셉트를 잡는지 조 이사장을 기특해하는 것 같다고 말했다.

조용근 이사장에게 가까이서 지켜본 김장환 목사의 장점이 무엇인지 물었다. 조 이사장은 공무원 출신인 자신이 보기에 김 목사는 목회자보다는 정치가가 어울리는 분이라고 했다. 김장환 목사 자신도 "목회자가 안 되었으면 정치를 했을 것"이라고 얘기했다고 한다. 또 김장환 목사는 정무 감각이 아주 뛰어난 분이라고 덧붙였다.

그런데 극동방송의 재정적인 면에 대해 비판하는 이들이 있다. 후원자들의 물질적 부담을 좀 줄여주고 모아놓은 재정을 활용해야 하지 않느냐는 것이다. 자칫 김장환 목사가 물질에 대한 욕심으로 소유하는 것으로 오해할 수도 있는 부분이다. 하지만 조 이사장은 언제가 될지는 몰라도 통일 이후 북한에 극동방송을 설립하려면 지금 돈을 비축해야 한다는 김 목사의 논리를 분명히 알고 있다. 조 이사장은 재물에 대한 욕심에서가 아니라 통일을 대비한 확고한 이유가 있는 만큼 누구도 그 점을 비난할 수는 없다고 말했다.

마지막으로, 조용근 이사장은 김장환 목사를 첫째는 사심이 없고, 둘째는 정무 감각이 뛰어나며, 셋째는 통일에 대비해 먼 미래를 내다보는 통찰력이 탁월한 분이라고 평가했다. 아울러 극동방송의 미래를 위해 바라는 소망도 얘기했다.

"제가 보기에 김장환 목사님은 건강하고 총명하셔서 저보다 더 오래 사실 것 같아요. 120세까지도 사실 분이죠. 하지만 그분 이후를 반드시 준비해야 합니다. 유일한 방법은 모든 시스템이 자동적으로 돌아가게 하는 거예요. 그렇게 해서 극동방송을 사랑하는 사람들이 자꾸 모이면 큰 문제가 없으리라 생각합니다."

조중건 대한항공 고문

조중건 고문이 김장환 목사를 만난 것은 1959년 11월 말쯤이었다. 미국 대사관 파티에 가면 김 목사를 만날 수 있다고 해서 찾아가 "조중건입니다. 처음 뵙습니다. 자주 뵙겠습니다" 하고 인사한 것이 첫 만남이었다. 조 고문은 불교 신자 부모 밑에 자랐지만, 미국에서 생활하며 기독교인이 되긴 했는데 50점짜리도 안 되는 신자였다. 그런데 김장환 목사가 하나님을 열심히 믿어보려는 그를 인도해주었다. 조 고문이 김 목사보다 두 살 위지만 친구처럼 가까운데, 조 고문은 "세상에 김 목사 같은 분은 없다"고 할 만큼 인격자이자 깊은 신앙인이고 애국자로 김장환 목사를 존경하고 있었다.

조 고문은 불교는 중심 세력이 없고 절도 멀리 있고, 절에 가 봤자 부정적인 이야기를 주로 해서 애국운동을 하는 데 유익함이 없는데, 기독교는 예수님 사랑을 통해 감화를 줘서 한데 뭉치는 힘이 있고, 특히 공산주의를 싫어해서 애국하기엔 가장 좋은 종교라고 생각한다고 했다. 그는 김장환 목사가 깊은 기독교 신앙으로 사람들을 감화시켜서 애국운동에 큰 유익을 주었다고 생각한다.

조 고문은 자신이 6·25 때 겪은 일을 말해주었다. 빨갱이를 경험해본 사람들은 모두 공산주의를 싫어하는데, 조 고문도 3개월간 지하실에 숨어 있으면서 빨갱이가 어떤 존재인지 몸소 겪었다. 서울이 수복되기 열흘 전 인민군에게 잡혀서 당시 북로당 본부가 있던 중앙고등학교 본관으로 끌려갔는데, 거기서 추호라는 친구를 만났다. 그렇게 잡혀서 북으로 끌려가는데 추호라는 친구가 욕설을 하며 따라오라 해서 갔더니, 인적이 드문 곳에 데려가서는 "지금 끌려가면 죽으니까 빨리 도망가"라고 했다. 그것이 바로 하나님이 도우신 천우신조(天佑神助)였다. 위급한 때에 하나님이 친구를 통해 그를 살려주신 것이다.

조중건 고문은 과거 박정희 대통령이 김장환 목사를 참 많이 아꼈다고 말했다. 미국 대통령으로 당선된 지미 카터는 쿠데타로 정권을 잡은 군사 독재자라고 해서 박 대통령을 처음부터 싫어했다. 카터는 한국에 와서 정상회담을 할 때 주한미군 철수를 들고나와 박 대통령을 곤혹스럽게 했다. 그때 박 대통령은 카터 대통령과 친분이 두터운 김장환 목사에게 도움을 요청했다.

카터의 생각대로 미군을 철수하면 북한이 남한을 침략하는 불상사가 벌어질 것이므로 위기 상황에 놓인 대한민국을 위한 특단의 조치가 필요했다. 때마침 카터 대통령이 예배 참석 때 동행하기 위해 김장환 목사를 불렀다. 김 목사는 그때 카터 대통령과 차를 같이 타고 가면서 미군철수가 우리나라에 어떤 비극적 결과를 가져올 것인지를 잘 설명해서 카터 대통령의 생각을 바꾸는 데 결정적 역할을 했다.

이렇게 기막힌 하나님의 타이밍과 김 목사의 신앙심과 친화력이 위기 상황에 놓였던 대한민국을 구했다. 조 고문은 그런 점에서 김장환 목사를 대한민국 최고의 애국자로서 절대적으로 신뢰하고 존경한다.

조 고문은 또 빌리 그레이엄 목사 이야기도 들려주었다. 미국은 동부와 남부에 침례교가 강하고 미국 전역에서 침례교가 대세인데, 1973년 여의도 전도대회 통역을 통해서 빌리 그레이엄 목사도 김장환 목사의 뛰어난 통역 실력은 물론 탁월한 능력과 폭넓은 인간관계를 알게 되었다. 조 고문은 당시 미국 대통령은 물론 전 세계 지도자들에게까지 큰 영향력을 미치던 빌리 그레이엄 목사가 김 목사를 인정했기 때문에 동방의 작은 나라 대한민국도 덩달아 그의 관심 대상이 되고 도움도 많이 받았다는 것을 알아야 한다고 했다. 그리고 이 모든 것이 김장환이라는 한 사람의 재능과 인격과 신앙심과 지도력에서 비롯된 것이라고 격찬했다.

조 고문은 방송을 통해 복음을 전파하는 것이 여간 어려운 일이 아닐 텐데, 남들이 감당하지 못하는 어려운 일을 잘도 해내는 걸 보면 존경심이 절로 생긴다고 했다. 또 키는 자기처럼 작지만 김장환 목사는 똘똘하고 누구도 따라올 수 없는 독특한 카리스마의 소유자라고 말했다. 90세인데도 동안이어서 앞으로 10년은 건강하게 살 것 같다고 덕담하며, 설교하는 김 목사의 카랑카랑한 목소리는 가히 국보급이라고 치켜세웠다.

1959년부터 가장 가까이에서 교제해온 친구 조중건 고문에게 존경과 찬사를 받는 김장환 목사는 존경스럽고 부러운 리더가 틀림없다.

최봉수 슈가로프 한인교회 담임목사

최봉수 목사가 김장환 목사를 만난 것은 약 14년 전쯤이다. 김장환 목사가 미국에 올 때 미국 교회 목사들을 연결해주면서 김 목사와 깊이 교제하게 되었다. 김장환 목사는 미국 교회에서 설교할 때마다 언제나 6·25전쟁에 미군이 참전해서 희생하고 수고한 일에 대해 "당신들 할아버지나 아버지, 삼촌이나 형제들이 피 흘려서 희생한 대가로 아이들이 이렇게 나와서 하나님을 찬양하는 것이다. 고맙다!"고 감사를 표현했다.

최 목사는 미국을 방문한 극동방송 어린이합창단에게 숙식 제공하는 일을 주로 담당했다. 그러면서 김장환 목사가 복음을 전하고 전도하는 모습을 가까이에서 보게 되었고, 존경하고 따르게 되었다. 최 목사는 인생에서 가장 후회하는 일이 김장환 목사를 너무 늦게 만난 것이라고 말할 정도다.

최 목사는 김 목사가 어린이합창단 아이들을 데리고 미국에 가기 전에 꿈이 뭐냐고 묻고, 귀국하고 나서 다시 꿈이 뭐냐고 묻는다는 얘기를 들었다. 그러면 아이들이 미국 가기 전에 말한 꿈과 갔다 와서 말하는 꿈이 많이 달랐다. 넓은 세계를 보고 이제 열심히 공부해서 어떤 사람이 되겠다는 비전을 갖게 된다는 것이다. 최 목사는 아마도 김 목사가 힘들고 고생스러우면서도 1년에 몇 차례나 아이들을 데리고 넓은 세계를 보여주고 더 큰 꿈을 가지게 하려고 기회를 주는 것 같다고 했다. 최 목사는 해마다 번갈아 가며 각 지역의 극동방송 어린이합창단과 미국을 방문하는 것도 바로 그런 이유라고 본다.

최 목사는 김장환 목사의 장점이 많지만 자신의 눈에는 누구에게나 인간적으로 다가서는 모습이 가장 좋아 보였다고 했다. 또 김 목사가 많은 사람을 만날 때마다 항상 강조하는 것이 오직 복음과 구원이라면서, 사실 그것이 본질이지만 참으로 존경스럽다고 했다.

최 목사의 아내가 13년 전 암이 발병해서 지금도 병원에 다니고 있는데, 김 목사를 만나고 난 이후부터는 만날 때마다 다른 말 안 하고 그냥 "일단 기도하자"고 하며 안수기도를 해준다. 그러고는 또 "기도 열심히 해야 한다"고 말하는 것을 보면서, 자신도 목사지만 가장 기본적인 것에 충실하고 변함없이 행하는 분이라고 생각했다.

김 목사가 신앙인이기 전에 타고난 인품이 아주 훌륭한 분이고, 누구에게나 인간적으로 다가가서 겸손하고 친근하게 배려하고 격려하는 유별난 은사를 지닌 분이라는 점도 최목사의 마음에 큰 감동을 준다. 아울러 그는 언제나 성실하고 한결같으며 소명감에 불타는 영향력은 김장환 목사만이 지닐 수 있는 장점이라 생각한다.

최 목사는 지위가 높은 사람이든 낮은 사람이든 한결같이 대하는 김장환 목사의 겸손함과 예의 바른 자세를 모든 목회자가 배워야 한다고 했다. 최 목사의 슈가로프 한인교회에는 영유아부터 대학생까지 대략 200명 정도가 나오는데, 김 목사에게 영향을 받아서 최 목사 역시 아이들에게도 반말하지 않고, 때로는 아이들의 팔을 툭 치고 엉덩이를 짓궂게 찰 때도 있지만 늘 존대하고 있다.

얼마 전, 김장환 목사가 교회에서 설교를 시작하며 이렇게 말했다.
"여러분이 평생 들어온 설교보다 더 소중한 메시지일 겁니다."

그래서 최 목사는 뭔가 대단한 진리거나 그동안 들어온 설교와는 전혀 다른 메시지일 것으로 예상했다. 그런데 정작 김장환 목사가 한 말은 이것이었다.

"예수 믿고 구원받아야 합니다!"

복음 진리를 전할 때 미사여구나 수사학적 표현을 활용할 수도 있을 텐데, 김장환 목사가 이처럼 오히려 쉽고 간결하게 메시지를 전하는 것을 보면서 최 목사는 이런 생각이 들었다.

'맞아, 저게 중요한 거지. 저분은 목사로서 가장 중요한 부분을 놓치지 않고 소홀히 하시지 않는구나.'

최봉수 목사는 "김장환 목사님은 자신이 받은 소명을 100% 따르는 일 외에는 아무것에도 관심을 기울이지 않는 철학이 확고한 분"이라는 말로 인터뷰를 마쳤다.

태영호 국민의힘 전 국회의원 / 전 영국주재 북한대사관 공사

아침 7시 극동방송에서 태영호 의원을 만났다. TV에서 본 태 의원은 꽤 강직하고 곧고 딱딱해 보였는데, 실제로 만나보니 아주 부드럽고 정이 뚝뚝 묻어나는 사람이었다. 태영호 의원은 조선민주주의인민공화국 런던 주재 공사로 근무하다가 2016년 8월 대한민국으로 망명한 특이한 경력의 탈북자다. 그가 망명했을 때는 대한민국이 발칵 뒤집혔다. 북한 최고위층에 속하는 인물의 망명이었기 때문이다.

태영호 의원은 망명 후 국정원에서 극동방송을 들어봤느냐는 질문을 받았다고 한다. 북에서 독일제 라디오를 켜다가 극동방송을 여러 번 들었다고 대답하니 김장환 목사에 대해서도 들어보았느냐고 물었다. 들어보았다고 하니 한번 만나보겠느냐고 해서 그러고 싶다고 대답했다. 그렇게 해서 김장환 목사와의 첫 만남이 이루어졌다.

태영호 의원에 대한 김장환 목사의 사랑과 배려는 이때부터 시작된다. 만나서 안수기도를 해주고 위로의 말도 해주고 성경도 선물로 주었다. 태 의원은 김 목사의 아들 김요셉 목사가 담임하는 원천안디옥교회에 출석할 때가 많은데, 설교를 들으면 일주일 동안 사람들을 만나면서 우쭐해진 마음이 낮아져 매번 겸손하게 된다고 했다. 태 의원은 그것을 이렇게 표현했다.

"교회에 가는 것은 세상에서 때 묻은 영혼에 정신적인 샤워를 하는 느낌입니다."

태 의원이 탈북자들을 만나서 고충을 들어보면 외로움과 우울증에 빠져있는 이들이 많다. 아무리 동족이라지만 체제도 전혀 다르고 남의 나라나 다름없는 대한민국에 와서 살고 있으니 힘들 것이다. 태 의원은 그것을 극복하기 위한 최고의 명약이 성경말씀이라는 것을 잘 알고 있었다. 성경을 열심히 읽고 주일성수를 습관화하라고 자주 권면해준 김장환 목사로 인해 자신이 직접 경험했기 때문이다.

태 의원은 남북통일이 되어도 남한 사람들은 별문제가 없지만 북한 사람들이 많이 걱정된다고 했다. 특히 북한의 감옥과 수용소에 갇혀 있는 25만 명이 자유의 몸이 되었을 때 보복할 가능성이 많은데, 이런 해묵은 갈등을 해결하는 방법도 역시 성경말씀뿐이라고 서슴없이 말했다. 태 의원과의 대화를 통해 그가 성경과 신앙의 힘을 잘 알고 있음을 확인할 수 있었다.

태 의원은 찬송가의 위력에 대해서도 잘 알았다. 북한에서는 집단적으로 노래 부르기를 좋아하는데, 이는 사람들을 하나로 묶는 효과를 가져다준다. 그는 찬송가도 하나님께 영광을 돌리는 수단의 하나로 사람들의 마음을 뜨겁게 연결하는 힘이 있다고 생각한다. 아울러 교회도 소중한 모임이라고 말한다. 탈북민들은 모르는 사람들에게 인사하는 것을 가장 힘들어하는데, 교회에는 서로 인사하는 문화가 형성돼 있어 탈북민들이 정착하는 데 상당히 도움이 된다.

태영호 의원은 망명한 지 5년 만에 기적적으로 제21대 국민의힘 국회의원이 되었다. 이때도 김장환 목사의 조언이 빛을 발했다. 김 목사는 강남에서 선거를 치르려면 교회에 등록해서 예배도 드리고 신앙생활을 하고 기도도 해야 득표를 많이 할 수 있다고 권면했는데, 그게 주효했다.

김장환 목사의 장점을 말해달라고 하자 태 의원은 김 목사의 탁월한 기억력을 먼저 꼽았다. 60대 초반인 자신은 사람들의 이름을 잘 기억하지 못하는데, 김 목사가 누구를 만나도 아주 또렷이 기억하는 것을 보고 놀랐다. 또 태 의원을 만날 때마다 기도를 해주는

데, 그 기도에는 이전에 자신이 김 목사에게 말한 내용이 반드시 포함돼 있었다.

태 의원이 놀라는 김 목사의 또 다른 장점은 바로 애국심이다. 미국에서 공부하고 그곳에 남아 미국인 트루디 사모와 잘 살 수 있었을 텐데, 전쟁 후 열악하기 짝이 없는 한국으로 돌아와 복음전도를 위해 애쓰고, 목회를 감당하고, 극동방송을 꾸려나가는 것을 보면 너무도 감동스럽다고 했다. 특히 트루디 사모가 한국 시댁에 살러 온 것은 선교사로 파송된 것이나 진배없는 일이라 생각한다고 말했다.

태영호 의원은 하나님을 만나기 전까지는 자신이 잘나고 똑똑해서 성공한 줄 알았지만, 탈북민의 신분으로 대한민국 국회의원이 되는 놀라운 기적을 경험하면서 하나님이 자신을 쓰시려고 기회를 주고 훈련하시는 것을 절감했다. 그는 아무리 공산주의 유물론 사상이 머릿속에 꽉 찬 사람이어도 성경을 배우면 말씀을 통해 역사하시는 성령으로 인해 어릴 때부터 붉게 물든 주체사상을 서서히 몰아내는 것을 느끼게 될 것이라 말한다.

태영호 의원은 북한 삼부자 신격화와 독재체제에 염증을 느끼던 차에 외교관으로서 다른 나라의 발전상을 직접 경험하고 탈북을 결심했다. 기독교말살정책을 펴는 북한에서 태어나 살았던 북한 고위층 외교관이 신앙을 가진다는 것은 상상하기 어려운 일이다. 그런데 태 의원 자신도 상상하지 못한 기적이 일어난 것이다.

태 의원이 신앙을 갖게 된 계기는 그가 망명한 2016년으로 거슬러 올라간다. 교회에는 대부분 탈북자들을 환영하는 보수주의자들이 출석한다. 그래서 가끔 그에게 강연을 부탁해서 함께 예배드리며 자연스럽게 설교를 통해 하나님 말씀을 접하게 되었다. 그런데 교회에서 행하는 방식이 어릴 때부터 경험해온 북한의 김일성·김정일 부자 숭배 사상과 흡사하다는 데 그는 몹시 놀랐다. 십계명이 하나님 여호와를 믿으라는 내용으로 시작하듯 당의 유일사상 체계 확립의 10대 원칙도 온 세상이 김일성·김정일을 믿으라는 항목으로 시작한다. 교인들이 주일에 교회에 가서 찬송가를 부르며 회개하듯 북한에서도 주민들이 한자리에 모여 김씨 정권을 찬양하고 자아비판, 상호 비판을 한다.

태 의원은 이렇게 너무도 비슷하다는 데 충격을 받기도 했지만 동시에 호기심도 느꼈다. 흥미를 느끼며 계속 교회에서 말씀을 듣다 보니 하나님이 자신의 삶을 인도하고 있다는 깨우침을 받았다. 특히 만날 때마다 기도해주고 성경을 읽으라고 권면하고, 위로와 격려를 해주는 김장환 목사 덕분에 더욱 신앙 입문이 수월했다.

태 의원은 자신이 하나님의 존재를 알기 전부터 하나님이 북한과 유럽에서의 삶을 모두 주관하시고 자신을 한국으로 이끄셨다는 것을 느끼기 시작했다고 했다. 대한민국에 와서 5년도 지나지 않은 시기에 기적적으로 국회의원이 된 것도 하나님이 '남북 간 민족적 화합과 치유'를 위한 사명자로 사용하시기 위해서라고 믿고 있다.*

2022년 6월 23일, 울산 우정교회에서 개최된 제6회 울산극동포럼

---

* 안기영, "민족 화합·치유에 쓰시려고 하나님이 나를 한국으로 이끄셨다", 〈국민일보〉 (2021년 6월 11일자); http://news.kmib.co.kr/article/view.asp?arcid=0924195377&code=23111111&cp=nv.

에 초청된 강사는 국민의힘 태영호 의원이었다. 이날 태 의원은 대한민국으로 망명한 그에게 성경책을 건네주고 만날 때마다 늘 기도하며 전도한 은인이 바로 극동방송의 김장환 목사라고 말했다. 태 의원은 자신이 대한민국에 와서 가장 잘한 일은 하나님을 믿게 된 것이라고 고백했다.*

북한을 향한 뜨거운 마음을 갖고 있는 김장환 목사와 북한 독재정권에서 탈출한 태영호 의원이 얼마나 더 끈끈한 관계로 발전할지는 두고 볼 일이다. 김장환 목사는 하나님이 큰 사명을 감당하시기 위해 부르신 태영호 의원이 하루속히 더 건실하고 깊은 신앙인으로 거듭나기를 간절히 기도하고 있다.

홍희경 Meridian Materials Inc. 대표

홍희경 대표가 미국에 건너가서 회사를 세운 것은 1986년의 일이다. 대우실업에서 근무하다가 미국으로 가서 무역업을 했다. 미국에서 물건을 사 와서 한국에 있는 대우나 한전, 태평양 같은 기업에 납품했다. 그러다가 1990년대 중반쯤부터 군수사업을 시작했고, 방산계통을 하다가 2004년부터 미국 정부의 건물을 받아서 지금까지 계속하고 있다.

---

* 장지동, "태영호 의원 '한국 와서 가장 잘한 일은 하나님 믿게 된 것'", 〈기독일보〉(2022년 6월 27일자); https://www.christiandaily.co.kr/news/116445.

모태신앙인 홍 대표가 김장환 목사를 만난 것은 1973년 입대해서 육군합창단에 뽑혔을 때였다. 대학에서 불문학을 전공했는데 음악을 좋아해서 육군합창단에서 남성 4중창단을 만들었다. 테너에는 송금섭·최화진·차금환 그리고 홍 대표가 베이스를 맡았는데, 당시 군종감리였던 송금섭 목사와 전도 다니며 이름을 알렸다. 그렇게 활약하던 중 1975년 김장환 목사를 만났다. 김 목사는 오래전부터 세계 전도여행을 꿈꾸던 분이어서 연세대 음악대학을 나온 서효순, 정경주까지 가세해 여섯 명이 함께 세계 전도여행을 다니기 시작했다.

이 중창단은 한국 노래 사절단 자격으로 1977년 1월부터 4월까지 4개월 동안 대만을 시작으로 홍콩, 예루살렘을 돌았다. 그리고 서독에서 3주 체류하고 스위스로 갔다가 2개월 동안 미국 전역을 돌았다. 특히 1978년 3개월 동안 김장환 목사와 비슷한 코스로 전도여행을 하며 같이 활동하다 보니 인연이 깊어졌다.

중창단의 리더였던 송금섭 목사는 대학원을 마치고 입대해서 홍 대표 또래보다 세 살이 많았지만 한 팀으로 잘 어울렸다. 당시 그들은 모두 영어로 된 곡을 불렀는데, 그들이 즐겨 불렀던 곡을 요즘 극동방송 어린이합창단이 자주 부르고 있다.

중창단에는 성악을 전공한 사람이 없었지만 다들 노래 실력이 뛰어났다. 홍 대표는 "내 실력이 가장 떨어졌던 것 같다"고 말했다. 당시는 비행기를 타고 해외에 나가는 것이 꿈이었던 시절인데, 김장환 목사가 중창단원들의 비행기표와 단복, 먹고 자는 데 드는 비용뿐 아니라 용돈까지 챙겨주었다.

그렇게 김 목사를 모시고 전도여행을 다니며 은혜받고, 대학 졸업 뒤에는 당시 최고 회사였던 대우에 취직했다. 그 뒤 유학을 가고 싶어서 김장환 목사와 의논하니 테네시에 있는 킹 칼리지로 보내주었다. 유학 가서는 비즈니스를 공부했고, 이후 MBA 과정을 테네시 주립대학에서 마쳤다. 1983년에는 조지워싱턴 대학에서 박사학위를 받으려 했지만, 너무 힘들어서 결국 그만두고 회사를 차려 운영했다.

홍 대표는 김장환 목사가 미국 동부 쪽으로 오면 늘 자기 차로 모셨다. 어느 때는 워싱턴에서 테네시, 켄터키, 노스캐롤라이나, 사우스캐롤라이나, 애틀랜타를 거쳐서 집에 돌아오면 주행거리가 5,600km나 되었다. 그렇게 함께 운전해서 모시고 다닐 만큼 홍 대표는 김 목사에게 사랑을 많이 받았다.

홍희경 대표는 김장환 목사를 만난 것이 하나님의 놀라운 축복이라고 했다. 성악 전공자도 아닌데 예쁘게 봐주어 7개월 동안 3번 여행을 함께 갔고, 또 유학까지 보내줘서 공부도 하고 박사학위까지 받았기 때문이다.

홍 대표는 미국에서 워싱턴 평통자문위원회 회장을 할 때 한국 국정원에 가서 교육받은 적이 있었다. 그때 국정원 차장이라는 사람이 갑자기 "통일로 가는 방법이 무엇이냐"는 질문을 던진 뒤, "그것은 하나님께서 하셔야 하는데, 극동방송의 전파방송을 통해서 가능하다"고 말해서 깜짝 놀랐다.

김장환 목사는 세계적인 부흥사인 빌리 그레이엄 목사가 소천했을 때 미국 전현직 대통령이 모두 참석한 자리에서 추도사를 할 만큼 빌리 그레이엄 목사와 가까웠다. 물론 통역도 잘하지만 김장환 목사도 빌리 그레이엄 목사 못지않게 설교가 탁월한 분이라고 홍 대표는 자랑했다.

홍 대표는 빌리 그레이엄 목사의 사역을 위해 헌신한 운영위원들이 2천 명이나 된다는 얘기를 들려주고는 김장환 목사를 서포트하는 운영위원들이 더 많아야 하는데 아직은 수적으로나 재정적 섬김으로나 부족한 게 많아 아쉽다고 했다. 김장환 목사만한 능력과 영향력을 가진 이가 없는데, 그런 은사가 있는 분을 잘 모셔서 하나님 나라와 교회, 복음을 알지 못하는 이들을 돕는 것이야말로 최고의 사역이라고 강조했다.

1980년 2월, 김장환 목사는 홍희경 대표의 결혼식 주례를 맡았다. 2011년에는 워싱턴에서 홍 대표 딸의 결혼식 주례도 해주었다. 그 딸이 낳은 아이가 김 목사가 100세 되는 해에 열아홉 살이 된다. 홍 대표는 "손주의 결혼식 때도 주례를 서실 수 있도록 김장환 목사님이 오래 사셔야 한다"고 말하며 웃었다.

홍희경 대표는 앞으로도 극동방송을 통해 전파 선교의 역사가 잘 이루어지고, 김장환 목사와 트루디 사모가 건강하게 장수하기를 바란다면서 자신도 능력이 닿는 한 극동방송을 위해 일하겠다고 다짐했다.

황재우 (주)광양기업 대표이사

키가 크고 인자해 보이는 황재우 광양기업 대표와 극동방송에서 만났다. 황 대표는 2018년 서울지방국세청 국세홍보관에서 아름다운 납세자상을 받았다. 이 상은 국세청이 성실납세와 더불어 헌신적인 사회공헌활동으로 지역경제에 기여한 납세자를 발굴해 시상하는 상이다. 그는 산업안전보건의 날 기념식에서 동탑산업훈장을 받은 기업인인 데다 희망도서관 건립과 해비타트 사랑의 집짓기를 통해 다양한 기부활동을 펼치고 있고, 광양기업 '사랑나누기봉사단'을 통해 해마다 지역민에게 연탄을 기부하는 성실하고 모범적인 기업인이다.*

부모님이 가톨릭 신자여서 세례받고 '세바스찬'이라는 세례명까지 있었는데, 결혼 후 기독교인인 부인을 따라 기독교에 입문하게 되었다는 황 대표에게 먼저 김장환 목사와 처음에 어떻게 만났는지 물었다. 지인 중에 황 대표를 좋아하는 국회의원이 있는데, 그가 김 목사를 자신에게 소개하며 이렇게 말했다고 한다.

"보석같이 소중한 분을 남에게 소개하는 것이 아깝긴 하지만, 황 대표는 내가 너무 좋아하는 사람이어서 소개한다."고

황 대표에게 김장환 목사의 장점이나 특징을 얘기해달라고 하니 가장 먼저 나온 말이 '그분은 우리 대한민국을 구하신 분'이었다. 주

---

* 이성훈, "황재우 (주)광양기업 대표, 아름다운 납세자상", 〈광양뉴스〉(2018년 3월 30일자); http://www.gynet.co.kr/news/articleView.html?idxno=38012.

한미군 철수를 언급했던 카터 대통령과 박정희 대통령의 정상회담 배후에서 김장환 목사가 기여한 일을 강조하며 황 대표는 "김장환 목사님의 공은 더없이 크고 소중하다"고 강조했다.

다음으로 황 대표는 김장환 목사가 '불우한 청소년에게 소망을 주는 분'이라고 소개했다. 6·25전쟁이 발발할 당시 소년 김장환은 지금 청소년들과는 비교가 안 될 만큼 열악한 처지였다. 김 목사가 그런 상황에서도 성공했으니 그보다 훨씬 나은 형편에 있는 청소년들이 성공하지 못할 이유가 없고, 하우스보이 소년이 오늘의 영적 거인이 된 사실 자체만으로도 청소년들에게 소망과 힘을 줄 수 있다는 것이다. 얘기 도중에 황 대표는 김장환 목사의 뜻을 기리는 '청소년 기념관'을 만들면 좋겠다는 생각도 털어놓았다. 김 목사가 지금까지 걸어온 발자취가 우리 청소년들에게 살아 있는 교육의 모범이 되리라 믿기 때문이다. 황 대표는 김 목사가 '불우한 청소년들의 등불과 좌표'라고 힘주어 말했다.

황 대표는 또 김장환 목사를 '희로애락을 같이하는 허물없는 친구 같은 리더'라고 말했다. 누구에게도 털어놓지 못하는 자신의 치부를 유일하게 말할 수 있는 분이라면서 눈물을 글썽거리기도 했다. 어려운 일이 있을 때마다 김 목사에게 숨김없이 털어놓고 조언을 들으면 마음이 그렇게 편안해질 수가 없다고 말한다.

"이보다 더 좋은 친구는 없습니다. 제 인생의 축복 중 축복이죠."

황 대표는 김 목사와의 만남을 통해 서로가 서로에게 감사하는 관계가 되도록 최선을 다해야겠다고 다짐한다. 김 목사와 띠동갑인 황 대표는 김 목사를 자기 삶의 지표가 되는 분이라며 또 눈물을 흘린다. 그의 눈물을 보며 많은 생각이 들었다. 평소에 얼마나 깊은 감화와 감동을 주었으면 저렇게 눈물까지 흘리며 그분을 떠올리는 것일까…….

2022년에 황 대표는 개인적으로 큰 어려움을 겪었다. 그가 만일 김 목사를 알지 못하고 하나님을 의지하지 않았다면 그 난관을 헤쳐 나올 수 없었을 것이다. 황 대표에게 그랬듯이 김장환 목사는 어려운 처지에 있는 사람들을 위로하고 격려하는 것으로는 타의 추종을 불허하는 리더가 분명하다.

황재우 대표는 김장환 목사의 자상함에도 늘 감탄한다고 했다. 김 목사는 그를 만날 때마다 두 아들의 이름을 기억해서 잘 있는지 묻고는, "두고 보세요, 그놈 물건이에요" 하고 기분 좋은 덕담까지 해 준다. 이런 진정성 있는 마음 씀씀이로 보아 김장환 목사는 100세가 돼도 분명 정정하게 골프 치고 설교할 것이라는 확신이 있다고 황 대표는 힘주어 말했다. 30대 청년보다 김장환 목사를 만날 때 더 마음이 젊어지는 것을 경험한다는 황 대표는 만나는 모든 이에게 활력을 부여하는 비타민 같은 존재인 김 목사 덕분에 자신의 기대수명을 90세에서 120세로 올렸다.

황 대표는 다른 리더들에게서는 볼 수 없는 김장환 목사의 특이한 장점을 소개했다. 보통 그릇이 크고 선이 굵은 리더들은 디테일에 약하기 마련인데, 김 목사는 그릇도 크면서 디테일 면에서도 남들이 따라올 수 없는 장점이 있다며 사례 하나를 소개했다.

미국 카네기홀에서 개최하는 극동방송 60주년 행사에는 502명의 어린이합창단이 참가했다. 그런데 문제가 생겼다. 소방법상 500명 이상은 무대에 올라갈 수 없는 데다가 그 많은 사람이 올라가서 공연하기에는 무대가 너무 좁았다. 평생 가보기도 힘든 미국에서, 그것도 카네기홀에서 무대에 한 번 서보는 것이 어린이합창단의 소원일 텐데 난감했다.

그런데 좋은 방안이 나왔는데 1부에서 251명이 무대에서 공연하는 동안 나머지 251명은 객석 가장자리를 둘러싸고 박수 치며 공연했다. 그리고 2부에는 서로 역할을 바꾸어 무대에 올라갔던 251명은 내려와서 객석 가장자리에서 공연하고, 무대 아래에 있던 251명이 무대에서 공연을 펼쳤다. 이것은 카네기홀 사상 처음 있는 광경이었다. 무대에서뿐 아니라 객석 가까이에서도 함께 공연하니 객석 분위기는 더 뜨거웠고, 환호와 박수가 더 크게 터져 나왔다. 결과는 대성공이었다.

위기 속에서 더 감동적인 현장을 연출한 이 아이디어는 누구에게서 나왔을까? 물론 디테일에도 강한 김장환 목사가 내놓은 아이디어였다.

지면 인터뷰 1

이영훈 여의도순복음교회 담임목사

'사람이 사람을 만나면 역사가 일어나고, 사람이 하나님을 만나면 기적이 일어난다.'

극동방송 1층 로비 벽에 새겨져 있는 이 글귀는 김장환 목사님께서 자주 하시는 말씀이고, 목사님의 일생을 잘 나타내는 말이라고 생각한다. 목사님이 걸어오신 삶의 발자취를 돌아보면 그야말로 사람과의 만남을 통해 역사를 만드시고, 하나님과의 만남을 통해 기적을 보여주셨기 때문이다.

특히 김장환 목사님과 고(故) 조용기 목사님의 만남은 한국 교회사에서 의미 있는 만남이라고 할 수 있다. 두 분 목사님은 조 목사님이 소천하시기 전까지 60여 년을 가까운 동역자로, 친구로 지내셨다. 서로에 대한 존경과 사랑으로 남다른 우정을 보여주셨고, 협력 사역을 통해 아름답고 풍성한 열매를 많이 맺으셨다.

두 분이 함께하신 많은 일 가운데서 가장 인상 깊은 것은 1973년 여의도에서 열린 '빌리 그래함 전도대회'이다. 당시 조용기 목사님은 빌리 그래함 전도대회에 모든 성도가 적극적으로 참여해 은혜받도록 독려하셨고, 여의도순복음교회 새 성전 준공 후 첫 번째 강사로 빌리 그레이엄 목사님을 초청해서 교역자 세미나와 주일설교를 인도하게 하셨다.

그때 김장환 목사님이 100만여 명의 군중 앞에서 탁월한 영어 실력과 열정적 제스처로 그레이엄 목사님의 설교를 완벽하게 통역하시던 모습이 지금도 또렷이 기억난다. 하나님께서 한국 개신교 대부흥의 결정적 사건으로 평가되는 이 전도집회에서 두 분 목사님을 크게 들어 사용하신 것으로 평가한다.

북한 선교도 조용기 목사님과 김장환 목사님이 중대한 역할을 감당하셨던 사역이다. 조 목사님은 일찍이 북한 선교에 큰 관심을 기울이시고 복음전파뿐 아니라 옥수수 심기 등 식량과 평양 심장병원 건설 및 의료 지원을 아끼지 않으셨다. 김장환 목사님도 극동방송을 통해 여전히 북한 선교를 위해 많은 일을 하고 계신다. 특히 극동방송에서 전해지는 복음을 듣고 수많은 북한 주민이 예수님을 만나게 되었다는 사연을 듣고 깊이 감동했다. 나 역시도 세계 유일의 분단국가 한국의 목회자로서 두 분 목사님을 본받아 복음을 통한 평화통일을 위해 끊임없이 기도하며 노력하려 한다.

이 외에도 두 분 목사님은 복음전파와 사회사업, 민간외교, 세계선교, 방송선교사역 등을 함께하셨다. 두 분 목사님이 한국 교회의 부흥과 세계 선교를 위해 일생을 헌신하셨기에 그 믿음의 경주를 나를 비롯한 많은 후배 목회자가 뒤따를 수 있었다.

조용기 목사님과의 특별한 인연으로 김장환 목사님은 조 목사님의 모든 장례 절차에 함께해주셨고, 천국환송예배에서 설교도 맡아주셨다. 당시 김 목사님은 '나는 부활이요 생명이니'라는 제목으로 설교하시면서 나와 여의도순복음교회 성도들을 위로해주셨다. 특히 "세계 선교의 밝은 빛이었던 '모세' 조용기 목사님은 우리 곁을 떠났지만, 그 뒤를 이을 '여호수아' 이영훈 목사님이 있다"고 말씀하셨던 것이 기억에 남는다. 목사님의 말씀이 나에게 큰 위로와 도전이 되었다.

김 목사님은 영적으로나 실질적으로 언제나 나의 든든한 지원군이시다. 2022년에 여의도순복음교회 주최로 제26차 세계오순절대회(PWC)가 열렸을 때, 그리고 부족한 사람이 한국교회총연합회 대표로 선출되었을 때 김장환 목사님이 기도해주시고 따뜻한 격려와 응원의 메시지를 보내주셨다. 이 자리를 빌려 목사님께 큰 감사의 마음을 전한다.

나 역시도 목사님의 사역을 응원하고 기대한다. 연세가 아흔이신데 지금까지도 다양한 사역 현장에서 활발히 활동하시는 목사님을 뵈면 참으로 감동된다. 특히 2005년 1월부터 시작한 〈만나고 싶은 사람 듣고 싶은 이야기〉 방송을 한 번도 결방하지 않으시고, 국내 최고령의 라디오 진행자로 건강하게 진행하시는 모습은 많은 후배 목회자에게 본보기가 되고도 남는다.

최근 빌리 그레이엄 도서관에 다목적 홀을 신축하고, 목사님의 성함을 따서 그 홀을 '빌리 킴 홀(Billy Kim Hall)'로 명명했다는 소식을 접했다. 진심으로 축하드린다. 하나님께서 김 목사님의 지나온 인생 가운데 축복된 만남과 기적을 베풀어주셨듯이 앞으로의 행보에도 하나님께서 행하실 일이 기대된다. 목사님의 사역과 가정에 하나님의 축복이 함께하기를 간절히 기도드린다.

장종현 백석대학교 총장 / 한국교회총연합 대표회장

이미 세계적인 리더이면서도 늘 소탈하게 자신을 낮추시고 어린아이부터 할아버지 할머니까지 모든 이웃에게 친구가 되어주시는 김장환 목사님의 모습에서 예수 그리스도의 인격을 지닌 진정한 영적 지도자의 모습을 본다.

'사람이 사람을 만나면 역사가 일어나고, 사람이 하나님을 만나면 기적이 일어난다.'

김 목사님의 이 말씀을 많이 알고 있을 것이다. 이 말에서 우리는 '역사'나 '기적'이라는 표현에 관심을 두기 쉽지만, 목사님은 '만남'에 큰 의미를 두신다는 것을 알 수 있다. 만남 자체가 축복이라는 것이다. 김 목사님은 세상을 바꾸는 것도 결국 만남을 통해 발휘되는 '한 사람의 힘'이라고 항상 강조하신다.

"내 인생을 바꾼 건 한 미군 병사의 힘이었다. 따지고 보면 예수님도 한 사람이니 모든 것은 한 사람의 힘으로 시작된다."

김 목사님은 하나님께서 칼 파워스 상사를 만나게 해주신 이후 자신의 삶이 완전히 달라지는 것을 경험하셨다고 한다. 그래서 이 은혜를 받아 누리는 데 머물지 않고 사랑의 선순환을 이루고자 자신도 누군가에게 그런 새 생명의 기회를 주는 '한 사람'이 되려고 끊임없이 노력해오셨다. 극동방송의 대표 프로그램 〈만나고 싶은 사람 듣고 싶은 이야기〉를 71세에 시작하셔서 90세가 된 오늘까지 한 번도 빠짐없이 계속하고 계신 것만 보아도 목사님이 만남의 의미를 얼마

나 귀하게 여기시는지 알 수 있다.

　나는 10여 년 전 김장환 목사님을 처음 뵈었다. 잠시 뵙는 그 시간에도 목사님께 기도를 받으러 오는 분들이 많은 것을 보았다. 내로라하는 기업인, 정치인, 목사님들까지 김 목사님 방에는 손님이 끊이지 않았다. 그분들에게 모두 손을 얹어 안수하시는 모습을 보면서 김 목사님은 '기도의 사자'라는 생각이 들었다. 하늘의 보화를 쌓는 축복기도를 하시는 모습에서 '진정한 영적 지도자가 바로 이런 분이구나' 생각했다.

　때로는 오해를 받을 만한 일도 두려움 없이 행하시곤 했다. 그분은 사적으로 형님이 되신다. 나는 존경하는 형님이 다른 사람의 입에 오르내리는 것이 싫어서 어느 날 "형님, 이젠 남들이 뭐라고 하는 자리에는 가지 마세요. 형님이 하시는 행동을 정치적으로 판단하는 경우들이 있습니다" 하고 말씀드렸다. 그랬더니 "목사가 기도해주는 것이 무슨 문제가 있어. 사람들이 이상하게 보니까 그런 거지. 남들이 싫어하고 미워한다고 목사까지 그러면 되나"라고 하셨다.

　참으로 옳고 합당한 말이지만, 주위 사람들의 구설수에도 아랑곳하지 않고 실제로 자신의 소신대로 살아가기란 여간 어려운 일이 아니다. 사람들은 모두 자기중심적인 정치적·경제적 관점으로 타인을 평가하는 습성이 있다. 이해득실을 따져 사람을 사귀기도 한다. 하지만 김 목사님을 보면서 진정한 목사라면 신앙적 관점에서 하나님의 기준으로 사람을 대해야 한다는 중요한 사실을 깨닫게 된다. 김 목사님이 이처럼 남녀노소, 빈부귀천을 떠나 하나님께서 허락하신 만남을 항상 귀하게 여기며 살아오셨기에 오늘의 극동방송이 있다고 믿는다.

나는 새해가 되면 교계 어르신들을 찾아뵙고 새배를 드린다. 조용기 목사님이 살아 계실 때 나는 김장환 목사님과 함께 찾아뵙곤 했다. 1970년대에 극동방송 인수를 위해 처음 만난 두 분이 40년 넘게 친구처럼 형제처럼 서로 의지하고 격려하며 살아오셨다는 말씀을 들을 때 참 보기 좋았다. 다윗과 요나단의 만남처럼 진정한 친구의 모습을 느꼈고, 사명자는 항상 이렇게 살아야 한다고 생각했다. 하나님의 뜻을 위한 일이라면 언제든 손을 놓을 수 있어야 하고, 그 놓은 손을 평생 하나님의 섭리로 믿고 섬기는 것이 진정한 목회자요 영적 지도자의 모습이라고 느꼈다. 그런 값진 우정과 사랑을 바탕으로 세워진 극동방송이기에 더욱 전파 선교사로서의 사명을 감당하는 일에 정진해왔다고 생각한다.

김장환 목사님을 위해서 잊지 않고 하는 기도가 있다. 모세와 같은 영적 지도자로 건강하게 사역할 수 있도록 힘과 능력과 지혜와 용기를 달라는 기도다. 그리고 목사님을 만날 때마다 한국 기독교를 위해서, 그리고 "우리나라와 민족을 위해서라도 모세처럼 120세까지 강건하셔야 한다"고 말씀드린다. 내 말을 매번 웃어넘기시지만, 이 말씀을 드리는 내 마음은 그대로 진심이다.

모세가 사명을 감당하고 마칠 때까지 눈이 흐리지 않고 기력이 쇠하지 않았다는 말씀처럼(신명기 34:7) 영과 육이 강건하셔서 더욱 민족복음화와 세계 선교를 위해 큰일을 감당해주시길 기대하기 때문이다. 모세가 안수하여 여호수아에게 지혜의 영이 충만했던 것처럼 많은 후배를 영적 지도자로 세우는 데 중요한 역할을 더 많이 해주시길 바라는 마음도 간절하다.

지금 한국 교회 전체가 여러 가지 어려움을 겪고 있다. 우리가 이 위기를 극복하고 세계 교회를 이끌어가는 영적 방주가 되기 위해서는 김장환 목사님 같은 위대한 영적 지도자가 필요하다. 이제 우리나라에는 세계적인 지도자라고 할 만한 분이 몇 분 없다. 조용기 목사님이 한 축이 되셔서 오순절성령운동을 이끌어오셨지만 천국에 가셨고, 현재는 유일하게 김장환 목사님이 세계 침례교를 대표할 뿐만 아니라 화해와 중재의 지도자로서 세계적인 리더십을 발휘하고 계신다. 세계 어느 지도자와 만나도 기독교 신앙 안에서 목사의 영적 지도력으로 대화를 주도하고 평화를 이루시는 김장환 목사님을 나는 존경한다.

하나님과 대면하며 민족을 이끌었던 모세처럼 한국 교회가 거룩함을 회복하고 하나 되는 일에 김장환 목사님이 앞장서주시기를 간절히 바란다. 그래서 빌리 그래함 전도대회로 여의도 광장을 가득 메웠던 '1973년, 그날'처럼 복음의 함성이 대한민국 전체에 메아리치기를 간절히 기도한다. 모세처럼 끝까지 영과 육이 강건하셔서 더욱더 민족복음화와 세계 선교를 위해 큰일을 감당해주시기를 기대한다. 다시 한번 김장환 목사님의 평전 출간을 축하드리며, 목사님과 가족, 자손들과 극동방송사 위에 하나님의 사랑과 은총이 항상 함께하시길 간절히 기도한다.

안영균 필라델피아 한인침례교회 원로목사

1959년, 미국에서 선교 사명을 띠고 한국으로 돌아오신 김장환 목사님 내외분은 수원시에 조그만 집을 짓고 사셨다. 병원이나 교도소, 경찰서 등 어디든 갈 수 있는 곳은 다 전도하러 다니셨다. 그러던 중 하루는 집 근처에 있는 교도소에 가셨다가 고등학생 몇이 들어와 있는 것을 보시고 이유를 물어본즉, 학교에서 '어용교사 축출하자'는 데모를 시도하다 실패해서 잡혀 왔다는 얘기를 들었다.

김장환 목사님은 학생들을 전도할 마음에 책임지고 선도할 것을 서약하고 풀어달라고 하셨다. 학생들 중 데모 주동자이며 고등학교 학생 위원장인 황진수라는 학생의 가정이 어려운 것을 아시고 목사님 댁에서 같이 지내게 하면서 예수님을 믿게 전도하시고 신학교도 보내주셨다.

나는 그때 데모하던 중학교 3학년, 학생위원장이었다. 단에 올라가 "중학생은 다 교실로 들어가라. 학생의 본분은 공부하는 것이다!"라고 외치는 바람에 데모를 실패하게 한 장본인이었다. 그래서 황진수 선배와 원수가 되어 그들이 교도소에 가기 전까지 '안영균 때려죽인다'고 몽둥이를 들고 다니는 바람에 며칠간 학교도 못 가고 도망 다녀야 했다.

내가 고등학교 1학년이던 어느 일요일, 집 앞에 나와 서 있는데 그 무서운 황진수 선배가 자전거를 타고 가다가 내려서 내 쪽으로 오는 게 아닌가. 도망가려고 하다가 선배의 얼굴을 보니 너무 밝고 편안해 보였다. 그때 선배의 입에서 전혀 예상치 못한 말이 튀어나왔다.

"영균아! 나하고 교회 가지 않을래?"

너무 달라진 선배의 모습에 두말없이 따라간 곳이 바로 김장환 목사님이 계신 수원중앙침례교회였다. 목사님은 내 가정형편이 어려운 것을 아시고 황진수 선배와 함께 목사님 댁에서 살게 하셨다. 우리는 둘 다 신학공부를 하고 목사가 되었다. 황진수 목사님은 40여 년간 한 교회에서 목회하고 은퇴하셨고, 나는 33년을 한 교회에서 목회하고 은퇴했다.

우리는 피를 나눈 형제보다 더 가까운 관계이며, 김장환 목사님께서 복음으로 낳으신 열매이자 영적인 자녀다. 김장환 목사님 댁에 살면서 목사님이 가시는 곳은 어디나 따라다니며 기쁘고 즐겁게 신앙생활하고 봉사했다. 교회에서는 학생부에서, 매주 토요일은 YFC 학생 전도집회에서, 화요일과 목요일에 실시되는 성경공부는 기독봉사회 사무실에서 모였다. 학교 가는 시간 외에는 항상 이 사무실에서 학생들이 모였다.

그러던 중 항상 입을 꼭 다물고 반주하는 여학생을 좋아하게 되었다. 하루는 그 여학생의 어머니가 자신이 운영하시는 보육원에서 아이들에게 성경공부를 시켜줄 수 있느냐고 물으셨다. 나는 점수를 딸 수 있는 좋은 기회라는 생각에 그러겠다고 대답했다.

그리고 김 목사님께 말씀드렸더니 "네 마음대로 결정해놓고 왜 나한테 묻느냐?"고 아주 냉정하게 말씀하셨다. 나는 정신이 번쩍 들었다. 목사님께 먼저 상의하지 않고 내 마음대로 한 것이 잘못이라는 것을 깨닫고는 목사님의 다리를 붙잡고 엉엉 울며 잘못했다고 했다. 그 뒤 보육원에 가서 아이들에게 성경을 가르치게 해주셨고, 나는 결국 내가 좋아하던 그 여학생과 결혼했다.

나중에 안 사실이지만, 지금 내 아내가 된 그 여학생이 목사님께 "안영균이 연애편지 보냈어요!" 하고 일러바쳤다고 한다. 목사님은 그 얘기를 듣고 잠깐 생각하시더니 "괜찮은 학생이니 사귀어보라"고 하셨다 한다. 목사님의 그 한마디가 우리 두 사람의 운명적 만남을 결정한 것이다.

그 시절 목사님과 사모님에게 받은 특별한 사랑을 나는 지울 수 없다. 트루디 사모님이 친히 수원에서 서울까지 합승을 해서 데려가 성결교 선교사님 댁에서 피아노 레슨을 받게 해주신 일도 잊지 못한다. 고마움을 표시할 줄도 모르는 철부지들에게 김 목사님 부부는 깊고 넓은 사랑을 베풀어주셨다.

김 목사님의 장점을 얘기하자면, 우선 그분은 하나님 사랑과 나라 사랑에는 둘째가라면 서러울 분이시다. 또 매사에 부지런하시고 구원의 열정을 지닌 분이시다. 또 규모가 큰 일에는 큰 리더십으로 이끄시지만 세심한 자상함도 겸비하신 분이시다.

한 세기에 이런 분이 또 나올 수 있을까 싶을 만큼 귀한 목사님을 가까이에서 모실 수 있었음을 하나님께 감사드린다. 시간을 쪼개어 빈틈없이 살아오신 목사님의 구십 평생에 이루신 일들을 하나님께서 기쁘게 받으셨으리라 믿는다.

지금은 100세 시대가 아니라 120세 시대이니 앞으로도 더욱 강건

하시고 자유통일, 복음통일을 보셔서 이북에도 극동방송국이 곳곳에 세워지는 날이 속히 오기를 기도한다. 하나님께서 꼭 이루어주실 줄 믿는다.

김애설 Biola University & Concordia University Faculty 교수 / 김장환 목사의 장녀

아버지로서의 김장환 목사님과 세계적인 지도자로서의 김장환 목사님을 비교해서 말씀해주신다면?

'아버지, 세계적인 지도자, 목사님'이라는 존칭들은 모두 '롤(Role)'이라는 것이 달아주는 토(직함, 표제, 호칭, 칭호)들입니다. 90세의 아버지는 제게 '역할(Role)'로서 알아온 분이 아니고, '가족관계(Family Relationship)'라는 테두리 안에서 60여 년간 함께한 딸로서 '관계' 안에서 많은 덕과 훈육과 사랑을 한없이 받아왔습니다.

사실 멀리 떨어져 있는 시간이 많기도 했지만, 아마도 그래서인지 더더욱 실감 나고, 객관성 있고, 그리움 속에서 생각이 깊어지는 점이 있지 않나 생각해봅니다. '비교한다'에는 '판단한다'는 뜻도 담겨 있습니다. 저는 육신의 아버지로서는 세상에서 최고의 '아빠'를 선물로 받은 복 있는 사람입니다. 멋지시고, 열심히 하나님을 섬기시며, 다른 사람들 돕는 것을 즐기시는 아버님은 제가 판단하거나 비교할 수 있는 존재는 못 된다고 생각합니다.

세상은 참 불공평하죠? 저처럼 엄청나게 능력 있고, 멋지고, 사랑스럽고, 존경심이 저절로 일게 하는 아버지를 선물로 받고 말이에요. 좋은 엄마와 아빠를 만난 사람으로 한평생 감사하며 살아왔습니다. 부모님이 남기신 '유산(Legacy)'은 다음, 그리고 다다음 세대까지도 퍼지니까요.

관계 안에서 알아가는 제 아버지는 어떤 역할을 하시든 완벽히, 열심히, 멋지게 이뤄내시는 분이십니다. 그리고 관계 안에서의 아빠는 의리 있고, 공평하고, 편견 없는 하나님의 사랑을 모범으로 실천하시는 분입니다. 그중 가장 감사한 것은, 안에서 보는 아버지나 밖에서 보이는 아버지가 언제나 동일하게 훌륭하시다는 점입니다.

아버님께서 두 아들과 달리 딸에게 더 강조하신 말씀은 무엇인가요?

"무슨 일을 하든지 마음을 다하여 주께 하듯 하고 사람에게 하듯 하지 말라"는 골로새서 3장 23절 말씀을 늘 강조하셨습니다. 아마 초등학교 3~4학년 때였을 겁니다. 저녁상을 차리는 시간에 막 퇴근하셔서 제가 행주로 탐탁지 않게 밥상을 닦는 모습을 보셨습니다. 아마 숙제하고 있었거나, 피아노 치고 있었거나, 재미있는 것을 하고 있던 제게 엄마가 밥상 좀 닦으라고 하셔서 내키지 않는 마음에 건성으로 닦는 것을 하필이면 퇴근하시는 시간에 발견하셨던 것 같습니다.

아마도 저는 어린 마음에 '기운 좋은 남자들은 그냥 놔두고 왜 딸인 내게 밥상 차리는 일을 시킨단 말야?' 하는 불평 섞인 마음을 갖고 있었을 것입니다. 제가 좀 유난히 남녀평등을 강조하는 성격이어서 그랬겠지요. 그때 그 장면을 목격하신 아빠가 다정하게 다가오셔서 "그 행주 아빠 다오!" 하시더니 "이왕 행주질할 거면 이렇게 주님께 하듯 하자!" 하시며 손수 열심히 닦던 모습이 지금도 눈에 선합니다. 제게는 그것이 잊히지 않는 삶의 배움의 순간으로 남아 있습니다. 그때 그렇게 신앙의 모범을 삶으로 실천해 보이신 아버지께 참 배울 것이 많은 분이라는 존경심과 사랑의 마음을 듬뿍 느꼈습니다. 이렇듯 아버지는 늘 삶과 신앙이 일치하는 삶을 본으로 보여주셨습니다.

아버지와의 특별한 추억이 있다면요?

고등학교 1~2학년 때로 기억합니다. 고등부 간사님께서 수원 모 교회에서 부흥회를 하는데 교회가 작아 반주자도 없고 찬양대도 없으니, 우리 고등부가 부흥회에 참석해서 섬겨드리자고 저희를 모두 인솔해 데려가셨습니다. 저는 반주를 했고요. 부흥강사님이 힘이 나셨는지 예배가 길어져 집으로 가는 버스가 끊긴 이후 끝났어요. 저희 집으로 가는 골목은 무척 어둡고 무서운데, 아주 늦은 시간에 무서운 골목길을 지나 집에 도착하니, 아버지께서 마중을 나오시기는커녕 엄청나게 야단치셨던 억울한 기억은 지우기 힘든 추억으로 남아 있네요. 그때 가장 억울했던 것은 좋은 일을 하고도 야단맞았다는 점이었습니다. 상황을 제대로 파악하지도 않으신 채 사정을 잘 모르는 일하는 언니가 "친구 만나러 나갔나 봐요" 하고 말씀드린 얘기만 들으시고 야단치셔서 몹시 억울하고 서러웠습니다.

물론 그런 억울함도 시간이 지나면 감사함으로 바뀌는 것을 봅니다. 왜냐하면 만일 아버지가 완벽하셔서 꾸지람도 하지 않는 분이셨다면 그런 쓸쓸한 경험도 맛보지 못하고, 겸손한 인격자로 성장하지도 못했을 것이기 때문입니다.

이제 구순이 넘은 아버지께 남기고 싶은 말씀은 무엇인가요?

요즘 들어 더 안타깝게 바라보는 일인데요, 연세 드신 것을 스스로 느끼시는지 이전보다 더 열심히 설교하시고, 전도하시고, 전파 선교사를 모집하러 다니시는 것 같습니다. 그 모습을 지켜보면서 자식으로서 안쓰러운 마음이 많이 듭니다. 좀 더 몸을 사리며 쉬엄쉬엄 일하셔서 건강하게 우리 곁에 오래오래 계셔주시기를 간절히 바랍니다.

지면 인터뷰 2

프랭클린 그레이엄(Franklin Graham) 빌리그레이엄전도협회(BGEA)회장 / 빌리 그레이엄 목사의 아들

1. What kind of person is Billy Kim that you have known so far? Billy Kim's personality and leadership?
   목사님이 아시는 김장환 목사님은 어떤 분이십니까?

Dr. Kim is a natural leader. Born of out of his deep-seated faith and Biblical convictions, he is a "pastor's pastor." More than that, he has been obedient to God's call on his life to go into all the world and preach the Gospel.

The Lord has blessed his consistent proclamation of God's truth that has drawn countless souls to salvation in Jesus Christ. Gifted with an optimistic spirit, Dr. Kim's leadership of the Far East Broadcasting Company reveals strong spiritual characteristics of vision, stewardship, and faithfulness to Christ in radio and broadcast ministry. He has rightfully been recognized by Christians around the world when he was elected president of the Baptist World Alliance, the common fellowship of over 250 member bodies with 51,000,000 people in 128 countries and territories of the world.

What God has accomplished through his life is notable and remarkable. Because he is gifted, available, and obedient, there's no doubt in my mind that the Lord will continue to use Billy Kim in service to the King of kings.

김장환 목사님은 타고난 리더이십니다. 목사님은 깊은 신앙과 성경적 확신에서 비롯된 '목사들의 목사'이십니다. 특히 목사님은 하나님의 부르심에 순종해 온 세상에 복음을 전하며 살아오셨습니다.

주님께서는 목사님이 복음을 일관되게 전하도록 축복하셔서 수많은 영혼을 예수 그리스도께로 인도하셨습니다. 탁월한 영성으로 극동방송을 이끄시는 목사님의 리더십은 방송 사역에서 강력한 비전과 청지기 정신 그리고 그리스도에 대한 신실함을 보여줍니다. 목사님은 전 세계 128개국에 5천1백만 성도가 있는 세계침례교연맹 총회장으로 선출되면서 전 세계 기독교인들에게 인정받으셨습니다.

지금까지 목사님의 삶을 통해 하나님께서 이루신 일들은 놀랍습니다. 목사님은 은사를 받으셨으며, 준비되어 있었고 순종하시기 때문에 주님께서 복음사역에 목사님을 계속 사용하실 것이라는 데 의심의 여지가 없습니다.

2. What kind of person was Billy Kim to your father and

your family?

김장환 목사님은 빌리 그레이엄 목사님과 가족에게 어떤 분이셨습니까?

My father and Dr. Kim enjoyed many years of fellowship and were close friends. Billy Kim was a constant source of encouragement through visits, letters, and phone calls over the years. My father admired his gifts as a pastor and evangelist, and, of course, chose Billy Kim to be his interpreter for the historic 1973 Seoul Crusade. Dr. Kim and his wife Trudy were guests in my parents' home, and he has preached many times at national and international training conferences sponsored by the Billy Graham Evangelistic Association.

Our family was deeply honored when Dr. Kim spoke at my father's funeral in 2018. His presence brought comfort to us personally. He has been a strong mentor to me and I am thankful that God has allowed me to work closely with him through the years. The apostle Paul wrote: "These things which you have heard from me among many witnesses, commit these to faithful men who will be able to teach others also" (2 Timothy 2:2). The Lord has entrusted the Gospel message to innumerable people down through the centuries and Dr. Kim has been one such faithful servant in proclaiming Christ. He continues to challenge and inspire others to follow in the footsteps of Christ.

Billy Kim remains a dear friend to the Graham family and to the ministry of the Billy Graham Evangelistic Association around the world. It was a privilege to honor him at the Billy Graham Library by dedicating an evangelism training facility in his name. Dr. Kim's personal testimony shared in his book "From Houseboy to World Evangelist" is a compelling story of what God will do when people obey and honor the Lord.

제 아버지 빌리 그레이엄 목사님과 김장환 목사님은 오랜 시간 친구로 지내셨습니다. 김장환 목사님은 수십 년 동안 아버지를 찾아주시고, 편지와 전화를 통해 꾸준히 격려를 해주셨습니다. 아버지는 목사와 부흥사로서의 김장환 목사님을 존경하셨으며, 1973년 역사적인 서울 전도대회에서 김장환 목사님을 통역자로 선택했습니다. 김장환 목사님과 트루디 사모님은 저희 부모님 댁에 손님으로 다녀가셨으며, 목사님은 빌리그레이엄전도협회가 주관하는 국내 및 국제 콘퍼런스에서 여러 차례 설교하셨습니다.

저희 가족은 2018년 아버지의 장례식 때 김장환 목사님이 하셨던 말씀에 깊은 감동을 받았습니다. 목사님께서 참석해주셔서 저희는 큰 위로를 받았습니다. 목사님은 지금까지 제게 강력한 멘토이셨으며, 하나님께서 제가 오랫동안 목사님과 함께 사역하도록 허락해주신 데 대해 감사하고 있습니다. 사도 바울은 디모데후서 2장 2절에 "또 네가 많은 증인 앞에서 내게 들은 바를 충성된 사람들에게 부탁하라 그들이 또 다른 사람들을 가르칠 수 있으리라"고 기록했습니다. 주님께서는 수천 년 동안 세계의 무수한 사람들에게 복음 메시지를 전하도록 맡겨주셨으며, 김장환 목사님은 그중 한 명의 충성스러운 종이셨습니다. 목사님은 다른 사람들에게 그리스도의 발자취를 따르도록 계속 권면하고 앞장서고 계십니다.

김장환 목사님은 그레이엄 가족과 전 세계 빌리그레이엄전도협회 사역에 여전히 귀한 친구이십니다. 빌리 그레이엄 도서관에서 김장환 목사님의 이름으로 전도훈련시설을 봉헌한 것은 큰 영광이었습니다. 목사님의 책 『From Houseboy to World Evangelist』를 통해 들려주시는 목사님의 간증은 사람들이 하나님의 말씀에 순종하고 하나님께 영광을 돌릴 때 하나님께서 어떻게 행하실지에 대한 감동적 이야기입니다.

3. I know you were in Israel at the time of the 1973 conference. What is the memory of the Billy Graham Seoul Crusade you heard at that time?
   1973년 집회 당시 이스라엘에 가 계셨던 것으로 알고 있습니다.

당시 서울 전도대회에 대해 들은 기억을 소개해주시겠습니까?

One of my regrets was not being at the Seoul crusade, but God was doing a work in my own life, just as He was doing in a multitude of hearts during the 1973 crusade. I am thankful that my mother was with my father in Korea during this time and spoke of the moving of the Holy Spirit, a result of much answered prayer.

God opened a great and effectual door of opportunity (1 Corinthians 16:9) for the Gospel and used Dr. Kim in my father's ministry to fulfill the evangelistic outreach God orchestrated at a very crucial time in South Korea. Fifty years later, I still meet people whose lives were changed, and the seed of the Gospel continues to multiply.

서울 전도대회에 참석하지 못한 것은 저에게 큰 아쉬움입니다. 하지만 하나님께서는 1973년 서울 전도대회에서 수많은 영혼에게 복음을 들려주시는 동안 제 삶 속에서도 큰일을 행하고 계셨습니다. 당시 제 어머니가 아버지와 함께 한국에 가셔서 참 감사했고, 수많은 기도에 대한 응답의 결과로 성령님께서 역사하신 내용을 말씀하셨습니다.

하나님께서는 복음을 전할 수 있는 크고 놀라운 가능성의 문(고린도전서 16:9)을 여셨고, 한국에서 매우 중요한 시기에 하나님께서 지휘하신 제 아버지의 전도대회를 성공적으로 완수하도록 김장환 목사님을 사용하셨습니다. 50년이 지난 뒤, 저는 아직도 변화된 삶을 사는 사람들을 만나며 복음의 씨앗이 계속해서 늘어나고 있는 모습을 봅니다.

4. What do you think of Billy Kim as a preacher?
설교자 김장환 목사님에 대해서 어떻게 생각하십니까?

Billy Kim is a dynamic preacher who, first and foremost, is faithful to scripture. God blessed him with an engaging and winsome personality that exhibits the joy of the Lord; and his energetic demeanor is contagious. Dr. Kim has an evangelistic heart and has built a great church in Korea through strong preaching, witnessing, and the discipleship of new believers. The Bible says that God gave "some as evangelists, and some as pastors and teachers, for the equipping of the saints for the work of service, to the building up of the body of Christ" (Ephesians 4:11-12). I believe God has gifted Dr. Kim in all of these ways.

김장환 목사님은 무엇보다도 성경에 충실한 역동적 설교가이십니다. 하나님께서는 목사님에게 매력적이고 사람들을 끌어들이는 성격을 주셔서 주님의 기쁨을 나타내시며, 또 목사님의 힘이 넘치는 태도에는 전염성이 있습니다. 목사님은 전도하는 마음을 갖고 계시며, 강력한 설교와 복음 증거 그리고 새 신자 제자훈련을 통해 한국에 대형교회를 세우셨습니다. 성경은 에베소서 4장 11~12절에 "그가 어떤 사람은 사도로, 어떤 사람은 선지자로, 어떤 사람은 복음 전하는 자로, 어떤 사람은 목사와 교사로 삼으셨으니 이는 성도를 온전하게 하여 봉사의 일을 하게 하며 그리스도의 몸을 세우려 하심이라"고 말씀하고 계십니다. 저는 하나님께서 김장환 목사님에게 이 모든 면에서 은사를 주셨다고 믿습니다.

5. What does it mean to be back in Korea for the 50th anniversary of your father's Seoul Crusade?
   아버지의 서울 전도대회 50주년을 맞아 한국에 다시 오신 것에는 어떤 의미가 담겨 있습니까?

While I wasn't in Korea to see this milestone event up close and personal in 1973, I've been privileged to see the results—not just today—but over the past five decades. God has worked in the life of the nation and the hearts of the Korean people, resulting in turning sinful hearts to the Savior. It brings to mind Jesus' parable of the seed and the sower from Matthew 13. While my father sowed the seed of the Gospel to the largest assembly of 1.1 million people, his message was interpreted by Billy Kim who also became a sower of the Gospel seed. So, I was humbled to present a bronze statue of The Sower to Dr. Kim on the occasion of the 50th anniversary and I thank God for his life and ongoing ministry today.

1973년에는 직접 그 집회를 가까이에서 보지 못했지만, 지금만이 아니라 지난 50년 동안의 결과를 보게 되어 영광이었습니다. 하나님께서는 이 나라와 한국 사람들의 마음 가운데 역사하셔서 악한 마음을 주님께로 돌리게 하셨습니다. 이것은 마태복음 13장의 씨 뿌리는 자의 비유를 상기시켜줍니다. 제 아버지는 110만 명이라는 가장 큰 인원이 모인 집회에서 복음의 씨앗을 뿌리셨고, 아버지의 메시지는 역시 후에 복음의 씨앗을 뿌리게 되는 김장환 목사님이 통역하셨습니다. 그리하여 복음의 씨앗을 뿌리는 자가 되었습니다. 그래서 50주년을 기념해 '씨 뿌리는 자' 청동 조각상을 김장환 목사님께 전해 드릴 기회가 있어서 영광입니다. 목사님의 삶과 계속되는 사역에 대해 하나님께 감사드립니다.

6. What would your father think if he were watching this meeting from heaven?

> 아버지께서 하늘에서 이 집회를 지켜보고 계신다면 어떻게 생각하실까요?

Billy Kim made a remarkable impression on my father when he served as his interpreter, translating my father's messages to crowds where thousands of people were saved. Billy Kim has gone on to preach to millions himself as an influential global leader working faithfully to obey the Great Commission Jesus commanded in Matthew 28.

I can say with confidence that my father expressed his deep admiration and love for Billy Kim and his faithfulness to the Gospel and was deeply moved by Dr. Kim's love for the scriptures and commitment to prayer. We thank God that this has been multiplied in other dedicated hearts and strong voices for the Lord Jesus Christ.

김장환 목사님은 제 아버지의 통역사로서 깊은 인상을 남기셨으며, 제 아버지의 설교를 수많은 사람에게 통역하셔서 수천 명이 구원을 받았습니다. 김장환 목사님은 마태복음 28장에서 예수님께서 명령하신 대계명에 순종하고자 영향력 있는 글로벌 리더로 발돋움해 수많은 사람에게 복음을 전해오셨습니다.

저는 확신할 수 있습니다. 제 아버지께서는 김장환 목사님과 복음에 대한 목사님의 열정에 깊은 존경심과 사랑을 표하셨으며, 김장환 목사님의 성경을 사랑하는 마음과 기도에 대한 열정에 깊은 감동을 받으셨습니다. 이것이 주 예수 그리스도를 향한 다른 헌신적 사람들의 마음과 강력한 음성이 늘어나게 한 데 대해 하나님께 감사드립니다.

필립 라이큰(Philip Ryken) 휘튼 대학 총장

I first met Dr. Billy Kim on his 2013 visit to Wheaton College with one of FEBC's Korean Children's Choirs. For many decades he has been a good friend to Wheaton College, where I serve as President. We also share personal connections through Billy Graham and the Lausanne Movement.

Dr. Kim has been the consummate host on my several visits to Korea since 2015. by making personal connections, hosting formal dinners, opening doors for ministry at leading churches, providing a beautiful place to stay at the FEBC Headquarters in Seoul, and so much more.

Dr. Billy Kim's extraordinary life in ministry has touched countless lives with the gospel of Jesus Christ. I admire his vision for the kingdom of God, which has made FEBC the world's most important, most influential, most far-reaching ministry in Christian broadcasting. Dr. Kim has a passion for sharing the gospel with as many people as possible—a holy ambition that the Holy Spirit has blessed across South Korea, North Korea, Russia, China, and many other countries in Asia and beyond.

What else can I say about Dr. Kim's life and work? He is a gifted preacher, compelling communicator, and wonderful storyteller. God hears and answers his prayers for his family, his ministry, his congregation, and the many people he meets through his travels. Another clear sign of God's grace in Dr. Kim's life is his marvelous sense of humor. Although he takes his work seriously, he does not take himself too seriously, which gives his life greater joy. As a man of many attainments and accomplishments, Dr. Billy Kim is respected and revered, of course, but he is also loved.

In the providence of God, Billy Kim left Korea as a young boy and traveled to America, where he experienced Jesus Christ in a new way. God has used his lifelong love for the United States to form many ministry partnerships with leaders here in government, education, and the church. This too has been a blessing and has strengthened the work of the gospel in North America. God has used these connections to give Americans a greater love for the people of Korea, including through the exceptional ministry of the FEBC Children's Choirs.

It has been an immense privilege for me to know Dr. Billy Kim and to experience his ministry first-hand. Our connection has made Wheaton College more effective in its work "For Christ and His Kingdom." It has also made me a more faithful Christian leader, with a greater understanding of God's work around the world.

Dr. Kim often signs his letters to me with the prayer that God would keep me "in the hollow of his hand." I have the same prayer for him: that in this beautiful season of ministry, as Dr. Kim reflects on a lifetime of faithful, fruitful service in the kingdom of God, the Lord Jesus Christ would keep him "in the hollow of his hand."

저는 2013년에 극동방송 어린이합창단과 함께 휘튼 대학을 찾으셨던 김장환 목사님을 처음 만났습니다. 목사님은 수십 년간 제가 총장으로 섬기는 휘튼 대학과 좋은 친구로 지내며 지금까지 많은 인연을 나누고 있습니다. 또한 목사님과 저는 빌리 그레이엄 목사님과 로잔운동을 통해 개인적으로도 매우 가까이 지내고 있습니다.

제가 2015년부터 여러 차례 한국을 방문할 때마다 목사님께서는 제게 가까운 지인들을 소개해주시고, 만찬 자리를 마련해주셨으며, 대형교회들과도 연결해주셨고, 극동방송의 아름다운 숙소에서 머물 수 있게 하시는 등 많은 도움을 주셨습니다.

예수 그리스도의 복음을 전해오신 목사님의 위대한 삶은 수많은 사람에게 영향을 미쳤습니다. 저는 극동방송을 전 세계에서 가장 중요하고 영향력 있는 기독교 방송사로 우뚝 서게 한 하나님 나라의 놀라운 비전을 소유하신 목사님을 존경합니다. 목사님께서는 가능한 한 많은 사람에게 복음을 전하려는 열정을 지니셨으며, 성령님께서 주신 이 거룩한 열정으로 한국과 북한, 러시아, 중국 및 아시아 여러 나라를 뛰어넘어 복음을 전해오셨습니다.

목사님의 삶과 사역에 대해 무슨 말씀을 더 드릴까요? 목사님은 설교에 은사가 있는 분이시고, 호소력 있는 전달자이며, 멋진 이야기꾼이십니다. 목사님이 그분의 가족, 사역, 성도들 및 여행을 통해 만나는 많은 사람을 위해 기도할 때 하나님께서는 이를 들으시고 응답하십니다. 목사님의 삶 속에서 하나님의 은혜가 분명히 드러나는 증거는 그분의 놀라운 유머 감각입니다. 목사님은 하시는 일에 진지하게 임하시면서도 자신의 문제에 대해서는 그다지 진지하게 받아들이지 않으신다는 사실이 오히려 목사님께 더 큰 기쁨을 선사합니다. 다양한 업적과 성취를 경험하신 목사님은 많은 사람에게 존경과 찬사뿐 아니라 사랑도 많이 받고 계십니다.

하나님의 섭리에 따라 목사님은 소년 시절 한국을 떠나 미국 유학길에 올랐으며, 그곳에서 예수 그리스도를 처음 만났습니다. 하나님께서는 평생 미국을 사랑해온 목사님이 미국 정계, 교육계 및 교계 리더들과 손잡고 많은 사역을 하게 하셨습니다. 이것 또한 축복이었고, 북미의 복음사역을 강화하는 데 일조하였습니다. 하나님께서는 목사님 지인들과의 관계를 통해 미국인이 한국인을 더 사랑하게 하시며, 또한 극동방송 어린이합창단의 탁월한 사역도 큰 역할을 했습니다.

목사님을 알고 그분의 사역을 직접 체험하는 것은 제게 대단한 영광이었습니다. "그리스도와 그분의 나라를 위해"라는 슬로건의 휘튼 대학 사역도 목사님과의 관계를 통해 더 발전할 수 있었습니다. 또한 목사님과의 개인적 관계는 저를 더 충실한 기독교 지도자로 성장시켰으며, 전 세계에 걸친 하나님의 사역에 대해 더 큰 이해력을 갖추게 해주었습니다.

목사님께서는 제게 편지를 주실 때마다 마지막에는 "하나님께서 당신을 그분의 손바닥 안에 지켜 보호해주실 것을 기도하며"라는 말로 자주 마무리하십니다. 저도 목사님을 위해 같은 기도를 합니다. 목사님이 하나님 나라를 위해 평생 신실하게 많은 결실을 맺은 삶을 돌아보는 이 아름다운 사역의 시기에 주 예수 그리스도께서 목사님을 "하나님의 손바닥 안에 지켜 보호해주시기를" 기도합니다.

마이클 린지(Michael Lindsay) 테일러 대학 총장

My name is Michael Lindsay, President of Taylor University. I first got to know of Dr. Billy Kim while interviewing President Jimmy Carter at the Carter Center in Atlanta, Georgia. I was completing my dissertation at Princeton and was interviewing world leaders who are also people of faith. During the interview with President Carter, I asked about moments when he brought his faith to bear in conversations with other global leaders. He related a story about a visit to South Korea and a series of conversations he had with President Park at that time.

I asked him if he shared the Gospel with President Park, and he said yes, but needed some additional follow-up, so he asked Dr. Billy Kim to go and see the President. He then told me about Dr. Kim and his extraordinary ministry. Later, I asked one of my mentors, Dr. Gary Cook, who was serving at the time as President of Dallas Baptist University about Dr. Kim. He had been active within the Baptist World Alliance and personally knew Dr. Kim. Years later, after I had become a university president myself, Dr. Cook connected me with Dr. Kim. We have been friends ever since.

There are many things I love about Dr. Billy Kim - his passion for Jesus, his humility and integrity, as well as his willingness to serve and bless people around the world. But he has also been a good friend of mine for many years, and I count it a privilege to partner with him in the Lord's work around the world.

저는 조지아주 애틀랜타에 있는 카터센터에서 지미 카터 전 대통령을 인터뷰하며 김장환 목사님에 대해 처음 알게 되었습니다. 당시 저는 프린스턴 대학에서 박사학위 논문을 마무리하는 가운데 믿음을 가진 세계 지도자들을 인터뷰하던 중이었습니다. 카터 대통령과의 인터뷰 도중 제가 대통령께서는 다른 세계 지도자들과 대화할 때 자신의 신앙이 어떻게 도움이 되었는지를 물었습니다. 그분은 한국 방문과 그 당시 박정희 대통령과 나누었던 대화에 대한 이야기를 하셨습니다.

저는 그분이 박 대통령에게 복음을 전했느냐고 물었고, 그분은 "예!"라고 답했지만 후속 조치가 필요하다며 김장환 목사님에게 박 대통령을 찾아가서 만날 것을 부탁했다고 했습니다. 그러고 나서 그분은 김장환 목사님과 목사님의 놀라운 사역에 대해 말씀해주셨습니다. 나중에 저는 제 멘토 중 한 분인 댈러스 침례대학교 총장 개리 쿡 박사님께 김장환 목사님에 대해 물었습니다. 개리 쿡 총장님은 세계침례교연맹에서 활발히 활동하고 계셨으며, 김장환 목사님을 개인적으로 알고 있었습니다. 몇 년 뒤, 제가 대학 총장이 되고 나서 개리 쿡 총장님은 저를 김장환 목사님께 소개해주셨습니다. 그 이후로 저는 목사님과 친구가 되었습니다.

저는 김장환 목사님을 많은 점에서 좋아합니다. 예수님에 대한 열정, 겸손함, 진실성 그리고 전 세계인에게 봉사하고 축복하고자 하는 의지 등입니다. 목사님은 또한 여러 해 동안 제 친구이셨으며, 저는 목사님과 함께 전 세계를 대상으로 주님의 사역을 하게 된 것을 영광으로 생각합니다. 목사님의 평전 출간을 진심으로 축하드립니다.

클리프 맥카들(Cliff McArdle) 전 FEBC-US 부사장

I met Dr. Billy Kim in 1995 at the FEBC 50th Anniversary event in California. He led a delegation from FEBC Korea that honored FEBC co-founder Dr. Robert Bowman with a tribute and special gift in recognition of his service. I noted that Dr. Kim was very personable and spoke to everyone he met at the event. This is one of the things that has always impressed me, that whether it is a ministry leader or the servers at a restaurant, Dr. Kim speaks to everyone.

In addition to his extraordinary communication skills, I

believe that another of Dr. Kim's great strengths is that he has never forgotten to be grateful for the men and women who gave him an opportunity to come to the United States to study, where he later trusted Christ as his Savior and began his ministry. I have heard him express gratitude many times in public and private meetings both for the late Sergeant Carl Powers, and the United States for his experience and opportunities in America. I believe his consistent spirit of gratitude is one of the reasons God has blessed his ministry and family so richly.

Dr. Kim's willingness to share his testimony with a wide variety of people: some met in common places, and others of high social and political status has been an inspiration to me. His faithfulness to share the Gospel and consistent practice of treating everyone with respect is an important lesson and example for all Christians and especially leaders, as people remember how they are treated by others in high positions. I have traveled widely and had many memorable experiences with Dr. Kim, but one occasion remains a vivid memory. Dr. Kim and I visited a very elderly widow and Dr. Kim took the time to read God's Word to her and pray with her. I remember thinking that even though he had met with world leaders and spoken to millions of people in meetings, he still cared for and honored this widow.

저는 김장환 목사님을 1995년 캘리포니아에서 열린 미국 극동방송 50주년 기념행사에서 만났습니다. 목사님은 한국 극동방송 대표단을 이끌고 FEBC(극동방송) 설립자인 로버트 보먼 박사에게 경의를 표하며, 그분의 공로를 축하하는 특별한 선물을 주셨습니다. 김장환 목사님은 매우 다정다감한 분이시고, 저는 목사님이 그 행사에서 만난 모든 사람과 이야기를 나누는 모습을 보았습니다. 이 장면은 제가 항상 감명 깊게 생각했던 것 중 하나입니다. 목사님은 어떤 단체의 지도자든 식당의 종업원이든 모든 사람과 대화하십니다.

특유의 의사소통 능력 외에도 목사님의 장점 하나를 들자면, 나중에 그리스도를 구세주로 영접하고 사역을 시작하도록 미국 유학 기회를 주신 분들에게 감사하는 마음을 잊지 않았다는 점입니다. 저는 김장환 목사님이 고인이 된 칼 파워스 상사와 미국에 대해 자신이 가졌던 경험과 기회에 대해 여러 사람 앞에서 그리고 사적인 모임에서 감사를 표하는 말씀을 여러 번 들었습니다. 목사님의 한결같은 감사의 정신이 하나님께서 목사님의 사역과 가정을 풍성하게 축복하신 이유 중 하나라고 믿습니다.

다양한 사람들에게 자신의 간증을 나누려는 목사님의 의지가 제게 영감을 주었습니다. 어떤 사람들은 평범한 장소에서 만났고, 또 어떤 사람들은 사회적·정치적 지위가 높은 사람들이었습니다. 복음을 전하려는 목사님의 신실함과 모든 사람에게 존경심을 갖고 대하는 일관된 모습은 모든 기독교인, 특히 지도자들에게 중요한 교훈이자 본보기가 되고 있습니다. 저는 목사님과 함께 여행을 많이 했고 기억에 남는 경험도 많지만, 생생하게 기억나는 한 장면이 있습니다. 목사님과 저는 연세가 많으신 한 여성분을 찾아갔는데, 목사님은 그분께 하나님 말씀을 읽어주시고 기도해주셨습니다. 저는 목사님이 세계 지도자들을 만나시고 수백만 명의 사람과 이야기를 나누시는 분이면서도 여전히 이 미망인을 챙기시고 존중하셨던 것을 기억합니다.

엘리자베스 돌(Elizabeth Dole) 밥 돌 상원의원 부인

My husband, Bob, and I were so pleased when Dr. Billy Kim visited our home to pray for Bob shortly before his death in December 2021. At that time, Billy expressed a strong interest in the work of the Elizabeth Dole Foundation in raising awareness and support for the 5.5 million young spouses, mothers and dads caring for our wounded warriors at home. He became a strong supporter of their cause and continues to receive updates.

I have the greatest admiration and respect for this very

effective and passionate church leader and preacher of the Gospel of Jesus Christ for over sixty years. The Far East Broadcasting Company, which he chairs, is delivering the Gospel to multiple countries around the world and Billy is beloved for his faithful preaching and incredible testimony to the grace of God in his personal life.

I recently visited the Billy Graham Library and Archives in Charlotte, North Carolina and saw the magnificent "Billy Kim Hall." Billy Graham had a strong relationship with Billy Kim and the Graham team stays in close touch with him.

I had the privilege of enjoying dinner with Billy last month and am continuously inspired by this great man of God. I look forward to staying in close touch in the months and years to come.

At 90 years of age, Billy Kim vigorously continues his extremely meaningful work, making a positive difference in the lives of others. And what could be more important than helping thousands upon thousands of people to believe in Jesus Christ as Lord and Savior!

제 남편 밥과 저는 김장환 목사님께서 2021년 12월, 남편이 세상을 떠나기 직전 우리 집을 찾아와 기도해주신 것이 참으로 기뻤습니다. 당시 목사님은 '엘리자베스돌재단'이 550만 명의 젊은 배우자와 어머니 그리고 아버지들이 부상당한 군인들을 집에서 돌보는 일에 대해 알리고 지원하는 일에 큰 관심을 보이셨습니다. 목사님은 그들의 강력한 지지자가 되셨고, 계속해서 소식을 접하고 계십니다.

지난 60년 이상 예수 그리스도의 복음을 열정적으로, 성공적으로 전해오신 교계 지도자 김장환 목사님께 저는 감탄과 깊은 존경을 표합니다. 목사님이 이사장으로 섬기시는 극동방송은 세계 여러 나라에 복음을 전하고, 목사님은 감동적인 설교와 하나님의 은혜에 대한 간증을 통해서도 사랑받고 계십니다.

최근 저는 노스캐롤라이나주 샬럿에 있는 빌리 그레이엄 도서관과 아카이브를 방문해서 웅장한 '빌리 킴 홀'을 보았습니다. 빌리 그레이엄 목사님과 김장환 목사님의 관계는 매우 특별했으며, 그의 가족도 목사님과 매우 친하게 지내고 있습니다.

지난달에 저는 목사님과 저녁식사를 함께했고, 이 훌륭한 하나님의 사람에게 계속해서 영감을 받고 있습니다. 앞으로도 오랫동안 목사님과 가까이 지내기를 기대합니다.

거의 90세가 되신 김장환 목사님은 너무나도 중요한 사역을 계속해서 왕성하게 감당하고 계시며, 다른 많은 사람의 삶에 긍정적인 변화를 주고 계십니다. 수천수만 명의 사람들이 예수 그리스도를 주님으로 믿게 인도하는 일보다 더 중요한 일은 없을 것입니다!

로저 패럿(Roger Parrott) 벨헤이븐 대학 총장

One of God's most generous gifts to me was to open the door for friendship with Dr. Billy Kim. He has blessed my life immeasurably. His mentoring, encouragement, and vision have inspired me to the heights of Christian service. Knowing him so well, I've had a front-row seat to see how the Christian life should be used to serve others.

I met Dr. Kim through his son Joseph. Through our mutual friends at BGEA, I'd been encouraged to meet Joseph, a fellow educator, and during our lunch, he said, "My dad needs to know you… you're the kind of leader he likes." The next day I was with Dr. Kim at FEBC, and a friendship began that has been the treasure of my life.

Dr. Kim is the only person I've ever invited for multiple commencement addresses at Belhaven University - and we call him our greatest commencement speaker because he's been invited four times! Our students and faculty love him, and when he brings the Children's Choir to campus, we are all especially overwhelmed with joy.

I'm thankful that at Belhaven University, we have a significant building named in honor of Dr. Billy Kim. Not only is this magnificent facility a center of endless activity, but in the lobby, a video tells the story of Dr. Kim's life, from houseboy to Christian statesman. I am thankful that every one of our students can learn from and be inspired by the life of Dr. Billy Kim as a model for vibrant Christianity lived out daily.

하나님께서 제게 주신 가장 큰 선물 중 하나는 김장환 목사님과 우정의 문을 열어주신 것입니다. 목사님께서는 제 인생에 헤아릴 수 없는 축복을 해주셨습니다. 목사님의 지도, 격려 그리고 비전은 제게 기독교 사역의 큰 영감을 주었습니다. 그분을 아주 잘 알기 때문에 저는 그리스도인의 삶이 다른 사람들을 섬기는 데 어떻게 사용되어야 하는지 알아보기 위해 가까이 지내왔습니다.

저는 아들 김요셉 목사님을 통해 김장환 목사님을 만났습니다. 빌리그레이엄전도협회 친구들을 통해 저는 동료 교육자인 김요셉 목사님을 만나보라는 권유를 받았고, 김 목사님은 점심시간에 "제 아버지가 총장님을 만나셔야 합니다. 총장님은 아버지가 좋아하실 만한 지도자이십니다"라고 말했습니다. 바로 그다음 날 저는 극동방송에서 김장환 목사님을 만났고, 그렇게 목사님과의 인연이 시작되었습니다.

김장환 목사님은 제가 유일하게 벨헤이븐 대학에 여러 차례 졸업식 연설자로 초대한 분입니다. 우리는 목사님을 우리의 가장 훌륭한 졸업식 연사라고 부릅니다. 왜냐하면 목사님은 네 번이나 초대를 받으셨기 때문입니다! 우리 학생들과 교직원들은 모두 목사님을 사랑하고, 목사님이 어린이합창단을 학교에 데려오시면 우리 모두 감탄합니다.

저는 벨헤이븐 대학에 김장환 목사님의 이름이 새겨진 특별한 건물이 있다는 사실에 감사합니다. 이 웅장한 시설은 끝없는 행사의 중심일 뿐만 아니라 로비에는 미군 하우스보이에서 세계적인 기독교 지도자가 되신 김장환 목사님의 삶이 담긴 영상이 나옵니다. 저는 우리 학생들이 모두 목사님을 성공한 기독교인의 모델로 삼고 그분의 삶에서 배우고 영감을 받고 있다는 사실에 깊이 감사드립니다.

로널드 포글먼(Ronald Fogleman) 전 미공군 참모총장

I first met Billy Kim in the early 1990s when I was the Deputy Commander of US Forces, Korea and Commander of 7th Air Force living at Osan Air Base. I learned the Sunday evening on base church service was conducted by Billy, accompanied by his wife Trudy. Billy was already a well-known evangelist, and I was intrigued about why he would take the time to come to base each Sunday night.

After meeting him, I discovered he thought that conducting

a ministry for US service men and their families was a way to continue to pay back the kindness of the US soldiers who gave him work as their house boy and sponsored his education in the United States. From that beginning we became lifelong friends.

Due to his personality and Christian beliefs, he has an extensive circle of friends from all around the world. His outreach is extraordinary. He has provided ministry and counsel to leaders in the highest levels of government. When I was in Korea one of my jobs was to negotiate the terms of the Status of Forces Agreement. In that process I worked with a young member of the Korean Foreign Service by the name of Ban Ki Moon. We did not stay in contact with one another as we both advanced in the service of our respective countries. However, when Ban Ki Moon was the Secretary General of the United Nations, Billy made it possible for my wife and I to join he and Trudy for a private breakfast with Ban Ki Moon and his wife in New York where we renewed our friendship.

Billy has been a driving force behind the development of the close ties between the United States and Korea in many ways and for many years. One of the special things he has done is to sponsor tours and performances by children's choirs to the United States. This has led to a better mutual understanding of the two cultures.

After a lifetime in public service my wife, Miss Jane and I have many acquaintances but few friends. We consider Billy and Trudy among those few friends. As Billy approaches his 90th birthday he can look back on a life well lived in the service of the Lord and his fellow man… and the journey continues.

저는 1990년대 초, 주한미군 부사령관 겸 제7공군사령관으로 있을 때 오산 공군기지에서 김장환 목사님을 처음 만났습니다. 어느 날, 김장환 목사님이 트루디 사모님과 함께 오셔서 일요일 저녁 오산 미군부대 교회의 예배를 인도하신다는 사실을 알게 되었습니다. 목사님은 그때 이미 유명한 부흥사셨는데, 저는 그런 분이 왜 일요일 저녁마다 시간을 내서 부대에 오시는지 궁금했습니다.

목사님을 만나고 나서 저는 그분이 미군 장병들과 가족들에게 하나님의 말씀을 전해주시는 이유는 자신에게 하우스보이로 일하게 해준 미군과 미국에서 유학하도록 도움을 준 미군 병사에게 은혜를 계속 갚는 방법이라고 생각하기 때문이라는 것을 알게 되었습니다. 그때부터 우리는 평생 친구가 되었습니다.

김 목사님의 성품과 신앙 덕분에 목사님에게는 전 세계에 광범위하게 친구들이 있습니다. 목사님의 사역은 폭이 넓습니다. 목사님은 정부의 최고위층 지도자들에게 복음을 전하시고 조언을 해오셨습니다. 제가 한국에 있을 때 제 업무 중 하나는 주한미군지위협정 조건을 협상하는 것이었습니다. 그 과정에서 저는 반기문이라는 젊은 외교관과도 함께 일했습니다. 우리는 각자의 나라를 위해 일하고 서로 연락을 유지하지는 않았습니다. 하지만 반기문 UN사무총장 시절에 김 목사님은 트루디 사모님과 반기문 총장 부부, 저와 제 아내가 뉴욕에서 함께 아침식사를 할 수 있게 해주셨고, 그곳에서 우리는 우정을 새로이 했습니다.

 목사님은 많은 면에서 그리고 오랜 세월 동안 미국과 한국의 긴밀한 관계를 발전시키는 원동력이 되어왔습니다. 그 특별한 일 중 하나는 어린이합창단의 미국 투어를 가능하게 한 것입니다. 이는 각국의 문화에 대한 두 나라의 상호이해를 증진시켰습니다.

 평생 공직 생활을 하고 은퇴한 저와 아내 제인은 아는 사람이 많지만, 진정한 친구는 많지 않습니다. 우리는 목사님과 트루디 사모님을 몇 안 되는 우리의 친구로 여기고 있습니다. 90번째 생일을 맞으신 목사님께서 주님과 동료 그리스도인들을 위해 헌신하며 잘 달려오신 삶을 돌아보시기를 바랍니다. 그 여정은 지금도 계속되고 있습니다.

For to me,
to live is Christ
and to die is gain.
—Philippians 1:21

에필로그

평전을 마무리하면서 김장환 목사에 대한 몇 가지 부정적인 평가와 그에 대한 필자의 생각을 이야기한 뒤, 김 목사에 대한 긍정적인 평가를 그의 리더십을 주제로 정리하고자 한다.

우선 부정적인 평가에 대해 알아보자. 김장환 목사는 정치적으로 보수주의자다. 그러다 보니 보수 대통령들과는 친분이 두터운데 김대중, 노무현 대통령과는 교제가 많지 않았다는 비판이 있다. 하지만 이는 김장환 목사의 문제가 아니라 진보 대통령들이 정치색이 맞지 않는 김 목사를 부르지 않아서 비롯된 일이다. 그리고 김 목사가 진보주의자들이나 진보 대통령들과 거리를 두었던 것만도 아니다. 김 목사는 보수 기독교 교단의 원로지만, 여당이 먼저 야당에 손을 내밀어야 한다고 주문하고, 북한을 열린 마음으로 도와야 한다고 주장하기도 했다.[1]

평소 김장환 목사는 박정희 대통령에서부터 윤석열 현 대통령까지 역대 모든 대통령을 만나고 교제해왔다. 그중에서도 전두환, 노태우, 이명박, 박근혜 대통령까지 백담사도 감옥에도 찾아가서 만나고 위로해온 것이 사실이다. 그런 행보를 보고 김 목사는 가난하고 힘없는 사람들은 외면한 채 대통령들과만 교제하는 '정치 목사' 또는 '권력을 좇는 불나방'이라 비판하는 이들이 있다.[2]

김장환 목사를 제대로 알거나 이 평전을 온전히 읽은 사람이라면 그런 비판이 김 목사에게 어울리지 않는다는 사실을 알 것이다. 목회자의 역할은 죄인도 찾아가서 위로하고 복음을 전하는 것이다. 김 목사는 대통령이나 지위 높은 사람뿐 아니라 남녀노소, 식자나 무식자, 부자나 빈자를 가리지 않고 만나 도움을 주고 복음을 전하고 기도해주는 일을 계속해왔다. 그것이 목회자의 사명이기 때문이다.

(주)더헤븐 리조트 회장 권모세 장로의 이야기를 참조해보자.

> 어떤 이들은 김장환 목사를 '정치 목사'라고 비난하는데 천만의 말씀입니다. 이분은 이 사회의 높은 사람들만 만나는 게 아니에요. 낮은 사람, 힘없는 사람, 특히 교계에선 어려운 교회를 찾아가 위로하고 도와줍니다. 본래 욕심이 없고, 있다면 극동방송을 통해 북한과 중국에 복음을 전하려는 것뿐입니다.[3]

그렇다. 수원중앙침례교회에서 시무할 때 김장환 목사는 매년 추수감사절마다 수원공설운동장에 환경미화원과 양로원 거주 노인, 군인, 전경 등을 초대해 큰 잔치를 벌이고 극진히 대접했다. 해마다 참석자들은 그 변함없는 정성과 지극한 섬김에 크게 감동을 받았고,

그들 가운데 예수님을 구세주로 영접하고 신앙인이 된 사람도 적지 않았다. 이처럼 김장환 목사가 소외되고 낮은 사람들을 만나고 섬기는 것에는 시시비비가 없다.[4]

　문제는 대통령이나 고위직 인사들과의 만남이다. 이들과의 만남은 매스컴을 타기 마련이고, 그것만 보면 낮은 사람들은 소홀히 하거나 무시하는 교만한 사람으로 김 목사를 오해할 수 있지만 전혀 사실이 아니다.

　만일 김 목사가 권력을 좇는 불나방이라면 지금쯤 그는 적어도 국회의원이나 장관 한자리쯤은 차지했어야 한다. 하지만 오히려 국회의원으로 출마하라는 대통령의 권유도 거절하고 다른 이에게 양보할 만큼 그는 보수 목회자요 철저한 복음주의자다.

　또 어떤 이는 이명박 전 대통령이 서울동부구치소에 수감되었을 때 김 목사가 "이명박 전 대통령이 무슨 죄가 그렇게 많다고 20년 구형을 받느냐"고 발언했고, 또 이 대통령을 찾아가 "죄 없는 예수도 십자가에 못 박혀 돌아가셨는데, 장로님은 20년 구형을 받으셨으니 용기를 잃지 말라"고 당부했다며 비판했다. 한 방송인은 이런 김 목사의 발언을 두고 그가 예수의 수난과 이 대통령의 수감을 같은 선상에서 비교한 것은 신성모독적 발언이라고까지 비판했다.[5]

그러나 김 목사의 발언을 제대로 이해해보자면, 우선 그가 이 대통령에게 전혀 허물이 없다고 언급한 적은 없다는 데 유의해야 한다. 또 "예수님은 죄가 없는데도 십자가 수난을 당하셔서 돌아가셨는데, 이 대통령은 그나마 20년 구형을 받았으니 낫지 않으냐. 그러니 잘 견디시라"는 의미가 아니겠는가.

김장환 목사는 김대중 대통령이 감옥에 있을 때도 여러 차례 찾아가서 위로의 기도를 해주고, 또 노무현 대통령이 검찰 출석을 앞두고 있을 때도 성경 구절을 인용해 "두려워 말라"는 내용의 위로 편지를 보낸 바 있다. 그런데 김 목사를 일방적으로 비판하는 사람들은 그런 일에 대해서는 비판하지 않는다. 김대중 대통령과 노무현 대통령이라고 전혀 문제없는 사람은 아닐 텐데 말이다. 특히 보수우파들이 볼 때 그렇다.

김 목사는 박정희 대통령이든 누구든 대통령을 만나면 기도 받으라면서 머리에 손 얹고 기도하곤 했다. 그가 국가 최고 권력자에게 아부하고 잘 보이려 했다면 결코 할 수 없는 행동이다. 권력의 눈치를 보고 굽신거리는 사람이라면 권력자에게 무례가 될 수도 있는 그런 행동을 절대 할 수 없다. 오직 하나님의 복음을 전하는 목회자요, 영혼을 사랑하는 열정을 가진 복음전도자로서 한 나라의 대통령이 국가를 잘 통치할 수 있도록 기도해주려는 일념밖에 없었기에 가능한 행동이었다. 보수든 진보든 어느 정권이 들어서도 김 목사의 한결같은 기도 제목은 하나님의 보우하심에 따라 '이 나라가 잘됐으면', 그리고 '이 정권이 성공했으면'이었다.[6)]
「신동아」 한상진 기자와의 인터뷰에서 김 목사는 이렇게 말했다.

> 내가 정치인들과 친해서 그런지 많은 종교인이 나에 대해 '정치 목사다' 그렇게 얘기합니다. 알고 있어요. 그런데 그건 그 사람들이 나의 충심을 몰라서 하는 소립니다. 난 어릴 때부터 정치를 하려고 했던 사람입니다. 미국에 공부하러 가서 예수를 만나면서 방향을 틀었고 지금은 전도를 천직으로 생각하고 있지요. 내가 전도하는 원칙은 이렇습니다. 대통령을 전도하면 각료들 전도하기가 쉽습니다. 부모를 전도하면 자식들 전도하기가 쉬워요. 그래서 대통령들을 만나고 기업 대표들을 만나서 전도했습니다. 난 복음 전하는 걸로 내 인생을 마치겠다고 생각하는 사람입니다. 전두환 전 대통령도 나한테 공천 준다고 했어요. 정치할 생각 있었으면 벌써 했죠.[7)]

필자가 김 목사의 평전을 집필하며 알아본 바로는 그는 UN사무총장 역할도 누구보다 잘 감당할 만큼 뛰어난 인맥과 능력을 지닌 사람이다. 목회자가 되지 않았다면 정치를 했어도 탁월하게 잘했을 사람이다. 그러나 그는 세상 권력이나 정치엔 전혀 마음을 기울이지 않고, 오직 한 길 예수 그리스도의 복음을 가지고 목회와 방송 사역에만 전념해온 겸손하고 순수한 신앙인이다.

반기문 전 UN사무총장이나 이명박 전 대통령을 비롯해 필자가 인터뷰한 김장환 목사의 지인들은 대부분 같은 맥락으로 얘기했다. 힘없는 사람이 대통령한테 잘 보이려고 해야 정치 목사라 할 수 있지, 역대 거의 모든 대통령들이 김 목사의 도움을 받기만 했는데 어찌 그런 부정적인 비판이 어울리느냐는 논리였다. 당연한 말이다.

다음에는 김장환 목사에 대해 필자가 분석한 긍정적 평가를 제시하고자 한다. 김 목사에 대한 긍정적 평가는 이미 앞에서 많이 언급했다. 여기서는 김장환 목사의 탁월한 리더십을 주제로 구체적인 비결 몇 가지를 소개하고 평전을 마무리하려 한다.

김 목사는 목회자이기도 하지만 대형교회와 극동방송이라는 큰 단체를 이끌어왔고 또 이끌어가고 있는 CEO나 마찬가지다. CEO가 필수적으로 갖춰야 할 요소 중 하나는 '리더십'이고, 리더십에서 가장 중요한 것은 '리더의 영향력'이라고 볼 수 있다. 유능한 리더는 자신의 영향력을 적절히 활용해 구성원들을 효과적으로 관리하고 성과를 낼 수 있기 때문이다.

필자는 김장환 목사 평전을 집필하기 위해 수개월 동안 그에 대한 다양한 자료들을 참조했고, 여러 차례에 걸쳐 김 목사와 대면 인터뷰를 진행하는 한편 김 목사를 잘 아는 지인들 다수와도 인터뷰했다. 위대한 신앙의 거성에 대한 책을 쓰면서 '인간 김장환'과 '신앙인 김장환'의 진면목을 있는 그대로 소개하기 위해 필자 나름대로 심사숙고하며 지금까지 달려왔다. 이제 이 평전을 매듭지으며 김장환 목사의 탁월한 리더십과 영향력의 비결이 무엇인지를 분석해본다.

김장환 목사의 리더십은 창세기에 나오는 요셉의 리더십과 흡사해 보인다. 창세기 39장 2~3절은 다음과 같이 말씀한다.

> 여호와께서 요셉과 함께 하시므로 그가 형통한 자가 되어 그의 주인 애굽 사람의 집에 있으니 그의 주인이 여호와께서 그와 함께 하심을 보며 또 여호와께서 그의 범사에 형통하게 하심을 보았더라

말씀 중에 '형통한 자가 되어'나 '형통하게 하심'이라는 표현이 나오는데, 이 두 내용으로 볼 때 요셉은 여호와께서 함께하셔서 그 자신이 '형통한 자가 되었음'을 알 수 있다. 그래서 그가 손으로 하는 모든 일에 형통함을 입어 뭐든지 다 잘되는 역사가 일어나 주변 사람들에게 인정받고 사랑받은 것이다.

그런데 여기서 주의해야 할 내용이 하나 있다. 그것은 원어 성경을 보면 앞에 나오는 '형통한 자가 되어'라는 표현은 잘못된 번역이라는 점이다. 제대로 번역하면 '형통한 자'가 아니라 '형통하게 하는 자(a man of make prosperous)'라고 해야 한다. 이 동사는 '찰라크(צלח)'의 사역형인 히필(hiphil)로 되어 있기 때문이다.

이와 같이 요셉은 우리가 다 아는 대로 여호와 하나님께서 함께하심으로 자신이 형통하기도 했지만, 아울러 '남을 형통하게 하는' 사명도 받은 자다. 여호와 하나님의 역사하심으로 자신이 하는 모든 일이 형통하기도 했지만, 남을 형통하게 하는 자가 되기도 했다는 말이다. 쉽게 말해 '복을 유통하는 자'라는 뜻이다.

김장환 목사가 바로 그런 인물이다. 하나님이 그가 손으로 하는 모든 일을 형통케 하셨지만, 또한 '남들을 형통하게 하는 사명자로도 세우신 리더'라는 말이다.

따라서 필자는 김장환 목사의 리더십 비밀을 '형통'이라는 단어 대신 'GROWTH'라는 영어 단어로 풀어보면 좋겠다는 생각이 들었다. 이 단어에는 우리말로 '성장'이라는 뜻이 있다. '형통'과 매우 흡사한 의미다. 자신의 성장은 물론 타인을 성장하게 하는 이가 있다면 그는 리더가 틀림없을 것이다. 김장환 목사가 바로 그런 리더, 모범적 리더다. 다음에서 김 목사의 리더십을 하나씩 소개해본다.

첫째, 그는 'Goal', 즉 목표에 대한 집념이 있었다. 목표가 없는 리더는 세상에 존재하지 않는다. 요셉을 보라. 어린 시절 하나님이 그에게 꿈을 주셨다. 그는 그 꿈을 아비와 형제들 앞에 고백했다. 그 꿈 때문에 형들에게 미움을 사서 죽을 뻔한 적도 있고, 결국은 노예로 팔려 가기까지 한다. 그것으로 끝나지 않고 강간미수범으로 감옥에 들어가는 수난도 당한다. 그럼에도 그는 자신의 꿈을 내려놓지 않았고, 마침내 하나님은 그를 애굽 총리로 삼아주셨다.

김장환 목사도 꿈과 목표 의식이 있는 사람이다. 그렇다면 그의 목표 의식은 언제 생겨났을까? 김 목사에 대한 책을 자세히 읽어보면, 어릴 때부터 집념이 남달랐던 것으로 보인다. 유학을 마치고 올 때면 어머니가 이 세상을 떠나 다시는 보지 못할 가능성이 있는데도 그는 사랑하는 가족을 떠나 먼 타국으로 갔다. 그것은 당시 자기가 처한 환경과는 관계없이 세계 최고의 나라에서 공부해야겠다는 목표 의식이 없었다면 불가능한 일이다.

비록 당시는 그가 하나님을 모를 때였더라도 그의 마음속에는 남다른 비전과 목표가 있었을 것이다. 물론 밥 존스에서 예수님을 알고 나서부터는 정치가가 되어 돈을 많이 벌어보겠다던 꿈도 바뀌고, 믿지 않는 불신 가족과 대한민국 국민의 구원을 위한 전도와 선교에 대한 목표 의식은 더욱 단단해졌다.

둘째, 그는 'Raising', 즉 '후진 양육'에 대한 열정이 있었다. 세상에서 성공한 사람은 극소수에 불과하다. 그만큼 사람들이 부러워하는 자리에 오른다는 것은 어려운 일이다. 그런데 성공한 사람들 대부분은 자기 목표를 성취하는 데 진액을 다 쏟아버려 남에게 신경 쓸 여유를 갖지 못한다.

김장환 목사만큼 산 설고 물 설고 말까지 잘 통하지 않는 남의 나라에서 최선을 다해 공부하고 뜻을 이룬 사람도 그리 많지 않다. 그래서 자기 목표를 달성한 후부터는 타인들에게 찬사받고 대우받는 것을 즐기는 이들이 많다. 하지만 김 목사는 그런 부류와는 다르다.

학위를 받고 목사 안수까지 받은 뒤 미국에서 살아가는 것이 그와 트루디 사모에게는 훨씬 더 나은 삶을 보장하는 일이었다. 하지만 그 편안한 삶을 뒤로한 채 가난한 고국 대한민국으로 입국한 이유는 오직 가족 구원과 민족 구원이었다. 그리고 과거의 자신처럼 재능은 있으나 형편이 어려운 후진들을 미국으로 보내서 하나님을 위한 신실한 사역자로 양육하는 일이었다.

김 목사는 혼자 하나님 앞에 인정받고 쓰임을 받는 것이 아니라 신실한 종들을 길러서 하나님의 사역을 함께하는 것을 즐겨했다. 실제로 그는 요셉처럼 복을 남에게 유통함으로써 자기가 받은 유학이라는 복을 후배들에게도 나눠주어 그들도 자신과 같은 리더가 되게 했다.

셋째, 그는 'Openness', 즉 '열린 사고와 마음'의 소유자다. 리더가 갖춰야 할 덕목 가운데 빼놓을 수 없는 것이 개방성이다. 마음과 사고가 폐쇄적인 사람이 리더가 되면 공동체가 불행해진다. 사람들은 겸손하게 남의 말에 귀 기울이며, 고정관념에 사로잡히지 않고 융통성이 있는 리더를 따른다.

현대인들은 강압을 가장 싫어한다. 언제나 아랫사람의 말에 귀를 기울이고 그것이 옳다 싶으면 과감하게 자기 생각을 버릴 줄 아는 사람을 원한다. 김 목사는 비록 한국에서 태어나 어린 시절을 보냈지만, 자유민주주의와 청교도 정신의 나라 미국과 미국의 기독교 학교에서 열린 마음과 자세를 갖도록 훈련된 사람이다.

기독교 목사로서 극동방송에 유대인인 이스라엘 대사를 출연시켜 강의하게 한 것도 한 예다. 비록 기독교에서는 생명 없는 종교라고 생각하는 유대교를 신봉하는 유대인이지만 그에게 성경을 가르치게 한 것은 사고가 유연한 사람이 아니고서는 불가능한 선택이다.

김장환 목사는 카리스마 넘치는 생동력과 추진력이 있으면서도 따뜻한 마음으로 사람들을 품어주고 온화한 성품으로 사람들을 이끄는 열린 인격의 소유자다. 사람들이 따르고 영향받는 데는 다 이유가 있는 법이다. 나이가 많을수록 고루하고 사고가 꽉 막힌 독불장군식 리더십으로 사람들을 끌고 가려 하기 마련인데, 이제 구순을 넘긴 김 목사는 지금도 누구나 쉽게 다가갈 수 있는 개방적 리더십을 자랑한다.

넷째, 그는 'Willingness', 즉 '의지력'의 소유자다. 많은 사람이 새 계획을 세운다. 무엇인가 해보겠다고 다짐하지만, 작심삼일이 되기 일쑤다. 목표를 달성할 때까지 힘을 지탱해주는 강력한 '의지력(Willpower)'이 부족하기 때문이다. 의지력은 '자기통제력(Self-control)'이다. 이는 온갖 유혹을 물리치고 더 나은 삶을 위해 자신을 통제할 수 있는 능력을 말한다. 문제는 자기통제력을 유지하기가 어렵다는 것이다.

김 목사는 어린 나이에 가족을 떠나 혈혈단신(孑孑單身)으로 미국에 유학 가 살면서 고향에 대한 그리움과 고독으로 어려움을 겪었다. 하지만 그에게는 남다른 의지력이 있었다. 물론 의지력이라는 게 두 주먹 불끈 쥔다고 해서 생기는 것은 아니다. 절대자 되시는 하나님을 믿고 의지해야 한다. 이 점에서도 김 목사는 요셉의 여정과 흡사한 길을 걸었다고 할 수 있다.

김 목사는 하나님을 알지 못하던 시절에도 의지력과 목표 의식이 뚜렷했지만, 미국에 건너가 기독교 학교에서 신앙을 가지면서부터는 이전보다 더 강한 의지력으로 무장했다. 그가 믿고 따르고 의지할 수 있는 분이 계시므로 그분이 주시는 힘과 능력으로 더 큰 의지력을 발휘했다. 그것이 백분 발휘되어 마침내 미국에서 공부를 잘 마친 뒤 목사 안수를 받고 귀국했다. 세상 리더들은 자기 힘과 의지력만 믿다가 낭패를 경험하는 일이 많은데 하나님을 믿는 사람들은 그럴 수 없다. 하나님이 도우시니 그럴 이유가 없다.

다섯째, 그는 'Trust', 즉 하나님에 대한 '신뢰'가 출중했다. 물론 그는 다른 이들에게도 신뢰할 만한 사람으로 인정받았다.

프랑스 작가 앙드레 지드(André Gide)는 "당신이 견고한 인생을 살기 원한다면 하나님을 신뢰하라"고 말했다. 견고한 인생, 반석 같은 인생을 살고 싶다면 하나님을 신뢰해야 한다. 그 무엇보다도, 재물이나 재능보다도 하나님을 신뢰하며 살아야 한다. 먼저 하나님을 신뢰할 때 하나님께서 축복하신다. 돈이나 세상의 모든 권세는 결코 오래 가지 못한다.

역대하 20장 20~26절 말씀을 통해 볼 수 있는 우리의 사명은 "너희는 너희 하나님 여호와를 신뢰하라 그리하면 견고히 서리라"다. 우리는 오직 하나님을 신뢰하라는 말씀을 받들어야 한다. 하나님께서는 우리가 이 명령을 신실히 지키면 견고히 서는 축복을 받게 된다고 약속하신다.

역대하 말씀에 "여호사밧이 서서 이르되 유다와 예루살렘 주민들아 내 말을 들을지어다 너희는 너희 하나님 여호와를 신뢰하라 그리하면 견고히 서리라"는 선포를, '우리는 과연 얼마만큼 하나님을 신뢰하고 사는가? 과연 하나님을 얼마만큼 인정하고 사는가?'를 생각해보는 계기로 삼아야 한다.

김장환 목사만큼 하나님에 대한 신뢰가 특별한 이도 드물다. 우선 그는 하나님을 알기 전 칼 파워스 씨에 대한 신뢰가 깊었다. 그를 따라 한 번도 가보지 않은 미국 땅에 간다는 것은 신뢰 없이는 불가능한 일이었다. 그 신뢰를 하나님은 밥 존스 입학이라는 선물을 통해 당신을 신뢰하는 것으로 갚아주셨다. 하나님을 알고 나서부터 그는 어떤 순간에도 하나님을 신뢰하는 사람으로 거듭났다. 그분을 향한 신뢰가 없었다면 그가 형편이 좋고 편안한 미국 땅을 떠나 가난하고 척박한 땅인 이 나라로 복귀하는 일은 없었을 것이다.

　김 목사는 또한 타인들에게 신뢰의 사람으로 정평이 나 있다. 무엇보다 성실하고, 신실하며, 약속을 어기지 않는 사람으로 주변 사람들에게 좋은 평판을 듣고 있다. 아무리 출중한 실력과 재능을 갖춘 사람이라도 신뢰를 주지 못한다면 리더의 자격이 없다. 정계와 재계와 학계를 막론하고 세계적으로 유명한 인사들과 친분이 두터운 것도 김 목사가 신뢰의 사람이기 때문이다.

　여섯째, 그는 'Heart', 즉 '마음 관리'를 잘해온 사람이다. 마음 관리를 잘하는 것만큼 어려운 일은 없다. 내면의 평화, 균형 및 중요한 일에 집중할 수 있는 능력을 방해하는 여러 감정이 존재하기 때문이다. 고독과 스트레스와 분노 등의 감정을 관리하고, 힘든 상황에서 차분함을 유지하는 능력은 업무 성과와도 직결된다. 미국 컨설팅 기업 탤런트스마트(TalentSmart)가 100만 명 이상을 대상으로 진행한 연구에서 최고의 성과를 낸 사람들 중 90%가 스트레스가 심한 상황에서 차분함을 유지하는 능력이 뛰어난 것으로 나타났다.

차분함을 유지하려면 항상 자신이 가진 것이 많은 데 감사해야 한다. 다음으로 긍정적인 생각을 해야 한다. 이것은 신앙으로밖에는 해결할 방법이 없다. 김장환 목사는 매사에 감사하는 마음과 긍정적인 사고를 지닌 사람이다. 그래서 미국 유학 중에 그 어떤 고독과 난관도 두려워하지 않고 자신에게 부여된 생의 비전과 목표를 일으켜 세울 수 있었다. 가족과 떨어져서 겪는 고독과 남의 나라 언어로 공부하고 소통하는 데 따른 스트레스는 자칫 포기와 실패라는 쓴 열매를 가져다줄 수도 있었다. 하지만 김 목사에겐 신앙이 있었기에 자신의 마음을 허탄하고 약해지는 데 빼앗기지 않고 참그리스도인으로서의 마음을 잘 유지할 수 있었던 것이다.

김장환 목사 평전을 쓰면서 필자가 느낀 점 하나는, 그가 목회자가 되지 않고 정치가나 회사 CEO가 되었어도 큰 영향력을 끼치는 인물로 자리매김했으리라는 것이다. 하지만 하나님은 어린 시절 사신(死神) 우상을 섬기는 가정에서 자라난 그를 주의 종으로 사용하실 계획을 만세 전부터 가지고 계셨다. 김장환 목사 자신은 나중에 알게 됐지만, 하나님은 칼 파워스라는 불신자를 통해서 그를 미국 땅에 데려오게 하시고 밥 존스 대학에 입학하게 하셔서 그 계획을 실행에 옮기셨다.

창세기의 인물 요셉처럼 하나님이 함께하심으로써 그의 길을 지금까지 이끌어주셨지만, 김 목사의 남다른 재능과 인격과 성실함이라는 리더십이 있었기에 그 일이 더욱 위력을 발휘했다는 것도 분명한 사실이다. 하나님은 베드로처럼 무지한 이도 사용하시지만, 바울처럼 재능을 갖춘 이도 사용하시는 분이다.

앞으로 김장환 목사의 리더십과 영향력의 비결인 'GROWTH'를 골고루 갖춘 후배들이 많이 배출돼 이 나라에 하나님의 복음이 더 널리 확산되기를 간절히 고대하며, 역사적인 인물이요 이 시대 큰바위얼굴인 김장환 목사 평전을 마무리한다.

모든 영광은 하나님께!
Soli Deo Gloria!

1) 이광재, "창간 6주년 기획 이광재가 원로에게 묻다 〈18〉 종교계 원로 김장환 목사," 〈IEWS〉(2013년 12월 13일자).
2) 최태선, "김장환 목사님이 정말 좋은 목사님입니까?," 〈NewsM〉(2019년 3월 15일자); http://www.newsm.com/news/articleView.html?idxno=22138.
3) junbs, "김장환 목사 같은 '전도영웅' 발굴, 보도해 도전 주고 싶다," 〈국민일보〉(2019년 12월 24일자); http://news.kmib.co.kr/article/view.asp?arcid=0924114369&code=23111111&cp=nv.
4) 김용호·유재성, 『하나님 만나면 기적이 옵니다』(서울: 나침반, 2010), pp.246~247.
5) 최승현, "김장환 목사 'MB 무슨 죄가 많다고 20년 구형하나'," 〈뉴스앤조이〉(2018년 9월 14일자); https://www.newsnjoy.or.kr/news/articleView.html?idxno=219820.
6) 류재광, "김장환 목사 "노무현 대통령 전도할 생각," 〈크리스천투데이〉(2008년 4월 29일자); https://www.christiantoday.co.kr/news/191958.
최경호, "'대통령들의 멘토' 김장환 목사의 고언(苦言)," 〈중앙일보〉(2019년 12월 24일자); https://news.joongang.co.kr/article/23664763#home.
7) 한상진, "'MB'의 멘토 김장환 목사," 「신동아」(2009년 7월 7일자); https://shindonga.donga.com/3/all/13/108636/1.

김장환 목사 연보(Historical Records)

1934년　7월 25일 경기도 수원군 안용면 장지리에서 출생
　　　　(아버지 김순필, 어머니 박옥동)
1958년　5월 밥 존스 신학대학교 졸업
　　　　8월 8일 트루디와 결혼
1959년　2월 2일 미국 단테 제일침례교회에서 목사 안수
　　　　5월 밥 존스 신학대학원 졸업(석사)
　　　　11월 미국 기독봉사회 선교사로 임명, 한국에 파송
1960년　12월 수원 YFC 창설
1963년　6월18일 재단법인 한국복음주의 방송협회 이사 선임
1964년　9월 19일 수원기독병원 개원
1966년　1월 1일 수원중앙침례교회 담임목사 부임
　　　　2월 한국 YFC 회장 취임
1968년　8월 11일 전국YFC지도자 수양회 강사
　　　　8월 15일 향토문화공로상 수상
　　　　10월 4일~11월 20일 대만-홍콩-싱가포르-인도네시아 전도
　　　　대회 강사
1969년　10월 4일 기독회관 개관

1970년   5월 수원중앙침례교회 헌당
         5월 20일~6월 3일 세계기독실업인회의 호주대회 강사
         7월 6일~7월 10일 침례회 확장운동대회
         (1만 3천 명 참석, 922명 결신)
         9월 아세아방송 설립 준비위원장 취임
         10월 19일 전국 청년초청부흥성회 강사
1971년   4월 30일~5월 6일 미국-캐나다 순회 집회 강사
1972년   8월 아세아방송 송신소 준공
         9월 20일 일본 대전도대회 강사
1973년   1월 12일 어머니 박옥동 여사 79세로 별세
         5월 30일~6월 3일 빌리 그래함 전도대회 통역(연인원 320만여 명)
         6월 30일 아세아방송 개국 국장 취임
1974년   5월 23일~5월 26일 성남시 연합부흥회 강사
         7월 15일~7월 25일 세계전도대회(스위스 로잔)
1975년   1월 주한미군 철수 반대를 위해 벽산그룹 김인득 회장과 방미
         5월 미국 트리니티 대학 명예 신학박사 수여
         6월 13일 싱가포르 전도집회 강사
         6월 15일~6월 20일 한미 연합전도대회 대회장
         12월 8일 아세아방송 제2대 이사장 취임
1977년   1월 극동방송과 아세아방송 합병 후 한국인 최초 국장 취임
         1월 6일~3월 26일 아세아방송 중창단과 함께 세계일주 전도
         5월 군산 전도집회 강사
         11월 23일~11월 25일 빌리 그레이엄 마닐라 전도대회 강사
1978년   3월 2일 수원중앙유치원 개원
         8월 9일~8월 26일 세계 청소년선교지도자회의 참석 및 미국 전도대회 강사

12월 미8군 장교 클럽에서 장성 조찬기도회 설교

12월 14일 육군 5231 부대 진중 세례식 주관

12월 25일 이스라엘 요단강에서 칼 파워스에게 침례식 거행

1979년　7월 1일 박정희 대통령과 만남

1980년　4월 6일 한미 1군단 부활절 예배 인도

5월 10일 수도침례신학교 문교부 인가

5월 26일~5월 28일 침례교 1980 한미전도대회 대구대회 인도

9월 18일 극동방송 운영위원회 발족

11월 27일~11월 29일 부산지역 학원전도대회 인도

1982년　3월 14일~3월 23일 미국 선교여행 부흥회 인도

5월 13일 경기지구 복음화 대전도대회 인도

9월 3일 방송문화 발전에 기여한 공로로 제19회 방송의 날 국민훈장 동백장 수상

10월 1990년도 침례교 세계대회 한국유치추진위원장 선출

1984년　6월 미국 사우스웨스트 침례대학 명예 신학박사 학위 수여

7월 17일 극동방송 헌의기념관 준공

7월 21일 수원중앙양로원 개원

1985년　3월 25일~3월 26일 목포 청소년 대전도집회(YFC) 인도

5월 1일 제17회 국가조찬기도회 강사

7월 세계침례교연맹(BWA) 부총회장 피선

7월 1일~7월 7일 제15회 세계침례대회 본대회 강사(LA)

9월 12일~9월 15일 충주 전도대회 인도

9월 15일 LA 지사 설립

11월 24일 수원중앙침례교회 새 교회당 입당

1986년　7월 3일~7월 6일 할렐루야 '86 뉴욕 대전도대회 인도

7월 11일~7월 12일 한불 수교 100주년 기념 파리 전도대회 인도

	7월 12일~7월 21일 암스테르담 국제 순회복음 전도자대회 주 강사

7월 12일~7월 21일 암스테르담 국제 순회복음 전도자대회 주 강사
9월 6일 극동방송 신사옥(본관) 준공
10월 미국 캠벨 대학교 명예 신학박사 학위 수여

1987년 3월 1일 올림픽경비대 88교회 설립
6월 25일 나라와 민족을 위한 기도대성회 설교
9월 1일 목회자를 위한 설교자료집 '힘을 다하여' 시리즈 발행
9월 3일 방송의 날 문화부 장관상 수상
9월 30일~10월 2일 미국 CBMC 50주년 기념대회 주 강사
10월 3일 나라와 민족을 위한 기도대성회 강사
10월 15일 〈크리스챤타임스〉 편집고문 위촉
10월 22일~10월 25일 도쿄 도요바시 교회에서 일본인을 위한 부흥집회 인도

1988년 1월 14일~1월 19일 호주 시드니에서 침례교 아세아대회 주 강사
2월 6일 명지학원 재단이사장 취임
5월 하와이 인터내셔널 대학교 명예 신학박사 학위 수여
6월 13일~6월 15일 이천 구국대성회 설교
9월 8일~9월 10일 횃불연합대성회 설교 및 통역

1989년 5월 7일 침례교 선교 100주년 기념 부산지역 전도대집회 설교
6월 12일~6월 16일 미국 남침례교 총회 설교
8월 26일 미국 장병들을 위한 조찬기도회 설교
10월 4일~10월 7일 포항시 연합전도대회 주 강사
12월 1일 대전극동방송 개국

1990년 2월 8일~2월 11일 인도 나가랜드 전도대회 인도
3월 2일 침례교 세계대회 조찬기도회
5월 4일~5월 6일 남침례회 남가주교회협의회 복음화 대성회 인도
6월 25일~6월 27일 제주 복음화 선교대회 인도

         8월 13일~8월 18일 제16차 침례교 세계대회 인도
1991년   7월 8일~7월 13일 빌리 그레이엄 모스크바 전도대회 주 강사
1992년   1월 14일~15일 인도네시아 전도대회 강사
         2월 22일 국민훈장 무궁화장 1등급 수여
         3월 3일~3월 8일 세계복음화 대성회 주 강사
         4월 19일 인천 기독교연합회 부활절 새벽연합예배 설교
         5월 미국 휘튼 대학교 명예 문학박사 학위 수여
         7월 22일 제4차 아시아침례교대회에서 아시아침례교 총회장으로 선출(5년 임기)
         7월 26일~7월 29일 시카고 세계 선교대회 설교
         8월 14일 여의도순복음교회에서 세계성령화대회 개회 설교
         9월 12일 하바롭스크 극동방송 기공예배
         11월 1일~11월 9일 일본 오키나와 부흥집회, 홍콩 연합대집회
1993년   2월 명지대학교 명예 문학박사 학위 수여
         2월 방송 통한 중국개방 기여 공로로 국민훈장 무궁화장 수상
         4월 11일 안산지역교회 부활절 연합예배 설교
         4월 12일~4월 14일 세계침례교여전도대회 주 강사(필리핀)
         6월 27일 설교집 『제자가 되려면』 출간
         7월 4일~7월 7일 도쿄, 타이베이, 오키나와 집회 인도
         7월 18일 미국 시카고 세계YFC대회 집회 설교
         8월 21일 논산훈련소 훈련병 4천 명에게 동시 침례식 집례
         10월 12일 전국여전도연합회 설교
         10월 21일 세계지도자협회 주관 국제 리더십상 수상
         11월 4일 미국 기독봉사회 전도집회 강사
1994년   2월 수원 중앙기독초등학교 개교
         7월 17일 설교집 『생명을 걸고 사랑하라』 출간

　　　　　8월 13일 논산훈련소 훈련병 3천500명에게 동시 침례식 집례
1995년　3월 9일 빌리 그레이엄 기독교 사역자 세계대회 설교
　　　　　5월 5일~5월 6일 LA 프라미스 키퍼스 대회 설교
1996년　3월 16일 창원극동방송 개국
　　　　　5월 24일~5월 25일 애틀랜타 프라미스 키퍼스 대회 설교
　　　　　12월 5일~12월 10일 인도 Grobal Evangelism and Mission Conference 주 강사
1997년　1월 5일~1월 6일 하와이 프라미스 키퍼스 대회 설교
　　　　　5월 23일~5월 24일 미국 시카고 프라미스 키퍼스 대회 주 강사
　　　　　6월 12일~6월 15일 할렐루야 시카고 재전도대회 주 강사
　　　　　6월 14일 미국 북침례교 신학대학원 명예(신학)박사 학위 수여
　　　　　6월 22일 기독교연합회 구국기도회 설교
　　　　　7월 15일~7월 20일 아세아침례교 대만대회 대회장
　　　　　8월 24일~8월 26일 공주지역 연합집회 주 강사
1998년　4월 12일 논산시 기독교연합회 부활절예배 설교
　　　　　4월 29일 한국 침례교총회 선교대회 설교
　　　　　4월 30일 대구·경북 국가기도회 설교
　　　　　10월 3일 세계한인기독교방송협회 조찬기도회 설교
　　　　　10월 26일~10월 28일 김해시 복음화 연합대성회 설교
1999년　5월 태국 방콕 제5차 전도대회 설교
2000년　1월 5일~1월 9일 세계침례교연맹(BWA) 총회장 선출
　　　　　4월 13일~4월 16일 청소년 신앙대부흥회
　　　　　4월 23일 오산시 기독교연합 부활절 예배
　　　　　6월 8일 쿠바 카스트로 의장과 만남
　　　　　7월 29일~8월 6일 '암스테르담 2000' 대회 개회예배 설교
　　　　　8월 25일 평전 『그를 만나면 마음에 평안이 온다』 출판기념회

　　　　　11월 14일 해남복음화 대성회 설교
　　　　　12월 23일 극동방송 서울 표준 FM 개국
2001년　3월 23일~3월 30일 이스라엘 정부 초청 성지순례
　　　　　4월 2일 목포극동방송 개국
　　　　　4월 15일 서울 부활절 연합예배 설교
　　　　　4월 25일 한국이웃사랑회 이사장 취임
　　　　　7월 16일~7월 19일 제20회 북미 남침례 한인교회 총회 설교
　　　　　7월 24일 경주 통합 측 장로회 연합집회
　　　　　8월 3일~8월 5일 남아공 집회 인도
　　　　　8월 25일 논산훈련소 진중 침례식 집례
　　　　　8월 27일 영동극동방송 개국
　　　　　9월 19일 뉴욕 연합집회
　　　　　9월 21일~9월 26일 윌로우크릭 교회 전도수련회 강사
　　　　　11월 12일 포항극동방송 개국
2002년　2월 25일 울산극동방송 개국
　　　　　3월 10일~3월 14일 유럽(동구권) 순방 일정
　　　　　3월 12일 알렉산데르 크바시니에프스키 폴란드 대통령 접견
　　　　　3월 31일 상암동 월드컵경기장에서 부활절 연합예배 인도
　　　　　7월 21일~7월 23일 미국 미니애폴리스 기독교연합집회 강사
　　　　　7월 23일~7월 24일 브리스틀 연합집회 강사
　　　　　7월 24일~7월 25일 시카고 연합집회 강사
　　　　　8월 23일 남선교회 전국연합회(경주교육문화회관) 강사
　　　　　9월 10일 한국기독교목회자 초청 조찬기도회 강사
　　　　　11월 12일 미국 텍사스주 침례교총회 설교
2003년　1월 13일~1월 16일 세계극동방송 직원수련회(필리핀)
　　　　　5월 미국 르터너 대학교 명예 법학박사 수여

7월 27일 정전협상 50주년 기념 예배 설교
8월 7일~8월 9일 세계 선교 콘퍼런스 2003 설교
8월 23일~8월 24일 몽골 추수(Harvest Mongolia) 2003 전도대회 주 강사
11월 7일~11월 9일 오사카 연합성회 인도

2004년 5월 25일~5월 29일 우크라이나 전도대회 인도
7월 9일 국제라이온스 인도주의 봉사대상 수상
7월 27일~8월 1일 세계침례교연맹 상임이사회 서울대회 주관
7월 30일 한국 침례교인의 밤(올림픽공원)
9월 13일 2004 세계군인선교대회 설교
9월 28일 미국 댈러스 침례대학교 명예 인문학박사 학위 수여
12월 19일 수원중앙침례교회 원로목사 추대
12월 21일~12월 25일 캄보디아 전도대회 설교

2005년 1월 11일~1월 23일 미국 하와이 기독연합회 전도대회 설교
1월 28일 〈만나고 싶은 사람 듣고 싶은 이야기〉 진행 시작
5월 2일 홍콩 전도대회 설교
7월 27일~7월 31일 세계침례교연맹 100주년기념대회(영국 버밍엄) 총회장 이임
9월 30일~10월 2일 밴쿠버 복음화 전도대회 주 강사

2006년 2월 NRB 주관 국제방송대상 개인 공로상 수상
4월 16일 창원 기독연합회 부활절 예배 설교
5월 6일 컴벌랜드 대학교 명예 신학박사 학위 수여
5월 28일 미국 공군사관학교 졸업예배 설교
7월 13일 릭 워렌 목사 초청 콘퍼런스 개최
8월 15일~8월 18일 일본 도쿄 순복음교회 전도대회 설교
9월 13일 한일기독의원연맹 국가조찬기도회 설교

10월 제3회 경민대상 '실력부문' 수상
10월 22일 대전 기독교 선교 100주년 기념대회 설교
11월 2일~11월 4일 이라크 파병 자이툰 부대 방문
11월 6일~11월 12일 인도네시아 자카르타 전도대회 설교
11월 22일 〈만나고 싶은 사람 듣고 싶은 이야기〉 100회 특집 공개방송

2007년 1월 3일 국회 신년기도회 설교
2월 15일 미국이민 100주년 기념 대상 수상
2월 21일 캄보디아 정부에 6만 5천 달러 상당의 자가발전식 라디오 5천 대 전달
3월 6일 오스카르 베르헤르 과테말라 대통령 접견
3월 22일 프랭클린 그레이엄 페스티벌 설교
4월 8일 특수 목회를 위해 안디옥교회 개척
7월 31일 주한미군 '좋은 이웃상' 수상
11월 13일 속안 캄보디아 부총리 접견
11월 23일 서울기독대학교 명예 법학박사 학위 수여
12월 8일 반기문 UN사무총장 예방
12월 17일 태안 피해복구 지원
12월 28일 캄보디아 전도대회 설교

2008년 2월 10일 FBCM 한국인 연합예배 설교
2월 24일 훈센 캄보디아 총리 접견
4월 2일 BK기념관 개관(중앙기독초등학교 내)
4월 26일 부산극동방송 개국
5월 31일 폴 카가메 르완다 대통령 접견
6월 3일 페르난도 루고 파라과이 대통령 당선자 접견
6월 10일 세계침례교 지도자상 수상

	10월 7일 포항 1만 명 여성 금식기도회 설교
	11월 3일~11월 5일 KODIM 이민목회자 콘퍼런스
	11월 10일 제5회 피스메이커상 수상(남서울교회)
	11월 21일 대한민국 재향경우회로부터 감사장
	12월 19일 〈만나고 싶은 사람 듣고 싶은 이야기〉 200회 특집방송
	12월 31일 극동방송 사장 이임
2009년	1월 1일 극동방송 이사장 취임
	2월 힐러리 클린턴 미국 국무장관 접견
	2월 모벨리 침례교회 초청집회 설교
	2월 미드웨스턴 침례신학대학원 총장 특별상 수상
	5월 빌 클린턴 전 미국 대통령 접견
	6월 훈센 캄보디아 총리 접견
	8월 조지 W. 부시 전 미국 대통령 접견
	10월 존 쿠포르 가나 대통령 접견
	11월 23일 캄보디아 외교관계 증진 부문 최고 훈장 수여
	12월 15일 제2회 기독언론인상 특별상 수상
	12월 19일 벨헤이븐 대학교 명예 목회학박사 학위 수여
2010년	2월 11일 대전 침례신학교 명예 철학박사 학위 수여
	4월 12일~4월 17일 FEBC IC 미팅 및 부산 신사옥 개국 행사
	5월 미국 캘리포니아 침례신학대학교 명예 신학박사 학위 수여
	5월 미국 바이올라 대학교 명예 신학박사 학위 수여
	6월 22일~6월 23일 조지 W. 부시 전 미국 대통령 초청 6·25전쟁 60주년 평화기도회
	7월 26일~8월 4일 BWA 하와이 행사
	8월 극동PK장학재단 이사장 취임
	10월 23일 빌리 그레이엄, 조지 비벌리 시어와 애슈빌 몬트리트

칼리지 채플에서 해후

11월 19일 〈만나고 싶은 사람 듣고 싶은 이야기〉 300회 특집방송(김영삼 전 대통령)

2011년 2월 12일 대구극동방송 개국

4월 14일 진주시 부활절 연합예배 설교

4월 27일 찰스 랭글 미연방 하원의원 방한

5월 22일 용인시 기독교 복음화 대성회 설교

6월 19일 평창동계올림픽 유치 기원 백두대간 횃불기도회 설교

7월 6일 말레이시아 열린 교회 설교

12월 8일 극동방송 창사 55주년 기념 리셉션

2012년 2월 두을장학재단 이사 취임

4월 8일 동작구 부활절 연합새벽예배 설교

4월 8일 순천시 부활절 연합예배 설교

4월 25일 미국 애즈베리 대학교 명예 신학박사 학위 수여

5월 26일 광주극동방송 개국

9월 17일 필 브라이언트 미국 미시시피 주지사 및 미시시피 주정부 대표단 방한 환영 조찬기도회

10월 19일 〈만나고 싶은 사람 듣고 싶은 이야기〉 400회 특집방송

10월 22일 부산외국어대학교 명예 경영학박사 학위 수여

2013년 1월 8일 압둘라 2세 요르단 국왕 예방

3월 15일 시리아 자타리 캠프 난민을 위한 컨테이너 하우스 기증식

4월 한국비서협회 주최 민간 부문 '최고의 상사' 수상

5월 미국 블루필드 칼리지 명예 신학박사 학위 수여

5월 미국 칼슨-뉴먼 대학교 명예 신학박사 학위 수여

7월 24일 국제기드온협회 제114차 국제대회 동양인 최초 주 강사(미국 플로리다주 올랜도)

9월 21일 칼 파워스 소천(85세), 25일 장례예배 집전
10월 18일 루이즈 무시키와보 르완다 외교부 장관과 조찬
10월 25일 극동방송 신사옥 준공
12월 한국기독교총연합회 주관 제2회 기독교대상 시상식 '자랑스런 목회자상' 수상

2014년 3월 3일 조지 W. 부시 전 미국 대통령 내한
4월 7일 시리아 난민 지원 등의 공로로 외교부 장관 표창
4월 20일 한국 교회 부활절 연합예배 설교(연세대 노천극장)
5월 15일 세월호 참사 위로와 회복을 위한 한국 교회연합기도회 설교
6월 백석대학교 명예 철학박사 학위 수여
7월 16일~7월 19일 브라질 침례교 선교 110주년 기념대회 주 강사
7월 23일 테리 매콜리프 버지니아 주지사 사무실 예방
8월 27일 세월호 유가족 위로 예배(팽목항)
8월 28일 트루디 사모 한서대학교 명예 교육학박사 학위 수여식
9월 26일 〈만나고 싶은 사람 듣고 싶은 이야기〉 500회 특집방송
10월 18일 테리 매콜리프 버지니아 주지사 방한 기념 조찬

2015년 2월 2일~2월 6일 시카고 무디 부흥집회 주 강사
2월 24일 NRB 컨벤션 주 강사
3월 7일 일본선교회협력회 주최 합동기도회 강사
4월 5일 2015 수원 부활축제 연합예배 설교
4월 10일 대만목회자 세미나 강연
4월 24일 파나마 주지사 환영 조찬기도회
8월 15일 광복 70주년 광복절 기념 및 남북통일을 위한 구국기도회
10월 10일 휘튼 대학교 홈커밍데이 콘서트 참석
11월 28일 전남동부극동방송 개국

2016년 2월 29일 세계복음연맹(WEA) 세계지도자대회 개회예배 설교

　　　　　3월 극동PK장학재단 이사장 이임

　　　　　3월 27일 여수 부활절 연합예배 설교

　　　　　6월 22일~7월 1일 전 직원 미주수련회(벨헤이븐 대학교)

　　　　　6월 24일 창사 60주년 기념 나라사랑 평화음악회(카네기홀)

　　　　　6월 26일 빌리 킴 인터내셔널 센터 헌당식(벨헤이븐 대학교)

　　　　　7월 13일 새들백 교회 릭 워렌 목사 초청 부흥집회(서울 월드컵경기장)

　　　　　8월 6일 논산 육군훈련소에서 장병 5천여 명 진중침례식

　　　　　8월 26일 〈만나고 싶은 사람 듣고 싶은 이야기〉 600회 특집 공개
　　　　　방송

　　　　　10월 27일 제31회 UN 조찬기도회 설교

2017년　2월 26일 평화통일을 위한 3·1절 한국 교회 특별기도회 설교

　　　　　4월 백석대학교 석좌교수 임용

　　　　　6월 11일 안성시 복음화대성회 설교

　　　　　8월 13일 72주년 광복절 기념 연합성회 설교

　　　　　10월 21일 제주 FM 개국 및 신사옥 헌당

　　　　　11월 12일 국가와 민족, 평화를 위한 한국 교회 연합기도회 설
　　　　　교(잠실종합운동장)

　　　　　12월 8일~12월 9일 베트남 하노이 전도집회

2018년　2월 미국종교방송협회(NRB) 명예의 전당 헌액

　　　　　2월 19일 한동대학교 명예 법학박사 학위 수여

　　　　　3월 2일 빌리 그레이엄 목사 소천(99세), 장례 예배에서 추도사

　　　　　7월 27일 〈만나고 싶은 사람 듣고 싶은 이야기〉 700회 특집방송

　　　　　9월 미국 오클라호마 침례대학교 명예 신학박사 학위 수여

2019년　4월 12일 전북극동방송 개국

2020년　3월 2일 코로나19 방역 취약계층을 돕기 위한 특별모금 생방송

　　　　　5월 8일 코로나 확산에 따른 FEBC 해외지사 돕기 특별모금 생방송

	6월 19일 〈만나고 싶은 사람 듣고 싶은 이야기〉 800회 특집방송
	10월 12일 대부도 AM송신소 이전개소 및 헌당 감사예배
2021년	8월 17일 워싱턴 D.C. 추모의 벽 건립을 위한 특별모금 생방송
	8월 29일 아프가니스탄 특별기여자 생필품 지원(충북 진천 공무원인재개발원)
	9월 18일 조용기 목사 천국환송예배 설교
	10월 29일 민간외교 기여 공로로 서울국제포럼 영산외교인상 수상
2022년	2월 13일 빌리 킴 홀 헌당식(빌리 그레이엄 도서관 다목적홀)
	2월 18일 세종대학교 명예 문학박사 학위 수여
	3월 25일 마이크 펜스 전 미국 부통령(48대) 초청 극동포럼 개최
	4월 1일 윤석열 대통령 당선인 대통령 당선 감사예배 설교
	5월 2일 〈만나고 싶은 사람 듣고 싶은 이야기〉 900회 특집 공개방송
	5월 7일~5월 8일 미국 휘튼 대학교 대학원 및 학부 163회 졸업식 설교
	5월 21일 고 칼 파워스 기념비 제막식 참석(컴벌랜드 스퀘어 파크)
	11월 3일 이태원 참사 기도회 설교
2023년	4월 미국 테일러 대학교 명예 신학박사 수여
	4월 두을장학재단 이사 이임
	5월 19일 트루디 사모 제16회 세계인의 날 대통령 표창, 올해의 이민자상 수상
	6월 3일 빌리 그래함 전도대회 50주년 기념대회 - 주 강사 프랭클린 그레이엄 목사(서울월드컵경기장)
	6월 25일 경기도연합 6·25 구국기도회 주 강사
	8월 8일 우크라이나 어린이 돕기 특별모금 생방송

김장환 목사 명예박사학위 취득 현황
(2023년 11월 현재)

- 트리니티 대학교(Trinity College): 명예 신학박사(1975년 5월)
- 사우스웨스트 침례대학교(Southwest Baptist University): 명예 신학박사 (1984년 6월)
- 캠벨 대학교(Campbell University): 명예 신학박사(1986년 10월)
- 하와이 인터내셔널 대학교(Hawaii International University): 명예 신학박사 (1988년 5월)
- 휘튼 대학교(Wheaton College): 명예 문학박사(1992년 5월)
- 명지대학교: 명예 문학박사(1993년 2월)
- 북침례교 대학원(Northern Baptist Seminary): 명예 신학박사(1997년 6월)
- 르터너 대학교(LeTourneau University): 명예 법학박사(2003년 5월)
- 댈러스 침례대학교(Dallas Baptist University): 명예 인문학박사(2004년 9월)
- 컴벌랜드 대학교(University of the Cumberlands): 명예 신학박사(2006년 5월)
- 서울기독대학교: 명예 법학박사(2007년 11월)
- 벨헤이븐 대학교(Belhaven University): 명예 목회학박사(2009년 12월)
- 대전침례신학대학교: 명예 철학박사(2010년 2월)
- 캘리포니아 침례신학대학교(California Baptist University): 명예 신학박사 (2010년 5월)

- 바이올라 대학교(Biola University): 명예 신학박사(2010년 5월)
- 애즈베리 대학교(Asbury University): 명예 신학박사(2012년 4월)
- 부산외국어대학교: 명예 경영학박사(2012년 10월)
- 블루필드 대학교(Bluefield University): 명예 신학박사(2013년 5월)
- 칼슨뉴먼 대학교(Carson-Newman University): 명예 신학박사(2013년 5월)
- 백석대학교: 명예 철학박사(2014년 6월)
- 한동대학교: 명예 법학박사(2018년 2월)
- 오클라호마 침례신학대학교(Oklahoma Baptist University): 명예 신학박사 (2018년 9월)
- 세종대학교: 명예 문학박사(2022년 2월)
- 테일러 대학교(Taylor University): 명예 신학박사(2023년 4월)

참고도서 및 인용 출처

1   이근미, 『그를 만나면 마음에 평안이 온다 (上)』 (서울: 조선일보사, 2000), p.22.

2   이근미, 『그를 만나면 마음에 평안이 온다 (上)』 (서울: 조선일보사, 2000), pp.19~20.

3   백성호, "1·4후퇴 때 만난 미군 상사, 그가 '목사 김장환' 만들었다," 〈중앙일보〉(2020년 6월 26일자); https://www.joongang.co.kr/article/23810883#home.

4   이근미, 『그를 만나면 마음에 평안이 온다 (上)』 (서울: 조선일보사, 2000), p.24.

5   이근미, 『그를 만나면 마음에 평안이 온다 (上)』 (서울: 조선일보사, 2000), p.36.

6   김요셉, 『삶으로 가르치는 것만 남는다』 (서울: 두란노, 2021), pp.14~15.

7   김요셉, 『삶으로 가르치는 것만 남는다』 (서울: 두란노, 2021), p.14.

8   카얼 파워스, 『전쟁이 맺어준 우정』 (서울: 바이북스, 2021), p.70.

9   카얼 파워스, 『전쟁이 맺어준 우정』 (서울: 바이북스, 2021), pp.68~74.

10   김요셉, 『삶으로 가르치는 것만 남는다』 (서울: 두란노, 2021), p.13.

11   김용호·유재성, 『하나님 만나면 기적이 옵니다』 (서울: 나침반, 2010), p.46.

12   김장환, 『섬기며 사는 기쁨』 (서울: 나침반, 2012), pp.122~123.

13   김용호·유재성, 『하나님 만나면 기적이 옵니다』 (서울: 나침반, 2010), p.55.

14   이근미, 『그를 만나면 마음에 평안이 온다 (上)』 (서울: 조선일보사, 2000), pp.61~64.

15   이근미, 『그를 만나면 마음에 평안이 온다 (上)』 (서울: 조선일보사, 2000), p.61, pp.64~66.

16　이근미, 『그를 만나면 마음에 평안이 온다 (上)』 (서울: 조선일보사, 2000), p.64.

17　김트루디, 『한국에 왜 시집왔나』 (서울: 나침반, 2022), pp.42~43.

18　이근미, 『그를 만나면 마음에 평안이 온다 (上)』 (서울: 조선일보사, 2000), p.68.

19　이근미, 『그를 만나면 마음에 평안이 온다 (上)』 (서울: 조선일보사, 2000), p.70.

20　김진, "'인종차별 메카' 밥 존스 대학 변신," 〈중앙일보〉(2000년 3월 6일자); https://www.joongang.co.kr/article/3887472#home.

21　김트루디, 『한국에 왜 시집왔나』 (서울: 나침반, 2022), p.37.

22　이근미, 『그를 만나면 마음에 평안이 온다 (上)』 (서울: 조선일보사, 2000), p.74.

23　이근미, 『그를 만나면 마음에 평안이 온다 (上)』 (서울: 조선일보사, 2000), p.76.

24　김트루디, 『심겨진 그곳에 꽃 피게 하십시오』 (서울: 나침반, 2019), p.15.

25　「현대목회」 1987년 6월호.

26　김트루디, 『한국에 왜 시집왔나』 (서울: 나침반, 2022), p.47.

27　이근미, 『그를 만나면 마음에 평안이 온다 (上)』 (서울: 조선일보사, 2000), p.89.

28　이근미, 『김장환 목사 이야기』 (서울: 채우리, 2002), pp.150~151.

29　김트루디, 『심겨진 그곳에 꽃 피게 하십시오』, pp.109~110.

30　이근미, 『그를 만나면 마음에 평안이 온다 (上)』 (서울: 조선일보사, 2000), pp.98~99.

31　카얼 파워스, 『전쟁이 맺어준 우정』 (서울: 바이북스, 2021), p.34, p.36.

32　이근미, 『그를 만나면 마음에 평안이 온다 (上)』 (서울: 조선일보사, 2000), p.101.

33　이근미, 『그를 만나면 마음에 평안이 온다 (上)』 (서울: 조선일보사, 2000), p.110.

34　김용호·제주철, 『기적』 (서울: 김장환 목사 한국 사역 50주년 화보사, 2010), p.68.

35　카얼 파워스, 『전쟁이 맺어준 우정』 (서울: 바이북스, 2021), pp.16~17.

36　박재찬, "'하우스보이' 김장환 목사 인생역전 이끈 칼 파워스 상사 별세," 〈국민일보〉(2013년 9월 25일자); https://m.kmib.co.kr/view.asp?arcid=0007590555.

37　이근미, 『그를 만나면 마음에 평안이 온다 (上)』 (서울: 조선일보사, 2000), pp.112~113.

38　이근미, 『그를 만나면 마음에 평안이 온다 (上)』 (서울: 조선일보사, 2000), pp.114~115.

39　이근미, 『그를 만나면 마음에 평안이 온다 (上)』 (서울: 조선일보사, 2000), p.120.

40　〈수원일보〉(1995년 9월 30일자).

41 이근미, 『그를 만나면 마음에 평안이 온다 (上)』 (서울: 조선일보사, 2000), p.140.

42 이근미, 『김장환 목사 이야기』 (서울: 채우리, 2002), p.153.

43 김요한, 『Mom』 (서울: 바이북스, 2011), pp.66~67.

44 김트루디, 『한국에 왜 시집왔나』 (서울: 나침반, 2022), pp.108~109.

45 김요한, 『Mom』 (서울: 바이북스, 2011), p.63.

46 김트루디, 『한국에 왜 시집왔나』 (서울: 나침반, 2022), p.86.

47 김트루디, 『한국에 왜 시집왔나』 (서울: 나침반, 2022), pp.72~73.

48 김요한, 『Mom』 (서울: 바이북스, 2011), p.93.

49 김트루디, 『한국에 왜 시집왔나』 (서울: 나침반, 2022), pp.103~107.

50 김트루디, 『한국에 왜 시집왔나』 (서울: 나침반, 2022), pp.90~91.

51 김요한, 『파이 굽는 엄마』 (서울: 바이북스, 2018), pp.90~92.

52 김요한, 『Mom』 (서울: 바이북스, 2011), pp.196~197.

53 김요한, 『파이 굽는 엄마』 (서울: 바이북스, 2018), pp.235~237.

54 김요한, 『파이 굽는 엄마』 (서울: 바이북스, 2018), p.240.

55 김요한, 『Mom』 (서울: 바이북스, 2011), pp.27~28.

56 김요셉, 『삶으로 가르치는 것만 남는다』 (서울: 두란노, 2021), pp.29~31.

57 김트루디, 『한국에 왜 시집왔나』 (서울: 나침반, 2022), pp.31~33.

58 김요셉, 『삶으로 가르치는 것만 남는다』 (서울: 두란노, 2021), p.22.

59 김요셉, 『삶으로 가르치는 것만 남는다』 (서울: 두란노, 2021), p.68.

60 김요한, 『파이 굽는 엄마』 (서울: 바이북스, 2018), pp.70~71.

61 이근미, 『그를 만나면 마음에 평안이 온다 (上)』 (서울: 조선일보사, 2000), p.182.

62 김요한, 『파이 굽는 엄마』 (서울: 바이북스, 2018), pp.166~167.

63 이근미, 『그를 만나면 마음에 평안이 온다 (上)』 (서울: 조선일보사, 2000), p.176; 1999년 5월 첫 주 설교문.

64 김요셉, 『삶으로 가르치는 것만 남는다』 (서울: 두란노, 2021), p.18.

65 김장환, 『섬기며 사는 기쁨』 (서울: 나침반, 2012), p.188.

66 명성훈, 『부흥뱅크 - 21세기형 25교회 밀착분석보고서』 (서울: 규장, 1999).

67 이근미, 『그를 만나면 마음에 평안이 온다 (上)』 (서울: 조선일보사, 2000), pp.214~215.

68 김요셉, 『삶으로 가르치는 것만 남는다』 (서울: 두란노, 2021), pp14~15.

69 이대웅, "김상준 목사, 한국십대선교회(YFC) 제13대 대표 취임," 〈크리스천투데이〉(2022년 3월 2일자); https://www.christiantoday.co.kr/news/345943.

70 박종순, "청소년의 영원한 친구, 한국 YFC를 다녀와서," 〈크리스천투데이〉(2001년 12월 7일자); https://www.christiantoday.co.kr/news/127841.

71 이근미, 『그를 만나면 마음에 평안이 온다 (上)』 (서울: 조선일보사, 2000), p.230.

72 편집부, "통계자료 I," 「목회와 신학」, 통권 214호 (2007년 4월호), p.71.

73 가진수, 『마스터 처치 100』 (서울: 국민일보, 2000).

74 신성욱, 『이동원 목사의 설교 세계』 (서울: 두란노, 2014).

75 이동원, 『이동원 목사와 지구촌교회 이야기』 (서울: 월간조선사, 2002), pp.18~20, p.57.

76 조갑제, 『사랑이 너희를 자유케 하리라』 (서울: 월간조선사, 2002), p.129.

77 이동원, 『이동원 목사와 지구촌교회 이야기』 (서울: 두란노, 2010), p.10

78 이근미, 『그를 만나면 마음에 평안이 온다 (上)』 (서울: 조선일보사, 2000), p.233.

79 김요셉, 『삶으로 가르치는 것만 남는다』 (서울: 두란노, 2021), p.16.

80 김장환, 『섬기며 사는 기쁨』 (서울: 나침반, 2012), p.192.

81 이근미, 『그를 만나면 마음에 평안이 온다 (下)』 (서울: 조선일보사, 2000), p.27.

82 김장환, 『섬기며 사는 기쁨』 (서울: 나침반, 2012), p.203.

83 이근미, 『그를 만나면 마음에 평안이 온다 (下)』 (서울: 조선일보사, 2000), p.27.

84 김장환, 『섬기며 사는 기쁨』 (서울: 나침반, 2012), p.203~204.

85 이근미, 『그를 만나면 마음에 평안이 온다 (下)』 (서울: 조선일보사, 2000), p.29.

86 이근미, 『그를 만나면 마음에 평안이 온다 (下)』 (서울: 조선일보사, 2000), p.34.

87 극동방송, 「방송선교지」, (2015년 5·6월분), Vol. 158, p.11.

88 김트루디, 『심겨진 그곳에 꽃 피게 하십시오』, p.111.

89 김트루디, 『한국에 왜 시집왔나』 (서울: 나침반, 2022), p.84.

90 김장환, 『섬기며 사는 기쁨』 (서울: 나침반, 2012), pp.208~209.

91 극동방송, 『극동방송 60주년 화보사』 (서울: 아이엠크리에이티브컴퍼니, 2016), p.183.

92　강동석, "빌리 그레이엄의 명과 암," 〈뉴스앤조이〉(2018년 3월 5일자);

https://www.newsnjoy.or.kr/news/articleView.html?idxno=216315.

93　이근미,『그를 만나면 마음에 평안이 온다 (下)』(서울: 조선일보사, 2000), p.51.

94　김용호·유재성,『하나님 만나면 기적이 옵니다』(서울: 나침반, 2010), p.112.

95　김장환,『섬기며 사는 기쁨』(서울: 나침반, 2012), p.43.

96　이근미,『그를 만나면 마음에 평안이 온다 (下)』, (서울: 조선일보사, 2000), p.148.

97　이선호, "통일, 남북 공감대가 우선… 100년 내다보고 준비해야," 〈경기일보〉(2017년 8월 7일자); http://www.kyeonggi.com/1381848.

98　김용호·유재성,『하나님 만나면 기적이 옵니다』(서울: 나침반, 2010), p.116.

99　김트루디,『한국에 왜 시집왔나』(서울: 나침반, 2022), pp.97~98.

100　이근미,『그를 만나면 마음에 평안이 온다 (上)』, pp.12~13.

101　이근미,『그를 만나면 마음에 평안이 온다 (下)』(서울: 조선일보사, 2000), p.165.

102　박인영, "주한미군 철수논란 40년…생생하게 돌아보는 韓美정상 '설전,'" 〈연합뉴스〉(2018년 11월 25일자); https://www.yna.co.kr/view/AKR20181122167200009.

103　백성호, "미군 철수 막은 김장환 목사의 숨은 외교력," 〈중앙일보〉(2021년 9월 23일자); https://www.joongang.co.kr/article/25008905#home.

104　노승빈, "지미 카터 전 미국 대통령," 〈크리스찬라이프〉(2018년 11월 15일자); http://www.hismission.org/main/gmb_board_view.php?page_no=63&no=4795.

105　방승배, "박정희~문재인 한미회담 뒤에서 도와… 외교는 국민이 다같이 해야," 〈문화일보〉 (2020년 9월 16일자);

http://www.munhwa.com/news/view.html?no=2020091601031230115001.

106　이근미,『그를 만나면 마음에 평안이 온다 (下)』(서울: 조선일보사, 2000), pp.176~177.

107　이근미,『그를 만나면 마음에 평안이 온다 (下)』(서울: 조선일보사, 2000), p.183.

108　김장환,『섬기며 사는 기쁨』(서울: 나침반, 2012), p.71.

109　이근미,『그를 만나면 마음에 평안이 온다』, (서울: 조선일보사, 2000), p.187.

110　강명도,『이제는 말할 수 있다』(용인: 킹덤북스, 2017).

111　이근미,『그를 만나면 마음에 평안이 온다 (下)』(서울: 조선일보사, 2000), pp.189~190.

112　노석조, "'불교신자' 노태우 전 대통령, 기독교인 됐다… 노소영 씨가 밝히는 아버지의 신앙," 〈국민일보〉(2012년 7월 12일자); http://news.kmib.co.kr/article/view.asp?arcid=0006235157.

113　이근미, 『그를 만나면 마음에 평안이 온다 (下)』, (서울: 조선일보사, 2000), p.196.

114　노석조, "'불교신자' 노태우 전 대통령, 기독교인 됐다… 노소영 씨가 밝히는 아버지의 신앙,"

〈국민일보〉(2012년 7월 12일자);

http://news.kmib.co.kr/article/view.asp?arcid=0006235157.

115　노석조, "노태우 前대통령 예수 영접… "내가 병석에서 일어나면 맨 먼저 교회부터 가겠다," 〈국민일보〉(2012년 7월 11일자);

news.kmib.co.kr/article/view.asp?arcid=0006235344&code=11131100.

116　이근미, 『그를 만나면 마음에 평안이 온다 (下)』 (서울: 조선일보사, 2000), p.201.

117　안상수, "제101화 우리 서로 섬기며 살자 16. YS와 김현철 해법," 〈중앙일보〉(2002년 4월 16일자); https://www.joongang.co.kr/article/4260512#home.

118　이근미, 『그를 만나면 마음에 평안이 온다』 (서울: 조선일보사, 2000), p.202.

119　이승균, "'김대통령 취임후 1년' 기독교계 평가 및 교계 자화상," 〈국민일보〉(1999년 3월 17일자); http://www.kidok.com/news/articleView.html?idxno=20339.

120　고성은, "신앙인 김대중 전 대통령," CTS 기독교TV(2009년 8월 19일자);

https://www.cts.tv/news/view?ncate=&dpid=93789.

121　전병선, "권모세 아일랜드리조트 회장, 매달 1004구좌 전파 선교," 〈국민일보〉(2022년 5월 3일자); http://news.kmib.co.kr/article/view.asp?arcid=0017041153&code=61221111&sid1=i; http://billykim.net/?page_id=136.

122　이현주, "한때 목사를 꿈꿨던 노무현 전 대통령, 기독교와의 짧은 인연," 〈아이굿뉴스〉(2009년 5월 25일자); https://www.igoodnews.net/news/articleView.html?idxno=22707.

123　김용호·유재성, 『하나님 만나면 기적이 옵니다』 (서울: 나침반, 2010), p.264.

124　김용호·유재성, 『하나님 만나면 기적이 옵니다』 (서울: 나침반, 2010), pp.265~266.

125　남궁민, "김장환 목사 'MB, 내가 다녀가야 잠 잘 잔다'," 〈중앙일보〉(2019년 3월 10일자);

https://www.joongang.co.kr/article/23406452#home.

126　유영대, "이명박 前대통령 비닐하우스 교회서 주일예배… 일회성 이벤트가 아니길!," 〈국민일보〉(2017년 2월 19일자); https://news.kmib.co.kr/article/print.asp?arcid=0011276944.

127　유재무, "이재명 후보의 종교는 기독교," 〈예장뉴스〉(2021년 12월 8일자); http://www.pck-goodnews.com/news/articleView.html?idxno=4026.

128　고형규, "트럼프, 메르켈 악수 거부 논란 확산…백악관 '요청 안 들려'," 〈연합뉴스〉(2017년 3월 17일자); https://n.news.naver.com/article/001/0009119619?sid=104.

129　한종호, "권력자의 영원한 친구 김장환 목사," NEWSM (2007년 12월 12일자); http://www.newsm.com/news/articleView.html?idxno=10509.

130　송경호, "김장환 목사 등, 윤석열 후보 만나 깜짝 전도와 안수기도," 〈크리스천투데이〉(2021년 9월 15일자); https://www.christiantoday.co.kr/news/342591.

131　김진영, "'목사가 꿈' 尹 후보 추억, 김장환 - 김건희 만나게 했나," 〈기독일보〉(2022년 2월 18일자); https://www.christiandaily.co.kr/news/112733.

132　안은나, "'49년 만에' 성탄 맞아 유년시절 다니던 교회 찾은 윤 대통령," 〈News1〉(2022년 12월 25일); https://www.news1.kr/articles/?4904938.

133　윤일환, "펜스 전 미 부통령 만난 윤석열, '한미관계 위해 기도합시다'," 〈중앙일보〉(2022년 2월 13일자); https://www.joongang.co.kr/article/25047832#home.

134　이대웅, "마이크 펜스 전 미국 부통령, 사랑의교회에서 특별 간증," 〈크리스천투데이〉(2022년 3월 24일자); https://www.christiantoday.co.kr/news/346453.

135　배성하, "'자유, 한국과 미국의 중요한 기초… 자유의 기초는 신앙'," 〈뉴스제이〉(2022년 3월 27일자); http://www.newsjesus.net/news/articleView.html?idxno=2667.

136　이근미, 『그를 만나면 마음에 평안이 온다 (下)』 (서울: 조선일보사, 2000), pp.14~15.

137　김수한, "내가 본 카스트로 "친근하고 자상한 74세 할아버지"," 〈동아일보〉(2007년 7월 20일자).

138　이근미, 『그를 만나면 마음에 평안이 온다 (下)』, (서울: 조선일보사, 2000), p.239.

139　이근미, 『그를 만나면 마음에 평안이 온다 (下)』 (서울: 조선일보사, 2000), pp.240~241.

140　이근미, 『그를 만나면 마음에 평안이 온다 (下)』 (서울: 조선일보사, 2000), p.242.

141　이근미, 『그를 만나면 마음에 평안이 온다 (下)』 (서울: 조선일보사, 2000), p.246.

142　이근미, 『그를 만나면 마음에 평안이 온다 (下)』 (서울: 조선일보사, 2000), p.248.

143 이근미, 『그를 만나면 마음에 평안이 온다 (下)』 (서울: 조선일보사, 2000), pp.223~226.

144 임병선, "美 빌리 그레이엄 도서관에 김장환 목사 기념홀," 〈서울신문〉(2022년 12월 14일자); https://www.seoul.co.kr/news/newsView.php?id=20221215022026&wlog_tag3=naver.

145 강동석, "빌리 그레이엄의 명과 암," 〈뉴스앤조이〉(2018년 3월 5일자); https://www.newsnjoy.or.kr/news/articleView.html?idxno=216315.

146 김진영, "김장환 목사 '한국에 복음 전해준 빌리 그레이엄,'" 〈기독일보〉(2018년 3월 3일자).

147 허연, "한반도 평화에 마지막 열정 바칠 것… 北에 기독교 전할 날 오길," 〈매일경제〉 (2018년 8월 7일자); https://www.mk.co.kr/news/culture/view/2018/08/495394.

148 박효진, "미국 '휘튼 대학교' 졸업식에서 감동 안긴 김장환 목사," 〈국민일보〉(2022년 5월 13일자); https://news.kmib.co.kr/article/view.asp?arcid=0017073819&code=61221111&sid1=all.

149 김장환, 『김장환 요약설교』 (서울: 규장문화사, 1984), p.179.

150 이근미, 『그를 만나면 마음에 평안이 온다 (上)』 (서울: 조선일보사, 2000), p.201.

151 이근미, 『그를 만나면 마음에 평안이 온다 (上)』 (서울: 조선일보사, 2000), p.202.

152 이근미, 『그를 만나면 마음에 평안이 온다 (上)』 (서울: 조선일보사, 2000), p.203.

153 존 스토트, 정성구 옮김, 『현대 교회와 설교』, (서울: 생명의 샘, 1992), p.311.

154 James R. Barnette, "Using Humor in Preaching: An Interviews with Bob Russell," Preaching (March/April, 1995), p.5.

155 Tremper Longman III, How to Read the Psalms(Downers Grove: IVP, 1988), pp.100~101; 김진규, 『히브리 시인에게 설교를 배우다』, (서울: 생명의 말씀사, 2015), pp.270~272.

156 J. Daniel Baumann, An Introduction to Contemporary Preaching, 『현대 설교학 입문』, (서울: 도서출판 양서각, 1983), p.320; 한진환, 『설교, 그 영광의 사역』, (서울: 프리셉트, 2013) pp.150~151.

157 한진환, 『설교의 영광』 (서울: 생명의말씀사, 2005), p.310.

158 김진규, 『히브리 시인에게 설교를 배우다』, pp.209~212; 신성욱, "Jonathan Edwards의 설교에 나타난 로고스와 파토스 연구: '진노하신 하나님의 손 안에 있는 죄인들'을 중심으로", 한국복음주의실천신학회 「복음과 실천신학」, Vol. 35 (2015): (서울: 생명의 말씀사, 2015) pp.138~189.

159　이동원, 『예수님을 경험하는 기적 인생』 (서울: 두란노, 2013), pp.57~58.
160　광야선교회, 『광성, 천국 배달부 이야기』 (서울: 도서출판 서원, 2003), p.268.
161　존 파이퍼, 『하나님의 방법대로 설교하십니까?』 (서울: 엠마오, 1995), p.95.
162　이동원, "강단 설교와 삶의 적용(1)(2)", 「그말씀」 (1994, 1-2).
163　극동방송, (2018년 9·10월호), Vol. 178, p.30.
164　김장환, 『하나님을 찬양하라』 (서울: 나침반, 2022).
165　김요셉, 『삶으로 가르치는 것만 남는다』 (서울: 두란노, 2021), p.19.
166　김요한, 『Mom』 (서울: 바이북스, 2011), p.106.
167　이근미, 『그를 만나면 마음에 평안이 온다 (下)』, (서울: 조선일보사, 2000), p.135.
168　이근미, 『그를 만나면 마음에 평안이 온다 (下)』, (서울: 조선일보사, 2000), p.137.
169　이근미, 『그를 만나면 마음에 평안이 온다 (下)』, (서울: 조선일보사, 2000), p.155.
170　김장환, 『섬기며 사는 기쁨』 (서울: 나침반, 2012), p.272.
171　김요셉, 『삶으로 가르치는 것만 남는다』 (서울: 두란노, 2021), p.247.
172　이근미, 『그를 만나면 마음에 평안이 온다 (下)』, (서울: 조선일보사, 2000), pp.146~147.
173　김갑식, "사회적 약자들 품고 '요람에서 무덤까지'," 〈동아일보〉(2012년 1월 13일자); https://www.donga.com/news/View?gid=43282056&date=20120113.
174　이근미, 『그를 만나면 마음에 평안이 온다 (下)』 (서울: 조선일보사, 2000), p.68.
175　극동방송, 『극동방송 40년사』, pp.139~140; 극동방송, 『극동방송 60주년 화보사』, p.260.
176　이근미, 『그를 만나면 마음에 평안이 온다 (下)』 (서울: 조선일보사, 2000), pp.73~74.
177　극동방송, 『극동방송 40년사』, p.209.
178　극동방송, 『극동방송 40년사』, p.220.
179　김용호·유재성, 『하나님 만나면 기적이 옵니다』 (서울: 나침반, 2010), p.139.
180　극동방송, 『극동방송 40년사』, pp.224~225.
181　이근미, 『그를 만나면 마음에 평안이 온다 (下)』 (서울: 조선일보사, 2000), p.80.
182　김용호·유재성, 『하나님 만나면 기적이 옵니다』 (서울: 나침반, 2010), pp.170~171.
183　제주극동방송, 『제주극동방송 창사 35주년 화보사』 (제주도: 성인문화사, 2008), p.91.
184　극동방송, 『극동방송 60주년 화보사』, pp.273~274.

185 이대웅, "북한서 기독교인 102명 발각돼 순교," 〈크리스천투데이〉(2008년 7월 24일자); https://www.christiantoday.co.kr/news/193646.

186 김장환, 『하나님을 가까이 하라!』 (서울: 나침반, 2023).

187 극동방송, 『극동방송 60주년 화보사』, p.274.

188 김장환, 『하나님을 찬양하라』 (서울: 나침반, 2022).

189 극동방송, 『극동방송 60주년 화보사』, p.128.

190 극동방송, 『극동방송 60주년 화보사』, p.128.

191 극동방송, 『극동방송 60주년 화보사』, p.129.

192 극동방송, 『극동방송 60주년 화보사』, p.188, pp.190~191.

193 박효진, "극동방송PK장학재단, 외롭고 힘든 꿈나무들에 장학금 수여," 〈국민일보〉(2022년 8월 10일자); https://news.kmib.co.kr/article/view.asp?arcid=0017361436.

194 김용호·유재성, 『하나님 만나면 기적이 옵니다』 (서울: 나침반, 2010), p.161.

195 극동방송, 『극동방송 60주년 화보사』, p.163.

196 극동방송, 『극동방송 60주년 화보사』, pp.166~169.

197 극동방송, 『극동방송 40년사』, p.287.

198 안정환, "한국 교회 대표 성가축제, 극동방송 찬양합창제…김장환 이사장 '예배와 찬양 회복·부흥 소망,'" 〈아시아투데이〉(2023년 1월 5일자); https://www.asiatoday.co.kr/view.php?key=20220907001625598.

199 이송우, "극동방송 제25회 전국복음성가경연대회 개최," 〈침례신문〉(2019년 8월 16일자); http://baptistnews.co.kr/news/article.html?no=12166.

200 김다은, "제23회 극동방송 복음성가경연대회 열려," 〈뉴스파워〉(2015년 8월 14일자); http://www.newspower.co.kr/27801.

인명 색인

ㄱ

강명도 369
강민구 650
강신명 297
강안삼 592
강원룡 390
강원희 592
강은모 456, 597, 650~654
강태국 788
고명진 262, 466, 576, 654~657, 699, 706, 767
고영래 25
고영민 788
고영재 463~464
고진형 613
고흐 546
공경식 626
공로명 330~331
공부영 562, 614, 658~665
곽선희 522
국윤종 506
권모세 461, 596, 599, 665~668

권양숙 394
그레고리, 존 458~460, 477, 771
그레이엄 로츠, 앤 631
그레이엄, 로이 310
그레이엄, 루스 225, 315
그레이엄, 빌리 6, 23, 105~106, 112~114, 225, 234, 263~264, 283, 294, 296~299, 301~313, 315~319, 322~327, 342, 346, 352, 402, 406, 410, 419, 422~423, 427~428, 431, 437, 454, 467, 474~476, 480~482, 485~487, 504, 507, 509~513, 523~524, 532, 577, 603, 631, 651, 659, 688, 698, 715, 728, 744, 765~766, 777, 795, 803, 806, 829, 835, 850~851, 858, 869, 874, 888, 890~892, 900, 910
그레이엄, 지기 486
그레이엄, 프랭클린 9, 402~403, 475~476, 504, 508~509, 511~513, 694, 698, 828, 888
그룬, 짐 329
그리핀, 바비 154, 463~464
길본 344, 346

길치수 281

김건희 409

김경래 463

김광석 389

김광호 290

김기수(광주극동방송 운영위원장) 668

김기수(비서실장) 389

김대중 336, 381~382, 390~392, 448, 658, 693, 746, 826, 918, 921

김동길 639

김동명 77, 762

김동연 506~507

김명군 398

김명일 459

김병종 670~672

김삼환 399, 405, 504, 508, 512, 634, 696, 702

김상근 390

김선규 507

김수환 351

김순필 30

김승연 445~446, 809

김아론 222, 244

김애설 207, 221, 228, 231, 254~260, 812

김약현 781

김연준 350, 443~444, 570, 592, 849

김영광 341, 448

김영국 846

김영규 459, 599

김영삼 381~384, 386~390, 407, 433~434, 658, 693, 727, 797

김영선 589

김영혜 672~676

김옥숙 378~379

김요셉 56, 184, 195, 228, 230~246, 250, 256~257, 279, 290, 441, 454, 456, 513, 561, 57, 597, 677~682, 686, 697, 734, 745, 747, 750~751, 762, 796~797, 812, 824, 844, 862, 912

김요한 153, 218~219, 221, 224, 226, 228, 230~231, 242, 246~254, 256, 456, 655, 681~687, 697, 734, 762, 812, 832

김용운 596

김용호 571~572

김우식 688~690

김운성 645

김윤옥 396, 798

김의경 200

김의식 506

김의환 297, 464

김익명 599

김익준 333, 344, 348, 448, 570, 586~587, 591

김인득 343~348, 570, 596, 601~604

김인환 178

김일성 343, 369, 865

김재규 357

김정석 505

김정은 414

김정일 607, 609, 865

김종원 558

김종준 405

김종필 381, 485, 589, 658

김종희 446

김준곤 284, 303, 581, 708

김준환 34

김진표 393, 402, 691~695, 853

김진형 637

김진홍 818

김진환 326

김태경 590

김태우 505

김태정 784

김하나 508, 512~513

김하늘 637

김학중 645

김현덕 448

김현철 384, 389, 407, 433

김형종 199, 201

김혜경 381

김홍도 820

김황식 639

ㄴ

나폴레옹, 보나파르트 492

나하르, 오마르 알 748

남경필 696~700

남성도 701

남한권 626

노무현 392~394, 467, 688, 694, 797, 823~825, 918, 921

노벌, 플레밍 455~457

노소영 373, 378, 380

노승빈 354

노용희 199, 201

노재헌 373

노태우 359, 362, 365~366, 373~380, 433, 918

놀, 마크 325, 481

니클라우스, 잭 458~459

닉슨, 리처드 481

ㄷ

더윈스키, 에드 448

데이비스, 칼 594

덴튼, 로츠 457

도니, 팻 105, 166, 451~453

도충현 700~703

돌, 밥 109, 908

돌, 엘리자베스 908

드 사르댕, 피에르 테야르 391

디킨슨 644

디한, M. R. 549, 786

ㄹ

라이먼, 에드 200, 472

라이큰, 리랜드 489

라이큰, 필립 898

라정찬 473, 703~708

램버트, 아트 235

랭글, 찰스 632

러더퍼드, 존 591

레닌, 블라디미르 493

레이건, 로널드 109, 533

레이놀즈, 로버트 593

레이놀즈, 폴 590

렌츠, 앨리스 638

렌츠, 잭 590, 638

로버츠, 윌리엄 584

로이드 존스, 마틴 533

류진 410, 412, 460

리, 로버트 522

리빙스턴, 데이비드 501

리트먼, 조지 585, 591

리퍼트, 마크 639

린, 티모시 451

린지, 마이클 903

링컨, 에이브러햄 532

ㅁ

마르크스, 카를 493

마펫, 새뮤얼 487

말스베리, 드와이트(마두원) 789

매덕스, 데이비드 457~458, 465, 831

매케인, 존 109

맥카들, 클리프 473~474, 905

맥카피, 윌버 192

메르켈, 앙겔라 401

메시, 리오넬 541

메이저, 제리 79~82

명성훈 270

모지에, 마틴 467~469

문재인 400~403

문홍구 359

미첨, 메이디 360

민관식 657~658

민산웅 241, 562~563, 601, 708~712

ㅂ

박경화 312

박근혜 349, 399~400, 631, 828, 918

박남필 645

박성철 596, 713~714

박신화 507

박영규 715~720

박옥동 30, 176

박일량 249, 683~684, 720~726

박정희 212, 270, 340~343, 346~353, 355~359, 373, 380, 399~400, 422, 444, 448, 568, 586, 657, 666, 679, 685, 692~692, 723, 777, 828, 857, 871, 904, 918, 921

박조준 297

박종순 518

박종호 646

박종화 390

박지원 634

박창원 790

박현수 506

박형규 390

박희천 762

반기문 5, 21, 639, 727~732, 760, 824, 843, 916, 923

배로스, 클리프 318

백낙준 63

백영훈 422

백이선 186, 228, 450, 601

백정수 596

백철우 459, 732~736

번, 론다 819

베이너, 존 459~460

베이커, 짐 324

변영태 63

보먼, 로버트 374, 448, 584~585, 588~589, 591, 600, 778, 907

볼, 웹 448

부시, 조지 410, 658, 693~694

부시, 조지 W. 109, 393, 410~412, 618, 624, 658, 693~694, 728, 770, 772, 825, 827

뷰캐넌, 팻 109

브로거, 존 584

블라우스, 랜 200

블랜차드, 조나단 487

블레이크, 노먼 590, 623

비비안, 해롤드 547, 552

빌링턴, 댈러스 164

빌스, 워렌 590

ㅅ

서임중 701~702

셀프, 빌 332~333

손관식 408

손명순 384

손양원 667

손흥민 576~577

송광자 446

송금섭 290, 867

송영복 186

송용필 111~113, 228, 284, 737~744, 767

송정미 505, 646

송창식 781

숀, 데이비드 465~466

스미스, 오스왈드 539, 542, 786~787

스미스, 윈 357

스와가트, 지미 324

스윈돌, 찰스 533, 542

스토트, 존 327, 533

스튜어트 194

스티븐스, 롤랜드 205

스펄전, 찰스 533

시나트라, 프랭크 716

시어, 조지 비벌리 318~319

신직수 348

신진욱 472

신현석 615, 747~752

신효헌 745~747

심순택 753~760

심재덕 186

ㅇ

안세훈 181~182, 362

안영균 881~883

안이숙 77, 661~662

안창호 596

알렌, 프레드 318

알리, 무하마드 490

암스트롱, 닐 490, 544

압둘라 2세 748

앤더슨, 켄 850

얀시, 필립 488

양재무 506

에드워드 90

에드워즈, 조나단 543, 547, 549~550

엔그램, 돈 472

엔츠, 루이스 590

엘리엇, 짐 487

연모세 609~611, 627

예거, 넬슨 159

예거, 왈도 136, 156~160, 165~166, 195~196, 243, 286, 299, 337, 470, 789

예거, 왈리 156, 159~160, 165

오글, 조지 344~346

인명 색인 **967**

오바마, 버락 410, 459, 465
오병용 599
오세훈 506
오숙경 588
오스틴, 아서 590
오재경 307
오정현 405, 466, 507~508, 645, 670~671, 697, 715, 717, 762~767
오정호 405
오준 631
오퀸, 이스라엘 154
옥만호 470, 587
옥한흠 762
와이어트, 웰던 460~462
요한 바오로 2세 419
우경애 275
워렌, 릭 4, 393~395, 457, 465~467, 727, 823~825
윌슨, 짐 200, 228~229, 233, 472, 721
윌콕스, 글렌 453~454, 457, 477
윌킨슨, 데이비드 105, 427, 585~587, 591~592
윌킨슨, 조질린 591
유관시 592
유근홍 32
유명환 456, 461, 596, 768~773

유상근 448
유재건 805
유태영 788
육영수 349
윤동주 781
윤병인 444, 773~776
윤석열 404~409, 413, 506, 657, 918
윤선영 782
윤영춘 782
윤인구 776
윤인선 776~778
윤재옥 779~780
윤치영 586~587, 776~778
윤학원 644
윤현의 602
윤형주 781~785
이건개 784
이경숙 588
이근미 386, 426, 432, 440
이다연 559~560
이동원 165~166, 205, 228, 265, 284~288, 333, 518, 550, 574~575, 729, 762, 767, 785~794, 851
이명구 275, 590
이명박 395~399, 410~411, 430, 459~460, 639, 769, 772, 795~800, 825, 828, 830,

918, 920, 923
이명복 598
이배용 800~802
이병익 675
이병철 444, 773
이병희 361
이상득 395, 397
이상재 845
이성자 841~842
이성환 470
이순길 408
이순자 364~365, 369
이승만 39, 178
이승훈 802~806
이영덕 820~821
이영수 447, 599
이영자 588
이영훈 405, 504, 507, 645, 876
이옥분 619~620
이완기 597
이용훈 634, 639
이원철 591
이유림 627
이은상 767
이은택 150
이인희 444~445, 773~776

이일철 456, 477, 599, 807~811
이장희 781
이재우 812~816
이재정 390
이재훈 645
이정환 198~199, 201
이종용 781
이종찬 361
이중명 596, 816~820
이진우 597
이진주 637
이충순 201
이태섭 338
이태식 820~824, 826
이항수 598~599
이홍구 696, 768, 828
이화옥 453
이효성 755~757
이홍순 599
이희호 390~391
임경섭 447, 597~599, 601~602
임경운 447
임옥 588

ㅈ

장길평 599, 643, 830~834

장종현 405, 504, 507, 877

장향희 834~837

장혜성 588

전경환 372

전두환 358~373, 379~380, 388, 397, 403, 419, 433, 444, 686, 773, 794, 796, 918, 922

전병곤 782

전재국 360, 365

전재용 372

정광택 838~840

정문현(정, 피터) 473, 645, 840~842

정민성 506

정상천 357

정연훈 596, 842~845

정의순 599

정중렬 599

정태원 838

제프 254

조, 찰리 441

조배숙 754

조병옥 845

조봉희 596, 845~847

조석래 446

조영남 345, 716, 781, 791, 849~852

조용근 596, 852~855

조용기 186, 214, 297, 377~378, 380, 382, 384~385, 404, 407, 422~437, 566, 699~700, 702, 714, 796, 843, 874~876, 879~880

조종남 297

조준구 199, 201

조중건 440~443, 596, 856~858

조지(영국 왕) 547, 551

조현준 446, 596, 697

조현진 799

존노 506

존스 1세, 밥 77, 108~109

존스 2세, 밥 107~108

존스 3세, 밥 102, 108, 117, 314~315

존스, 스티븐 108~109

존슨, 토리 283

존슨, 폴 300, 469

주광조 599

주기철 667

주크, 맥스 547, 549

지드, 앙드레 931

지미선 505

지선 505

ㅊ

차금환 867

차일석 430

차지철 353, 356, 359, 373

챈슬러, 존 345

처칠, 윈스턴 532, 542

최규하 357

최금덕 591

최등규 462

최봉수 859~861

최성규 405, 467

최성업 263, 265

최성이 645

최순영 539, 547, 596, 603~604

최용 398

최종관 35, 423, 469

최종원 506

최종현 35, 186

최태원 615, 750

최화진 867

349~358, 400, 465, 567~568, 589, 666, 693, 736, 790~791, 809, 827~828, 857, 871, 904

카프먼, 킹 840

캐논, 에드 477

캐리, 윌리엄 500

캐슬, 로이 122, 449~451

캐슬, 로이 F. 154

캐슬, 진 449~451

케네디, 존 F. 489, 543~544

켄드릭, 루비 500

코스틴, 돈디 477

크래스키, 돌시 471

크래스키, 스탠리 469~471

클린턴, 힐러리 401, 800~801

키신저, 헨리 471

킹, 마틴 루터 536~537, 542

ㅋ

카스트로, 피델 338, 417~421, 730

카이사르 492

카터, 로잘린 351, 355

카터, 릴리안 351

카터, 에이미 351, 355

카터, 지미 212, 270, 333~334, 336, 338,

ㅌ

태영호 861~866

테레사 338

토르, 아키바 760~762

톰슨, 메리 134~135

톰슨, 제리 83~84

트럼프, 도널드 401~403, 481, 694, 728, 828~829

트루디(김추리) 6, 101~105, 107, 109~110,
115~118, 123, 125, 127~132, 134~140,
146, 148, 150, 161~172, 174~184,
187, 193, 199, 204~221, 225~226,
230, 234~235, 239, 242, 250~251,
253, 255, 265, 272, 299, 311, 313, 315,
365, 378, 380, 434, 451, 452~453, 468,
470. 471, 482, 486, 561, 587, 684~685,
721, 724~725, 761, 768, 778, 786, 796,
802~803, 811~812, 864, 869, 883, 891,
915~916, 928
트루먼, 해리 589

ㅍ

파워스, 카멘 73, 142
파워스, 칼 21~22, 46, 49~51, 53~66,
70, 72~76, 84~89, 91, 95~97, 100,
106~107, 111, 116, 122~126, 132~138,
142~154, 156, 159~160, 168, 180, 209,
243, 247~248, 252, 279~281, 290~291,
294~295, 299, 337, 449~450, 467, 635,
679, 682, 684, 813, 832, 839~840, 844,
851, 877, 907, 932, 934
파워스, 클로드 142
파이퍼, 존 487
파이프, 비숍 113

파커 55, 98
팍, 서니 473
팔라우, 루이스 327
패럿, 로저 464, 473, 770
퍼이어, 에드거 F. 834
페기 116, 127~128, 130, 139
페레스, 시몬 822
펜스, 마이크 412~416, 475~476, 481, 639,
670, 728, 829
펜스, 에드워드 414
포글먼, 로널드 382, 913
포드, 제럴드 346
폴락, 존 306
프란체스카 178
프레이저, 조(국회의원) 448~449
프레이저, 조(권투선수) 490, 544~545
프로스트, 마이클 546
플라워스, 린든 117
피차트릭, 노리 590

ㅎ

하용조 380
하은 505
한경직 297~298, 302~304, 309, 351,
422, 843
한기붕 25, 461, 477, 626, 646~647, 757, 808

한봉직 62, 65

한상진 922

한수지 505

함병춘 343~344, 346

허드슨, 데이비드 590

허지스, 로비 771

헤들리, 에본 468~469

헨리거, 존 198

헨리거, 해롤드 162~164, 197~198, 299

헬렌 254

호날두, 크리스티아누 541

홀러데이 465

홀리, 헨리 296~298, 300, 307, 427

홍설자 520

홍정수 398

홍희경 154, 464, 866~869

황장엽 639

황재우 870~872

황진수 284, 288~290, 881~882

황형택 596

후쿠다 다케오 352~353

훈센 747

휫필드, 조지 543

지은이 **신 성 욱**

계명대학교에서 영문학(B.A)과 총신대 신학대학원에서 목회학(M.Div. Equiv.)을 전공한 후, 미국 트리니티 복음주의 신학교에서 구약학(Th.M 수학)과 캘빈 신학교에서 신약학(Th.M)을, 그리고 남아공 프리토리아 대학에서 설교학(Ph.D)을 전공했다.

신구약을 아우르는 통전적인 성경해석학과 수사학적 설교를 전공한 전문가로서, 성경적이면서 효과적인(Biblical & Effective) 설교와 원포인트의 드라마틱한 강해 설교를 위한 프레임 개발과 소개에 독보적이고 독창적인 재능을 발휘하고 있다.

탄탄한 성경 지식에다 변증적 사고와 풍부한 인문학적 실력, 그리고 맛깔스런 글솜씨는 그의 또 다른 특징에 감칠맛을 더해준다.

과거 총신대학교 신학대학원과 일반대학원에서 9년간 강의하다가 2012년부터 현재까지 아신대학교에서 설교학 교수로 사역하면서 '강해 설교와 전달', '성경 해석과 강해 설교', '설교와 수사학', '인문 고전과 설교', '원포인트의 드라마틱한 강해 설교' 등을 가르치고 있다.

현재 한국복음주의실천신학회의 회장으로도 수고하고 있으며, 매년 국내는 물론 해외 여러 국가에서 '바이블 신드롬'이라는 성경세미나와 '원포인트의 드라마틱한 강해 설교'라는 설교세미나를 개최하면서 유능하고 위대한 설교자 양성에도 발군의 실력을 발휘하고 있다.

저서로는 『다 빈치 코드가 뭐길래?』(생명의말씀사, 2006), 『성경 먹는 기술』(규장, 2007), 『목사님 설교 최고예요』(생명의말씀사, 2011), 『설교의 삼중주』(킹덤북스, 2020), 『김창인 목사의 설교 세계』(두란노, 2020), 『인문학이 묻고 성경이 답하다』(킹덤북스, 2021), 『바이블 톡톡』(두란노, 2022), 『이동원 목사의 설교 세계』(미래사CROSS, 2023)가 있으며, 역서로는 『확신 있는 설교』(생명의말씀사, 2008), 『단순한 교회』(생명의말씀사, 2009), 『진리 전쟁』(생명의말씀사, 2016) 등이 있다.

하우스보이에서
세계적인 영적 지도자로
김장환 목사 평전

발행일 2024년 7월 25일 초판 1쇄
2024년 8월 16일 초판 18쇄

지은이 신성욱
발행인 고영래
발행처 (주)미래사

주소 서울시 마포구 토정로 195-1 정우빌딩 3층
전화 (02)773-5680
팩스 (02)773-5685
이메일 miraebooks@daum.net
등록 1995년 6월17일(제2016-000084호)

ISBN 978-89-7087-151-6 (03230)

ⓒ 신성욱, 2024

이 책의 저작권은 저자와 도서출판 미래사가 소유합니다.
신저작권법에 의하여 한국 내에서 보호받는 저작물이므로 무단 전재와 무단 복제를 금합니다.

* 가격은 뒤표지에 있습니다.
* 잘못 만들어진 책은 구입처에서 바꾸어 드립니다.